TEORIA DA CONSTITUIÇÃO
E
DIREITO CONSTITUCIONAL

ANDRÉ DEL NEGRI
Mestre em Direito Constitucional pela UFMG
Doutorando em Direito pela PUC Minas – Conceito CAPES 6
(Linha de pesquisa – O Processo na construção do Estado Democrático de Direito)

TEORIA DA CONSTITUIÇÃO E DIREITO CONSTITUCIONAL

2ª EDIÇÃO

Del Rey
EDITORA

Belo Horizonte
2016

EDITORA DEL REY LTDA.
www.livrariadelrey.com.br

Editor: Arnaldo Oliveira

Editor Adjunto: Ricardo A. Malheiros Fiuza

Editora Assistente: Waneska Diniz

Coordenação Editorial: Wendell Campos Borges

Diagramação: Lucila Pangracio Azevedo

Revisão: RESPONSABILIDADE DO AUTOR

Capa: CYB Comunicação

Editora / MG
Rua dos Goitacazes, 71 – Sala 709-C – Centro
Belo Horizonte – MG – CEP 30190-050
Tel: (31) 3284-5845
editora@delreyonline.com.br

D359t

Del Negri, André

Teoria da Constituição e Direito Constitucional. / André Del Negri. 2. ed. Belo Horizonte: Del Rey, 2016.
xxiv + 512 p.

ISBN: 978-85-384-0443-9

1. Brasil. [Constituição (1988)]. 2. Brasil. [Lei de introdução ao código civil (1942)]. 3. Direito constitucional, Brasil. 4. Norma constitucional, Brasil. 5. Controle da constitucionalidade, Brasil. 6. Processo legislativo, Brasil. 7. Direitos e garantias individuais, Brasil. 8. Teoria do Estado. 9. Norma jurídica internacional. 10. Interpretação da constituição, Brasil. 11. Direito processual constitucional, Brasil. I. Título.

CDU: 342(81)

À inquietude

Hoje, sob o pretexto de que é preciso formar estudantes para obter um lugar no mercado de trabalho afunilado, o saber prático tende a ocupar todo o espaço da escola, enquanto o saber filosófico é considerado como residual ou mesmo desnecessário, uma prática que, a médio prazo, ameaça a democracia, a república, a cidadania e a individualidade. Corremos o risco de ver o ensino reduzido a um simples processo de treinamento, a uma instrumentalização das pessoas (...). A escola deixará de ser o lugar de formação de verdadeiros cidadãos e tornar-se-á um celeiro de deficientes cívicos.

Milton Santos

SUMÁRIO

PREFÁCIO

Prefaciar uma obra do professor André Del Negri reveste-se de elevada honra para qualquer estudioso do Direito, porque é sempre uma fonte de aprendizagem. O ensino mecânico-didático do Direito Constitucional invadiu as salas de aula como usinas preparatórias de um proceder jurídico acéfalo e tecnicista que transforma a Constituição num manual de socorro heroico de pleitos utilitaristas e contingenciais. Por isso, era preciso mesclar Direito Constitucional e Teoria da Constituição para sabermos a gênese de um ensino de um Direito Constitucional que não vem explicitando o eixo teórico de sua construção jurídica, porque nos faltava (o que agora temos) a resposta que mostrasse a linha teórico-fundacional de instituições que, agrupadas (co-institucionalizadas juridicamente), não gerassem hierarquias em face da fundamentalidade de direitos constitucionalmente adotados e de tal sorte a permitirem uma explícita compreensibilidade do paradigma (teoria linguístico-proposicional) de sua discursividade normativa como marco hermenêutico induvidoso.

O que aponta o professor Del Negri não é uma Teoria de uma Constituição universalista, por si só apodíctica (verdadeira), autêntica, sabiamente deôntica, longeva e intocável, urdida por inteligências iluminadas e prodigiosas, mas uma teoria que paradigmatizasse, por expansão conteudística, a construção de um *locus* normativo-linguístico assegurador de um *status* democrático caracterizado pelo exercício do *Devido Processo* aberto a todos nos níveis produtivos de atuação, aplicação, modificação e extinção de direitos.

É por isso que o Direito Constitucional que o professor Del Negri ensina nesta obra singular tem passagem por uma epistemologia jurídica que não se entrega à oscilação pendular da técnica-ciência e ciência-técnica, mas se prolonga na testabilidade teórica da efetividade (eficiência) do sistema jurídico constitucionalizado pela via de uma auto-oferta, em seu arcabouço normativo, de uma ampla fiscalidade procedimental processualizada a todos os destinatários normativos.

O cronograma da obra é instigante, porque, logo de início (Capítulo 1), desconstrói o fetiche da "teoria" do Estado mítico (Hegel) e da "Sociedade" autopoiética de ideais emancipatórios do oprimido no balanço sangrento da história (Marx-Engels) e ainda do Estado burguês que justifica suas violências sociais pela crença secular e capciosa numa quimera imanente à "natureza humana", cuja resolução há de se fazer pelo duro castigo aos dissidentes e perdedores (sucumbentes). No Capítulo 2, discorre sobre os tipos de Estado para ressaltar que não existe o "Estado Universal" descoberto nos céus platônicos e hegelianos a balizar um direito universal (uno) para a humanidade. Também o que se desponta no curso da obra é o resgate dos autores mineiros, entre os quais o saudoso professor Raul Machado Horta – um dos pioneiros do estudo do Direito Constitucional, que alçou a Faculdade de Direito da UFMG a patamares científicos reconhecidos no Brasil e exterior.

A hermenêutica constitucional foi destacada na obra em conjunção com o controle de constitucionalidade. A novidade é vista também no trecho destinado aos Direitos Políticos com ênfase na Teoria da Democracia. A vertente da obra que cuida da Teoria do Processo Legislativo e ações constitucionais é tema a que o autor se dedica por longos anos de estudo, o qual lhe valeu o título de Mestre em Direito Constitucional pela Faculdade de Direito da UFMG (*O controle de constitucionalidade no Processo Legislativo*) e, publicada, tornou-se obra indispensável à compreensão do Processo legiferativo no paradigma jurídico-democrático.

Parabéns, professor Del Negri! Adotarei o seu livro no ensino da Teoria do Processo, porque nele tudo é PROCESSO, logo é portador da democracia que teremos, embora já constitucionalmente a tenhamos em mãos desastrosas de operadores precários e mitificados.

ROSEMIRO PEREIRA LEAL
Doutor em Direito pela UFMG.
Professor do Mestrado e
Doutorado da UFMG.
Professor de Direito Processual na PUC Minas.

APRESENTAÇÃO

Para os que, neste pobre país, foram excluídos de um (não) estudo do Direito Constitucional, por obra da ditadura militar imposta pela força das baionetas e irracionalidade de muitos, que nunca ofertou uma "teoria" da Constituição que a todos demonstrasse os fundamentos de sua produção, a obra de André Del Negri vem como o vento das boas alvíssaras.

O jovem autor, que foi meu aluno de graduação, é hoje mestre em Direito Constitucional pela Universidade Federal de Minas Gerais (UFMG) e doutorando em Direito Processual – na singular linha *O processo na construção do Estado Democrático de Direito* – pela prestigiosa Pontifícia Universidade Católica de Minas Gerais (PUC Minas), autor de vasta produção científica e de obra que trata do Controle de Constitucionalidade no Processo Legislativo, e professor de Direito Constitucional e Teoria da Constituição na Faculdade de Direito do Triângulo Mineiro da Universidade de Uberaba.

Desde cedo pude notar nele rara curiosidade para os estudos, e sua atenção voltava-se sempre para as divergências no campo do ensino do Direito, sendo esses os pontos de que mais se ocupava, já não se preocupando com as consensualidades e recomendações sensatas, afastando sua atuação intelectual do chamado "mito do contexto"popperiano.

A partir daí, pelos acontecimentos ocorridos e oportunidades surgidas, seu ingresso no campo das discussões teóricas se fez com grande esforço acadêmico.

A escolha de seu intrépido orientador e professor de todos nós, Dr. Rosemiro Pereira Leal, prefaciador da obra, foi decisiva ao autor para demarcar o campo de reflexão científica dos seus estudos, com o qual passou a ensinar um Direito Constitucional a partir de uma delimitada *teoria* (paradigma neo-institucionalista do processo) produtora de um texto constitucional (Constituição) que assegurasse irrestrita e ampla fiscalidade (aberta a todos) dos direitos, por uma principiologia jurídica epistemológico-discursiva (contraditório, ampla defesa e isonomia), nos âmbitos de sua produção, aplicação, modificação e extinção, e que fosse fundacional das instituições democráticas, que não mais se hierarquizam ou se revelam por atos de autoridade ou taumaturgas e incontroláveis decisões.

Portanto, a presente obra vem suprir as deficiências de um Direito Constitucional arcaico, que se estrutura por visões distorcidas da realidade democrática, porque centrado no solipsismo de intérpretes (des)autorizados (comissões de doutos e especialistas) e transmitido miticamente por expressões herméticas tais como "inconstitucionalidade chapada", "bloco de constitucionalidade", "reserva do possível", "transcendência dos motivos determinantes", "razão da decisão", "inconstitucionalidade por arrastamento", "interpretação restritiva ou restrita", "razoabilidade", "proporcionalidade", "otimização", "escopos metajurídicos", toda essa hermenêutica dos horrores que fascina e domina em toda a plenitude os nossos tribunais.

Parabéns à Editora Del Rey, por presentear mais uma vez a comunidade acadêmica com a qualidade científica necessária à compreensão do Direito democrático.

SÉRGIO TIVERON JULIANO
Advogado

NOTA DE EDIÇÃO

Este livro resume alguns anos de pesquisa, em interdisciplinaridade de conhecimento, embora atue na fronteira do Direito Constitucional.

Esgotada a edição anterior, lança-se, agora, a uma nova edição, nesta ocasião, mais preocupada em atingir densidade científica, por esta pioneira Editora Del Rey, por meio do estímulo do editor e livreiro, Arnaldo Oliveira, um embaixador da literatura jurídica das Minas Gerais, com publicações que têm despertado grande interesse em todo o país.

A tarefa, que me atribuí ao escrever esta obra, é apontar aporias que não têm solução rápida e tentar cobri-las, sem baratear o debate, pelo discurso constitucional. Com efeito, o livro tem uma especificidade teórica, que o distingue de muitos, porque marcado pelo estilo de pensar o Direito Constitucional paradigmatizado pelo *devido processo – Processo* não como mero "calhamaço de papéis", como, infelizmente, ocorre no praxismo forense e nos Manuais voltados à formação didática dos alunos de graduação em Direito, mas sim como instituição de permanente (des)construção-fiscalização do sistema jurídico pelo povo – aqui entendido no eixo teórico desenvolvido pela *teoria neoinstitucionalista.*

Nessa perspectiva, além de entender o *processo* como matriz "constitutiva do sistema constitucional" – o que convida os constitucionalistas ao estudo do *processo* –, a obra parte da leitura de *processo* como "instituição operatriz do sistema". É claro, que, asseguramos isto, porque trabalhamos uma *teoria da constituição* "egressa de um espaço processualizado". Desta feita, pode-se compreender o *processo* como eixo cêntrico da Teoria da Constituição e do Direito Constitucional (*ações de controle de democraticidade constitucional*, *interpretação constitucional e decisão jurídica legítima*, *ações constitucionais*, *atividade constituinte e de reforma da Constituição por meio do processo constitucional legislativo*), o que vai interessar aos constitucional-processualistas e a quem mais for afeto ao discurso democrático e ao possível pendor literário, uma vez que a leitura cruzada dessas áreas estimula novas abordagens critico-reflexivas.

Logo, reflexões acerca do Estado na democracia servem-se do PROCESSO, como já dito, ao demarcar a produção do direito (*processo* constitucional legislativo), a aplicação do direito (*processo* constitucional e decisão jurídica) e a função administrativa ou executiva (*processo* constitucional administrativo). A construção do Estado Democrático de Direito se revela, portanto, indissociável do PROCESSO, uma das formas mais avançadas de discurso.

Nesse arranjo, não há Constituição sem *processo*. E, por aí, segue o talhe da nossa pesquisa. É, por isto, que pasmo com o fato de os constitucionalistas, em geral, mostrarem-se pouco interessados na interdisciplinaridade entre Direito Constitucional e Processo Constitucional, o que conduziria a uma "teoria processual da Constituição".

Busca, portanto, este livro, o tanto quanto, sair do pêndulo e procurar outro movimento. A melhor maneira de entender esta dimensão consiste em acompanhar as iniciativas da Escola Mineira de Direito Processual, um movimento que reescreveu o lugar da literatura jurídica brasileira no cenário internacional, sem negligenciar a energia de pioneiros autores, que serão destacados ao longo da obra, porque tiveram um papel catalisador na promoção de pesquisas e reflexões acadêmicas, que proporcionaram a construção de uma rede de novos autores de obras polêmicas.

Ao cabo dessa refrega, tive oportunidade de refletir mais sobre alguns temas, não só de simples atualização de leis e literatura, mas também de certos conceitos fundamentais. Em especial, ressalto as análises feitas sobre *normas constitucionais inconstitucionais*, *hermenêutica constitucional*, *processo legislativo* e *"poder" constituinte originário*. Com isto, modificou-se, substancialmente, o que foi objeto de publicação em 1ª edição.

Por isso, o que fiz, e a maneira como fiz, torna este trabalho *crítico*, ligado ao conhecimento científico, tentando superar o mito, a metafísica. Um livro, pois, preocupado com "A sociedade aberta", algo bem diferente de um mero encaixotamento de ideias. E isto ocorre, porque, na medida do possível, procurei conduzir uma linha de pesquisa pelo método que privilegia a reconstrução dos conceitos levando -os para um campo problematizante que provoca questionamentos e refutações (um racionalismo crítico popperiano), um recinto de estudo destinado a dizer ou rever o que já se disse, e, assim, fulminar com o *hermetismo constitucional* (sempre usado para mascarar deficiências do conhecimento), a fim de oferecer respostas mais consistentes aos leitores.

Digo tudo isto, porque, na realidade de nossos dias, o estudo do Direito Constitucional tem gerado tendências – em franca aceleração, o que preocupa – para poder operar terapeuticamente a redução das angústias humanas e das complexidades teóricas. Antes que eu me esqueça, registro exceções.

Num diagnóstico mais geral sobre a redução conjectural no campo do conhecimento do Direito Constitucional, fizeram-no por razões práticas, para facilitar a compreensão, uma mera simplificação de conteúdos. Há, assim, uma imediatidade conceitual, com apoio em manuais "magros", cientificamente falando, sem reflexão crítica, que adotam tão somente fórmulas simples, que são encaminhadas por um estudo portátil, que provoca mais dano que benefício (permitam-me, aqui, vocalizar uma crítica exagerada!).

Por isso evitei, o tanto quanto, fazer parceria com o dogmatismo pleno, que serve de escudo contra a reflexão e transforma o Direito Constitucional num conjunto de receitas estéreis, que não são interrogadas sobre a *teoria* que as fundamenta. Desta forma, o estudo se degrada inevitavelmente à categoria de placebo, de pastosidade. É aí que a *Teoria da Constituição* não tarda em mostrar limitado o alcance dessas concepções repletas de conceituações embaraçosas, por vezes infantis.

A situação ideal será sempre a de um percurso de estudo e pesquisa com abertura para a verificação crítica. É importante dizer que o presente livro está longe de se pretender exaustivo. Teoria da Constituição e Direito Constitucional não se esgota num texto de poucas páginas como este, mas sim uma tentativa de registrar um esboço de painel de reflexão.

Agradeço a leitura dos meus inúmeros alunos e dos poucos amigos de docência, cuja colaboração acadêmica procurei aproveitar da melhor maneira possível.

O AUTOR

CAPÍTULO 1

ASPECTOS DESCONSTRUTIVOS DA TEORIA DO ESTADO MÍTICO E DA SOCIEDADE AUTOPOIÉTICA

1.1 CONSIDERAÇÕES INTRODUTÓRIAS EM TEORIA DO ESTADO, DIREITO CONSTITUCIONAL E TEORIA DA CONSTITUIÇÃO

Desde a antiguidade, sempre houve variadas formas de se postar a discussão sobre como regulamentar o Estado. Entretanto, pode-se ressaltar que o surgimento do que se convencionou chamar de *Constituição* inaugurou novas áreas do conhecimento jurídico: o Direito Constitucional, a Teoria do Estado e a Teoria da Constituição.

Podemos dizer, com apoio em Afonso Arinos de Melo Franco, o qual foi professor catedrático de Direito Constitucional na Universidade Federal do Rio de Janeiro (UFRJ), que apesar de a Assembleia Constituinte francesa, em setembro de 1791, ter recomendado "a implantação, nas Faculdades de Direito, de um curso especial sobre Constituição" (o que não teve seguimento imediato), o estudo do Direito Constitucional "foi adotado primeiramente na Itália, nas Faculdades de Ferrara e de Pavia, no ano de 1797", chegando à Universidade de Bolonha no ano seguinte. Ratificada essa descrição, adicione-se outra: "o Direito Constitucional propriamente dito só apareceu na Faculdade de Paris em 1834".[1]

1 MELO FRANCO, Afonso Arinos de. *Direito Constitucional*: Teoria da Constituição – As Constituições do Brasil. 3. ed. Rio de Janeiro: Forense, 1987, p. 11.

Quanto ao Brasil, bem se pode imaginar, que com a criação das Faculdades de Direito, a partir da Lei de 11 de agosto de 1827, a gênese do Direito Constitucional (ou algo próximo a isso) vem por meio da disciplina de "Direito Público e Análise da Constituição do Império", para, em 1829, por intermédio do "professor Lourenço Ribeiro, natural de Minas Gerais e titular da cátedra na Faculdade de Olinda", se estabilizar como "disciplina autônoma de Direito Constitucional".[2]

A partir dessa matriz, pouco a pouco, a disciplina foi se tornando mais presente nas grades curriculares dos cursos de Direito espalhados pelo Brasil. E daí para hoje – e isto é o mais importante – outras mudanças ocorreram, às quais é preciso estar atento, porque, o ensino do Direito, num sentido ainda mais forte, tem que se deter na qualidade do estudo da Constituição.

Mas é necessário mais. Não se trata somente de um mero estudo *descritivo* da Constituição, o que avançaria muito pouco, porque a *descrição* (e não a problematização) é auto-ilusão com etiqueta de "Direito Constitucional". É deste ponto de vista que pensamos ser necessário reconhecer a importância de uma *teoria da constituição*, o que será refletido adiante, em momento oportuno.

Não obstante a contribuição dos clássicos trabalhos de constitucionalistas que produziram suas literaturas jurídicas nos anos 20 e 30 do século passado, literaturas muito compreensíveis e importantes, mas voltadas à *técnica* (que pode reforçar a dominação), e não à produção de uma *ciência* do Direito Constitucional (um estudo de esclarecimento do conhecimento), foram publicadas. Por isto é necessário muito esforço acadêmico para distanciar o conhecimento pré-científico do discursivo ligado ao conhecimento científico.

Pode-se dizer, após a solidificação da disciplina de Direito Constitucional, que as proposições até então formuladas mostravam-se, em grande parte, incompatíveis com as conquistas advindas da normatização constitucional porque estavam presas a uma Teoria do Estado (ainda de maneira dogmática) sem rota de preocupação com os direitos fundamentais.

---

2 MELO FRANCO, Afonso Arinos de. *Direito Constitucional*: Teoria da Constituição – As Constituições do Brasil. 3. ed. Rio de Janeiro: Forense, 1987, p. 17.

Dessa forma é oportuna a observação de que a Teoria do Estado era ensinada com *status* de disciplina que "neutralizava" o Direito Constitucional. Certo é que a *Teoria do Estado* surgiu como um objeto de apreciação que não permitia o estudo da Constituição de forma crítico-reflexiva. Vê-se que o termo "Teoria da Constituição" só se delineia, pela primeira vez, com a obra de Carl Schmitt, na Alemanha (1927). Antes disto, como bem caracterizou Medauar Ommati, "toda a discussão sobre a Constituição era apresentada no bojo das disciplinas da Teoria Geral do Estado ou da Teoria Geral do Direito Público".[3]

Por isso, talvez, a oportuna observação de Marcelo Cattoni de Oliveira bem esclarece: a Teoria do Estado centrava "suas análises, acerca da institucionalização jurídico-social do poder político, no Estado [...] compreendido como núcleo de organização política da totalidade da sociedade".[4]

Por conseguinte, no Brasil, em plena ditadura do Estado Novo (1937-45), essa Teoria do Estado homologatória de uma realidade repressora foi ensinada nas Faculdades de Direito, o que, por óbvio, irradiou efeitos nocivos.

A ascensão desse ensino desarticulado explicava o aparato estatal existente, e, ao longo da história, acrescentou-se ao título "Teoria do Estado" a palavra "*Geral*" (Teoria Geral do Estado), com a finalidade de incluir superficiais discussões que, hoje, pertencem à disciplina de *Direito Constitucional*.[5]

Foi somente a partir do trabalho de Hermann Heller[6] que a exclusão da palavra "Geral" da Teoria do Estado fez com que houvesse uma melhor aparição da disciplina Direito Constitucional, que pouco a pouco foi se tornando mais presente nas grades curriculares dos cursos de Direito espalhados pelo Brasil.

---

3 OMMATI, José Emílio Medauar. *Teoria da Constituição.* Rio de Janeiro: Lúmen Júris, 2013, p. 01.

4 CATTONI, Marcelo Andrade. *Direito constitucional*. Belo Horizonte: Mandamentos, 2002, p. 30.

5 BARACHO, José Alfredo de Oliveira. *Teoria da Constituição*. São Paulo: Resenha Universitária, 1979.

6 HELLER, Hermann. *Teoria do Estado*. São Paulo: Mestre Jou, 1968.

Não há como negar que, hoje, num adiantado estágio de afirmação de diretos fundamentais, o ensino do Direito tenha que se deter na qualidade do estudo da Constituição e não no absolutismo do Estado, para o qual os fins são mais importantes do que os meios.

Daí, o atual momento acadêmico de se ensinar uma *Teoria da Constituição*, com a finalidade de promover um giro reconstrutivo e acabar com a figura de um Estado mítico, e ensinar, de vez, a construção de uma teoria da democracia e de compreensão de um *Estado* (pessoa jurídica de direito público) demarcado por leis construídas e fiscalizadas pela comunidade jurídico-política.

É, nesse sentido, que a *Teoria da Constituição* designa um conjunto de saberes que atravessa diversas áreas como a filosofia, a história, a sociologia e pretende questionar a Constituição e sua importância contemporânea, a partir de uma produção acadêmica preocupada em demarcar um espaço-condição que problematiza versões idealizadas que se instituíram a partir de dogmas levantados no recinto da antiga *Teoria do Estado*. Temos, então, uma agenda de temas que desafiam questões mais profundas.

Por ter como registro colocar-se fora das sistematizações tradicionais (dogmatizadas), passa – a *Teoria da Constituição* – a ser um estudo detentor de uma especificidade que marca a sua entrada no campo das reflexões críticas, porque pretende questionar o que costuma ser inquestionável em Direito Constitucional. Talvez isto nos ajude a compreender porque boa parte dos estudos em *Teoria da Constituição* tenha focado em análises questionadoras.

Na oportuna menção de Marcelo Cattoni, é exatamente "essa postura de ruptura, de superação do enfoque e dilemas da chamada Teoria do Estado [...]" que caracteriza "o desenvolvimento da Teoria da Constituição enquanto disciplina autônoma [...]".[7]

Mas a crise da existência de uma autêntica Teoria da Constituição teve seus motivos. Conforme anota Pablo Lucas Verdú,[8] o seu

---

[7] CATTONI, Marcelo Andrade. *Direito constitucional*. Belo Horizonte: Mandamentos, 2002, p. 28.

[8] VERDÚ, Pablo Lucas. *Teoría de la Constitución como Ciencia cultural.* Madrid: Dykinson, 1998, p. 21.

estrangulamento veio porque os estudos sobre a Constituição eram encontrados em escassos capítulos dos tratados e manuais de Direito Constitucional, e, também, por causa do positivismo normativista predominante à época, que a considerava extranormativa ou metajurídica.

A posição dicotômica em Teoria da Constituição/Direito Constitucional Positivo, assumida por alguns escritores, induz ao risco de apenas separar essas áreas por meio de alguns assuntos inseridos na Constituição que, em não sendo Teoria da Constituição, pois desbragada, ensinada sem amarras a um eixo teórico crítico-reflexivo, e nem Direito Constitucional Positivo, porque ensinada como se fosse a antiga Teoria do Estado (*Estado* como sujeito da história), acabam por conduzir o ensino a um emboscamento acadêmico, transformando o estudo em *doutrina* (teoria absolutamente fechada, convencida de sua verdade), o que resultaria, certamente, num retrocesso acadêmico lastimável.

O que queremos deixar registrado é que na contemporaneidade a *teoria da Constituição* ocupa um lugar de proa para tratar de temas específicos e de grande importância aos que estudam o Direito Constitucional na democracia, porque, como já se tornou claro, em Marcelo Cattoni, a finalidade da *teoria da Constituição* é "não dar continuidade à forma tradicional de teorias constitucionais especializadas em questões normativas que, por verem um hiato entre o Direito e a realidade [...] mantêm-se cegas à tensão entre facticidade e validade [...]".[9]

Na concepção de Cattoni,[10] o que se quer é uma *Teoria da Constituição* que assuma a posição de uma "*teoria crítico-reflexiva* da Constituição", que problematize e explicite as pré-compreensões e os paradigmas acerca da sociedade, da política e do Direito, a fim de que o Direito Constitucional passe pelo giro reconstrutivo. Vale ressaltar, que neste trecho final, aqui parafraseado, o referido professor da Universidade Federal de Minas Gerais (UFMG), Marcelo Cattoni, apoia-se na literatura de Gomes Canotilho.[11]

---

9 CATTONI, Marcelo Andrade. *Direito processual constitucional*. Belo Horizonte: Mandamentos, 2001, p. 175.

10 CATTONI, Marcelo Andrade. *Direito constitucional*. Belo Horizonte: Mandamentos, 2002, p. 40.

11 CANOTILHO, José Joaquim Gomes. *Direito constitucional e Teoria da constituição*. Coimbra: Almedina, 1998, p. 1.188.

É sabido que a *filosofia do direito* não busca mais um saber absoluto (verdade), porque, contemporaneamente, apresenta função crítica, e a *ciência do direito* não mais trabalha com a ideia de um Direito estático, mas sim com a precariedade dos conceitos, institutos e instituições jurídicos. Por isto, é bom que fique claro, que o estudo do *Direito Constitucional*, na contemporaneidade, fica condicionado a uma *teoria* (racionalização que encaminha balizamentos ao conhecimento humano) da *Constituição*, a qual, por sua vez, apontará falibilidades que reverberam diretamente no desenvolvimento constitucional e no aprendizado de um Direito Constitucional indexado à *teoria da democracia*.

Tal postura, de superação das insuficiências no ensino do Direito Constitucional brasileiro, encaminha-se, neste livro, pela proposta de abrir a linguagem à crítica a fim de percorrer uma geografia problematizada que possa agredir a dogmática brasileira.

Dessa forma, estaríamos mais aptos a demarcar conclusões, não ilusões. O que se aponta neste perspectivismo, vale dizer, é que trabalhamos uma *teoria da constituição* egressa de um *espaço processualizado*, tanto na base instituinte (atividade originária e processo legislativo), como na atividade de reforma ao texto constitucional e de expurgo da *lei* por meio de um controle de constitucionalidade. Tudo isto, porque, entendemos que a Constituição é um discurso sustentado pelo *processo constitucional*. O *processo*, portanto, é eixo cêntrico da *Teoria da Constituição* e do *Direito Constitucional* (processo legislativo, ações de controle de constitucionalidade, interpretação constitucional). Com isto, tentamos evitar o quadro de babelização deste importante campo do conhecimento humano.

Por isso, vale demarcar um ponto relevante: qual a *teoria* de uma Constituição? Qual a teoria produziu a Constituição de 1988? A literatura jurídica brasileira tem apresentado loas à "Teoria da Constituição" – expressão que se equacionou como órbita de estudos em Direito Constitucional em vários projetos didático-pedagógicos em Faculdades de Direito –, mas que apresenta um silêncio em terreno descampado quanto à qual *teoria* (e por que) encaminha os estudos em Direito Constitucional.

Em que pese as várias obras que cuidam do tema, têm-se algumas que apresentam um bom apanhado de avanços em certos pontos, noutros estacionam na trivialidade, mas, em geral, a maioria encaminha conteúdos de Direito Constitucional aos solavancos, fora de uma linha epistemológica com rota de novas "conjecturas", caindo na incúria generalizada dos "saberes" indutivistas-verificacionistas, com narrativas descosidas entre *processo* e *Constituição.*

E é nesse ponto – dentro e fora da curva, entre o avanço e a neutralidade –, que a falha dessas inúmeras obras em "Teoria da Constituição" (Direito Constitucional) está em não apresentar esclarecimentos e aprofundamentos em *processo* ("instituição linguística" – o conceito é de Rosemiro Leal), uma das formas mais avançadas de discurso.

É por isso, que fazer estudos em *teoria da constituição* como sinônimo de lâminas classificatórias ("poder constituinte", "classificação das constituições" e "hermenêutica constitucional"), um ensino que arrebatou multidões de juristas, arrastando sabedorias com raízes profundas no dogmatismo, é metodologia que está ultrapassada. Para que não sejam exemplo de dogmatismo inconsequente, seria oportuno que essas obras (que transmitiram um DNA comprometedor), apontem como teríamos avanços epistemológicos se não dão sinal algum de reflexão processual. Aliás, a Constituição foi gerado por meio de um ***processo*** *legislativo.*

Rosemiro Leal vem desmentir o esgotamento da *teoria da constituição*, mesmo onde ela se apresenta com maior fidelidade. E fê-lo com referência ao *devido processo* aberto a todos nos níveis produtivos de atuação, aplicação, modificação e extinção de direitos.[12]

Assim, se a emergência dos estudos em âmbito da Constituição se dá a partir de questionamentos de temas que fundamentam o Direito Constitucional – ideia que emerge da crítica – lutar contra a dogmatização de uma Constituição amplia-se como uma questão de ciência jurídica contemporânea. Daí a busca por essa *teoria da Constituição* voltada mais para as conjecturas do que para a repetição de ideias desgastadas, para a reflexão *processual* do Direito Constitucional do que para a reflexão cultural tão-somente.

---

[12] LEAL, Rosemiro Pereira. *Teoria neoinstitucionalista do processo*: uma trajetória conjectural. Belo Horizonte: Arraes, 2013.

O que nos preocupa é saber se esta "Teoria da Constituição" está habilitada para entender as complexidades da democracia, as linguagens indemarcadas na Constituição ("significados equívocos"), detectar erros e refutá-los. E isto tudo suplica uma *epistemologia* jurídica que passe por todas as bases morfológicas, em que a primeira é a *técnica*, seguida da *ciência*, *teoria* e *crítica*.

Dessa forma, vem-se exigindo um repensar dos tradicionais livros com especificidade na linha de pesquisa. Diante disto, abre-se extenso campo de possibilidades de alterações/aperfeiçoamentos no Direito Constitucional brasileiro. Determinadas as características do atual conceito de Teoria da Constituição e o seu eixo científico de referência, passa-se à investigação da linha teórica das conjecturas sobre o Direito Constitucional brasileiro.

1.2 PERSPECTIVAS CONJECTURAIS SOBRE ESTADO

Os autores clássicos concebiam o Estado como algo totalizador e fortemente assentado na figura mítica do 'poder', como é o caso de Santo Agostinho (354 a 430), o qual defendia o respeito e a submissão dos príncipes ante o poder espiritual dos Papas (fase cosmogônica), passando pelas ideias de Marsílio de Pádua (1275-1343), que estabelecia uma cisão total entre a Cidade dos Homens e a Cidade de Deus,[13] e a recusa de Guilherme de Occam (1290-1350) em reconhecer qualquer naturalidade e teleologia providencial na cidade dos homens,[14] atingindo sua expressão máxima com Luís XIV, considerado a verdadeira "encarnação" personificada do poder.

Apesar de já ter sido ligado à divindade, não há razão para se pensar que o *poder* esteja longe dos homens, seja coletiva ou individualmente.

Jorge Carpizo, em análise sobre o *poder*, afirma que é impossível imaginá-lo fora da sociedade, porque sempre se manifesta por meio das relações sociais, e conclui que "no existe sociedad o agrupamiento sin poder. Lo social y el poder se implican recíprocamente. Uno no podría

---

[13] GOYARD-FABRE, Simone. *Os princípios filosóficos do direito político moderno*. São Paulo: Martins Fontes, 1999, p. 8-16.

[14] *Ibidem*, p. 7.

existir sin el outro [...] El poder es algo tan natural y necesario como el vivir en sociedad".[15]

Esse *poder*, no entanto, perde a dimensão de fonte inatacável no momento em que é chamado a confrontar-se com as pretensões democráticas de legalidade e legitimidade. Nas palavras de Hermann Heller, "por razões técnicas, o *poder* do Estado é, pois, sempre legal, isto é, poder político juridicamente organizado".[16] Desta forma, deduz-se, em Heller, que o poder do Estado com sua denominada autoridade "baseia-se unicamente na sua legalidade enquanto esta se fundamenta na legitimidade".[17]

Como visto, a conotação original e primitiva da palavra está ligada à ideia de força e imposição. Essa primeira imagem que a expressão apresenta ganha contornos mais nítidos e modernos se houver abandono do contexto histórico em que a palavra foi utilizada, amoldando-a ao novo paradigma constitucional da vigente Constituição brasileira (Estado Democrático de Direito). A partir desse exercício de *contextualização*, a palavra *perderá* sua aparente *força* e imutabilidade, consoante as novas exigências distintivas e críticas, ganhando, desta forma, novo sentido e distanciando-se de sua tormentosa história.[18]

Nessa linha teórica, é oportuna uma investigação do *poder* no pensamento do filósofo francês Michel Foucault (1926-84), que, a partir da ideia de prisão, escreve, em 1968, o livro *Vigiar e punir*,[19] o qual é um estudo do nascimento das prisões no mundo *moderno* (*modernidade* não pode ser confundida com *atualidade*, pois o moderno é mais que o

---

15 CARPIZO, Jorge. El poder: su naturaleza, su tipologia y los medios de comunicación masiva. *Boletín Mexicano de Derecho Comparado* (Nueva Serie), v. 32, n. 95, p. 322, mayo/ago. 1999. "Não existe sociedade ou agrupamento sem poder. O social e o poder correspondem-se reciprocamente. Um não poderia existir sem o outro [...] O poder é algo tão natural e necessário como o viver em sociedade" (tradução livre).

16 HELLER, Hermann. *Teoria do Estado*. São Paulo: Mestre Jou, 1968, p. 288.

17 *Ibidem*, p. 289.

18 Para uma leitura sociológica de Estado, e o desmonte de clichês relacionados ao governo como orientador do bem comum. Ver BOURDIEU, Pierre. *Sobre o Estado*. São Paulo: Companhia das Letras, 2014.

19 FOUCAULT, Michel. *Vigiar e punir*: nascimento da prisão. Petrópolis: Vozes, 2000.

contexto). Foucault, nesse livro, reconhece que o século XIX elegeu a delinquência como uma das engrenagens do poder e identificou a prisão como seu observatório político.

Em face dessas ideias, o "poder" para Foucault não é centralizado, mas sim difuso. Portanto, não interessa a Foucault "o que é o poder", mas como o "poder funciona". Em outras palavras, o que preocupou o referido pensador francês foram os mecanismos de poder, o conjunto de situações, como *verbi gratia*, o micro-poder, o poder dos olhos do *Panopticon*, que tem a finalidade de fazer com que os povos fiquem dóceis e disciplinados.

Ao enfocar o estudo sobre "poder", Antônio Pereira,[20] que se preocupou em investigar o pensamento de Foucault, nos termos de sua elaboração filosófica, expõe que o *poder* não existe como uma "entidade" abstrata que tenha um saber *a priori* constituído. Assim, segundo Pereira, interessava a Foucault o micro-poder, o qual pode ser encontrado nos gestos, nas palavras, na retórica, no discurso literário.[21]

Portanto, o *Estado* não é um ser psicológico (o mito do Estado), e essa tentativa de psicologizar o Estado com expressões "o Estado quer", "o Estado deseja", não encontra guarida na contemporaneidade indexada ao pensar democrático construído a partir da quebra da tríade poder-tradição-autoridade. [22]

O que emerge dessa reflexão é que a palavra *poder* não tem os significados de violência que lhe deram a história ou que lhe possam dar alguns estudiosos tardios, uma vez que "poder", para nós, não pode mais ser sinônimo de *supressão de testificações*, ainda mais no Estado Democrático de Direito que preza a quebra da tradição e da autoridade (necessidade de trair os ritos).

---

20 PEREIRA, Antônio. *A analítica do poder em Michel Foucault*: a arqueologia da loucura, da reclusão e do saber médico na idade clássica. Belo Horizonte: Autêntica: FUMEC, 2003.

21 FOUCAULT, Michel. *Microfísica do poder.* 22ª ed. Rio de Janeiro: Graal, 2006.

22 COTIGLI, Marco. *O mito do Estado*: significados equívocos de Estado, Poder Público e União na constitucionalidade brasileira. Coordenado pelo Prof. Dr. Rosemiro Leal. Belo Horizonte: ProPIC: FCH: FUMEC. Palestra realizada em Belo Horizonte, 26 abr. 2005. Sala 309.

Rosemiro Leal, de forma bem oportuna, lembra que "muitos estudiosos da *teoria do direito* (principalmente do direito constitucional e civil) não se desapegam da palavra "*poder*" em todas as suas narrativas, porque nela vão costurar outras mais grandiloqüentes como 'força, fluxo normativo, vontade popular, tomada de decisões,' a ocultar a explicação do que é constituinte no exercício do que se pode exercer".[23] Daí, a necessidade de a palavra sofrer um metamorfoseamento a fim de fugir da aplicação nomenclatural do autoritarismo.[24]

Aliás, o Estado, para nós, conforme lembrança de Sérgio Buarque de Holanda, um dos intérpretes do Brasil, não pode ser visto como "uma ampliação do círculo familiar" como queriam doutrinadores "mais entusiastas durante o século XIX", pois, "de acordo com esses doutrinadores, o Estado e as suas instituições descenderiam em linha reta, e por simples evolução, da família". [25]

Num outro giro, sabemos que na contemporaneidade o *Estado* é instituição subsumida pelo Direito, dentro de um determinado território. Nesse ângulo, o registro de Ronaldo Brêtas,[26] em corajosa tese de doutorado, desmistifica a figura do Estado absolutista e define a responsabilidade estatal na ordem jurídica interna, atribuindo-lhe responsabilidade por danos causados às pessoas físicas ou jurídicas em virtude do mau funcionamento dos serviços públicos, em especial a função jurisdicional.

O *Estado*, dessa forma, é mais uma instituição que se *legitima* na Constituição. Do contrário, se o Estado não se restringe a obedecer aos limites constitucionais, haverá uma extrema arbitrariedade e também uma superioridade do Estado sobre o indivíduo, tomando

---

23 LEAL, Rosemiro Pereira. *Teoria geral do processo*. 11ª. ed. Rio de Janeiro: Forense, 2012, p. 64.

24 Neste ponto, oportuna é a literatura de Ronaldo Brêtas. Em pertinentes considerações, o autor expõe um estudo sobre a "teoria das funções do Estado" e "distinção das funções fundamentais do Estado" na democracia. Cf. BRÊTAS, Ronaldo de Carvalho Dias. *Processo Constitucional e Estado Democrático de Direito*. 3ª ed. Belo Horizonte: Del Rey, 2015, p. 17 a 37.

25 HOLANDA, Sérgio Buarque de. *Raízes do Brasil*. São Paulo: Companhia das letras, 1995, p. 141.

26 BRÊTAS, Ronaldo de Carvalho Dias. *Responsabilidade do Estado pela função jurisdicional*. Belo Horizonte: Del Rey, 2004.

características de um Estado absolutista, o qual não obtém a soberania do povo, mas de si próprio, que vê os cidadãos apenas como um componente de formação estatal,[27] o que, do ponto de vista da sociedade aberta, é algo que deve ser afastado (desconsideração da personalidade do Estado hegeliano) para se evitar um retorno à sociedade fechada na qual o "Estado é tudo e o indivíduo é nada".[28]

Nesse sentido, merece reflexão os dizeres de Vicente de Paula Maciel Júnior: "o Estado não tem poder propriamente dito. Ele, através de seus agentes, exerce competências de poder, que são as funções criadas, delimitadas e atribuídas pela norma como funções do Estado".[29] Por seu turno, Vicente de Paula, com base em Riccardo Orestano, afirma que

> O Estado, pessoa jurídica, pode receber da lei, por delegação, competências de poder para atuar na vida prática através de seus agentes políticos. Essas competências condicionam os limites dos poderes delegados e instituem as esferas de atuação dos agentes políticos, que não podem agir além desses poderes conferidos. Nisso consistem as garantias dos indivíduos contra o Estado.[30]

Com isso, o *poder* "passou a ser regulado por processos discursivos dentro da sociedade".[31]

Posto em outros termos, de modo exemplificativo, ainda com apoio em Vicente de Paula Maciel Jr.,

> No Estado de Direito é vedado que o indivíduo retire um inquilino seu pessoalmente, colocando suas malas na rua. Ele deve fazer uso dos meios judiciais, caso haja a recusa na entrega do imóvel. A *processualização* do conflito de interesses é uma técnica de racionalização para permitir que as partes participem em contraditório de um processo decisório sobre o litígio.[32]

---

27 ABBAGNANO, Nicola. *História da filosofia*. Lisboa: Editorial Presença, 2000, p. 109.

28 POPPER, Karl. *A sociedade aberta e seus inimigos*. Belo Horizonte: Itatiaia, 1987. v.1, p. 205.

29 MACIEL JÚNIOR, Vicente de Paula. *Teoria das ações coletivas*. São Paulo: LTr, 2006, p. 117.

30 *Idem*.

31 *Ibidem*, p. 118.

32 *Ibidem*, p. 124.

Pode-se sintetizar que, no Estado Democrático de Direito, a questão é entender que as decisões institucionais são tomadas segundo diretrizes estabelecidas em *lei*, as quais são produzidas no Congresso Nacional, com embasamento em direitos fundamentais, tendo o povo como coautor do ordenamento jurídico. Desta forma, é bom que se esclareça, em Direito democrático, que quem detém o "poder" é o soberano, e, no Brasil, o princípio da soberania está no *povo*.

De conseguinte, no Brasil, todo o *poder* emana do *povo*, que o exerce por meio de representantes ou diretamente, nos termos da Constituição vigente, como preceitua o parágrafo único do artigo 1º.

Por isso, precisamos estudar Teoria do Estado nesta perspectivação – *democrática* –, a fim de discutir temas ainda obscuros para alguns profissionais do direito (e qualquer do povo, de forma geral).

1.3 ASPECTOS SIGNIFICATIVOS DO CONCEITO DE POVO

Demonstrou-se, então, nos tópicos anteriores, que a *soberania* modernamente estudada aponta como seu titular o *povo* (sujeito constitucional) e não mais o *Estado*, como queria Hegel. Tal afirmação remete, obrigatoriamente, a um estudo específico sobre o tema realizado por Friedrich Müller,[33] que ao tratar do assunto, relata que são diversas as Constituições que remetem ao termo *povo* defendendo-o como legitimador dos ordenamentos jurídicos, mas que não conceituam quem realmente é o *povo*, e quais são os limites desse termo. Pensamos que o tema é muito mais complexo.

Apesar de Friedrich Müller ter apresentado certa precaução para com a palavra *povo* e com as diferentes formas em que a palavra é empregada nas diversas Constituições (ditas democráticas), temos que ainda ela é preferível em relação a palavra *cidadão*. Isto se dá porque *cidadania* (hoje instituição formada por um *conjunto de direitos civis*) é exercida pelo titular desses direitos, que é qualquer pessoa do *povo*.

---

[33] MÜLLER, Friedrich. *Quem é o povo?*: a questão fundamental da democracia. Tradução de Peter Naumann. São Paulo: Max Limonad, 2000, p. 47-53.

Aliás, oportuna foi a observação de José Alfredo de Oliveira Baracho, em obra importante,[34] quando analisou o conceito de *cidadão* e *cidadania*. Na ocasião, disse que "não existem cidadãos sem democracia". E vice-versa. Na continuidade, recordamos (e frisamos), na obra de Baracho, que no ensejo analisava a questão dos Estados Unidos, expressou "que o cidadão não aparece de um momento para outro [...]" e as pessoas "adquirem progressivamente os componentes de certo estatuto [...]". Tem-se de ver, com o referido autor, que, posteriormente, "a cidadania configura o *status* ao qual estão associados todos os direitos *ex lege*, equivalentes a uma denominação que estabelece os *direitos de cidadania*, os *direitos civis*, os *direitos políticos* e os *direitos sociais*".[35]

Por ter como objetivo colocar-se uma reflexão mais ampla, o Direito Constitucional talvez utilizou-se de um termo de considerável largura – *povo* – a fim de buscar abarcar um conjunto de grandes dimensões e relativamente disperso de reflexão sobre os integrantes de um território.

Quando falamos do conceito de *cidadania*, os primeiros equívocos que nos vêm ao imaginário são as pessoas que votam nas eleições. É necessário deixar claro que a cidadania não é só isso. Ela não se esgota no *voto*, porque, do contrário, estaríamos deixando sempre muitas situações e muita gente de fora. Por sua vez a palavra *povo* se converte numa variação (um conceito mais amplo do que o de *cidadania*), às vezes quase um critério demográfico, que inclui nacionais e estrangeiros.

Apesar dessas observações, vem a lume a importância da pesquisa de Müller, em especial, quanto ao entendimento que o autor tem de *povo ativo*[36] (os titulares de nacionalidade que podem votar, incluindo a possibilidade de se elegerem para diversos cargos públicos), e de *povo destinatário*[37] (nacionais e estrangeiros, os quais são destinatários

---

[34] BARACHO, José Alfredo de Oliveira. *Direito processual constitucional*. Belo Horizonte: Fórum, 2008, p. 110.

[35] *Ibidem*, p. 112.

[36] MÜLLER, Friedrich. *Quem é o povo?*: a questão fundamental da democracia. Tradução de Peter Naumann. São Paulo: Max Limonad, 2000, p. 55-58.

[37] *Ibidem*, p. 75-77.

de direitos fundamentais). Friedrich Müller disserta também sobre a "estrutura de legitimação",[38] ou seja, sobre a legitimidade democrática que só é conquistada se todas as instâncias dos processos forem democráticas, um ciclo que não pode ser interrompido de forma não-democrática.

Dessa forma, Müller[39] afirma que no Estado de Direito, o jurista não pode "brincar de Pretor Romano", e as funções Executiva e Judiciária, que ele denomina de "executantes", estão também dentro dessa estrutura e devem comprometer-se com a democracia para serem legítimas, e qualquer ato que ultrapasse os limites previamente normatizados serão ilegais. O *povo*, desta forma, seria visto como "instância global da atribuição da legitimidade democrática", já que dele decorreria a "estrutura de legitimação".

Temos que essa classificação de Friedrich Müller poderia se encaixar na redação do art. 1º da Constituição Federal, parágrafo único, que destaca que "todo poder emana do povo, que o exerce por meio de representantes eleitos diretamente, nos termos desta Constituição". Neste enfoque, teria o *povo* direito de "revolta" (desobediência civil) contra o ordenamento jurídico, mesmo os não-votantes ou os eleitores vencidos nas eleições, pois o *povo* exerce a dominação legítima, mediado, evidentemente, pelas normas que permitem a qualquer interessado fiscalizar e reivindicar.

Verifica-se, que um dos grandes problemas levantados pelo mencionado autor seria, sem dúvida, o caráter *icônico* do termo *povo*, por se constituir abstrato e inofensivo. Assim, o *povo como ícone*[40] acaba sendo usado para mascarar segmentações sociais, em benefício de uma minoria privilegiada, por trás de um discurso inflamado o qual afirma que *o "povo" assim o quis*! Aqui vale a explicação de Dhenis Cruz Madeira: "o povo-ícone é carente de legitimação, pois

---

[38] MÜLLER, Friedrich. *Quem é o povo?*: a questão fundamental da democracia. Tradução de Peter Naumann. São Paulo: Max Limonad, 2000, p. 75-77.

[39] *Ibidem*, p. 60.

[40] BARACHO, José Alfredo de Oliveira. Teoria geral da soberania. *Revista Brasileira de Estudos Políticos*, Belo Horizonte, n. 63/64, jul./jan. 1986/1987, p. 79-81.

não participa do espaço político de construção das decisões estatais. É um objeto na voz do governante autoritário, que sempre o invoca para justificar seus atos. Neste sentido, o autocrata costuma dizer que fez isto ou aquilo *em nome do povo*. Que povo é este? justamente, o povo-ícone, pois este não existe, não se inclui no sistema jurídico e não possui vida política".[41]

Tem-se, que, reconstrutivamente, criar uma nova concepção a respeito de *povo* e visualizá-lo sob outro enfoque, abandonando o discurso do *povo ícone* apontado por Friedrich Müller e, ainda, defender o caráter democrático do "poder", reconhecendo no *povo* a figura de um agente, dentro de uma sociedade heterogenia onde os mandatos recaiam sobre todos os integrantes, de maneira igual, a fim de se ter uma institucionalização de direitos pela vontade soberana.

Nessa perspectivação, um espaço efetivamente democrático requer, ainda, canais que permitam aos integrantes dessa sociedade manifestar-se por meio da utilização dos institutos democráticos da *iniciativa popular*, como o plebiscito e o referendo, que são pré-consultas aos coautores do sistema jurídico, e das *ações constitucionais* (*e.g.*, ação popular, mandado de segurança, controle de constitucionalidade).

A palavra *povo*, no pioneiro trabalho de Müller, parece ainda, em algumas passagens, manter estreito vínculo com o republicanismo. Por isto, neste ponto do nosso estudo, necessitamos de uma reflexão mais cautelosa, eficiente e esclarecedora. Com efeito, convém pontuar que o enfoque deste livro não é trabalhar o conceito de *povo* como *massa popular*. O que vale notar, é que *povo* não pode ser entendido na vertente republicanista (povo acéfalo), pois a grande questão é: esse *povo* teria vontade por qual cabeça? Pela cabeça de um *führer*? Ou a de outro líder carismático? Lado outro, é necessário esclarecer que, neste momento, não pretendemos realizar um estudo sobre os movimentos sociais, o que poderia nos afastar do objetivo de nosso estudo, que é a demarcação da Teoria da Constituição e do Direito Constitucional no espaço processualizado.

---

41 MADEIRA, Dhenis Cruz. *Argumentação jurídica*: (in)compatibilidade entre a tópica e o processo. Curitiba: Juruá, 2014, p. 336.

Não há senão, entretanto, desde logo, assinalar que os movimentos populares como sinal de repúdio à política econômica adotada pelo país ou outras manifestações realizadas nas ruas por meio de reclamações ligadas a questões tributárias, gastos públicos de forma desprogramada, corrupção, poluição ambiental, rejeição de partidos, exigência de melhoria em saúde, segurança, transporte público, educação e outros problemas da órbita social, têm a sua parcela de discursividade exitosa num país que se abre à *democracia*. Eles são importantes e oxigenam o debate sobre as ineficiências de organização do Estado, como aconteceu no Brasil, nos "movimentos de junho", em 2013, com a participação de segmentos de "esquerda" e de "direita" (relativizando essas definições clássicas, uma vez que a distinção original, forjada à época da Revolução Francesa, na contemporaneidade já não faz tanto sentido), e os protestos de 2015, com a participação de pessoas de várias tendências de "direita" e ao "centro" do espectro político (voltando as classificações predefinidas).[42] São momentos marcantes da nossa história democrática (movimentos sinalizadores), que podem ser chamados de contra-condutas, insurreições, sublevações ou insubordinações, foucaultianamente falando.

No entanto, o que se pretende, aqui, neste livro, é um estudo sobre a reivindicação de direitos, mas que passe pela falibilidade discursiva (Popper) por meio das *ações judiciais*, uma vez que a "*situação ideal de fala* [...] não se adquire por melhores argumentos produzidos nos Juízos de Direito ou nos espaço públicos, mas por um direito constitucionalmente processualizado aos moldes *neoinstitucionalistas* com apoio na falibilidade discursiva, conforme Popper".[43] Por isto, sustentamos que, talvez, seja também interessante pensarmos a participação do *povo* como aquele *processualmente legitimado* a propor ações constitucionais, a fim de promover reivindicações no *espaço processual*, por meio do *processo constitucional*, que é um discurso

---

42 Como é de conhecimento geral, a distinção entre "esquerda" e "direita" remonta à Revolução Francesa, em 1789, quadro em que os lugares ocupados na Assembleia Constituinte eram disponibilizados da seguinte forma: o monarca, ao centro, era ladeado, à esquerda, pelo povo (desafio à estrutura vigente). À direita do monarca, a aristocracia e o clero (pensamentos conservadores).

43 LEAL, Rosemiro Pereira. *A teoria neoinstitucionalista do processo*. Belo Horizonte: Arraes, 2013, p. 71.

institucionalizado no âmbito da *autonomia público-privada*. Eis, por que, *povo* deve ser entendido como "conjunto de legitimados ao *processo*" (estou citando Pereira Leal).[44]

1.4 ANÁLISE E (RE)CONSTRUÇÃO DO CONCEITO DE SOBERANIA

Entende, José Alfredo de Oliveira Baracho, que a *soberania* tem o seu conceito elaborado pela ciência e assentado na experiência e na observação dos fenômenos sociais. [45] Há, na Teoria do Estado e do Direito Constitucional, uma grande divergência ao longo dos tempos sobre quem seja o titular da soberania.

Essa questão foi certamente uma das marcas fundamentais do Direito Político, desde a sua época inicial, com Jean Bodin, Tomas Hobbes, até os dias atuais, com ideias mais democráticas e avançadas estudadas por Herman Heller[46] e Jorge Carpizo,[47] em que a soberania é vista como poder popular.

Simone Goyard-Fabre, em trabalho sobre os princípios filosóficos do Direito Político moderno, aponta que a ideia de soberania é sempre analisada ao lado do estudo do *poder*. [48] Bodin, *e.g.*, caracterizava a soberania como a potência absoluta e perpétua de uma República em que os príncipes soberanos eram escolhidos por Deus para comandar os outros homens.[49] Retoma-se, aqui, uma observação: antes de Bodin, o termo "*soberano*" tinha "sido aplicado como adjetivo, de modo impreciso, a qualquer indivíduo de posição".[50]

---

44 LEAL, Rosemiro Pereira. *Teoria geral do processo*. 11ª. ed. Rio de Janeiro: Forense, 2012.

45 BARACHO, José Alfredo de Oliveira. Teoria geral da soberania. *Revista Brasileira de Estudos Políticos*, Belo Horizonte, n. 63/64, jul./jan. 1986/1987, p. 8-9.

46 HELLER, Hermann. *Teoria do Estado*. São Paulo: Mestre Jou, 1968, p. 16.

47 CARPIZO, Jorge. La soberanía del pueblo en el derecho interno y el internacional. *Revista de Estudios Políticos*, Madri, n. 28, jul./ago. 1982, p. 195-209.

48 GOYARD-FABRE, Simone. *Os princípios filosóficos do direito político moderno*. São Paulo: Martins Fontes, 1999, p. 2.

49 *Ibidem*, p. 138.

50 GIDDENS, Anthony. *O Estado-Nação e a Violência: segundo volume de uma crítica contemporânea ao materialismo histórico.* São Paulo: Universidade do Estado de São Paulo, 2001, p. 119.

Grotius,[51] ao estabelecer suas ideias quanto ao titular da soberania, demonstrou ser um pensador fascinado pelas teorias teológico-naturalistas,[52] ao passo que Hobbes vislumbrou um humanismo jurídico-político; Hegel e Jellineck,[53] precursores da doutrina alemã, indicavam o Estado, e Rousseau não hesitou em mostrar o *povo* como o *soberano*.[54]

Portanto, a palavra "poder" nesta pesquisa não tem o significado que lhe deu a História ou que lhes possam dar alguns estudiosos atuais. O *poder*, aqui, é utilizado no sentido de *dever*, de respeito à lei escrita criada pelo povo enquanto legitimador do ordenamento (*povo* como instância global de atribuição da legitimidade democrática)[55] ou, ainda, com a denominação de atividade ou função (atividade constituinte, atividade legislativa, função estatal, atividade jurisdicional), a fim de fugir da aplicação nomenclatural do autoritarismo dos órgãos dirigentes, legiferantes e judicantes de um Estado.

1.5 O POVO (COMUNIDADE JURÍDICA) COMO TITULAR DA SOBERANIA

Neste ponto de nosso estudo, já se percebe com facilidade que o Povo não é mero ornamento descartável a qualquer mudança estatal.

Ao assumir uma posição inteiramente rousseauniana, Jorge Carpizo destaca as ideias do filósofo francês, e conclui: "el pueblo es su propio legislador y juez. El pueblo crea y destruye las leyes. El pueblo es quien decide y su voluntad convierte las simples conductas en leyes que son las guías de la voluntad creadora. El pueblo es el amo y señor, los que gobiernan son sus servidores: [...] el acto que instituye el Gobierno no es un contrato, sino una ley; los depositarios del poder

---

51 GOYARD-FABRE, Simone. *Os princípios filosóficos do direito político moderno*. São Paulo: Martins Fontes, 1999, p. 150-156.

52 CARPIZO, Jorge. La soberanía del pueblo en el derecho interno y el internacional. *Revista de Estudios Políticos*, Madri, n. 28, jul./ago. 1982, p. 198.

53 *Idem*.

54 GOYARD-FABRE, Simone. *Os princípios filosóficos do direito político moderno*. São Paulo: Martins Fontes, 1999, p. 180-183.

55 MÜLLER, Friedrich. *Quem é o povo?*: a questão fundamental da democracia. Tradução de Peter Naumann. São Paulo: Max Limonad, 2000, p. 59-64.

ejecutivo no son los dueños del pueblo, sino sus servidores; puede nombrarlos o destituirlos cuando le plazca".[56]

Como resultado dessa conclusão, Rosemiro Leal, em sua obra *Direito Econômico*,[57] refuta as ideias de Maquiavel, Bodin e Hegel e assevera que a ideia de soberania deve ser realmente *reestruturada*, pois não pode mais ser vista como um atributo do Estado, mas sim como uma instituição que está no núcleo da cidadania.

Nessa perspectiva, a análise da soberania deve ser feita ao lado da distinção entre princípios, regras e normas, sendo que a *soberania* como uma *instituição jurídica* por conter princípios próprios definidos na Constituição.

A partir dessa análise, Rosemiro Leal verifica que a Constituição da República se refere, em seu discurso, ora à soberania do *Estado* ora à soberania do *povo*. [58] Note-se, que o art. 1º da Constituição, fala em soberania como fundamento do Estado Democrático de Direito; o art. 5º, LXXI, afirma que caberá *mandado de injunção* quando faltar norma regulamentadora que diz respeito, entre outros casos, às prerrogativas inerentes à soberania; o art. 14, por sua vez, fala, entre outros casos, em soberania popular quando trata do sufrágio universal; e o art. 170, I, refere-se à soberania como princípio da ordem econômica.

Dessa forma, distinguindo os seus efeitos e causas, a fim de ampliar a extensão do conceito de soberania, referido autor observa que a CF/88, apesar de ser confusa nesse ponto, registrou o significado moderno de soberania por buscar no cidadão, "muito antes que no Estado, a fonte de sua própria existência, eficácia e legitimidade

---

[56] CARPIZO, Jorge. La soberanía del pueblo en el derecho interno y el internacional. *Revista de Estudios Políticos*, Madri, n. 28, jul./ago. 1982, p. 200. "[...] O povo é seu próprio legislador e juiz. O povo cria e destrói as leis. O povo é quem decide, e sua vontade converte as simples condutas em leis que são as diretrizes da vontade criadora. O povo é o dono e senhor, os que governam são seus servidores [...] o ato que institui o Governo não é um contrato, senão uma lei; os depositários do poder executivo não são os donos do Povo, senão seus servidores: pode designá-los ou destruí-los quando lhe convenha [...]" (tradução livre).

[57] LEAL, Rosemiro Pereira. *Direito econômico*: soberania e mercado mundial. 3. ed. Belo Horizonte: Del Rey, 2005.

[58] *Ibidem*, p. 11.

jurídicas".[59] Com esta argumentação, o citado autor ainda pretende demonstrar que "A única fonte legítima (originária) de poder, no mundo pós-moderno (mundo da história não-linear), é o POVO (conjunto de legitimados ao *processo*) e a fonte secundária é a *lei* (ordenamento jurídico) criada pelo POVO, cabendo ao Estado, como uma das instituições da NAÇÃO, exercer a função de fazer cumprir a lei pelos segmentos básicos do serviço público (executivo-administrativo, comissário-legislativo, judiciário). *Estado* não é soberano por atributo intrínseco, mas exerce a soberania por delegação popular numa relação jurídica revisível a qualquer tempo pelo povo".[60]

Esse, precisamente, é o quadro que exige a adesão e conformidade das ideias a fim de assumir perspectivas que possam suprir carências até então observadas, bastando buscar um conceito democrático de povo. Daí ser imperioso visualizar a Constituição como *texto legitimante de instituições*, pois a própria Constituição, por sua vez, é uma instituição jurídica, um direito político fundamental que estabelece o cidadão como titular da soberania e que a exerce de várias formas. Neste ínterim, Giorgio Agamben recorda que há o *direito de resistência* previsto na vigente Constituição alemã (art. 20, inciso IV), a qual assegura, sem restrições, o direito de todos alemães de resistirem à tentativa de eliminação da ordem constitucional.[61] Essa resistência ocorrerá contra ato que viole a Constituição, desde que não haja alternativa possível.

---

59 LEAL, Rosemiro Pereira. *Direito econômico*: soberania e mercado mundial. 3. ed. Belo Horizonte: Del Rey, 2005, p. 11.

60 *Ibidem*, p. 199-200.

61 AGAMBEN, Giorgio. *Estado de exceção*. São Paulo: Boitempo, 2004, p. 23.

Capítulo 2

CONSTITUCIONALISMO, CONSTITUIÇÃO E TIPOLOGIA DO ESTADO CONSTITUCIONAL

2.1 CONSTITUCIONALISMO: DA ANTIGUIDADE À CONTEMPORANEIDADE

Destaca-se na literatura jurídica o *constitucionalismo*, um movimento reivindicativo-político-jurídico, de alta complexidade, que não nasceu democrático, mas (com muito custo!) vai se democratizando aos poucos, com objetivos de desenhar a limitação do poder de Estado e as garantias dos direitos fundamentais. Como resultado, a história das sociedades mostra que sempre houve pontos de ruptura em que uma convivência social é substituída por uma nova.

No entanto, antes de refletirmos o Estado Constitucional, como sua clássica tipologia em Estado Liberal e Estado Social, convém relembrar, abreviadamente, alguns traço de um período anterior (o Estado Absoluto), e o caminho para a Constituição.

Menelick de Carvalho Netto oferece uma abordagem analítico-comparativa muito rica com relação ao estudo do absolutismo monárquico inglês num determinado contexto histórico.[1] Por isto, entendemos necessário trabalhar com a distinção entre Tirania, Monarquia Absoluta e Monarquia Constitucional para, num segundo momento, entendermos melhor a ideia de Constituição.

Assim, segundo o citado autor, *Tirania* ou *Despotismo* é uma categoria em que o monarca possui de forma irrestrita e incondicional o poder político, exercendo-o livremente sem reconhecer a existência de qualquer regra escrita. Já no modelo de *Monarquia Absoluta*, embora o monarca ainda concentre todos os poderes do Estado em suas mãos, ele próprio "estabelece as regras que limitam os seus próprios poderes e se obriga a observá-los, enquanto ele próprio não os tenha ab-rogado".[2] A diferença, portanto, entre um e outro centra-se na autolimitação do Monarca, indicando o surgimento, ainda que em seu primeiro estágio, do denominado Estado Moderno. Veja que a *Monarquia Constitucional* é caracterizada pelo "fato de que o poder do monarca é limitado por regras de que ele não mais pode dispor por si só [...]". [3]

Dessa forma, Menelick Netto recorda que, desde os fins do século XV até a revolução ocasionada pela Segunda Guerra Civil de 1648, teve lugar um verdadeiro absolutismo na Inglaterra onde "o rei se afirma de forma efetiva como o princípio, a cabeça e o fim do Parlamento".[4]

No que se refere às linhas gerais da monarquia na história, o referido autor busca delinear várias passagens em que demonstra o apogeu do absolutismo nos reinados de James I (1603-1625) e de seu filho Charles I (1625-1649), os quais sempre procuraram reforçar o absolutismo-monárquico. Os conflitos entre Rei e Parlamento eram uma constante e o Parlamento era sempre dissolvido levando o absolutismo ao triunfo.[5]

---

1 CARVALHO NETTO, Menelick de. *A sanção no procedimento legislativo.* Belo Horizonte: Del Rey, 1992.

2 AGAMBEN, Giorgio. *Estado de exceção.* São Paulo: Boitempo, 2004, p. 28.

3 *Ibidem*, p. 29.

4 *Ibidem*, p. 31.

5 *Ibidem*, p. 27-49.

Segundo o eminente professor, Charles I chegou a nomear um líder de um grupo de teólogos tradicionalistas anticalvinistas para que ensinassem nas escolas a "Teoria do Direito Divino dos Reis". Neste ponto, é pertinente a afirmação feita por Niklas Luhmann de que a legitimidade foi um conceito muito usado na Idade Média para a "defesa da usurpação e tirania" face à ausência absoluta de regras positivadas, e o permanente discurso de autoridade emanado do representante da divindade (soberano), visto como a única fonte legitimada para a representação da vontade geral. [6]

Somente com a denominada *Gloriosa Revolução de 1688* o trono Inglês foi ocupado por William d'Orange, momento histórico em que surgiu a Monarquia Constitucional atuando como uma impossibilidade de o poder real invocar a doutrina do Direito Divino do Soberano.

Deve-se ainda registrar, nesse contexto histórico, que "ao soberano é reconhecida uma parcela do Legislativo. O Rei não pode fazer as leis por si só, suspender-lhes a eficácia, nem tampouco dispensar alguém de observá-las".[7] Desta forma, o soberano passou a ser visto como uma pessoa pública que, embora investida do poder da lei, deveria atuar de acordo com a vontade da sociedade, vontade que passa a ser expressa por leis, originando-se, a partir daí, um maior respeito à *legalidade*.

Ainda que haja divergências sobre o início do constitucionalismo, muitos são os autores que afirmam que o constitucionalismo teve início na Inglaterra com a Magna *Charta Libertatum* de 1215.[8] Reconhecer isso significa perceber a influência desse país na construção de uma via que abriu caminho para o aperfeiçoamento de leis que, nos seus principais aspectos, são consideradas como reguladoras de matérias constitucionais, como por exemplo, a *Petition of Rights* (1628), o *Habeas Corpus Act* (1679) e, por fim, em 1689, o *Bill of Rights*.[9]

---

6 LUHMANN, Niklas. *Legitimação pelo procedimento*. Brasília: UNB, 1980, p. 29.

7 CARVALHO NETTO, Menelick de. *A sanção no procedimento legislativo*. Belo Horizonte: Del Rey, 1992, p. 40.

8 MAGALHÃES, José Luiz Quadros de. *Direito constitucional*. Belo Horizonte: Mandamentos, 2006. t. III, p. 69.

9 O *Bill of Rights* aparece em duas versões. Uma inglesa, de 1689, ocorrida depois da *Glorious Revolution*, quando Willian III aceitou o compromisso com

Contudo, a relevância maior dessa noção de constitucionalismo veio com a história da França. Urge mencionar, que Emmanuel Sieyès (1748-1836)[10] deixou uma grande contribuição ao teorizar acerca de uma atividade constituinte superior aos demais poderes ordinários de sua época. Argumentava que o Terceiro Estado (o povo) não deveria mais sustentar a *alta nobreza* e nem o *alto clero*.

Daí, as análises sobre a Revolução Francesa (revolta contra a tirania do monarca, quando os Estados gerais decidiram converter-se em uma Assembleia Nacional) e a esperada mudança por intermédio de uma Lei geral (Constituição) contendo princípios de igualdade e liberdade para todos. Neste contexto, a Constituição passa a ter papel de extrema relevância. Acentua José Alfredo de Oliveira Baracho, que Sieyès "tratando da garantia constitucional, salientou o significado da Constituição como um corpo de leis obrigatórias, que devem ser guardadas e respeitadas".[11]

Como se sabe, as revoluções inglesa, norte-americana e francesa (século XVIII) mediaram uma nova fase de convívio social. O *constitucionalismo* não ficou adormecido frente ao fluxo da vida e sofreu importantes modificações em seu curso quanto ao estudo do Estado e do Direito.[12]

Assim, o vocábulo *Constituição*, tradução do termo aristotélico *politeia*, sofreu grande metamorfose.

Enquanto no sentido original significava a ordem total da *polis*, a estrutura fundamental de uma dada associação política, hoje, sabemos, com Rosemiro Pereira Leal, que "a Constituição não é mais instrumento estatal magno, político-normativo de asseguração de equilíbrio entre poderes imanentes ao Estado e ao serviço voluntário

---

o Parlamento de reduzir seu poder político, e a outra, por meio de uma versão norte-americana, proposta em 1789, com a finalidade de agregar direitos e liberdades por intermédio dos dez primeiros aditamentos (Carta de Direitos) aos sete artigos da Constituição americana, de 1787.

10 SIEYÈS, Emmanuel Joseph. O que é o terceiro Estado?. In: *A constituinte burguesa*. Rio de Janeiro: Liber Júris, 1988.

11 BARACHO, José Alfredo de Oliveira. *Direito processual constitucional*. Belo Horizonte: Fórum, 2008, p. 64.

12 BARACHO, José Alfredo de Oliveira. Teoria geral do constitucionalismo. *Revista de Informação Legislativa*, Brasília, v. 23, p. 05-62, jul./set. 1986.

deste ou de mera distribuição de funções, competências e atribuições administrativas, judiciárias, jurisdicionais e legislativas para fins de bem-estar e paz sociais, não devidamente equacionadas em parâmetros institucionais inequívocos e eficazes. Atualmente, *Constituição*, quando contextualizada livremente pelo *povo* em paradigmas processualizados de dignidade e liberdade humanas, é a única fonte de poder legítimo jurídico-institucional, e não mais o Estado instrumental ou outras esferas funcionais que só se legitimam em razão de nela terem origem".[13] Com isto, há que se afastar a "tão banalizada semântica de *Carta Magna* e *Lei Maior* que tanto tem concorrido para biblificar o discurso jurídico-constitucional".[14]

Nesse passo, vemos, que, em José Alfredo de Oliveira Baracho, a "Constituição opera como coordenadora das relações materiais. Desse entendimento deriva a possibilidade teórica de um *sistema de garantia constitucional*".[15]

2.2 CONSTITUIÇÃO EUROPEIA E A TENSÃO CRIATIVA DA HUMANIDADE

Desde a aurora da Revolução Industrial, a sociedade vem se tornando cada vez mais engenhosa no desenvolvimento de maneiras de transformação da modernidade. Do Modernismo do século XIX ao Modernismo do século XX, a humanidade prosperou e cresceu para além de nossa imaginação, inclusive em novos problemas. A questão agora é saber como iremos lidar com os problemas e gerir as consequências, neste século XXI, com uma população mundial de aproximadamente 6,5 bilhões, e a possibilidade de haver, em 50 anos, mais 3 bilhões de pessoas no Planeta. É uma situação inquietante, desafiadora. São esses os motivos de preocupação da alta modernidade. São fatos verdadeiramente relevantes. E o problema se põe em um contexto curioso: se olharmos para o velho continente, os europeus estão satisfeitos com os problemas da contemporaneidade?

---

13 LEAL, Rosemiro Pereira. *Teoria geral do processo*. 11ª. ed. Rio de Janeiro: Forense, 2012, p. 37.

14 *Ibidem*, p. 181.

15 BARACHO, José Alfredo de Oliveira. *Direito processual constitucional*. Belo Horizonte. Fórum, 2008, p. 63.

A resposta é não. E surge a panacéia europeia: um projeto de Constituição para a Europa, a bem dizer um projeto de engenharia política, pois um acordo entre Estados. O certo é que ela é capaz de estimular a fantasia.

Dieter Grimm, por ocasião da assinatura do Tratado de Maastricht, escreveu um artigo em que enfrenta a formalização de um Tratado que poderia ser considerado também como uma Constituição para a Europa. [16]

A Corte alemã, ao dar um parecer, pronunciou-se favoravelmente ao Tratado, porque entendeu não haver uma Constituição para a Europa. Desta forma, Grimm começa seu artigo indagando se há ou não uma Constituição, e qual a diferença entre tratados internacionais e Constituições. Para tanto, ele volta às origens do constitucionalismo, no início da modernidade, para vê-lo como o resultado de um processo de maturação *diante da falta de um povo verdadeiramente europeu*; por isto conclui: uma Constituição para a Europa não pode existir, pois Constituições são feitas por povos. E vai, referido autor, sinalizar que há na Europa reunida algo próximo a onze línguas, nenhuma das quais abraça a maioria da população. Tanto o inglês quanto o francês são consideradas línguas estrangeiras para mais de 80% da população. Com isto, se posiciona: "[...] *al maggiore ostaculo per una europeizzazione di quela sottostrutura política da cui dipendono il funzionamento di un sistema democratico e l'efficienza di un Parlamento. Si trata della língua*".[17] Daí, uma Constituição para a Europa poderia ser perigosa, pois não há um "povo europeu".

Diferentemente dessa opinião, situa-se Jürgen Habermas,[18] o qual entende que o projeto de um Estado europeu não fracassa necessariamente

---

16 GRIMM, Dieter. Una Constituzione per l'Eropa?. In: ZAGREBELSKY, Gustavo; PORTINARO, Píer Paolo; LUTHER, Jorg. *Il futuro della Costituzione*. Torino: Einaudi, 1996.

17 "[...] o maior obstáculo para uma europeização daquela subestrutura política da qual dependem o funcionamento de um sistema democrático e eficiência de um parlamento. Trata-se da língua" (tradução livre).

18 HABERMAS, Jürgen. *Era das transições*. Rio de Janeiro: Tempo Brasileiro, 2003, p. 27-28.

na variedade de idiomas, como pensou o Tribunal Constitucional da República Federal, ao emitir o juízo sobre Maastricht, pois nos países escandinavos e nos países baixos, o sistema educacional já impõe o estudo de dois idiomas. Na opinião do pensador alemão, a língua inglesa pode ser tomada como segundo idioma comum.

Não cremos, entretanto, que a questão da língua possa ser um entrave à decolagem da União Europeia, desde que se obtenham resultados econômicos e assegurem aos cidadãos desses Estados-Países seus direitos fundamentais, com qualidade, ainda que haja onze línguas ou mais a serem reconhecidas dentro de um único sistema jurídico (UE).

Queremos, agora, fazer um outro raciocínio. Referimo-nos ao fato de que muitos se opõem à ideia de uma Constituição, dizendo que o Tratado Constitucional que está sendo submetido ao referendo dos europeus, mesmo que seja aprovado por todos os países, não será jamais uma verdadeira Constituição. Trata-se, apenas, de um documento de recopilação cuidadosa e exaustiva, de quase todos os acordos e tratados que já haviam sido assinados pelos países membros da União Europeia (UE), durante as últimas décadas.

Dada, entretanto, essa disposição, como visto, Jürgen Habermas diz ser "ilegível o projeto já pela razão ordinária de conservar o cipoal de tratados internacionais a não ser, como toda e qualquer Constituição genuína, um arcabouço transparente de normas fundamentais".[19] Em consequência, a "elegibilidade tem uma razão mais profunda: falta a perspectiva que permitiria às pessoas reconhecer por que a Europa necessita de uma Constituição, agora".

Assim, para entendermos toda a vinculação do processo de elaboração da Constituição, necessário se faz saber que toda base está no *Tratado de Roma*, de 1957, o qual criou a Comunidade Econômica Europeia (França, Itália, Alemanha, Holanda, Bélgica e Luxemburgo). Surgiu, então, em 1992, o *Tratado de Maastricht* criando a União Europeia, que fixou o quadro institucional: Conselho Europeu, Conselho de Ministros, Comissão e Parlamento, e, no ano de 2000, foi lançado o *Tratado de Nice*, o qual reformou as instituições em virtude

[19] HABERMAS, Jürgen. A imagem contra o poder. *Folha S.Paulo,* p. 3.

da adesão de novos membros. A Europa esquematiza-se em 28 de fevereiro de 2002, na primeira reunião sobre o seu próprio futuro, presidida por Valéry Giscard d'Estaing, o qual, em junho de 2003, apresentou um projeto de Constituição ao Conselho Europeu de Thessalonique (Grécia).

A Constituição Europeia (vamos chamá-la assim) somente entrará em vigor (se entrar em vigor) quando os 27 países membros ratificarem-na, seja pelos seus parlamentos seja por intermédio de referendos como demonstraram alguns países (Irlanda, Dinamarca, Luxemburgo, Polônia, Espanha, entre outros). Até agora, França e Holanda responderam com um sonoro "não", democrático e avassalador, ao plebiscito em 2005.

Com efeito, o projeto de uma Constituição para os países da União Europeia teve de ser inteiramente reformulado e o *Tratado de Lisboa*, de 2007 (uma versão reformulada da Constituição da UE), propôs uma série de modificações dentro da Comunidade Europeia. Cumpre ressaltar que, em 2008, a Irlanda, por meio de referendo, votou contra o Tratado de Lisboa, o que colocou em xeque a União Europeia, com quase meio bilhão de europeus, uma vez que o texto precisava de apoio unânime dos 27 países do bloco para entrar em vigor.

O curioso é que, em outubro de 2009, quinze meses após o texto ter sido rejeitado, a Irlanda aprovou em referendo (67,1%) o Tratado de Lisboa. Salienta-se que a Irlanda foi o único dos 27 países da União Europeia a submeter o texto a consulta popular. Os outros países já o ratificaram em votação parlamentar. O curioso é que, quando a União Europeia aparenta ser sólida, descobre-se que ela é portadora de grande oscilação com profundas crises econômicas e problemas de intolerância com o diferente – o estrangeiro, o mulçumano, o africano, o latino, entre outros –, o que lembra Marschall Berman, repetindo Marx, que "tudo que é sólido desmancha no ar".[20]

---

[20] BERMAN, Marschall. *Tudo o que é sólido desmancha no ar:* a aventura da modernidade. São Paulo: Companhia das Letras, 1986.

2.2.1 A Constituição: classificação dos textos constitucionais

É por demais sabido que o estudo da Constituição é um tema clássico. Tomando um aspecto concreto da análise desse documento escrito, as abordagens têm sido, com frequência, consideradas em artigos e livros de história, direito, sociologia e ciência política (quanta gente envolvida!).

Não é de estranhar, pois, que a descrição, conceito e interpretação da Constituição vai depender muito do lugar de onde o pesquisador ou o estudioso do tema está, de onde ele fala. Vista desse modo, a Constituição, os ângulos de estudo e pesquisa a seu respeito podem se apresentar, basicamente, ante quatro formas de abordagem: um histórico, um ângulo sociológico, outro político (um estudo na perspectiva de Ciência Política), e, por fim, um ângulo jurídico de leitura do Texto Constitucional. Não por acaso, antes de expandir o referido prisma, é preciso dizer, desde logo, que, neste livro, o foco principal é o olhar jurídico da Constituição.

Os lugares (história, direito, sociologia, ciência política), já vimos, redefinem a leitura a respeito de Constituição. Os elementos fixos, fixados em cada lugar, permitem leituras diferentes, como também já ficou claro. Na proposta sociológica, por exemplo, a Constituição é formada por um sistema de ações (um conjunto de forças) a partir de diversos atores sociais imbuídos em reivindicar temas colhidos nas variadas relações sociais, e, a partir de manifestações sociais, o que deve constar no texto escrito.[21] Uma outra leitura é a dos historiadores, que aqui de forma extremamente simplificada – incompleta portanto –, apresenta uma configuração de que a Constituição é um documento histórico de acentuada importância, dado que traduz noções sobre propriedade, memória coletiva, as estruturas de poder e relações sociais.[22]

No que diz respeito ao olhar político, bem diferente do sociológico e do histórico, muito bem estudado em ciência política, a referida

---

[21] Sobre a visão sociológica, ver, por exemplo, o clássico livro de Ferdinand Lassalle. *Que é uma Constituição*? Porto Alegre: Editorial Villa Martha, 1980.

[22] Sobre a abordagem histórica, embora não se trate de uma obra consistentemente acadêmica, ver VILLA, Marco Antônio. *A história das constituições brasileiras*: 200 anos de luta contra o arbítrio. São Paulo: Leya, 2011.

análise preocupa-se em entender – em apertada síntese – o jogo político, em complexidade e interconexão, nos bastidores de produção de uma Constituição (grupos parlamentares, lideranças, partidos políticos).[23]

Para os juristas, em especial no campo do Direito Constitucional, é muito comum a preocupação no que toca a interpretação da Constituição, a efetividade (aplicabilidade) de suas normas, o trâmite do processo legislativo e os assuntos inerentes à incompatibilidade de normas infraconstitucionais diante da Constituição, a fim de apontar os paradoxos e o banimento do ato jurídico eivado de inconstitucionalidade.[24]

Mas, devemos perguntar-nos, haverá, mesmo, um catálogo de características, um quadro sinóptico capaz de simplificação de todas as características da Constituição?

Assim como, em outras tantas disciplinas, costuma-se, em Direito, dizer que existe uma "classificação das Constituições". Encontrarmos, então, autores que se propõem a escrever uma tábula rasa das Constituições segundo as suas características gerais, as mais básicas. É bem verdade que essas classificações servem para qualquer Constituição, e não somente à Constituição brasileira de 1988, apesar de esta ser a base de nosso interesse. São tantas as classificações que algumas são inócuas, sem capacidade científica de esclarecimento, meras questiúnculas que lançam os leitores ao lugar do "nunca", um devaneio ingênuo.

Porém, não acreditamos em alguns rótulos que estão à solta nos diversos manuais de Direito Constitucional e acariciados por inúmeros autores. O que se almeja, com nosso estudo, ao menos esta é a finalidade, é espancar de vez a idiossincrasia e os sofismas das classificações herméticas (*e.g.*, Constituição suave, biomédica, em branco, plástica, jusnaturalista, empresarial, oral...).[25] Daí, a nossa

---

23 Um exemplo dessas reflexões é o texto do cientista político Bolívar Lamounier. Cf. LAMOUNIER, Bolívar. A Comissão Afonso Arinos e os debates constituintes. In. Sérgio Praça e Simone Diniz (Orgs.). *Vinte anos de Constituição*. São Paulo: Paulus, 2008, pp. 19-28.

24 Ver BONAVIDES, Paulo; MIRANDA, Jorge e AGRA, Walber. (Org.). *Comentários à Constituição Federal de 1988*. Rio de Janeiro: Forense, 2009.

25 BULOS, Uadi Lammêgo. *Curso de Direito Constitucional*. São Paulo: Saraiva, 2007. p. 31-35.

escolha de estudar poucas características, mas, que, de fato, têm importância para a compreensão de conceitos em Direito Constitucional.

Como já dito, classificações de Constituições são numerosas na literatura jurídica especializada, segundo os objetivos de quem as propõe ou conforme os aspectos que se deseja realçar. No entanto, neste livro, seguem algumas (poucas, porém principais!) classificações dos textos constitucionais.

2.2.1.1 Constituições escritas e promulgadas

Entre os conceitos que atualmente vincam a classificação das Constituições, podemos encontrar o tradicional costume de rotular as Constituições em *escritas* (codificadas) ou *não-escritas* (para nós, não-codificadas).

Originalmente, as Constituições positivadas tiveram sua gênese ligada ao Iluminismo, movimento desenvolvido por alguns intelectuais nos séculos XVII e XVIII (Voltaire, Diderot, D'Alembert, Montesquieu e Rousseau), com a finalidade de reivindicar direitos individuais, visando à limitação do Estado.

Obviamente, tal concepção, alia-se a uma tematização que gravita em torno de países que adotam um texto codificado e aqueles que não optaram por reunir suas leis constitucionais em um corpo único de normas que se denominou Constituição. Desta forma, há uma quase unanimidade em citar como exemplo de Constituição não escrita a da Inglaterra. Um estudo feito por José Luiz Quadros de Magalhães[26] apresenta um pensar diferente ao apontar que a Constituição inglesa é essencialmente escrita, pois dois dos três pilares de sua estrutura (*Statute Law*, o *Common Law* e as *Convention Constitutional*) são escritos. Importa ressaltar, que o *Statute Law* (leis constitucionais produzidas pelo parlamento), ao lado da *Common Law* e *Cases Law* (decisões judiciais construídas pelo judiciário) são escritos e compõem o ordenamento jurídico inglês. Somente as *Convenções Constitucionais*, acordos políticos efetuados pelo parlamento, não são escritos. Desta forma, a Constituição inglesa, assim a conceituamos por didatismo, não

---

[26] MAGALHÃES, José Luiz Quadros de. *Direito constitucional*. Belo Horizonte: Mandamentos, 2006. t. III, p. 127.

se apresenta num corpo único de leis (codificada), como a Constituição brasileira e a maioria das Constituições mundiais, podendo ser classificada como escrita, não-codificada e flexível.

Com efeito, uma Constituição *promulgada* é referente lógico para implementação de uma base democrático-jurídico-principiológica, tornando-se um meio de assegurar os fundamentos de liberdade e igualdade aos cidadãos, e, assim, essas Constituições se originam num recinto de discursividade (Parlamento/Assembleia Constituinte) composto por representantes sociais, eleitos pelo *povo* (comunidade jurídica), a fim de elaborar um texto constitucional. Assim, em apertada síntese, pode-se dizer, que uma Constituição promulgada é uma Constituição produzida por deputados e senadores eleitos diretamente pelo povo. No Brasil, exemplos dessas Constituições são lembrados, e, desta forma, remetem-se às Constituições de 1891, 1934, 1946 e 1988.

Porém, uma advertência: não há garantia de democracia em um país, pelo simples fato de a Constituição ter sido promulgada.

É de se notar que a Constituição de 1891 (governo de Deodoro da Fonseca) teve uma comissão para apresentar um projeto de Constituição (que apenas cinco pessoas redigiram) e uma Assembleia Constituinte corporativista que representava apenas os grandes proprietários e uma participação popular mínima pela proibição de voto dos menores de 21 anos, das mulheres, dos mendigos, dos analfabetos e dos militares que não possuíam patentes (o que já excluía parte significativa da sociedade). E o voto não era secreto.

As limitações das Constituições promulgadas no Brasil levam às fragilidades de nosso Direito Constitucional. Há algumas que foram produzidas de forma autoritária, sem a participação de vários segmentos de nossa sociedade multicultural. São exemplos de Constituições *outorgadas*: a de 1824 (outorgada por D. Pedro I, uma Constituição liberal- conservadora), a de 1937 (imposta por Getúlio Vargas) e a de 1967 (uma Constituição que foi escrita sem a participação popular na eleição de deputados e senadores com o objetivo de redigir o texto).

2.2.1.2 Constituição em sentido material e em sentido formal

Sem dúvida alguma, as Constituições apresentam inúmeras diferenças, e essa multiplicidade mostra que diversos fatores colaboraram para isso. Daí, uma análise sobre essas concepções que possibilita uma compreensão mais completa da definição de Constituição passa por uma abordagem do que é *matéria* e *forma* constitucionais, aliás, um assunto debatido desde há muito, como o que feito por Carl Schmitt.[27]

Pensamento comum entre os constitucionalistas é estabelecer diferenças: "Constituição material consiste no conjunto de regras materialmente constitucionais, estejam ou não codificadas em um único documento",[28] e conteúdo formalmente constitucional é o texto em si, sob forma escrita, estabelecido pelo constituinte.

A ênfase aqui recai na questão do texto escrito (o texto em si) e os assuntos que serão acolhidos por esse texto, concentrando a discussão nos assuntos (temas) centrais que classicamente são tratados em uma Constituição e as matérias periféricas, as quais deveriam ser enfrentadas fora do Texto Constitucional. Assim, em exercício de simplificação, uma *Constituição material* é uma Constituição que regula as matérias classicamente constitucionais, é um texto que vai direto ao ponto, porque trata da estrutura e do funcionamento do Estado (e seus limites), além de estabelecer o sistema de governo, as funções públicas, os direitos e garantias fundamentais dos cidadãos e ponto final. Que fique claro: alimentar outros assuntos – além desses que foram mencionados simplificadamente –, gera um texto de formato extenso, que começa abrir via para assuntos de menor importância e que poderiam, portanto, estar em legislações infraconstitucionais, jamais dentro de uma Constituição Federal. Porém, já que estão no texto, já que são assuntos que foram redigidos e alocados de maneira imprópria no Texto Constitucional, acabam integrando formalmente a Constituição, uma questão de crucial importância, uma vez que essa é a linha do equador para entendermos a diferença entre Constituição material e formal.

Uma análise da Constituição não deve ser feita apenas no viés *material*. E, já agora, devemos dizer que deve haver um outro ângulo de exame para além das análises crítico-reflexivas de saber o que deve ir e o que não deve ir para dentro de uma Constituição. O problema

---

27 SCHMITT, Carl. *Teoría de la Constitución*. Madrid: Editorial Revista de Direito Privado, 1927, p. 3-23.

28 MORAES, Alexandre de. *Direito constitucional*. São Paulo: Atlas, 2004, p. 39.

não é a discussão (filtragem), mas o momento de ingresso do tema na Constituição. De maneira direta: a questão é saber como se dá o procedimento formal de ingresso desses assuntos (importantes ou não) na Constituição Federal.

Convém, portanto, estabelecer que todas as regras constantes na Constituição Brasileira, sob o ponto de vista *formal*, passaram por uma formalidade *procedimental legislativa* (constituinte originário ou derivado reformador – processo constitucional legislativo, até mesmo para debater, em contraditório e defesa ampla, os assuntos que são alçados à categoria de norma constitucional). No entanto, do ponto de vista *material*, nem tudo o que se encontra escrito no Texto Federal Brasileiro é matéria constitucional. Se ainda há dúvidas, nada melhor do que os exemplos. Então, vejamos: a regra do art. 226, §1º, da Constituição, afirma que "*o casamento é civil e gratuita a celebração*". Lado outro, mais um ponto exemplar desta preocupação é a regra jurídica do art. 242, §2º, CF/88, assegura que "*O Colégio Pedro II, localizado na cidade do Rio de Janeiro, será mantido na órbita federal*". Pois bem. A inclusão desses dois assuntos na Constituição Federal ("o casamento é civil e gratuita a celebração" e "O Colégio Pedro II mantido na órbita federal") ocorre, para nós, de maneira imprópria, dado que poderiam muito bem ser acolhidos num Código Civil, no primeiro caso, ou em uma legislação federal, no outro caso. Ressalta-se, que tal comportamento, de levar para a Constituição assuntos de menor impacto, colabora para um excesso de artigos deixando o Texto Federal muito extenso.[29]

Podermos, agora, sair da zona de conforto e procurar outro movimento. Aqui aproveitamos a ocasião para uma análise mais aprofundada, bem distante das narrativas triviais dos Manuais de Direito Constitucional, como fizemos linhas atrás.

---

[29] Não se pode deixar de assinalar que o processo de democratização no Brasil deixou o Texto Constitucional bastante descritivo. Certamente, para tanto, há de ter contribuído para isso as características da Constituição Portuguesa, de 1976, que logo após a *Revolução dos Cravos* (feito histórico singular que acabou com a ditadura de Antônio Salazar), abriu caminho para o socialismo com uma série de normas-programas.

Raros os constitucionalistas, como Menelick de Carvalho Netto,[30] que superam esse enfoque dicotômico e simplista entre *Constituição material* (Constituição como realidade viva, concreta, orgânica de cada povo, que requer a materialização de direitos que protegem o lado mais fraco das relações) x *Constituição formal* (declaração da existência de direitos de igualdade e de liberdade, que para serem plausíveis, requerem a sua materialização).

É por isso, que Carvalho Netto diz que *forma* e *matéria* não podem ser enfocados como uma relação de contradição, pois são dimensões complementares, cooriginárias. Entretanto, o que podemos arrematar como ponto expansivo do tema "Constituição formal x Constituição material" é que a "forma" (o *procedimento*), só pode ser compreendida pela regência do *processo constitucional legislativo* que destina habilitar os cidadãos como coautores e o debate como seu eixo teórico dos trabalhos de construção e reconstrução de "*temas*", "*matérias*" (assuntos) que integrarão a plataforma constitucional. Não mais nos orientamos, atualmente, por um ensino da "Constituição formal", que se exaure tão-somente pelo *quorum de votação, mas sim por meio de uma inserção teórica de concepção processual discursiva da teoria da legitimidade.*

2.2.1.3 Constituição quanto à rigidez e flexibilidade

Muito se fala na tradicional característica das Constituições de se apresentarem como rígidas e flexíveis. Estas características são perceptíveis no momento de alterar o texto das Constituições via emenda constitucional. Discernir rigidez e flexibilidade torna-se indispensável à compreensão da alteração do Texto Constitucional.

Diante disso, as Constituições consideradas rígidas apresentam um *procedimento* dificultoso para alteração de seus conteúdos, ou seja, um *procedimento legislativo* diferente daquele destinado às leis ordinária ou complementar.

---

30 BARACHO JÚNIOR, José Alfredo de. A nova hermenêutica na jurisprudência do Supremo Tribunal Federal. In: SAMPAIO, José Adércio Leite (Coord.). *Crise e desafios da Constituição*. Belo Horizonte: Del Rey, 2004, p. 145.

A Constituição Brasileira de 1988 mostra exemplo de sua rigidez por intermédio do art. 60, §§2º, 3º e 5º, e em seu art. 60, §4º, com a adoção de matérias protegidas pela reformabilidade (*cláusulas pétreas* – a federação; o voto direto, secreto, universal e periódico; a separação de poderes; e os direitos e garantias individuais – visando proteger alguns direitos para que uma maioria, representada por um grupo, não os modifique. Muitos rotulam esse perfil de lógica contramajoritária).

Aliás, como bem acentua Oscar Vilhena,[31] essa característica de proteger alguns assuntos da Constituição surgiu a partir da Segunda Grande Guerra, pela Alemanha, com a finalidade de estabelecer mecanismos mais sólidos da salvaguarda de certos direitos, evitando, desta forma, a trágica experiência nazista de mudar o Texto Constitucional (cf. *Decreto para a proteção do povo e do Estado*).[32] Assim, a *Lei Fundamental de Bonn* (1949) passou a assegurar a inderrogabilidade de alguns direitos fundamentais. Não faltariam outras citações, em uníssono, sobre a importância das *cláusulas pétreas*, que, aliás, foram ampliadas na Constituição de 1988 (os Textos Constitucionais anteriores tratavam apenas da República e da federação).

Percebe-se que o procedimento de alteração da Constituição dos Estados Unidos é tido como ultra-reforçado, pois quem decide pela inclusão ou não de uma emenda (*amendment*) são os próprios Estados-membros por meio de uma maioria de 3/4, o que vale dizer que, para emendar a Constituição norte-americana, é preciso percorrer os 50 Estados e obter a anuência expressa de 39 deles.

As Constituições consideradas flexíveis não possuem tais características. A flexibilidade, segundo Raul Machado Horta, é quando a Constituição "desconhece a distinção entre lei constitucional e a lei ordinária, ambas sujeitas ao processo legislativo comum". [33]

---

31 VIEIRA, Oscar Vilhena. *Supremo Tribunal Federal.* São Paulo: Revista dos Tribunais, 1994, p. 28.

32 O mencionado Decreto de Hitler nunca foi derrogado, de modo que todo o Terceiro Reich pode ser considerado, do ponto de vista jurídico, como um Estado de exceção que durou 12 anos. Cf. AGAMBEN, Giorgio. *Estado de exceção.* São Paulo: Boitempo, 2004, p. 12-13.

33 HORTA, Raul Machado. *Direito constitucional.* Belo Horizonte: Del Rey, 1999, p. 115.

Por outro lado, ainda há entre o grupo das Constituições flexíveis e rígidas uma terceira modalidade representada pelas semi-rígidas. É o que aponta Oscar Vilhena[34] ao lembrar da Constituição Brasileira de 1824, caracterizada pela existência de instrumentos com proteção da rigidez constitucional (*quorum* qualificado para alteração) e outros com um Processo Legislativo de deliberação ordinária do Parlamento.

2.2.1.4 Constituição e a classificação ontológica de Karl Loewenstein

Além das classificações usuais até aqui comentadas, muito se fala acerca da "classificação ontológica das Constituições", proposta pelo antigo constitucionalista alemão Karl Loewenstein,[35] que, após observar o que os detentores da administração governativa (Estado), fazem da Constituição (o que não-raro acontece até hoje), propôs uma análise composta por três elementos a partir de uma perspectiva normativo -político-sociológica de Constituição.

É dessa forma que encontramos o clássico conceito de *Constituição Normativa*, o qual propõe um direcionamento das Constituições, que se efetivam, pois, a administração político-governativa a observa na íntegra, e, sem sobressaltos, as regras e princípios constitucionais se implementam; a *Constituição Semântica*, por sua vez, é representada por um documento que se diz produzido pelo *povo*, mas não passa de uma afirmação retórica, o que, por consequência, faz da Constituição uma lei não-cumprida e de legitimidade bastante duvidosa, porque desprovida de inclusão participativo-fiscalizatória dos cidadãos, apesar de assegurados de forma escrita.

Por fim, a *Constituição Nominal*, que em oposição às outras modalidades, figura como proposta de Texto Constitucional a ser implementado aos poucos, e, enquanto não se implementa, segue a sociedade com uma carência normativo-constitucional, o que abre via, evidentemente, a administrações descompromissadas com a implementação dos direitos fundamentais.

---

[34] VIEIRA, Oscar Vilhena. *Supremo Tribunal Federal.* São Paulo: Revista dos Tribunais, 1994, p. 28.

[35] LOEWENSTEIN, Karl. *Teoria de la Constitución.* Trad. Alfredo Galego Anabitarte. Barcelona: Ariel, 1979.

Como se vê, apesar de a análise Loewensteiniana apresentar importância acadêmica aos estudos do Direito Constitucional, por muito tempo, aliás, os conceitos de Constituição normativo-semântico-nominal, na contemporaneidade, manifestam versões que fogem à *teoria discursiva* (teoria reconstrutiva da Constituição), que tem nos cidadãos e instituições jurídico-estatais legítimos aliados na concretização e fiscalização da aplicação constitucional no dia-a-dia social de um País. Essa relação normatividade/realidade e teoria discursivo -reconstrutiva da Constituição é estudada e refletida de forma muito séria pelo professor Marcelo Cattoni.[36] E assim não se terá o sincretismo de Constituição simbólica-nominalista, mas uma *Constituição normativa* (Friedrich Müller).[37]

A reflexão é feita para que se ressalte bem, que, atualmente, o sentido de uma *classificação ontológica da Constituição* (Karl Loewenstein), na douta advertência de Cattoni, não é mais possível, uma vez que não encontra guarida o entendimento de ser o Estado a "corporificação e a instância única de estabilização de uma identidade ética, de uma dada forma de vida e de certos padrões de vida boa (concepção ainda presente em escritores como Smend, Schmitt e mesmo o próprio Loewenstein)".[38]

Ademais, a aplicação do Direito (Constituição) não se situa no âmbito dos estímulos morais (valorativos) sobre o mundo da vida. Daí a necessidade de se estudar a Constituição no âmbito da deontologia, não da axiologia.

2.3 CONSTITUCIONALISMO E MODELOS NORMATIVO-GOVERNAMENTAIS DE ATUAÇÃO DO ESTADO

Como se sabe, o constitucionalismo passou por diversas e relevantes modificações. Para se chegar, no entanto, a uma melhor compreensão

---

36 CATTONI, Marcelo Andrade. Coesão interna entre Estado de direito e democracia na teoria discursiva do direito, de Jürgen Habermas. In: CATTONI, Marcelo (Coord.). *Jurisdição e hermenêutica constitucional no Estado Democrático de Direito*. Belo Horizonte: Mandamentos, 2004.

37 MÜLLER, Friedrich. Legitimidade como conflito concreto do direito positivo. *Caderno de Escritos Legislativos*, p. 25.

38 CATTONI, Marcelo Andrade. *Direito constitucional.* Belo Horizonte: Mandamentos, 2002, p. 31.

desse complexo desenvolvimento é necessária a caracterização dos aspectos de organização política do *Estado Moderno* (referência simbólica, pós-Revolução Francesa) como contraponto à Monarquia Absoluta.

Para tanto, entender as três grandes etapas – três grandes modelos – que se sucederam num processo metamorfósico de Estados constitucionais (Estado Liberal, Estado Social e Estado Democrático de Direito) é de extrema importância para o entendimento do Direito Constitucional. Cá, por efeito didático, e, daí, a superficialidade, é claro, nas próximas linhas, apresentaremos os traços básicos que levaram um "paradigma" de Estado – presente em determinado período histórico – apresentar infiltrações e a mudança para um outro modelo.[39]

2.3.1 Estado Liberal

Em princípio, deve-se salientar que não há uma linearidade na história – muito menos rupturas absolutas – e as classificações sobre a figura do "Estado" servem para ressaltar alguns aspectos que facilitam o estudo e a compreensão de temas labirínticos (complexos). Isto significa, que dentro das tipologias mais conhecidas na literatura, temos notícias de um Estado que desponta como absolutista, mas que em seguida, faz conversão em Estado constitucional, assunto que

[39] O termo "paradigma" guarda aqui correlação com o pensamento do norte-americano Thomas Kuhn (1922-96), o qual apresentou ao mundo sua versão de ciência com grande persuasão acadêmica. Suas reflexões serviram para marcar o cenário das ideias científicas, ao postular a tese de que a ciência é marcada por períodos de crescimento estável pontuados por "revoluções". Cf. KUHN, Thomas Samuel. *A estrutura das revoluções científicas.* 5ª ed. São Paulo: Perspectiva, 1998, p. 218-232. Por conseguinte, na análise dos estudos de Kuhn, Elmar Altvater afirma que um paradigma está em crise "quando a comunidade científica está em vias de perder a crença em seu poder explicativo ou quando surgem paradigmas alternativos capazes de competir. Uma revolução científica, uma mudança de paradigmas científicos, acontece quando o novo 'estilo de pensamento' – o novo pensar coletivo (Fleck) – forma uma nova 'comunidade de discurso', ganhando hegemonia em questões epistemológicas de interesse comum (científico) e público". Ver ALTVATER, Elmar. Os desafios da globalização e da crise ecológica para o discurso da democracia e dos direitos humanos. In: HELLER, Agmes [et al]. *A crise dos paradigmas em ciências sociais e os desafios para o século XXI*. Rio de Janeiro: Contraponto, 1999. p. 110.

José Luiz Quadros de Magalhães já se ocupou, extensamente, em várias oportunidades, aqui resgatado ao longo do texto.[40]

No entanto, seguidamente, o desenho do Estado se modifica em constitucional Liberal, e, na sequência, tem-se um constitucionalismo Social. Há autores que classificam ainda mais (especificam ainda mais) e noticiam o constitucionalismo socialista, e, num ponto fora da curva, o Estado nazi-fascista, que é uma negação do Estado constitucional democrático.

Todavia, fiquemos, por hora, no exame das características mais salientes do *Estado Liberal*. De início, é bom destacar, que o Estado Absolutista, como é de conhecimento amplo, foi uma "mancha", uma "desfiguração". O que queremos dizer é que o Estado Liberal quando surge, ele desponta como uma reação ao Estado Absolutista. Este fato, aliás, foi responsável por produzir teorias "liberalistas", de afastamento do Estado da vida privada. Tem-se início, por daí em diante, para seguirmos a linha de José Luiz Quadros de Magalhães, a construção de uma "lógica individualista", em que muitos autores dedicaram páginas extremamente conhecidas (Montesquieu, John Locke, só para ficar nestes dois autores), e o invento do "indivíduo liberal", do "individualismo", do "homem livre e proprietário", esse "indivíduo apetitoso de mercado" (já lá chegaremos).[41]

Antes disso, apenas para deixar claro, um debate que vai além do que simplificadamente colocamos neste tópico, é que o indivíduo "liberal", como aqui demarcado no contexto histórico, repudia a democracia. E dizemos isto tendo por exemplo o embate entre o que a Constituição assegura para alguns e possível prejuízo que os elitistas podem sofrer com essas conquistas constitucionais. Aqui está, então, a relação entre Democracia e Constituição, um dos principais eixos de estudo em Teoria

---

[40] MAGALHÃES, José Luiz Quadros de. *Direito constitucional.* vol. 1. Belo Horizonte, Mandamentos, 2000.

[41] Aliás, acolhendo a indicação de leitura e estudo de José Luiz Quadros de Magalhães, pelo que dele apreendemos em suas aulas na UFMG e PUC Minas, Domenico Losurdo é um dos mais respeitados filósofos marxistas da atualidade, com estudos na Alemanha e Itália, autor de uma obra específica, que comenta diversos autores liberais. Cf. LOSURDO, Domenico. *Liberalismo, entre a civilização e a barbárie.* São Paulo: Editora Anita Garibaldi, 2008.

do Estado, Direito Constitucional e Teoria da Constituição. Veja, portanto, que este enfrentamento não é nada novo. E a tendência, em vista disto, é a construção (por influência de alguns) de uma estrutura elitista, uma alta-roda, uma alta-sociedade, que vai desde requisitos de voto com exclusão das mulheres, a requisitos de escolaridade e exigência de renda mínima para participar de pleitos eleitorais (voto censitário).

No entanto, esse Estado constitucional, é bom sempre dizer, vai se democratizando muito lentamente, e, de modo geral, a partir da segunda metade do século XIX, com acontecimentos singulares, em especial a participação dos movimentos dos trabalhadores.

Em uma descrição ampla, o constitucionalismo, no início do século XIX (mais adiante metamorfoseado, como já dito), do que se extrai desta imensa tela em exame, tinha nítidas fragilidades, inobstante a ebulição de pensamentos políticos e econômicos. Abreviadamente, em traços gerais, a proteção da propriedade e a política como uma instituição para poucos fundamentaram esse período, donde a *economia de mercado* (concentração econômica acentuada) exaltou o uso da máquina, a qual adquiriu traços de destrutividade da humanidade, e, isto se explica, ao que interpretamos dos fatos históricos, pelo fato de que nesse período já não era "o movimento do corpo que determinava o movimento do utensílio, mas sim o movimento da máquina" que impunha os movimentos ao corpo (Hannah Arendt).[42] Tem-se aí o início de uma aguda crise.

Os entraves desse desenvolvimento industrial faziam parte do firme propósito de transformar a esfera pública num espaço de interesses privados onde "[...] todas as coisas deveriam ser devoradas e abandonadas quase tão rapidamente quanto surgiam no mundo".[43] E, desta forma, a liberdade econômica fomentou a livre concorrência, acarretando, como consequência, um impulso ao capitalismo que acelerou o abuso sobre os menos favorecidos e o surgimento de uma *teoria política* em que o Estado se mostrava distante de uma intervenção nas relações econômicas. Fácil é compreender por quê. Nesta época, como já visto, a característica essencial desse Estado constitucional

---

42 ARENDT, Hannah. *A condição humana*. Rio de Janeiro: Forense Universitária, 2001, p. 159.

43 *Ibidem*, p. 147.

era a *liberdade*, principalmente a *econômica*, marcada pela não-intervenção do Estado na economia.

É oportuno registrar a opinião de Andréa Fabri, quanto ao enfoque da política econômica, em um regime de livre iniciativa, que conduz o leitor ao esclarecimento de que os imoderações absolutistas, "[...] longe de conduzir à liberdade, contribuíram para a perpetuação da desigualdade, tendo em vista somente a transferência do poder real à classe em ascensão da época – a burguesia".[44]

A esse propósito, merece referência a observação de Karl Marx (1818-1883), que apresentou um olhar atento e preciso a respeito da competição livre e igual para todos, que apontou o capitalismo irrestrito desse período como um meio de favorecer um grupo de pessoas que acumulara riquezas, bem como, por consequência, o fato gerador de uma vida de desolação e miséria para inúmeras pessoas.

Em aspecto descritivo, Marx demonstra, sem dificuldade, a indigência de mulheres e crianças, como o caso vivido por William Wood,[45] quando, sem compleição física, aos sete anos de idade, ia para o trabalho todos os dias da semana, às 6 horas da manhã, e saía às 9 da noite; quinze horas de trabalho para uma criança, sem dúvida, é uma estúpida exigência; assim como o caso de Mary Anne Walkley,[46] que depois de trabalhar sem descanso 26 horas e meia morreu em consequência do excesso de trabalho.

Em suma, com a ideia do *laissez-faire* (mercado livre) e a garantia da liberdade individual de empreender e defender seus próprios interesses, um capitalismo livre com organização sindical e greves proibidos, o Estado Liberal desprezou direitos básicos, o que gerou um quadro de exploração dos seres humanos, fatos conhecidos à época da Revolução Industrial.

Nesse referido mundo, ser livre equivaleria a poder estabelecer negócios, contratos, sem intervenção coercitiva do Estado. Quanto menos interferência estatal, mais liberdade (essa era a lógica!).

---

44 FABRI, Andréa. *Responsabilidade do Estado*: planos econômicos e iniciativa privada. Belo Horizonte: Fórum, 2005, p. 25.

45 MARX, Karl. *El Capital*: crítica de la economía política. Madrid: Akal, 1976. t. I, p. 327.

46 *Ibidem*, p. 339-340.

Essa situação de espoliação pelos economicamente mais fortes gerou a pobreza, o descontentamento e o aumento das desigualdades, abrindo caminho para a existência de Constituições abstencionistas, no século XVII, e para o distanciamento econômico, fazendo com que as greves se alastrassem por toda parte, uma das piores crises do capitalismo. Daí que o "século XIX conheceu desajustamentos e misérias sociais que a Revolução Industrial agravou e que o liberalismo deixou alastrar em proporções crescentes e incontroláveis".[47] Nesse ponto, torna-se indispensável a citação de Guy Debord (autor de formação marxista) sobre a fase primitiva da acumulação capitalista, em que a economia política só via no *proletário* o *operário*, que devia "receber o mínimo indispensável para conservar sua força de trabalho"; não era considerado "em seus lazeres, em sua humanidade".[48]

Examinando, em linhas gerais, a crise do Estado Liberal, é dizer, a tensão entre Estado e "livre-mercado", não se pode olvidar a complexa teoria marxista. Daí, é oportuno salientar, a necessidade de compreender para qual realidade os grandes autores escreveram e teorizaram os seus argumentos, porque, a cada época, com sabemos, produz novos pensadores, atribui novas teorias ou promove melhoras às teorias já existentes.

Dessa forma, é sabido que Marx conheceu muito bem as condições da classe trabalhadora em 1863, período em que estava escrevendo *O capital*, a grande obra de sua vida. Este, aliás, é o livro que traz a explanação de sua teoria quanto ao método de produção capitalista, o aumento da produtividade, a acumulação dos meios de produção e, consequentemente, uma riqueza cada vez maior em número cada vez menor de mãos. Aí, em apertada síntese, afloram as duas ideias-força: o acréscimo da riqueza e da miséria e a tensão entre as duas classes, que levaria a uma revolução social. Por sua vez, e aqui simplificando bastante a sua complexa teoria, a vitória dos trabalhadores sobre a burguesia (a ditadura do proletariado) instauraria o surgimento de uma sociedade "sem classes". Diante de um dos pontos fortes do

---

47 MAGALHÃES, José Luiz Quadros de. *Direito Constitucional.* Belo Horizonte: Mandamentos, 2000, v.1, p. 44.

48 DEBORD, Guy. *A sociedade do espetáculo.* Rio de Janeiro: Editora Contraponto, 2008, p. 31.

marxismo, uma contribuição foi decisiva para a história. O movimento mudou a relação do trabalhador com o empresário no mundo, conquistas, aliás, nascidas por intermédio do Manifesto Comunista, em fevereiro de 1848.

Por ilação, releva lembrar, que, por muito tempo, discutiu-se o fato de o poder econômico ser a raiz de todo o mal social, e, portanto, deveria ser repelido, porque um empecilho para que a "sociedade" se tornasse "mais justa" e "solidária". Neste traçado de caracterização, uma discussão que ainda continua, e aqui levantada de maneira muito geral (apressada) sobre marxismo – que ainda vive em imensa parte do ambiente acadêmico, ainda mais diante das injustiças do capitalismo que já matou milhões de pessoas,[49] cuja selvageria está longe do fim, mas que é ainda o responsável por produzir riqueza, mas claro que uma riqueza desigualmente dividida (eis o ponto!) – convém dizer que o marxismo teve seu auge com a União Soviética, que chegou a ser considerada uma segunda potência política e militar do mundo.

Nesse período de socialismo real (União Soviética e países da Europa Oriental), registrou-se – na realidade dos fatos, tristemente – braços totalitários que assassinaram adversários, o que fez o discurso que prometia mudar a sociedade tomar outros rumos, infelicitando povos.[50]

É claro, que num quadro geral como este, que buscamos esboçar, só se deixa desenhar sob uma visão de enfretamentos na produção

---

[49] Se levarmos em conta as críticas sobre as chagas causadas pelo capitalismo ao longo da história, um grupo de intelectuais de esquerda formado por historiadores, economistas e sociólogos, resolveu escrever um livro com objetivo bem determinado de revelar as perversidades cometidas pelo capitalismo, tais como o tráfico de escravos, guerras, fome, arrasamento do meio-ambiente, jogo econômico, desemprego,"planos" econômicos impostos e assim por diante. Cf. PERRAULT, Gilles [et ali.]. *O livro negro do capitalismo.* 4ª ed. Rio de Janeiro: Record, 2005.

[50] A propósito, sobre os delitos causados pelos comunistas (leia-se: repressão política por parte dos regimes denominados marxistas-leninistas), alguns intelectuais conservadores escreveram um livro para fazer um balanço sombrio da violência praticada por Stalin, Lenin, Mao Tse Tung e outros, como as conhecidas perseguições por "opinião política", as execuções extrajudiciais e deportações, soluções políticas autoritárias com traço de messianismo. Ver COURTOIS, Stéphane [et ali.]. *O livro negro do comunismo.* Rio de Janeiro: Bertrand Brasil, 1999.

filosófico-histórica de muitos pensadores. Nesta luta, cujas coordenadas se diversificam, cabe acrescentar a reflexão de Popper (1902-94), o qual argumentava o perigo de "qualquer forma de poder não controlado", pois em uma "democracia, temos nas mãos as chaves do controle dos demônios. Podemos domá-los. Devemos saber disto e usar as chaves; devemos construir instituições para o controle democrático do poder econômico e para proteger-nos da exploração econômica".[51]

Saliente-se, a propósito, que no Estado Liberal, as leis elaboradas pelos parlamentos visavam a proteger e garantir a esfera privada dos indivíduos contra as interferências governamentais e particulares. Nesse mundo liberal, regido pelo *mercado*, havia segundo Adam Smith (1723-1790) uma "*mão invisível*" que garantia a sustentação da Economia.[52]

O Estado era limitado à legalidade e essas leis, na primeira fase desse modelo de Estado, eram discutidas e aprovadas pelos representantes da "melhor sociedade", já que o voto era censitário. É o que afirma José Luiz Quadros de Magalhães: "Os direitos políticos em sentido restrito, entendidos como direitos de participar do poder do Estado, votando e sendo votado, eram apenas dos proprietários que tinham renda anual, muitas vezes constitucionalmente prevista".[53]

Claramente, Louis Favoreau, menciona que, na França, em 1791, a elaboração das leis era confiada a uma assembleia na qual os membros eram eleitos pelo sufrágio censitário, ou seja, os únicos que podiam exercer o voto eram os "cidadãos ativos", quer dizer os homens com idade acima de 25 anos, que pagavam uma contribuição direta e anual pelo menos igual ao valor de três dias de trabalho, no distrito onde morassem.[54]

---

51 POPPER, Karl. *A sociedade aberta e seus inimigos*. Belo Horizonte: Itatiaia, 1987, Tomo 2, p. 135.

52 SMITH, Adam. *A riqueza das nações*. Rio de Janeiro: Abril Cultural, 1982.

53 MAGALHÃES, José Luiz Quadros de. *Direito constitucional*. Belo Horizonte: Mandamentos, 2000, v.1, p. 63.

54 FAVOREAU, Louis (Coord.); GAÏA, Patrick, GHEVONTIAN, Richard. et al (Orgs). *Droit Constitucionel*. 5ª ed. Paris: Dalloz, 2002. Tome II., p. 449. "Esta elaboração é confiada a uma assembleia onde seus membros são eleitos pelo sufrágio censitário: os únicos que podem exercer o voto são os '*cidadãos ativos*', quer dizer os homens com idade acima de vinte e cinco anos e que pagam uma contribuição direta e anual pelo menos igual ao valor de três dias de trabalho

Nesse sentido, segundo o Marcelo Cattoni, o Estado Liberal "parte do pressuposto de que a Constituição [...] é concebida como um mecanismo ou instrumento de governo, capaz de regular o embate entre os vários atores políticos que concorrem entre si, e que a democracia nada mais é do que o processo de eleição e o exercício de um governo legitimado pela maioria".[55]

2.3.2 Estado Social

É bom lembrar que a Primeira Guerra Mundial (1914-18), com seus dezoito milhões de mortos (10 milhões de civis), e, mais de vinte milhões de feridos, funcionou como um divisor de águas entre a despedida do constitucionalismo de Estado Liberal e o surgimento do Estado Social (*Welfare State*). O primeiro, como visto, abstencionista; o segundo, conforme será analisado, socializante e paternalista, incentivado pela Encíclica *Rerum Novarum* do Papa Leão XIII (1891), a qual proclamou atenção ao lado social, refutando a ideia de capitalismo selvagem e a criação de formas de corrigir os desvios do liberalismo econômico e político. Como se sabe, o constitucionalismo social acabou criando as chamadas "Constituições Sociais" e procurou amenizar o excesso de individualismo. Na lição de Fernando Herren Aguillar, "é com a promulgação das Constituições Mexicana, em 1917, e de Weimar em 1919, que as questões econômicas se incorporaram à regulação constitucional, exercendo desde então considerável influência sobre a legislação de outros países".[56]

Esse paradigma de Estado Social, por vezes, recebeu apelidos na literatura. Exemplos? Vários. Os mais correntes: "Estado providência", "Estado de bem-estar social" (*Welfare State*), "Estado paternal" e "Estado assistencialista".

---

no distrito onde moram. A faculdade de votar não é concebida como um direito, mas como um papel, uma função, que a Nação conferia aqueles que os constituintes julgavam os mais aptos a exercer" (tradução livre).

55 CATTONI, Marcelo Andrade. *Devido processo legislativo*. 3ª ed. Belo Horizonte: Fórum, 2016, p. 46.

56 AGUILLAR, Fernando Herren. *Metodologia da ciência do direito*. São Paulo: Max Limonad, 1999, p. 147.

E, já agora, convém dizer, que o modelo de Estado Social, como é de conhecimento amplo, efetivou-se por meio de um *Estado intervencionista*, um Estado mais atuante e preocupado em estimular o crescimento e o desenvolvimento das inúmeras atividades ligadas às áreas da saúde, da educação, da cultura, da família e da previdência social. Na Europa, para especificar melhor, a melhoria do padrão de vida ocorreu entre 1945-1975. Nesses chamados "trinta anos gloriosos", a questão social foi tratada como assunto de extrema importância, conciliando-se boa política econômica e social.

No Brasil, convém sublinhar, esta preocupação fundamental com a questão social (paradigma socializante) teve início em 1934, e, de certa maneira, com a Constituição de 1937, no Estado Novo, sem se deslembrar da Constituição de 1946. Neste modelo jurídico-constitucional, o Estado abandonou sua posição de espectador, passando a interferir nas questões trabalhistas, nos serviços públicos com uma linha de crescimento constante nos empregos e nos impostos arrecadados, ocasionando, consequentemente, um maior "bem-estar" à sociedade.

Nesse ritmo, o Brasil viveu seu "milagre econômico" em 1973, época em que o PIB cresceu 14%. No entanto, convém não esquecer, que "em nosso país, jamais ocorreu a implementação *efetiva* desse paradigma nos moldes de *Welfare*, característico dos países europeus".[57]

Com a Constituição de 1988, é importante demarcar, construiu-se novas bases, nitidamente inspiradas nos princípios do *Welfare State*, a fim de trabalhar a questão social. Certo é que, quanto ao Brasil, a política de Estado Social apresentou entraves quanto a requisitos imprescindíveis como saúde, educação, transporte coletivo, moradia e infraestrutura. Contudo, é de se esclarecer, que isto não impede, evidentemente, de trabalharmos um Estado Democrático de Direito (art. 1º CF/88).

Diante disso, as leis elaboradas pelos parlamentos nessa fase de modelo de Estado estabeleceram uma série de direitos sociais mínimos, antes ausentes, como, por exemplo, a jornada máxima de trabalho

---

[57] NUNES, Dierle José Coelho. *Processo jurisdicional democrático*. Curitiba: Juruá, 2012, p. 135.

de oito horas, repouso semanal remunerado, o amparo à criança e ao adolescente, entre outros.

Com o início de uma nova "era social", o Estado intervencionista toma corpo e em nome da solidariedade substitui a individualidade. A economia passa a ser regulamentada. O interesse coletivo passa a ter maior importância em relação ao individual, e a sociedade se fortalece, surgindo os primeiros delineamentos de um Estado mais presente e atuante, se comparado ao Liberal.

É importante notar que nesse percurso, para seguirmos uma linha tracejada por José Luiz Quadros de Magalhães, algumas curvas foram feitas no espectro ideológico.[58] Em realidade, duas formas de Estado constitucional podem ser percebidos: o "Estado Social" (ainda influenciado pelo "capitalismo social", que substituiu o capitalismo liberal) e o "Estado Socialista" (uma tentativa de corrigir os equívocos do capitalismo liberal e conservador, sem economia capitalista, sem acumulação de capitais, sem propriedade privada dos meios de produção, uma maneira de representar os trabalhadores).[59] Alguns Estados neste período tentaram romper com uma economia capitalista livre, ocasião em que se evidencia o deslinde de Estados socialistas, com movimentos em favor dos trabalhadores como um desenho que se formou em alguns territórios (Europa, Ásia e América).

Nessa história, verifica-se, portanto, tentativas de rupturas maiores. O ponto central foi a Revolução Bolchevique ou Revolução Russa em 1917, com posterior fundação da União das Repúblicas Socialistas Soviéticas (URSS). Não surpreende, por isto, que a grande diferença em relação aos outros tipos de Estado foi a forma como os direitos fundamentais eram olhados, principalmente os direitos econômicos. Nesta esfera, muitas críticas foram e ainda são feitas. Algumas delas, de forma descuidada, sem conhecimento consistente, são apresentadas de forma ampla, com desenho extremamente simplista. Outras, ao contrário, pertinentes, feitas a partir de longas pesquisas.

---

58 MAGALHÃES, José Luiz Quadros de. *Direito constitucional*. vol. 1. Belo Horizonte: Mandamentos, 2000, p. 46-52.

59 *Idem*.

Tocamos, aqui, um ponto central do debate, e da problemática das simplificações classificatórias, advertência muito bem cuidada por José Luiz Quadros de Magalhães, tecendo críticas aos escritores, sobretudo, na área do Direito, que jogam dentro desse designativo "Estado Social" até mesmo o nazi-fascismo, um movimento muito complexo e essencialmente de extrema-direita, chovinista, com atitudes abomináveis, negador das diferenças, fortemente marcado pelo racismo e de proporções históricas. A propósito, este pensamento de extrema-direita, que vai ter um discurso social, mas que se desloca também para servir ao interesse das grandes empresas, começa em 1922, na Itália, com Mussolini, mas também com Hitler em 1933, na Alemanha.[60] Acrescente-se, a esta observação, que, alguns autores, a exemplo de Walter Graziano, informam que esse movimento foi financiado por grandes empresários nacionais (banqueiros e empresas da Alemanha, Inglaterra, EUA, Itália e Japão).[61]

Vale a pena ressaltar, nessa linha, a firme pesquisa do brasileiro Leandro Konder (1936-2014), filósofo marxista, a respeito do papel do grande capital alemão e italiano e o financiamento dos movimentos ultranacionalistas para combater os "movimentos comunistas" em seus territórios.[62]

A propósito, vê-se, com muita clareza, o capital financeiro internacional se instalar em muitos países, como foi o caso do Brasil, nitidamente, a partir dos anos 60.

O problema se complica muito, quando juntamos, à questão da intervenção do Estado a incongruência das ditaduras, que, estouraram na América Latina, um período de "Totalitarismo", com assassinatos por motivos políticos.

---

60 MAGALHÃES, José Luiz Quadros de. Direito constitucional. vol. 1. Belo Horizonte: Mandamentos, 2000, p. 46-52.

61 GRAZIANO, Walter. *Hitler ganhou a guerra.* São Paulo: Editora Palíndromo, 2005.

62 KONDER, Leandro. *Introdução ao fascismo.* 2ª ed. Rio de Janeiro: Graal, 1979. Sem querer polemizar com as ortodoxias de esquerda e de direita, mas a fim de fazer um contraponto e mostrar um campo literário mais abrangente para o leitor(a), abra-se um parêntese: na ótica de Ernest Topitsch (1919-2003), em seu livro Stalin's War (A Guerra de Stalin), a esquerda usou a Alemanha como ponta de lança para abrir o caminho para a Segunda Guerra Mundial. Ver TOPITSCH, Ernst. *Stalin's War*. Nova York: St. Martin Press, 1987.

Cumpre divulgar, que, essa "violência de Estado", com diversas práticas de eliminação de grupos sociais, crimes de lesa-humanidade, como o fascismo (e o nazismo) em Estados europeus, de forma mais específica na Itália e na Alemanha, gerou o ápice do desconforto em relação a questões humanitárias.[63]

No Brasil, em 1969, com o AI-5, direitos individuais foram suspensos, os jornais censurados, prisões e torturas eram constantes. A ditadura militar tentou sufocar o pensamento crítico do povo. Neste período, como lembra Rodrigo Patto Sá Motta, professor do Departamento de História da UFMG, "as universidades tornaram-se áreas sensíveis para a *segurança nacional* [...]. Elas eram foco importante de atuação dos inimigos ideológicos, pois ali circulavam ideias marxistas e radicais de todos os matizes, formulavam-se críticas ao governo e vicejavam várias atividades de *contestação*".[64]

O reflexo dessa intervenção só aumentaria. Em janeiro de 1970, o então Ministro da Justiça, Alfredo Buzaid, "nos rebaixou à menoridade".[65] Como excelente jornalista, Ruy Castro foi à raiz da história e relembrou um conhecido Decreto do Governo que foi baixado e apoiado em nome da "família", daí a proibição de circulação de revistas estrangeiras (como a *Playboy*), a regulamentação sobre a cobertura dos bailes de Carnaval, a censura prévia a gibis de terror, fotonovelas e revistas como material "picante". A *tutela* pretendia mais: "obrigou também a que algumas revistas fossem vendidas em plástico lacrados e com uma cor chapada para esconder a capa. As revistas só poderiam publicar um seio em cada foto, nunca os dois. No cinema, os mamilos femininos eram cobertos com bolas pretas (que dançavam na tela quando as atrizes se mexiam)". E assim conclui o jornalista: "era humilhante!" toda uma nação, de repente, de volta aos 13 anos. Não tínhamos idade para ver nus, mesmo que numa exposição de desenhos de Picasso, também proibida".

---

63 FOUCAULT, Michel. *Segurança, Território, População.* São Paulo: Martins Fontes: 2008.

64 MOTTA, Rodrigo Patto Sá. *As universidades e o regime militar*. Rio de Janeiro: Zahar, 2014, p. 101.

65 CASTRO, Ruy. *Mãe com chinelo. Folha de S. Paulo,* ed. 03.09.2010, p. A2.

Assim, não parece convincente, segundo nosso olhar, o argumento de que com a intervenção do Estado Social a liberdade dos cidadãos estaria salvaguardada – projetos que confundiam medidas socializadoras com democracia.

É preciso, ainda, reconhecer, que o paradigma de Estado Social, de modo geral, começou a entrar em crise a partir dos anos 70. Não há uma única causa, mas uma série de fatores combinados. O problema, é claro, não está apenas nas medidas econômicas, cujo sentido é algo complexo e interfere no cotidiano das pessoas criando um cenário dramático (crises na saúde, na educação, na previdência social), com um balanço econômico nefasto com quadros inflacionários que geram a dificuldade de sustentar um Estado de bem-estar a todos, mas no fato de visualizar o cidadão pelo ângulo de mero cliente, um efeito desmotivador no quesito racionalismo crítico/fiscalização a qualquer do povo. Daí a busca de novas opções de superação desse paradigma.

Seria importante aproveitar, em desfecho conclusivo, a análise sobre o Estado Social (republicanismo), segundo Marcelo Cattoni, para o qual o referido paradigma de Estado

> [...] parte do pressuposto de que a Constituição reflete uma ordem concreta de valores que materializa a identidade ético-cultural de uma sociedade política que quer homogênea, e que a democracia nada mais é do que uma forma política de plena realização dessa identidade, através de um processo de *auto-reflexão* conjunta e do diálogo entre os cidadãos. [66]

Sobrevém, dessa forma, que, nessa fase denominada "comunitarista", os cidadãos tão-somente comportam-se como espectadores ao invés de agir como coautores. Conforme expõe Rosemiro Leal, os comunitaristas entendem a República (a *res*), como um governo de votos majoritários populares (diretos ou indiretos). [67]

Por fim, no acertado discurso de Álvaro Ricardo de Sousa Cruz, o Estado Social acarreta prejuízos para a *legitimidade*, uma vez que "ignora ou abafa a existência do outro como legítimo interlocutor do

---

[66] CATTONI, Marcelo Andrade. *Devido processo legislativo*. 3ª ed. Belo Horizonte: Fórum, 2016, p. 45.

[67] LEAL, Rosemiro Pereira. *Teoria processual da decisão jurídica.* São Paulo: Landy, 2002, p. 179.

processo democrático". Com efeito, o referido autor arremata a conclusão ao dizer que essa postura paternalista do Estado Social "se converte em uma nova espécie de discriminação por ignorar o outro [...]".[68]

2.3.3 Estado Democrático de Direito

Há muito *democracia* é um tema que está no remoinho dos debates, e, não raro, ligado ao voto e às liberdades cívicas (liberdade de expressão, de consciência, de reunião, entre outros). Neste sentido, Geoff Eley vai dizer que a *democracia* "não foi implantada em lugar nenhum no mundo durante o século XIX e só chegou a quatro países antes de 1914".[69]

A transição da ditadura para uma democracia, no Brasil, foi algo bem complicado, uma linha sinuosa, com crises que acarretaram uma boa dose de sofrimento para a população, e o que a Constituição de 1988 propôs foi uma "virada de página" na remoção de entraves por um outro Brasil, por uma construção de uma sociedade – a democrática –, a arrancada definitiva para estilhaçar e se distanciar daquele "velho país", tentando romper com as tradições autoritárias.

O avanço inédito da Constituição Federal de 1988, a salientar o acolhimento do Estado Democrático de Direito (art. 1º), e prerrogativas elementares do papel do cidadão em uma democracia, institucionalizou direitos fundamentais a fim de garantir espaços procedimentais (com regência pelo *devido processo*) para que qualquer do povo possa ser um eixo cêntrico no permanente projeto de construção desse Estado Democrático de Direito por intermédio de um pensamento crítico, o que marca o contraponto aos antigos modelos de Estado, uma condição possibilitadora de uma *sociedade aberta.*[70]

---

68 CRUZ, Álvaro Ricardo de Souza. *Habermas e o direito brasileiro.* Rio de Janeiro: Lumen Juris, 2006, p. 115.

69 ELEY, Geoff. *Forjando a democracia.* São Paulo: Fundação Perseu Abramo, 2005, p.23.

70 POPPER, Karl. *A sociedade aberta e seus inimigos.* Belo Horizonte: Itatiaia-EDUSP, 1998.

Dessa maneira, uma melhora e ampliação admiráveis aconteceu no Brasil. A Constituição Federal de 1988 não estacionou na escola clássica do *liberalismo* (revogada pelo art. 170 do Texto Constitucional), nem na zona de conforto do *republicanismo* (abolido pelo art. 1º da Constituição), em que os cidadãos eram vistos apenas como dóceis expectadores (destinatários) de uma sociedade homogênea.[71]

Isso mostra que, o que temos hoje, é uma tentativa de distanciamento e superação dos antigos modelos de Estado (Liberal e Social) – da violência fundante desses períodos –, por meio da construção de um Estado Democrático de Direito (art. 1º, CF/88), que se desenvolve e se legitima numa fala construtiva (jurídico-discursiva) de integração social e de uma identidade para nós brasileiros, e, talvez, uma linha de conjecturas, que pode despontar no comando do pensamento jurídico na América Latina e no mundo afora.

Diante disso, percebe-se, que a Constituição brasileira, quando reporta, já em seu art. 1º, que a República Federativa do Brasil constitui um Estado Democrático de Direito, o que se vê, e que isto fique claro, é uma substituição formalizada de paradigmas pela via constitucional. Por isto, é tempo, já agora, de fazermos, por meio de pesquisas avançadas, reflexões singulares para que possamos desenvolver um outro (e raro!) paradigma do conhecimento jurídico-político registrado no mundo acadêmico do Direito.

A mensagem de maior alcance de Rosemiro Leal é a de que a co-relação entre racionalismo crítico e democracia, no pós-88, se dá pela compreensão do *processo – devido processo –*, instituição que serve como "referente lógico-jurídico" de testificação de decisões e de teorias que se "rotulam democráticas",[72] uma vez que a principiologia do *processo* (contraditório, ampla defesa e hermenêutica isomênica) possibilita a crítica, o que combate os autoritarismos (os decisionismos).

É claro que, nesse viés, a *lei* – num Estado Democrático de Direito – tem que ser construída por meio do *devido processo legislativo* (como será refletido no Capítulo 11), e, para que essa *lei* se arrogue

[71] LEAL, Rosemiro Pereira. *Teoria neoinstitucionalista do processo*: uma trajetória conjectural. Belo Horizonte: Arraes, 2013.

[72] LEAL, Rosemiro Pereira. *Teoria processual da decisão jurídica.* São Paulo: Landy, 2002, p. 159.

"legítima", necessariamente há que se franquear a um controle de constitucionalidade permanente, se descerrar a testificações incessantes e abertas a qualquer um do povo pelo *devido processo legal* (como será feito no Capítulo 10).[73] De modo mais preciso, e aí está o motivo, de Rosemiro Pereira Leal ter desenvolvido um estudo precioso denominado *Processo como teoria da lei democrática.*[74] E assim, abre-se via, portanto, para a construção de um Estado regido por um direito que se pleiteia democrático, aberto a correições amplas e ininterruptas a qualquer interessado (povo).

Enfim, o constituinte e concidadãos promoveram rupturas ao estabelecer alguns princípios sob os quais o país vai funcionar, e, é inegável, que o texto constitucional trouxe uma proposta interessante de modelo de Estado Constitucional, pois além de recapitular alguns pontos positivos do modelo *Welfare* do século XX (previdência social, condições de educação, de saúde, de segurança e de moradia como direitos básicos para a vida dos cidadãos) – mesmo com uma mudança de paradigmas nenhum rompimento é total –, a Escritura Constitucional de 1988 buscou superar as barreiras dos *Welfare States – que limitavam a emancipação dos cidadãos pelo excedente de paternalismo (ou maternalismo, como queiram)* –, o que nos levou a uma releitura significativa de muitos institutos e instituições.

Seja como for, tais concepções ganharam especial proeminência no pós-88 e vários pensadores, até hoje, se debruçam para entender esse paradigma constitucional (Estado Democrático de Direito), a fim de apontar opções para superar a concepção *liberal* (sociedade mercantilizada) e a *republicana* de Estado enquanto sociedade política que se quer homogênea.

Por isso, muitos estudiosos defendem que com o surgimento do Estado Democrático de Direito há necessidade de rompimento com os antigos modelos de Estado Liberal e Social, como já dito linhas atrás, a fim de construir novos ângulos de leitura e compreensão, conceito e extensão de institutos e instituições, tais como o de "decisão judicial"

---

73 DEL NEGRI, André. *Controle de constitucionalidade no processo legislativo.* Belo Horizonte: Fórum, 2008.

74 LEAL, Rosemiro Pereira. *Processo como teoria da lei democrática.* Belo Horizonte: Fórum, 2010.

(e o consequente banimento do solipsismo), "processo constitucional", "devido processo legislativo", "teoria do processo", "hermenêutica constitucional", "Estado", "administração-governativa", "esfera público-privada", "interesse público", "direitos fundamentais", "desobediência civil", "excluído social", "segurança jurídica", "maiorias/minorias", "direito à vida digna".

É por isso, que Jürgen Habermas, ao escrever sobre os "três modelos normativos de democracia", estudo muito divulgado dentro das academias, defende uma terceira concepção de democracia (a procedimentalista), que ele denomina de "política deliberativa", em que *procedimentos* possam garantir um espaço público para que os cidadãos participem de forma ampla nos discursos de justificação (legislativo) e de aplicação (jurisdicional), levantando todas as razões relevantes que ainda estão ligadas aos paradigmas jurídicos liberal e social (e por isto ainda geram certa *tensão* e alimentam os debates de interpretação do Direito por parte dos cidadãos).[75]

Acrescente-se, que na literatura jurídica especializada, alguns autores apresentam um contraponto ao referido estudo de Habermas.[76] Portanto, para Rosemiro Leal:

> [...] a teoria da democracia só acolhe o republicanismo quando todos os integrantes da comunidade jurídica possam, de *per si* ou em litisconsórcio, instaurar *procedimentos* (com regência pelo *devido processo*) em todos os níveis da jurisdicionalidade, sem quaisquer ônus, ao controle como atividade reconstrutiva legitimamente dos direitos positivados no ordenamento jurídico de paradigma democrático.[77]

Presentes essas considerações, cumpre anotar, por fim, mais duas observações.

---

75 HABERMAS, Jürgen. *A inclusão do outro*. São Paulo: Loyola, 2002, p. 269-284.

76 Para tanto, Cf. ALMEIDA, Andréa Alves. *Espaço jurídico processual na discursividade metalinguística*. Curitiba: Editora CRV, 2012.; LEAL, Rosemiro Pereira. *Processo como teoria da lei democrática*. Belo Horizonte: Fórum, 2010, pp. 48, 194, 195, 222 e 250.

77 LEAL, Rosemiro Pereira. *Teoria processual da decisão jurídica*. São Paulo: Landy, 2002, p. 179.

A primeira: o modelo de *Estado Democrático de Direito*, no ensino de Jürgen Habermas, "não se apresenta como uma configuração pronta, e sim, como um empreendimento arriscado, delicado e, especialmente, falível e carente de revisão, o qual tende a *reutilizar*, em circunstâncias instáveis, o sistema dos direitos, o que equivale a interpretá-los melhor e a institucionalizá-los de modo mais apropriado e a esgotar de modo mais radical o seu conteúdo".[78] É por isto que este modelo de Estado brasileiro, que está assegurado no art. 1º da Constituição vigente, deve ser visto sempre como um *projeto* inacabado e em constante construção.

A segunda observação: se há o *princípio da reserva legal* (art. 5º, II, CF), e, por outro lado, a exigência constitucional de *democracia* (art. 1º), a LEI, certamente, só poderá ser produzida, aplicada e reconstruída de forma *democrática*. Disto resulta uma série de reposicionamentos como os que dizem respeito à moderna interpretação jurídica (Hermenêutica) à legitimidade do Direito, ao estudo do *processo legislativo* como *institucionalizador* da vontade democrática dos cidadãos, à ruína do Estado Absolutista (superior ao cidadão) e até mesmo ao afastamento do Estado Social representado pelas benesses estatais (Estado paternal/maternal) e pela posição filial do cidadão (posição não-ativa/participativa no processo de vida política).

2.3.4 Estados constitucionais e políticas "globalitaristas" nas "sociedades em rede"

Declinou o geógrafo Milton Santos, que, os últimos anos do século XX, em linhas expressivas, testemunharam grandes mudanças em toda a face da Terra, a qual vivencia, até hoje, uma ação humana mundializada que impõe, à maior parte da humanidade, uma globalização perversa (*globalitarismo=globalização+autoritarismo*), na qual a "tirania do dinheiro e a tirania da informação são os pilares da produção da história atual do capitalismo globalizado". [79]

---

[78] HABERMAS, Jürgen. *Direito e democracia*: entre facticidade e validade. Rio de Janeiro: Tempo Brasileiro, 1997. v. 2, p. 118.

[79] SANTOS, Milton. *Por uma outra globalização*: do pensamento único à consciência universal. Rio de Janeiro: Record, 2004, p. 35-37.

Aliás, a inteligente advertência de Jacques Lacan, ao articular a "*mais valia*" (referência a Marx) com o "*gozo*", ou seja, a falta de gozo é que impulsiona o "mais gozar" da mercadoria, é que possibilitou explicar o porquê de o discurso capitalista ter tanto fôlego nas sociedades de consumo.[80]

Podemos dizer, em resumo, que "motivado pelo desejo, o sujeito persegue os objetos, mas esses objetos só podem satisfazer o desejo momentaneamente, pois, uma vez que são alcançados, o desejo invariavelmente volta a sua busca para outra direção [...] O desejo do sujeito, portanto, impulsiona o *eu* a buscar o outro".[81]

José Luiz Quadros de Magalhães[82] já sinalizou que a *globalização* surgiu para o mundo no meio da década de 80, nas Escolas de negócios norte-americanas, como um movimento complexo (no sentido etimológico da palavra *complexus*, que significa "costurado junto") de abertura de fronteiras econômicas, permitindo às atividades econômicas capitalistas estenderem seu campo de ação para todo o planeta (planeta geofinanceiro) de forma a buscar a padronização de comportamentos, um atuar da economia capitalista que rejeita a diferença, pois uniformiza tudo (até as roupas são padronizadas), e cria "nomes coletivos" (muçulmano, católico, judeu...).

Em boa análise, Habermas define a *globalização* como a "[...] intensificação das relações de troca, de comunicação e de trânsito para além das fronteiras nacionais".[83] Poder-se-ia acrescentar que ao lado dessa mobilização surge uma onda ideológica apoiada pela hegemonia norte-americana denominada de *neoliberalismo*, o qual pode ser entendido como uma tentativa de o Mercado comandar o governo levando o capital global a um retorno aos tempos do capitalismo liberal do século XIX. Este movimento teve início com a eleição de

---

80 LACAN, Jacques. *O seminário*. Rio de Janeiro: Jorge Zahar, 1993. Livro 17: O avesso da psicanálise.

81 ROSENFELD, Michel. A identidade do sujeito constitucional. Belo Horizonte: Mandamentos, 2003. p. 30.

82 MAGALHÃES, José Luiz Quadros de. *Direito constitucional*. Belo Horizonte: Mandamentos, 2000. t. I, p. 73.

83 HABERMAS, Jürgen. *A constelação pós-nacional*. São Paulo: Littera Mundi, 2001, p. 84.

Ronald Reagan, em 1980, e chegou ao triunfo por volta de 1990, com o colapso da União Soviética.

Os anúncios de que com o progresso técnico realizaríamos uma "mundialização", com a mais completa humanização do planeta, soam, agora, irônicos, como bem salientou Milton Santos.[84] Decorre que a *globalização* se realizou, mas não a serviço da humanidade, e, sim, de algumas firmas multinacionais (ultracapitalismo), que fizeram com que os territórios não tivessem mais *fronteiras* rígidas e que a democracia entrasse em crise.

Dessa forma, as fortes empresas multinacionais manipulam o Sistema Econômico Mundial e fazem com que os Estados fiquem cada vez menos soberanos e que desconsiderem os princípios básicos de Direito Econômico.[85]

Eis por que Habermas vai enfrentar o problema da *globalização* (no âmbito nacional) e sugestionar prognósticos numa nova esfera internacional, denominada por ele de "constelação pós-nacional".[86]

O IPEA, que é uma instituição de pesquisa, já divulgou que o Brasil tem uma das piores distribuições de renda do mundo: menos de 1% dos brasileiros mais ricos detém parcela de renda semelhante à de metade dos brasileiros mais pobres. Assalta, a todos nós, que, em um país que ultrapassa 204 milhões de habitantes (precisamente 204.450.649 pessoas, segundo dados do Instituto Brasileiro de Geografia e Estatística (IBGE), publicados em 2015, no Diário Oficial da União), onde a maioria precisa viver, comer e morar, a perversidade sistêmica demonstra que o número de *pobres*, com renda abaixo de meio salário-mínimo, atingiu, em 2006, 49,043 milhões de brasileiros.

Com base em informações da PNAD (Pesquisa Nacional por Amostragem de Domicílios) do IBGE, em 2006, o número de *indigentes*, no Brasil, chegou a 10,363 milhões (mais da metade deles no Nordeste). Os brasileiros vivendo em favelas ou em assentamentos

---

84 SANTOS, Milton. *Por uma outra globalização: do pensamento único à consciência universal.* Rio de Janeiro: Record, 2004, p. 64-65.

85 LEAL, Rosemiro Pereira. *Direito econômico*: soberania e mercado mundial. 3. ed. Belo Horizonte: Del Rey, 2005.

86 HABERMAS, Jürgen. *A constelação pós-nacional. S*ão Paulo: Littera Mundi, 2001.

são 6,6 milhões. Como se vê, existem espasmos de melhora, aqui e ali, mas o que temos é isto: uma multidão de pessoas na indigência.[87]

Outra não fora a razão, para a análise de Milton Santos, de que "a fome deixa de ser um fato isolado ou ocasional e passa a ser um dado generalizado e permanente. Ela atinge 800 milhões de pessoas espalhadas por todos os continentes, sem exceção". Retenha-se, inclusive, na literatura do geógrafo, que "2 bilhões de pessoas sobrevivem sem

---

[87] Visto como não há, no Brasil, uma linha oficial de pobreza (*pessoas à margem do mercado de trabalho*), a contabilidade de pessoas consideradas extremamente pobres ou miseráveis ainda é uma dúvida para o Governo Federal. A título de exemplo, o Mapa da Fome 2013, apresentado em setembro de 2014, em Roma pela Organização das Nações Unidas para Agricultura e Alimentação (FAO, na sigla em inglês), mostra que o Brasil conseguiu reduzir um pouco a pobreza extrema (pessoas que vivem com menos de US$ 1 ao dia). Se valerem os dados da FAO em 2013, o Brasil ainda tem mais de 16 milhões vivendo na pobreza: 8,4% da população brasileira vive com menos de US$ 2 por dia. O relatório completo (e atualizado) está disponível no site da FAO. No mundo todo, 805 milhões de pessoas ainda passam fome. Em dezembro de 2014, o IBGE apontou que a fome está presente em lares de 7,2 milhões de pessoas. Veja-se que, com isto, nós temos pessoas que sequer servem para serem exploradas. Cabe lembrar que, com relação ao Brasil, o índice de Gini (*número que mede as diferenças de renda no mundo*) é um dos maiores do planeta (0,540). Vale ressaltar, que, neste ranking, se o número for 1, a desigualdade é máxima, o que significa dizer, que apenas um detém toda a renda da sociedade. Com estas observações, interessante refletir sobre outro índice de enorme repercussão, que é o IDH (*Índice de Desenvolvimento Humano*), criado a pedido da ONU nos anos 90 e que pretende ser uma medida geral – sintética – do desenvolvimento humano, a partir de três elementos: renda, saúde (expectativa de vida) e educação. Desta forma, o IDH publicado em dezembro de 2015, referente ao ano de 2014, a Noruega, que sempre esteve na dianteira, confirmou o primeiro lugar (IDH de 0,944); Suíça e Austrália ocuparam, respectivamente, o segundo e terceiro lugares (0,935 e 0,930). A última posição é ocupada pelo Níger (0,348). O relatório de 2014 mostra o Brasil em 75º (IDH de 0,755), num ranking de 188 nações, o que coloca o País entre regular e ruim, perdendo para o Sri Lanka, Venezuela e Cuba (Fonte: Pnud – Programa das Nações Unidas para o Desenvolvimento). Igualmente surpreendente é o Brasil bater recorde de arrecadação tributária e continuar na 75ª posição. Sem dúvida um dado curioso da dificuldade de os administradores do país combinar boa política econômica e social; o país arrecada muito, mas distribui menos. Melhorar o acesso ao mercado de trabalho por intermédio da educação é, segundo especialistas, o instrumento mais poderoso de combate à pobreza, mais até que o assistencialismo.

água potável" e que "no fim do século XX havia mais 600 milhões de pobres do que em 1960 e que 1,4 bilhão de pessoas ganham menos de um dólar por dia".

O referido autor confirma que "saímos de uma pobreza para entrar em outra, uma vez que se deixa de ser pobre em um lugar para ser pobre em outro". [88] É assim que ele qualifica, esta condição mundial atual, como *pobreza estrutural globalizada*, muito pior do que a denominada pobreza "incluída", que se produzia num lugar e não se comunicava com outro.

Por fim, vale lembrar, que, no Brasil, a *sanha tributária*, ainda é avassaladora e o repasse aos serviços sociais (educação, saúde, segurança pública, infra-estrutura) ainda é deficiente. Francisco Dornelles, num panorama didático, projeta um quadro caótico de como se daria a carga tributária no Brasil:

> Ao acordar e acender uma luz, o brasileiro está pagando de impostos, sem saber, cerca de 46% de sua conta de energia. No café da manhã, os impostos equivalem a 36% do preço do café, 40% do preço do açúcar e 35% do preço do biscoito. Mesmo com o incentivo para a cesta básica, os impostos ainda comem 18% do preço da carne e do feijão e 35% do preço do macarrão. Se usa o telefone, paga 40% da conta em impostos. Para o lazer, na compra de uma TV, 38% do preço vai para o fisco.[89]

Mais à frente, Dornelles conclui que, quando o consumidor souber quanto paga de impostos (em cada bem que compra), poderá acompanhar e cobrar dos governos uma melhor aplicação desses impostos, porque, no mínimo, a transparência permitirá que os consumidores reajam à tentativa de novos aumentos da carga tributária.[90]

---

88 SANTOS, Milton. *Por uma outra globalização: do pensamento único à consciência universal.* Rio de Janeiro: Record, 2004, p. 73. Cf. CASTRO, Josué de. Geografia da fome. Rio de Janeiro: *Civilização Brasileira, 2005.*

89 DORNELLES, Francisco Oswaldo Neves. Carga tributária invisível. *Folha de S. Paulo*, 12 ago. 2007. Tendências e Debates, p. A3.

90 Lei nº 12.741/12 garante ao consumidor brasileiro ser informado do peso dos impostos. Desta forma, as notas e os cupons fiscais necessariamente terão que informar o valor dos tributos federais, estaduais e municipais a todo consumo de mercadorias e serviços. A referida lei cita sete tributos que deverão ser discriminados nas notas fiscais, entre eles ICMS, ISS e IPI. Procedimento semelhante

A partir dos dados supra, não é em vão que, em *2013*, houve recorde da carga tributária, que atingiu *35,95%* da renda dos brasileiros (aproximadamente R$ 1,742 trilhão). Para honrar seus compromissos fiscais, os brasileiros trabalham, em média, 146 dias ao ano (janeiro/maio) para gerar rendimentos repassados ao Estado Brasileiro (União, Estados e Municípios).[91] Enfim, é o mesmo que entregar às entidades federativas R$40 de cada R$100 recebidos. Veja que um olhar crítico nesse assunto gera apreensão, pois o quadro brasileiro é muito preocupante e o repasse dos serviços sociais ainda é precário.

2.3.4.1 O império bélico como lastro econômico do mundo e o protagonismo governamental

Somos de opinião que a evolução (construção) das ciências em geral não trouxe só benefícios para a humanidade, infelizmente.

Aliás, uma das conceituações mais problemáticas da modernidade foi a noção de *ciência*, e um dos marcos da chamada pós-modernidade é um livro do filósofo francês Jean-François Lyotard, escrito na década de 50, no qual ele desenvolveu um estudo descritivo sobre

---

acontece nos EUA e no Reino Unido. Espera-se, com a referida medida, que os cidadãos conheçam os custos, e não tão-somente os benefícios das políticas governativas, algo importante num país que consome 35% da renda dos brasileiros. Um registro em tom de curiosidade sobre o assunto: na China os tributos não aparecem nas embalagens.

91 Merece, nesta oportunidade, citar apenas três exemplos comparativos: os contribuintes norte-americanos trabalham 102 dias ao ano, a fim de honrar seus compromissos fiscais; os argentinos, 97 dias, e os chilenos, 92 dias. Segundo o IBPT (*Instituto Brasileiro de Planejamento Tributário*), apenas os suecos (185 dias) e os franceses (149 dias) trabalham mais que os brasileiros para cumprir os compromissos tributários. Dados da OCDE, de 2012, demonstram que França, Reino Unido e Alemanha possuem, aproximadamente, cada qual deles, uma carga tributária de 44%, 33,05% e 36,35% do PIB. Adicione-se que o imposto de renda na Suécia, país referência em bem-estar social, chega aproximadamente a 60% para os mais ricos, enquanto no Reino Unido chega a 40%. No Brasil, os cálculos demonstram algo em torno de 27,5%.

como o *saber* é produzido, distribuído e legitimado no *capitalismo* contemporâneo.[92]

O questionamento central da obra de Lyotard é exatamente sobre essa noção de ciência que se tornou absolutamente perigosa, produzindo novas tecnologias armamentistas, e tendo sido levada às últimas consequências pelo nazismo com suas experimentações em campos de concentração (holocausto). Enfim, fica claro, dessa leitura, que o saber é um perigo e que a *ciência* é utilizada a serviço da *técnica* do Mercado (tecnologia), inclusive para fabricar componentes bélicos como mísseis, tanques, corvetas, minas terrestres e helicópteros.

Nas condições contemporâneas, é preocupante a notícia do Instituto Internacional de Pesquisas sobre a Paz, de Estocolmo (SIPRI), de que, em 2013, o *mundo* teve gastos militares que ultrapassaram a barreira de US$1,75 trilhão. Confira-se, que esta despesa, chega a quase 80% do PIB brasileiro, que, em 2013, foi de US$ 2,190 trilhões (o PIB dos EUA foi da ordem de US$16 trilhões). Foi a primeira vez que isto ocorreu depois da Guerra Fria, e os EUA respondem por cerca de metade do total de gastos globais nessa área. O restante, convém lembraar, gira em torno de Irã, Síria, Israel, Reino Unido, Rússia e Alemanha.

Em termos globais, o total de gastos equivale a 2,6 do PIB mundial, e entre os países que mais aumentaram os investimentos bélicos estão a Índia e a China. Desse conjunto de variáveis, US$1 trilhão por ano é dinheiro mais do que suficiente para acabar com a fome e eliminar várias doenças que afligem a humanidade.

Por conseguinte, a *tecnologia* ou *tecnociência* (ciência a serviço da técnica)[93] é condicionada pelo *Mercado*, o qual é *centralizado* nas mãos de um número extremamente limitado de firmas, como, por exemplo, as empresas do setor de defesa, que estão mergulhadas em dinheiro nos EUA. Em 2005, por exemplo, o orçamento de aquisição do Pentágono esteve na casa dos US$78 bilhões ao ano, dinheiro que repousou nos cofres das três principais empresas do setor de defesa, as quais são parciais ou quase integralmente dependentes do Pentágono,

---

92 LYOTARD, Jean-François. *A condição pós-moderna.* Rio de Janeiro: José Olympio, 2000.

93 HABERMAS, Jürgen. *Técnica e ciência como ideologia.* Lisboa: Edições 70, 2006.

que se via forçado a recorrer seguidamente ao Congresso para cobrir os custos da Guerra do Iraque.[94]

É essa estratégia revestida com roupagens de Estado que merece ser refletida. Por isto, terminamos este tópico resgatando a literatura de Michel Foucault (que nos fornece uma ajuda preciosa), em suas famosas aulas no *Collège de France* (entre os anos 70 e 84 foram ministrados 13 cursos), que agitou o pensamento no âmbito da filosofia política, ao levantar o traço "suicida do Estado", que passou a eliminar a sua própria população, colocando as biopolíticas raciais (pureza de sangue e ortodoxia ideológica) e a vigilância sobre os indivíduos com capacidade de destruir a civilização, com a tecnologia avançada dessa mesma civilização,[95] bem como a correlação entre "governabilidade e o golpe de Estado", a partir da prática dos homens por meio de uma *Razão de Estado*.[96]

2.3.4.2 A política de deseducação governamental como violência sobre as gerações

A exposição do item antecedente confirma que um planejamento político-econômico fora dos balizamentos constitucionais dos direitos fundamentais pode indicar um ponto de descontrole e de exclusão social em massa.

Não é isso, por sua vez, que se pretende ver no Brasil, mas nosso país possui como traço marcante o péssimo quadro das condições sociais.

Nesse quadro, uma publicação do IPEA (Instituto de Pesquisa Econômica Aplicada), órgão ligado ao Ministério do Planejamento, confirmou, no ano de 2005, que a *deficiência na educação* brasileira é um dos problemas cruciais que impede o desenvolvimento do país.[97]

---

94 WEYNE, Leslie. New York Times. Trad. Paulo Migliacci. *Folha de S.Paulo*, 8 jun. 2005. p. A 8.

95 FOUCAULT, Michel. *Em defesa da sociedade.* São Paulo: Martins Fontes, 1999.

96 FOUCAULT, Michel. *Segurança, Território, População.* São Paulo: Martins Fontes, 2008.

97 O mais recente estudo da OCDE (Organização para Cooperação e Desenvolvimento Econômico), divulgado em setembro de 2007, confirma que o Brasil,

Em pleno século XXI há uma pornográfica taxa de analfabetismo, em torno de 10% da população (aproximadamente 14 milhões de brasileiros adultos).[98]

Dos que se matriculam no ensino fundamental, 70% chegam à 8ª série. Entre as crianças até seis anos, apenas 37% vão às escolas públicas ou privadas. Num país de mais de 202 milhões de habitantes, aproximadamente 50 milhões estão em idade escolar e o *analfabetismo funcional* (pessoas com menos de quatro anos completos de estudo), ainda é uma imensa fratura social.

É relevante notar, que, os brasileiros, gastam com televisão (que copia o pior da cultura norte-americana, diga-se de passagem), mais do que o triplo de tempo que passam lendo. Em uma semana, são 18,4 horas em frente à TV e 5,2 diante dos livros (conforme ajuda-memória do site www.nopworld.com).[99]

---

entre os 34 países analisados, é o que menos investe em educação. O investimento brasileiro, por estudante, é de R$2.488 por ano. Os 30 países da OCDE gastam, em média, R$14.376. O que mais gasta em educação é Luxemburgo com R$25.705. À evidência, o relatório concluiu que quanto mais difundida a educação universitária num país, mais próspera a economia e melhor o mercado de trabalho para recém-formados (Fonte: IPEA).

98 Para efeito de curiosidade (dados pesquisados até a edição deste livro), os Estados Unidos têm uma população de 301 milhões e a taxa de analfabetismo gira em torno de 1%. No Japão, a população chegou a 127 milhões e o analfabetismo está na casa de 1%. Na Suécia, a população é de 9 milhões (equivalente à Bolívia) e a taxa de analfabetismo beira a 1%. No Sudão, a população estimada é de 40 milhões e a taxa de analfabetismo de 38%. Mais informações sobre analfabetismo em outros países, com base em dados da UNESCO, em relação a população com 15 anos ou mais de idade, em %: Itália (1,1); Cuba (0,2); Chile (1,4); Grécia (2,8); Zimbábue (8); Guiné Equatorial (7); Angola (30); Gabão (12); Senegal (50,3), China (6) e Iraque (21,9). Por fim, interessante destacar, no caso do Brasil, que as metas do Plano Nacional de Educação (PNE) assegura a erradicação do analfabetismo até o ano de 2020. Em 2015 – dados divulgados em relação a 2014 –, segundo o Pnad (Pesquisa Nacional por Amostra de Domicílio), o analfabetismo no Brasil caiu um pouco, mas o quadro é extremamente grave, uma vez que 13,2 milhões ainda não sabem ler e escrever.

99 Disponível em: <http://www.abrelivros.org.br/home/index.php/noticias/1230-brasileiro-gasta-184-h-com-tv-e-52-h-com-livro>. Acesso em 29 jun. 2005. Para uma crítica mais consistente sobre a degenerescência de conteúdos na TV, ver POPPER, Karl; CONDRY, J. *Televisão*: um perigo para a democracia. Lisboa: Gradiva Publicações, 1993.

Creio que devemos questionar esses dados pelo lado do controle da opinião pública, da alienação da realidade, da violação da liberdade de consciência de forma coletiva. Se este "regime de emagrecimento intelectual" tiver continuidade, teremos seguidores orientados tão-somente por ideologias manipuladoras (retardo mental de primeira) e não por conhecimentos crítico-reflexivos.

Com isso, não negamos que *plebiscitos* e *referendos*, por exemplo, possam ser facilmente *manipulados* por intermédio de ideias impostas pelos meios de comunicação (tirania da comunicação), valorizando líderes carismáticos (poder hipnótico dos ditadores) e transformando o *Estado em um espetáculo*.[100]

Qualquer opinião sobre educação envolve, necessariamente, uma análise das medidas que estão sendo discutidas e tomadas no Brasil nos últimos anos. É preciso ter em mente que educação tem que ser trabalhada em todas as etapas do ensino, ao mesmo tempo, do *básico* ao *superior*, passando pelo profissional e pela *pós-graduação* (re-abertura do espaço de construção do saber).

Por isso, é significativa a conclusão de Edgar Morin, de que "o dever principal da *educação* é de armar cada um para o combate vital para a lucidez".[101]

Por fim, depois desse diagnóstico, sabemos que o prognóstico só poderá ser encaminhado pelos estudos de Direito Econômico como instituição capaz de promover planos econômicos que possam assegurar o direito de "cada cidadão exigir do Estado a prestação de um tratamento digno, através de uma política econômica constitucionalmente adotada ou juridicamente reconhecida".[102]

É o Direito Econômico, pois, uma das instituições que tenta promover a inclusão de todos os cidadãos na base da igualdade de direitos fundamentais.

---

[100] SCHARTZEMBERG, Roger Gerard. *O Estado espetáculo*. Rio de Janeiro: Diefel, 1978.

[101] MORIN, Edgar. *Os sete saberes necessários à educação do futuro*. São Paulo: Cortez; Brasília, DF: UNESCO, 2007, p. 33.

[102] LEAL, Rosemiro Pereira. *Direito econômico*: soberania e mercado mundial. 3. ed. Belo Horizonte: Del Rey, 2005, p. 118.

2.4 ASSEMBLEIA NACIONAL CONSTITUINTE – CONSIDERAÇÕES SOBRE PODER CONSTITUINTE

Uma Assembleia Constituinte é situação que não é muito frequente dentro de um país, ainda mais quando há normalidade política. Com efeito, quando *não* há normalidade política, a razão para a barafunda é quando assistimos a revoluções, golpes e outras modalidades de ruptura violenta, e, dependendo da temperatura e pressão pela qual o país atravessa, até graves crises econômicas são bem-vindas nesse contexto, como aconteceu com a Islândia, em 2012, que resolveu escrever uma nova Constituição depois da crise financeira que impactou parte do mundo, em 2008. Assim, raro momento, de conseguinte, quando ocorre, uma Assembleia Constituinte encarrega-se de produzir uma nova Constituição para o país.

Parece-nos necessário, antes de passarmos a uma reflexão sobre essa *atividade instituinte,* uma pequena lembrança, como já assegurou Raul Machado Horta, de que, no Brasil "ingressamos, em 1º de fevereiro de 1987, na fase do poder constituinte originário e presenciamos a natural curiosidade em conhecer e analisar as linhas mestras desse acontecimento".[103]

Passados alguns anos do marco ruptural de 1988, pode-se dizer que a Constituição brasileira insere-se no rol de uma das mais surpreendentes do mundo, um texto que conseguiu formalizar um paradigma de Estado Democrático de Direito (art. 1º), o que possibilita desidratar "positivismo jurídico" e abrir caminhos para avanços. E assim, falar da Constituição de 1988 é falar de um elenco de direitos fundamentais, sem precedentes em nossa história, com o traço da aplicabilidade imediata (art. 5º, §1º), sem se deslembrar da possibilidade de novas inclusões (§§2º e 3º do art. 5º).

À evidência, esse *constituinte originário*, no Brasil, foi um dos mais democráticos que já tivemos. Há, assim, um profundo estudo para ser feito. Portanto, um tema dessa dimensão, requer amplitude reflexiva, algo que neste livro será feito para além das tradicionais taxionomias sobre "poder constituinte" (sua natureza jurídica,

---

[103] HORTA, Raul Machado. *Direito constitucional*. Belo Horizonte: Del Rey, 1999, p. 25.

forma de expressão, tipos e características), classificações que de modo geral pouco ou nada contribuem para explicitar a complexidade da atividade de produção de uma Constituição na contemporaneidade.

Assim, muito se fala, em Direito Constitucional, acerca do constituinte originário, ou poder constituinte. Mas, antes disto, começaremos por demarcar melhor o uso da expressão "poder" constituinte, esta majoritariamente adotada nos compêndios jurídicos.

No entanto, preferimos a palavra atividade a "poder" (atividade constituinte originária), ou simplesmente "constituinte originário", porque a expressão poder constituinte não tem assento no texto constitucional. A referência técnica ao assunto, como se depreende do Preâmbulo da Constituição, é Assembléia Nacional Constituinte – e não poder. Observe-se, de passagem, que tecnicamente é nomeação jurídica mais qualificada. Por outro motivo, a conotação da palavra poder pode passar ao leitor a ideia de arbitrariedade, imposição (sinônimo de supressão da argumentação), o que, evidentemente, não deve acontecer em se tratando de atividade constituinte originária, a qual deve ser regenciada pelo devido processo legislativo, a fim de atingir suas plenas condições de regularidade da estrutura normativa (procedimento) e legitimidade dos pronunciamentos decisórios (leis). Neste sentido, poderíamos falar em decisão processual legislativa originária.

Rosemiro Leal, que ofereceu valiosa contribuição para essa reflexão, afirma em cortante análise, que

> Os resquícios do *poder constituinte originário* é que nos remetem, em planos históricos mais remotos, ao horizonte mítico, tradicional e utópico [...] por isso, muitos estudiosos (principalmente do direito constitucional e civil) não se desapegam da palavra *poder* em todas as suas narrativas, porque nela vão costurar outras mais grandiloquentes como *força*, *fluxo normativo*, *vontade popular*, *tomada de decisões*, a ocultar a explicação do que é constituinte no exercício do que se pode exercer.[104]

---

[104] LEAL, Rosemiro Pereira. O paradigma processual ante as sequelas míticas do poder constituinte originário. *In: Constituição e democracia*: fundamentos. GALUPPO, Marcelo Campos (Coord.). Belo Horizonte: Fórum, 2009, p. 311.

Daí, a ressemantização da expressão tão usual "poder constituinte" e a justificativa de escolha (demarcada) para o estudo da "atividade constituinte" geradora de uma *decisão processual originária* (exercício processualizado – devido processo na base instituinte do Direito).

Vem, a propósito, a necessidade de se estudar a atividade constituinte originária por meio de uma inserção teórica de concepção processual discursiva no plano de "acertamento de direitos" (direitos fundamentais) para todo um país, distanciando-se, portanto, das análises ocultadoras da fundação de uma ordem jurídico-política, que mais aproxima uma "Assembleia Constituinte" a uma imensa "reunião" de parlamentares, e só.

É preciso reconhecer, que, até agora, poucos constitucionalistas sentiram a necessidade de recorrer à reflexão processual (com a sua singular marca de assegurar garantias fundamentais – *devido processo legislativo*) para demarcar a "formação da vontade democrática", uma vez que a "norma de processo é precedente-originária e legiferativa (criadora) do ainda apelidado direito material".[105]

O que se lê, atualmente, nos diversos escritos sobre *constituinte*, é apenas conceito e esquemas classificatórios relacionados ao momento de criação originária, *ocultando* a teoria utilizada na produção (fundação) do texto constitucional, bem como reflexões a respeito da legitimidade discursiva, a fim de controlar os pronunciamentos decisórios dos parlamentares constituintes. Entendemos que os estudos na literatura de Rosemiro Leal inauguram fecundas reflexões, porque, o forte em sua teoria, é o nível *instituinte e constituinte* do Direito. Logo, para falar na construção da norma jurídica, e, aqui, da Constituição, há que se cogitar de uma *teoria da lei*, como fez Rosemiro Leal, por obra publicada.[106] Pelo dito, *a Lei* é "ato jurídico provimental" que deve ser "produzida e vincada pelo *devido processo* como instituição constitucionalizante e operadora de direitos fundamentais".[107] Eis o "processo jurídico-legiferativo".

---

105 LEAL, Rosemiro Pereira. *Processo como teoria da lei democrática*. Belo Horizonte: Fórum, 2010, p. 76.

106 *Idem*.

107 LEAL, Rosemiro Pereira. *A teoria neoinstitucionalista do processo*. Belo Horizonte: Arraes, 2013, p. 18.

Depreenda-se, que, nesse campo temático, a atenção também deve-se voltar (necessariamente) para o cuidado com a linguagem utilizada na produção da Constituição, uma situação que seria apenas de mera curiosidade, se não nos levasse aos perigosos erros de se usar expressões indemarcadas ou "*sinsentido*", como observou Genaro Carrió, de "*irrelevancia ridícula o* [...] *de series de palabras que no transmiten información alguna*"".[108]

É preciso dizer que se trata de tema complexo, de grande valia, e, como na maioria das pesquisas desse tipo, só poderão ser resolvidos com muita carga de leitura e estudo.

Assim, não se deve estudar a produção da Constituição (*atividade constituinte*), segundo o nosso entendimento, sem passar por um viés crítico-reflexivo (em âmbito da linguística), a fim de evitar estudos sem qualquer problematização da linguagem ("conceitos equívocos"), e, em face disto, a necessidade de revelar as fontes causais que arrastam ("de forma imanente") um passado de exclusão, como ensina o estudo de Pereira Leal,[109] na tentativa de evitar o endosso dessa *realidade* que foi implantada, que é "mortífera aos que ficam invisíveis (o *sacer*) e aos que visíveis, já estão pré-julgados por serem portadores de delinquência inata e já inimigos de uma *sociedade* reservada [...]".[110]

É claro, que todo este cuidado, também serve para evitar "*desafuoros lingüísticos o, si se prefiere, conceptuales*", conforme alertou Genaro Carrió, que criticou o poder constituinte porque pode ser um espaço místico e histórico de justificação. [111]

Lado outro, coloca-se em dúvida, se a Constituição brasileira de 1988 se traduz em genuína *decisão processual* constituinte do exercício

[108] CARRIÓ, Genaro R. *Sobre os limites del lenguaje normativo*. Buenos Aires: Ástrea, 1973, p. 14.

[109] LEAL, Rosemiro Pereira. *Processo como teoria da lei democrática*. Belo Horizonte: Fórum, p. 45-50.

[110] LEAL, Rosemiro Pereira. *A teoria neoinstitucionalista do processo*. Belo Horizonte: Arraes, 2013, p. 62.

[111] CARRIÓ, Genaro R. *Sobre os limites del lenguaje normativo*. Buenos Aires: Ástrea, 1973, p. 15.

de soberania popular, uma vez que ela "[...] nasceu de um Congresso Constituinte e não de uma Assembleia Popular Constituinte".[112]

De consequência, é duvidosa a legitimação de uma *atividade constituinte* fora dos parâmetros de *processo* (devido processo legislativo) como exercício processualizado de soberania da vontade popular, como controladora dos trabalhos de convocação e aprovação das leis. Evidente que referida reflexão é um exercício de *processo constituinte democrático*, uma maneira de evitar as inconsistências de inúmeras literaturas jurídicas. É de lamentar que muitos constitucionalistas sonham possível produzir uma Constituição suprimindo o *processo*, pois a eles seria possível essa passagem entre "contexto" (realidade de exclusão) e "texto" (que pode interferir na realidade a fim de modificá-la), como uma ponte suspensa no ar. Vê-se, que na democracia, o *processo* é "instituição operatriz do sistema", vale dizer, "é a instituição jurídico-linguística fiscalizadora de todo o sistema procedimental institucionalizado [...]".[113]

Com essa escala de reflexão, concordem ou não, sucede, no entanto, que importante questão, que se coloca, é se o *constituinte originário* é um lugar não-jurídico por homologar o curso da história (a fim de forjar a lei) com um discurso hegemônico dos *jogos de exclusão*, enquanto processos violentos de uniformização cultural, uma espécie de correia de transmissão de uniformização cultural dominante, que, por consequência, em algumas circunstâncias, torna-se criadora das visões de mundo, das superestruturas, que influenciam (contando com a conivência dos parlamentos) até mesmo na produção das leis, a fim de que essa rede normativo-discursiva (ordenamento jurídico) ficasse ajustada às suas exigências.

Nesse breve parágrafo, desafia-se, pois, discutir os esteios de comportamentos hegemônicos e a produção cultural (implantação de costumes) como parte da estrutura de poder, uma vez que o *legislador originário*, em determinados momentos, pode ser um legislador histórico de seus próprios interesses, caso não tenham teorias no ato de

---

112 LEAL, Rosemiro Pereira. *Direito econômico*: soberania e mercado mundial. 3. ed. Belo Horizonte: Del Rey, 2005, p. 38.

113 LEAL, Rosemiro Pereira. *A teoria neoinstitucionalista do processo*. Belo Horizonte: Arraes, 2013, p. 40.

produção da norma para interferir na realidade e modificá-la. Por isto, resta-nos conjecturar que "linguagem" o legislador constituinte está falando para que ele não apresente narrativas jurídicas descosidas.

Essa ideia de demarcar referidos pontos sobre o legislador constituinte (e o *poder constituinte*) é relevante para se entender a marcante questão da *inconstitucionalidade de normas constitucionais*, como será estudado no *Capítulo 10* (cf. tópico 10.6).

Por isso, a *cultura* (aqui no sentido de implantar comportamentos) tem sido também um eixo da dominação secular que pode não desaparecer com a convocação de uma *assembleia constituinte orignária*, a fim de produzir uma Constituição, em razão de haver, por exemplo, uma cultura política patrimonialista, algo tão bem demonstrado por Sérgio Buarque de Holanda[114] e Raimundo Faoro.[115]

De outra forma, se considerar que o "melhor" argumento vem da realidade (dominadora e excludente), do espaço atmosférico (agórico – mera reunião de corpos em determinados ambientes/espaços físicos), internunciativo (*linguagem nua)* e que a construção da *lei* (ato jurídico provimental) se dá por meio de um legislador que usa uma linguagem para verificar (e homologar) essa realidade, tem-se que esse legislador ao tentar esclarecer o *mundo real* (a realidade) desprovido de uma *metalinguística* (uma linguagem mais demarcada para corrigir a linguagem natural, encontrada na realidade, que é excludente), porque, simplesmente, faz uso de experiências de vida (filosofia analítica) por meio de um conhecimento inerente à fala, pautado numa *tabula rasa* de valores (não raro excludentes), que não deixa os discursos teóricos trazerem o significado do seu próprio *texto*, tem-se que a carga de obscurantismo só tende a aumentar na sociedade e no momento de fazer as leis (sejam constitucionais ou não).

E, já que mencionamos a figura do legislador, não resistimos a reproduzir muito sumariamente o argumento de Rosemiro Pereira Leal sobre a figura do *agente capaz* – "livre, cidadão nato e civilizador intuitivo" – apto a "criar e praticar *atos jurídicos*, inclusive fazer leis

[114] HOLANDA, Sérgio Buarque de. *Raízes do Brasil.* São Paulo: Companhia das Letras, 1995.

[115] FAORO, Raimundo. *Os donos do poder*: formação do patronato político brasileiro. 3ª ed. Porto Alegre: Globo, 1976.

e ditar o direito". Para Pereira Leal, é "esse agente capaz, como detentor legiferativo e natural do *poder constituinte originário* (que se autotutela pelo seu próprio saber) que é o maior entrave à construção de uma *democracia* contemporânea [...]".[116]

Não parece excessivo, pois, dizer que a uniformização do comportamento recebida da história cultural centralizadora, e consequente produção de algumas *leis* com conteúdos de historicidade cultural é sinônimo de encapsulamento da cultura (ordenamentos jurídicos programados culturalmente). Com esta forma de dominação (Weber), pode-se desencadear um espaço para a cultura dominante implantar uma realidade hostil, mesmo que por intermédio de um *constituinte originário.*

Esse cunho, a nosso ver, no "nível instituinte do direito", fornece subsídios para não se falar numa produção do Direito com subsídio em argumentos buscados fora do sistema jurídico, como será estudado no *Capítulo 13.*

Cabe assinalar, ainda, que toda essa reflexão a respeito do plano instituinte do direito vai propiciar a compreensão/esclarecimento do que sejam *normas de aplicação* imediata (objeto de estudo no *Capítulo 3* – Aplicabilidade das normas constitucionais). Nestas colocações, normas de *aplicação imediata* "porque produzidas no plano da processualidade instituinte-constituinte",[117] ponto a ser retomado no *Capítulo 12* (tópico 12.2), por meio do conceito de "liquidez e certeza" (em especial nas ações de *mandado de segurança*). Efetivamente, direitos fundamentais constitucionalizados "acertados por uma liquidez e certeza processualmente pré-decididos em bases constituintes" desfrutam de executividade incondicionada.[118] É altamente relevante este raciocínio de Rosemiro Leal, porque "são direitos já pré-decididos em suas bases instituintes e constituintes, como *líquidos, certos e exigíveis,* isto é, [...] assegurados (pré-cognitos) e amparados (pré-decididos) pela *coisa julgada constituinte*, não podendo sofrer

---

[116] LEAL, Rosemiro Pereira. *A teoria neoinstitucionalista do processo.* Belo Horizonte: Arraes, 2013, p. 07.

[117] *Ibidem*, p. 54.

[118] *Ibidem*, p. 53.

interpretações engenhosas e reconsiderações solipsistas da autoridade judicante".[119]

Pelo exposto, o *constituinte originário*, para não laborar no mito do contexto (Popper),[120] não pode ser visto como "concha acústica de saberes historicamente acumulados, não testificados ao longo de suas enunciações", porque, senão, "repetiriam catástrofes advindas do inesclarecimento intercorrente de seus fundamentos".[121]

Percebe-se, pois, que o *processo* de produção de uma Constituição é, sem dúvida, um dos momentos mais importantes na história de um país, porque a "Constituição representa a decisão total, como espécie e forma da unidade política de um povo".[122] Assim, ao largo de sua experiência constitucional bastante oscilante, o Brasil passou por sete Constituições (1824, 1891, 1934, 1937, 1946, 1967, 1988), e, agora, com a vigente Constituição, tenta implementar uma proposta assentada em bases participativas de exercício dos direitos fundamentais e de inclusão dos cidadãos por via de *procedimentos* democráticos.

O surgimento desse documento de regulamentação jurídico-política de um Estado de auto-inclusão dos cidadãos traz para a Teoria do Direito, para a Sociologia, para a Filosofia Política, Filosofia do Direito, para a História e a Ciência Política, diversas propostas de estudo, porque se rompem as barreiras do Estado anterior. Um dos efeitos mais palpitantes dessa etapa é que esse projeto compreendido como um "novo momento" figura, quase sempre, como um modo de realização de pretensões e desejos de um povo que se renova ao ter mais uma oportunidade de vivenciar a operacionalização de uma nova Constituição, que, obviamente, não é uma panacéia que resolverá todas as mazelas nacionais de forma imediata, mas sim uma oportunidade que exigirá a participação de todos em um novo desafio construtivo. Por óbvio, não é de todo legítimo um Estado rotular-se democrático se ao

---

119 LEAL, Rosemiro Pereira. *A teoria neoinstitucionalista do processo*. Belo Horizonte: Arraes, 2013, p. 10.

120 POPPER, Karl. *O mito do contexto*. Lisboa: Edições 70, 1986.

121 LEAL, Rosemiro Pereira. *A teoria neoinstitucionalista do processo*. Belo Horizonte: Arraes, 2013, p. 45.

122 BARACHO, José Alfredo de Oliveira. *Direito processual constitucional*. Belo Horizonte: Fórum, 2008, p. 152.

povo não houve autorização, processualmente falando, dos meios de participação na escolha dos parlamentares constituintes e na confirmação do Texto Constitucional legislado.

Apesar de esses serem os problemas centrais, a proposta aqui é estudar o que é uma *Constituinte*, como ela funciona e quais as suas principais características pela ótica do Direito Constitucional, uma vez que nos espanta a velocidade com que o esquecimento toma conta da memória coletiva do passado recente do nosso Brasil, uma espécie de "Alzheimer coletivo". Aliás, como bem lembrou Zuenir Ventura, resgatando a observação de Ivan Lessa, "a cada 15 anos, esquecemos os últimos 15 anos".[123]

Para isso, é necessário lembrar, que, no caso brasileiro, após 21 anos ininterruptos de ditadura militar (1964-1985), houve a Convocação de uma Assembleia Nacional Constituinte por meio de uma emenda à Constituição de 1967 (EC nº 26 de 1985), que, aprovada pelo Congresso Nacional, abriu via para longos trabalhos e muito *lobby* por grupo de pessoas e organizações (72 mil formulários com sugestões da população para a Constituição chegaram ao Congresso Nacional), os quais foram direcionados pela Comissão de Estudos Constitucionais composta por 49 membros e presidida pelo deputado Afonso Arinos. Por fim, concluindo um trabalho de 20 meses, o então deputado Ulysses Guimarães (1916-1992), presidente da Assembleia Nacional Constituinte, apresentou em sessão solene do Congresso Nacional, em 5 de outubro de 1988, a íntegra da Constituição produzida, formalizando a transição da ditadura militar para a democracia.

Não se pode deixar de mencionar a obra de Gisele Cittadino quanto ao esclarecimento das proposições teóricas incorporadas na Constituição de 1988, que põe em relevo o fato de termos tido um movimento de retorno de direitos e garantias sociais (que se formou no final dos anos 70) e que levou o Brasil à democracia em grau inédito.[124]

Na compreensão do Direito Constitucional, há que se deixar claro que uma Assembleia Constituinte pode se exercitar com

---

123 VENTURA, Zuenir. *1968: o ano que não terminou.* Rio de Janeiro: Objetiva, 2013, p. 16.

124 CITTADINO, Gisele. *Pluralismo, direito e justiça distributiva*: elementos da filosofia constitucional contemporânea. Rio de Janeiro: Lumen Juris, 2000.

exclusividade na elaboração de uma Constituição ou por meio de uma *dupla função* (acumulação de funções parlamentares e constituintes). O interessante é que, quando se fala em exclusividade na elaboração, o fato que se levanta é o de que, enquanto a Constituinte estiver trabalhando, a tramitação das outras leis infraconstitucionais, durante esse período, não param.

Assim, a Constituinte (ou Congresso com funções constituintes) acumula as duas funções, o que dificulta, e muito, os trabalhos legiferativos, que além de se dilatarem no tempo, perdem muito em qualidade na discussão dos temas propostos (temas complexos, diga-se de passagem).

Todo esse raciocínio nos conduz à conclusão de que o ideal seria que houvesse uma eleição de pessoas somente para compor a Assembleia Constituinte eleita especificamente para elaborar um novo Texto Constitucional, com mandato exclusivo. Uma decisão tão importante como essa, a de convocar uma constituinte, a fim de conferir legitimidade à decisão, só por meio de um plebiscito.

Nesse perfil, o plebiscito poderia ocorrer com as seguintes perguntas: 1) "Você é a favor de uma nova Constituição?"; 2) "Você é a favor de uma Assembleia Nacional Constituinte exclusiva para produzir um novo Texto Constitucional?".

Entretanto, isso não aconteceu, como relatado supra, na produção da Constituição Brasileira de 1988, que, à época, foi iniciada (convocada) formalmente por uma emenda à Constituição anterior, e, portanto, daí em diante, foi produto final da aprovação de um Congresso Nacional parcialmente "corroído" (com "senadores biônicos", eleitos indiretamente, pois escolhidos pelas autoridades de Brasília à época da Ditadura Militar de 1964) e com acúmulo de funções (os deputados federais eleitos e os senadores, tanto os eleitos quanto os que estavam no meio do mandato, acumularam as funções de parlamentares e de constituintes).

No entanto, é necessário salientar, que se a legitimidade da Atividade Constituinte do Texto de 1988 foi relativa quanto à convocação (EC nº26/1985), bem como o procedimento eleitoral formador de uma Assembleia Constituinte não-exclusiva, é claro que a legitimidade somente se tornará efetiva quando as normas desse texto constitucional se abrir à crítica, à processualidade jurídico-fiscalizatória dos intérpretes da Constituição.

Com efeito, esse processo *constituinte originário*, que tem por finalidade produzir uma nova Constituição Federal, possui características que se concentram, basicamente, em ser uma atividade *Inicial* (inicia um novo ordenamento jurídico-constitucional), Ilimitada (aqui no sentido de não estar atrelada à Constituição anterior) ou *Incondicionada* (não está condicionada a qualquer exigência constitucional do texto revogado, a Constituição anterior). Importa sublinhar que isto ocorre, pois, como já assegurou Raul Machado Horta, porque a função constituinte está vinculada às manifestações revolucionárias, comum na sua versão clássica de origem francesa, que explica toda essa virulência.[125] Referido autor parte da constatação de que o "poder" *constituinte originário* "representa a irrupção de fato anormal no funcionamento das instituições estatais", o que pode estar associado a um processo revolucionário, ou materializado num Golpe de Estado.[126]

2.5 ATIVIDADE DE REFORMA CONSTITUCIONAL: EMENDAS À CONSTITUIÇÃO

Com auxílio das noções anteriormente expostas, não há que se confundir *atividade originária* com outra, que tecnicamente é denominada de *atividade decorrente,* a qual possui a finalidade de produzir uma Constituição Estadual ou Municipal. Em consonância com o que foi refletido até agora, percebe-se que ainda há a chamada *atividade derivada*, que exerce a função de reformar a Constituição Federal. Essas questões semânticas, como em todo estudo desse tipo, só poderão ser resolvidas totalmente ao longo de um percurso de demarcação técnica. Daí, a necessidade de explicitar as características dessa atividade de reforma da Constituição colocando balizas e propondo definições.

Mas há outros pontos a serem esclarecidos. Primeiramente este: o de que existe a diferença entre *revisão* e *reforma* da Constituição Federal. Mas em que essa noção é requerida ou apoiada?

---

[125] HORTA, Raul Machado. *Direito constitucional.* Belo Horizonte: Del Rey, 1999, p. 26.

[126] *Ibidem*, p. 27.

A primeira dessas diferenças é que a *revisão* já aconteceu em 1993. O art. 3º do ADCT fez a previsão para que isso acontecesse uma única vez, em até cinco anos depois da promulgação da Constituição em 1988, por intermédio de uma votação de *maioria absoluta* de votos, em *seção unicameral*. Houve, à época, seis alterações constitucionais, entre elas o mandato do Presidente da República de cinco para quatro anos e a possibilidade de renúncia de parlamentares submetidos a processo de cassação.

A segunda diferença: a atividade de *reforma* não tem caráter de provisoriedade como foi a revisão constitucional. Ao contrário, as reformas manifestam-se a qualquer tempo e ocorrem por meio da espécie normativa emenda à Constituição. A propositura desses projetos de *emendas à Constituição* pode ser feita por 1/3 da Câmara ou do Senado, pelo Presidente da República ou mais da metade das Assembleias Legislativas do país (art. 60, incisos I ao III). Depois de apresentado um projeto de emenda, a votação é realizada em um sistema bicameral com votação de 3/5, em dois turnos, em cada Casa Parlamentar.

Importante ressaltar que a atividade de *reforma e a de revisão* encontram limites materiais, circunstanciais e formais. A atividade de revisão, geralmente, possui, além desses limites, um impedimento temporal (o tempo limita a ação reformista). Como dito, a Constituição de 1988 sofreu revisão uma única vez (art. 3º do ADCT).

São *limites materiais* os assuntos (matérias) descritos no art. 60, §4º, incisos I ao IV, da Constituição. Qualquer proposta de emenda a fim de abolir a forma federativa de Estado, o voto direto, secreto, universal e periódico, a separação dos poderes e os direitos e garantias individuais não será aceita por inconstitucionalidade material.

Os *limites procedimentais* (art. 60, §§2º, 3º e 5º), já descritos anteriormente, impedem Projeto de Emenda à Constituição (PEC) que não seja apresentado pelo Presidente da República, ou, no caso de projeto apresentado por deputado ou senador, que se observe o limite mínimo de 1/3 dos membros componentes da Casa iniciadora. Ademais, o projeto pode ser apresentado por mais da metade das Assembleias Legislativas. Em qualquer desses casos, deve-se observar o *quorum* de votação de 3/5 em seção bicameral.

Por fim, a Constituição não poderá ser emendada na vigência de intervenção federal, de estado de defesa ou estado de sítio (*limites circunstanciais* – art. 60, §1º).

A falsa ideia de que a mudança de uma Constituição acontece tão-somente por emendas ao texto original leva muitos a não entender o número de emendas à Constituição dos Estados Unidos (27 emendas em mais de 215 anos) em comparação com o Texto Constitucional Brasileiro de 1988 (81 emendas em 25 anos).

Por tudo quanto já se disse sobre os *procedimentos* de alteração de uma Constituição, é indispensável esclarecer que alguns autores citam um meio de mudança nas Constituições que ocorre sem a observância do *processo legislativo*. Trata-se da *mutação constitucional*, expressão que, para nós, requer cuidado.[127]

A "mutação", assim generalizada, pode ser sinal de um procedimento sem processo (eixo teórico-linguístico-constitucionalizado). Mais correto é dizer que isto acontece de forma mais clara em países de *Common Law*. Sabe-se que a expressão *mutação* quer, gramaticalmente, significar "mudança", mas quando essa conceituação é trazida para o âmbito do Direito Constitucional, ela passa por uma acepção técnica própria, porque, se refere às mudanças consideradas "informais" ou, como anota Canotilho, "mutação normativa informal". [128]

O certo é que a Constituição dos Estados Unidos com seus 7 artigos (a maioria de princípios constitucionais) e 27 emendas, ao ser interpretada pela Suprema Corte Americana, sofreu muitas variações, pois um Texto Constitucional principiológico em um sistema de *Common Law* (direito criado pelo judiciário) percorre um processo de mudança interpretativa sem modificações formais de texto, como ocorreu à época do *New Deal* e da interpretação da 14ª emenda sobre

---

[127] É possível reconhecer em textos científicos o que se pode chamar de mutação constitucional. Cf. PEDRON, Flávio Quinaud. *Mutação constitucional na crise do positivismo jurídico*. Belo Horizonte: Arraes Editores, 2012. BULOS, Uadi Lammêgo. *Mutação Constitucional*. São Paulo: Saraiva, 1997.

[128] CANOTILHO, José Joaquim Gomes. *Direito constitucional e Teoria da constituição*. Coimbra: Almedina, 1998, p. 236-239.

escravidão, nos EUA (para tanto, conferir o caso *Plessy* em comparação ao caso *Brown vs Board of Education of Topeka,* de 1954).[129]

A Corte Americana, nesses casos, comete aquilo que os norte-americanos chamam de *legislate from the bench* (legislar dos tribunais), e essas interpretações tornam-se precedentes vinculantes. Dessume-se, que, no sistema de *common law*, o ponto de apoio das decisões judiciais parte do exame de outras decisões anteriores no âmbito dos tribunais.

2.5.1 O risco de desmonte da Constituição pela atividade de reforma

No Brasil, não raro, surge uma nova emenda constitucional. Hoje nos é dado ver, claramente, que as incessantes emendas por que passa a Constituição de 1988 vêm denunciar um problema gravíssimo, tanto do domínio prático como no teórico-constitucional: o risco de degradação da Constituição no que ela tem de democrática. Por isto, temos que as Emendas à Constituição deveriam ser usadas para fazer um controle de constitucionalidade, (o expurgo das inconsistências), não o contrário: afastar uma inconstitucionalidade com outra inconstitucionalidade. Para melhor compreendermos a dimensão de tais problemas é necessário recorrer a uma reflexão que nos poderá ser útil.

É verdade que já se foi a época em que as Constituições tinham tendência a se considerarem vitalícias ou duradouras. Permanecer com uma Constituição imutável e vigente até "os filhos dos nossos filhos", às vezes, não é uma boa opção. O inusitado, que estamos vivendo, na contemporaneidade, também não. Esta característica pode ser facilmente comprovada na experiência brasileira atual, que nos mostra, cada vez mais, que o imobilismo do Texto Constitucional não condiz com os interesses do país no que diz respeito à evolução sociopolítico-econômica. Daí ficar claro, que, em prol da sua própria sobrevivência, as Constituições têm que adotar alguma sorte de mudança renovação a que se acham sujeitas.

---

[129] ACKERMAN, Bruce. *The living Constitution (Lecture III: The Conversation Between Generations)*, Havard Law Review, Volume 120, Number 7, May 2007, pp. 1737/1812.

Muitos teóricos já mostraram que essa característica que as Constituições possuem de se amoldar às metamorfoses sociais faz com que o Texto Constitucional depare com duas forças que se contrapõem: a "inércia constitucional" e a "tendência dinâmica", conforme lembrança de Celso Bastos. A primeira reside na resistência da Lei Constitucional, face às alterações, e a segunda é uma tendência refletida na busca de alterações constitucionais que possam melhor adaptá-las aos novos anseios da coletividade.

Com relação a essa característica, basta verificarmos Karl Loewenstein,[130] em sua conhecida *Political power and the governmental process*, publicada em 1962, que aponta duas tendências que o professor Raul Machado Horta rotula de *desestima constitucional*: a erosão da consciência constitucional e a desvalorização da Constituição.[131]

No Brasil, várias são as opiniões que giram em torno da Reforma Constitucional, sendo algumas tidas como iníquas, inoportunas e casuístas (apenas para permitir a "governamentalidade", uma prática política calculada, como dizia Foucault). Verifica-se, que desde 5 de outubro de 1988 (data da promulgação da atual Constituição Brasileira), até 05 de agosto de 2014 (ano de seu 26º aniversário), a Constituição da República Federativa do Brasil já tinha recebido 83 Emendas Constitucionais (sendo seis revisionais).

Temos, ainda, em "estoque", no Congresso Nacional, muitas propostas de emendas esperando análise, como forma de contornar as crises jurídico-políticas; pior ainda é que cada emenda cria outra e há emendas para emendas. Daí a conclusão da maioria dos escritores de que a Constituição é um permanente "canteiros de obras". Contudo, apesar das diversas críticas ao excesso de emendas (e, a bem dizer, preocupantes), não significa que o alto número de emendas sempre vai gerar o desrespeito à Constituição. Pode ser que sim, pode ser que não. Quando se fala em emendas à Constituição, é preciso separar necessidades dos atos inconsistentes nelas baseados. Há muitas variáveis envolvidas.

---

130 LOEWENSTEIN, Karl. *Political power and the governmental process*. The University Chicago Press, 1962, p. 153.

131 HORTA, Raul Machado. *Direito constitucional*. Belo Horizonte: Del Rey, 1999, p. 100.

Não iremos, aqui, discutir se é certo que haja tantas mudanças (uma nova revisão constitucional, talvez) ou se há espaço para o Congresso Nacional melhorar o atual texto da Constituição Brasileira. Pode ser que daqui a pouco cheguemos à triste conclusão de que seja necessário mais emendas (e mesmo assim o cerne da Constituição ainda permanece o mesmo) ou que não temos mais, propriamente, a Constituição de 1988, na sua originalidade, provocando, nas palavras de Loewenstein, a "erosão da consciência constitucional".

De conformidade com as ideias relatadas supra, alguns juristas sustentaram a necessidade de se criar uma nova Constituição por meio de Assembleia Nacional Exclusiva e apartidária como a melhor saída para o problema. Quer-nos parecer que a saída não seria bem por aí.

É certo que as Constituições necessitam de certa flexibilidade (como ficou demonstrado anteriormente), mas o grande problema é que referida flexibilidade acaba se tornando um verdadeiro malogro, fazendo da Constituição algo casuísta, como foi o caso de algumas emendas constitucionais que surgiram nos últimos anos no cenário político-jurídico brasileiro. Criou-se a "consciência nacional" de que tudo pode ser resolvido por meio de uma Lei Constitucional, que o Congresso Nacional é a bacia das almas, onde todos os males seriam resolvidos.

Outras emendas foram até mesmo necessárias, como a que acabou com a figura dos juízes classistas (EC nº 24), mas o que queremos fazer notar é que algumas delas não resolvem os problemas. Vejamos o caso da EC nº 26/2000, que modificou a redação do artigo 6º da Constituição, acrescentando o *direito à moradia.*

Acrescentou-se o direito à moradia, mas como entendê-lo? O que representa? Adiantou alguma coisa? Resolveu o problema por completo? Todos agora têm onde morar? São questionamentos inevitáveis, que remetem a uma única resposta: é claro que não! Milhões de brasileiros ainda continuam não tendo moradia e pior: a Lei Constitucional a prevê.

É possível entender que busquem resolver os problemas sociais emendando a Constituição, mas o que temos que ter em mente, é que a Constituição Federal é um texto que, para atingir sua finalidade, necessariamente tem que contar com o auxílio de todos os cidadãos e instituições públicas (executivo, legislativo, judiciário, ministério público, defensoria pública e universidades...). Sem esse auxílio, não ocorrerá uma presteza milagrosa advinda de emendas à Constituição ou da produção acelerada de leis. Não é por aí que afastaremos o problema. A concretização da Constituição virá da atenção de todos os segmentos como, *e.g.*, a *parte* e a *contraparte* (sujeitos constitucionalmente legitimados ao debate processual) que estão no *processo*, o Executivo, por meio da implementação de planos econômicos, as TVs comunitárias, os jornais locais, as rádios comunitárias, todos lançando uma gama de informações de esclarecimentos dos direitos dos cidadãos, e do Judiciário na aplicação das leis constitucionais.

Não podemos ver a Constituição como uma panacéia que resolverá todos os problemas do país, pelo simples fato de termos algumas leis constitucionais escritas na Constituição Federal. Os problemas não se resolvem sozinhos. A lei escrita não supre deficiência alguma, e, se não atuarmos, efetivamente, na construção e reconstrução cotidiana, defendendo, como sujeitos de cidadania, a imposição do texto à "vida real", teremos o *aniquilamento* normativo da própria *Constituição*. No mais, extrai-se que do confronto entre a "concepção dinâmica" e a "concepção estática", o certo é que alterar a Constituição não é o grande problema, desde que se observe o *devido processo legislativo*. Desta forma, Constituição "muito emendada" ou Constituição "pouco emendada" não é sinônimo de Constituição "respeitada", como já alertou Virgílio Afonso da Silva. Por isto, faz sentido a correlação que o mencionado professor da Faculdade de Direito da USP faz: basta verificar que na Constituição de 1967 (com 21 anos de vigência) houve 27 emendas, o que "dá uma média bem menor que a de 1988. Não significa que havia um respeito à Constituição".[132]

2.6 REFORMA NA CONSTITUIÇÃO E DIREITO ADQUIRIDO

A expressão direito adquirido aparece na Constituição Brasileira de 1988 (art. 5º, XXXVI) e na Lei de Introdução ao Direito Brasileiro

---

132 SILVA, Virgílio Afonso da. *Em debate, especialistas falam em saldo positivo dos 25 anos de Constituição*. Disponível em: <http://www1.folha.uol.com.br/especial/2013/constituicao25anos/>. Acesso em 05. out. 2013.

(art. 6º, §2º), embora já existisse como previsão legal desde a Constituição do Império (art. 179, III). Note-se que e a única Constituição que não regulamentou o assunto foi a de 1937.

Veja que, apesar de o Texto Constitucional vigente não conceituar o que seja direito adquirido (apenas menciona a garantia do instituto jurídico), sabe-se, por intermédio da LINDB (Lei de Introdução às normas de Direito Brasileiro), que se consideram adquiridos "os direitos que o seu titular, ou alguém por ele, possa exercer, como aqueles cujo começo do exercício tenha termo pré-fixo, ou condição preestabelecida inalterável, a arbítrio de outrem" (art. 6º, §2º).

Com efeito, para conhecer o que seja direito adquirido, é necessário saber que a lei destina-se, normalmente, a ser prospectiva (futuro); se a retroatividade fosse a regra geral, nas regulações normativas da sociedade, não haveria "segurança jurídica". Assim, a função específica da garantia do direto adquirido é assegurar (e fazer perdurar no tempo) os efeitos jurídicos (individuais e concretos) de normas modificadas ou suprimidas. Portanto, a condição para se aplicar a garantia do direito adquirido é ter havido mudança de lei, e ser a nova lei prejudicial em relação à legislação anterior (revogada). Se não houver modificação da norma jurídica que ocasione um prejuízo (lesão a direito) para a pessoa, não cabe falar em direito adquirido. Portanto, tem que haver norma superveniente "mais gravosa".

A respeito dessas questões, inúmeros estudos foram realizados, em especial os dedicados à "Reforma administrativa e direito adquirido", alguns apresentando excelente conteúdo.[133]

Tratando-se de *direito adquirido* e mudança na legislação, complexos problemas são levantados em sede de Direito Constitucional. Primeiro enfoque: a mudança da lei pode vir por intermédio de uma Assembleia Constituinte (*Constituinte Originário*), que pode produzir uma nova Constituição e estabelecer que uma nova regra opere retroativamente e que ninguém poderá invocar o Direito Adquirido.

---

133 MODESTO, Paulo. *Reforma administrativa e direito adquirido. Cadernos do Ministério da Administração e Reforma do Estado*, Brasília, v. 23, 1998. Confira-se ainda, o consistente texto de MELLO, Celso Antônio Bandeira de. Aplicação da lei no tempo em direito administrativo. *Revista de Direito Administrativo*, Rio de Janeiro, n. 134, 1978.

Lembre-se que a Constituição Brasileira de 1988 fez isto a partir do art. 17, dos Atos das Disposições Constitucionais Transitórias (ADCT). Aliás, oportunas as lições acadêmicas de Gilmar Mendes, Inocêncio Mártires Coelho e Paulo Gustavo Gonet Branco:

> Somente seria viável em direito adquirido como exceção à incidência de certo dispositivo da Constituição se ela mesma, em alguma de suas normas, o admitisse claramente [...]. Pontes de Miranda [...] *enfatiza que as Constituições têm incidência imediata, ou desde o momento em que ela mesma fixou como aquele em que começaria a incidir. para as Constituições, o passado só importa naquilo que ela aponta ou menciona. Fora daí, não.* Desde tempos antigos, a jurisprudência do STF firmou-se no sentido de não admitir a invocação de direito adquirido contra a Constituição [...]. O constituinte – e apenas ele – pode excepcionar a incidência imediata de alguma de suas normas, por meio de cláusula de transição, se entender que isso melhor consulta ao interesse da ordem constitucional. No Ato das Disposições Constitucionais Transitórias são encontradas algumas normas com esse objetivo.[134]

O segundo enfoque é o de que a mudança na legislação apareça por meio do Constituinte Derivado Reformador (*emendas à Constituição*), que, como se sabe, tem uma caracterização muito diferente em relação ao Constituinte Originário, porque apresenta *limitações materiais* (art. 60, §4º). Isto faz com que tenhamos duas outras opções no que tange à atividade de reforma, que pode atingir ou não o direito adquirido. A primeira reflexão: não há direito adquirido contra Texto Constitucional resultante de Atividade Originária ou de Reforma Constitucional. Explica-se: para os intérpretes que percorrem este caminho, o comando normativo do art. 5º, XXXVI, da CF/88 (*a lei* não prejudicará o direito adquirido...), abrange tão somente os casos de mudanças ocorridas no âmbito da legislação infraconstitucional (lei federal modificada por outra lei federal), e não o constituinte (originário e o reformador). Inclusive o Supremo Tribunal Federal já entendeu, em várias oportunidades, que não há direito adquirido quando a mudança vem por meio da Constituição (inclusive por emendas).

---

[134] MENDES, Gilmar Ferreira; COELHO, Inocêncio Mártires; BRANCO, Paulo Gustavo Gonet. *Curso de Direito Constitucional.* São Paulo: Saraiva, 2010, p. 285.

É o que concluiu o Min. Celso de Mello, em 1993, ao afirmar que "a supremacia jurídica das normas inscritas na Carta Federal não permite, ressalvadas as eventuais exceções proclamadas no próprio Texto Constitucional, que contra elas seja invocado o Direito Adquirido".[135] No Superior Tribunal de Justiça, o mesmo raciocínio já foi utilizado quanto à inexistência de direito adquirido contra o Texto Constitucional, "até porque as garantias do direito adquirido se dirigem à Lei Ordinária e não à Constituição".[136]

Uma segunda reflexão: pode-se entender (uma construção interpretativa) que, em se tratando de atividade de reforma (emendas à Constituição), a norma constitucional é inválida por violação de *cláusula pétrea* (limite material – art. 60, §4º, IV), na definição (construção hermenêutica) de que não se pode abolir direitos e garantias individuais. É o que já interpretou o Tribunal de Justiça de Minas Gerais, ao sustentar que "somente o Constituinte Originário pode determinar seja atingido o direito adquirido. O Constituinte Derivado, ainda que por meio de emenda constitucional, não tem tal poder, pois à lei nova não cabe desfazer a situação jurídica consumada".[137]

Assim, o problema todo gravita em torno de dois eixos, sendo que o primeiro está atrelado à interpretação da palavra "lei", empregada expressamente na redação do art.5º, XXXVI, da Constituição Federal. Discute-se se esse comando normativo (lei) é dirigido somente ao legislador infraconstitucional (lei federal) ou se também à atividade de reforma constitucional (emenda à Constituição), uma vez que a "emenda constitucional" também é uma lei (uma lei constitucional). É, pois, *emenda à Constituição*, uma das espécies normativas correlacionadas no art. 59, CF/88.

O outro eixo de reflexão dessa temática que ora nos ocupamos, está ligado à retroatividade das leis; e lei retroativa é aquela que alcança os efeitos de atos praticados antes de sua vigência. Lembre-se,

---

[135] STF, ADin nº 248-Rj, Pleno, Rel. Min. Celso de Mello, RTj 152/341, julgado em 18.11.1993.

[136] STJ, Rec. Esp. nº 506 – RJ, Rel. Min. Sálvio de Figueiredo, R. Sup. Trib. Just., Brasília, 2(06)/p. 360, 1990, j. em 25.09.1989.

[137] Ver Apelação Cível nº 318.310-0/00 - Relator: Dês. Caetano Levi Lopes, Belo Horizonte, setembro de 2003.

que, em nosso sistema constitucional, não há proibição quanto à edição de leis retroativas. Logo, nossa opinião, é a de que se a *lei* retroagir, a fim de regular as situações pretéritas (já que isto é possível, desde que regulamentada de forma expressa), ela não poderá prejudicar o direito que já integrou o patrimônio do titular, por conter todos os seus elementos configuradores, uma vez que essa *lei* (e a emenda à Constituição também é uma *lei*, uma *lei* constitucional) deve observar todos os limites materiais (art. 60, §4º, inciso IV), em especial "os direitos e garantias individuais", dentre os quais se encontra o instituto jurídico do direito adquirido (art. 5º, XXXVI, da CF/88), o que remonta a uma efetividade dos direitos fundamentais assegurados no Texto Constitucional, uma vez que a Constituição Federal – citamos o art. 5º, inciso XXXVI – nos dá a conhecer que a "lei não *prejudicará* o direito adquirido" (grifo nosso!).[138]

[138] Sobre o assunto, examinar as considerações bem feitas de Alexandre de Moraes a respeito, com remissão aos títulos "Emenda Constitucional nº 41/03 e o respeito aos direitos adquiridos" e "Previdência Social e direitos adquiridos". MORAES, Alexandre. *Direito constitucional.* São Paulo: Atlas, 2009, p. 392.

CAPÍTULO 3

APLICABILIDADE DAS NORMAS CONSTITUCIONAIS

Sumário: **3.1** Aplicabilidade das normas constitucionais – **3.2** Efetividade das "normas programáticas": rompimento com a dogmática jurídica – **3.3** Institutos jurídicos utilizados para os casos de não-efetivação das normas constitucionais – **3.4** Considerações finais.

3.1 APLICABILIDADE DAS NORMAS CONSTITUCIONAIS

O constitucionalismo, ao lançar esforços de construção de asseguramento de direitos, igual e geral para todos, forneceu prescrições, hoje, avançadas na constitucionalidade democrática, no que diz respeito aos direitos fundamentais. É, portanto, sempre à Constituição, que se recorre quando queremos ter acesso a direitos e garantias diversos.

Norberto Bobbio (1909-2004), ao examinar a questão, mostrou que esses direitos, em geral, são realmente avançados, mas que, atualmente, encontram um grande e árduo desafio, que é o de garanti-los.[1] Este é exatamente o grande desafio que recai sobre os ombros de todos nós, principalmente professores de Direito Constitucional, pois ainda hoje há uma tensão, que é a aplicação da própria Constituição. É aí que ela (a Constituição) se faz objeto de polêmica. E é porque se faz objeto de polêmica que sua característica democrática sobressai.

A partir dessas diversas perspectivas, todos os autores vão buscar responder àquele desafio lançado por Bobbio: dar efetividade aos direitos fundamentais nas situações concretas da vida.

De início, cabe salientar, que o nosso entendimento sobre a aplicabilidade das normas constitucionais passa pela análise dos paradigmas de Estados Constitucionais. Na análise dos modelos de

1 BOBBIO, Norberto. *A era dos direitos*. Rio de Janeiro: Campus, 1992, p. 26.

Estado, sabe-se que o *Estado Absolutista*, composto em sua maioria por escravos ou servos, passou a ser questionado pela insatisfação da classe dominada, e, com o advento da substituição do trabalho manual pela máquina, o surgimento da Revolução Industrial e o consequente acúmulo de capital levaram ao surgimento do *Estado Liberal* (*laissez-faire*/mercado livre), regente de uma nova ordem jurídico-constitucional que não intervinha em assuntos sociais. Segundo o professor Paulo Bonavides, por conta da época, não se fazia qualquer tipo de distinção entre as normas constitucionais.[2] As ideias basilares do liberalismo (livre iniciativa e livre concorrência) eram características nítidas dessas Constituições, que disciplinavam tão-somente a estrutura básica do Estado e a capacidade civil e política dos governados.[3]

O binômio regime capitalista/exploração sempre obrigou os trabalhadores a viverem num processo permanente de subordinação, o que levou ao surgimento de algumas greves e aos consequentes enfrentamentos canibalescos. Essas lutas, em contraposição, propiciaram transformações significativas e, a fim de reduzir esses enfrentamentos, a segurança pública tornou-se assunto debatido e a intervenção do Estado começou a se fazer presente.

Com as constantes revoluções e reivindicações, o período Pós-Primeira Guerra (1914-1918) trouxe a reestruturação do Estado, e, por consequência, o surgimento do *Estado Social* com uma proposta de expansão dos direitos sociais (Constituição de Weimar, na Alemanha, e a Constituição de Querétero, no México). Foi apenas com a implementação desse Estado de modelo social e com a chegada das primeiras Constituições "compromissárias" que ganhou importância a classificação das normas constitucionais quanto a sua eficácia.[4]

As normas que vieram regular essas questões são, hoje, conhecidas como "normas programáticas", e o primeiro contato com essa nova realidade constitucional fez surgir uma "doutrina" negadora de qualquer eficácia normativa dos recém-criados preceitos constitucionais,

---

2 BONAVIDES, Paulo. *Curso de direito constitucional*. São Paulo: Malheiros, 1998, p. 215.

3 *Ibidem*, p. 204.

4 *Ibidem*, p. 215.

uma vez que, infelizmente, para muitos teóricos, esses preceitos constitucionais não passavam de meras exortações e conselhos morais ao legislador infraconstitucional.

No Brasil, com a Constituição de outubro de 1988, um novo paradigma jurídico foi instituído, e, a partir daí, o denominado *Estado Democrático de Direito* (art. 1º, CF), apresentou um projeto de democracia estruturado por direitos fundamentais, com *aplicação imediata* (art. 5º, §1º, da CF), e uma operacionalidade posta à disposição do cidadão (eixo desse projeto), entendido como construtor e reconstrutor do seu próprio ordenamento jurídico, por intermédio de *procedimentos* de participação popular e ações processuais constitucionais.

Vê-se, portanto, que um estudo crítico-reflexivo das "normas programáticas", a fim de promover mudanças e transformações em sua conceituação, estruturação, função e atuação, passa por um entendimento desse eixo teórico e uma ressemantização da Teoria da Constituição de modo a eliminar algumas imprecisões teóricas e entender melhor o conceito de cidadania jurídica no Direito democrático.

Em geral, pode-se dizer, que a maioria dos pensadores nacionais elaborou suas classificações sobre as normas constitucionais, tendo como matriz o Estado Social, uma evidente oposição à realidade do paradigma constitucional brasileiro pós-88.

Assim, o assunto torna-se problemático, uma vez que o Estado Constitucional Brasileiro ainda não conseguiu implementar os serviços sociais básicos de sobrevivência digna, do modelo de Estado anterior (Estado Social), e, agora, segue com esta proposta, ainda pendente, e com toda a operacionalização dessa ordem jurídica posta nas mãos dos cidadãos e representantes investidos em funções públicas.

Com isso, deparamos com a usurpação dos direitos sociais e uma tímida política de inclusão social paralela a um tormentoso problema econômico que leva o *povo* a converter-se em uma "comunidade de vontades", pois as normas definidoras dos direitos "sociais" ainda encontram dificuldades de serem vistas como normas jurídicas de *aplicação imediata* (art. 5º, §1º, da CF/88), o que já implicaria na instauração de ações mandamentais ao cumprimento de direitos fundamentais.

E aqui, por consequência, esboça-se um anacrônico entendimento baseado na equivocada ideia de que as "diretrizes políticas" a serem observadas pelos administradores governativos são para o futuro, e não à luz do "mínimo existencial".[5]

Só os mistificadores não querem enxergar que a efetivação dos direitos sociais, no Brasil, reclama gestões no conjunto de funções do Estado, a começar pelas políticas econômicas (art. 170, CF), passando pela administração governativa de inclusão social (Executivo) e atingindo o *processo* de produção do Direito (Legislativo).

Os problemas, no Brasil, não se resumem tão-somente à "falta de lei", como pensam os mais simplistas, mas sim de mudanças institucionais.

O fato é que há o paradoxo de as normas constitucionais possuírem eficácia jurídica imediata, e, ao mesmo tempo, serem as mais sujeitas ao descumprimento e à inaplicabilidade devido aos sobressaltos econômicos.

Foi exatamente esse problema que levou diversos pensadores a escrever suas análises acerca da classificação das normas constitucionais, e, desde então, destacou-se, entre nós, as lições de José Afonso da Silva, que se propôs a enfrentar o tema em estudo específico como professor livre docente da Universidade de São Paulo (USP), em fins dos anos 60, classificação, aliás, que tem ocupado boa parte da literatura jurídica brasileira.[6]

É importante que se diga, que essa análise não existe somente em relação às Constituições contemporâneas. Assim, no Brasil, desde Ruy Barbosa,[7] já havia estudos baseados na doutrina norte-americana de normas auto-executáveis e não auto-executáveis (*self-executing provisions, not self-excuting provisions*), passando, posteriormente, por Pontes de Miranda,[8] em uma análise de "normas bastantes em

---

5 Cf. RE nº 410.715 – Rel. Min. Celso de Mello

6 SILVA, José Afonso da. *Aplicabilidade das normas constitucionais.* São Paulo: Malheiros, 1998.

7 BARBOSA, Ruy. *Comentários à Constituição federal brasileira.* São Paulo: Saraiva, 1933. v. 2, p. 475.

8 PONTES DE MIRANDA, F. C. *Comentários à Constituição de 1967.* São Paulo: Revista dos Tribunais, 1967. t. I.

si" e "normas não bastantes em si". Posto isto, é necessário salientar, que essa classificação não contemplava as normas programáticas, que vieram junto ao Estado Social. Escreveram, portanto, os autores supracitados (Ruy Barbosa e Pontes de Miranda), à égide de um Estado de ordenamento jurídico ainda preso ao modelo Liberal.

Nesse ponto, quando se trata de classificar a eficácia das normas constitucionais, percebe-se que a escola italiana marcou época com uma classificação mais detalhada, sobretudo, por intermédio de Vezio Crisafulli,[9] que, nos anos 50, ao escrever no marco do *Estado Social*, lançou as bases em que se firmou a classificação das normas programáticas que seriam normas que "dirigem o Estado" ao cumprimento futuro de suas obrigações. Nesta linha, a maioria dos autores brasileiros se dedicou a escrever sobre a classificação das normas constitucionais em um eixo teórico que não vige, depois de 1988, pois o texto atual, mais audacioso que os anteriores modelos constitucionais, exige aplicação *imediata* (art. 5º, §1º, CF).

Diante dessa realidade jurídica vigente, a classificação firmada na opinião desses autores abrange três grandes espécies de normas, a começar pelas normas de *eficácia plena*, seguidas posteriormente pelas normas de *eficácia contida*, e, por fim, as normas de *eficácia limitada*.

Conclui-se, portanto, que as *normas de eficácia plena* não suplicam regulação ulterior por nenhuma lei infraconstitucional (art. 1º, 7º, inciso XV, artigos 21, 22, inciso I, 24, 28, 40, §1º, inciso II, e o parágrafo único do artigo 44, bem como o 46, CF/88). Aqui, desta forma, não aparecem as clássicas expressões encontradas na redação final de alguns artigos da Constituição: "este assunto será regulamentado na forma da lei", "nos termos da lei", "no prazo da lei", "com base na lei", "nos limites da lei". Tendo em vista estas considerações, cita-se o exemplo do art. 5º, inciso XV, e sua *posteriori* complementação pela Lei nº 8.906/94.

As *normas de eficácia contida*, segundo a professora Regina Nery Ferrari,[10] reclamam regulação legislativa futura a fim de impedir a

---

9 CRISAFULLI, Vezio. *La costituzione e le sue disposizioni di principio*. Milão: Giuffre, 1952.

10 FERRARI, Regina Maria Macedo Nery. *Normas constitucionais programáticas: normatividade, operatividade e efetividade*. São Paulo: Revista dos Tribunais, 2001, p. 108.

sua integridade e restringir a plenitude de sua eficácia, e, desta forma, segundo a autora, enquanto não expedida a legislação restritiva, sua eficácia será plena e sua aplicabilidade imediata ulterior, para poder atingir os objetivos do comando normativo (art. 5º, VIII; art. 37, I; art. 14, §9º).

O costumeiro exemplo do artigo 5º, XIII, da Constituição, no seu famoso reconhecimento de que é "livre o exercício de qualquer trabalho ofício ou profissão, atendidas as qualificações profissionais que a *lei* estabelecer", pode nos dar uma exata precisão do que significa essa restrição ao comando normativo previsto na norma constitucional. Desta forma, o caso de quem é bacharel em Direito e pretende exercer a advocacia é algo perfeitamente possível, desde que aprovado em "Exame da Ordem", conforme determinação do artigo 8º, inciso IV, da Lei nº 8.906/94. A referida *lei*, entretanto, restringiu (conteve) o "livre exercício de qualquer trabalho ofício ou profissão".

Lado outro, as *normas de eficácia limitada*, as quais deixam a estruturação de órgãos ou instituições para a lei complementar ou ordinária, podem ser de *princípio institutivo*, como é o caso do art. 5º, inciso XXXII, e a instituição do Procon. O artigo 224 da Constituição, também poderia ser citado como exemplo de norma constitucional de eficácia limitada, bem como os artigos 18, §2º, 33 caput, art. 25, §3º e 90 §2º, CF/88.

De outro lado, as "normas programáticas" aparecem, na maioria das vezes, de acordo com grande parte dos escritores, com uma característica de regulamentar assuntos de forma ampla, com poucas peculiaridades normativas.

Segundo Gisele Cittadino, o que ocorre é que "as normas constitucionais relativas aos direitos fundamentais revelam programas de ação ou afirmações de princípios e não possuem uma regulamentação perfeita e completa, sendo quase pouco descritivas, vagas e esquemáticas. Concretizar o sistema de direitos constitucionais, portanto, pressupõe uma atividade interpretativa tanto mais intensa, efetiva e democrática quanto maior for o nível de abertura constitucional existente".[11]

---

[11] CITTADINO, Gisele. *Pluralismo, direito e justiça distributiva*: elementos da filosofia constitucional contemporânea. Rio de Janeiro: Lumen Juris, 2000, p. 19.

Com efeito, as "normas programáticas" têm suscitado largo e rico debate teórico, e apresentam, como característica, a possibilidade de *mencionar legislação futura* (art. 7º, inciso XI e XX, art. 170, 215) ou *não mencionar legislação futura*, como é o caso, para a maior parte da literatura jurídica, do art. 6º, e 7º, inciso IV, e do art. 227. É por isto, que, Raul Machado Horta, professor Catedrático e Emérito da Faculdade de Direito da Universidade Federal de Minas Gerais (UFMG), afirma que "nem toda norma constitucional dependente de lei é norma programática", pois é o conteúdo da referida norma que dirá se ela é "norma-programa" ou "norma de simples legislação".[12] Assim, segundo a afirmação do constitucionalista mineiro, a lei complementar e a lei federal são espécies normativas de concretização legislativa da norma programática.

3.2 EFETIVIDADE DAS "NORMAS PROGRAMÁTICAS": ROMPIMENTO COM A DOGMÁTICA JURÍDICA

Para a maioria dos autores, o grande problema quando se trata de norma constitucional limitada de princípio programático é que se não houver a complementação do conteúdo de algumas leis constitucionais, não haverá aplicabilidade integral e plena do direito. Daí parafrasear o poeta mato-grossense Manoel de Barros: "há certas frases que se iluminam pelo opaco".[13]

Viveu-se, nesses termos, e durante algumas décadas, uma discussão acadêmica e legislativa, vinculada à "norma programática", bem como a busca de efetividade.

Buscar um único conceito que possa precisar de modo satisfatório o que é uma "norma programática" (influência da Constituição de Weimar da Alemanha de 1919) torna-se tarefa desimportante, porque muitos autores emitiram seus conceitos em paradigmas já refutados pela Constituição brasileira de 1988, e mesmo aqueles que escreveram sobre o assunto à égide do Texto Constitucional vigente, ainda estão presos ao modelo de Estado Social e de aplicação das normas

---

12 HORTA, Raul Machado. *Direito constitucional*. Belo Horizonte: Del Rey, 1999, p. 195.

13 BARROS, Manoel de. *O livro das ignorãças*. São Paulo: Record, 2000, p. 23.

constitucionais em diferentes "graus", como se fossem diferentes "valores" (mínimo, médio e máximo). Pelo contrário, poucos escritores dizem que não há normas programáticas (eficácia diferida). Para exemplificar esse comentário, curiosa é a conceituação de Pontes de Miranda, de que normas programáticas "são aquelas em que o legislador, constituinte ou não, em vez de editar regra jurídica de aplicação concreta, apenas traça linhas diretoras, pelas quais se hão de orientar os poderes públicos. A legislação, a execução e a própria justiça ficam sujeitas a esses ditames, que são como programas dados à sua função".[14]

Como se vê, há uma negativa de eficácia e jurisdicidade dessas normas por esse e outros autores, mas o que cabe lembrar é a opinião de Bandeira de Mello ao dizer que "não faria sentido que o constituinte enunciasse certas disposições apenas por desfastio ou para não sopitar seus sonhos, devaneios ou anelos políticos".[15]

Na tentativa de transcender a dogmática, vislumbraremos uma tendência, cada vez mais necessária, em dar às normas, conhecidas como programáticas, uma *aplicabilidade imediata* (argumento deontológico). Por isto, a necessidade de entendermos, num primeiro momento, que os países, ao admitirem a socialização constitucional, passaram por uma profunda mudança estrutural no plano socioeconômico, e, com isto, muitos Estados Constitucionais assumiram um compromisso social frente às possibilidades de uma rudimentar estrutura econômica de Estado com características ainda liberais.

É o que nos mostra Paulo Lopo Saraiva, quando assinala que, com a fixação dos direitos sociais sem a devida "mudança estrutural, como acontece nos países socialistas, ficou difícil, no plano socioeconômico, solver os imensos problemas agravados cotidianamente pelas várias crises mundiais. A solução foi, sem dúvida, teorizar graus de aplicabilidade e eficácia da norma constitucional, que pudessem justificar a omissão do Estado, enquanto este não se aparelhasse satisfatoriamente para o atendimento eficaz dos direitos coletivos".[16]

---

[14] PONTES DE MIRANDA, F. C. *Comentários à Constituição de 1967*. São Paulo: Revista dos Tribunais, 1967. t. I, p. 126-127.

[15] MELLO, Celso Antonio Bandeira de. Eficácia das normas sobre justiça social. *Revista de Direito Público*. São Paulo, n. 57/58, p. 233-256, 1981, p. 238.

[16] SARAIVA, Paulo Lopo. *Garantia constitucional dos direitos sociais no Brasil*. Rio de Janeiro: Forense, 1983, p. 68-69.

O fato, como preconiza Raul Machado Horta, com fundamento nas explicações de Crisafulli, está na composição heterogênica de correntes políticas, na produção constituinte, uma vez que "o confronto entre tendências, que se empenham na preservação da estrutura social e econômica, e as tendências avançadas, que preconizam as transformações das estruturas, acabaram conduzindo a solução de compromisso, mediante a adoção da *norma programática*".[17]

Aliás, essa tendência de se criar normas programáticas foi facilmente notada após a Primeira Guerra (*1914-1918*), no sentido de equilibrar as heterogeneidades políticas, a fim de adaptar os direitos sociais surgidos com as novas Constituições em países que ainda tinham uma estrutura estatal com raízes profundas no liberalismo. Por isto é que as normas programáticas, ao virem junto ao Estado Social, disciplinando interesses econômicos e sociais, em uma realidade ainda liberal, acabaram sendo estudadas e ensinadas por meio de uma razão estratégica: a exigência da atuação do Estado foi diferida sob forma de "programa de governo" a ser implementada para um futuro próximo.

A questão que se coloca é que terminamos o século XX com alguns juristas bastante preocupados com a efetividade da Constituição, como é o caso de Konrad Hesse[18] e J. J. Gomes Canotilho.[19]

Para alguns autores, como é o caso do referido jurista português J. J. Gomes Canotilho,[20] essas características anteriormente delineadas conferem a algumas Constituições o rótulo de "Constituição Dirigente", mas adverte o constitucionalista, em outro livro de sua autoria, que, na contemporaneidade, *não* há que se falar mais em normas constitucionais programáticas, uma vez que "às normas

17 HORTA, Raul Machado. *Direito constitucional*. Belo Horizonte: Del Rey, 1999, p. 195.

18 HESSE, Konrad. *A força normativa da Constituição*. Tradução de Gilmar Ferreira Mendes. Porto Alegre: Fabris, 1991.

19 CANOTILHO, José Joaquim Gomes. *Constituição dirigente e vinculação do legislador*: contribuição para a compreensão das normas constitucionais programáticas. Coimbra: Ed. Coimbra, 1983

20 *Idem*.

programáticas é reconhecido um valor jurídico constitucionalmente idêntico aos restantes preceitos da Constituição".[21]

O próprio constitucionalista José Afonso da Silva,[22] que, em fins da década de 1960, sistematizou uma conhecida classificação tricotômica das normas constitucionais, deixa claro que 'hoje' prevalece entendimento diverso, porque a orientação moderna é no sentido de reconhecer imediata aplicabilidade mesmo àquelas normas de caráter socioideológicas, as quais até recentemente não passavam de princípios programáticos".[23]

Nesse ponto, Virgílio Afonso da Silva, em concurso para provimento de professor titular na Faculdade de Direito da Universidade de São Paulo (USP), cuja versão editorial da *tese* é encontrada pela editora Malheiros,[24] sob o título *Direitos fundamentais: conteúdo essencial, restrições e eficácia*, deixa claro que ao menos no âmbito dos *direitos fundamentais*, há uma nítida incompatibilidade do modelo por ele defendido, com as tradicionais classificações das normas constitucionais quanto à sua eficácia, sobretudo a classificação elaborada por José Afonso da Silva.[25]

---

[21] CANOTILHO, José Joaquim Gomes. *Direito constitucional.* Coimbra: Almedina, 1991, p. 132

[22] SILVA, José Afonso da. *Aplicabilidade das normas constitucionais.* São Paulo: Malheiros, 1998, p. 78.

[23] A primeira edição da obra "*aplicabilidade das normas constitucionais*", de José Afonso da Silva, foi publicada em 1967, e rendeu repentina surpresa literária. É o próprio autor que reconhece que o sucesso da sistematização das normas constitucionais causou admiração. Conforme se observa em trecho da 3ª edição do livro (1998), o referido autor diz que: "Esta monografia teve uma repercussão nacional e internacional que nos surpreendeu. Mais surpreendente para nós foi sua intensa utilização nos tribunais". Ver SILVA, José Afonso. *Aplicabilidade das Normas Constitucionais.* 3ª ed. São Paulo: Malheiros, 1998, p. 14.

[24] SILVA, Virgílio Afonso da. *Direitos fundamentais: conteúdo essencial, restrições e eficácia. São Paulo: Malheiros, 2009.*

[25] SILVA, Virgílio Afonso da. O conteúdo essencial dos direitos fundamentais e a eficácia das normas constitucionais. In. *Revista de Direito do Estado* 4 (2006): 23-51. *Direito do Estado* 4 (2006): 23-51. *Revista de Direito do Estado* 4 (2006): 23-51.

No entanto, esclarece Virgílio Afonso da Silva, José Afonso da Silva deu o primeiro passo para romper com a concepção de que as normas constitucionais eram despidas de qualquer eficácia.

Vem também à tona o pronunciamento de Rodolfo Viana Pereira,[26] também avesso ao modismo das normas programáticas (normatividade mínima), e anota que essa fase circunscrita ao Pós-Primeira Guerra já é dispensável. O que se deve entender e reivindicar a respeito do assunto é que estamos em uma fase não programática (meados do século XX em diante), a qual promove uma reversão do conceito pelo que os princípios passam a ser aplicados em sua dimensão jurídica, como normas de aplicação direta e imediata. O importante é que não nos deixemos enganar pelo discurso de que há normas programáticas, uma vez que "quanto mais programáticas forem as normas dos direitos sociais, maior será o espaço deixado à discricionariedade nas decisões judiciais".[27]

Em Direito há que se estabelecer a diferença entre *princípios* e *regras* a fim de estabelecer um raciocínio para que as "normas programáticas" não sejam vistas como meras "diretrizes políticas". Importante assumir que essas *normas* apresentam conteúdos importantes para o sistema jurídico e passaram por um *processo legislativo* (validação de interesses). Sendo assim, são instituidoras de direitos com reconhecida força normativa. Os conteúdos rotulados como "programáticos" já passaram por um discurso de justificação (legislativo), e, agora, a questão é de aplicabilidade (judicial) com recomendação de imediatidade (§1º, art. 5º, CF) de modo a efetivar o Estado Democrático de Direito. Nesses moldes, há um aumento da importância de se estudar o *processo constitucional*.

Nesse ponto, é possível recordar de José Alfredo de Oliveira Baracho, importante passagem: "Os princípios constitucionais têm pleno valor normativo e interpretativo. Não faz falta a lei, quando se trata de um direito fundamental ou liberdade pública. Muitos dos direitos

---

26 PEREIRA, Rodolfo Viana. *Hermenêutica filosófica e constitucional*. Belo Horizonte: Del Rey, 2001, p. 129.

27 LEAL, Rosemiro Pereira (Coord.). *Uma pesquisa institucional de Estado, Poder Público e União na constitucionalidade brasileira*: significados equívocos e interpretação do direito: busca de um novo *medium* linguístico na teoria da constitucionalidade democrática. Belo Horizonte: Del Rey: FUMEC, 2008, p. 6.

amparáveis têm um conteúdo mínimo, pelo que não há necessidade de lei para desenvolvê-los ou concretizá-los".[28]

Aroldo Plínio Gonçalves, ao escrever numa época (1992) em que parte considerável da literatura jurídica especializada defendia as "normas compromissárias" apresentou argumento além dos juristas ao dizer que "os princípios constitucionais, mesmo quando tidos como não-auto-aplicáveis, já possuem eficácia intrínseca, porque, obstando a criação de normas jurídicas infraconstitucionais, que os contrariem, não permitem possam as leis se projetar além do sistema jurídico, em direção contrária a ele".[29]

Nesse passo, Bernardo Gonçalves Fernandes,[30] professor adjunto de Direito Constitucional da Universidade Federal de Minas Gerais (UFMG), aponta três críticas à tradicional classificação quanto à aplicabilidade das normas constitucionais. 1ª) de acordo com o citado autor, essas classificações trabalham "de forma estática" definindo "*a priori*" o que tem eficácia plena e o que tem eficácia limitada, sem a necessária contextualização. 2ª) são classificações que dão "mais importância (e sobretudo peso) à legislação infraconstitucional do que a própria Constituição"; 3ª) São classificações que se apegam às *regras*, e se deslembram dos *princípios* constitucionais. Toda essa digressão em Gonçalves Fernandes serve para mostrar que as classificações trivialmente empregadas (eficácia plena, contida e limitada) são rótulos que apesar de extremamente ensinados, ainda apresentam uma acumulação de inesclarecimentos.

É possível avançar a reflexão nesse campo.

Poderíamos dizer, com embasamento na literatura jurídica de Rosemiro Leal, que os *direitos fundamentais* são "direitos fundamentados pelo *devido processo* como discurso do decidir [...]".[31]Com efeito,

---

[28] BARACHO, José Alfredo de Oliveira. *Direito processual constitucional*. Belo Horizonte: Fórum, 2008, p. 475.

[29] GONÇLAVES, Aroldo Plínio. *Técnica processual e teoria do processo*. Rio de Janeiro: AIDE, 1992, p. 54.

[30] FERNANDES, Bernardo Gonçalves. *Curso de Direito Constitucional*. Rio de Janeiro: Lúmen Júris, p. 80-81.

[31] LEAL, Rosemiro Pereira. *A teoria neoinstitucionalista do processo*. Belo Horizonte: Arraes, 2013, p. 52.

esses direitos foram acertados "[...] por uma liquidez e certeza já processualmente pré-decididas em bases constituintes a legitimarem executividade incondicionada".[32]

E prossegue:

> [...] os direitos postos por uma vontade processualmente demarcada, ao se enunciarem constitucionalmente fundamentais, pertencem a um bloco de direitos líquidos (autoexecutáveis) e certos (infungíveis) de cumprimento insuscetível de novas reconfigurações provimentais e, por conseguinte, só passíveis de lesões ou ameaças após efetivamente concretizados *ex officio* pela Administração Governativa ou por via das ações constitucionais (devido processo legal) a serem manejados por todos indistintamente ao exercício da autoinclusão auferidora dos direitos fundamentais criados e garantidos no nível constituinte da normatividade indeclinável.[33]

Em consequência, ainda na linha do referido autor:

> [...] suplica-se, por isso, distinguir, em direito democrático, o que sejam normas de *aplicação imediata*, porque produzidas no plano da processualidade instituinte-constituinte e entregues a uma fiscalidade processual ampla (controle irrestrito de constitucionalidade) e asseguradora dos direitos instituídos, daquelas que, mesmo tendo origem e critérios idênticos de produção, reclamam acertamentos cognitivos no plano *in fieri* (operacional) da exigibilidade do ordenamento jurídico.[34]

Logo, no dizer de Rosemiro Leal, a *Constituição* deve ser acolhida "como título executivo extrajudicial, líquido e certo, quanto aos direitos fundamentais ali decididos como autoaplicáveis".[35] De conseguinte, "[...] a liquidez e certeza desses direitos reclamam execução ininterrupta de mérito pressuposto já pré-julgado (decidido) no horizonte instituinte do legislador originário da constitucionalidade vigorante".[36]

---

32 LEAL, Rosemiro Pereira. *A teoria neoinstitucionalista do processo*. Belo Horizonte: Arraes, 2013, p. 53.

33 *Ibidem*, p. 55.

34 *Ibidem*, p. 54.

35 *Ibidem*, p. 12.

36 *Ibidem*, p. 55.

3.3 INSTITUTOS JURÍDICOS UTILIZADOS PARA OS CASOS DE NÃO-EFETIVAÇÃO DAS NORMAS CONSTITUCIONAIS

Um estudo de epistemologia científica da interpretação constitucional é, para nós, um passo importante para ultrapassar a dicotomia aplicabilidade/inaplicabilidade das normas constitucionais.

Em atenção à pesquisa de Rodolfo Viana Pereira,[37] é por força dessa hermenêutica que a Constituição vai refundar todo o Direito, uma vez que a Constituição passa a representar o que o referido autor vai denominar de *locus hermenêutico*, ou seja, o lugar a partir do qual a interpretação tem que ser refletida, construída e reconstruída.

Ademais, é arriscado falar em graus de eficácia de normas constitucionais e, quando se interpreta um texto da Constituição, é um compromisso inarredável buscar dar a ele sempre a máxima eficácia possível. Aliás, como já se disse, as normas são deontológicas.

A partir dessa constatação, cabe lembrar, que a própria Constituição de 1988 está aparelhada com institutos processual-constitucionais disponíveis para efetivar as normas constitucionais e entrar de vez nessa fase considerada não-programática. Sendo assim, além das conhecidas propostas de *iniciativa legislativa* (art. 61, §2º; art. 27, §4º e art. 29, inciso XIII), o Texto Constitucional contém as "ações constitucionais" do *mando de injunção* (art. 5º, LXXI), da *ação direta de inconstitucionalidade por omissão* (art. 103, §2º) e do *mandado de segurança* (art. 5º, LXIX), que se tornam vias discursivas de definição dos direitos já acertados pelo constituinte originário, em sede de *princípios* constitucionais.

Para tanto, é necessário fazer uma ressalva quando se quer transpor o conceito de "norma programática", uma vez que as normas constitucionais relativas a programas, revelam ações ou afirmações de princípios de direitos fundamentais, e concretizar o sistema de direitos constitucionalmente fundamentais, exige, portanto, uma atividade interpretativa com mais cautela às bases morfológicas da epistemologia, o que pretendemos esclarecer melhor, neste livro, no Capítulo 9, o qual cuida da Interpretação Constitucional.

---

[37] PEREIRA, Rodolfo Viana. *Hermenêutica filosófica e constitucional*. Belo Horizonte: Del Rey, 2001, p. 121.

Dessa forma, a função do *mandado de injunção* (art. 5º, LXXI) no Judiciário *não* é uma função legislativa como alguns possam imaginar, mas uma função de regulamentação interpretativa de *princípios* constitucionais para o caso concreto quando faltar *regra* jurídica, pois essa ação constitucional tem a função de efetivar concretamente, em favor do impetrante, o direito, a liberdade ou as prerrogativas constitucionais, quando a falta de norma regulamentadora torne inviável o seu exercício. O Judiciário, depois de analisar o um caso específicos (o chamado "caso concreto"), poderá conceder uma ordem judicial ao impetrante, a fim de usufruir plenamente daqueles direitos.

Por fim, é por meio da *ação direta de inconstitucionalidade por omissão* (art. 103, §2º, da CF/88) que o Judiciário julga procedente o *pedido* (pretensão delineada na petição inicial e embasada no direito material) de omissão de medida (lei, decreto, resolução, plano econômico...), o que será mais bem trabalhado nos estudos sobre o *Controle de constitucionalidade das leis* (Capítulo 10).

Depois de todo o exposto, percebe-se a importância de rechaçar a diferenciação das normas constitucionais em graus de aplicabilidade (normas ouro, prata e bronze). Ressalta-se que todas as normas constitucionais obrigam as funções públicas a adotar certos e determinados comportamentos. Observe-se que se o assunto for considerado direito fundamental (líquido e certo), cabe, sem dúvida, a instauração de um mandado de segurança (art. 5º, LXIX), a fim de assegurar o direito reconhecido (direito certo e exigível) em norma do Texto Constitucional.

3.4 CONSIDERAÇÕES FINAIS

É evidente que os programas sociais no ordenamento jurídico brasileiro se ampliaram ao longo do tempo. Obviamente, novas omissões foram geradas e mais conceitos jurídicos indeterminados foram usados pelo legislador. Por consequência, as normas constitucionais foram desafiadas, e, para muitos, algumas passaram a ser prognósticos inseguros. Aliás, no insatisfatório estágio em que se encontra a aplicação do Texto Constitucional no Brasil, isto tem sido muitas vezes discutido por especialistas.

Como norma jurídica a Constituição requer aplicabilidade. Mas qual é o fundamento de aplicabilidade da ordem constitucional?

Ora, pelo simples fato de a Constituição vigente ter revogado a ordem do direito anterior, já pré-indica a necessária aplicabilidade.

É esse um ponto que os juristas passam por alto quando escrevem sobre a aplicabilidade das normas constitucionais. Sendo assim, outro traço essencial se sobressai: os conteúdos assegurados no texto constitucional por impedir (vedar) a produção infraconstitucional por parte do Congresso Nacional, sob pena de banimento da *lei* pelo controle de constitucionalidade, inequivocadamente já sinaliza para a aplicabilidade das normas constitucionais. Com efeito, a vontade firme do constituinte acena para o cumprimento seguro de tais deveres normativos, que, por conseguinte, traz a solidez da ordem constitucional.

Difícil não é perceber que a administração governativa brasileira por muito tempo não implementou os serviços sociais básicos de sobrevivência digna, por existir uma tímida política de inclusão social indexada a um tormentoso problema econômico.

De resto, a saída sempre recorrente foi fazer uso da teoria das normas programáticas a fim de justificar omissões.

E só os mistificadores não querem enxergar que a efetivação dos direitos sociais reclama gestões no conjunto de funções do Estado, a começar pela política de crescimento econômico, passando pela administração governativa de inclusão social e atingindo o processo de produção do Direito (Legislativo).[38]

Seria recomendável que algumas pessoas frequentassem aulas de Direito Constitucional na processualidade democrática para evitar visões turvas sobre alguns assuntos, pois, como óbvio, os problemas sociais, no Brasil, ainda existem não só por "falta de vontade", como pensam os mais simplistas, mas sim porque houve uma delinquência omissiva da administração governativa ao longo de décadas no que se refere a promoção de mudanças institucionais e de planejamentos econômicos, o que provocou, à evidência, um quadro de exclusão

---

38 WOLFGANG SARLET, Ingo. *A eficácia dos direitos fundamentais*. Porto Alegre: Livraria do Advogado, 2004.

social e a consequente miserabilização. Cumpre ressaltar, que é inaceitável um estudo de Direito Constitucional desconectado do Direito Econômico.

Sem dúvida, o lado mais cômodo é recorrer a argumentos que justificam a omissão. Lamentavelmente, há um ranço delinquente dentro do Judiciário para onde desembocam algumas decisões ao enxergarem as normas programáticas como rampa de decolagem. Convém mudarmos esse quadro.

Capítulo 4

DIREITO CONSTITUCIONAL E DIREITO INTERNACIONAL

Sumário: **4.1** A proteção dos direitos humanos no Direito Internacional e no Direito interno do Estado Brasileiro – **4.2** Sistemas regionais internacionais de proteção aos direitos humanos – **4.3** Sistema Interamericano: análise descritiva do procedimento de acesso à Comissão de Direitos Humanos – **4.4** A constitucionalização das normas de Direito Internacional.

4.1 A PROTEÇÃO DOS DIREITOS HUMANOS NO DIREITO INTERNACIONAL E NO DIREITO INTERNO DO ESTADO BRASILEIRO

A *teoria dos direitos humanos* é um meio de padrão entre o Direito Internacional e o Direito Constitucional. Com efeito, de par com a proteção interna dos Estados, veio a proteção internacional por meio de um grande número de convenções, tratados e pactos, alguns históricos e clássicos, outros modernos, mas, de uma forma ou de outra, foram sensíveis aos assuntos humanitários. Nas observações de José Alfredo de Oliveira Baracho, "a relação entre direitos humanos, Direitos Internacional e Direito Constitucional, constitui tema cada vez mais significativo para o constitucionalismo contemporâneo".[1]

Cumpre notar, já no início deste capítulo, que os *direitos humanos* ressemantizam-se em *direitos fundamentais* (resultante de conquistas construtivas e reconstrutivas de mundos humanos, não homologatórias de uma realidade excludente) depois de passar por um recinto discursivo de criação do Direito (parlamento), o qual produz leis constitucionais (leis fundamentais) no âmbito interno do país.

Nessa projeção, Menelick de Carvalho Netto, em artigo especializado, disse preferir a expressão *direitos fundamentais* "a *direitos*

---

1 BARACHO, José Alfredo de Oliveira. *Direito processual constitucional.* Belo Horizonte: Fórum, 2008, p. 137.

humanos, por entendê-los conquistas históricas, aquisições evolutivas socialmente criadas, direitos institucionalizados em uma sociedade [...]".[2]

Por outro lado, é oportuno lembrar a posição esclarecedora de Rosemiro Leal em significativo trabalho a respeito do perigo "tópico-retórico" e "pragmático-linguístico" do discurso constitucional ao normatizar a questão dos direitos humanos (*preâmbulo* constitucional, do art. 1º, incisos II, III, IV, e arts. 2º a 4º da Constituição Brasileira). [3] Desta forma, esses *conteúdos* normativos ("cidadania", "dignidade", "valores sociais do trabalho" e da "livre iniciativa", "vida", "liberdade", "igualdade", "justiça") têm que ser examinados por um eixo interpretativo aberto a todos os integrantes de uma sociedade jurídica, a fim de arguir o discurso constitucional para que não haja a inocuidade de uma retórica relativa a *direitos humanos* como fonte normativa natural.

Depois dessas considerações iniciais, convém também lembrar, que estudiosos têm percebido que o Direito Internacional, antes de ser aceito em definitivo, era visto com objeção pelos operacionalizadores jurídicos. Porém, este quadro de intransparência, foi-se neutralizando, e Kelsen, de maneira convicta, em sua *teoria pura do direito*, já visualizava o Direito Internacional como "um complexo de normas que regulam a conduta recíproca dos Estados".[4]

É relevante notar, que, atualmente, esse referido recinto de estudos constitui uma autêntica área do conhecimento do Direito, mas para adquirir essa posição, como ressaltou Gerson de Britto Mello Boson, foi necessária uma evolução (construção histórica) que remonta aos tempos antigos de Grécia, Roma, Oriente Médio e Ocidente. A História, ao tratar da existência do Direito Internacional, traz uma gama enorme de fatos que ocorreram nos movimentos como Cristianismo e Revolução Francesa, que serviram de alicerce para sua efetivação.[5]

---

2 CARVALHO NETTO, Menelick de. A hermenêutica constitucional e os desafios postos aos direitos fundamentais. In: SAMPAIO, José Adércio Leite (Coord.). *Jurisdição constitucional e direitos fundamentais*. Belo Horizonte: Del Rey, 2003, p. 142.

3 LEAL, Rosemiro Pereira. Direitos fundamentais do processo na desnaturalização dos direitos humanos. *Revista da Faculdade Mineira de Direito*, PUC Minas, v. 9, p. 89-100, 2006.

4 KELSEN, Hans. *Teoria pura do direito*. São Paulo: Martins Fontes, 1998, p. 355.

5 BOSON, Gerson de Britto Mello. *Direito internacional público*: o Estado em direito das gentes. Belo Horizonte: Del Rey, 1994.

Em 1945, com o término da Segunda Guerra (*1939-1945*), que deixou um rastro de morte e devastação pelo seu caminho, alguns países, atemorizados com esse resultado final, consideraram a necessidade de estruturação de um *organismo internacional* que tivesse o objetivo de garantir que a guerra nunca mais assolasse a humanidade, que se mostrasse protetor e que levasse a importância do ser humano a qualquer lugar do mundo, universalizando, desta forma, a boa convivência e a reflexão sobre os direitos fundamentais.

Em 1948, a Assembleia Geral da ONU aprovou a *Declaração Universal dos Direitos do Homem*, por meio de uma resolução, que continha, entre outros, o direito à liberdade e à igualdade, buscando, assim, demonstrar a proteção aos direitos fundamentais. Essa declaração, por ter sido produzida por meio de uma *resolução*, é tida por muitos como um *standard* moral, em outros termos, funciona como uma diretriz para o agir político dos países que procuram manter os olhos postos nas proteções humanitárias. Tais direitos, para muitos, não têm cunho de obrigatoriedade, por não se tratar de uma convenção ou tratado, embora seja imensa a sua influência nos ordenamentos jurídicos nacionais (Constituição) e em convenções internacionais.[6]

A partir dessa declaração, tais direitos têm que ser implementados juridicamente. Por isso, vêm sendo firmadas diversas positivações por meio de convenções e pactos sobre direitos fundamentais, expandindo-se num processo rápido de internacionalização.

E assim, o reconhecimento dos direitos fundamentais e as diversas maneiras de efetivá-los autorizam a conclusão de que tal assunto está na pauta das Constituições democráticas modernas.

4.2 SISTEMAS REGIONAIS INTERNACIONAIS DE PROTEÇÃO AOS DIREITOS HUMANOS

O surgimento de sistemas regionais de proteção, como diz Flávia Piovesan,[7] buscou internacionalizar os direitos fundamentais no plano

---

6 FIORATI, Jete Jane. *A evolução jurisprudencial dos sistemas regionais de proteção dos direitos humanos.* São Paulo: Revista dos Tribunais, 1997. v. 722/11.

7 PIOVESAN, Flávia. *Direitos Humanos e o Direito Constitucional Internacional.* São Paulo: Max Limonad, 1997.

regional, particularmente na América, Europa e África, tentando uma melhor aproximação dos problemas que ocorrem em cada Estado-Membro da convenção.

Em meio a esses sistemas regionais de proteção aos direitos fundamentais, encontramos o europeu, o africano e o interamericano, do qual o Brasil faz parte, e, por tal motivo, passaremos a estudá-lo de forma sucinta, visando conhecer suas principais estruturas e funcionamento.

4.3 SISTEMA INTERAMERICANO: ANÁLISE DESCRITIVA DO PROCEDIMENTO DE ACESSO À COMISSÃO DE DIREITOS HUMANOS

O Sistema Interamericano encontra-se consubstanciado em dois diplomas: a Convenção Americana sobre Direitos Humanos ou Pacto de San José da Costa Rica e a Carta da Organização dos Estados Americanos (OEA). Analisaremos a Convenção Americana, também conhecido como *Pacto de San José da Costa Rica*, de 1969, que traz importantes informações com relação ao tema, e à qual o Brasil aderiu em 1992, por força do Decreto nº 678, via §2º do art. 5º, CF, sendo signatário da Convenção Americana sobre Direitos Humanos.

O objetivo do *Pacto de San José* é garantir ao povo do Continente Americano (nacionais e estrangeiros) direitos básicos, tais como o direito à vida, à integridade física, ao *habeas corpus*, ao devido processo legal e à indenização por erro judiciário. Enfim, direitos considerados fundamentais.

A Convenção Americana atua por intermédio de dois órgãos: a *Comissão* de Direitos Humanos, que tem sede em Washington, nos Estados Unidos, e a *Corte* Interamericana de Direitos Humanos, que tem sede na cidade de San José, na Costa Rica, e que foi instituída pela Convenção Americana. O Sistema Interamericano de Promoção e Proteção de Direitos Humanos é constituído, essencialmente, pelo "Pacto de San José da Costa Rica" (direitos civis e políticos, com aplicabilidade imediata) e pelo "Protocolo de San Salvador" (um protocolo adicional à Convenção Americana – direitos econômicos, sociais e culturais dirigidos aos Estados, mas com aplicação progressiva).

O objetivo da *Comissão* é promover a observância e a proteção dos direitos humanos na América, uma atribuição consultiva de analisar denúncias e mediar acordos (elaboração de pareceres), antes de enviar os casos à Corte. O caminho para se chegar às portas da Comissão é por intermédio de uma petição escrita (de pessoa, grupo de pessoas ou entidades não-governamentais reconhecidas pelos Estado signatários da Convenção Americana), a qual deverá conter os requisitos necessários do art. 46, do Pacto de San José. A ausência desses requisitos acarreta indeferimento do *pedido* (*pretensão* embasada no direito material e formalizada na petição inicial).

O primeiro dos requisitos requer que tenham sido interpostos e esgotados os recursos da jurisdição interna. O segundo exige que a petição deve ser apresentada no interregno de seis meses, a partir da data em que o prejudicado em seus direitos tenha sido notificado da decisão definitiva. No entanto, a jurisprudência predominante na Corte é no sentido da não-necessidade destes dois requisitos, pois como mostra Jete Jane Fiorat, os Estados obstariam o esgotamento interno, a exemplo do que ocorreu nos Estados de Honduras e Suriname.[8]

Ademais, os outros requisitos não trazem qualquer grau de dificuldade para preenchê-los, pois diz respeito à necessidade de a matéria da petição ou comunicação não estar pendente de outro processo de solução internacional e, o último, que a petição contenha o nome, a profissão, o domicílio e a assinatura da pessoa ou pessoas ou do representante legal da instituição que peticionar. No caso de o Estado não obedecer ao parecer consultivo da Comissão, o caso será submetido à Corte.

A *Corte* Interamericana funciona ora proferindo pareceres, ora sentenças (atividade jurisdicional). Atua, portanto, nos interesses de assuntos fundamentais do ser humano, reconhecidos pelo Pacto de San José. A Corte, à vista disso, trabalha quando há transgressão da regra do Pacto de San José. É necessário frisar que a Corte não julga pessoas, mas tão somente Estados.[9]

Frise-se, que nos crimes de competência da Corte Interamericana, não há que se falar em prescrição de delitos. Além disto, é bom que

---

8 FIORATI, Jete Jane. *A evolução jurisprudencial dos sistemas regionais de proteção dos direitos humanos*. São Paulo: Revista dos Tribunais, 1997. v. 722/11, p. 20.

9 Convém dizer que o julgamento de pessoas fica a cargo do Tribunal Penal Internacional (casos de genocídio, crimes de guerra, genocídio e agressão internacional).

se diga, que a Corte é a intérprete última da Convenção Americana. Os pareceres são emitidos pela Corte quando qualquer membro (Estado) da Convenção solicite interpretação de qualquer ponto duvidoso do Tratado relativo à proteção de direitos humanos nos Estados Americanos. A sentença possui caráter declaratório e, no caso de condenação, determina o pagamento de indenização.[10] Um bom exemplo pode ser detectado no Suriname e em Honduras, no caso Velasques Rodrigues, situação concreta em que os familiares receberam compensação pecuniária.[11]

O não cumprimento da decisão proferida pela Corte abre via para a execução no plano interno brasileiro, em qualquer vara do Judiciário federal, por se tratar de um título executivo judicial. Saliente-se que, quando o Brasil acolheu a Convenção Americana, concordou em aceitar as punições da Corte e os pareceres consultivos.

---

[10] É oportuno lembrar que, em agosto de 2006, o Brasil por ser signatário da Convenção Americana sobre Direitos Humanos foi condenado, pela primeira vez, por meio da Corte Interamericana de Direitos Humanos da OEA por violação aos artigos que tratam da garantia à integridade física, à vida e da garantia e proteção judicial dos seus cidadãos. Por sete votos a zero, os juízes da Corte, que fica em San José, na Costa Rica, entenderam que o Estado brasileiro foi co-responsável pela morte por maus-tratos do portador de transtorno mental, ocorrida numa clínica psiquiátrica, no Estado do Ceará, e que houve falhas e lentidão na investigação judicial, uma demora considerada injustificada. Foi estabelecida a indenização de U$$146 mil. Cuida-se noticiar, que a Corte Interamericana de Direitos Humanos condenou o Estado brasileiro, em novembro de 2010, pelo desaparecimento forçado de 62 pessoas durante a Guerrilha do Araguaia (1972-74). Outro caso extremamente conhecido no Brasil foi o da senhora Maria da Penha. A denúncia, encaminhada por meio do Comitê Latino-Americano de Defesa dos Direitos da Mulher (CLADEM), alegou a tolerância da República Federativa do Brasil para com a violência cometida em decorrência de agressões contra a referida senhora, uma vez que passados 15 anos da agressão que a deixou paraplégica, ainda não havia decisão final do agressor, que foi o próprio marido (uma demora considerada injustificada). O caso foi resolvido no âmbito da *Comissão*, a qual (em parecer consultivo) sugeriu uma indenização à senhora Maria da Penha (R$ 60 mil), além da produção de uma legislação (por parte do Brasil) de proteção à mulher, a fim de combater a violência doméstica (hoje, no Brasil, a Lei nº 11.340/2006).

[11] FIORATI, Jete Jane. *A evolução jurisprudencial dos sistemas regionais de proteção dos direitos humanos*. São Paulo: Revista dos Tribunais, 1997. v. 722/11, p. 59.

Colhidas essas considerações, acrescenta-se mais uma: a *Comissão* Interamericana de Direitos Humanos recebe, por ano, aproximadamente 50 mil petições, mas só encaminha 12 ações para a *Corte* Interamericana de Direitos Humanos. A redução do número de petições encaminhadas à Corte é justificável: apenas é recebida a petição de Estados e da própria Comissão, excluindo a petição de cidadãos à Corte.

Caso o Estado condenado não cumpra a sentença, pode sofrer sanções econômicas e retaliações no Conselho Permanente da OEA (Organização dos Estados Americanos), como represália, rupturas das relações diplomáticas e retorsão.

4.4 A CONSTITUCIONALIZAÇÃO DAS NORMAS DE DIREITO INTERNACIONAL

Ratificado por um Estado, os tratados passam a ingressar no ordenamento jurídico interno do país signatário, como normas constitucionais, ou não, dependendo do sistema que o país adote.

Na visão clássica, os tratados são vistos como algo de grande importância nos interesses dos Estados. Desta forma, Karl Loewenstein, Leon Duguit, Maurice Hauriou, Maurice Durverger e Hans Kelsen consideravam as declarações e tratados como normas *supraconstitucionais*.

A par dessa ideia, costuma-se distinguir dois sistemas que expressam conteúdos diferentes: o *monista* e o *dualista*. O primeiro sistema (*teoria monista*) é caracterizado pela obrigatoriedade automática dos tratados (após a celebração) ao plano interno, uma vez que, para essa teoria, "o ordenamento jurídico é uníssono, não sendo necessária qualquer elaboração legislativa para que o Tratado Internacional possua validade no Direito interno".[12] Em outras palavras, para os países signatários da *teoria monista*, os tratados têm validade na ordem interna, desde o momento da assinatura pelo representante do Executivo nacional.

---

[12] PFAFFENSELLER, Michelli. A (in)eficácia do §3° do art. 5° da CF/88 como integração dos direitos humanos provenientes de tratados internacionais. *Revista de Direito Constitucional e Internacional,* São Paulo, n. 58, p. 335-356, jan./mar. 2007, p. 346.

Já o segundo sistema (*teoria dualista*), que teve início na Alemanha, a partir de 1899, por meio de Carl Heinrich Triepel,[13] o qual cunhou o termo "dualismo" para designar as relações entre os dois sistemas jurídicos, tese reforçada na Itália por Dioniso Anzilotti.[14]

Com efeito, em linhas gerais, a teoria dualista visualiza duas ordens jurídicas independentes e autônomas (o direito internacional e o direito interno), sendo, então, necessário um ato de recepção – no Brasil, com aprovação pelo Congresso Nacional por meio da observância de procedimento de emendas à Constituição –, a fim de receber os tratados internacionais no ordenamento jurídico do Estado.

Dessa forma, "a norma internacional somente passará a ter eficácia no Direito nacional se recepcionada por instrumentos legislativos previstos na Constituição".[15] Na exata concepção de Michelli Pfaffenseller, "a incorporação pode se dar pela edição de uma lei declarando a eficácia interna do Tratado Internacional, ou ainda, pelo *dualismo moderado*, com o correto cumprimento de um procedimento previsto na Constituição do país".[16]

Insta esclarecer, que uma vez recepcionado o tratado internacional, ele passa a ter eficácia na esfera interna do país. Com esta imagem, há que se falar em inexistência de "antinomia" entre esferas, ou melhor, não existe colisão entre norma internacional e norma interna, mas sim uma tensão entre duas normas nacionais. Será fácil demonstrá-lo, no Brasil, em três fases: primeira, porque compete privativamente ao Presidente da República celebrar tratado, convenções e atos internacionais (art. 84, inciso VIII, CF). Segunda: é de competência exclusiva do Congresso Nacional resolver definitivamente sobre atos, tratados ou acordos internacionais (art. 49, I, CF), o que se dá por meio de aprovação parlamentar mediante *decreto legislativo – espécie*

---

13 TRIEPEL, Carl Heinrich. *Les Rapports entre le Droit Interne et le Droit International.* Recueil de Cours de L'Académie de Droit International, tomo I, 1925.

14 AZILOTTI, Dionisio. *Il Diritto Internazionale nei Giudizi Interni.* Bolonha: Ditta Nicola Zanichelli, 1905.

15 PFAFFENSELLER, Michelli. A (in)eficácia do §3º do art. 5º da CF/88 como integração dos direitos humanos provenientes de tratados internacionais. *Revista de Direito Constitucional e Internacional.* São Paulo, n. 58, p. 335-356, jan./mar. 2007, p. 346.

16 *Idem.*

normativa de competência exclusiva do Congresso Nacional, que será enviada ao presidente da República para ratificação. Por fim, cabe ao presidente da República a edição de um Decreto (Decreto do Executivo) homologando o ato aprovado pelo Congresso Nacional. Somente aí é que o ato ou tratado internacional alcança adimplemento interno.

Temos, em tal ilustração, tudo o que a literatura jurídica especializada define como "dualismo moderado": antes da ratificação dos tratados pelo presidente da República, a proposta foi apreciada pelo Legislativo. Na sequência, a homologação do Presidente. Com a recepção do ato normativo internacional (agora na ordem estatal), o tratado entra no mesmo nível das normas internas, é dizer, não existe colisão entre norma internacional e norma interna do ordenamento jurídico, mas sim uma tensão entre duas normas nacionais.[17]

Aliás, no caso dos EUA, os tratados internacionais são recepcionados depois de aprovados pelo Congresso como leis federais. Destaca-se, contudo, que no âmbito latino-americano, países como Peru, Argentina, Nicarágua, Guatemala e Colômbia determinam que os Tratados de Diretos Fundamentais tenham hierarquia constitucional no plano interno.

No Brasil, a história jurídica nos mostra que muitos escritores[18] entendiam que a recepção dos tratados internacionais de direitos humanos até a promulgação da EC nº 45/2004 encaminhava-se via *teoria monista* por causa do disposto nos §1º e §2º, que davam

---

[17] Atente para o fato de que a situação descrita é bem diferente do denominado "dualismo radical" (expressão corrente na literatura de Direito Internacional), em que o presidente da República controlaria o exame a respeito de a norma internacional ser ou não colidente com a do Estado. Caso a referida norma internacional não apresente nenhuma colisão com o direito interno estatal, o Presidente, como chefe do Executivo, por meio da discricionariedade, elaboraria um Decreto introduzindo a norma internacional no âmbito interno do Estado, sem passar pelo crivo do Legislativo. A respeito das relações entre o Direito Internacional Público e o Direito Interno Estatal, Cf. MAZZUOLI, Valério de Oliveira. *Curso de Direito Internacional Público*. 7 ed. São Paulo: Revista dos Tribunais, 2013, p. 84-103

[18] TRINDADE, Antônio Augusto Cançado. *A proteção internacional dos direitos humanos e o Brasil*. Brasília: UNB, 2000, p. 192.

aplicabilidade imediata aos direitos e garantias fundamentais expressos na Constituição, *não excluindo os tratados internacionais*. Vê-se que após essas conjecturas entre autores e decisões judiciais sobre a questão da teoria monista e dualista, outro ponto se problematizou: qual a eficácia dos tratados internacionais de direitos humanos no ordenamento jurídico brasileiro?

A tematização sobre os níveis hierárquicos que podem ter os tratados internacionais de *direitos humanos* entre os juristas sempre foi movediça (hierarquia constitucional, infraconstitucional, supralegal ou supraconstitucional?). Dessas espécies jurídico-normativas referidas é que saíram dois posicionamentos: a denominada *teoria nacionalista* e a *internacionalista*.

Cumpre notar, que, na *teoria nacionalista*, os tratados internacionais de direitos fundamentais eram interpretados como espécies normativas portadoras de eficácia de *lei infraconstitucional*. Com efeito, a *teoria internacionalista* demarcou compreensão de equiparação às *normas constitucionais*. O tema na literatura jurídica sempre foi palpitante. Ao cotejar a questão, o Supremo Tribunal Federal interpretou (antes da EC nº 45/2004) que os tratados internacionais de direitos fundamentais deveriam ingressar no ordenamento jurídico brasileiro como *atos normativos constitucionais*.[19]

Não obstante tudo isso, o Brasil, atualmente, refere-se à constitucionalização dos tratados internacionais sobre *direitos humanos* por meio da Emenda Constitucional nº 45/2004, a qual inseriu o §3º ao art. 5º da Constituição Brasileira.

Assim, os tratados e convenções internacionais sobre *direitos humanos* devem passar por um *processo legislativo* de emendas à Constituição, com debate e votação em cada Casa do Congresso Nacional, em dois turnos de votação, com um quorum de três quintos dos votos (60%) dos respectivos parlamentares, exatamente o que aconteceu com a *Convenção sobre os Direitos das Pessoas com Deficiência*, adotada pela ONU, em 2008 (equivalente à emenda constitucional) visando à inclusão social, à acessibilidade e ao reconhecimento

[19] STF – 2ª T. – *Habeas Corpus nº 73044-2/SP* – Rel. Maurício Corrêa, Diário da Justiça, 20 set. 1996. Seção I, p. 34.534.

dos direitos de brasileiros e brasileiras com deficiência (à época da incorporação do assunto no sistema jurídico brasileiro, contávamos com mais de 24 milhões de pessoas com deficiência).

À vista disso, o tratado internacional com status de norma constitucional, pois fundado em direitos humanos, segundo a literatura atual, seria praticável a aplicação de controle concentrado de constitucionalidade (ADI, ADC, ADPF).

No entanto, com a introdução da Emenda Constitucional nº 45/2004, que inseriu o §3º, ao art. 5º, o quadro se modificou. Percebe-se, com isto, que houve, apenas, uma resolução *parcial* dos problemas referentes à constitucionalização dos tratados internacionais, uma vez que a referida Emenda à Constituição se preocupou tão somente com os tratados e convenções internacionais sobre *direitos humanos* que ainda serão aprovados pelo Congresso Nacional, não fazendo nenhuma consideração aos tratados já ratificados pelo Brasil antes da EC nº 45/2004.

A partir de tudo o que foi dito, insta esclarecer, que, o §3º do art. 5º da Constituição Federal, não revogou o §2º, do art. 5º. Assim, os parlamentares brasileiros tentarão buscar (a todo custo!) o quorum qualificado de três quintos dos votos dos respectivos membros, em dois turnos, conforme está afirmado no §3º ao art. 5º. Não conseguindo, entra em cena o §2º ao art. 5º, e o Tratado Internacional de *Direitos Humanos* pode ser aprovado com o *quorum* de lei ordinária, mudando apenas a sua posição hierárquica no sistema jurídico brasileiro, com a equivalência de *supralegalidade* como será visto nas próximas linhas (hierarquia abaixo da Constituição, mas acima das demais normas do ordenamento jurídico).

Em decorrência dessas observações, a tematização sobre os níveis hierárquicos que podem ter os tratados internacionais de direitos humanos voltou ao cenário de debates. Todavia, no que diz respeito às normas de *direitos humanos* houve leituras diferentes dentro do próprio STF, pois para alguns intérpretes os tratados internacionais vigentes no Brasil, antes da EC 45/2004, eram vistos como norma *constitucional* (Min. Celso de Mello – *HC 87.585 – TO*; entendimento de que o §2º do art. 5º da Constituição é uma cláusula geral de recepção), mas, para outros (por ora), a hierarquia deveria ser de norma *supralegal*, em outras palavras, normas que estão "acima das leis ordinárias", mas "abaixo da Constituição" (entendimento do Min. Gilmar Mendes – *RE 466.343* – SP), e, que, cumpre divulgar, são passíveis de um "controle de convencionalidade" por parte do Judiciário (harmonização entre as normas internas e os tratados internacionais ratificados pelo Estado brasileiro).[20]

[20] Apenas a título de esclarecimento, no Brasil, quem defendeu, de forma pioneira, a "teoria do controle de convencionalidade" foi Valério Mazzuoli, em singular tese de doutoramento defendida no Programa de Pós-Graduação em Direto na Universidade Federal do Rio Grande do Sul, em Porto Alegre, no ano de 2008. Ao que se extrai do referido autor, quem fez referência a esse controle, pela primeira vez, foi o Conselho Constitucional francês, em 1975.

Capítulo 5

FEDERALISMO

5.1 FEDERALISMO E SOCIEDADES POLÍTICO-DEMOCRÁTICAS

Saliente-se, que nas sociedades político-democráticas contemporâneas, quando se fala em administração governativa, alude-se a um estudo redimensionado sobre a importância do federalismo pela ótica da teoria da democracia.

Percebe-se, então, que as formas de organização territorial mudaram muito, a ponto de o constitucionalista mineiro José Luiz Quadros de Magalhães afirmar que a tradicional classificação de formas de Estado em *unitário* e *federal* já se apresenta absolutamente superadas.[1]

Assim, como forma de ganhar em agilidade, eficiência e respeito à diversidade cultural, os diversos Estados apontam soluções mais complexas e ricas de organização. É o caso da Bélgica. Considerada referência na linha de estudos em teoria do federalismo, esse país apresenta curiosa diversidade cultural por apresentar a união de dois povos, os valões e flamengos (etnicamente próximos dos holandeses). Com isto, o seu federalismo foi construído a fim de implementar uma aceitação das diferenças. A chave dessa inovação vem do seu federalismo *sui generis*, de extrema complexidade, por meio do qual o território belga foi dividido em regiões linguísticas como a Região *Valônica*

---

[1] MAGALHÃES, José Luiz Quadros de (Coord.). *Pacto federativo*. Belo Horizonte: Mandamentos, 2000, p. 14.

(povos de língua alemã e francesa), a *Flamenga* (língua holandesa) e a Região *bilingue* de Bruxelas, Capital.[2] Na América Latina, por sua vez, parece haver uma tentativa embrionária de reconstrução social e normativa. Veja-se, que a Bolívia, por exemplo, se esforça no traçado de reconhecimento de povos indígenas (povos originários), que sofreram com a cruel colonização.[3]

5.2 FORMAS DE ESTADO

O estudo do federalismo implica incursões conceituais em torno do *Estado Unitário* centralizado (praticamente superado no mundo) e a sua atual formação com características de descentralização, cada vez mais acentuada, como é o exemplo do Estado Francês (Estado unitário descentralizado), que é um produto de várias experiências.

Como bem explica Eriberto Marin, a descentralização praticada no Estado Unitário Francês (anterior à chegada da Esquerda Francesa) era apenas administrativa, e as coletividades locais (departamentos, regiões e municípios) ficavam indexadas ao poder central francês.[4] A descentralização era apenas teórica. Foi, a partir de 1982, com uma proposta de autogestão (implementação da democracia com a efetiva participação da população), uma linha mais preocupada com as especificidades regionais e o respeito ao pluralismo representado pelas inúmeras etnias e culturas locais e regionais, é que houve o aperfeiçoamento de uma descentralização capaz de dotar os municípios, departamentos e regiões, com competências próprias a fim de reconhecer uma auto-administração. Todavia, ainda há limites a essa livre administração.

Por outro lado, tem-se a configuração do chamado *Estado Regional*, que é rotulado como um meio termo entre o Estado Unitário e o

---

2 KNEIPP, Bruno Burgarelli Albergaria. Federalismo belga: a busca da superação da intolerância. In: MAGALHÃES, José Luiz Quadros de (Org.). *Pacto federativo*. Belo Horizonte: Mandamentos, 2000, p. 105-119.

3 MAGALHÃES, José Luiz Quadros de. *Estado plurinacional e Direito Internacional*. Curitiba: Juruá, 2012.

4 MARIN, Eriberto Francisco. Breves considerações sobre a organização política e territorial do Estado francês. In: MAGALHÃES, José Luiz Quadros de (Org.). *Pacto federativo*. Belo Horizonte: Mandamentos, 2000, p. 181-228.

Estado Federal. Apesar de a Constituição italiana dizer que a Itália é um Estado Unitário, as transformações pelas quais passou e ainda passa esse país fazem com que estudiosos classifiquem o seu federalismo como o de um Estado altamente regional, composto por regiões, províncias e comunas. Conforme anota a pesquisadora Ana Luíza Duarte Wernek, as *Regiões* (mais ou menos com 1 milhão de habitantes) são autonômicas e produzem os seus próprios estatutos, que devem ser aprovados pelo Parlamento Nacional.[5] Na pesquisa da autora, as *Províncias*, a partir da década de 1980, tiveram suas tarefas reforçadas a fim de legislar e organizar assuntos como transporte, turismo e agricultura. Por fim, as *Comunas* (com população entre 3 mil a 500 mil habitantes) foram dotadas de competência para legislar sobre polícia local e licença para o comércio. Em todos esses casos, apesar de uma aparente descentralização, esses estatutos devem passar pelo crivo do poder central, Parlamento Nacional Italiano.

O que é mais significativo no estudo do federalismo é que essas características mudam de Estado para Estado. Assim, o *Estado Autonômico Espanhol*, segundo Adriana Belli de Souza Alves, teve grande impulso com a Constituição Espanhola de 1978, a qual permitiu a iniciativa de constituir regiões autonômicas e que seus respectivos estatutos fossem produzidos por cada província, desde que aprovados por assembleia regional e ratificado pelo Parlamento espanhol. [6]

5.3 A FEDERAÇÃO E A ORGANIZAÇÃO DO ESTADO BRASILEIRO

O modelo de Estado Federal, por sua vez, não apresenta um modelo único. É variado e complexo. Tem-se, exaltado a presteza deste modelo federativo, que, historicamente, surgiu da ideia de democracia libertária, em especial com a Constituição norte-americana (federalismo por agregação). Várias classificações são utilizadas no estudo

---

5 WERNECK, Ana Luiza Duarte. *O Estado regional italiano*. In: MAGALHÃES, José Luiz Quadros de. (Org.). *Pacto federativo*. Belo Horizonte: Mandamentos, 2000, p. 157-177.

6 COSTA, Adriana Belli de Souza Alves. O Estado autonômico da Espanha. In: MAGALHÃES, José Luiz Quadros de (Coord.). *Pacto federativo*. Belo Horizonte: Mandamentos, 2000, p. 137-155.

do Estado Federal como, por exemplo, a existência de modelos centrípeto, centrífugo, dois níveis, três níveis (ou esferas), simétrico e assimétrico.

O Brasil assume a forma federativa com a Proclamação da República em *1889*, com uma matriz unitária e centralizadora. Apesar de receber o nome de República Federativa do Brasil, de forma explícita não havia, à época, um genuíno federalismo federativo. O reconhecimento normativo veio com a Constituição de *1891*, a qual afirmava, em seu artigo 1º, que a "nação brasileira era constituída pela união indissolúvel de suas antigas províncias, em Estados Unidos do Brasil", iniciando, desta forma, um federalismo por segregação.

A anomalia existiu, de forma acentuada, no período da Constituição de *1967/69* (federalismo assimétrico), quando senadores e prefeitos não eram totalmente eleitos pelo povo. Além disto, percebe-se, na pesquisa de Mário Lúcio Quintão Soares, que o regime militar brasileiro concentrou a maior parte de competências legislativas e tributárias, instaurando um federalismo centrípeto e aniquilando com os três pressupostos básicos do federalismo: o autogoverno, a autonomia da administração e a auto-organização de cada unidade federativa.[7]

Foi somente com a Constituição de 1988, de forma mais nítida, que esse modelo *centrípeto* (centralizador) foi quebrado por um modelo *centrífugo* (descentralizador) e de *três esferas de federação* (União, Estados, Municípios). Assim, o Município adquiriu autonomia constitucional, sendo atribuídas a ele receitas próprias.

No mais, é evidente que o modelo brasileiro requer maior descentralização, uma vez que ainda há uma grande concentração de assuntos no âmbito da União. Para tanto, basta ler a distribuição de competências legislativas e administrativas nos arts. 21 a 24 da Constituição Brasileira de 1988. Ademais, a excessiva centralização de receitas tributárias no âmbito do Governo Federal é o calcanhar-de-aquiles do pacto federativo brasileiro. A redistribuição de recursos e atribuições para as outras unidades federativas (Estados e Municípios), ao lado de uma partilha tributária, a fim de desconstruir um ranço de que

---

[7] SOARES, Mário Lúcio Quintão. *Teoria do Estado*. Belo Horizonte: Del Rey, 2001, p. 462-463.

Governadores e prefeitos são servos do presidente da República, o que representaria uma redefinição eficiente, ou um sentido para ser Federação, para falarmos seriamente em estratégia nacional, políticas regionais e cooperação federativa.

5.4 SEMELHANÇAS E DIFERENÇAS ENTRE AS FORMAS DE ESTADO

O *Estado Federal Brasileiro*, se comparado ao *Regional Italiano* e ao *Autonômico Espanhol*, possui certa semelhança. O ponto de contato, entre eles, é uma autonomia normativa, ou seja, cada um pode legislar no âmbito local. No entanto, as semelhanças começam a se distanciar quando se percebe que na Espanha e Itália há uma imposição no sentido de que os estatutos produzidos em âmbitos locais, para serem reconhecidos, e, portanto, legitimados, precisam passar pela centralidade do Parlamento Nacional. Claro que essas características são bem diferentes das brasileiras, uma vez que, aqui, no Brasil, os Estados e Municípios podem produzir suas legislações à vontade, desde que não afronte a Constituição Brasileira, e não há necessidade de enviá-las ao Congresso Nacional a fim de conseguir aprovação e legitimidade (endosso/homologação). O que distingue ainda mais o federalismo brasileiro dos outros até então analisados é que os Estados-membros, além de possuírem uma Constituição própria, podem organizar o Judiciário (Judiciário Estadual), o Legislativo (Assembleia Legislativa) e o Executivo (Governadoria do Estado), o que não ocorre, por exemplo, nas Regiões Italianas e Comunidades Autonômicas Espanholas.

Cumpre ressaltar, que, no federalismo brasileiro, os Municípios possuem suas próprias Leis Orgânicas (Constituições Municipais), e, com a exceção de não poderem organizar um Judiciário local (municipal), estão completamente respaldados para organizarem a função legislativa (câmara dos vereadores) e executiva (prefeitura). Portanto, o que se pode extrair, das pesquisas coordenadas por José Luiz Quadros de Magalhães,[8] é que os Estados Regionais e os Autonômicos

---

[8] MAGALHÃES, José Luiz Quadros de (Coord.). *Pacto federativo*. Belo Horizonte: Mandamentos, 2000.

são vistos como uma forma de transição para o Estado Federal. Com efeito, o Estado Federal diferencia-se das outras modalidades por já ter superado a mera descentralização administrativa e vivenciar, hoje, uma descentralização normativa de suas unidades federadas, todas amparadas pela Constituição Federal e por Constituições estaduais e municipais.

5.5 FEDERALISMO E INTERVENÇÃO

Uma vez que situamos o federalismo brasileiro como um somatório de desenvolvimento que vai do período colonial até a organização contemporânea almejada pela Constituição vigente, falar em intervenção no federalismo brasileiro é, sem dúvida, uma medida absolutamente excepcional, pois só pode ocorrer nos casos taxativamente estabelecidos na Constituição (art. 34, VII, e art. 35, CF/88).

Com efeito, a finalidade de uma intervenção é exatamente a de manter o exato cumprimento das regras constitucionais e a autonomia das unidades federadas (Estados, Distrito Federal e Municípios). É, desta forma, que a União só intervirá nos Estados-membros para assegurar a observância dos princípios constitucionalizados relacionados à forma republicana, ao sistema representativo, ao regime democrático, aos direitos humanos, à autonomia municipal, à prestação de contas da Administração Pública direta e indireta e à aplicação mínima da receita tributária nas ações e nos serviços públicos de saúde. Este é o resumo do art. 34, inciso VII, do Texto Constitucional vigente.

Se tais princípios normativos não forem observados pelos Estados, é possível falar em intervenção da União. Se houver, a intervenção se dará por meio de *decreto* do Presidente da República (consultado o Conselho da República e o da Defesa Nacional) e apreciado pelo Congresso Nacional. É bem de ver que, dependendo da situação, o governador do Estado ou o presidente da Assembleia Legislativa poderá solicitar a intervenção ao Presidente da República. Caso o problema esteja relacionado com a função judicante do Estado (*e.g.*, o não cumprimento de decisão judicial), o Judiciário local (Tribunal de Justiça) solicitará ao Supremo Tribunal Federal, o qual, se entender o caso como de necessária intervenção, requisitá-la-á ao Presidente da República. No mais, percebe-se, que o Município, como toda unidade federada dotada de autonomia, fica também sujeito à intervenção. Neste caso, a intervenção no Município ocorre por intermédio do Estado-Membro, nos casos em que as regras constitucionais não forem observadas (art. 35 da CF/88).

5.6 O ESTADO-MEMBRO E A QUESTÃO DA AUTONOMIA NA ORGANIZAÇÃO FEDERAL

Como se sabe, é comum encontrar entre os autores que os Estados-membros possuem *autonomia*. Mas o que significa isso realmente? A imprecisão do termo foi detectada por Raul Machado Horta,[9] que, ao pesquisar diversos autores, mostra os embaraços que a terminologia apresenta. Com efeito, dispõe a literatura jurídica especializada, em especial a italiana, que *autonomia* compreende a *autolegislação*, ou seja, a autonomia de criar normas relativas à própria organização. Como relatou Raul Machado Horta, "a *autonomia* é, portanto, a revelação de *capacidade para expedir as normas* que organizam, preenchem e desenvolvem o ordenamento jurídico dos entes públicos".[10]

Embora os teóricos falem em autonomia, é bom lembrar que a Constituição Brasileira de *1891* falava em Estados-membros *soberanos*, copiando uma tendência norte-americana. O momento inicial dessa ideia de conferir soberania aos Estados-membros deu-se à época do Governo Provisório de Deodoro da Fonseca (1889-1891), em que houve algumas medidas para consolidar a República como, por exemplo, o banimento da Família Imperial, a laicização do Estado, a convocação do Congresso Constituinte e um momento de suma importância para o federalismo: antigas províncias passaram a se constituir Estados da Federação.

Nota-se, que o Decreto nº 1, de 15 de novembro de 1889, influenciou as Províncias do Império a se transformarem em Estados, dandolhes uma excessiva dose de soberania, principalmente para criar as suas Constituições.

---

[9] HORTA, Raul Machado. *Direito constitucional*. Belo Horizonte: Del Rey, 1999, p. 371-374.

[10] *Ibidem* p. 374.

Na verdade, essa euforia revolucionária durou pouco pois com o surgimento do Decreto nº 7, em dezembro do mesmo ano, a ideia de soberania foi enfraquecida pelas intervenções do poder público federal.

A soberania do Estado-Membro ressurgiria no Congresso Constituinte pelas ideias de Campos Salles, Bernardino de Campos e José Higino. Está-se vendo que a *soberania* tratada pela Constituição Brasileira de *1891*, no que diz respeito aos Estados-membros, era um *termo equivocado*, diferente, portanto, da posição que se defende neste livro.

Observa-se que o *receio* de dar maiores *atribuições* aos Estados-membros se faz presente na história. Aliás, este é um ranço que advém de uma herança de concentração de funções, cuja extirpação é reclamada contemporaneamente.

Hoje, o que se encontra, é um volume de restrições limitadoras aos Estados-membro e aos Municípios. Na verdade, é uma resistência que torna inócua a expressão *soberania*, pois a União não permite que os governos locais (Municípios), em várias oportunidades, cuidem diretamente de suas necessidades sociais impedindo o *povo* (dono da soberania) de manifestar a sua coautoria (compartilhamento decisional) na construção do seu ordenamento jurídico.

5.7 FEDERALISMO, SOBERANIA E DEMOCRACIA

O federalismo partiu de um ponto de vista diametralmente oposto à teoria da Monarquia Absoluta, pela qual era impossível a repartição de competências e de soberania a diversos órgãos. Muitos autores quando tratam de soberania ainda estão presos à etimologia da palavra, isto é, à ideia de superioridade. Todavia, procura-se afastar essa concepção de superioridade e vincular o conceito a novas análises, promovendo a conciliação entre soberania e federalismo.

Autores como Eismein entendem que a soberania se harmoniza com a república democrática e que o exame desse princípio de soberania nacional acarreta diversas consequências, como nos casos de sufrágio político, governo representativo e, sobretudo, na forma de Estado.[11] Por outro lado, Preuss chegou a afirmar que a soberania era algo

---

[11] BARACHO. Teoria geral da soberania. *Revista brasileira de estudos políticos*. Belo Horizonte, n. 63/64, jul./jan. 1986/1987, p. 28-29.

incompatível com o federalismo.[12] A ciência jurídica mais atualizada traz aspectos positivos do federalismo, pois além de encorajar e reforçar a democracia facilita a participação democrática tornando-o, desta forma, eficiente na proteção das minorias.

Se o federalismo reforça a democracia, a concepção que se acha aceitável à nova estrutura do Estado constitucional contemporâneo, que tem no povo a sua fonte legítima, é uma teorização cada vez mais democrática tendente a acabar com o mito de que os Estados-membros e os Municípios não possuem soberania. É o que procuraremos demonstrar a seguir.

5.8 FEDERALISMO E UNIDADES TERRITORIAIS SOBERANAS

Ao invés de uma soberania ligada somente ao Estado é chegada a hora de enxergar uma sociedade de Estados-membros e Municípios independentes, unidos pelo Direito e ligados por uma intensa participação (a qualquer do povo) de interesses a ponto de concretizar "uma ordem política livremente estabelecida pela vontade do povo, de modo que os destinatários das normas legais possam, ao mesmo tempo, se reconhecerem como os autores da lei".[13] Claro, que para a compreensão destas demarcações habermasianas, há necessidade de desconstruir o conceito de soberania absoluta de Bodin, que entendia a soberania como a potência absoluta e perpétua de um Estado, em que os príncipes soberanos eram escolhidos por Deus para comandar os outros homens.[14]

Não há mais tal. Referida conceituação está superada. Agora resta construir um novo conceito de soberania em que "o povo seja a única fonte de poder"[15] que atenda aos ideais sociais regidos pelo eixo teórico-constitucional do Direito democrático. Conclui-se, portanto,

---

12 BARACHO. Teoria geral da soberania. *Revista brasileira de estudos políticos*. Belo Horizonte, n. 63/64, jul./jan. 1986/1987, p. 44.

13 HABERMAS, Jürgen. O Estado Nação europeu frente aos desafios da globalização. *Revista Novos Estudos*, São Paulo n. 43, p. 92, nov. 1995, p. 92.

14 GOYARD-FABRE, Simone. *Os princípios filosóficos do direito político moderno*. São Paulo: Martins Fontes, 1999, p. 138.

15 CARPIZO, Jorge. La soberanía del pueblo en el derecho interno y el internacional. *Revista de Estudios Políticos*, Madri, n. 28, jul./ago. 1982.

que, na contemporaneidade democrática, a soberania está no núcleo da cidadania, pois é dado ao *povo* decidir, agir e fiscalizar.

Devido às exigências de uma realidade jurídico-política-democrática (art. 1º, CF/88), o federalismo e o autonomismo local são a pedra angular do sistema, porque repartem a administração governativa entre as unidades políticas menores, buscando um equilíbrio a fim de evitar a concentração de funções no recinto do Governo Federal e a leitura verticalista do Texto Constitucional brasileiro.

Em sendo os Estados-membros e Municípios unidades territoriais que buscam produzir as suas próprias normas pela vontade do *povo* (comunidade jurídica), que participa na sua produção e reconstrução (*cidadania*), tem-se que há implementação da *democracia* pela *soberania popular*. Assim, se estas unidades locais são organizadas a partir da *outorga do povo*, devem ser consideradas *soberanas*, invés de autônomas.

Daí, ser oportuna a conclusão de Paulo Fernando Silveira[16] que "o indivíduo deveria sujeitar-se à aproximadamente 90% de leis locais (estaduais e municipais) e, apenas, à 10% de leis federais".

5.9 O MUNICÍPIO NA ESTRUTURA FEDERATIVA BRASILEIRA

Importa entender, a partir da literatura de Roberto Romano, que "Município é oriundo de *municipium* que deriva de *municeps*, como *principium* de *princeps*". É que, para o ilustrado autor, a palavra "Município" teve duas acepções em Roma. Uma delas, segundo o professor da Unicamp, guarda o seguinte quadro: "[...] na lei Júlia, designa exclusivamente as cidades itálicas; no Império, as cidades itálicas e as províncias".[17]

O papel do Município, no federalismo brasileiro, é muito bem enfatizado por José Luiz Quadros de Magalhães, o qual se preocupa em valorizar a administração governativa em um espaço territorial menor.[18]

---

16 SILVEIRA, Paulo Fernando. Devido processo legal e cidadania. *Revista do Tribunal Regional Federal* – 1ª Região, Brasília, v. 1, n. 1, jan./mar. 1997, p. 106.

17 ROMANO, Roberto. *Razão de Estado e outros Estados da razão.* São Paulo: Perspectiva, 2014, p. 18.

18 MAGALHÃES, José Luiz Quadros de. *O poder municipal*: paradigmas para o Estado constitucional brasileiro. Belo Horizonte: Del Rey, 1999.

A esse propósito, muito se discute a respeito de o *Município* integrar ou não a estrutura federativa (até o momento há 5.564 Municípios no Brasil). Para nós, não há dúvidas de que o Município é unidade federada, integrante da estrutura federativa, algo confirmado pela vigente Constituição Federal, nos arts. 1º, 18, 30 e 34, inciso VII, "c". Como já disse Cármen Lúcia Antunes Rocha, "o Município é uma pessoa jurídica de direito público interno, constitucionalmente definida como pessoa da Federação, dotada de autonomia política e administrativa". [19]

Note-se, que o Município, ainda recebeu o reconhecimento da Constituição Federal para elaborar a sua própria lei orgânica (art. 29), votada e promulgada pela Câmara Municipal, o que, para nós, é uma Constituição Municipal, ainda que não tenha recebido esse nome (Constituição). Ao se falar em Município como unidade federada, há necessidade de registrar opiniões contrárias a este entendimento, como as de José Nilo de Castro[20] e José Afonso da Silva.[21]

Quanto ao argumento de que o Município não é integrante da estrutura federativa, por não ter representantes no Senado Federal, também não procede. José Luiz Quadros de Magalhães já afastou o referido assunto com o consistente argumento de que existem Estados Federados que *não* possuem um sistema bicameral (Principado de Liechtenstein, por exemplo), assim como existe bicameralismo em Estados Unitários descentralizados (França), Regionais (Itália) e Autonômicos (Espanha).[22]

A autonomia dos Municípios, como demonstra o trabalho do citado constitucionalista mineiro, seria uma autonomia soberana se a organização local partisse da vontade do povo por intermédio dos mecanismos de democracia direta como o plebiscito, referendo, iniciativa popular e orçamento participativo utilizados com maior frequência.[23]

---

[19] ROCHA, Cármen Lúcia Antunes. *República e federação no Brasil.* Belo Horizonte: Del Rey, 1997, p. 262.

[20] CASTRO, José Nilo de. *Direito municipal.* Belo Horizonte: Del Rey, 1996, p. 45.

[21] SILVA, José Afonso da. *Curso de direito constitucional positivo.* 16. ed. São Paulo: Malheiros, 1999, p. 621.

[22] MAGALHÃES, José Luiz Quadros de (Coord.). *Pacto federativo.* Belo Horizonte: Mandamentos, 2000, p, 17-18.

[23] Pela Constituição Brasileira, um projeto de iniciativa popular, na esfera federal, tem de ser subscrito por, no mínimo, 1% do eleitorado nacional (o equivalente,

O fortalecimento local não exclui as outras esferas (Estados-membros e União). A administração local, para ser eficiente, deve ter uma participação democrática em diversas camadas de organização e, nesse particular, o *princípio de subsidiariedade* é fundamental.[24]

Declinou, assim, Milton Santos, que ser "cidadão de um país, sobretudo quando o território é extenso e a sociedade muito desigual, pode constituir, apenas, uma perspectiva de cidadania integral, a ser alcançada nas escalas subnacionais, a começar pelo nível local".[25]

Em um federalismo como o nosso, custa crer que o Município possua uma grande dose de soberania. Na verdade, a soberania no âmbito do Município ainda existe de forma tímida e fugidia, pois recebe parcelas de competência da União, diferentemente do que ocorre na Espanha, onde a região autonômica pode legislar sobre Direito Civil.

Assim, o Estado não pode esquecer as aspirações e decisões das coletividades locais, uma vez que a soberania, na modernidade, tem que ser compreendida sob esse enfoque. O povo é que delega e confere ao Município o exercício da soberania.

Rematando o estudo, assinala mais uma vez o geógrafo Milton Santos, que se trata de "uma construção de baixo para cima cujo

---

hoje, a quase 1,27 milhão de pessoas), distribuído pelo menos por cinco Estados, com não menos de três décimos por cento dos eleitores de cada um deles (art. 61, §2º). De acordo com a Secretaria Geral da Mesa da Câmara dos Deputados, por esse *procedimento*, só quatro projetos de origem popular chegaram à Câmara no período de 1988-2007. Desses quatro projetos, três viraram lei e um está em trâmite. Vale lembrar, que, em 2010, o projeto de lei "ficha limpa" (proposição que visava impedir a candidatura de quem tivesse condenação no Judiciário), resultou de um amplo esforço de mobilização social, pois subscrito por cerca de 1,6 milhão de cidadãos. Por fim, chega-se à conclusão de que a população brasileira é responsável por um pouco mais de 0,05% das leis federais, uma verdadeira apatia política generalizada. A iniciativa popular de lei nos Estados-Membros e Municípios está assegurada na Constituição Federal nos artigos 27, §4º, e 29, inciso XIII, respectivamente.

[24] BARACHO, José Alfredo de Oliveira. *O princípio de subsidiariedade*: conceito e evolução. Rio de Janeiro: Forense, 1997.

[25] SANTOS, Milton. *Por uma outra globalização*: do pensamento único à consciência universal. Rio de Janeiro: Record, 2004, p. 113.

ponto central é a existência de individualidades fortes e das garantias jurídicas correspondentes. A base geográfica dessa construção será o lugar, considerado como espaço de exercício da existência plena".[26]

Na Suíça (7,4 milhões de habitantes), a divisão territorial da Administração Pública é feita entre 26 Cantões (equivalente a Estados) que são subdivididos em unidades ainda menores (aproximadamente 3.000 "municípios"). Cada Cantão é comparado a um pequeno Estado soberano, porque é dotado de governo, parlamento, leis próprias e organograma judicial. É, neste sentido, que se defende a capacidade de o Estado-Membro e do Município de promoverem uma auto-organização. Vimos que essa estruturação pode fazê-los soberanos se houver no recinto de elaboração de suas leis e Constituições (Estaduais e Municipais) um consistente debate público e fiscalizatório, uma vez que a única fonte de poder é o *povo* (Carpizo).[27]

Da abordagem feita, conclui-se, que isto, pode resultar num Estado (administração governativa) mais atuante frente aos problemas sociais, já que estaria mais próximo da realidade brasileira. Em qualquer hipótese, as chances de fracasso seriam minimizadas, pois a vontade política do povo seria normatizada e sujeita à apreciação fiscalizatória. Abrir-se-ia espaço para um melhor exercício da cidadania e da democracia com a efetiva participação da população (ação popular, plebiscito, referendo, iniciativa de lei popular).

Por último, é bom salientar que *antes de 1996* a criação de novos Municípios podia ser feita por lei estadual e à realização de plebiscito local. Com a Emenda Constitucional nº 15/96, na tentativa de evitar a proliferação indiscriminada de Municípios (muitos deles não apresentavam viabilidade econômica) houve certa restrição, uma vez que a referida Emenda nº 15 retirou das Assembleias Legislativas estaduais a competência de definir os critérios para a emancipação de novos Municípios.

Com isso, colocou-se, no Texto Constitucional, uma nova exigência. Além da lei estadual e do plebiscito, a criação de Municípios

---

26 SANTOS, Milton. *Por uma outra globalização: do pensamento único à consciência universal*. Rio de Janeiro: Record, 2004, p. 113-114.

27 CARPIZO, Jorge. La soberanía del pueblo en el derecho interno y el internacional. *Revista de Estudios Políticos*, Madri, n. 28, jul./ago. 1982.

passaria a ser regulada por lei complementar federal (cf. Emenda Constitucional nº 57, de 18 de dezembro de 2008 sobre criação, fusão, incorporação e desmembramento de Municípios).[28]

[28] De acordo com a Confederação Nacional dos Municípios (CNM), no período de 1996-2008, 27 Municípios foram criados no país. As cidades com menos de *20 mil* habitantes representam 74,8% do total de Municípios e as com menos de *5 mil* pessoas já são mais de uma em cada quatro (25,2%). Fonte: *Jornal do Senado*, Brasília, 29 set. a 5 out. 2008. p. 05.

Capítulo 6

REPARTIÇÃO DE COMPETÊNCIAS

6.1 ABERTURA TEMÁTICA

O modelo de Estado Federal Brasileiro adotou formas de divisão do espaço territorial em unidades administrativas (União, Estado, Município e Distrito Federal), dotadas de organização e governo próprios. O espaço federativo supõe, assim, desde a mais remota reflexão sobre federalismo, promover o equilíbrio da equação encargo/renda, mediante uma repartição de competências e técnicas tributárias que assegurem às entidades federadas recursos suficientes para o desempenho de suas tarefas.

Como o federalismo é uma composição geopolítica, não-isolacionista, criaram-se na repartição dessas competências algumas técnicas regulatórias entre as unidades federativas como meios seletivos de ordem prática que servem de diretivas que incumbem cada ente federado de determinada tarefa. Assim, por obviedade, a União administra os interesses nacionais, os Estados-membros os interesses regionais, e, por fim, os Municípios se responsabilizam em administrar os interesses locais. Essas e outras iniciativas de aproximação entre unidades federadas têm assumido contornos bem distintos, e, por isto, há existências de técnicas variadas. Desta forma, há países que adotam uma exclusão absoluta de assuntos, enumerando quais são de responsabilidade da União, deixando para os Estados-membros todos os demais assuntos não atribuídos à autoridade federal, como também há Estados que possibilitam à administração central requerer a participação dos outros componentes por delegação, ou até mesmo, por meio de uma cooperação (federalismo cooperativo), na qual uma mesma matéria é atribuída concorrentemente a todos os entes federativos.

O Brasil, diga-se de passagem, passou por todas essas técnicas de repartição de competências, e foi no período das Constituições de 1824/1891 que se materializou o federalismo clássico dos EUA, com competências enumeradas à União, deixando para os Estados as remanescentes. Situação distinta foi observada em 1934, quando a Constituição Brasileira, inspirada na Constituição Alemã de Weimar, trabalhou com competências concorrentes, o que vale dizer que a União fixava normas gerais sobre certas matérias e os Estados-membros se encarregavam da legislação complementar. À exceção do Texto de 1937, que teve caráter mais centralizador, essa característica manteve-se na Constituição de 1946, estendendo-se até o período de 1967/1969.

Por fim, a Constituição de 1988 adotou um modelo de combinação de praticamente tudo o que já se experimentou na prática federativa. Aliás, a professora Fernanda Dias Menezes de Almeida,[1] para deixar claro, adianta-se em estudo especializado sobre repartição de competências na Constituição de 1988, ao dizer que o constituinte montou um esquema com conteúdos técnico-regulatórios complexos, em que coexistem competências *privativas* (que se referem a que cada um deve fazer) e *legislativas* (que definem sobre o que cada um deve legislar) com repartição de *competências legislativas concorrentes* (art. 24, CF), que determina que o Governo Federal faça as normas gerais, e os Estados-membros, as suplementares, abrindo-se possibilidade de delegação da administração central para outras unidades federadas.

6.1.1 Competência da União

O Título III da Constituição de 1988, ao cuidar da Organização do Estado, impõe técnicas de repartição de competências entre União, Estados e Municípios especificamente nos arts. 21 a 24 e art. 30.

Contemplou-se, no artigo 21 da Constituição Federal (competências materiais, também chamadas administrativas), uma série de assuntos considerados necessários para viabilizar a administração do país, na seara da União. Desta forma, assuntos (matérias) relativos à

---

1 ALMEIDA, Fernanda Dias Menezes de. *Competências na Constituição de 1988.* São Paulo: Atlas, 2000.

emissão de moeda, defesa nacional, portos marítimos, fluviais, lacustres, os serviços de transporte rodoviário interestadual e os serviços de radiodifusão sonora e de imagens, por exemplo, dizem respeito às diretrizes, objetivos e metas da Administração Pública federal.

É relevante notar que essas metas governamentais de cunho político-econômico-administrativo se dão mediante ação conjugada entre as funções do Executivo e do Legislativo. Afinal, para materializar todas essas prioridades e programas governamentais, há a necessidade de o Legislativo traçar diretrizes normativas a respeito de todo esse planejamento geral expresso no artigo 21. Seria grave se tal omissão ocorresse. Assim, o artigo 22, especificamente, institui um elenco de normas que cabe à União legislar (competência privativa), e, logo mais, no parágrafo único, apresenta a possibilidade de existir delegação de competência legislativa, privativa da União aos Estados-membros. É faculdade aberta ao legislador federal, que, se quiser, poderá fazer uso por meio de lei complementar.

Merece, nesta oportunidade, singular importância a análise das terminologias utilizadas nesses artigos, pois um estudo realizado em mais de uma obra detectará os mais variados entendimentos a respeito do mesmo tema (competência exclusiva e privativa). É o que se depreende do estudo desenvolvido por José Afonso da Silva,[2] que leva em consideração a distinção entre *competência exclusiva* e *privativa* pela possibilidade de delegação de uma, em detrimento da outra. Assim, para o constitucionalista, "a diferença que se faz entre competência exclusiva e competência privativa é que aquela é indelegável e esta é delegável. Então, quando se quer atribuir competência própria a uma entidade ou a um órgão com possibilidade de delegação de tudo ou em parte, declara-se que *compete privativamente* a ele a matéria indicada. Assim, no artigo 22 se deu Competência Privativa (não-exclusiva) à União para legislar [...], porque o parágrafo único faculta à lei complementar autorizar aos Estados a legislar sobre questões específicas das matérias relacionadas nesse artigo. No artigo 49, é indicada a competência *exclusiva* do Congresso nacional. O artigo 84 arrola a matéria de competência *privativa* do Presidente da República,

---

[2] SILVA, José Afonso da. *Curso de direito constitucional positivo.* 16. ed. São Paulo: Malheiros, 1999, p. 480. nota de rodapé nº. 5.

porque o seu parágrafo único permite delegar algumas atribuições ali arroladas".

Mais à frente, nessa mesma passagem supratranscrita, o próprio José Afonso da Silva reconhece a contradição da sua tentativa de diferenciação, uma vez que os arts. 51 e 52 falam de competência *privativa* com atribuições *indelegáveis*. Assim, para evitar distorções entre classificações registradas por alguns autores é que se pretende esclarecer que a causa de adotarmos, indistintamente, ambos os termos, apóia-se nas opiniões de Fernanda Dias Menezes,[3] Manoel Gonçalves Ferreira Filho[4] e Celso Ribeiro Bastos.[5]

6.1.2 Competência do Estado-membro

Deve-se entender que o Distrito Federal, apesar de possuir características distintas em relação ao Estado-membro, neste assunto, sobre repartição de competências, submete-se às mesmas regras estaduais. O que é de ressaltar nos compromissos estaduais, é que a Constituição brasileira projeta um quadro de como deve ocorrer a integração entre as unidades federadas, recomendando que algumas competências sejam exercidas conjuntamente. São regras que deverão constituir preocupação comum nos três níveis de governo (competência concorrente – art. 23), como é o caso da preservação de florestas, caça, pesca, fauna, entre outros assuntos (art. 23, VIII).

Observe-se, de início, que há uma necessidade de a Constituição possibilitar aos Estados e ao Distrito Federal a materialização dos assuntos referidos no artigo 23. Eis por que surge o artigo 24, com a chamada *competência legislativa concorrente*, na qual Estados e Distrito Federal devem legislar *concorrentemente* sobre vários assuntos (art. 24, inciso VI). Para isso, as linhas gerais devem ser estabelecidas pelo legislativo da União, competindo aos Estados e ao Distrito Federal suprimirem as possíveis lacunas existentes por meio da competência

---

3 ALMEIDA, Fernanda Dias Menezes de. *Competências na Constituição de 1988*. São Paulo: Atlas, 2000, p. 80.

4 FERREIRA FILHO, Manoel Gonçalves. *Comentários à Constituição brasileira*. São Paulo: Saraiva, 1983, p. 224.

5 BASTOS, Celso Ribeiro. *Curso de direito constitucional*. São Paulo: Saraiva, 2001, p. 305-308.

suplementar. A competência *complementa*r (detalhamento dos assuntos gerais a serem aplicados) e a *suplementar* (usada quando da *ausência de norma*/legislar no espaço vazio) estão asseguradas no art. 24, §§2º e 3º da Constituição.[6] Vale lembrar que nessas regras jurídicas do art. 24 (*competência legislativa concorrente*), embora não haja indicação dos Municípios, *não* ficaram eles de fora, porque o inciso II, do art. 30, reconhece a competência dos Municípios, a fim de *suplementar* à legislação federal e à estadual, *no que couber*.[7]

Com efeito, a competência para cuidar dos assuntos inerentes ao sistema penitenciário está distribuída entre alguns órgãos por meio da chamada competência concorrente (art. 24, inciso I). Assim, quem dita, no âmbito federal, a política e as diretrizes quanto à prevenção de delitos, execução de penas e medidas de segurança é o Conselho Nacional de Política Criminal e Penitenciária, um órgão subordinado ao Ministério da Justiça.

A administração dos centros penitenciários fica a cargo do Executivo de cada Estado-Membro, por intermédio das Secretarias de Justiça ou de Segurança Pública que, observando as normas gerais nacionais sobre direito penitenciário, produzem as *normas suplementares* (art. 24, §2º), necessárias à disciplina de seus estabelecimentos. A supervisão, ou seja, o controle externo do sistema

---

6 Cabe ressaltar, que os Estados-membros, no exercício da competência suplementar ("plena") devem respeitar o *interesse local* dos Municípios. Cf. DOMINGUES, Rafael Augusto Silva. *A competência dos Estados-membros no direito urbanístico*: limites da autonomia municipal. Belo Horizonte: Fórum, 2010, 119.

7 Há autores que entendem que os Municípios foram excluídos da competência concorrente porque não constam do *caput* do art. 24 da Constituição. Cf. TEMER, Michel. *Elementos de direito constitucional.* São Paulo: Malheiros, 2002, p. 66; SUNDFELD, Carlos Ari. Sistema constitucional de competência. *Revista Trimestral de Direito Público*, n. 1, p. 272-281, 1993. FERRARI, Regina Maria Macedo Nery. *Elementos de direito municipal.* São Paulo: Revista dos Tribunais, 1993. Lado outro, há os que entendem que os Municípios têm competências *concorrentes*. Cf. CARNEIRO, Ruy de Jesus Marçal. *Organização da cidade, planejamento municipal, plano diretor, urbanização.* São Paulo: Max Limonad, 1998; GRAF, Ana Cláudia Bento. Valores ambientais, controle social e competências. *In*: FIGUEIREDO, Guilherme José Purvin de (Coord.). *Direito ambiental em debate.* Rio de Janeiro: Esplanada, 2004.v. 2.

penitenciário cabe ao Judiciário de cada Estado, com o auxílio fiscalizatório do Ministério Público.

Por fim, volta à observação os aspectos terminológicos utilizados pela Constituição (art. 25, §1º, CF/88) e por alguns autores. Assim, José Afonso da Silva projeta o uso das palavras "*reservada*", "*remanescente*" e "*residual*", como sinônimas e utilizadas tão-somente para se referir às competências dos Estados. [8] Não é em vão que Fernanda Dias Menezes arremata dizendo que funções *reservadas* são equivalentes a poderes próprios, privativos, não importa a que entidade federativa esteja se referindo (União, Estado-Membro, Município). [9]

6.1.3 Competência do Município

O que é de inovador no federalismo brasileiro é que o constituinte de 1988 se preocupou em valorizar a administração governativa em um espaço territorial menor, reconhecendo o Município como integrante da estrutura federativa. O que tem dificultado, a nosso sentir, a elucidação, às vezes, do que compete ao Município, é que o constituinte englobou num mesmo artigo (art. 30), as competências *legislativas* e *materiais* (competência privativa ou exclusiva), abandonando a técnica utilizada no artigo 21 referente à União. Desde que essa técnica foi desprezada, abriu-se-nos um vasto panorama sobre a operacionalidade efetiva do Município. É aí que sobrevém, com acuidade, a pergunta: o que é *interesse local*?

Tamanha é a incerteza entre os escritores, que essa é ainda uma questão tormentosa no Judiciário. Este vácuo ocasionado aos Municípios deve ser ocupado por diversos fatores, entre eles o de saber que nem todos os Municípios são idênticos. Neste episódio, existem Municípios integrantes de área metropolitana, outros com características rurais e alguns com características urbanas. Entendemos que essa possa ser a primeira referência para orientar o preenchimento da

---

8 SILVA, José Afonso da. *Curso de direito constitucional positivo*. 16. ed. São Paulo: Malheiros, 1999, p. 480.

9 ALMEIDA, Fernanda Dias Menezes de. *Competências na Constituição de 1988*. São Paulo: Atlas, 2000, p. 82-83.

expressão *interesse local*. A par desta referência, ressalte-se que um trabalho de identificar uma a uma as competências legislativas federais e estaduais também merece atenção. Dizer, por outro lado, que os Municípios devem assumir sozinhos algumas prestações públicas tão somente, porque, é de interesse local, também é arriscado. O fornecimento de medicamentos seria um bom exemplo disto.

Assim, o Município, por estar mais próximo do cidadão, é quem, em geral, executa serviços de saúde, com a colaboração e recursos dos demais entes federados (União e Estados-membros). Se, entretanto, faltam recursos para a execução dos serviços e, em especial, para a compra de medicamentos, a responsabilidade passa a ser também da União e do Estado, pois têm que cumprir a determinação constitucional de que a saúde é um direito de todos e um dever do Estado (art. 196), algo que também está expresso no art. 30, VII. É bom lembrar-se da norma relativa ao SUS (Sistema Único de Saúde – Lei nº 8.080/90), donde também se extrai a responsabilidade solidária dos entes federados (artigos 4º e 7º; 16 a 19). Aliás, entre as propostas que norteiam o SUS, está o direito de todos os brasileiros terem acesso universal e integral à saúde, incluindo assistência farmacêutica. Advirta-se, que antes da Constituição Brasileira de 1988, o atendimento gratuito em saúde era garantido apenas aos que contribuíam com a Previdência Social, e a distribuição de medicamentos pela Rede Pública era quase inexistente.[10]

Cumpre notar que a União, os Estados e os Municípios (art. 23, inciso II) são responsáveis solidários pela *saúde* do cidadão, sendo,

---

[10] Atualmente, as despesas da União chega a bater record com ações judiciais. A título de curiosidade, em 2012, por exemplo, o valor chegou a R$340 milhões com compras diretas de remédios, equipamentos e insumos pelo Ministério da Saúde (Fonte: relatório "*Intervenção Judicial na Saúde Pública*"). O repasse foi feito a Estados, a Municípios e a pacientes para o cumprimento de decisões judiciais. Muitas críticas são feitas ao judiciário. Dizem que não é possível o Estado oferecer tudo para todos, e que os juízes não pode entender que a saúde prevalece sobre o orçamento. Lado outro, alegam que a "judicialização" é forma de a sociedade cobrar o que está assegurado em lei. Note-se que a Constituição prevê que a saúde é um direito de todos e um dever do Estado (art. 196). Cf. DEL NEGRI, André; RIBEIRO, Ramon Antunes. Acesso à jurisdição e direito à saúde. *Revista Brasileira de Direito Processual* - RBDPro, Belo Horizonte, ano 22, n. 86, p. 63-80, abr./jun. 2014.

pois, legitimados passivos nas demandas judiciais quando a causa de pedir for a negativa dos hospitais, sejam municipais ou federais, para o fornecimento de medicamentos aos necessitados. Em tais condições, se houver comprovada omissão, por exemplo, do Governo Federal no cumprimento dos deveres constitucionais, entendemos que poderá se caracterizar crime de responsabilidade do Presidente da República (art. 85, inciso III, CF/88).

O que também tem dificultado, no nosso entendimento, o esclarecimento das competências do Município é o ceticismo do Judiciário relativo à legislação dessa unidade federada em regulamentar interesses e peculiaridades da *localidade*.[11] Chega-se a isto pelo que se vê de algumas decisões que passam pela confirmação da prevalência dos interesses do Estado sobre o Município, como no caso de leis municipais que são produzidas com o fim de controle da poluição. Já está patente a necessidade de o Município, em matéria ambiental, regular assuntos relativos ao combate da poluição em qualquer de suas formas, mas ao arrimo desse entendimento, alguns tribunais têm decidido de forma contrária.[12]

A Constituição Federal (art. 23) atribuiu a possibilidade de a União, os Estados, o Distrito Federal e os Municípios legislarem sobre assuntos correlatos, sendo que a União ficaria responsável pela edição de normas gerais. Como a matéria "meio ambiente" é um assunto correlato, e o Município é o que está mais próximo das peculiaridades locais, não há dúvidas de que o Município está autorizado a

[11] Há autores que defendem a possibilidade de o Município estabelecer restrições urbanísticas em imóveis de propriedade dos outros entes federativos (União e Estados-membros), como ocorre, por exemplo, no zoneamento e do próprio tombamento. Cf. DOMINGUES, Rafael Augusto Silva. *A competência dos Estados-membros no direito urbanístico*: limites da autonomia municipal. Belo Horizonte: Fórum, 2010. Na questão do tombamento o referido autor, na página 121, conclui: "o Município, presente o *interesse local*, pode perfeitamente tombar um imóvel de propriedade da União com base na sua competência privativa". E mais: "... entendemos possível até mesmo a desapropriação – obviamente mediante indenização – pelo Município de imóvel público da União, devendo o art. 2º, §2º do Decreto-Lei 3.365/41, ser interpretado conforme a Constituição."

[12] Tribunal de Justiça de São Paulo – Ação Direta de Inconstitucionalidade nº 17.920 - 23.11.94 – São Paulo - Relator: Renan Lotufo.

legislar sobre conteúdos que supram a ausência ou as possíveis omissões detectáveis (note-se que não é um legislar no lugar da União, claro).

Por outro lado, os Municípios apresentam problemas crônicos como, por exemplo, o relacionado ao transporte de passageiros, que é realizado sob formas variadas e adequadas conforme as características das diversas regiões do país (*e.g.*, táxi, mototáxi, van, barco, trem e metrô).[13] Mais uma vez insistimos que cabe ao Município, sob pena de omissão, dentro de sua competência constitucional, atendendo a suas características, organizar e prestar, diretamente ou sob regime de concessão ou permissão, os serviços públicos de interesse local, o que inclui o transporte de passageiros. Assim, as construções teóricas sobre o federalismo brasileiro devem buscar as peculiaridades locais -regionais, tendo em vista que o Brasil é um país amplo, com regiões diversificadas, que requerem, evidentemente, soluções distintas.

---

[13] Diante disso, o Instituto Brasileiro de Geografia e Estatística (IBGE) revelou, em 2006, que 47,1% dos Municípios brasileiros contavam com mototáxis (em 2008, estava em 52,7% do total das cidades do país). Entre esses Municípios que usam *mototáxis* o percentual de *informais* chegava a 75,7%. O transporte por vans estava presente em 2.911 Municípios (52,32%) e o transporte de *barco* podia ser encontrado em 503 Municípios (9,04%). Em decorrência, o serviço de *táxi* estava presente em 76,65% dos Municípios (a informalidade atingia 42,4%), o serviço de *trem* em 1,87% e o de *metrô* 0,2%. Há metrô em 11 Municípios brasileiros, e apenas em dois ele é subterrâneo: Rio de Janeiro e São Paulo. Com relação a esse problema, percebe-se que a diversificação é grande e adequada às características urbanas, rurais e metropolitanas de cada localidade. Fonte: Informações Básicas Municipais 2005, divulgado pelo IBGE, em novembro de 2006 Disponível em: <www.ibge.com.br. Acesso em 15 ago. 2007.

Capítulo 7

NACIONALIDADE

7.1 NOÇÕES INTRODUTÓRIAS

Grande parte dos livros de Direito Constitucional busca o nexo de formação e consolidação do Estado a partir do conceito de nacionalidade advindo da clássica distinção entre *jus soli* e *jus sanguinis*. O certo é que o estudo do direito de nacionalidade poderia ser percucientemente refletido a partir do perigo que certos "cordões umbilicais" podem gerar na formação de uma sociedade unida por laços de "sangue", "solo", "cor", "tradição" (o que faz parte do arsenal de emoção humana, mas que pode levar a uma cruel causa de violência, ao ponto de justificar massacres), além de "língua", "grupos religiosos", "pátria" e "nação" (um composto de milhares de homens que se intitulam bons ou os melhores de todos os cidadãos, o que também pode levar a fundamentalismos, a escravização de alguns coletivos humanos, ao arregimentamento de multidões para produzir as tragédias, e, o pior: achar isso tudo muito normal ou certo).

Dessa forma, não seria temerário dizer que, no atual estágio de estudos acadêmico-científicos, os Estados constitucional-democráticos contemporâneos, como bem ressalta Marcelo Cattoni, não podem mais ser pensados "a partir de um conceito naturalizado de nação ou de nacionalidade, via cor, raça, ancestrais comuns ou mesmo lugar de nascimento comuns".[1]

Nas palavras de Cattoni de Oliveira, o Estado Democrático de Direito, enquanto organização política moderna, só poderá ser entendido a partir de um conceito contemporâneo de *cidadania* (titularidade de direitos reciprocamente reconhecidos), "não mais compreendida como condição daquele que seria membro natural de uma comunidade ética e política concreta, que compartilha um único ideal de vida boa, mas como sinônimo de titularidade de direitos reciprocamente reconhecidos e que se garantam através dessa institucionalização de procedimentos, capaz de possibilitar a formação democrática da vontade coletiva, a formação imparcial de juízos de aplicação [...] e a execução de programas e de políticas públicas, sem impor um único modelo de vida boa".[2]

Aliás, é o que insistiremos em toda a extensão deste livro, pois, do contrário, explicaríamos o Estado depois de pronto, e um estudo de Direito Constitucional, por intermédio da *Teoria da Constituição* (teoria problematizante e explicitadora de compreensões), possibilita-nos uma análise para repensar a figura do Estado, que, se não for realizada, tornar-se-ia um estudo inconsistente para o atual eixo teórico adotado na Constituição Brasileira vigente.

Não mais se conjectura uma sociedade jurídico-política de Direito democrático pela envelhecida ótica de que *povo* e *nação* devem ser trabalhados pela ideia de um líder carismático, magnético (Carl Schimitt) ou de uma comunidade de união de sangue/solo e amor à raça.

7.2 REGRAS JURÍDICAS PARA DETERMINAR A AQUISIÇÃO DA NACIONALIDADE BRASILEIRA

O artigo 12 da Constituição de 1988 apresenta algumas regras normativas acerca da aquisição da nacionalidade brasileira. Por conseguinte, é por meio da leitura desse artigo constitucional que se percebe a existência de dois tipos de nacionalidade. Uma *primária* ou *originária* (ligada ao fato do nascimento) e a outra *secundária* ou *adquirida* (resultante de ato voluntário).

---

1 CATTONI, Marcelo Andrade. *Direito processual constitucional.* Belo Horizonte: Mandamentos, 2001, p. 178.

2 *Idem.*

7.2.1 Aquisição da nacionalidade primária

Apesar de cada país adotar um determinado critério para aquisição da nacionalidade, pode-se dizer que frente a essas regras há dois critérios conhecidos para determinar a *nacionalidade primária* (primeira nacionalidade de uma pessoa): o *jus soli* (nascimento no território do Estado) e o *jus sanguinis* (decorrente da descendência, em que o pai ou mãe "passam" a *nacionalidade* aos filhos).

A nacionalidade das pessoas, portanto, vai depender do critério adotado pelo sistema jurídico de um determinado país. Assim, Estados como Itália e Alemanha, *e.g.*, adotam tão-somente o critério da descendência (*jus sanguinis*), e a França, o critério da descendência mais o territorial. Assim, estes dois critérios são amplamente usados, mas as peculiaridades jurídicas de cada país, dentro destes dois critérios, são difíceis de precisar, devido à pluralidade de minúcias que cada qual adota na sistemática jurídica interna. Desta forma, de modo exemplificativo, pode-se citar a Alemanha, que, ao adotar o critério de parentesco (*jus sanguinis*), autoriza qualquer descendente de alemães a requerer a nacionalidade, desde que cumpra algumas exigências.

Nesse sentido, o sistema jurídico alemão determina que, dentro da esfera do parentesco, as pessoas nascidas antes de 1975 precisam comprovar a ascendência alemã pelo lado paterno da família.

Por sua vez, a Itália, que adota o mesmo critério da consanguinidade, determina que a reivindicação da nacionalidade possa ser feita pelos filhos, netos ou bisnetos de italianos, porém, se a ascendência for por parte de mãe, somente poderão reivindicar a nacionalidade italiana as pessoas nascidas depois de 1948. Diga-se, de antemão, que referido requisito está sendo repensado. Na opinião de juristas italianos a lei em vigor é incoerente, pois não observa a igualdade entre os sexos prevista na Constituição italiana. Eis, aí, a existência de um projeto de lei sugerindo alteração para que as mulheres possam transmitir *nacionalidade* aos filhos nascidos antes de 1948. A conferir.

Bernardo Gonçalves Fernandes, professor da Universidade Federal de Minas Gerais (UFMG), destaca que "o Brasil sempre adotou como regra o critério territorial, em decorrência da imigração, sobretudo, do século XIX [...] fazendo com que imigrantes criassem uma laço (comunhão) com o Brasil".[3] Contemporaneamente, pela redação da Constituição de 1988 percebe-se que o Brasil adota, preponderantemente, o critério do *jus soli* (art. 12, I, *a*), e recorre aos dois (*jus sanguinis* + *jus soli*), na seguinte passagem do art. 12, I, alínea *c*: os nascidos no estrangeiro, de pai ou mãe brasileira (*jus sanguinis*), desde que venham a residir na República Federativa do Brasil (*jus soli*) e optem, em qualquer tempo, pela nacionalidade brasileira.

O estudo desse episódio é curioso, porque, como já salientamos antes, existem dois requisitos de nacionalidade (*jus soli* e *jus sanguinis*), e por terem vários Estados adotado um ou outro critério, pode ser que ocorra um conflito de nacionalidade, que pode gerar um *conflito positivo* (polipátrida), como é o caso, *e.g.*, de filho de alemães (critério do *jus sanguinis*), nascido no território brasileiro. Caso isso ocorra, existe uma possibilidade de a pessoa ter uma transnacionalidade (dupla nacionalidade), pois o Brasil adota, preponderantemente, o critério do solo. Logo, em decorrência da descendência e da nacionalidade dos pais, a criança teria a nacionalidade alemã e, também, a nacionalidade brasileira, por ter nascido no território nacional (art. 12, I, *a*, CF/88).

Por sua vez, no mesmo exemplo anteriormente citado, porém invertido (filho de brasileiros que nasça na Alemanha), teríamos um *conflito negativo* (apátrida),[4] pois, neste exemplo, em sendo o pai brasileiro e a mãe brasileira, o filho que nasceu em território alemão não é brasileiro, nem alemão. Isso ocorre, porque, para ser brasileiro, é preciso nascer no Brasil; para ser alemão é necessário ter mãe ou pai alemão.

Devemos, aqui, abrir parêntesis para alertar sobre a modificação na Constituição Brasileira (EC nº 54/2007), um ponto acerca da questão do registro (em repartição pública) de filhos de brasileiros nascidos no exterior (art. 12, inciso I, *c*).

A necessidade de alteração na Constituição é explicada quase que como um "mito do Ulisses" (*Odisséia*, de Homero), porque todos – depois de nascer – estariam retornando à pátria; daí a nossa lembrança

---

3 FERNADES, Bernardo Gonçalves. *Curso de direito constitucional.* Rio de Janeiro: Lumen Juris, 2010, p. 460.

4 A pessoa considerada "apátrida" não consegue retirar CPF, RG, passaporte, votar, matricular-se em escola pública e, por consequência, provavelmente, terá dificuldades para encontrar emprego.

literária de relembrar o "mito do retorno", no qual o herói tenta retornar à pátria. Neste sentido, todos somos "Ulisses" que tentamos retornar à pátria. Recapitulemos a história: é que até o ano de 2007, estimava-se, que, em todo o mundo, havia um número de 200 mil filhos de brasileiros "apátridas".[5] Segundo o Ministério das Relações Exteriores, essas crianças de ascendência brasileira (nascidas no estrangeiro) eram consideradas "cidadãs condicionadas", e, por isto, havia uma *resolução* do Ministério da Justiça, em conjunto com o Itamaraty, que concedia passaporte provisório e registro de nascimento a crianças e adolescentes no estrangeiro. Dado que essa situação, em regra, implicava em excessivo transtorno no reconhecimento da nacionalidade brasileira, de pessoas nascidas no exterior, o Congresso Nacional aprovou Emenda à Constituição (EC nº 54/2007), a fim de assegurar o registro e aquisição da nacionalidade brasileira originária, em repartição brasileira competente,[6] de filhos nascidos no exterior, de pais brasileiros (critério do *jus sanguinis* + registro), que não estivessem a serviço da República Federativa do Brasil (a serviço da administração pública direta ou indireta). Essa foi a redação dada pela EC nº 54/2007 ao art. 12, I, *primeira parte* da alínea *c*.

Contudo, há outra possibilidade de aquisição da nacionalidade brasileira para os casos de filhos de pai brasileiro ou de mãe brasileira (*jus sanguinis*) que não estejam a serviço do Brasil. Trata-se, neste caso, da *segunda parte* da alínea *c* do art. 12, I, da CF/88. De conseguinte, a EC nº 54/2007 manteve a regra da "nacionalidade potestativa". Desta forma, a aquisição da nacionalidade brasileira está sujeita (além do critério do *jus sanguinis*) à confirmação de dois eventos: residência no Brasil (a residência é o "*fato gerador*") e a opção pela nacionalidade brasileira, em qualquer tempo, depois de atingida a maioridade (18 anos, Código Civil, art. 5º), perante juízo federal (art. 109, X, CF/88).

Quadra a esse exame – o do trâmite judicial para o caso de concessão do título de brasileiro nato – do qual o procedimento é o da

---

5 Fonte: Vinícius Queiroz Galvão, da *Folha de S. Paulo,* 20 maio 2007. p. C1.

6 O registro civil no consulado brasileiro no exterior, como coloca Bernardo Gonçalves Fernandes, "funciona de forma equivalente ao registro realizado no cartório de registro civil no Brasil". Cf. FERNADES, Bernardo Gonçalves. *Curso de direito constitucional*. Rio de Janeiro: Lumen Juris, 2010, p. 463.

Lei nº 818/49 (art. 6º), mediante petição, devidamente instruída com a prova dos requisitos exigidos, com abertura de vista dos autos ao representante do Ministério Público Federal. Por conseguinte, serão os autos do procedimento conclusos ao juiz para o pronunciamento decisório (sentença de mérito), o que irá produzir efeitos retroativos (*ex tunc*). Insta esclarecer que no referido procedimento, aplicar-se-ão subsidiariamente as regras do Código do Processo Civil (CPC/2015). Por derradeiro, segue-se com a necessidade de registro civil de pessoas naturais (cf. Lei nº 6.015/73, art. 29, inciso VII e §2º). Diga-se que é competente para a inscrição da opção de nacionalidade o cartório da residência do optante, ou de seus pais. Se forem residentes no estrangeiro, far-se-á o registro no Distrito Federal.

Por fim, vem, a propósito, a observação de que a extensão do território brasileiro abrange as terras delimitadas pelas fronteiras geográficas (golfos, baias, ilhas, litoral), espaço aéreo e o mar territorial, navios e aeronaves de guerra, navios mercantes brasileiros e aeronaves civis brasileiras ("território ficto").

7.2.2 Aquisição da nacionalidade secundária

Em decorrência das possibilidades anteriormente expostas, a aquisição da nacionalidade ainda ocorre de forma secundária (segunda nacionalidade de uma pessoa) sempre de forma reivindicada, jamais tácita. Nesses casos, os países criaram regras jurídicas para que as pessoas possam adquirir outra nacionalidade. Para que isto ocorra, é forçoso lembrar que essa modalidade de aquisição da nacionalidade pode dar-se por meio da denominada via *ordinária* ou *extraordinária*.

Não seria difícil de identificar, pela observação da história brasileira, que o legislador constituinte de 1988 preferiu facilitar os requisitos de aquisição da nacionalidade brasileira aos portugueses e aos países que têm a língua portuguesa como idioma oficial, como é o caso de Angola, São Tomé e Príncipe, Moçambique, Guiné-Bissau, Goa, Timor, Macau, Portugal, Cabo Verde e Timor Leste.

Note-se que a aquisição da nacionalidade secundária por via *ordinária* é destacada no art. 12, II, "a". Além da questão da língua, há necessidade de a pessoa comprovar residência no território nacional por, no mínimo, 1 ano ininterrupto e não ter sido condenada em processo criminal com trânsito em julgado. Nesse item é importante salientar três observações: a) o *procedimento* de aquisição da *naturalização ordinária* é administrativo (cf. Lei nº 6.815/80, art. 111 a 124), com trâmite iniciado no Ministério da Justiça; b) Será o Presidente da República o responsável por decretar ou não a naturalização, mesmo preenchidos os requisitos (competência discricionária); c) Ao se falar em decretação da naturalização ordinária pelo Presidente da República, a formalização final será realizada no Judiciário Federal (art. 109, X, CF/88) da respectiva região. Registre-se o efeito *ex-nunc* desse procedimento.

É, no entanto, de imaginar, que se houve certa facilitação para os cidadãos dos países de língua portuguesa adquirir a nacionalidade brasileira, houve também, afora esses casos, certa "dificuldade" para pessoas de outros países que *não* compartilham a identidade da língua (americano, argentino, chileno ou guatemalteco, por exemplo). Isso posto, o fato é que a aquisição *extraordinária* (art. 12, II, *b* – também chamada *potestativa)* é de fato voltada para esses estrangeiros.

Por esse motivo, o requisito inerente à moradia em território nacional deve ser comprovado por um prazo mínimo de 15 anos ininterruptos e, também, não ter condenação penal transitada em julgado.

7.3 Considerações finais

Ressalte-se que o reconhecimento da naturalização de um estrangeiro produz efeitos *ex nunc* (a partir do dia da entrega da formalização), e é desimportante frente à ordem jurídica brasileira se ele tem outro vínculo de nacionalidade com outro Estado.

Em decorrência disto, é bom que se diga, há uma especial condição jurídica para os portugueses no Brasil (art. 12, §1º, CF/88). É o que se convencionou chamar de *reciprocidade* (o que também é chamado de *quase-nacionalidade*). Decorre, porém, que esta "reciprocidade" significa um especial tratamento que deveremos dar aos portugueses (e vice-versa) em virtude da identidade da língua, das origens históricas, além de os portugueses comporem o maior contingente de estrangeiros no Brasil. O que tem dificultado, a nosso sentir, o entendimento acerca da reciprocidade, é que muitos estudantes consideram-na um caso de "*dupla nacionalidade*". Não é isso. É importante notar que o português equiparado tem os mesmos direitos do brasileiro naturalizado. Por ilação, os portugueses, no Brasil, continuam portugueses e os brasileiros, em Portugal, continuam brasileiros.

Por fim, o que se deve ressaltar é que existe simétrica paridade entre brasileiros natos e naturalizados (art. 12, §2º), salvo nos casos previstos pela própria Constituição Brasileira. É o que está regulado no art. 12, §3º.

Para os cargos relacionados neste artigo, são excluídos os brasileiros naturalizados, inclusive os portugueses. Observe-se que para a *obtenção da igualdade de direitos e deveres*, o procedimento deverá ser encaminhado ao Ministério da Justiça e o interessado deverá fazer prova do seu gozo em Portugal.[7] Como bem anota Bernardo Gonçalves, se o português quiser, na linha de equiparação, ter acesso ao *voto* no Brasil, deverá ir "à Justiça Eleitoral e requerer o exercício desse direito político. Para tal, o português terá que demonstrar que reside no Brasil por no mínimo 3 (três anos)".[8]

Cabe mais uma alusão a respeito dos brasileiros *naturalizados*: o cancelamento da nacionalidade (art. 12, §4º, inciso I) dá-se por sentença judicial, após denúncia apresentada pelo Ministério Público Federal, em virtude de "atividade nociva ao interesse nacional".

Observe-se que esse raciocínio requer base interpretativa, uma vez que não há tipificação exauriente do que seja "atividade nociva ao interesse nacional". Evidente que a decisão atinge a naturalização somente após o trânsito em julgado (opera efeitos *ex nunc*). A reaquisição só poderá ser alcançada por meio de *ação rescisória*, conforme previsto no Código de Processo Civil.

Por fim, seria importante não deslembrar a possibilidade de perda da nacionalidade por ato de vontade do brasileiro *naturalizado* ou *nato* que adquire outra nacionalidade (art. 12, II). Ao se falar nessa hipótese, é necessário dizer que se trata de um *procedimento administrativo* com trâmite entre o Ministério das Relações Exteriores e o

---

7 MENDES, Gilmar Ferreira; COELHO, Inocêncio Mártires; BRANCO, Paulo Gustavo Gonet. *Curso de direito constitucional.* São Paulo: Saraiva, 2007, p. 628.

8 FERNANDES, Bernardo Gonçalves. *Curso de Direito Constitucional.* Rio de Janeiro: Lúmen Júris, 2010, p. 467, nota de rodapé nº 11.

Ministério da Justiça com a finalização do Presidente da República, via decreto, determinando a perda da nacionalidade.

No entanto, ao se falar em perda da nacionalidade por *ato volitivo* cabe citar as exceções estabelecidas no art. 12, §4º, II, alíneas *a* e *b*, do Texto Constitucional.

O caso do art. 12, §4º, II, *a*, na específica situação de reconhecimento de nacionalidade originária pela lei estrangeira, tem-se, por exemplo, a questão de brasileiro descendente de italiano, uma vez que na Itália o critério do *jus sanguinis* é usado como regra. Neste caso, portanto, há que se falar em *dupla nacionalidade* brasileiro-italiano.

No plano do art. 12, §4º, II, *b*, outra ressalva. Refere-se à imposição de naturalização, pela norma estrangeira, ao brasileiro residente em estado estrangeiro, como *condição para permanência em seu território* ou para o exercício de *direitos civis*. O exemplo que se segue vem de Alexandre de Moraes, com apoio em decisão do ex-ministro da justiça Nelson Jobim.[9] Suponha-se que "uma brasileira adquiriu, por naturalização, a nacionalidade norte-americana, tendo sido instaurada, contra a referida cidadã, um processo de naturalização de perda de nacionalidade brasileira, pelo Consulado Geral do Brasil, em New York".

Ocorre que a brasileira, no exemplo comentado, "trabalhava nos Estados Unidos desde o ano de 1975, tendo concluído curso de mestrado jurídico naquele país, além de ter contraído casamento com nacional americano, e necessitou adquirir a nacionalidade norte-americana para seguir a carreira de promotora assistente da promotoria de Justiça dos Estados Unidos da América".

Além disso, "sua condição de estrangeira inviabilizaria eventual herança deixada por seu marido norte americano, em face da excessiva tributação. Entendeu-se, que a norma constitucional, ao que se colhe da literatura jurídica, procura preservar a nacionalidade brasileira daquele que, por motivos de trabalho, acesso aos serviços públicos, fixação de residência etc., praticamente se vê obrigado a adquirir a nacionalidade estrangeira, mas que, na realidade, jamais teve a intenção ou a vontade de abdicar de cidadania originária, concluindo que a

---

9 MORAES, Alexandre. *Direito Constitucional.* São Paulo: Atlas, 2009, p. 225-226.

perda só deve ocorrer nos casos em que a vontade do indivíduo é de, efetivamente, mudar de nacionalidade, expressamente demonstrada".

7.4 CONDIÇÃO JURÍDICA DO ESTRANGEIRO NO BRASIL

Não queremos exaurir todos os casos ligados à condição jurídica do estrangeiro no Brasil. Objetivamos, isto sim, destacar algumas observações a fim de facilitar o entendimento do tema acerca da nacionalidade. Observe-se, de passagem, que o assunto é regulado pelo *Estatuto do Estrangeiro* (Lei nº 6.815/80).[10] Nele, vemos que o *ingresso* do estrangeiro em território nacional se dá por meio do visto de entrada, trânsito, turista, temporário, permanente, oficial ou diplomático. Alude-se, para maior esclarecimento, que a *permanência* de estrangeiro (visto permanente) deverá ser registrada no Ministério da Justiça.

7.4.1 Extradição

Retenha-se, já de início, que o instituto jurídico da *extradição* é ato de cooperação internacional reivindicativo de um país para com outro, acerca de um estrangeiro ou naturalizado, que se encontra em território nacional, e que está sendo processado criminalmente ou já tenha sido condenado a cumprir pena no país solicitante. Advirta-se que o crime cometido deve ser punível em ambos os Estados (país solicitante e solicitado). É a chamada *dupla tipicidade*.

Importante lembrar que o brasileiro *nato* não pode ser extraditado (art. 5º, LI, CF/88), assim como *não* é possível falar em extradição de estrangeiro por *crime político* ou de *opinião* (art. 5º, LII). Já sobre o brasileiro *naturalizado* depende de outros fatores. Cuida-se, aqui, de

---

[10] Observe-se que o Estatuto do Estrangeiro (1980) tem muita influência da doutrina da Segurança Nacional, com razões advindas do regime militar brasileiro, que facilitava a expulsão de estrangeiros considerados "subversivos". Com a finalidade de promover uma melhor estabilização do tema diante dos compromissos internacionais assumidos pela República Federativa do Brasil, há um sério trabalho da comissão de especialistas (formada pelo Ministério da Justiça), a fim de elaborar proposta de anteprojeto de lei de migrações e promoção dos direitos dos migrantes no Brasil. O trabalho é desenvolvido pelos professores da USP, André Ramos, Deisy Ventura, Pedro Dallari e Rossana Reis. A conferir.

acentuar, que se o naturalizado cometeu crime comum *antes* do procedimento de naturalização, é possível falar em extradição.

Por sua vez, os naturalizados que tenham seus casos comprovados em envolvimento com tráfico ilícito de entorpecentes e drogas afins, poderão ser extraditados, independentemente de terem praticado o ilícito *antes* ou *depois* da naturalização (art. 5º, inciso LI). Em qualquer desses casos referidos, o pedido de extradição pode ser feito com fundamento em tratado internacional (ajuda-memória: até o ano de 2015, o Brasil possuía tratado de extradição com 27 países).[11]

Na ausência de tratado internacional, é necessário um *acordo de reciprocidade* entre o Estado requerente e o país requerido (o que significa dizer que qualquer desfecho envolve intensas negociações). Por outro lado, se a pena a ser cumprida no país requerente for a de morte ou de prisão perpétua, o Brasil exigirá a substituição por outra pena, já que não existe, no ordenamento brasileiro, referida punição jurídica.

Convém lembrar que o português equiparado, por ter os mesmos direitos do brasileiro naturalizado (art. 12, §1º, da CF/88), somente poderá ser extraditado para Portugal. É o que assegura o Decreto 3.927/01.

O encaminhamento da extradição é feito, em apertada síntese, por via diplomática dirigida ao Presidente da República, com a participação do Ministério das Relações Exteriores, que o enviará ao Ministério da Justiça para que, por meio de parecer jurídico, possa analisar a pretensão, revelada no pedido formulado. Não há dúvida de que o caso deverá passar também pelo crivo do Supremo Tribunal Federal, o que caracteriza a fase judicial, para o necessário controle de legalidade (art. 102 I, g, da CF/88; art. 208 do RI do STF e Lei 6.815/80, art. 81). Destaque-se que o STF tem a função de analisar se o Estado solicitante cumpre todos os requisitos exigidos no instituto jurídico

---

11 Anote-se, que o Decreto nº 8.431, de 2015, promulga o tratado de extradição entre a República Federativa do Brasil e a República Popular da China. São apresentados, em seguida, os países com os quais o Brasil mantém Tratado de Extradição: Argentina, Austrália, Bélgica, Bolívia, Chile, Colômbia, Coréia do Sul, Equador, Espanha, Estados Unidos da América, França, Itália, Lituânia, México, Paraguai, Peru, Portugal, Reino-Unido, Irlanda do Norte, República Dominicana, Romênia, Rússia, Suíça, Ucrânia, Uruguai, Venezuela, República Popular da China.

da extradição, uma tormentosa análise se o crime tem característica política ou não, bem como se há ocorrência da prescrição penal ou não. Por seu turno, preenchidos os requisitos, o STF julga procedente o que foi pedido pelo solicitante. [12]

Num outro giro, cabe ao Presidente da República dar a palavra final sobre o assunto. Se for concedida a extradição, isto é, se após a análise dos requisitos pelo STF a decisão (prestada a jurisdição constitucional) for pela procedência da pretensão formalizada no pedido de extradição, discute-se na literatura constitucional se o Presidente da República pode ainda decidir ou não pela extradição, mesmo que todos os requisitos estejam preenchidos na integralidade e com o endosso do Supremo Tribunal Federal.

Devemos fazer importante observação. A tese de que o Presidente da República está vinculado à decisão do STF é dividida entre os juristas. E assim há os que entendem que o Presidente deve seguir posicionamento do STF (deve ficar restrito ao pronunciamento decisório da Corte Superior) e nunca se recusar a cumprir a decisão, como há aqueles que entendem que, quando o STF defere o pedido de extradição, compete ao Presidente da República, no exercício de suas competência, verificar se concorda ou não em extraditar a pessoa solicitada.[13]

Se o Presidente da República é o representante do Estado brasileiro (para alguns, o representante da soberania nacional), é cabível duas curiosidades em sede de legitimidade decisória. A primeira: e se os atos do Presidente da República forem contrários à Constituição? A segunda: questões relacionadas ao envolvimento de exercício de soberania nacional, não seriam mais adequadas se fossem submetidas à aprovação do Congresso Nacional?

---

[12] Cf. "*Os atos delituosos de natureza terrorista não se subsumem* à *noção de criminalidade política, pois a lei fundamental proclamou o repúdio ao terrorismo como um dos princípios essenciais que devem reger o Estado brasileiro em suas relações internacionais.*" (STF p Pleno – Extradição nº 855-2, Rel. Min. Celso de Mello – informativo nº 394 do STF).

[13] Seria pertinente que o leitor tivesse acesso ao julgado da Extradição nº 1.085, em 18.11.2009, e sua reapreciação em junho de 2011, no conhecido "Caso Batisti", para aferir as divergências interpretativas dos ministros do Supremo Tribunal Federal.

Por fim, uma palavra a mais. Decidido a favor da extradição, o Estado requerente terá o prazo de até 60 dias para retirar o extraditando do território nacional (art. 86 da Lei nº 6.815/80), sob consequência de o requerente ser posto em liberdade (art.87 da Lei 6.815/80). Cumpre lembrar, que não é impedimento à extradição o fato de o extraditando ter constituído família no Brasil (cônjuge ou filho brasileiro).[14] Lado outro, o art. 33 da "Lei do Refúgio" (Lei n. 9.474/97) bloqueia a extradição quando o refúgio é concedido.

7.4.2 Asilo político

Tem-se de ver que o *asilo político* (art. 4º, inciso X, da CF/88) é uma proteção jurídico-política dada pelo Brasil a um estrangeiro que esteja sofrendo perseguição política, religiosa ou racial no país em que se encontra. Adicione-se que o *asilo* é concedido pelo Executivo.

Advirta-se, que a Declaração Universal dos Direitos do Homem, aprovada pela Assembleia Geral das Nações Unidas em 1948, estabelece, em seu art. 14, I, que "todas pessoas, vítima de perseguição, tem o direito de procurar e de gozar asilo em outros países". Não se pode olvidar que na América Latina, o asilo político teve embrião no Tratado de Direito Penal Internacional de Montevidéu (art. 16), em 1889.

No Brasil, a Lei de Anistia, em 1979, à época do presidente João Figueiredo, possibilitou a devolução dos direitos políticos a inúmeros militantes de oposição e o retorno dos exilados políticos.

O asilo pode vir acompanhado de auxílio-moradia por tempo determinado. Evidente que o asilado deve observância à legislação vigente no Brasil. Ao Ministério da Justiça cabe pedido de autorização para o asilado se ausentar do país, assim como a prorrogação do prazo de estada.

Por fim, convém dizer duas coisas. A primeira: o ponto de contato entre os dois institutos é que, no Brasil, *asilados* e *refugiados* não podem ser extraditados em casos que constituam crime político (cf. art. 33 da lei 9.474/97 e art. 5º, LII, CF/88). A segunda observação: *asilo político* não se confunde com *refúgio*, que é um instituto jurídico

[14] Súmula nº 421 do Supremo Tribunal Federal.

mais sujeito às convenções e organismos internacionais (cf. Convenção Relativa ao Estatuto de Refugiado, de 1951. No Brasil, verificar a respeito do assunto o Comitê Nacional para os Refugiados – Conare, instituído pela lei n. 9.474/97). [15]

A título de maiores informações, acentue-se que *asilo* é de competência privativa do Executivo (não deveria ser do Congresso Nacional?), e, portanto, não está sujeito a organismos internacionais. Outra consideração relevante é que o indivíduo deve solicitar o *asilo* antes de vir ao Brasil, estando ou não no seu país de origem.

Lado outro, o *refúgio* somente é concedido quando a pessoa está fora de seu país de origem e se sente perseguida ou com fundado receio de perseguição (geralmente em situações de conflitos civis, guerras insanas provocadas por fanatismo religiosos de pequenos grupos, graves conflitos internacionais). A respeito deste assunto, rememora-se a tempestuosa crise ocorrida em 2015, considerada a maior crise migratória depois da Segunda Guerra Mundial, que levantou importante debate sobre os grandes contingentes de pessoas que desistiram de seus países por conta de conflitos civis e problemas econômicos, conflitos que provocaram a ida de pessoas para a Europa (muitos morreram pelo caminho) e a dificuldade de acolhimento desses refugiados por países do velho continente.[16]

---

[15] A Convenção de Genebra sobre o Estatuto dos Refugiados, de 1951, assim define o instituto do *refúgio*; Art. 1º. – Será reconhecido como refugiado todo indivíduo que: I – devido a fundados temores de perseguição por motivos de raça, religião, nacionalidade, grupo social ou opiniões políticas encontre-se fora de seu país de nacionalidade e não possa ou não queira acolher-se fora de seu país; II – não tendo nacionalidade e estando fora do país onde antes teve sua residência habitual, não possa ou não queira regressar a ele, em função das circunstâncias descritas no inciso anterior; III – devido a grave e generalizada violação de direitos humanos, é obrigado a deixar seu país de nacionalidade para buscar refúgio em outro país.

[16] Para quem deseja maior aprofundamento no campo do reconhecimento, na área da filosofia social, a partir da indiferença (quase total no mundo), que ramifica as suas redes (seus braços) em todas relações sociais, o que impele para a margem uma imensa parte da população, indica-se a vertente intelectual da "teoria do reconhecimento", razão pela qual se torna possível falar em uma *luta por reconhecimento*, posição teórica muito bem sustentada por Axel Honneth, com apoio na psicologia social, em que, ao preço de novos problemas (repercussões negativas

Veja-se, sobre o assunto, que a ONU apontou "que mais de 330 mil pessoas cruzaram o mar Mediterrâneo rumo ao continente em 2015".[17] A ONU chegou a afirmar a necessidade de abrir mais de 200 mil vagas para realocar os refugiados na Europa.[18]

Acrescente-se, do lado brasileiro, a título de informação, que o Conare (Comitê Nacional para os Refugiados), órgão vinculado ao Ministério da Justiça, revelou que, em 2015, o número refugiados no Brasil passou de 8.000.[19]

---

advindas da inferiorização, desrespeito social, privação de direitos, humilhação, discriminação), sustenta a construção social da identidade que não deixa de ser – por assim dizer – um processo de "luta", uma "luta por reconhecimento". É que há aí, diante do desrespeito social, e da necessária mudança social, que se abre caminho para o indivíduo ou grupo restaurar relações de reconhecimento, o que levaria os acontecimentos atuais a um outro patamar, a um nível superior, se comprado com o explícito, contínuo e diversificado movimento de exclusão. Ver HONNETH, Axel. *Luta por reconhecimento*: a gramática moral dos conflitos sociais. São Paulo: Ed. 34, 2003. Ainda sobre o assunto: FRASER, Nancy. Justice Interruptus: critical reflections on the "postsocialist" condition. New York: Routledge, 1997.

17 COLON, Leandro. Marcha de refugiados se dirige a Áustria e Alemanha. *Folha de S. Paulo,* 5 de setembro de 2015, p. A11, Mundo.

18 Fonte: Organização Internacional para Migração, Eurostat. Dados mostram que 364 mil chegaram à Europa em 2015, 245 mil pela Grécia, 117 mil pela Itália. Disponível em: <http://ec.europa.eu/eurostat/data/database>. Acesso em 04 set. 2015. Diante do problema, europeus intensificaram um plano para realocar mais de 120 mil refugiados. Vê-se que a proposta ainda é comedida diante de mais de 300 mil que chegaram à Europa. França, Alemanha e Espanha se dispuseram a receber 69 mil; Reino Unido se comprometeu abrigar 20 mil. O gasto, segundo Comissão Europeia, girou em torno de € 1 bilhão (R$ 4,29 bilhões). COLON, Leandro. *Folha de S. Paulo*, terça-feira, 8 de setembro de 2015, p. A8, Mundo.

19 Dados sobre refúgio no Brasil. Disponível em: < http://www.acnur.org/t3/portugues/recursos/estatisticas/dados-sobre-refugio-no-brasil/>. Acesso em 05 set. 2015. Segundo o site MigraMundo, que presta importantea contribuição humanitária, com notícias e relatos sobre problemas vividos pelos migrantes, dentro e fora do país, "os sírios são a nacionalidade mais numerosa entre os refugiados no Brasil (2.077), seguidos por Angola (1.480), Colômbia (1.093), República Democrática do Congo (844) e Líbano (389). No entanto, mesmo sendo o dobro do registrado há quatro anos (4.218) e considerando ainda 12,6 mil solicitações de refúgio aguardando julgamento pelo Conare, o número de refugiados no país é muito pequeno levando em conta o contexto global". O mencionado sítio eletrônico ainda relata que "o mundo tem hoje 59,5 milhões de pessoas deslocadas,

7.4.3 Expulsão

Propomo-nos a definir a *expulsão* como um instituto jurídico aplicado ao caso de um estrangeiro cometer *dentro do território nacional* ato contrário à segurança nacional, à ordem jurídico-política e à economia popular (art. 65 da Lei nº 6.815/80).

Dessa forma, são passíveis de expulsão (retirada compulsória) os estrangeiros que cometem, no Brasil, atos contrários ao artigo referido. Nesses exemplos, de conformidade com o art. 68, da Lei n. 6.815/80, o Ministério Público remeterá ao Ministro da Justiça, de ofício, até trinta dias após o trânsito em julgado, cópia da sentença condenatória de estrangeiro autor de crime doloso ou de qualquer crime contra a segurança nacional, a ordem política ou social, a economia popular, a moralidade ou a saúde pública, assim como da folha de antecedentes penais constantes dos autos.

A partir daí, o Ministro da Justiça, recebidos os documentos mencionados no artigo 68 da lei 6.815, determinará a instauração de inquérito para a expulsão do estrangeiro. Por seu turno, o inquérito é remetido ao Presidente da República, o qual tem a oportunidade e conveniência de decidir pela expulsão de estrangeiro por meio de *decreto* (art. 66 da lei 6.815/80).

Apesar de a expulsão ter caráter político-administrativo, não há que se falar em discricionariedade plena do Presidente da República. Da decisão presidencial, via *decreto*, cabe recurso administrativo (pedido de reconsideração), e, no Judiciário, o ato de expulsão fica sujeito a controle desencadeado pela via do *habeas corpus*.

Entretanto, os estrangeiros que constituíram família têm a seu favor o Estatuto do Estrangeiro (art. 75), o qual assegura não ser sujeito à expulsão o estrangeiro que tiver cônjuge ou filho brasileiro.

---

sendo que 13,9 milhões delas tiveram de ir para outros países – o que as qualifica como refugiadas. Delas, a maioria é da Síria (3,88 milhões), Afeganistão (2,59 milhões) e Somália (1,11 milhão). Já entre os países que mais recebem refugiados, a Turquia lidera (1,59 milhão), seguida por Paquistão (1,51 milhão), Líbano (1,15 milhão), Irã (982 mil), Etiópia (659,5 mil) e Jordânia (654,1 mil)". Disponível em: <http://migramundo.com/2015/08/21/refugiados-no-brasil-passam-de-8-000-segundo-conare-governo-lanca-campanha-de-conscientizacao/>. Acesso em: 05 set. 2015.

Por fim, o art. 338 do Código Penal prevê o não-retorno do estrangeiro ao Brasil, até que seja revogada a portaria de expulsão.

7.4.4 Deportação

O instituto jurídico da *deportação* ocorre quando o estrangeiro *entra* ou *permanece* de forma irregular no território nacional. Abra-se um parêntese: de acordo com o art. 62 da lei 6.815/80, não sendo exequível a *deportação* ou quando existirem indícios sérios de periculosidade ou indesejabilidade do estrangeiro, proceder-se-á à sua *expulsão*.

Mais uma observação: a Lei n. 11.961/09 determina que todos os estrangeiros que tenham ingressado no Brasil até 1º de fevereiro de 2009 (situação migratória irregular) poderão requerer residência provisória por dois anos, a qual poderá ser transformada em permanente 90 dias antes do término desse prazo. O Ministério da Justiça estimou que essa legislação pode beneficiar aproximadamente 50 mil estrangeiros irregulares.

Outro destaque deve ser apontado: em aeroporto ou porto, a empresa de transporte deverá certificar-se da regularidade da documentação do passageiro no momento do embarque. Caso se detecte a irregularidade na entrada do país, o estrangeiro pode ser mandado de volta e a despesa poderá ser custeada pela transportadora, no caso de apurada responsabilidade, ou pelo Tesouro Nacional.

A deportação não impede o retorno ao Brasil, "desde que satisfeitas as condições regulares".[20]

Por todas essas considerações, ainda é cabível dizer que *não* há *deportação* nem *expulsão* de brasileiro, uma vez que a Constituição vigente não reconhece a pena de banimento (art. 5º, XLVII, *d*, da CF/88).

---

[20] MENDES, Gilmar Ferreira; COELHO, Inocêncio Mártires; BRANCO, Paulo Gustavo Gonet. *Curso de direito constitucional.* São Paulo: Saraiva, 2007, p. 723.

Capítulo 8

DIREITOS POLÍTICOS

8.1 ASPECTOS PRELIMINARES EM TEORIA DA DEMOCRACIA E DIREITOS POLÍTICOS

Antes de procurar delimitar os contornos técnicos dos diretos políticos, é de proveito percorrer, brevemente, a análise da palavra "política", que comparece vezes sem conta na linguagem usual, com inúmeras roupagens, como "direito político", "regime político", "sistema político", "política de crédito", "política habitacional", "política de segurança", "política migratória", entre outras configurações.

Embora seja abundantemente utilizada, sabe-se que a *política* visa estabelecer "metas a serem alcançadas que estão, geralmente, associadas ao crescimento econômico, e aspectos que dizem respeito ao bem-estar da coletividade. Favorece ou protege alguma meta coletiva da comunidade".[1]

---

[1] MACIEL, Gabriel de Deus. *Teoria do processo e legitimidade decisória*: discurso de aplicação e argumentação de adequabilidade no direito democrático.

Claro, que, afora as reflexões filosóficas, a *Política* passa pela normatização do *Direito*.

A despeito dessa observação, detecta-se, que, o Direito, materializa a conversão do poder político em direito político, o qual se presta a regulamentar "metas", que interessam à coletividade ligando-se à construção da uma estrutura de relações de representatividade.

Nessa linha, desservem ao Direito Constitucional, na democracia, os estudos dos Direitos Políticos mediante avaliação de que o eixo da democracia se encontra no voto.[2] Sobram escritos e pessoas que sustentam que "*democracia é o governo do povo, pelo povo e para o povo*" (frase proferida por Abraham Lincoln, 16º presidente dos Estados Unidos, no discurso de Gettysburg, em 1863). É uma retórica que nem chega perto da tensão que a palavra *democracia* carrega. Conceitos como esse, disfarçados de democracia, transformaram-se na tragédia do Holocausto. O tema é muito mais complexo. Aliás, a palavra *povo* exige certa precaução já sinalizada por Friedrich Müller, conforme análise no Capítulos 1, deste livro.[3]

A Constituição de 1988 trouxe a democracia de volta, se é que o Brasil um dia teve democracia estável e segura. Outra não é a sensibilidade de Sérgio Buarque de Holanda (1902-1982),[4] que ao comentar

---

2006. Dissertação (Mestrado) – Faculdade de Direito da Pontifícia Universidade Católica de Minas Gerais, Belo Horizonte, 2006, p. 23.

2 Muitos ditadores deram mostras de farsas eleitorais ao longo dos períodos históricos. Note-se que Kim Jong-um, da Coreia do Norte, em 2014, foi eleito com 100% dos votos. Além disto, depostos presidentes conseguiram marcas singulares de votação. Deste modo, na Síria, Bashar al-Assad, em 2007, teve o apoio de 97,2% de seus compatrícios. Por esses resultados, ou bem próximo a isso, chegaram os presidentes da Tunísia, Zine el Abidine Bem Ali, e do Egito, Hosni Mubarak, com margens superiores aos 94%. Em vista disso, Saddam Hussein, em 1995, fora aprovado por 99,96% dos iraquianos e, em 2002, conseguiu a façanha de atingir os 100%. Após esse quadro, nada mais podemos fazer senão mencionar que o eixo da democracia não se encontra no voto. Cf. DEUTSCH, David. *The beginning of infinity*: Explanations that transform the world. New York: Viking, 2011, p. 345.

3 MÜLLER, Friedrich. *Quem é o povo?*: a questão fundamental da democracia. Tradução de Peter Naumann. São Paulo: Max Limonad, 2000.

4 HOLANDA, Sérgio Buarque de. *Raízes do Brasil*. São Paulo: Companhia das letras, 1995, p. 160.

as condições de vida política brasileira chamou a atenção para o fato de que "a democracia no Brasil foi sempre um lamentável mal-entendido. Uma aristocracia rural (e semifeudal) importou-a e tratou de acomodá-la, onde fosse possível, aos seus direitos e privilégios, os mesmos privilégios que tinham sido, no Velho Mundo, o alvo da luta da burguesia contra a aristocracia".

De conseguinte, se considerar que a *democracia* brasileira foi cingida em seus pontos históricos, basta relembrar o período de distorção lamentável de 1964 a 1985. Há alguns anos, entretanto, estamos sofrendo a falta de implementação das regras do Estado Democrático de Direito, porque a imensa maioria dos escritores ainda não trabalha indexada a um marco teórico desenvolvido dentro do referido paradigma jurídico. As poucas universidades grandes e pensantes, no Brasil, por intermédio da pós-graduação, começaram, nos últimos anos, a tomar iniciativas para desenvolver novas teorias e expansão do conhecimento.

De certo modo, os Estados Unidos foram um dos primeiros países, na modernidade, a enfrentar sérios problemas de racismo. No século XX, a luta contra o terrorismo provocou preocupações com as minorias e a economia tornou-se o meio científico mais adequado para comprovação da exclusão social. Até em que ponto as pessoas vão compactuar com a afirmação de que a democracia é o governo da maioria? Quanto tempo levará para rejeitarmos definitivamente essa visão de que onde "uma *maioria* governa, a *minoria* não teria direitos assegurados?" Por que, então, falar em "minorias e democracia no Brasil?"[5] Visto isso, cuidou Andréa Alves de Almeida[6] de definir nítidos contornos em relação ao assunto, citando Fröbel,[7] que "o *princípio da maioria* deve conviver com um espaço discursivo em alto nível para garantir o exercício da *minoria*, que não poderá estar privada de tentar, por meio da propaganda teórica, a posição de maioria". Pode-se acrescentar mais: "nesse sentido, o princípio da maioria deve

---

5 CATTONI, Marcelo Andrade. Minorias e democracia no Brasil. *Revista eletrônica da PUC Minas – Virtuajus*. Disponível em: <www.fmd.pucminas.br>. Acesso em 15 dez. 2005.

6 ALMEIDA, Andréa Alves. *Espaço jurídico processual na discursividade metalinguística*. Curitiba: Editora CRV, 2012, p. 114.

7 FRÖBEL, Julius. *System der sozialen politik*. Manhein, 1874. Reimpressão: Aallen, Scientia, 1975. Teil 2. Teil 2.

acolher a minoria, em outros termos, a liberdade de manifestação da minoria de verificar a validade e legitimidade das decisões da maioria".[8] Ainda, aqui, é preciso dizer, que a referida autora deixa claro que "a decisão por maioria não é terminativo do discurso decisório, mas desdobramento do discurso; representa o resultado racionalmente motivado, mesmo que falível, pois a discussão está apenas provisoriamente encerrada".[9]

Aliás, é bom advertir: 10% (ou menos) são algo grande o bastante não só para mudar os rumos de uma eleição, mas também para trazer *legitimidade* às decisões. Este será o percurso crítico a seguir.

8.2 A IDEOLOGIA DA DEMOCRACIA PELA MAIORIA

É óbvio que é impossível ter a ciência atrelada ao dogmatismo. São excludentes. A dogmática inesclarece o discurso. Torna-o obscuro. O que se impõe distinguir, no Direito do terceiro milênio, é o esclarecimento das teorias. Exemplo do referido estudo, na linha científica, é o de Carlos Walter,[10] que ao apontar lineamentos para a compreensão da democracia, sinalizou os entraves ideológicos à exequibilidade do planejamento demarcado no Texto Constitucional brasileiro vigente. O Direito, assim estudado, por meio de uma situação conjeturada e submetida à crítica, é que permite que o "progresso do conhecimento venha de problemas velhos para novos problemas".[11]

Assim, é preciso convir que os Estados Unidos não eram democráticos em 1800, pois, tinham a escravidão. A França, em 1789, defendia a democracia, e, na Constituição de 1791, dizia que só era cidadão o homem (não a mulher), acima de 35 anos e que conseguisse comprovar renda. Certos pensadores, todavia, têm feito sérias afirmações ao apontar alguns países como democráticos por existir tão-somente

---

8 ALMEIDA, Andréa Alves. *Espaço jurídico processual na discursividade metalinguística.* Curitiba: Editora CRV, 2012, p. 114.

9 *Idem.*

10 WALTER, Carlos. *Discurso jurídico na democracia: processualidade constitucionalizada.* Belo Horizonte: Fórum, 2008.

11 POPPER, Karl. *Conhecimento objetivo*: uma abordagem evolucionária. Belo Horizonte: Itatiaia, 1999, p. 238.

eleições. Desta forma, pelo critério do voto, aparecem desvios que produziram teorias imaginativas.

Além disso, é frequente encontrar escritos que encaminham o conceito de democracia como "*o governo do povo, pelo povo e para o povo*". Seja como for, não cabe repeti-lo. Com pouco exagero poderíamos dizer que tal conceito já cansou; e o mais grave: carrega uma enorme carga retórica.

Não faltou, por isto mesmo, quem opusesse reservas a esse argumento de democracia pelo âmbito da maioria. Por isto, não é mero acaso que Karl Popper tentou refutar a teoria clássica da democracia. Para ele, Platão foi um inimigo da democracia quando enfrentou o problema de saber quem deve governar o Estado. Chegando a este ponto, Popper completa que "a resposta de Platão a esta pergunta era simples e ingênua: devem governar *os melhores*. Se possível, deve governar, sozinho, o Melhor de todos; em segunda escolha, alguns dos Melhores, os Aristocratas. Mas nunca os Muitos, a *Demos*, a Turba".[12]

Não seria difícil prever o quadro futuro. Foi essa crença, inspirada nos "melhores", que "a prática romana começou por revestir a forma de Aristocracia, mais tarde substituída pela de Monarquia Cesarista [...]".[13]

Mais tarde, na contemporaneidade, os Estados chamados "democráticos" (os melhores) começaram a querer exportar democracia, como foi o caso dos EUA, com George W. Bush (eleição/reeleição 2000-2004-2008), principalmente depois da derrubada das torres do World Trade Center, em Manhattan, no fatídico 11 de setembro de 2001.

Nesse novo milênio a crise da democracia representativa se agrava. Hoje, no mundo, o poder econômico, que se concretiza no poder financeiro, é o fator decisivo na eleição de um ou outro candidato.

Cumpre lembrar, para esclarecimento geral e comparativo, que Barack Obama arrecadou nas eleições presidenciais de 2008, nos Estados Unidos, US$659 milhões. Hillary Clinton, derrotada por Obama nas primárias, recebeu US$249 milhões. George W. Bush, que se reelegeu em 2004, captou US$269,6 milhões. Lado outro, no Brasil, em 2006, o Presidente Luiz Inácio Lula da Silva declarou

---

12 POPPER, Karl. *Em busca de um mundo melhor.* Lisboa: Fragmentos, 1992, p. 224.

13 *Idem.*

despesas oficiais de R$91,5 milhões, algo próximo a US$42,3 milhões. Em 2014, segundo informações do Tribunal Superior Eleitoral (TSE), os gastos da presidente reeleita, Dilma Rousseff, somaram mais de R$ 350 milhões. Já o candidato Aécio Neves, vencido nas eleições presidenciais de 2014, gastou um pouco mais de R$ 223 milhões.

Num outro giro, muitos entendem que o eixo da *democracia* está no *voto* e faz ramificações do problema pela conexão *democracia-voto-cidadania*. A partir dessa conclusão, dizem que a aquisição da cidadania, na democracia, se dá mediante a retirada do título de eleitor.[14] Não podemos pensar assim. Essas explicações foram malogradas, pois, ainda, se emboscam por trás da complexidade da *teoria da democracia*, que se exerce pelo cumprimento da Constituição, a qual é um *projeto* assegurado por *lei* para ser operacionalizado por todos (maiorias e minorias em *isonomia discursiva*), pois, nas democracias, a *maioria* tem que se preocupar com as *minorias*. Democracia, portanto, é uma instituição que busca resolver as tensões múltiplas de uma sociedade hipercomplexa criando condições não-violentas de resolução de conflitos/reivindicações entre maiorias e minorias.

De conseguinte, o *voto* deve ser visto como uma parcela mínima da *democracia* (Democracia não é só em eleição), uma vez que o *povo* não se inclui no sistema somente pelos direitos políticos, mas pelo cumprimento de outros direitos fundamentais, que passam, obviamente, pelo exercício do *devido processo constitucional* (reivindicação e fiscalização institucionalizados).

Certamente uma palavra que com o tempo ficou desgastada pelo excesso de uso, muitas vezes sem significante, é a palavra *cidadania* ("faixa cidadã", "constituição cidadã", "teologia cidadã", "sexo cidadão", "voto cidadão", "geografia cidadã", "cidadania bíblica", "direito cidadão", "pedagogia cidadã"...). Que é, afinal, *cidadania*? Com isto, deve-se admitir que, no sentido até aqui exposto, o conceito de *cidadania* continua corrigível, ou seja, passível de ser substituído por um melhor. Se considerarmos isso, veremos que melhor se explica

---

[14] SILVA, José Afonso da. *Curso de direito constitucional positivo*. 16. ed. São Paulo: Malheiros, 1999, p. 347. "Os direitos de cidadania adquirem-se mediante alistamento eleitoral na forma da lei. O alistamento se faz mediante a qualificação e inscrição da pessoa como eleitor perante a Justiça Eleitoral".

a *cidadania* como "um deliberado vínculo jurídico-político-constitucional que qualifica o indivíduo como condutor de decisões, construtor e reconstrutor do ordenamento jurídico da sociedade a que se filiou".[15] Tudo isso pode ser resumido pela ótica de que a *cidadania* é o sustentáculo da *democracia*.[16]

Dessa forma, *democracia* é um sistema exercível pelos cidadãos (protagonistas), os quais não podem ser infantilizados por um Estado maternal (doação de direito/assistencialismo), como se fossem apenas consumidores, e não gestores-fiscalizadores do Direito. De todo modo, quando se diz que a sociedade não está praticando democracia, o que está havendo é uma confissão de omissão dos operacionalizadores do sistema (cidadãos e instituições) na execução da Constituição.[17]

Em contrapartida, há democracia quando a Constituição é observada por todos (cidadãos, Ministério Público, Executivo, Legislativo, Judiciário, entre outras funções da administração governativa), e mesmo quando não houver aplicação do Texto Constitucional, é necessário que haja possibilidade de exigir os direitos fundamentais por via das chamadas ações (garantias) constitucionais (mandado de segurança, *habeas corpus*, ação popular, *habeas data*, mandado de injunção...), que estão à disposição do *cidadão* na Constituição como meio de inclusão de todos no sistema jurídico.

Se de tudo ainda existir alguém (analfabetos), que não saiba ou tenha dificuldades de exigir o cumprimento deste projeto constitucional, é necessário que haja instituições públicas aptas a representá-lo (defensoria pública, ministério público, OAB, parlamentares...). Somente assim é possível falar em uma implementação democrática lenta, gradual e segura. Desta forma, articular maiorias e minorias, para que a *maioria* não exclua a *minoria*, ou para que deixemos

---

15 LEAL, Rosemiro Pereira. *Teoria processual da decisão jurídica*. São Paulo: Landy, 2002, p. 151.

16 Nesse ponto, se a cidadania é base/fundamento da democracia, se houver tolhimento à fiscalidade existe impedimento de "direito político". Sem assim, vale dizer: se qualquer do povo não pode exercer uma fiscalidade plena (plenária), não dá para falar em exercício pleno de direito político.

17 LEAL, Rosemiro Pereira. Democracia: entrevista televisiva. In: VALADARES et al. *Data vênia*. (informações verbais).

de herdar os valores que historicamente aderimos por imposição de maiorias, uma aderência "sem reflexão sobre suas bases fundantes e operacionais",[18] só é possível, ao que nos parece, em termos de direito processual, por meio de uma teoria do discurso processual como *metalinguagem*, em outros termos, uma linguagem corretiva para diminuir a tirania da linguagem natural. É preciso ter em mente, em tema de *cidadania*, que chegaremos a bons resultados se as pessoas passarem pela escola e pela Universidade (e aí é necessário saber qual ensino está sendo ofertado), pois é nesse recinto que ela (a *cidadania*) se amplia.

Segundo Habermas, os "cidadãos só podem fazer um uso adequado de sua autonomia pública quando são independentes o bastante, em razão de uma autonomia privada que esteja equanimemente assegurada".[19] Assim, conclui-se que, a Constituição brasileira, que instituiu formalmente um Estado Democrático de Direito, e não Social de Direito, assegura direitos às minorias e procedimentos efetivadores (ações constitucionais) para reivindicá-los, por si ou por seu representante.[20]

---

18 LEAL, Rosemiro Pereira. *Teoria Geral do Processo*. Rio de Janeiro: Forense, 2012, p. 248.

19 HABERMAS, Jürgen. *A inclusão do outro*. São Paulo: Loyola, 2002, p. 294.

20 *DIREITO DAS MINORIAS*. Exemplo de que as decisões tomadas pela *maioria* no sentido de impedir o funcionamento de CPIs são ilegais é o *Mandado de Segurança nº 24.831/DF*, de 2005, cujo relator foi o Min. Celso de Mello. Desta forma, em apertada síntese, podemos resumir o caso da seguinte forma: o problema teve início na instauração de CPI, a fim de apurar funcionamento das "Casas de Bingo" em relação com o crime organizado. Em decorrência, o presidente do Senado Federal solicitou aos líderes partidários a indicação de senadores para compor referida Comissão Parlamentar de Inquérito. Em resposta, somente os líderes da *minoria* fizeram suas indicações. Os da *maioria* se abstiveram, o que inviabilizou a instauração da CPI. O presidente do Senado recusou-se a suprir a omissão dos líderes partidários do grupo majoritário, alegando lacuna normativa do Regimento Interno da Casa (art. 145). Tal atitude motivou o Senador Arthur Virgílio a entrar com um recurso interno na Comissão de Constituição, Justiça e Cidadania do Senado, que indeferiu o pedido. Daí, não ter havido outro caminho senão impetrar um *mandado de segurança* com o objetivo de reconhecer o direito de oposição e da prerrogativa de investigação parlamentar em favor das minorias parlamentares (art. 58, §3º da CF/88), com o objetivo de garantir o *direito das minorias* em sua "fiscalização" dos atos das instituições do Estado. Res-

Como se vê, esse insólito raciocínio de similitude entre democracia e maioria, como bem anota Paulo Otero, deve ser repudiado, pois a exacerbação do princípio revelador da vontade maioritária como critério decisório de verdade poderá levar a um totalitarismo extremado, tal qual ocorreu nas deliberações parlamentares na Alemanha *nazi* e na Rússia *stalinista*.[21] Talvez, por estas razões, muitos países ainda tenham dificuldades de operacionalizar a *teoria da democracia*.

De fato, na história pela conquista do *poder* percebe-se que a necessidade de apelar a uma parte considerável da população fez com que houvesse a divinização do princípio maioritário, que, elevado à categoria de fonte de verdade expressa na lei, acabou "por fazer sucumbir às suas próprias mãos a democracia, assistindo-se a instauração de um totalitarismo democraticamente legitimado",[22] onde a democracia converteu-se em uma palavra vazia, originando um modelo paradoxal de democracia antidemocrática.

Portanto, já é tempo de pensar a quebra desse princípio majoritário, como defendido por Locke (1632-1704),[23] em que "a maioria tem a prerrogativa de agir e resolver por todos", pois vem propiciando a utilização de uma ideologia intencionalmente falsificante, mascaradora e ocultadora da realidade e, com isto, um retorno ao pensamento perturbador de enquadramento teórico da decisão pela *autoridade-vontade-maioria*, o que não encontra guarida nas democracias da alta-modernidade (hipermodernidade).

8.3 DEMOCRACIA PELOS CO-CONSTRUTORES DA NORMA

No século XX, o filósofo Karl Popper (1902-94) apresentou ao mundo sua versão de Ciência com grande persuasão, o que foi de

---

salta lembrar, que o STF também determinou, em 2007, a instalação da CPI do "Apagão" Aéreo na Câmara dos Deputados, por causa das manobras da *maioria* a fim de evitar as investigações.

21 OTERO, Paulo. *A democracia totalitária*: do Estado totalitário à sociedade totalitária: a influência do totalitarismo na democracia do século XXI. Lisboa: Principia, 2001, p. 171-172.

22 *Idem*.

23 LOCKE, John. *Segundo tratado sobre o governo*. São Paulo: Martin Claret, 2002, p. 76.

fundamental importância para marcar o cenário das ideias científicas. Seu livro *A sociedade aberta e seus inimigos*[24] tornou-se uma linha segura de pesquisa, uma vez que o pensamento crítico defendido por ele é favorecido em uma sociedade democrática considerada a melhor forma de convivência porque mais predisposta ao aperfeiçoamento, à liberdade e à tolerância.[25] Nesse caso, todos são livres para formar suas opiniões e discuti-las criticamente entre os outros. Na síntese de sua teoria, o conceito de *sociedade fechada* passa a ser visto como *tribo*, por não existir abertura à crítica teórica.

Com efeito, para o Filósofo da Ciência, "a transição da sociedade fechada para a aberta pode ser descrita como uma das mais profundas e significativas revoluções por que passou a humanidade"[26] preconizando que a lei só pode ser feita e alterada pelo homem.[27] Daí é que na construção da sociedade aberta, a "democracia seria aquele governo onde é possível a substituição institucional dos governantes [...]".[28]

Nesse sentido, o que o argumento popperiano sugere é um ataque à ideologia platônica em razão do subjetivismo do elemento autoridade, o que o fez colocar a obra de Platão[29] (*A República*) como alvo de ferrenhas críticas, justamente por esse acreditar na *superioridade mítica* (altamente purificada) dos sábios, em dirigir e governar.

Por conseguinte, na busca da neutralidade de qualquer privilégio natural, Popper acaba atribuindo a Platão a responsabilidade por implementar um retrocesso ao tribalismo, identificando sua ideologia com o totalitarismo e com o racismo, algo totalmente contrário à sociedade aberta, que é baseada em "instituições democráticas que

---

24 POPPER, Karl. *A sociedade aberta e seus inimigos*. Belo Horizonte: Itatiaia, 1987. t. 1 e t. 2.

25 *Idem*

26 *Ibidem*, p. 191.

27 *Ibidem*, p. 75.

28 PEREIRA, Júlio César R. A estrutura de uma sociedade aberta. In: BARROS, Roque Spencer Maciel de et al. (Org.). *Popper*: as aventuras da racionalidade. Porto Alegre: EDIPUCRS, 1995. p. 117-144. (Coleção Filosofia), p. 133.

29 POPPER, Karl. *A sociedade aberta e seus inimigos*. Belo Horizonte: Itatiaia, 1987, v. 1, p. 135.

aceitam a convivência com todas as ideias alternativas cuja defesa se dê no campo da argumentação racional".[30]

Mesmo depois que Popper, na década de 70, publicou seus estudos contra os inimigos da democracia, algumas políticas liberalizantes continuaram sendo expostas, mas acabaram obscurecidas, como, por exemplo, a ideia de elitismo democrático (administração de especialistas), segundo a qual a democracia passaria a ser vista como um processo de tomada de decisões pelas melhores mentes (ápice do saber). Sem dúvida, a defesa dessa afirmação é um grande embaraço.

O problema é que muitos pensam a democracia a partir do consenso, não do conflito de argumentos, da divergência. Para nós, a *democracia* começa a ser observada quando estes dois pontos são levados em consideração: o direito ao debate aberto e institucionalizado e o respeito à divergência. Evidente, portanto, que na democracia contemporânea existe a ausência de um ponto de equilíbrio, uma harmonia definitiva, o que deixa a instituição sempre aberta a reivindicações e possibilidades ainda a realizar.

Mesmo que a *democracia* na visão moderna apresente distorções, a postura de fazê-la a melhor forma de convivência[31] é visivelmente equivocada, se visualizarmos a autonomia do indivíduo (todos os indivíduos) fora dos perfis do *processo* como *direito-garantia constitucional*.

Em desfecho conclusivo, resta claro que, em regra geral, as teorias democráticas existentes (*e.g.*, elitismo democrático) não trabalham a democracia por meio da *instituição do processo*.

Em decorrência dessas considerações, percebe-se na obra de María Fernanda Salcedo Repolês,[32] que se o *princípio da democracia*, numa comunidade jurídica, abre espaços de discussão permeáveis a vários tipos de discurso (morais, éticos, pragmáticos), é forçoso ressaltar que a instituição do *processo* (art. 5º, LV, CF/88) assegura o exercício do princípio da democracia, uma vez que todos os membros

---

[30] POPPER, Karl. *A sociedade aberta e seus inimigos*. Belo Horizonte: Itatiaia, 1987, v. 1, p. 84-185.

[31] BOBBIO, Norberto. *Teoria geral da política*: a filosofia política e as lições dos clássicos. Rio de Janeiro: Campus, 2000, p. 422.

[32] REPOLÊS, María Fernanda Salcedo. *Habermas e a desobediência civil*. Belo Horizonte: Mandamentos, 2003, p. 102.

da comunidade jurídica deixam de ser meros destinatários normativos e passam à posição de coautores aptos a dirigir, construir e reconstruir o ordenamento jurídico vigente.

8.4 O PROCESSO CONSTITUCIONAL COMO DISCURSO INSTITUCIONALIZADO

Temos, então, que é preferível falar em sociedades abertas e democráticas, porque são mais receptivas à discussão crítica e, por consequência, a correções dos erros sociais pelo Direito.[33]

É, em Francis Wolff, que encontramos um estudo bem elaborado sobre o discurso por intermédio do pensamento crítico, o qual demonstra que o *nascimento da razão* surgiu com a prática discursiva e com o advento da democracia e que o discurso da verdade, feito no século V, na Grécia, reconhecia apenas a figura do locutor "(poeta, adivinho, rei de justiça)",[34] pois somente esse era autorizado a enunciar verdades por meio do discurso de autoridade. Segundo Wolff, nessa época, reconhecia-se apenas o locutor autorizado.[35]

O estudo do discurso, como Wolff apresenta, é importante para a compreensão de que, nas democracias modernas, o cidadão não pode mais aceitar qualquer discurso de forma unilateral, pois para efetivar a democracia política é necessário o abandono do discurso de autoridade. Essa forma de atribuição democrática é importantíssima para se evitar, tanto quanto possível, os erros do passado no que diz respeito à aceitação das verdades já julgadas.

Com base nesse argumento, Wolff resumiu, de forma lúcida, que a instituição da democracia é a rejeição do locutor autorizado, do insubstituível, monopolizador do discurso de autoridade e é exatamente em busca deste modelo que "a democracia é por excelência o regime do discurso, isto é, da palavra pública [...] toda decisão (política, jurídica ou judiciária) supõe a discussão aberta, a confrontação explícita

---

33 NEIVA, Eduardo. *O racionalismo crítico de Popper.* Rio de Janeiro: Francisco Alves, 1999, p. 154-155.

34 WOLFF, Francis. Nascimento da razão, origem da crise. In: CHAUÍ, Marilena; LEFORT, Claude; NOVAIS, Adauto (Org.). *A crise da razão*. São Paulo: Companhia das Letras, 1996, p. 70.

35 *Ibidem*, p. 71.

das posições [...] de modo que, na democracia, a política se confunde com o intercambiável, tanto por seus objetos (o político é discutível) como por sua forma (publicidade dos debates, transmissibilidade das opiniões)".[36]

Essa advertência faz com que haja um comprometimento com a sociedade aberta para a qual tanto o locutor quanto o interlocutor são "uma pura função sem sujeito".[37] Dito de outra maneira, qualquer um na sociedade democrática poderia, segundo Wolff, realizar essas funções, pois toda pessoa é "substituível indefinidamente".

Um dos entraves filosófico-processual-constitucional para se falar em legitimidade no Direito foi a referência obrigatória na figura isolada do *sujeito*. Foi Habermas, em Direito e democracia, que transformou lentamente a *validade* do Direito em *teoria da legitimidade*.[38]

As respostas para a integração de sociedades multiculturais deveria, portanto, vir de uma teoria discursiva. Assim, um dos seus objetivos foi solucionar os problemas da contemporaneidade. Ao defendê-la frente às dificuldades do *mundo da vida* (diversidade das formas culturais de vida) preconizou que tais problemas só poderão ser resolvidos sob o prisma da *teoria do discurso* que, para ser efetivada, deve desenvolver-se através do diálogo exercido pelos denominados atores sociais.

Dessa forma, Habermas conclui que o Direito é a instituição hábil a promover a integração e a dar respostas satisfatórias em sociedades pluriculturais. Contudo, precisamos fazer o transporte da linguagem *nua* para o espaço procesualizado. É, por isto, que temos o *processo constitucional* como o oportunizador do discurso (contraditado em isonomia), institucionalizado nas sociedades democráticas e que funciona "como cálculo (controle), para argüir a linguagem natural".[39]

---

36 WOLFF, Francis. Nascimento da razão, origem da crise. In: CHAUÍ, Marilena; LEFORT, Claude; NOVAIS, Adauto (Org.). *A crise da razão.* São Paulo: Companhia das Letras, 1996, p. 73.

37 *Ibidem*, p. 74.

38 HABERMAS, Jürgen. *Direito e democracia*: entre facticidade e validade. Rio de Janeiro: Tempo Brasileiro, 1997. v. 2.

39 ALMEIDA, Andréa Alves de. *Espaço jurídico processual na discursividade metalinguística.* Curitiba: Editora CRV, 2012, p. 36.

Ou seja, a *legitimidade* do Direito, no mundo moderno, é obtida por intermédio do princípio do discurso (ampla defesa, contraditório e igualdade), o qual é encontrado no estudo da *teoria do processo constitucional* tanto na *produção*[40] do Direito (devido processo legiferativo), quanto na sua *aplicação*[41] (*devido processo legal*).

É exatamente aí que o filósofo francês, Francis Wolff, oferece um excelente material aproveitável para o esclarecimento de instituições jurídicas como o *processo constitucional*. Ao descrever sobre o sistema democrático, o referido filósofo tem em vista a preocupação em estabelecer um equilíbrio por meio de *princípios discursivos* como a *isonomia*, *isegoria* e a *isocrítica* que legitimam o discurso na democracia.[42]

Considerações dessa ordem ajudam a entender como a igualdade constitucionalizada (*isonomia*) interessa ao estudo do provimento para que haja, na base de sua preparação, a igualdade processual de todos em sua participação; capacidade de todos em distinguir e não admitir um discurso qualquer, substituindo-o por um melhor (*isocrítica*), o que ocorreria por intermédio da legitimação dos destinatários das normas para que possam desenvolver seus discursos críticos, por meio do controle de constitucionalidade; e, por fim, a igualdade dialógica, que é a igualdade de todos estarem em posições equânimes de comunicação discursiva dentro de um espaço político-jurídico (*isegoria*).

Esse espaço político-jurídico (criação e aplicação) do Direito, num Direito democrático, caracterizado pela discussão crítica, cria-se, afirma-se e legitima-se pelo Processo Constitucional, produzindo a garantia dos direitos das *minorias* e *maiorias* por intermédio dos princípios constitucionalmente fundamentais do *processo*.

---

40 DEL NEGRI, André. *Controle de constitucionalidade no processo legislativo*: teoria da legitimidade democrática. 2ª ed. Belo Horizonte: Fórum, 2008.

41 LEAL, Rosemiro Pereira. *Teoria processual da decisão jurídica*. São Paulo: Landy, 2002.

42 WOLFF, Francis. Nascimento da razão, origem da crise. In: CHAUÍ, Marilena; LEFORT, Claude; NOVAIS, Adauto (Org.). *A crise da razão*. São Paulo: Companhia das Letras, 1996, p. 73-74.

8.5 PECULIARIDADES DOS DIREITOS POLÍTICOS

8.5.1 Sufrágio

Não é objetivo traçar uma teoria geral sobre os direitos políticos. Este tópico, portanto, se volta, predominantemente, para facilitar o estudo sobre o tema e, para isto, indicaremos alguns elementos que compõem essa temática.

Assim, é certamente possível incluir neste elenco, como primeiro item a ser desenvolvido, o instituto do *sufrágio* (*sufragium*-aprovação), que é um direito de o cidadão participar do processo eleitoral, votando ou sendo votado.

Todavia, quando se fala em sufrágio, há uma confusão no sentido de identificá-lo com o voto. De conseguinte, a Constituição Federal, em seu art. 14, *caput*, não os confunde.

Sistematizando, então, as ideias pertinentes em relação ao sufrágio universal e restrito aparecem como dicotomia. De acordo com essa observação, o *sufrágio restrito* abrange o censitário e o capacitário.

Calha observar que o *censitário* (qualificação econômica) foi nítido no Brasil à época do Império. Como bem observa Paulo Bonavides, o teor discriminatório atingia aqueles "que não tivessem renda líquida anual inferior a cem mil-réis [...]".[43] Aliás, na França, em 1891, não foi diferente. O constitucionalista francês Louis Favoreau[44] deixa claro que na França, àquela época, os únicos que podiam exercer o voto eram os "cidadãos ativos", quer dizer, os homens com idade acima de 25 anos e que pagassem uma contribuição direta e anual pelo menos igual ao valor de três dias de trabalho no distrito onde morassem.

Ainda nessa temática, o *capacitário* (qualificação intelectual) ainda apresentava, no Brasil, algumas sequelas tardias, como no caso da proibição de os analfabetos votarem. Isto, na verdade, só foi eliminado

---

43 BONAVIDES, Paulo. A Constituição de 1824. In: PORTO, Walter Costa; PEIXOTO, João Paulo M. (Org.). *Constituições do Brasil. Brasília: Instituto Tancredo Neves*: Fundação Friedrich Naumann, 1987, p. 20.

44 FAVOREAU, Louis (Coord.); GAÏA, Patrick, GHEVONTIAN, Richard. *et al* (Orgs). *Droit Constitucionel*. 5ª ed. Paris: Dalloz, 2002. Tome II, p. 449.

com a vigência da Emenda Constitucional nº 25, de 1985, que estendeu o direito de voto aos analfabetos.

O *sufrágio universal* ocorre, portanto, quando essa participação em votar e ser votado se liberta dessas amarras de discriminação por critérios econômicos/intelectuais. Assim, deve-se, compreender, de imediato, o sufrágio universal como o direito de votar concedido a todos os nacionais, natos ou naturalizados, homem ou mulher.

Como bem ressalta José Luiz Quadros de Magalhães, *sufrágio universal* "é o sistema no qual o eleito não é submetido a nenhum tipo de restrição, em razão da fortuna, de educação, da instrução, da classe social, dos títulos de qualquer natureza".[45]

Observa-se, por fim, que a exigência de requisitos como nacionalidade e a idade para alguns cargos eletivos (art. 14, §3º, VI), não retiram a universalidade do sufrágio. Para nós, entretanto, o sufrágio universal só se tornará mais próximo da democracia a partir do momento que se eliminar a restrição do voto obrigatório aos membros da comunidade jurídico-brasileira.

8.5.2 Voto

Na teoria da democracia o *voto* é uma questão prática e ao mesmo tempo técnica, uma possibilidade de derrubar um Governo.

Karl Popper, que nasceu em Viena, e foi um dos mais conhecidos filósofo da ciência, em 1997, em Portugal, já em idade avançada, com 85 anos, em uma épica conferência em Lisboa, a convite do Presidente, Mário Soares, disse algo interessantíssimo: "quem tiver vivido sob outra forma de governo – ou seja, num regime ditatorial que não pode ser alterado sem derramamento de sangue – sabe que vale a pena lutar pela democracia, por imperfeita que ela seja como forma de governo".[46] Popper ainda comentou que "ninguém encara o dia das eleições como um Dia do Juizo: como um dia em que um Governo responsável se apresenta para ser julgado pelos seus actos e omissões, pelos seus

---

45 MAGALHÃES. *Direito constitucional.* Belo Horizonte: Mandamentos, 2000, v.1, p. 382.

46 POPPER, Karl. *Em busca de um mundo melhor.* 3. ed. Lisboa: Fragmentos, 1992, p. 226.

êxitos e fracassos, e em que uma oposição, responsável, critica o que o Governo fez ou não fez, explicando quais as medidas que deviam ter sido por ele tomadas e porquê".[47]

E disse mais: "podemos enganar-nos no nosso veredicto, evidentemente – e enganamo-nos muitas vezes. Mas se tivermos vivido sob o Governo de um partido e sentido as suas repercussões, temos pelo menos *algumas qualificações para o podermos julgar"*.[48]

Em primeiro lugar, sustentamos que essa visão das coisas é totalmente coerente.

Em segundo lugar, o que deve ser feito, se o povo não quiser deliberar obrigatoriamente? E se o voto for facultativo, que fazer?

Em terceiro lugar, o que a literatura reflete (e esse é um dos papéis da academia) é o seguinte: o voto obrigatório não seria incompatível com a ideia da Sociedade Aberta?

Essa contradição (ou para alguns uma *aparente contradição*) resulta num dos pontos centrais nas democracias. Ambas as situações (a obrigatoriedade e a facultatividade do voto) são importantes, como importantes são ambos os argumentos. Na medida em que é possível dizer que no Brasil conhecemos bem o problema prático da obrigatoriedade do voto, o interessante agora está em apontar outras tentativas, outras realidades, a fim de pô-la em confronto com outras exigências. Além disto, deverá o leitor(a) ter presente que é muito difícil dizer qual proposição é a mais acertada (se é que o argumento correto é atingível). Pode-se, então, designar este tópico de *crítico*.

Sabe-se que juridicamente (constitucionalmente), o cidadão deve ter inteira liberdade para estudar o que quiser, e em termos críticos se informar o tanto quanto, acabando por ser um defensor da democracia, mesmo que defenda um comportamento um pouco diferente daquilo que usualmente (no Brasil) tem sido corriqueiro, que é a obrigatoriedade de participar do voto.

É bem de ver que o *sufrágio* é mais amplo que o *voto* (exercício do sufrágio). Cabe lembrar ainda, que o *voto* deve ser visto como uma

---

47 POPPER, Karl. *Em busca de um mundo melhor*. 3. ed. Lisboa: Fragmentos, 1992, p. 226.

48 *Idem*.

fração mínima da democracia. De qualquer forma, é oportuno lembrar, que o que é *obrigatório* é o comparecimento à seção eleitoral a fim de exercitar o direito de votar.

Nessa linha, o voto *não* é obrigatório, mas sim o *comparecimento* (e comparecimento não é o voto). Com esta observação, é possível perceber, que a característica de o voto ser "obrigatório" é mais uma questão de "força de expressão".

A noção de *voto livre* significa que o cidadão tem a liberdade de votar no seu candidato preferido ou, se não quiser, pode votar em *branco* ou *nulo* (Art. 5º, IV, CF – é livre a manifestação do pensamento). No mais, o *voto facultativo* (ou melhor, o comparecimento facultativo à seção eleitoral), no Brasil, estende-se aos maiores de 16 anos e menores de 18 anos e aos maiores de 70 anos de idade.

Já o *voto obrigatório* (comparecimento obrigatório à seção eleitoral) requer um pouco mais de reflexão crítica, uma vez que foge, com o máximo de respeito aos que pensam de forma contrária, ao eixo teórico do Estado Democrático de Direito (art. 1º CF/88), no qual há de ser visto como um direito cívico facultativo, de comparecer ou não à seção eleitoral. Mesmo os que não concordam com a tese, ela dá o que pensar.

O que os juristas e parlamentares não se permitem investigar, é que para a construção de um Estado Democrático de Direito precisamos de estoque teórico qualificado. Continuar com o tradicionalismo, sem qualquer problematização, é negar o falibilismo (a possibilidade de apontar falhas).

Curioso é notar que o *voto obrigatório*, no Brasil, começou a se esboçar no Império (1846) por influência das Ordenações Filipinas que regiam as eleições nos impérios espanhol e português, mas retenha-se que o assunto ganhou força plena com o Código Eleitoral de 1932. Destaque-se, desde logo, que na Constituinte de 1988, a *obrigatoriedade* do voto foi ferrenhamente defendida pelo ex-deputado Ulisses Guimarães.

Advirta-se, a título de curiosidade, que, na contemporaneidade, o *voto obrigatório* é adotado por aproximadamente 37 países, dos quais 16 se encontram na América Latina (é o caso da Venezuela, Argentina e México). Entre os mais desenvolvidos está a Bélgica e a Austrália.[49]

---

[49] Pesquisa Datafolha feita em 2015 revelou que 66% do brasileiro reprova a obrigatoriedade do voto. Disponível em: <http://www1.folha.uol.com.br/fsp/po-

No nosso entendimento, não entrando nos complexos raciocínios sociológicos e filosóficos, o comparecimento à seção eleitoral é um direito que deve ser exercido com liberdade, porque, na democracia, o cidadão deve escolher se quer ou não participar (deliberar) no campo eleitoral.

É inevitável apontar que a obrigatoriedade do voto é algo que cria uma tensão nas democracias plenárias. Num país onde a Constituição assegura a liberdade de manifestação da opinião, não se pode obrigar ninguém a votar ou justificar o voto sob pena de multa.[50] Ora, a democracia requer, neste assunto, uma liberdade, e, portanto, *liberdade* significa liberdade de expressão, liberdade de pensamento, e, obviamente, *liberdade de voto*. Estranham-nos, portanto, as declarações do "*Governo*" de que "a massa brasileira ainda não está preparada para não votar" (visão paternalista de sociedade).

Merece, nesta oportunidade, singular informação acerca das eleições à presidência na França, em 2007, quando quase 74% foram votar, superando o patamar alcançado em países onde o voto é obrigatório, a exemplo de Argentina (em 2008, quando elegeu Cristina Kirchner, compareceram às urnas 72,7% dos eleitores) e Paraguai (em 2007, participaram da votação 65,7% dos eleitores, dando vitória a Fernando Lugo). Já nos Estados Unidos, a título de curiosidade, em 2008, 66% dos eleitores (voto facultativo) elegeram o primeiro presidente negro de sua história, Barak Obama. Há que se dizer, que, na França, além de o voto ser facultativo ele é distrital, o que, em tese, permite maior conhecimento, mais pressão e fiscalização dos eleitores sobre os eleitos.

A propósito, acrescente-se, a este campo de reflexão, que os parlamentares brasileiros quando não aceitam o voto facultativo a pretexto de que "o brasileiro não sabe votar", ou que "ainda não é o momento

---

der/223687-pela-1-vez-maioria-e-contra-norma-que-permite-reeleicao.shtml>. Acesso em 23 jun. 2015.

50 Observe-se, que em decisão judicial (Autos nº 387/2006 – Comarca de Uberaba -MG), o magistrado Wagner Guerreiro, cuja iniciativa já deveria ter sido seguida por todos quantos operam o Direito nas democracias, não determinou a imposição de penalidade ao eleitor faltoso, por entender que a regra constitucional que impõe obrigatoriedade de voto para os maiores de 18 anos (art. 14, I) não estaria em consonância com o paradigma do Estado Democrático de Direito (art. 1º, CF/88).

de votar facultativamente", o que os parlamentares demonstram com essa fala é um superabundante paternalismo de Estado com traços de dissimulação diante do risco de perda de voto das pessoas desinteressadas.

A propósito, no Brasil, o que afasta o cidadão da política, ao que se percebe, é o descrédito nos representantes parlamentares. Por isto, muitos cidadãos não quererem votar e só o fazem porque são obrigados (inclusive por narcotraficantes e milicianos, como já se comprovou na vida política brasileira, em alguns contextos).

Daí é que muitos votam em qualquer um, vendem ou anulam seus votos. Parece até que a obrigatoriedade estimula alguns crimes eleitorais (compra de votos e da consciência). Nesta tônica, os que aguardam (um dia!) a sua modificação entendem que será uma conquista da democracia, assim como foi a do direito de votar estendido a todos os cidadãos antes discriminados por questões censitária e capacitária. Desta feita, no Brasil, o fim do comparecimento obrigatório à seção eleitoral ("voto obrigatório") já foi objeto de debates na mal chamada reforma política em 2015 (alheia aos eleitores, mas ligada no interesse dos parlamentares), sendo que a Câmara recusou o fim do voto obrigatório.[51]

Nesse aspecto, outro ponto que suscita reflexão é o referente ao *voto nulo*. Este, aliás, é um dos assuntos "condenados" por uns, no sentido de que não se pode anular o voto, mas defendido por tantos outros, que enxergam o voto nulo como função de "voto de protesto",

---

[51] Cf. Proposta de Emenda à Constituição (PEC) nº 159/12 dá nova redação ao art. 14 da Constituição Federal para tornar facultativo o voto e o alistamento eleitoral. A autoria da proposta é do deputado Filipe Pereira (PSC-RJ). Desta forma, o art. 14 da Constituição Federal passaria a vigorar com a seguinte redação, segundo essa proposta: "Art. 14. [...] § 1º O alistamento eleitoral e o voto são facultativos para os maiores de 16 anos. (NR)." Votação na Câmara dos Deputados, em 10.06.2015, por 311 a 134, manteve exigência de voto obrigatório no país. Para ilustrar, algumas justificativas de parlamentares, como é o caso do líder do PSDB à época, Carlos Sampaio (SP): "Não é só um direito mas é também um dever do cidadão. Acho que caminhamos para o voto facultativo mas não agora, talvez em um futuro próximo até que haja mais consciência política". O líder do Psol, Chico Alencar (RJ), justificou-se: "É até melhor manter o sistema como está, até porque a experiência de outros países que adotam o voto facultativo mostra que há prevalência do poder econômico. Fonte: *Folha de S.Paulo. quinta-feira*, 11 de junho de 2015, p. A4.

um voto em que o eleitor manifesta a sua discordância com o voto obrigatório (porque poderia ser facultativo a todos os cidadãos) ou insatisfação com os candidatos.

De todo modo, alguns países não apreciam muito o voto nulo. Dito de forma mais direta, na Coreia do Norte, segundo informações amplamente noticiadas na imprensa nacional em 2015, o eleitor, ao votar durante a eleição, sofre controle por parte do ditador norte-coreano, Kim Jong-un, que assumiu o poder em 2011. É que na Coreia do Norte "abstenções e votos nulos são considerados atos de traição, o que pode resultar em execução por fuzilamento, por exemplo".[52]

Do contrário, no Brasil, votar nulo significa, na prática, um voto inválido, que não entra no montante mínimo dos 50% mais um dos votos que o candidato majoritário precisa para ter êxito no pleito eleitoral.

Entendemos que, no Brasil, esse receituário "paternalista" (o de que não se deve anular o voto) é inconsistente, uma forma de censura travestida de bom mocismo. É como se o eleitor não pudesse decidir como ele quer votar, não pudesse tomar as suas próprias decisões. Feita esta ressalva, é preciso que a posição dos que pretendem votar em branco ou nulo, no panorama das eleições, seja aceita como legítima e que o Judiciário e as funções públicas da administração governativa parem de fazer campanhas contra essa modalidade de voto. Este gênero de reação é o da autonomia do indivíduo, uma esfera da intimidade que nem o próprio Estado tem legitimidade para regular, porque, qualquer cidadão, deve ter a liberdade de exprimir precisamente um voto (branco ou nulo) às figuras políticas que ele despreza.

Não que seja a melhor opção votar nulo, dado que o voto colabora para o movimento de renovação das Casas parlamentares e Executivo, mas entendemos que votar em branco ou anular o voto é um direito daqueles que se sentem empulhados pela situação dominante. Votar, deixar de votar, votar em branco ou anular o voto é também uma das maneiras de se exercer o direito de liberdade na manifestação

---

[52] Coreia do Norte tem eleição com voto controlado e ameaça de fuzilamento. BBC Brasil. Disponível em: <http://www.bbc.com/portuguese/noticias/2015/07/150719_coreia_eleicao_explainer_fd>. Acesso em 20 jul. 2015.

de opinião (o da *repulsa a candidatos*, um problema moral, mas que acaba avançando para a política). É assim que podemos opor pelas vias institucionais.

O problema, o que é ponto de reflexão para os cientistas políticos e analistas em geral, e o que é interpretado segundo informações amplamente noticiadas na literatura especializada, é que o voto obrigatório ocasiona (ou pode ensejar) a possibilidade de altos índices de votos em branco e nulos. O que vale dizer, por outro lado, a propósito do voto facultativo, é que essa modalidade de sistema político estimula (ou pode incitar) alto índice de abstenção (um dos problemas da democracia), porque, afinal de contas, o que pretende o povo, nessas circunstâncias, demonstrando esse comportamento, à maneira de protesto contra candidatos, é reivindicar melhoras na representação política.

No entanto, há um assunto que requer comentário: a anulação de eleições. O Código Eleitoral (lei nº 4.737/65), em seu artigo 224, regulamenta a possibilidade de os votos nulos excederem os 50%. É que se a nulidade atingir mais da metade dos votos no país nas eleições presidenciais, no Estado-Membro, nas eleições federais e estaduais ou do Município nas eleições locais, julgar-se-ão prejudicadas as demais votações e o Tribunal marcará prazo para nova eleição entre 20 a 40 dias. Posto isto, a primeira dificuldade é saber o que significa "*nulidade*". Em nossa interpretação do Código Eleitoral a respeito do assunto, *nulidade* e *votos nulos* não são exatamente sinônimos. O certo é que, ambas as situações, precisam ser bem esclarecidas no juízo eleitoral (art. 219 do Código Eleitoral), visto que uma coisa é o *voto nulo* (voto atribuído a candidato inexistente), outra coisa é a nulidade da *eleição* ou a nulidade do *procedimento eleitoral*.

A *nulidade do procedimento eleitoral*, portanto, pode ocorrer em hipóteses como, por exemplo, as irregularidades na Mesa, no material e no horário de votação, entre outras previstas nos artigos 220 e 223 do Código Eleitoral. Já o *voto nulo* significa que o cidadão, não querendo que seu voto seja contabilizado para nenhum candidato, opta por digitar um número inexistente (expressão legítima de protesto). Feito isto, aperta-se a tecla "confirma". Daí, votos nulos não anulam eleições, pois é uma decisão pessoal do eleitor;[53] é um ato de desobediência civil. Assim, o que anula eleição é uma das ocorrências mencionadas nos artigos 220 a 222 da Lei nº 4.737/65.

O que gerou problema em torno do voto nulo foram algumas decisões divergentes do Tribunal Superior Eleitoral sobre o assunto. Assim, no ano de 2001, o TSE reconheceu, por meio do Acórdão nº 3.005/2001, que deveria haver uma equiparação entre nulidades e votos nulos, como ainda mandava que os dois fossem somados para efeito de anulação do pleito. Em outra oportunidade, em julgamento do mandado de segurança nº 3.438, em 2006, o TSE mandou distinguir as nulidades procedimentais das "manifestações apolíticas" do eleitor, a fim de só considerar as primeiras. Com efeito, um levantamento geral feito pelo Tribunal Superior Eleitoral sobre o voto nulo na realidade brasileira demonstrou que, com o advento das urnas eletrônicas, tornou-se menor o número de votos nulos. Assim, nas eleições presidenciais brasileiras, em 2002, a título de exemplo, o voto nulo chegou a representar 7,36%. Nas eleições para Presidente da República, em 2006, esteve na casa dos 4,71% (parêntesis: cada ponto percentual representa cerca de 1,2 milhões de eleitores).

No mais, há outras características como, por exemplo, a de o voto ser *pessoal* (não admitir procuração) e *direto*. Com relação à característica de o voto ser *direto*, significa que não há, no Brasil, um sistema de eleição por Colégio Eleitoral, como acontece nos Estados Unidos, ou seja, a eleição para presidente norte-americano dá-se por meio de uma escolha via colégio eleitoral, que, por sua vez, é composto, em cada Estado-membro, por um número de delegados proporcional à população do Estado-membro da federação.

---

[53] O voto em branco, assim como o nulo, como se vê nos trechos do art. 2º e 3º da Lei nº 9.504/97, não são considerados para o cálculo do coeficiente eleitoral (*sic*): "Art. 2º: Será considerado eleito o candidato a Presidente ou a Governador que obtiver a maioria absoluta de votos, não computados os em branco e os nulos; Art. 3º - Será considerado eleito Prefeito o candidato que obtiver a maioria dos votos, não computados os em branco e os nulos". Por fim, verificar a Constituição Brasileira de 1988 no art. 77, §§2º e 3º combinados com os arts. 28, 29, inc. II e 32, §2º.

8.6 OUTROS ASPECTOS DESCRITIVOS EM DIREITOS POLÍTICOS

8.6.1 *Plebiscito e referendo: alguns apontamentos*

Para o exercício da *soberania popular*[54] o legislador constituinte regulamentou formas de participação dos cidadãos no art. 14, incisos I (*plebiscito*), II (*referendo*) e III (*iniciativa popular*)[55] da Constituição Brasileira vigente a fim de que os cidadãos possam se reconhecer como coautores de algumas decisões, quando temas que parecem pedir uma consulta ampla à vontade da nação.

A propósito, a Lei nº 9.709/98 define as formas de exercício da soberania popular, e, no seu art. 3º, determina que, nas questões de relevância nacional, de competência do Legislativo ou do Executivo, o plebiscito e o referendo sejam convocados mediante decreto

---

[54] Com efeito, sem reduzir as formas de participação dos cidadãos em plebiscitos e referendos, acentua-se que há, também, as ouvidorias, os orçamentos participativos, consultas e audiências públicas sobre questões específicas. Em relação à audiência pública, afirma-se que Legislativo, Executivo e Judiciário estão autorizados a fazê-las. Adicione-se que o Supremo Tribunal Federal pode realizar audiência pública antes de julgar se uma *lei* é inconstitucional ou não (Cf. Lei nº 9.868/99, art. 9º, §1º). Observe-se que o Ministério Público pode adotar idêntico procedimento sempre que precisar colher subsídios para defender direitos assegurados nas Constituições Federal e Estadual. No Processo Legislativo, o objetivo das audiências públicas é integrar Congresso Nacional (deputados e senadores) e eleitores quanto a questões que interessam à sociedade. É bom lembrar que as Câmaras Legislativas estaduais e Assembleias de vereadores podem e devem fazer audiência pública para o debate de assuntos relevantes (Fonte: *Jornal do Senado*, Brasília, ano 5, n. 187, 24 a 30 set. 2007. Caderno Cidadania).

[55] Pela Constituição Brasileira, um *projeto de iniciativa popular*, na esfera federal, tem de ser subscrito por, no mínimo, 1% do eleitorado nacional (o equivalente, hoje, a quase 1,27 milhão de pessoas), distribuído pelo menos por cinco Estados, com não menos de três décimos por cento dos eleitores de cada um deles (art. 61, §2º). De acordo com a Secretaria Geral da Mesa da Câmara dos Deputados, por esse *procedimento*, só quatro projetos de origem popular chegaram à Câmara no período de 1988-2007. Por fim, chega-se à conclusão de que a população brasileira é responsável por apenas 0,05% das leis federais. A iniciativa popular de lei nos Estados-Membros e Municípios está assegurada na Constituição Federal nos artigos 27, §4º, e 29, inciso XIII, respectivamente.

legislativo, por uma proposta de um terço, no mínimo, dos membros que compõem qualquer das Casas do Congresso Nacional.

Convém lembrar, que, no Brasil, as decisões de comando da administração governativa (Estado) são praticadas à revelia da vontade geral. O certo é que um dos componentes da sociedade jurídica que vai designar a existência de um Direito democrático é a possibilidade de abertura a que a administração governativa se permite oferecer no compartilhamento dos atos decisionais. Daí, inaceitável esse atual comportamento do Estado brasileiro de ausência de plebiscitos e referendos para consultar os cidadãos sobre o interesse de medidas de interesse nacional.

A crítica não é descabida. Releva notar, que, de 1988 até o ano de 2015 (ano de conclusão desta edição), houve, na esfera federal, a realização de apenas um plebiscito e um referendo. O *plebiscito* ocorreu em 1993, quando o eleitorado foi chamado a expressar sua preferência não só pelo Sistema de Governo (presidencialismo ou parlamentarismo), mas também pelo interesse em manter o país como República a transformá-lo numa Monarquia. Já o *referendo*, em 2005, versou sobre o Estatuto do Desarmamento (comercialização de armas de fogo, registro, posse e munições).

Depois dessa breve formatação, inclinamo-nos a dizer que *Plebiscito* é uma consulta aos cidadãos para que, mediante pronunciamento, manifestem suas opiniões acerca de questões relevantes. A finalidade, portanto, do plebiscito é saber se o destinatário da norma (cidadão) consente em ser regido por uma norma (lei ou ato administrativo, por exemplo) antes de ela ser produzida. É uma *consulta prévia* à população. Vale lembrar que o primeiro plebiscito realizado no Brasil foi em 1963, sobre a forma parlamentarista de governo.

Por outro lado, o *Referendo* é uma *consulta posterior* aos cidadãos para que aprovem ou desaprovem uma medida (ato legislativo ou lei constitucional – só para exemplificar!) determinada pelos seus representantes. Assim, o que diferencia o plebiscito do referendo é que o *plebiscito* limita-se a um *sim* ou *não*, ao passo que o *referendo* possui caráter mais complexo, e, portanto, requer uma análise mais detida e cautelosa sobre o assunto objeto de consulta. A finalidade, portanto, do referendo é saber se o destinatário (cidadão) consente em ser regido por uma norma que já está pronta (legislada), mas depende de autorização dos destinatários normativos antes de lançá-la no ordenamento jurídico.

Vem à tona o pronunciamento de José Luiz Quadros de Magalhães[56] ao dizer que o *plebiscito* é uma consulta popular que se realiza *antes* da elaboração da norma disponibilizada à consulta popular, ao passo que o *referendo* tem caráter ratificador de uma lei ou Constituição já elaborada.

8.6.2 Brevíssimas considerações críticas

Por último, não se nega, por certo, o reflexo ideológico no uso e abuso do *plebiscito* e do *referendo*, uma vez que muitos ditadores permaneceram e permanecem no poder à custa deles (lembre-se que as leis raciais de Hitler foram aprovadas por mais de 90% do povo). Observe-se, que o *plebiscito* passou a ser regra em alguns países da América Latina nos últimos tempos (Venezuela, Bolívia, Equador...).

Ademais, temos que quebrar o mito clássico de que "a voz do povo é a voz de Deus" (*vox populi*, *vox dei*), porque esse equivocado mito da opinião pública pode atribuir à voz do *povo* "uma espécie de autoridade e de sabedoria definitivas"[57] (mito da autoridade da unanimidade).

No entanto, apesar de tudo, extremamente aproveitáveis são os dizeres de Karl Popper, que acreditava existir um fundo de verdade no mito da *vox populi*. Dito de outro modo, com apoio no raciocínio do referido filósofo da ciência, muito embora os fatos realmente importantes num país só cheguem aos cidadãos de forma restrita, mesmo assim "o cidadão comum revela-se frequentemente mais sensato do que os governos, e se não mais sensato, é pelo menos guiado por intenções mais corretas e generosas".[58]

---

[56] MAGALHÃES, José Luiz Quadros de. *Direito constitucional*. Belo Horizonte: Mandamentos, 2000. t. I, p. 389.

[57] POPPER, Karl. *Em busca de um mundo melhor*. Lisboa: Fragmentos, 1992, p. 137.

[58] *Ibidem*, p. 138.

Além disso, podemos dizer, sob um enfoque argumentativo mais jurídico-reflexivo, que a *soberania popular* requer a verificabilidade de endosso via plebiscito/referendo, pois o fechamento a esse fluxo comunicativo decisório gera um *déficit* de legitimidade para o ordenamento jurídico.

Por fim, é relevante a advertência do cientista político Wanderley Guilherme dos Santos,[59] que ao abordar a democracia direta, alerta para o fato de a satisfação coletiva sofrer efeito contrário daquele ocorrente nos parlamentos: não há como recorrer de decisões plebiscitárias. Ao cotejar a questão, percebe-se a possibilidade de a democracia direta tornar-se uma "ditadura" plebiscitária, uma vez que a participação direta, por si só, não é garantia de acerto. E a história nos mostra que isso é possível.

Muitos ditadores deram mostras de farsas eleitorais ao longo dos períodos históricos, o que merece reflexão. Vê-se que Kim Jong-um, da Coreia do Norte, em 2014, foi eleito deputado com 100% dos votos. Sucede que depostos presidentes conseguiram marcas singulares de votação. Deste modo, na Síria, Bashar al-Assad, em 2007, teve o apoio de 97,2% de seus compatrícios. Por esses resultados, ou bem próximo a isso, chegaram os presidentes da Tunísia, Zine el Abidine Bem Ali, e do Egito, Hosni Mubarak, com margens superiores aos 94%. Em vista disso, Saddam Hussein, em 1995, fora aprovado por 99,96% dos iraquianos e, em 2002, conseguiu a façanha de atingir os 100%. Após esse quadro, nada mais podemos fazer senão mencionar que o eixo da democracia não se encontra no voto. Assim chagamos a leitura do físico David Deutsch, com apoio em Karl Popper, que defende a ideia de que a democracia avança muito mais quando conseguimos apontar os equívocos na atuação dos parlamentares e presidentes eleitos. Em tradução livre:

> A essência do processo decisório democrático não é a escolha feita pelo sistema eleitoral, mas as ideias que se criam entre as eleições. E as eleições são apenas uma das muitas instituições cuja função é permitir que tais ideias sejam criadas, testificadas, modificadas e refutadas. Os leitores não são uma fonte de sabedoria da qual

---

[59] SANTOS, Wanderley Guilherme dos. *O paradoxo de Rousseau*. São Paulo: Rocco, 2007.

> as políticas corretas podem ser empiricamente 'derivadas'. Eles estão tentando, e de forma falível, explicar o mundo e, neste caso, melhorá-lo.[60]

Por isso, precisamos enxergar o *plebiscito* e o *referendo* como instrumentos para, não um substituto de.

8.6.3 Condições de elegibilidade: casos de perda e suspensão dos direitos políticos

No que tange à elegibilidade, sabe-se que os interessados em se eleger a cargos político-representativos devem possuir a nacionalidade brasileira (somente para presidente e vice é que se exige a condição de brasileiro nato – art. 12, §3º, inciso I a IV da CF/88) e não ter os seus direitos políticos suspensos. Particularmente, essas possibilidades são estudadas no campo das privações.

Esse adentramento em forma de privações bifurca-se, ainda, em *perda* dos direitos políticos (*privação definitiva*) e de *suspensão* dos direitos políticos (*privação temporária*).

Vê-se que as hipóteses de *perda*, conforme a interpretação literária e jurisprudencial, são duas: cancelamento da naturalização por sentença transitada em julgado (art. 12, §4º e art. 15, I, da CF/88) e perda da nacionalidade brasileira por aquisição voluntária de outra nacionalidade (art. 12, §4º, II, CF/88). À obviedade, o caso deve passar pelo *devido processo legal.*

Já as *privações temporárias* relacionam-se com a incapacidade civil absoluta (art. 3º do Código Civil), a improbidade administrativa (art. 37, § 4º, da CF/88 e Lei nº 8.429/92), a condenação criminal transitada em julgado (art. 15, III, CF/88) e a recusa de cumprir obrigação a todos imposta (Lei nº 8.239/91).

---

60 DEUTSCH, David. *The beginning of infinity*: Explanations that transform the world. New York: Viking, 2011, p. 345. Do original inglês: "The essence of democratic decision-making is not the choice made by the system at elections, but the ideas created between elections. And elections are merely one of the many institutions whose function is to allow such ideas to be created, tested, modified and rejected. The voters are not a fount of wisdom from which the right policies can be empirically 'derived'. They are attempting, fallibly, to explain the world and thereby to improve it".

Percebe-se, que, com relação à condenação criminal transitada em julgado (modalidade culposa ou dolosa, com ou sem pena privativa de liberdade), toda pessoa, nestas condições, tem os seus direitos políticos *suspensos* até que ocorra o término da pena. É no registro de candidatura que a pessoa deve apresentar, entre outros documentos, certidões criminais negativas fornecidas pelo Judiciário Eleitoral, Federal e Estadual, inclusive juizado Especial, com jurisdição no domicílio eleitoral do candidato e pelos tribunais competentes quando os candidatos gozarem de foro especial.

Segundo decisão do Tribunal Superior Eleitoral (RE nº 22.148, j. 9-9/2004), o *indulto* não afasta a inelegibilidade. Por fim, acrescente-se que a inelegibilidade por condenação criminal está prevista na Lei Complementar nº 135/2010 (Lei da "Ficha Limpa"), e, de acordo com a Súmula nº 9, do TSE, mesmo que exista a suspensão condicional da pena (*sursis*), permanecerá a suspensão dos direitos políticos, uma vez que "a suspensão de direitos políticos decorrente de condenação criminal transitada em julgado cessa com o cumprimento ou extinção da pena, independendo de reabilitação ou de prova de reparação de danos".

Nesse sentido, é bom frisar, que os Deputados Federais e os Senadores, bem como os parlamentares estaduais e distritais, com condenação criminal transitada em julgado não perderão o mandato de forma automática, uma vez que a perda do mandato será decidida pela Câmara dos Deputados ou pelo Senado Federal, em sessão pública de processo de cassação, mediante provocação da respectiva Mesa ou de partido político representado no Congresso Nacional, assegurado ampla defesa (art. 55, VI, §2º, CF/88). Necessário ainda dizer, que, os *vereadores*, quando condenados criminalmente, perderão o mandato automaticamente, independentemente de deliberação da Câmara, situação que é idêntica a do Presidente da República, Governadores de Estado e Prefeitos municipais.

Quanto à recusa de cumprir obrigação a todos imposta por motivo de crença religiosa ou de convicção filosófica ou política (art. 5º, inciso VIII, CF/88), cuida-se, para nós, de caso de *suspensão*, apesar de haver interpretação contrária por parte de alguns autores.[61] Neste caso, segundo nosso entendimento, a pessoa que invocar motivo de crença religiosa ou convicção filosófico-política terá os seus direitos

---

[61] MORAES, Alexandre de. *Direito constitucional.* São Paulo: Atlas, 2004, p. 235.

políticos suspensos até o cumprimento da prestação alternativa (Lei nº 8.239/91, art. 4º, §2), uma vez que a Lei nº 8.239/91 possibilita a reaquisição dos direitos políticos a qualquer tempo, desde que haja o cumprimento das obrigações devidas, o que caracteriza, por óbvio, uma situação de suspensão temporária.

8.7 CASOS DE INELEGIBILIDADE

8.7.1 Inelegibilidade absoluta

A classificação das inelegibilidades (art. 14, §§4º a 7º) em *absoluta* e *relativa* se faz pelos impedimentos colocados aos interessados a participar de eleições para funções político-representativas.

Assim, a *inelegibilidade absoluta* (impedimento para qualquer cargo eletivo) abrange os *inalistáveis* (não eleitores), uma vez que para ser eleita a pessoa tem que ter capacidade eleitoral ativa. Ao lado deste requisito, há também a idade mínima para se eleger, que, no Brasil, é de 18 anos para vereador, 21 anos para deputado federal, estadual, distrital e prefeito, 30 anos para governador e 35 anos para Presidente da República e senador (art. 14, §3º, inciso VI).[62]

São ainda considerados casos de inelegibilidade absoluta os *estrangeiros* (que não possuem direito ao voto em nenhum país),[63] os *conscritos* (pessoas que estão no cumprimento do serviço militar obrigatório) e os *analfabetos* (art. 14, §4º).

No que tange aos analfabetos, o TSE determina que os candidatos apresentem à Justiça Eleitoral, entre outros documentos, a comprovação

---

62 Uma das propostas da "reforma política", que entrou em discussão no Congresso Nacional, em 2015, foi a redução da idade mínima para concorrer a eleições. Até o fechamento desta edição, o assunto ainda estava na Câmara dos Deputados, com o seguinte quadro: Candidatos a deputado federal, estadual ou distrital de 21 anos para 18 anos. A idade mínima de 29 anos para governador, vice-governador e senador (atualmente, o limite é de 30 anos). Os parlamentares mantiveram a idade de 21 anos para candidatos a prefeito e vice-prefeito; e de 18 anos para vereador. Também não houve alteração na idade mínima para assumir a presidência da República, 35 anos. A conferir.

63 CASTORIADIS, Cornelius. *As encruzilhadas do labirinto II: os domínios do homem.* Rio de Janeiro: Paz e Terra, 1987, p. 295.

de escolaridade. No entanto, na ausência do comprovante, o candidato poderá supri-la por declaração de próprio punho (o que tem provocado muito debate).

Destaque-se, desde logo, que dependendo do desempenho do candidato, o juízo eleitoral pode designar uma audiência para aferir o grau de alfabetização do pretenso candidato. Ocorre que os juízes (sem formação adequada na área educacional) aplicam os testes segundo os seus próprios critérios subjetivos (senso comum) acerca da análise de leitura e escrita para declarar se o candidato é alfabetizado ou não.

Como a realidade educacional brasileira está longe de atingir padrões de qualidade, achamos conveniente apontar alguns dados importantes referentes a esse assunto, pois estatísticas do Tribunal Superior Eleitoral demonstram que nas eleições brasileiras de *2004*, 6% dos candidatos a vereador não foram à escola; 40% tinham, no máximo, Ensino Fundamental; 35% concluíram Ensino Médio; 5% possuíam Ensino Superior incompleto e 14% concluíram uma Universidade. Em *2006*, o primeiro "Censo do Legislativo Brasileiro", divulgado pelo Senado e pela Câmara, expôs a baixa escolaridade dos 60 mil vereadores e deputados das Câmaras e Assembleias do país. [64] O maior percentual foi de vereadores com Ensino Médio completo ou cursado parcialmente. No mais, 28% cursaram o Ensino Fundamental, mas só a metade chegou a concluí-lo. Só 19% completaram o ensino superior e 4% foram considerados *analfabetos funcionais*. Desses legisladores, 3% tinham pós-graduação.

Em 2008, "dos 379.331 candidatos que disputavam 52.137 vagas de vereador em todo o país, apenas 70.152 concluíram o nível superior".[65] Dados da Pesquisa Nacional por Amostra de Domicílios (Pnad), em 2008, mostram que o número de *analfabetos funcionais* corresponde a 21% da população, ou 30 milhões de pessoas. Acrescente-se que o número de *analfabetos plenos* ultrapassa 14 milhões, 10% da população. Somando-se os dois grupos, em 2008, chegava-se a quase ¼ da população sem condições de ler ou compreender este livro.

Em 2014, a Pesquisa Nacional por Amostra de Domicílios (Pnad), publicada em 2015, mostra que o analfabetismo caiu, mas ainda o

---

[64] Fonte: *Jornal da Câmara dos Deputados*, Brasília, 07 abr. 2006. p. 08.

[65] Fonte: *Jornal do Senado*. Brasília, 22 a 28 set. 2008. p. 06.

quadro é gravíssimo, com 13,2 milhões de analfabetos absolutos (não sabem ler e escrever). Para ser mais preciso, 8,3% da população com 15 ou mais anos. Na cobertura jornalística de Bruno Villas Bôas e Lucas Vettorazzo, "é como se a população somada das cidades de São Paulo e de Curitiba não soubesse ler nem escrever. Ou uma Bolívia inteira".[66] Por isto a necessidade de discutirmos sobre o *analfabetismo*.[67]

Por fim, convém divulgar, que o Brasil, com seus mais de 204 milhões de habitantes, de acordo com os dados mais recentes do IBGE

---

66 VILLAS BÔAS, Bruno; VETTORAZZO, Lucas. Disponível em: <http://www1.folha.uol.com.br/educacao/2015/11/1705785-analfabetismo-cai-mas-132-milhoes-ainda-nao-sabem-ler-e-escrever.shtml>. Acesso em 13 nov. 2015.

67 No campo de aferição da condição ou não de analfabetismo de um determinado candidato há algumas demarcações. Para se falar em candidato alfabetizado, este deve apresentar comprovante de escolaridade (art. 27, IV, da resolução 23.373/2011) ou, na falta do documento, uma declaração de próprio punho (TRE -MT - Recurso Eleitoral RE 9031 MT – Data de publicação: 30/08/2012). No caso de faltar a declaração, o juízo eleitoral poderá realizar teste individual. Cumpre anotar que, de acordo com nosso entendimento, o juiz eleitoral não tem condições de aferir o grau de alfabetização de uma pessoa. Há vários motivos sérios para isso não acontecer. Primeiro: se analisarmos a Conferência Mundial sobre Educação para Todos, realizada na Tailândia, em 1990, veremos que uma pessoa para ser considerada alfabetizada necessita de habilidades variadas, que possam perpassar vários conhecimentos (alfabetização matemática, política e social...). Segundo: em termos de alfabetização, tem-se que fazer a diferença entre *ler, decodificar, grafar, entender, interpretar, absorver e produzir*. Para uma melhor compreensão, conferir a pedagogia de Paulo Freire sobre a distinção de *alfabetização e letramento*. FREIRE, Paulo. *Política e Educação*. São Paulo: Cortez, 2001. Como se pode ver do exposto, esta seria a base mínima para uma pessoa formar opinião sobre determinado assunto (e não um conhecimento capaz de decodificar um bilhete com meia dúzia de palavras simples). A questão, de tão controversa, pede um exame mais atento. Acreditamos, pois, que frente a este complexo tema, o magistrado (juízo eleitoral) *não* teria legitimidade/competência para aferir a condição de alfabetização de candidatos em pleitos eleitorais. É certo de que não haveria domínio técnico para tanto. Para contornar referido óbice, certamente o melhor a ser feito é entregar tal análise para uma banca examinadora proveniente de instituição nacional competente, como o Ministério da Educação (MEC), por exemplo, ou à banca composta por professores ligados à área de Educação em Programas de Pós-Graduação implementados em Universidades. Ora, se na ocasião de o magistrado comprovar a incapacidade absoluta de um candidato ele reivindica o auxílio de um perito, por qual motivo de no momento de aferir o grau de analfabetismo de uma pessoa (candidato) ele mesmo assume a competência?

(Instituto Brasileiro de Geografia e Estatística), o número de analfabetos ainda preocupa. No entanto, cabe um esclarecimento: quando se fala em *analfabetos* no Brasil é preciso demarcar, antes de tudo, a faixa de idade dessas pessoas.

Nesse sentido, a partir dos dados da Pnad de 2013 (Pesquisa Nacional por Amostra de Domicílios) e IBGE (Instituto Brasileiro de Geografia e Estatísticas), dados divulgados em 2014, o Brasil ainda tem 13 milhões de analfabetos com 15 anos ou mais que não lêem, escrevem e nem fazem as quatro operações aritméticas. Para a população entre 40 a 59 anos, a taxa é de 9,2%. Segundo os números do IBGE o índice de idosos analfabetos, com 60 anos ou mais, alcançou 23,9%. Outro foco de preocupação é com os analfabetos funcionais, cuja taxa em 2013 chegou a 17,8% (27,9 milhões de pessoas).

8.7.2 Inelegibilidade relativa

A inelegibilidade relativa (impedimentos a determinados mandatos eletivos) ocupa-se dos *motivos funcionais*, que são impedimentos voltados para o *Executivo*, como é o caso da reeleição somente para mais um período subsequente (artigo 14, §5º). Observa-se, que, na "reforma política", iniciada em maio de 2015, na Câmara dos Deputados, o fim da reeleição foi enfrentado e os deputados aprovaram, em dois turnos, a proibição da reeleição para chefes do Executivo (presidente, governador e prefeito).

Aos prós. Busca-se, com a medida, a alternância de "poder". E mais: a reeleição desequilibra disputas, porque pode favorecer quem está no cargo, no uso da máquina nas campanhas.

No lado das perdas, o problema maior é impedir alguém que tenha se revelado um eficiente administrador para trabalhar por mais um período subsequente.

Em tema de reeleição e democracia, conferir obra específica sobre o assunto, que é a de Vinícius de Carvalho Madeira (*República, democracia e reeleições*).[68]

---

[68] MADEIRA, Vinícius de Carvalho. *República, democracia e reeleições*. Porto Alegre: Sergio Antonio Fabris Editor, 2013, p. 119-140.

Caso o representante do Executivo queira se eleger a outro cargo diferente do que ocupa, deve-se observar a regra constitucional do art. 14, §6º, e pedir a desincompatibilização seis meses antes do pleito eleitoral.

Sob outro ponto, o *motivo de parentesco* (art. 14, §7º) trabalha com a referência de que não se pode eleger no território de circunscrição o cônjuge e os parentes consanguíneos ou afins, até o segundo grau ou por adoção, do Presidente da República, do governador de Estado, do Distrito Federal, de prefeito ou de quem os haja substituído dentro dos seis meses anteriores ao pleito eleitoral, salvo se já titular de mandato eletivo e candidato à reeleição. Nesse particular, entendimentos do TSE sobre o assunto têm encontrado dificuldades em algumas eleições (cf. Súmula nº 6 do TSE e Resolução nº 21.026/2002).

Merece reflexão a palavra *cônjuge* presente na redação do artigo 14, §7º, da Constituição Brasileira. Destaque-se, desde logo, a possibilidade jurídica de os sujeitos de uma *relação homoafetiva*,[69] à semelhança do que ocorre com os companheiros heterossexuais de uma relação estável e de casamento tradicional, submeterem-se à regra de inelegibilidade. Como lembra Rosemiro Leal,[70] há que se fazer uma

---

69 Para uma pesquisa mais completa sobre o assunto conferir: DIAS, Maria Berenice. *Conversando sobre homoafetividade*; GROENINGA, Gisele Câmara. *Direito e psicanálise*: um novo horizonte epistemológico. In: CUNHA PEREIRA (Org.). *Afeto, ética, família e o novo Código Civil.* Para estudos mais aprofundados, com mais especificidade, a fim de pensar conceitos sobre os gêneros, o desvencilhamento do sexo dito biológico e com o que fazemos com nossos corpos, questões profundas e com um campo de pesquisa variado, recomendamos os estudos queer. Antes, um rápido esclarecimento. O termo inglês *queer*, de difícil tradução, pretende se colocar para fora das significações preconceituosas como "gay ou "bicha", por exemplo, que são palavras carregadas de violência. Como a finalidade é ficar de fora do registro tradicional, a Teoria *queer* vai problematizar a hetoressexualidade, os pares opositivos, os programas de educação, enfim, vai promover uma ampliação de questões políticas contemporâneas. São estas questões que marcam o campo de estudos queer. Para tanto, conhecer a teorização de Judith Butler, uma das expoentes da teoria *queer*, é imprescindível. Cf. BUTLER, Judith. *Problemas de gênero*: feminismo e subversão da identidade. Rio de Janeiro: Editora Civilização Brasileira, 2003.

70 LEAL, Rosemiro Pereira. *Processo e eticidade familiar constitucionalizada. In Relativização inconstitucional da coisa julgada*: temática processual e reflexões jurídicas. Belo Horizonte: Del Rey, 2005, p. 100-109.

distinção entre *família* (*gênero*), comunidade de pessoas com vínculos mono/pluriparental ou de afeto, e *entidade familiar* (*espécie*) que abrange modelos atípicos de família, mas que tem resguardado, para cada qual de seus integrantes, atendimento a seus direitos fundamentais, pois no Estado Democrático de Direito, a instituição familiar não pode sofrer modelagens em *numerus clausus*, isto é, a *família*, na democracia, não pode mais ser conjecturada nos moldes da família tradicional.[71]

De conseguinte, o que deve ser levado em linha de conta, não é a forma como a família se organiza, mas, sim, – e isto é o mais importante –, é o afeto, a dedicação, a ternura, o auxílio ao cumprimento (efetivação) dos direitos fundamentais do outro. É isto, portanto, o que faz a *família* cumprir com as suas funções na plataforma constitucional. Reside aí um debate muito importante, o qual questiona o papel que o Estado deveria ou não ter sobre os corpos das pessoas (a respeito do que fazemos com nossos corpos e como queremos usá-los), para usar o estilo bem característico de Michel Foucault.[72]

Por fim, dentro das inelegibilidades relativas, há a questão dos *Militares* (art. 14, §8º, e 142, §3º, inciso V, da CF/88), que se reveste de algumas regras como, por exemplo, a dos militares que contarem menos de dez anos de serviço e se filiarem a partido político. Neste caso, estarão desligados, definitivamente, do serviço militar. Por outro lado, se contar com mais de dez anos de serviço, pode se filiar. No entanto, é necessário que se afaste temporariamente (período de agregação), para fazer a campanha eleitoral fora do ambiente de trabalho. Caso não vença as eleições, pode voltar à carreira militar.

---

71 Cf. Resolução nº 175 do Conselho Nacional de Justiça (CNJ), de 2013, a qual dispõe sobre a habilitação, celebração de casamento civil ou de conversão de união estável em casamento, entre pessoas do mesmo sexo. Ver ainda sobre o assunto: Supremo Tribunal Federal (STF), ADPF 13/RJ e ADI 4277/DF. No mesmo sentido: Superior Tribunal de Justiça (STJ) RESP 1.183.378/RS. A título de informação, nos EUA, a Suprema Corte decidiu em 2015 que o casamento entre pessoas do mesmo sexo é garantido pela Constituição. Com isto, o direito passou a valer em todo o território norte-americano.

72 FOUCAULT, Michel. *Os anormais*. São Paulo: Martins Fontes, 2013.

8.8 SISTEMAS ELEITORAIS

8.8.1 *Sistema majoritário*

Celebrizou-se, nos estudos de direito político, a questão dos sistemas eleitorais. Assim, propomo-nos a definir o clássico e debatido assunto (sistemas majoritário e proporcional de representatividade política), sem a preocupação de desenvolvermos um trabalho de fôlego.

Infere-se, de imediato, que no *sistema majoritário*, quem tem mais votos ganha a eleição.

Fácil de operar, percebe-se, ainda, que o sistema majoritário pode ser de quatro tipos: maioria simples, dois turnos, voto alternativo ou voto em bloco.

O sistema de maioria simples para o legislativo é usado, hoje, no Reino Unido, nos Estados Unidos e Canadá, assim como também em Bangladesch, Nepal, Paquistão e Zâmbia. Nesses países, o território é dividido pelo número de lugares a serem preenchidos no Parlamento e cada partido apresenta um candidato em cada distrito e são eleitos os mais votados. Nos EUA, por exemplo, só existe um ganhador por distrito – as minorias ficam sem representação.

No Brasil, o sistema majoritário é usado para prefeito municipal, governador de Estado, presidente da República e senador, uma vez que só há um cargo em disputa. Insta esclarecer, que a escolha de senador ocorre em um único turno elegendo-se o senador mais votado. Saliente-se, a propósito, que no Brasil, há possibilidade de dois turnos para os cargos de Presidente da República, governador e prefeito municipal se os candidatos não alcançarem a *maioria absoluta* dos votos (o primeiro número inteiro depois da metade).

É oportuno lembrar que, no caso dos Municípios, há a necessidade de haver mais de 200 mil *eleitores* (art. 29, inciso II, CF/88). Assim, caso isso ocorra, realiza-se uma segunda votação, considerando-se eleito o candidato que obtiver o maior número de votos entre os dois primeiros colocados na primeira votação.

8.8.2 *Sistema proporcional*

Afirmou-se, linhas atrás, de maneira geral, que, quando só se tem um cargo em disputa (prefeito, governador, presidente da República

– no Brasil entra, ainda, o cargo de senador, no legislativo), o sistema adotado é o majoritário, o qual significa que quem tem mais votos ganha a eleição. O pano de fundo desse sistema pode ser visualizado com o desprestígio das minorias. É nítido, pois, que o sistema majoritário é um sistema de maiorias.

Em contrapartida, no Brasil, quando passamos a analisar a Câmara dos Deputados, com um número maior de cargos – 513 deputados federais, especificamente –, outro sistema é adotado. Cabe mencionar, portanto, que o referido sistema é o *proporcional*, que racionaliza a distribuição de vagas na Câmara, de forma proporcional aos votos obtidos pelos partidos nas eleições. Em suma, o sistema proporcional é um sistema inclusivo, de valorização das minorias. Assim, no Brasil, o sistema proporcional é adotado para as funções de deputado federal e estadual e para vereador municipal, com exceção do Senado.[73] O número de vagas em cada uma dessas funções será determinado de forma proporcional à população. Assim, o artigo 29, inciso IV, da Constituição Federal, estabelece patamares para o número de vereadores e o artigo 45, §1º, tece orientações para a função de deputado federal.

A Câmara dos Deputados, de acordo com esse artigo, será composta proporcionalmente à população de cada Estado ou do Distrito Federal de forma que cada um dos entes federados não tenha menos de 8 e mais de 70 deputados. A noção de população de cada Estado é determinante nesses casos. Para tanto, no ano anterior a cada eleição, a fim de que seja calculado, proporcionalmente, o número de deputados por Estado, há uma divulgação da quantia da população de cada Estado-membro da federação.

Se há aumento no número da população, cresce também o número de votos necessários para eleger um parlamentar (contemporaneamente a distorção – aproximada – gira em torno de 569 mil habitantes por representante, em São Paulo, contra 73 mil do Amapá). Por isto, que se encontra na redação do artigo 45, §1º, que o número total de deputados, bem como a representação por Estado e pelo Distrito Federal, será estabelecido pelo Congresso Nacional, proporcionalmente

[73] Projeto apresentado no Senado, em abril de 2015, defende a instituição do voto distrital para vereador em municípios com mais de 200 mil eleitores.

à população, procedendo-se aos ajustes necessários no ano *anterior* às eleições, para que nenhuma daquelas unidades da federação tenha menos de 8 ou mais de 70 deputados (Nas eleições de 2014, por exemplo, Minas Gerias elegeu 53 deputados federais. No caso de São Paulo, elegeu-se 70 deputados. No Rio de Janeiro, 46).[74]

A fórmula básica sugerida para o preenchimento das vagas na Câmara dos Deputados, na Assembleia Legislativa Estadual e na Câmara Municipal – depois de apresentadas as listas abertas de candidatos, ocorre a votação dos eleitores (num único ato votamos no partido e no candidato)–, ocorre pela apuração do *coeficiente eleitoral* e, posteriormente, pelo *quociente partidário*, a fim de se chegar a um primeiro resultado do número de cadeiras a que cada partido terá direito na respectiva Casa Legislativa.

Assim, segundo José Afonso da Silva, o primeiro passo é determinar o *coeficiente eleitoral*, o qual constitui uma primeira forma de limitação do quadro partidário.[75] Desta forma, o *coeficiente eleitoral* é encontrado pela divisão do número de votos válidos pelo número de lugares a preencher. Depois, num segundo momento, apura-se

---

[74] No tocante ao número de deputados por Estado, o Supremo Tribunal Federal (STF), em 25 de junho de 2014, declarou inconstitucional o parágrafo único do artigo 1º da Lei Complementar 78/93, que autorizava o Tribunal Superior Eleitoral (TSE) a definir o tamanho das bancadas dos Estados na Câmara, bem como a resolução 23.389/13, do TSE, editada com base na referida Lei Complementar. A decisão do STF, por maioria de votos (8x3), foi uma declaração de inconstitucionalidade sem pronúncia de nulidade. A Corte, ao discutir a modulação de efeitos da decisão, decidiu em favor da manutenção da *resolução* até que o Congresso aprove uma nova regra sobre o assunto, porque "o juízo valorativo e a escolha política não cabem ao Judiciário, e sim ao Congresso Nacional", conforme pontuou o voto da ministra Rosa Weber, relatora de duas das ações. Insta esclarecer, que a declaração de inconstitucionalidade foi proclamada em julgamento conjunto de sete ações que questionavam a validade da LC 78/93. Ações de inconstitucionalidade foram propostas pelos governos do ES e PB, Assembleias Legislativas do PI, PE e PB, e pelas Mesas da Câmara e do Senado. O eixo central de argumento a respeito da inconstitucionalidade trazia a violação do princípio da separação de Poderes, a competência exclusiva do Congresso para dispor sobre o número de deputados, e o desrespeito à exigência de edição de Lei Complementar para regulamentar a matéria.

[75] SILVA, José Afonso da. *Curso de direito constitucional positivo.* 16. ed. São Paulo: Malheiros, 1999, p. 355-358.

o *quociente partidário*, que, por sua vez, é encontrado pela divisão do número de votos que o partido obteve pelo coeficiente eleitoral. O exemplo que se segue vem de José Luiz Quadros de Magalhães.[76]

Suponha-se que, em um universo de 1 milhão de eleitores, tenham 100 cadeiras a serem preenchidas. A divisão deste número de votos apresentados (1 milhão), dividido pelo número de lugares (100), resulta no *quociente eleitoral* (10.000). Portanto, a cada 10.000 votos válidos, o partido obterá uma cadeira no Parlamento. Suponhamos, agora, que, para encontrar o resultado do *quociente partidário*, um determinado partido tivesse recebido 20.000 votos, os quais, se divididos pelo quociente eleitoral (10.000), resultaria no direito de esse partido obter duas cadeiras. Se obtiver 30.000 votos válidos, como já explicitado, obterá três cadeiras, e assim sucessivamente. Estas duas cadeiras, do exemplo citado, serão preenchidas pelos dois candidatos mais votados dentro do partido/coligação.

Já foram feitos esforços para reformar esse sistema, mas sem êxito. Anote-se que, em 2015, na chamada "reforma política", a Câmara dos Deputados rejeitou a proposta que tentava alterar a forma como são escolhidos os deputados federais. Pelo modelo sugerido à época, seriam eleitos os candidatos a deputados federais mais votados em cada Estado (sistema de voto alcunhado "distritão").

Hoje, como dito linhas atrás, os votos dos candidatos são somados aos votos de legenda para efeitos de cálculo das cadeiras. Em vista da antiga proposta do "distritão", o Estado de São Paulo, como exemplo, que tem direito a 70 cadeiras na Câmara dos Deputados, passaria a eleger os 70 candidatos que tivessem mais votos. A pergunta que fazíamos à época desta tentativa de reforma política era esta: e os votos de milhares de eleitores que confirmaram as suas intenções em nomes que não se elegeram, para onde vão? Resposta: esses votos seriam todos descartados. A crítica, naquela época, levantada pelos especialistas no assunto, era exatamente a de que seria a "eleição dos mais votados", não dando chance à minoria.

No sistema eleitoral em vigor, que soma os votos dos candidatos que concorrem na mesma lista, ao longo da história política brasileira

---

76 MAGALHÃES, José Luiz Quadros de. *Direito constitucional*. Belo Horizonte: Madamentos, 2006, t. III, p. 168.

já beneficiou alguns candidatos que conseguiram votações expressivas, ultrapassando, portanto, o quociente eleitoral, como foi o conhecido caso de Enéas Carneiro, em 2002, pelo pequeno Prona, quando recebeu 1,5 milhão de votos para deputado federal e arrastou para a Câmara dos Deputados outros cinco candidatos da legenda, inclusive um aliado com 275 votos (esses são conhecidos, no linguajar da política, como os "puxadores de voto").

Em Jairo Nicolau, do departamento de Ciência Política da Universidade Federal do Rio de Janeiro (UFRJ), colheu-se fortes críticas e a informação de que a referida "eleição majoritária para deputados é adotado em apenas quatro países no mundo (Afeganistão, Jordânia, Vanuatu e Ilhas Pitcairn)".[77]

Depreenda-se, que, nessa perspectiva, a qual foi projetada, o voto de legenda iria se perder. Ademais, além de o sistema proporcional ser mesclado com distritos bastante extensos (dimensões territoriais e populacionais), como argumento adicional de Bernardo Mello Franco, uma eleição nesse perfil incitaria aumento do custo das eleições e candidatos do mesmo partido a serem oponentes (todos os candidatos concorrem contra todos), o que poderia apresentar déficit de coerência partidária, sem se deslembrar que o formato abriria via para a projeção de campanhas individualizadas – exibidas com esforços próprios –, com destaque para os desportistas, atores, cantores, modelos, líderes carismáticos ("os mais famosos").[78]

O leitor, que nos seguiu até aqui, já sabe que esta tentativa de reforma política foi vetada na Câmara dos Deputados, em 2015.

8.8.3 Sistema distrital

O sistema distrital, no Brasil, há algum tempo, faz parte de uma sugestão para a reforma política.[79] Entre os argumentos à implementação

---

[77] Cf. Tribunal Superior Eleitoral. *Estudos Eleitorais*. vol. 8, número 1, jan./abr. 2011, p. 11. Disponível em: < http://www.tse.jus.br/hotSites/CatalogoPublicacoes/pdf/estudos_eleitorais/estudos_eleitorais_v6_n1.pdf>. Acesso em 09 fev. 2015.

[78] Notícia veiculada em 15.02.2015, na *Folha de S. Paulo,* p. A2.

[79] O Senado iniciou em 2015, na Comissão de Constituição e Justiça, um projeto que institui o *voto distrital*. O projeto estabelece que municípios com mais de 200 mil eleitores sejam divididos em distritos. Pela proposta, cada uma dessas

do voto distrital, estão que a restrição do espaço eleitoral dificultará a prática de corrupção, levando-se em conta que a maior aproximação física dos eleitores poderá detectar mais facilmente sinais de irregularidade, assim como a facilitação da fiscalização do abuso econômico nas campanhas, além de reduzir os custos das campanhas. Há outros bons argumentos. Advirta-se, que, para muitos especialistas, se prevalecesse o *voto distrital*, "a escolha passaria a seguir as regras que vigoram nas eleições para cargos majoritários", em outros termos, os candidatos ao legislativo seriam forçados a debater ideias/propostas com os seus adversários, já que o leque de opções de candidatos no distrito acaba sendo bem menor, dando chance aos diversos setores da sociedade de acompanharem de perto os candidatos, aumentando (como dito) a possibilidade de controle.

Os pontos negativos ficam por conta do risco de "oligarquias" /"feudos" locais, e, com isto, partidos ligados a minorias terão mais dificuldades. Vê-se, pois, que no atual *sistema proporcional* – com a dimensão do nosso território – essa possibilidade se desvanece. O que ocorre na realidade, para esquadrinhar os amplos distritos, é a armação de coligações como um braço para alcançar votos nos pontos mais longínquos do território.

Examinando, em linhas gerais, a mecânica do voto distrital, o Tribunal Superior Eleitoral deveria, neste caso, mapear os Estados e Municípios em distritos eleitorais pela proximidade de características (econômico-cultural-geográfica). Neste sentido, o Estado de Minas Gerais, por exemplo, se dividiria em X distritos. Entre parêntesis: discute-se se o *sistema distrital* deveria funcionar pelo critério *puro* (majoritário, como o dos EUA e Inglaterra) ou *misto* (proporcional, como é o caso da Alemanha).

áreas terá um representante. O projeto diz que o número de distritos de cada município (com mais de 200 mil eleitores) será igual ao número de vagas na Câmara Municipal. Insta esclarecer, que, hoje, os candidatos podem ser votados em todo o município e os vereadores eleitos pelo sistema proporcional. O sistema distrital, portanto, seria uma votação majoritária por distritos. O projeto, até a data desta edição, estava a caminho da Câmara dos Deputados. Pela proposta, cabe ao Tribunal Regional Eleitoral (TRE) dividir e fixar os distritos. A conferir.

Caso adote-se o *majoritário*, o primeiro passo é criar números de circunscrições correspondentes ao número de vagas para o Parlamento. Posto este comentário, o Estado de São Paulo, por exemplo, como tem direito a ocupar 70 cadeiras, deveria ser dividido em 70 distritos, elegendo um deputado por distrito. Já no sistema *proporcional*, divide-se o Estado em 10 circunscrições, e abre-se via para eleger 7 deputados por distrito.

Posta esta referência, parece-nos necessário, antes de encerrarmos estas reflexões gerais, alinhar algo sobre as distorções que o voto distrital "*puro*" pode trazer: o mecanismo despreza a votação obtida pelos partidos derrotados em cada distrito. Vê-se que isto não se aplica ao voto distrital "*misto*" (metade se elege pelo voto distrital puro e uninominal, e a outra metade, por lista).

Por fim, cabe aqui, uma discussão sobre lista partidária, se aberta ou fechada. No sistema de *lista fechada,* cada partido apresenta ao eleitor uma lista de nomes (uma ordem de candidatos), uma determinação da burocracia partidária. É o que acontece no modelo sul-africano e na maioria dos europeus (França e Inglaterra).[80] Na América Latina, tem-se o exemplo da Argentina.

No sistema de *lista aberta* (não-preordenada), o partido apresenta a sua chapa e o eleitor vota no candidato de sua preferência (a escolha dos nomes é do eleitor). A soma dos votos em todos os candidatos do partido é a base de cálculo para a divisão proporcional das cadeiras no parlamento. O Brasil é um dos poucos países que ainda usa o sistema proporcional de lista aberta. Este sistema, é bom que se diga, foi adotado a partir de 1986 e permite que o eleitor escolha o candidato ou dê o voto na legenda.

No Brasil, em 2015, a Câmara dos Deputados rejeitou a proposta que tentava instituir o sistema de voto em lista fechada. A medida foi

---

[80] Convém lembrar que a proposta de implementar o sistema de *lista fechada* no Brasil não foi aprovada na Câmara dos Deputados no ano de 2007. Anote-se que o assunto de o voto ser em lista ou não voltou a ser debatido em 2015, ao lado de outras matérias relevantes (ao todo foram dez propostas de mudanças no sistema político, na chamada "reforma política"), como financiamento de campanhas, participação feminina na atividade política, *cláusula de barreira,* eleição proporcional (ou o fim de coligação proporcional), a coincidência de mandatos e a questão do tempo de campanha.

considerada acertada, porque, o eleitor, no sistema de lista fechada, ao que se colheu à época, seria cerceado no seu direito de escolher nominalmente os candidatos a cargos proporcionais.

8.9 PARTIDOS POLÍTICOS

Na historiografia dos partidos políticos, sabe-se que eles surgiram dos diversos setores da sociedade civil, como é o caso de partidos ligados a causas ambientais, religiosas e a grupos de trabalhadores. Giovanni Sartori define partido político como "qualquer grupo político identificado por um rótulo oficial que aparece em eleições, e seja capaz de colocar, por meio de eleições (livres ou não) candidatos a cargos públicos".[81]

De forma geral, o reconhecimento constitucional dos partidos políticos como canal de interlocução entre o governo e cidadãos demorou um pouco a acontecer. Na Inglaterra *e.g.*, todos aqueles que se opunham à orientação política da Coroa eram inimigos do Estado, e, por isto, houve certa demora para os partidos britânicos se organizarem (1832-1867). O mesmo aconteceu com a França, onde o reconhecimento jurídico apareceu somente no ano de 1848.

O Brasil apresenta uma história bastante oscilante com relação ao assunto. Nas Constituições de 1824 e 1891, não havia o reconhecimento de partidos políticos. Nessa época, os partidos existiam de fato, mas não de direito. Foi na República Velha (1889-1930) que surgiram os chamados partidos regionais, verdadeiras oligarquias rurais (clãs locais).

No Estado Novo (1937-1945), tivemos uma nova configuração: a ausência de partidos políticos. Nesse período da história brasileira, os partidos foram extintos e tiveram a sua reorganização proibida. Foi somente com o Pós-Segunda Guerra (1945), há mais de 70 anos, quando os países ocidentais passaram a elaborar novas Constituições e a reconhecer juridicamente os partidos, que o Brasil despertou para essa nova etapa.

Assim, a partir de 1946, a Constituição realmente determinou regras fundamentais referentes ao reconhecimento dos partidos,

---

[81] SARTORI, Giovanni. *Partidos e sistemas partidários.* Rio de Janeiro: Zahar, 1982, p. 85.

abrindo caminho para os países da América Latina reconhecerem os seus partidos também no âmbito constitucional. Tivemos, assim, de 1946 a 1965, 20 anos de pluripartidarismo. Em 1965, com o AI-2, o Presidente Castello Branco regulamentou um bipartidarismo (ARENA, de apoio ao regime, e MDB, de oposição).

Hoje, no Brasil, o primeiro passo para criar um partido político é obter assinatura de, no mínimo, 101 fundadores, e coletar aproximadamente, conforme o eleitorado das últimas eleições parlamentares, 500 mil assinaturas distribuídos em pelo menos 9 Estados da Federação brasileira, as quais serão submetidas para registro nas Justiças Eleitorais Estaduais. Esses fundadores precisam elaborar o programa e o estatuto do partido e publicá-lo no Diário Oficial.[82]

Observados esses requisitos, o partido só adquire personalidade jurídica depois de registrado no cartório e com registro também no Tribunal Superior Eleitoral (TSE), momento em que a sigla passa a existir oficialmente. A partir daí, os partidos têm *status* de *pessoas jurídicas de direito privado interno*. No início dos anos 80, abriram-se possibilidades de registro aos mais diversos setores, e, por isto, surgiram vários partidos, a fim de compensar um período de 15 anos de bipartidarismo. Em 2015, no Brasil, 35 legendas estavam registrados no TSE.[83]

---

[82] Diga-se, de passagem, que o número exigido de assinaturas para criar um partido político no Brasil é bem menor do que para produzir um projeto de iniciativa popular. Para nós, um paradoxo.

[83] Pesquisa realizada pelo *Datafolha* em 09.02.2015 constatou baixíssima adesão aos partidos políticos. Vale lembrar, que a referida pesquisa mostrou que 71% dos brasileiros não têm partido de preferência. Segunda o jornal *Folha de S.Paulo*, o índice em dezembro de 2014 era de 61%. Fonte: Folha de S. Paulo, segunda-feira, 09 de fevereiro de 2015, p. A4. O debate acerca da chamada "reforma política" sobre a *cláusula de barreira*, a saber, partidos que não possuem nenhum representante eleito no Congresso não poderão acessar o fundo partidário e não terão acesso à propaganda na TV, foi um dos temas que os parlamentares se ocuparam em 2015. Diga-se, ainda, que muitos cientistas políticos entendem que a proliferação de siglas é um problema, e que a redução do número de partidos seria benéfico para o país. Talvez a desvantagem da redução de partidos estaria no fato de o Legislativo sofrer como menos ideias em circulação, um "fechamento democrático". Com a finalidade de levantar material de reflexão ao leitor, o filósofo Karl Popper, um dos conhecidos defensores da

Após todas essas considerações, resta dizer que as características dos partidos são mencionadas no art. 17 da CF/88. Entre elas, verifica-se a proibição de receber recursos financeiros de entidades ou governos estrangeiros e é vedada a organização paramilitar. Fora essas observações, outras podem ser encontradas na Lei Orgânica dos Partidos Políticos (Lei nº 9.096/95).

É importante frisar, que o TSE (Tribunal Superior Eleitoral), em resposta à consulta feita pelo Partido Democrata (ex-PFL), em 2007, decidiu acerca da fidelidade de *filiação partidária* para as vagas na Câmara dos Deputados, uma vez que a recomendação da Lei Eleitoral é para que o número de vagas seja distribuído de acordo com o número de votos recebidos por *partido*.

Nessa ocasião, o TSE entendeu que o mandato político *pertence ao partido*, e não ao parlamentar. Isto aconteceu, porque, depois das eleições de 2006, vários deputados federais abandonaram seus partidos de origem e foram para outras legendas (diagnóstico da época: de outubro de 2006 a outubro de 2007 foram 46 os deputados que mudaram de partido).

Assim, logo após a decisão do TSE, os partidos problematizaram a hipótese de perda de mandato para os deputados que trocaram de sigla. As agremiações "traídas" pela troca de partido entenderam que a

---

"sociedade aberta", em 1987, em Lisboa, já com 85 anos de idade, disse preferir o sistema bipartidário, "ou pelo menos algo que se lhe aproxime", uma vez que tal "sistema garante a existência [...] de um processo contínuo de autocrítica [...]", porque facilita um "clima de alerta permanente. Só desta maneira podem ser levados a fazer a sua autocrítica". E segue o ilustrado filósofo: "O ponto é que, num sistema bi-partidário, o partido vencido tem que levar muito a sério a sua derrota eleitoral; pode procurar uma reforma interna dos seus objetivos, ou seja uma reforma ideológica. Se o partido sofre duas ou mesmo três derrotas sucessivas, a busca de novas ideias pode tornar-se frenética [...]. Mas num sistema com muitos partidos e com coligações tal não acontece. Uma pequena perda de votos, nomeadamente, não provoca quaisquer preocupações, pois, não tendo os partidos responsabilidades bem claras, é tomada como fazendo parte das regras do jogo. As perdas diminutas não são encaradas a sério, nem pelos chefes partidários, nem pelo eleitorado: ninguém se alarma". Cf. POPPER, Karl. *Em busca de um mundo melhor*. 3ª ed. Lisboa: Fragmentos, 1992, p. 229. Até o encerramento da edição deste livro, o assunto da *cláusula de barreira* ainda não tinha sido votado na Câmara dos Deputados.

decisão do TSE implicava na devolução das vagas perdidas. Por isto, após a decisão, os partidos se mobilizaram para reaver os mandatos.

O certo é que os partidos que se sentiram prejudicados por essa "migração" encaminharam reclamação ao presidente da Câmara dos Deputados, solicitando cassação parlamentar dos políticos que mudaram de partido, e, por consequência, a convocação dos suplentes. Não obtiveram sucesso. Em decorrência deste indeferimento do presidente da Casa, os partidos (DEM, PSDB e PPS) ingressaram com um *mandado de segurança* no Supremo Tribunal Federal para tentar reaver as vagas perdidas. Em consequência, o parecer do procurador-geral da República foi a favor da não punição aos parlamentares que trocaram de partidos, uma vez que, para o Ministério Público Federal, "ninguém poderá ser compelido a associar-se ou a permanecer associado" (art. 5º, inciso XX, CF).

Nesse assunto há, entretanto, outra questão. O Supremo Tribunal Federal (STF), por decisão em 2015, interpretou que a "perda de mandato em razão da troca de partido não se aplica a cargos majoritários". Trata-se, obviamente, de uma decisão que abarca o caso de presidente da República, governadores, prefeitos e senadores. Convém, ainda frisar, que no caso de deputados e vereadores, em razão da troca de partido sem justa causa, estão sujeitas a punição, ocasião em que as siglas podem reivindicar o mandato.

De tudo o que foi narrado, em 2015, a Câmara dos Deputados, oito anos depois da decisão do TSE, a que determinou que os mandatos pertencem aos partidos, não aos candidatos, aprovaram, em primeiro turno, a chamada janela de troca de partidos. Ou, posto de outra forma: por 30 dias, será oficialmente reaberta a possibilidade de trocas de partidos

8.10 SISTEMA DE GOVERNO: COGITAÇÕES TERMINOLÓGICAS

É de estarrecer a tamanha confusão terminológica no desenvolvimento do estudo sobre *regime político*. Segundo o douto José Alfredo de Oliveira Baracho,[84] há uma utilização desavisada entre as

[84] BARACHO, José Alfredo de Oliveira. *Regimes políticos*. São Paulo: Resenha Universitária, 1977, p. 09.

expressões "formas de governo, formas de Estado, sistema de governo, regime de governo, regime político, sistema político, forma política ou modelo político". Procuramos evitar, tanto quanto possível, os contínuos problemas terminológicos apontados pelo constitucionalista mineiro, e percorrer soluções para os nossos problemas estabelecendo prioridades. Por óbvia cautela, vamos analisar os dois eixos principais que são Regime Político e Sistema Político, para então, enfrentarmos a questão do Sistema de Governo.

Cumpre resumir, que apesar do dilema terminológico apontado linhas atrás, a palavra "regime", destacada da expressão "regime político", torna-se uma palavra múltipla, ambivalente, plurívoca, que ao ser refletida nos estudos jurídicos, pode designar, no Direito Civil, o estudo do *regime de bens*, como também, na Teoria do Estado, pode tomar forma de algo que foi utilizado na Itália e Alemanha (*regime fascista/regime nazista*), para designar o Regime Político do Estado à época, assim como outras expressões constantes denominadas *regime democrático* e *regime totalitário*.

Para o Direito Constitucional, como área do conhecimento, estudar *regime político* é mostrar a relação do *povo* com as funções do Estado, bem como a acessibilidade dos cidadãos na operacionalização da atividade da administração governativa. A propósito, José Luiz Quadros de Magalhães, professor da UFMG e PUC Minas, afirma que o estudo do "regime político" de um Estado nos revela a existência, ou não, de democracia, e qual o grau de democratização do país de acordo com os mecanismos de participação direta e indireta do povo.[85] Ressalta o citado autor, que o estudo do *sistema político* de um determinado Estado é muito mais amplo do que o estudo do seu *regime político*, pois além de analisar a organização das funções do Estado, o *sistema político* analisa outros elementos do sistema social, como o econômico e o cultural, por exemplo.[86]

Diante deste quadro narrado, as expressões "forma de governo", "forma de Estado" e "sistema de governo" não se misturam. Quando

[85] MAGALHÃES, José Luiz Quadros de. *Direito constitucional*. Belo Horizonte: Mandamentos, 2000, v.1 p. 368.

[86] *Idem*.

falamos, portanto, em *forma de Estado*, admitimos que seja um critério utilizado para estudar a distribuição de competências das unidades federadas no território nacional (instituto estudado em nosso livro nos Capítulos 5 e 6, referentes ao federalismo e à repartição de competências).

De outro ângulo, *forma de governo*, apesar de muitos autores utilizá-la como expressão sinônima de regime político, segundo Dalmo de Abreu Dallari, a expressão *forma de governo* é mais precisa e deve ser utilizada "quando se trata de estudar os órgãos de governo, por meio de sua estrutura fundamental e da maneira como estão relacionados".[87] Em outras palavras, é no estudo da *forma de governo* que se estuda a relação entre a administração governativa e os cidadãos que formam um determinado Estado, os quais podem adotar a forma de governo *Monarquia* (vitaliciedade e hereditariedade dos administradores) ou a forma de governo denominada *República*, que apresenta como características relevantes as eleições periódicas e mandatos temporários.[88]

De conseguinte, o estudo sobre *sistema de governo* preocupa-se em analisar o relacionamento das funções executante e legiferante. Esse estudo entre Executivo e Legislativo é que vai medir o resultado de colaboração entre essas duas funções, o que se denomina de Parlamentarismo. O distanciamento a que as duas funções estão submetidas dentro de um Estado caracterizaria o Presidencialismo.

8.10.1 Parlamentarismo

Vinculados ao auxílio mútuo, Executivo e Legislativo, no Sistema Parlamentar, trabalham em colaboração.

Lembre-se, que o Parlamentarismo (*parlamentarismus* – democracia representativa), pode ser Monárquico (Japão, Espanha e Inglaterra) ou Republicano (França, Itália e Alemanha). Geralmente o partido que obtiver o maior número de representantes no Parlamento é o responsável pela indicação de um nome para ser eleito pelo Parlamento

---

[87] DALLARI, Dalmo de Abreu. *Elementos de teoria geral do Estado*. São Paulo: Saraiva, 1995, p. 188.

[88] MADEIRA, Vinícios de Carvalho. *República, democracia e reeleições*. Porto Alegre: Sergio Antonio Fabris Editor, 2013.

como primeiro-ministro. Assim, o *chefe de Estado* (presidente da República ou rei), escolhido por eleição no parlamento, sequer participa das decisões políticas, uma vez que ele apenas representa o Estado (cargo simbólico), e, quando muito, apenas indica o primeiro-ministro para o Parlamento (legislativo) aprová-lo ou não.

Em nome do país, o chefe de Estado, que é o representante simbólico de uma nação, celebra tratado e acordos internacionais, e leva esses assuntos ao Legislativo a fim de aprová-los ou não. Com efeito, neste contexto, o Executivo é composto por um Conselho de ministros (gabinete), o qual é representado pelo *primeiro-ministro* (chefe de governo), que é a figura central no Parlamentarismo.

Há, entretanto, uma observação a ser feita: o primeiro-ministro permanece no cargo até haver a perda da maioria das cadeiras do partido (ou coalizão) que o elegeu ou ser derrubado pelo voto de desconfiança (desaprovação do Parlamento à política desenvolvida pelo primeiro-ministro).

Na Alemanha, por exemplo, o presidente é o chefe de Estado, e é eleito para um mandato de cinco anos pela Assembleia Nacional, que é um órgão constitucional que se reúne exclusivamente para esta finalidade, e é composto de deputados federais e de delegados das Assembleias Legislativas. Neste caso, o presidente, que é o chefe de Estado, indica ao Parlamento alemão um candidato ao cargo de Chanceler Federal (primeiro-ministro). Na Espanha, embora o regime seja Parlamentarista, a curiosidade é que o chefe de governo é chamado de presidente, não de primeiro-ministro.

Por último, o sistema parlamentar teve uma rápida passagem pelo Brasil, em 1824, com características bem rudimentares, e, por isto, muitos historiadores e especialistas políticos entendem que, durante o Império, esse sistema jamais se consumou. Por ilação, muitos consideram que o Parlamentarismo de 1961/63 não foi efetivo, pois nem sequer a Câmara podia ser dissolvida no caso de perda de confiança da maioria parlamentar.

Nessa época, com a renúncia de Jânio da Silva Quadros, que só ficou na presidência durante um ano (1961), seu substituto direto à presidência, João Goulart (1918-1976), impedido de posse, por receio dos militares em lhe entregar amplos poderes como Presidente da

República foi surpreendido por uma mudança na Constituição Brasileira, enquanto estava em visita à China, de que deixaria de ser Presidente da República, para ser chefe de Estado (mera figura representativa).

Depois de um ano, Goulart conseguiu restaurar o sistema presidencial brasileiro, mas foi deposto pelo movimento revolucionário em 31 de março de 1964.

A partir disso, o Brasil iniciou o governo do Marechal Castelo Branco (1964-1967). Ainda no rumo das concepções parlamentaristas, a Constituinte de 88 viveu a expectativa marcante de implementação de um Sistema de Governo Parlamentar, o que se tornou complicado por infiltrações de ideias entre o Centrão e a bancada progressista, que levaram à manutenção do presidencialismo e a duração do mandato de cinco anos para o Presidente da República.

A propósito, torna-se oportuno assinalar, que, mesmo com a derrota dos partidos favoráveis ao sistema Parlamentar, os "parlamentaristas" conseguiram incluir, no ADCT (Atos das Disposições Constitucionais Transitórias), um artigo que previa a realização de um *plebiscito* cinco anos depois de promulgada a Constituição de 1988. Realizado em setembro de 1993, o resultado foi pela continuidade do presidencialismo.

8.10.2 Presidencialismo

É-nos inclinado dizer, que, o Presidencialismo, com origens bem acentuadas nos Estados Unidos, tem na figura do Presidente da República um acúmulo de funções, se comparado ao sistema Parlamentar. Assim, a função simbólica de chefe de Estado, mais a função política de chefe de governo, são reunidas em uma única pessoa, o Presidente da República. Isto, a nosso ver, colaborou para a personificação de autoritarismos na América Latina, que fizeram com que o Presidencialismo transformasse, inexoravelmente, em inegável engodo sob regência de ditadores.

Evidentemente que, em se tratando de um presidencialismo democrático, o mandato do Presidente da República é temporário e há a possibilidade de sua saída antes do término do mandato em caso de renúncia ou em casos em que exista condenação por crime comum ou de responsabilidade, posto que a Lei nº 1.079/50 (a lei do *impeachment*) define os crimes de responsabilidade e regula o respectivo processo de julgamento.

Note-se, que as transgressões do Presidente da República, bem como sua tipificação em *crimes comuns* (art. 86, CF), abrem caminho para provocar o início de um procedimento em contraditório (*processo*) e defesa ampla no Supremo Tribunal Federal, depois deste órgão jurisdicional do Estado solicitar à Câmara, e esta, pelo voto de 2/3 de seus membros, declarar procedente o pedido formulado na petição que instaurou o procedimento. A condenação do presidente importa em consequência de natureza penal, e, por efeitos reflexos, implica na perda do cargo, uma vez que a condenação criminal suspende os direitos políticos do condenado (art. 15, I, da CF).

Já a condenação por crime de responsabilidade (art. 85) – *impeachment* – apresenta, com se vê na Lei nº 1.079/50, uma primeira fase denominada de juízo de admissibilidade (Ver ainda CF, art. 51, I, e art. 86). Esse "juízo de admissibilidade" ocorre na Câmara dos Deputados, onde se analisará, a partir das narrativas fáticas e jurídicas com as respectivas provas, a conveniência e oportunidade de se levar o Presidente da República a julgamento, por meio de uma atividade investigativa em contraditório, com defesa ampla e isonômica. Advirta-se, que pelo art. 14, da Lei n. 1.079/50, é permitido a qualquer cidadão denunciar o Presidente da República, por crime de responsabilidade, perante a Câmara dos Deputados. A tanto, exercida a denúncia, sob petição da parte interessada, acompanhada de provas, a fase investigativa pode ter duas conclusões: a) não há indícios e o procedimento é arquivado; b) há fortes indícios. Neste caso, após o acolhimento do pedido na Câmara dos Deputados, uma Comissão Especial formada por 65 deputados tem por objetivo analisar o pedido. Se o parecer da referida Comissão for favorável ao *impeachment*, abre-se votação na Câmara – parecer votado em plenário. Se 2/3 da Casa, 342 votos para ser mais preciso, de 512 (a Casa tem 513 deputados, mas o Presidente da Câmara não vota), há o afastamento do Presidente da República. Na sequência, denuncia-o ao Senado Federal. Nesta segunda fase (processo e julgamento), o Senado Federal será presidido pelo ministro presidente do STF (art. 52, parágrafo único, CF/88) e pode, no referido julgamento, haver a condenação do acusado se 2/3 dos membros da Casa (54 votos) votarem neste sentido. Caso se confirme a condenação, a penalidade implica a perda do mandato e o Presidente da República pode ficar inelegível por oito anos. No caso de *impeachment* o vice assume o cargo.[89]

8.10.3 Neoparlamentarismo

Por todos os aspectos analisados, até agora, com relação às formas de governo, a cada dia se torna mais curiosa a maneira com que os Estados se organizam e com que as ideias surgem por força da liberdade dos povos, aproveitando, assim, elementos de sistema parlamentar e do sistema presidencial. Não é em vão que a França é um exemplo de país que combinou alguns fatores do sistema de governo e encontrou uma harmonização de interesses políticos por meio de um sistema produzido na Constituição de 1958, com o General Charles De Gaulle.

Nesse sistema, há uma combinação entre Presidencialismo e Parlamentarismo (semipresidencialismo), que resulta de uma *eleição direta pelo povo* para a escolha do Presidente da República (*chefe de Estado*), para um mandato de sete anos, *afastando-se* da *eleição indireta* pelo Parlamento, como ocorre no tipo clássico de *parlamentarismo*. Por ilação, o Presidente da República escolhe o primeiro-ministro,

---

[89] No Brasil, em 1992, o presidente Fernando Collor de Mello foi condenado em um processo de impeachment por denúncias de corrupção, uma decisão inédita na América Latina. Collor foi impedido de ser eleito por oito anos. Voltou como senador de Alagoas 14 anos após a condenação por crime de responsabilidade. Importa entender, que, depois do caso Collor, como o Congresso não fez o alinhamento da Lei n. 1.079/50, produzida bem antes da Constituição de 1988, quanto ao procedimento no caso de crime de responsabilidade do Presidente da República, o STF, em dezembro de 2015, depois de questionado pelo PCdoB, partido da base do governo, a partir das questões suscitadas em relação à presidente Dilma Rousseff, o Supremo Tribunal Federal encarregou-se de organizar o procedimento de *impeachment*. O STF, por maioria de seus ministros, decidiu a maneira como a Câmara tem que eleger a comissão especial destinada a emitir uma opinião preliminar sobre o processo de *impeachment*. A indicação para compor essa Comissão deve ser feita pelos líderes. Decidiu, também, que ao Senado cabe o juízo de admissibilidade, como uma etapa do procedimento, e que a votação, tanto na Câmara como Senado, deve ser aberta, jamais secreta.

o qual depende de uma maioria parlamentar (Assembleia Nacional e Senado) para se manter na função.

Além do mais, o chefe de Estado pode exercer compartilhadamente com o chefe de governo (primeiro-ministro) algumas funções políticas. É de frisar, que o Estado de Israel, aproxima-se um pouco deste modelo, pois a população vota para eleger o primeiro-ministro. No mais, a França é um exemplo único de um genuíno Neoparlamentarismo.

CAPÍTULO 9

HERMENÊUTICA CONSTITUCIONAL

9.1 NOTAS INTRODUTÓRIAS, OU: EM BUSCA DO DESMONTE DE SIMULACROS E DO ESCLARECIMENTO CRÍTICO DO DISCURSO CIENTÍFICO

Como trabalhar questões interdisciplinares de modo a que sirvam como base para uma reflexão mais crítica do Direito em sede de Hermenêutica Constitucional?

Uma mirada sobre o conjunto dos quatro primeiros tópicos deste Capítulo possibilitará uma melhor compreensão do nosso objetivo. Essa variedade de subtemas dentro de um grande tema possibilitará dilatar a potência de crítica que tanto procuramos. São recortes acadêmicos, uma tarefa básica de qualquer empreitada crítica diante de um tema amplo como esse. Outra observação: os quatro tópicos iniciais deste Capítulo formam um bloco que reflete o Direito enquanto área do conhecimento humano (ciências sociais aplicadas) e questões relacionadas à experiência jurídica, seguindo para além de problemas teóricos ligados diretamente à interpretação da norma jurídica (regra e/ou princípios), o que acontecerá, especificamente, a partir do tópico 9.6. Não podemos esquecer, porém, que o recorte escolhido tem implicações: possibilita um piso de reflexão para provocar algumas rachaduras nas bases que sustentam um sistema fechado de pensamento jurídico.

Para alcançar o conhecimento crítico em Direito (para além das fábulas) um ponto de partida em que podemos nos apoiar é na interdisciplinaridade com outras áreas do conhecimento humano. A tarefa vai se avolumando na medida em que o lugar tradicional e seguro do Direito caminha em terreno crítico-reflexivo, uma dura fronteira, que faz o Direito se estranhar a si mesmo. E esse "discurso estranho" busca um abandono do lugar de pureza, de autoridade, de um ensino marcado pela preocupação da tradição, pois as estruturas jurídicas, os textos, os discursos repetidos, já se apresentam a nós intoxicados de carga mítica, algo bem sufocante, diga-se de passagem.

Precisamos, então, promover a entrada de outros discursos preocupados com o conhecimento científico, em tantas outras perspectivas, a fim de banir os persistentes fantasmas no arsenal de conceitos apresentados no ensino do Direito que se arrastam em transe sonambúlico por milênios. Acreditamos que isso ajudará o leitor a entender os caminhos de construção de um Estado Democrático de Direito.

Se este Capítulo provocar a curiosidade e a incerteza, nosso fim acadêmico terá sido atingido.

9.2 SOBRE A NECESSIDADE DE DESMISTIFICAÇÃO DO DIREITO

A aceitação psicológica de que o Direito trabalha com "dor" e "sofrimento", numa civilização que se encontra em constante *mal-estar*[1]

[1] FREUD, Sigmund. *O mal-estar na civilização*. Rio de Janeiro: Imago, 1997.

(custo da civilização), incitou o Judiciário a se personificar, ao longo dos tempos, na "garantia da ordem" pelo método corretivo das penalizações asseguradas por leis ("eu" *a priori*), onde o cidadão prestaria contas do seu comportamento punsional frente ao Estado (Pai-nacional) preocupado com o controle cada vez maior sobre os corpos humanos (biopolítica), que, ao lado das refinadas lições de Foucault,[2] possibilitou o século XIX eleger a delinquência como uma das engrenagens do poder e identificar, pelos olhos do *Panopticon*, a prisão como observatório político-satisfativo de um desejo inconsciente de vingança, e, que, em muitas vezes, resgata a literatura do escritor tcheco Franz Kafka (1883-1924), *O processo*, onde uma enigmática culpa não chega a ser provada.[3]

Assim, o cidadão ao descumprir os comandos da *lei* (símbolo fundador do "justo" e do "correto") transforma-se, não-raro, em "infrator-delinquente" e sua ressocialização se dá por meio do cumprimento de um "castigo" imposto pelo "PAI-ESTATAL" (administrador da desordem), que, em alguns casos (jaula de ferro da malha carcerária), estabelece um espaço onde não é possível distinguir a diferença entre *vida biológica* e *vida política*, em virtude do comportamento omisso da administração governativa no asseguramento de direitos fundamentais, inaugurando um *estado de exceção* (espaço vazio onde não há distinção entre público e privado),[4] que reduz, por conseguinte, o cidadão à *vida nua* (espaço que deixa o Estado inteiramente livre para agir como quiser).[5]

Pretendemos pintar um quadro ainda mais crítico a partir de agora. Importa entender, então, outros pontos.

Não há definição de "símbolo" com aceitação pacífica.

É conhecida a divergência entre Freud (símbolo é um substituto de algo) e Lacan (não há relações simbólicas universais, porque é particular de cada *Sujeito*), mas, certamente, a incursão de Jung, de que

---

2 FOUCAULT, Michel. *Vigiar e punir: nascimento da prisão*. Petrópolis: Vozes, 2000.

3 KAFKA, Franz. *O processo*. São Paulo: Companhia das Letras, 1997.

4 AGAMBEN, Giorgio. *Estado de exceção*. São Paulo: Boitempo, 2004, p. 78.

5 AGAMBEN, Giorgio. *Homo Sacer*: o poder soberano e a vida nua I. Belo Horizonte: Ed. UFMG, 2002.

o homem faz uso de símbolos para expressar o que deseja transmitir,[6] nos possibilita, hoje, conjecturar o quanto o Direito no mundo, ao longo da história, se alimentou desta simbologia dos signos: balança, martelo, estátua de olhos vedados e outros signos "zodiacais" do Direito que mexem com o imaginário coletivo.

A temática é curiosa e independe de país, a ponto de os tribunais, ao redor do mundo (permitam-me, aqui, uma crítica exagerada!) serem representados por uma alegoria das coisas divinas, com mármore chiampo, bustos, cadeiras douradas, balaústres em bronze, pisos em carrara, e testemunhas que falam "sob juramento" a juízes enfeitados, a exemplo de juízes britânicos e galeses (e ex-colônias do antigo Império Britânico), com o uso de perucas brancas (*white wig*), que vinham sendo usadas desde o século 17. No entanto, desde 2008, as perucas brancas, no caso britânico, deixaram de ser usadas em casos civis ou de família, mas ainda obrigatórias em tribunais criminais e sessões cerimoniais, como se apreende em diversas notícias.

Vê-se, portanto, que é antigo nos meios forenses os servidores públicos dessa categoria ornados de paramentos para a "celebração" (audiência judicial), momento em que o cliente, o advogado e o promotor acabam se vestindo com a melhor roupa para o encontro, uma pompa (loquacidade, exibicionismo, apego ao poder?), campo farto de pesquisa aos olhos de psicanalistas, sociólogos e antropólogos.

O certo é que, durante o século XVII, no seguimento masculino, o uso de perucas e roupas berrantes definia o padrão de moda, de status, de ar superior, de monarquia enfeitada da época.

Acontece, que o Direito, diga-se de passagem, carimbou um sincretismo dos dândis da história (movimento de moda do século XVIII, o "dandismo") com as peças de rituais, as chamadas peças de cerimônia. São, portanto, heranças táteis que demonstram, até recentemente, a que ponto a área jurídica mundialmente chegou.

Ao mesmo tempo, é curioso observar que em vez de questionamentos dessa montagem, advogados e juízes se acomodaram bem ao ritualismo. Quando há interrogações a respeito deste hábito (modo), os pontos controvertidos são pesquisados mais por antropólogos,

---

6 JUNG, Carl G. *O homem e seus símbolos*. Rio de Janeiro: Nova Fronteira, s/d.

historiadores, sociólogos e psicólogos comportamentais. O certo é que essa categoria especial de servidores públicos, em meios forenses, chegam até, em algumas situações, a usar togas com forro de púrpura e mangas de corte reto e pesado, de um veludo em tom de vermelho escuro (cerimonial jurídico), um apreço pelos detalhes, como se estivessem saindo de um quadro do pintor renascentista Ticiano.

Ninguém, afinal, deseja ser o desmancha-prazeres. Tampouco, agonizamos como um penitente de Dante. No entanto, o quadro narrado apresenta traço interessante que abre linha de pesquisa sobre comportamento, um dos conceito chave das ciências humanas, para tentar entender a postura do Judiciário, a "reprimenda", se chega a tanto.

A propósito, talvez fosse até o caso de franquear um diálogo com a literatura. Neste caso, o estudioso, o pesquisador que quer desenvolver pesquisa interdisciplinar, pode encontrar bom e instrutivo material no livro "O Retrato de Dorian Gray", de Oscar Wilde.[7] Dizemos isto para entender criticamente o meio forense e se o chamado *dress code* está a serviço da moda, se existe o fascínio pela beleza e pelo estilo.

A contundência dessa pegada, diante do quadro narrado, é bom que não se esqueça, evidencia-se para além da toga, porque atola-se em uma bufonaria jurídica para combinar vestimentas com a exuberância momesca da arquiteturas jubilosas e reprodutoras de majestosas "catedrais" (inclusive com crucifixos afixados no plenário do STF, diga-se, de passagem, o que já abre outra via de pesquisa), que crescem frente ao pobre camponês kafkiano (hoje representado na figura do morador de rua, favelado, desfavorecido, indigente, miserável, desgraçado social).[8]

A imagem de um Judiciário que abriga figuras de autoridade (liga da justiça?) na forma de um Pai (Estado-provedor/Estado-Moisés), acaba por transformar o que deveria ser apenas simbólico em concreto (defeito de simbolização), criando formas embriagadas a partir de um dialeto estranho pronunciado por pessoas togadas que se colocam como conhecedoras profundas dos valores e

---

7 WILDE, Oscar. *O retrato de Dorin Gray*. São Paulo: Martin Claret, 2002.

8 KAFKA, Franz. Diante da Lei. *In: A colônia penal.* São Paulo: Livraria Exposição do Livro, 1999, v. 7, p. 71-72.

comportamentos corretos de uma *sociedade órfã*[9] como se fossem cavaleiros da moralidade. Não deixa de ser um "complexo de superman", que é algo grave. É claro, que, a toga, não é uma capa que voa. Por isto, desmistificar, desfetichizar, desconstruir, refletir criticamente, é um dos papéis das academias no campo do Direito.

9.3 O FALO DO DIREITO AMEAÇADO DE CASTRAÇÃO PELAS TEORIAS DE TESTABILIDADE DO PODER

O objetivo deste tópico é continuar a busca por um ângulo crítico, falsear alguns argumentos de autoridade, conceitos "insubstituíveis", enfim, promover infiltrações no modo absoluto.

O mito de que o *Direito* está acima do ser social (JUSTIÇA) coloca-o numa linguagem lacaniana, próximo do que seria o *nome-do-pai*. Não o pai biológico, claro, mas em outros termos (psicanalítico), a intervenção, o significante da castração que intercede em favor do sujeito – *pesquise a respeito se for o caso.*[10]

Tal é o mito, que essa referência se deslocou para uma dimensão enigmática somente segregada pela crítica científica.

Certamente, a incursão psicanalítica, anteriormente transcrita, pode até contemplar a *gravata* (tira de tecido usada em volta do pescoço) como forma imaginária do *pênis* (conceito não correspondente a órgão sexual masculino), assim como as *becas* e *togas* – *fantasias do ego* – que são fatores anatômico-libidinais (segunda pele dos doutos, possivelmente), que vão vestir o sujeito mediante sua condição simbólica no mundo, sem adentrar no julgamento sobre a discussão a respeito da vestimenta feminina, um "*dress code*" exigido para quem circula pelas dependências e repartições do Judiciário, o que daria uma discussão interessantíssima, porém ampla.

Daí, o nosso texto, gerar um diálogo provocativo, mas necessário, para promovermos a castração da gravata, além das becas e togas,

---

9 MAUS, Ingeborg. Judiciário como superego da sociedade: o papel da atividade jurisprudencial na sociedade órfã. *Revista Novos Estudos*, São Paulo, v. 58, p. 183-202, nov. 2000.

10 LACAN, Jacques. *O seminário*. Rio de Janeiro: Jorge Zahar, 1979. Livro 11: Os quatro conceitos fundamentais da Psicanálise.

como meio de golpearmos essa "ferida narcísica" do Direito, a fim de darmos um primeiro passo rumo à desmistificação, já que os técnicos do Direito preferem dar continuidade ao discurso de Santo Agostinho: "Senhor, faz-me casto, mas não ainda" (cito o livro *Confissões*).

Falando sobre *tópica (lugares-comuns da argumentação), Dhenis Cruz Madeira bem destaca que os "doutores" no Brasil*

> [...] parecem cair, facilmente, nos lugares-comuns (*topoi*), não só da linguagem jurídica como também no vestir, afinal, todos os juristas costumam se envaidecer pelo uso de togas, becas, ternos e gravatas, além de, não raro, ainda seja possível encontrar famosos *anéis de doutor* nas mãos de muitos que, quando indagados, atribuem o uso do objeto à tradição familiar ou algo parecido, o que não deixa de ser, também, uma homenagem aos *topoi* e à vida acrítica. Aliás, ainda sobre a vestimenta, não é muito difícil distinguir os *doutores* brasileiros do restante da população (os não doutores), quer seja pela fala e trejeitos típicos, quer seja pelas roupas utilizadas. Todos parecem se vestir de forma igual, falar de forma igual e argumentar de forma igual [...], os que ousam atuar e pensar de forma diferente, quase sempre, são perseguidos ou excluídos do meio profissional em que atuam. Por tudo isso, hoje e sempre, combater a tradição tópica – ou, pelo menos, apropriar-se da mesma criticamente – é tarefa para poucos.[11]

O esforço científico de situar o Direito no âmago da crítica reflexiva, talvez, só se destacaria com a quebra da tradição e do discurso de autoridade. Esta necessidade de trair os ritos e desatar o cérebro dos preconceitos só ocorreria com a falsificabilidade de teorias absolutamente fechadas, convencidas de sua verdade absoluta (doutrina). Só assim encontraríamos a nervura do Direito democrático.

Nesse ângulo, o Direito Constitucional e o campo dos direitos fundamentais está à disposição do cidadão para ele "entrar" ou "sair" da *lei* (*nomos*), quando necessário (expulsão para "fora" da *lei* quando inconstitucional), permitindo-o trabalhar a noção de "sujeito constitucional", herdeiro do direito de questionar os conteúdos normativos pelos meios institucionais do *devido processo*.

---

[11] MADEIRA, Dhenis Cruz. *Argumentação jurídica*: (in)compatibilidades entre tópica e o processo. Curitiba: Juruá, 2014, p. 25.

Dessa forma, o Direito se desgarraria do leito dos mitos e tradições (Direito esticado na corda do Nietzsche) matando a figura do PAI da horda primitiva freudiana[12] (banquete totêmico), *sem arrependimento* (culpa filial), como necessidade dos estudos não dogmatizados.

A *renúncia* ao *poder*, que fique claro, contempla uma teoria democrática do Direito como espaço de compartilhamento argumentativo regido pelo eixo teórico-linguístico-constitucionalizado dos direitos e garantias fundamentais. Com isto, desabona-se, a crença milenar, de um Direito completo, arrogante, fechado no seu próprio universo.

9.4 O ENSINO DO DIREITO FORA DE ESQUADRO: SOBRE CRISE, CONHECIMENTO JURÍDICO E CRÍTICA REFLEXIVA

A senha está dada: em ciência vale mais a crítica que a quietação. É urgente que se diga isto. Portanto, cravamos: o Direito para se apresentar mais democrático precisa sofrer algumas desconsiderações, e, seria bom lembrar, antes de tudo, que essa discussão possa surgir dentro das faculdades de Direito. O sistema educacional, sob a mais variadas formas, em transmissão pedagógica, pode realizar esse trabalho de reflexão crítica que vai facilitar na interpretação e aplicação do Direito.

Por isso, neste tópico, apresentaremos as razões que podem levar os bacharéis a serem meros repetidores de ideias ou intérpretes abertos à dúvida. Tentaremos mostrar o que impede o ensino jurídico de transpor muros.

Se a data de 1827, marca no Brasil, por decisão do Imperador Dom Pedro I, a criação dos primeiros cursos de Ciências Jurídicas, nas cidades de São Paulo e Olinda, o quadro acadêmico estabelecido nestes quase dois séculos, é de proliferação de faculdades de Direito, que chegam a promover um desequilíbrio de qualidade no ensino jurídico no País, uma espécie de "ponto de estrangulamento".

A crise existe, em linhas gerais, e aqui faremos um recorte desagradável de uma quota parte da vida acadêmica. A crítica, nada açucarada, não representa a totalidade, uma vez que há excelentes professores e competentes alunos, tanto nas universidades públicas,

---

12 FREUD, Sigmund. *Totem e tabu*. Rio de Janeiro: Imago, 2005.

quanto nas universidades particulares. No entanto, ficaremos nos casos mais extremos.

As críticas que apresentamos têm como alvo suscitar dúvidas diante dos realismos institucionais, defendendo melhorias no sistema de ensino, mesmo sabendo que o tema não tem solução fácil. Por isto, neste tópico, não se encontram receitas salvadoras. Ele, muito simplesmente, expressa uma série de problemas, porque, atualmente, as Universidades, cujo foco é a graduação (vê-se que algumas Universidades só merecem o título com o acréscimo de *aspas*), que existem aos montes (fazendo uma pequena paródia, são as "Uniesquinas"), no entanto, não para produzir conhecimento, mas sim (e tão só) preocupadas em promover o "ensino", reproduzi-lo, sem se preocupar sobre os *fundamentos* do próprio "ensino".

Tem-se, então, genericamente falando, um corpo docente arrefecido, com algumas instituições alojando docentes por intermédio de contatos hasteados por convivência em grupos (contratados, quando a instituição é particular, pela força do *lobby*), que não apresenta produtividade acadêmica, com alguns personagens abatidos, (quando o assunto é pesquisa), por uma aguda preguiça mental, traçado que atinge os cargos de *chefia* e gestões ineptas (convém não esquecer), e uma multidão discente inapta e muito pouco comprometida, com opiniões passageiras, com incapacidade de debater os assuntos centrais do país, inclusive por deficiências no ensino médio.

A moldura relatada, de terceira categoria, abarca um espaço de mimetização do pensar, produzir e difundir conhecimento.

E que se note: temos o direito de errar, só não podemos nos entregar à comodidade, à alienação, o que é muito grave. Por este caminho, perde-se emancipação, o traço crítico-reflexivo.

Nesse contexto, é esclarecedora a pesquisa coordenada por Fernanda Telles Márques, com pós-doutorado pelo Programa Avançado de Cultura Contemporânea da Universidade Federal do Rio de Janeiro (UFRJ), estudo que foi apresentado em Congresso celebrado em Havana, Cuba:

> [...] el curso de Derecho brasileño prepara sus alumnos para el desenpeño técnico em *loci* profesionales delimitados, como: abogacía, magistratura, fiscalía, consultorías. Em él no ocurre el

preparo para la docencia superior, para la investigación científica, la enseñanza y la extensíon.[13]

Nesse giro, a pesquisa enfatiza que "[...] la docencia es ejercida por profesionales a que cabe convertirse em profesores por cuenta propria. Y este há sido, desde el siglo XIX, el caso de la enseñanza jurídica realizada em Brasil".[14]

É desagradável, mas na contemporaneidade, quem acompanha de perto a atividade acadêmica, muito se tem visto apenas o cumprimento mínimo das exigências do MEC (Ministério da Educação e Cultura) para manter a denominação de "Universidade" (aspas intencionais e irônicas).

Na área jurídica, em sede particular de ensino, os "mercadores pedagógicos" atuam de forma impiedosa, como já tivemos a oportunidade de constatar como Assessor Técnico da Escola Superior de Advocacia da Ordem dos Advogados do Brasil, Seção de Minas Gerais, acompanhando pontos e questões de visitas *in-loco*, em vários pareceres técnicos de membros-efetivos e da presidência da Comissão de Ensino Jurídico do Conselho Seccional da OAB/MG. Se já é difícil reparar amarrações causais envolvendo o aprendizado nas faculdades, a coisa só piora se levarmos a nossa reflexão, de déficit na formação jurídica, para a prática profissional da advocacia, num país em que há mais de 900 mil advogados que representam pessoas físicas e jurídicas, quando o que está em jogo são questões fundamentais, como a

---

[13] MÁRQUES, Fernanda Telles; FACHINELLI, Raílla Mara Guimarães; VIEIRA, Camilla de Oliveira. "Liberalismo a la brasileña": enseñanza jurídica en el Brasil del siglo XIX. Revista Querubim – *Revista eletrônica de trabalhos científicos nas áreas de Leras, Ciências Humanas e Ciências Sociais* – Ano 10 nº 24, v.2 – 2014, p. 101.

[14] *Idem*. Note-se, por destaque da pesquisa, que por meio do art. 9º do Decreto de 11 de Agosto de 1827, os professores "deberían tener, además de lecenciatura, también el de doctorado, a ser obtenido mediante la defensa de uma tesis [...]. Em la falta de candidatos que atendieran a los requisitos y que estuvieram dispuestos a dedicar-se a la enseñaza, el Emperador acepto el nombramiento de recién graduados, algunos no concursado, y outros aun sin tesis de doctorado defendidas [...] y como la medida aún se mostraba insuficiente para rellenar las plazas, el paso siguinte fue la contratación [...] de estudiantes que aún no tenían concluido el curso [...]". Depreenda-se, nesta perspectiva, que "[...] Muchas son las consecuencias de ess cuadro. Entre ellas, el hecho de que, no apenas el alumno desinteresado de los estudios sociales y jurídicos [...]". *Ibidem*, p. 102,103 e 108.

vida, a liberdade e o patrimônio das pessoas, só para ficarmos em três exemplos. O país já conta com proporção adequada de profissionais. O problema seria refletir se esses profissionais saem bem preparados das faculdades de Direito. Os limites de nosso trabalho não nos permitiria exame mais aprofundado quanto ao citado recorte.

Dizem, as instituições de ensino, preocupar-se com um projeto de ensino interessado em formar bacharéis em Direito, com pensamento reflexivo, voltado à implantação de uma sociedade democrática e com as diretrizes constitucionais. Por evidente, o cuidado maior, é não fundir "ensino jurídico" com "lei de mercado", a fim de deixar o ensino capturado pela prática do liberalismo econômico, trágico e persistente.

Desenvolver profissionais com consciência plena, de forma crítica e científica, da necessidade de compreensão dos problemas estruturais do país, de interferir na realidade (excludente e autoritária) e transformá-la (solver os problemas), diante das exigências constitucionais e democráticas, deveria ser o compromisso assumido por todas as instituições de ensino. No entanto, isto nem sempre acontece, infelizmente. Em casos específicos, o que existe, é uma esquizofrenia facilmente perceptível diante da propagação desenfreada de faculdades. Por isto, ainda em linhas gerais, o desafio no Brasil é imenso, uma vez que, no início dos anos 90, reuníamos algo em torno de 200 faculdades de Direito. Sucede que hoje são 1.200 cursos de bacharelado em funcionamento, com aproximadamente 1 milhão de estudantes – uma atividade fabril que pouco inova – algo que pode até lembrar a desova de tartarugas marinhas, na linha do *salve-se quem puder*.

Em alguns centros de ensino, com ressalvas, claro, ao que se constata da realidade acadêmica atual, a plateia deveria ser limitada ao número de assentos no local da aula, principalmente em dia de *avaliação* do conteúdo lecionado, um amadorismo confrangedor. Com vários anos de docência incessante e fatigante, ainda assim edificante, sabemos que a "casa" cheia foge do controle pelo professor, que, frequentemente, precisa exigir silêncio para trabalhar. Em algumas turmas, a "lista de chamada" (frequência), de forma tenebrosa, é um "listão" (*overbooking*). Situações difíceis para um espaço destinado ao ensino e à reflexão.

O salário, minúsculo, é constrangedor diante da soma de todos os alunos e o valor das mensalidades, quando a instituição é particular.

Aliás, o "filme", para quem já assistiu, não precisa de grandes comentários, exceto para dizer que nessas instituições de ensino, mesmo que particulares, devido aos baixos salários, os professores de direito não trabalham em dedicação integral (são os "horistas"), e os que trabalham em dedicação exclusiva, e que costumam também ser mal pagos, tem pouco tempo para se dedicar a pesquisas, porque, a carreira, não está desenhada para o professor se fixar nesta vertente.

Com uma carga horária alta em sala de aula (ensino na graduação), esses professores que comentamos são cobrados por produção acadêmica, como se fosse possível fazer ciência, se dedicar à pesquisa, escrever livros e artigos, mas engastados (atolados!) em cargas cavalares de sala-de-aula, orientações de trabalhos de conclusão de curso (o afamado "TCC"), assunto, aliás, que hibernou por longo tempo, e que já suplica imediato *re*-pensar, porque, para alguns, não passa de um engabelo, uma tapeação, um programa ficcional com trabalhos apresentados no formato *pot-pourri* (ou, *pout-pourri* se preferirem), um genuíno *self-service* de autores, com tom panfletário (um trabalho, inclusive, em alguns casos, feito de forma terceirizada, pois encomendado).

Tudo isso é de forma geral, claro. Mas, na prática, algumas instituições oferecem poucas ou nenhuma perspectiva de horário de pesquisa. Não poderia a Universidade e sua pretensa finalidade de produção literária, limitar administrativamente horários minúsculos de produção de livros/artigos científicos ao docente. No entanto, é isto o que está a ocorrer em muitas instituições de ensino, em especial nas particulares. Poucos são os lugares em que há produção de artigos Qualis A1.[15]

Mesmo que todos saibam disso, ninguém parece que quer falar ou escrever abertamente sobre o assunto, talvez, porque, é ou pode parecer "politicamente incorreto". Estas questões, aqui levantadas, só conhecem os que estão debruçados na Educação há tempos. É certo, que escrever sobre isto, tem um preço, incluindo boicotes vindos

[15] Esclarecimento técnico: a comunidade acadêmica trabalha com um sistema de avaliação da produção científica nacional, que é o Qualis-CAPES/MEC. Desta forma, a produção de artigos científicos recebe classificação pelo Sistema Qualis, que hierarquiza os periódicos científicos em estratos qualificados por intermédio dos seguintes rótulos: A1, A2, B1, B2, B3, B4, B5 e C, sendo este último de característica apática.

dos que se sentem ofendidos. É bem grotesco, mas se a boicotagem ocorre, realmente estamos afundados no autoritarismo, infelizmente. Ou se tem liberdade para criticar, ou nos calemos todos. Fico com a primeira opção, mesmo, porque, o art. 5º, IV, da Constituição brasileira, assegura a manifestação de pensamento como livre. Isto quer dizer, que todas as manifestações de opinião são permitidas em uma democracia.

Aliás, essa suposta "liberdade de pensamento" é um problema dentro do sistema acadêmico (e aqui independe se a instituição é pública ou particular), porque ela não existe na integralidade. E não existe por vários motivos. Pergunta básica: na universidade, quem já não foi "perseguido", "boicotado" nos departamentos ou teve algum colega de docência importunado por adotar um posicionamento teórico que desagrada um grupo ou seguir um certo autor? Desafetos políticos estão por toda parte, e isto, nas Universidades do mundo todo (verificar o que tem a dizer o português João Magueijo sobre Cambridge);[16] basta analisar o jogo desses enxadristas políticos dentro dos órgãos colegiados e departamentos diversos, que perceberemos o vazio da Universidade ocupado por esses jogadores do "saber".

Mas deixemos de lado a "caçada" ou o "*bullying* ideológico", digamos, para voltarmos à crise do ensino superior, em especial nos cursos de Direito no Brasil.

De modo bem geral, os eventos (palestras, congressos, semanas jurídicas), quando existem, nunca têm grande impacto. Algumas instituições – sem plano de carreira docente, e, em alguns casos, sem pagar adicional de titularidade para doutores – pressionam os professores por cursos de extensão e produção de artigos científicos, possivelmente livros. No entanto, estender o quê, se não existe pesquisa? Escrever o quê, se não há horas para leitura, pesquisa, estudo e escrita?

Esses enunciados, até aqui colocados, servem para dizer que o problema é o modelo de ensino, de pesquisa, de gestão ineficiente no Brasil. Há necessidade de ultrapassar a decoreba enciclopédica, deixar de adotar livros rasos e informativos, capacitar professores,

---

[16] MAGUEIJO, João. *Mais rápido que a velocidade da luz*: a história de uma especulação científica. Rio de Janeiro: Record, 2003.

bem como diretores e pró-reitores de graduação ("gestores" agarrados insistentemente às práticas cartoriais, com deleitação da burocracia, distantes do chão da sala de aula, dado que, em incontáveis situações, a única coisa que importa é análise de números agregados num programa de planilhas "Excel". Não é para rivalizar, mas quando vamos falar sobre Educação?).

O certo, é que a vida ficou mais difícil para o profissional da docência, que, a cada dia que levanta para trabalhar, é desafiado a desistir de sua vocação, o que torna o trabalho de professor uma tarefa quase de Sísifo, para resgatar o herói desaventurado do estonteante ensaio de Albert Camus (1913-1960), "O Mito de Sísifo".[17]

Tem-se aí, de modo bem geral, o curso de Direito reduzido a uma rampa para a classe média fazer carreira com o "figurino" dos concursos públicos. Na omissão das instituições de ensino jurídico, aparecem os rendosos "cursinhos" preparatórios para as carreiras públicas. Há um mercado à espera. Que venham os produtos!

E aí, o resumo da ciranda: estudar de forma sinóptica, pensar de forma descomplicada, escrever de forma simplificada, eis o lema!

Isso tudo com aplausos de muitos. Para nós, um ensino de nível discutível.

E não é só: grande parte desses cursos jurídicos (bibocas que existem aos montes – permitam-me aqui um "grito de formiga"!) tortura estudantes todos os dias com "pregações" vazias de um ensino biblificado por fórmulas já desgastadas, em que o que conteúdo está sendo passado de costas para o esclarecimento científico – um "blackout mental" –, porque dissociado da *pesquisa* científica com *ensino* e *extensão* (CF, art. 207), sustentados por um *curriculum* de disciplinas reféns de uma dogmática jurídica (sem largueza teórica), que não conferem formação científica ao aluno para habilitá-lo a compreender a sociedade hipercomplexa, para lidar com o esclarecimento e apontar soluções para desafios sociais.

---

[17] CAMUS, Albert. *O Mito de Sísifo*: ensaio sobre o absurdo. Rio de Janeiro: Record, 2004.

É de relevância o registro assinalado por Rosemiro Leal: "por isso é que o *exame de ordem*, por si só, não mede a qualidade do ensino jurídico, porque é um exame invulnerável à crítica científica".[18]

Na arguta anotação de Pereira Leal, o *exame de ordem* "privilegia uma prática forense sem cogitar dos fundamentos do sistema jurídico a que essa *praxis* presta obediência" e os *concursos públicos*, na área de Direito, "ao aprovarem candidatos, que nada disso indagam, oneram a já elevadíssima carga tributária do país com remuneração de operadores de saberes jurídicos redundantes, triviais, inócuos e alienados".[19] A isto, cumpre acrescentar, ainda com base no citado autor, que as Faculdades de Direito "não renovaram, a partir de 1988, suas matrizes curriculares, com introdução de novas disciplinas, para a operacionalização das conquistas constitucionais democráticas".[20] Ao lado desta notícia, colhe-se do mesmo autor a observação de que

> [...] os professores convocados a lecionar (doutores e mestres) são lançados em sala de aula como meros trabalhadores horistas de um ensino que não se avalia em suas bases epistemológicas [...]. A utilização de doutores e mestres como selo de fachada para a criação de cursos superiores de ensino jurídico degrada os fins constitucionais, porque não são eles utilizados na produção e acompanhamento da *pesquisa científica*, mas tão-somente repetidores de um conhecimento estanque e rebaixados à condição de regentes de um ensino prático ou casuístico que não os distingue de um entusiástico operador recém-graduado do Direito. Transforma assim a instituição de ensino em agência arrecadadora pela oferta de um *saber* não questionado [...].[21]

---

18 LEAL, Rosemiro Pereira. *Ensino e pesquisa*: cumulatividade constitucional imperativa a propósito da criação de cursos jurídicos no Brasil. In: *Relativização inconstitucional da coisa julgada*: temática processual e reflexões jurídicas. Belo Horizonte: Del Rey, 2005, p. 190.

19 LEAL, Rosemiro Pereira. *A teoria neoinstitucionalista do processo*: uma trajetória conjectural. Belo Horizonte: Arraes, 2013, p. 16.

20 *Idem*.

21 LEAL, Rosemiro Pereira. *Ensino e pesquisa: cumulatividade constitucional imperativa a propósito da criação de cursos jurídicos no Brasil. In: Relativização inconstitucional da coisa julgada*: temática processual e reflexões jurídicas. Belo Horizonte: Del Rey, 2005, p. 190.

E, enquanto permanecer assim, essa "lobotomia acadêmica", não mudará. No assunto, nosso pensamento encontra identidade no de Dierle Nunes:

> A análise do perfil atual dos juízes em exercício no nosso País e dos mecanismos de avaliação dos candidatos ao ingresso na magistratura pelos concursos públicos revela que não se busca uma magistrado com uma formação humanística adequada, mas, sim, um especialista na dogmática [...]. Os cidadãos que se propõem a fazer um curso de direito, em sua grande maioria, não apresenta a menor vocação para a área jurídica. Eles a escolhem tão-somente com o objetivo de ampliar suas possibilidades individuais e profissionais no mercado de trabalho. E, pelo menos após a assunção de suas funções jurídicas, estes deveriam, profissionalmente, assumir a total responsabilidade social de seu múnus [...]. Essa constatação, aliada a uma profusão de cursos jurídicos (cerca de 1.046 em julho de 2007) com nível discutível, a uma indústria de cursos preparatórios para concursos, *formadores de cérebros, cujo único objetivo é a aprovação do aluno-candidato* (FERRAZ DE ARRUDA, 2007, p. 46) e um recrutamento mediante concursos públicos de agentes estatais (juízes, promotores, procuradores e advogados públicos) dogmatas e burocratas, que não se preocupam, em boa parte, com a reflexão, com um e pensar crítico-reflexivo [...].[22]

No mundo da *lato sensu*, com exceções raras, há um cartório de ideias também mal-ajambradas. Ainda trabalham clichês conhecidos (e circulares) – em especial quando se trata de instituições particulares de ensino –, que, em geral, apresentam coloração caça-níquel, ao se dizer de um corpo discente (tirando honrosas ressalvas) preocupado tão-somente em obter o "título" de especialista em Direito.

O que também se vê atualmente no universo jurídico-acadêmico, não-raro, é o ensino do simbólico com raízes profundas nas formas de dominação, sem se deslembrar da burocracia, um outro discurso de dominação "à prova de fuga" (Max Weber). Quanto a esta última, a burocracia, a verdade é que, em vez de os professores passarem o tempo pesquisando, atuando como cientistas, passam em rotineiras reuniões sonolentas, ouvindo obviedades, organizando recibos, um

---

[22] NUNES, Dierle José Coelho. *Processo jurisdicional democrático*. Curitiba: Juruá, 2012, p. 167-168.

desperdício de tempo totalmente irracional. Se pensarmos um pouco no assunto, perceberemos que é uma pena ter que aturar a pura perda de tempo, a não ser por uma questão de sobrevivência financeira.

Necessário acrescentar que o ensino ficou não-teorizado, mais perigoso, os estudantes mais superficiais, com a leitura de qualidade em queda. Ressalta-se o mito, a subjetividade. O conhecimento científico ficou último na fila de prioridades reais.

Não é surpreendente que uma pessoa egressa desse enodoamento sinta dificuldade profissional. Com efeito, tem-se, de modo geral, inúmeros profissionais (juízes, promotores, advogados e defensores públicos) com deficiência técnica e científica.

Cumpre divulgar, com base nas reflexões do professor chileno Willy Thayer, em obra que recebe o nome de *A crise não moderna da universidade moderna*,[23] que há necessidade urgente de construir uma Universidade com hipérbole crítica, sob pena de transformar esse espaço (universidade), que deveria ser o lugar da produção do conhecimento, em "claustro". E, diante de tudo isto, quanto mais a Universidade se dogmatiza, mais a democracia regride. Destes recortes, por proveitosas reflexões de Thayer, conclui-se, portanto, que a *educação* é o problema estrutural mais grave de um país, e que inúmeros estabelecimentos universitários distanciaram-se do caráter de emancipatório (despertar/construir sujeitos públicos), para atender a "um mercado" que os "controla cada vez mais". Neste passo, as Faculdades de Direito, com as devidas exceções, não perguntam mais pelo coletivo.

Daí a necessidade de um lugar crítico de reflexão.

Por isso, a importância de os cursos refletirem o assunto dentro de uma nova concepção de Teoria do Direito, que trabalhe a desmistificação da linguagem jurídica, a fim de propiciar um ensino indexado a uma filosofia da linguagem (etapa pós-convencional), também possibilitadora de linhas teóricas que promovam um pacto de sentido voltado à compreensão científica do pensamento (racionalização que encaminha balizamentos ao conhecimento de forma continuada e revisitável).

---

23 THAYER, Willy. *A crise não moderna da universidade moderna.* Belo Horizonte: Editora UFMG, 2002.

É oportuno lembrar que todos os conteúdos jurídico-discursivos devem sofrer um deslocamento (giro paradigmático), a fim de se amoldar ao eixo teórico do vigente Texto Constitucional. Assim, teorias resolutas, conectadas a velhos paradigmas, não mais respondem à premente necessidade de re-construção sígnica do discurso democrático.

Ao tecer essas considerações, releva notar, que o estudo do Direito, é bom não perder este foco, está à volta de expressões impregnadas de conteúdos ideológicos ("justiça", "verdade", "ética", "bem comum", "paz social"), que nos remete a uma simbologia de quase enxergar a "Justiça" sentada em lótus sob um aglomerado de nuvens brancas. Por trás desta linguagem jurídica (farta em opacidade), abrem-se as portas ao emboscamento, uma vez que a legislação, em constantes momentos, autoriza, de forma duvidosa, a fundamentação de decisões com base em *conceitos jurídicos indeterminados*, o que abre via para interpretações íntimas do decididor.

Dessa forma, existe uma imediata necessidade de re-significância discursiva pelas teorias da linguagem científica por parte das faculdades de Direito que, com exceções raras, ainda não se planejaram o suficiente para essa reabertura reconstrutiva dos pontos controversos e polêmicos, pois muitas são casas de alfabetização hipertardias, autodefinidas como "instituição de ensino superior".

Aliás, fica evidente, que o cerceio de *pesquisa* é sinônimo de cerceio de esclarecimento, e em sendo estreito o ensino jurídico brasileiro, por carência de um ensino científico, claro, pois, que o período é de crise (surto industrial do ensino sem qualidade = cretinização do Direito), com um diagnóstico patente de que há uma produção em série de milhares de estudantes alienados, cada vez mais alienados, devido aos ensinamentos equívocos, usando, ao final do curso, um anel de "Doutor" (*doctors, senhores da doctrina*) e um carimbo no diploma.

Em tema de ciência do direito, ideal é que haja a desmistificação da linguagem normativa. É neste campo que se deduz que a *pesquisa* é imprescindível para a colmatação dos buracos existentes na rede normativa, a fim de servir de ligação entre o ensino e a lucidez acadêmica. Eis o mínimo a se exigir de um recinto universitário.

Há de haver, portanto, um ensino jurídico pautado em sistemas renováveis de explicitação do conhecimento (articulação entre *teoria*, *técnica* e *ciência*), sob ângulos diferenciados, e, para isto, um corpo docente composto por professores pesquisadores é imprescindível para promover a quebra do ensino anacrônico herdado dos lamentáveis períodos ditatoriais (1937 e 1964-85).[24]

Fácil, portanto, é perceber que se o ensino jurídico, no Brasil, continuar tão-somente pela leitura dos códigos em salas de aula ("evangelização" dogmática/"liturgia" da palavra), e não pelo esclarecimento científico, haverá a confirmação expressa do obscurantismo acadêmico. Se isso ainda ocorre, o professor(a) não está ensinando (transmissor neutro do pensar), mas apenas repetindo (professor máquina-de-xerox) uma envelhecida e conturbada legislação, em grande parte inconstitucional.

Do contrário, se houver filtragem constitucional das leis, por meio de um estudo crítico-reflexivo, haverá, por consequência, um alargamento ótico sobre os antagonismos normativos e a necessidade de eliminação das equivocidades. Nascem, aí, as ações de controle de constitucionalidade. Contudo, o que tem deprimido o Direito, enquanto *ciência*, é a publicação de livros jurídicos que endossam os equívocos (inconstitucionalidades) das leis. São os conhecidos "comentaristas" de códigos, articulados, portanto, à narrativa jurisprudencial alheia ao discurso jurídico crítico-reflexivo.

Porém, pode-se dizer, que as soluções para esses problemas não serão observadas de imediato pelas Universidades devido ao fator já ressaltado: a *falta de pesquisa*.

Logo, se Universidade é um local de construção do pensamento (e do conhecimento!), esse lugar passa a ser um recinto para debater temas ainda não bem resolvidos e o papel do professor, com criteriologia na *pesquisa*, é fundamental.[25]

---

24 Retenha-se, que importantes legislações brasileiras vigentes, como o Código Penal (1940), o Processual Penal (1941), a Lei de Introdução ao Direito Brasileiro (antiga LICC, 1942), a Consolidação das Leis Trabalhistas (1943) e alguns pontos do atual Código de Processo Civil (2015), ainda exigem cuidados diante do Texto Constitucional (1988).

25 WARAT, Luiz Alberto. *Ensino e saber jurídico*. Rio de Janeiro: Eldorado Tijuca, 1977.

Por ilação, pode-se afirmar, sem risco de erro, que o recinto do *ensino jurídico* vigente é de inolvidável importância (senão muito mais importante).

A bem dizer, se hoje, pois, a preocupação é com o âmbito de *produção* do Direito (processo legislativo) e a sua *aplicação* (processo constitucional), nos falta indagar: qual o Direito está sendo ensinado nos cursos de graduação? Dito de outro modo: estariam os bacharelandos narcotizados a uma reprodução de práticas jurídicas encapsuladas por teorias com as quais o vigente Texto Constitucional já rompeu?

Por isso, o papel das Universidades (principal instituição da sociedade moderna) é, agora como antes, talvez mais agora do que antes, o de exercer sem peias a sua destinação constitucional que é a garantia de assegurar um aporte permanente das ideias de forma inapartada entre *ensino*, *pesquisa* e *extensão* (art. 207, CF) – essa a atividade-fim da Universidade.

Aliás, pertinente foi o comentário do educador Anísio Teixeira (1900-1971): "A história da ideia de universidade no Brasil revela uma singular resistência do país em aceitá-la".[26]

9.5 O DIREITO CONSTRUÍDO POR TIPOS DE DOMINAÇÃO: REFLEXÕES SOBRE OS TIPOS PUROS DE DOMINAÇÃO LEGÍTIMA EM MAX WEBER

A questão que surge nesta parte do livro é que as formas de dominação moderna se apresentam por todos os lados. Daí a ideia, a partir de muitos anos ministrando a disciplina de Teoria da Constituição e do Direito Constitucional, de escrever este tópico. Ele seria uma oportunidade para aprofundar as nossas dúvidas e fornecer uma plataforma de reflexão a fim de desmontar certos discursos jurídicos. Não se pode fazer um estudo intelectual de Hermenêutica Constitucional sem ter em mãos as "chaves do castelo" – vamos assim dizer, por mero didatismo – para abrir os simulacros de conceitos, a decifração de contradições. Assim, neste tópico, procuramos um caminho que

---

26 TEIXEIRA, Anísio. Reforma universitária na década de 60. In: *Educação e Universidade.* Rio de Janeiro: Editora UFRJ, 1988, p.164.

pretende mostrar a violência autoritária que pode chegar o sistema jurídico.

Max Weber (1864-1920), um dos clássicos da teoria social, ofertou importante contribuição para o estudo do Direito, ao concluir que na linguagem das *leis* há formas de dominação ("dominação legal", "dominação tradicional", "dominação carismática").[27]

Com efeito, a posição deste pensador alemão, de grande importância para o nossos estudos, em especial neste tópico, foi de manifesta angústia diante da agonia de perceber que à medida que a modernidade fosse se desenvolvendo, o homem assumia um parâmetro de racionalidade cada vez mais comprometido, porque a humanidade passou a criar um Direito capaz de aumentar o poder de dominação, uma espécie de colonização das consciências.

O que se aprende, das lições de Weber, é que na linguagem do saber humano há um *sincretismo* (mistura indiscernível de normas jurídicas, mitos, tradições, crendices...), e este "caldeamento" acaba por criar óbices para a interpretação do discurso jurídico, uma vez que os intérpretes deste Direito acabam assumindo direções múltiplas e dificilmente encontrarão uma resposta consistente para os conflitos humanos.

De conseguinte, percebe-se facilmente que a dominação legal apoia-se inteiramente em bases jurídicas. Com efeito, o princípio constitucional da *reserva legal*, grafado no art. 5º, II, da CF/88, é base de sustentabilidade para a existência dessa *dominação legal*. Neste caso, se a *lei* for produzida nos parlamentos, sem atenção à garantia dos direitos fundamentais e do *devido processo legislativo*,[28] já se projeta uma evidente inconstitucionalidade.

Por seu turno, esse discurso de dominação racional-legal, como estamos a demarcar, esteve presente na história brasileira e ajudou a gerar violência funcionando como alavanca para o Estado se voltar contra os cidadãos, como foi o caso da Lei de Segurança Nacional,

---

27 WEBER, Max. *Economia e sociedade*: fundamentos da sociologia compreensiva. 3. ed. Brasília: Ed. UnB, 1994. v. 1, p. 142-147.

28 DEL NEGRI, André. *Controle de constitucionalidade no processo legislativo*: teoria da legitimidade democrática. 2ª ed. Belo Horizonte: Fórum, 2008.

bem como a Lei de Imprensa, as duas vigentes no período da ditadura militar brasileira (1967).

De maneira geral, o discurso de dominação legal está presente, na contemporaneidade, está por todas as partes do Direito.

O que é difícil de defender, no ensino do direito democrático, é o continuísmo da *tradição*, que é uma das formas de dominação, em Weber. Foi, por este viés, que Weber construiu a *dominação tradicional.* Trata-se, segundo Celso Castro, doutor em antropologia social pela Universidade Federal do Rio de Janeiro (UFRJ), de uma crença "na santidade das ordenações e dos poderes senhoriais de há muito existentes. Seu tipo mais puro, que se sobressai de imediato, é o da dominação patriarcal. A associação dominante é de caráter comunitário. O tipo daquele que ordena é o *senhor*, e os que obedecem são *súditos* [...]".[29] Para o referido autor, "por princípio considera-se impossível criar novo direito diante das normas e da tradição".[30]

Na história do Direito, percebe-se, nitidamente, que a *tradição* e os *hábitos*, em seus primórdios, sempre foram utilizados como instrumento de estratégia, e chegaram a assumir versões autoritárias por reforçar a dominação. Desta forma, o estudo dos *costumes*, que são implantados por alguém ou um grupo, em substituição à lei parlamentarizada, no *Direito moderno* (Direito desindexado das influências religiosas, ideológicas, tradicionalistas e míticas), não encontra mais guarida, por apresentar traços de estratégia de dominação das consciências. Estranho, portanto, é este ensino da tradição ainda ser acatado e publicizado (LINDB, art. 4º), pois, se há várias compreensões de vida, um pluriculturalismo, *não* pode existir tradição, uma auto-imunização frente às diferenças.

Cumpre notar, desde já, que o Judiciário, pela reflexão até aqui realizada, não se preocupa em romper com a tradição, mas, ao contrário, procura dar continuísmo. De tal modo, percebe-se, que o ar de seita misteriosa sobrevive pelas becas e togas que, ao lado dos tapetes

---

[29] CASTRO, Celso. *Textos básico de sociologia.* Rio de Janeiro: Zahar, 2014, p. 60-61.

[30] *Idem.*

vermelhos e colunas romanas, reforçam a ideia de *dominação* pela *estética* (Ver Theodor Adorno).[31]

Lado outro, ao cotejar a questão da dominação *carismática*, bases na idiossincrasia do líder, Weber prelecionou a preocupação de demarcar a veneração por ordens reveladas. Celso Castro chamou a atenção à dominação *carismática*, porque ela se dá "em virtude de devoção afetiva à pessoa do senhor e a seus dotes por graça (*carisma*), e, particularmente: faculdades mágicas, revelações ou heroísmo, poder intelectual ou de oratória".[32] É o que se colhe, na lamentável conclusão de Carnelutti, ao afirmar que o juiz é "aquele que escuta a voz de Deus".[33]

No que toca ao assunto, Dhenis Cruz Madeira imprimiu adequado suporte ao concluir, em valiosa colaboração, com seu habitual brilhantismo, que:

> O *carisma* constitui uma forma de dominação, e os ditadores, quase sempre excelentes oradores, costumam se valer de suas qualidades oratórias [...] para subjugar os povos e iludir seus interlocutores. Basta uma consulta à memória para se lembrar que grande parte dos ditadores que massacraram povos e provocaram guerras eram exímios oradores e se valiam desta qualidade pessoal para dominar a malta. Diante de grandes multidões, os referidos ditadores costumam provocar um estado de *excitação coletiva* que, não raro, leva a massa às lágrimas, aos gritos de euforia, à emoção, à falsa alegria etc. Faz-se isto com o objetivo de iludir a malta, dirigindo-a a um objetivo supostamente comum, mas que, em realidade, é o objetivo o objetivo do ditador.[34]

É nesse quadro que se coloca a autoridade como sinônimo de poder (dominação pelo descobridor-decisor). Com bem lembra Celso Castro, "tanto a designação pelo séquito como a aclamação pela comunidade (militar ou religiosa), como o plebiscito adotaram

---

31 ADORNO, Theodor W. *Teoria estética*. Lisboa: Edições 70, 1982.

32 CASTRO, Celso. *Textos básicos de sociologia*. Rio de Janeiro: Zahar, 2014, p. 64.

33 CARNELUTTI, Francesco. *Teoria geral do direito*. São Paulo: Lejus, 2000, p. 112.

34 MADEIRA, Dhenis Cruz. *Argumentação jurídica*: (in)compatibilidade entre a Tópica e o Processo. Curitiba: Juruá, 2014, p. 362.

frequentemente na história o caráter de uma eleição efetuada por votação, convertendo deste modo o senhor, escolhido em virtude de suas pretensões carismáticas, num funcionário eleito pelos súditos conforme sua vontade livre".[35]

Em realidade, não é pela maior temperança no gosto do discurso de autoridade, que se separam servidores públicos por dever funcional. O que, principalmente, os distingue é, isto sim, certa predominância pela filosofia da consciência. Seja como for, cabe repelir as afirmações fundamentadas por uma Juíza do Trabalho TRT da 13ª Região, em decisão proferida em setembro de 2007 (Autos do *procedimento* nº 01718.2007.027.13.00-6), que afirmou:

> A liberdade de decisão e a consciência interior situam o juiz dentro do mundo, em um lugar especial que o converte em um ser absoluto e incomparavelmente superior a qualquer outro ser material. A autonomia de que goza, quanto à formação de seu pensamento e de suas decisões, lhe confere, ademais, uma dignidade especialíssima. Ele é alguém em frente aos demais e em frente à natureza; é, portanto, um sujeito capaz, por si mesmo, de perceber, julgar e resolver acerca de si em relação com tudo o que se rodeia.

Infelizmente, é essa necessidade de existência de um discurso de autoridade, que tem encalacrado o estudo do Direito, enquanto ciência. O ensino jurídico, na democracia, não mais se define por axiologia, mitos, tradições, ritualísticas e autoridade suprema. Enquanto não se transmitir, por ensino crítico-reflexivo continuado, um Direito desindexado da idolatria aos juízes-sábios (moralizadores da lei) tradutores do "espírito do povo" (*método pandectista*), em prol da promoção da idolatria das leis (*método exegético*) e dos valores jurisprudenciais (*método analítico*), não haverá ciência jurídico-democrática.

A adoção da mítica, da ideologia e de crendices tem criado uma rede burocrática como ordem sistêmico-utilitária (forma pura de dominação). Nesta conjuntura, muito do que se escreve atualmente, em Direito, ainda é para reforçar o sistema tradicional-legal-carismático. Neste caso, não seria difícil dizer, que o Direito, de modo geral, ainda tem um pé no totemismo.[36]

---

35 CASTRO, Celso. *Textos básicos de sociologia*. Rio de Janeiro: Zahar, 2014, p. 69.

36 FREUD, Sigmund. *Totem e tabu*. Rio de Janeiro: Imago, 2005.

Por conseguinte, hoje, já se percebe, que quanto mais um Direito é sincrético, mais espaços de discricionariedade são contemplados, o que abre brecha para manobras dos controladores do sistema normativo no ato de decidir.[37]

Desse quadro de considerações, há que se falar em "dominação das consciências", porque as pessoas não conseguem se desembaraçar dessa rede burocrática e obscura. Portanto, este Direito, que estamos testificabilizando criticamente, passa a ser uma ordem sistêmico-utilitária que impede a reflexão sobre os fundamentos de produção normativa.

Essa conotação, observada por Weber, representa um avanço na reavaliação da construção do conceito moderno de *teoria da democracia*, porque, com o rápido volume de produção das leis, pelas próprias leis (*autopoiese*), sem consulta aos futuros destinatários normativos (coautores/cidadãos), implica na existência de um Direito alienante e excludente, de uma fiscalização hermenêutica regida pelo devido *processo constitucional.*

Com efeito, o Direito acaba sendo operacionalizado por administradores com poderes míticos (via teologal), que vai provocar um sistema de impedimento de pré-consulta ao destinatário da norma, para saber se ele, como cidadão, consente em ser regido pela *lei* antes de sua produção. Depreende-se, que, quando o legislador não explicita para o destinatário normativo quais são as teorias utilizadas na construção do discurso, o que possibilitaria a passagem da linguagem natural para a linguagem teórico-jurídica, há um desmonte da *legitimidade* do Direito.

Por isso, oportuna e bastante informativa, para usar de muita sinceridade aacadêmica, é a menção que Weber fez do Direito nos eixos temáticos do *direito material racional/irracional* e do *direito formal racional/irracional*,[38] uma vez que é aproveitável para o estudo do Direito Constitucional, em especial no estudo de processo legislativo.

---

37 LEAL, Rosemiro Pereira. *A teoria processual da decisão jurídica*. São Paulo: Landy, 2002.

38 FREUND, Julien. *Sociologia de Max Weber*. Rio de Janeiro: Forense Universitária, 1987. p. 181-186.

Por conseguinte, quando o autor faz o enfrentamento do *direito material irracional* (Direito criado pelo sentimento do "déspota" – cito expressão de Rosemiro Leal), pressupõe que a não submissão da produção da lei a interrogações (fiscalidade aberta), é um comportamento de *domínio*. E, aqui, reside um ponto de grande importância para o tema do *controle de constitucionalidade* no *processo legislativo*.

Cumpre ressaltar, entretanto, que apesar de haver, no Brasil, a possibilidade de controle de constitucionalidade preventivo (controle feito na produção da lei), a fiscalização ainda não é feita expressamente em referência à teorização de um *devido processo* (fiscalização que implanta co-instituições por meio do *processo*).

Cumpre notar, que o *direito material racional* (assinalado por Weber), só pode ser lido, atualmente, como o Direito construído em atenção ao princípio da *reserva legal* (art. 5º, II, CB/88). Isto ensina, que a preexistência do direito ao fato (*princípio da reserva legal*), não se trata de mera exigência causal, mas de uma observância consciente e bem dirigida a fim de fundamentar a *legitimidade* de normas a serem produzidas. Destaque-se, desde logo, que se há o *princípio da reserva legal* (art. 5º, II, CF/88), e, por outro lado, há a exigência de Democracia (art. 1º CF/88), a *lei,* certamente, só poderá ser produzida de forma democrática (uma produção que possa ser perquirida). Daí, a importância de se estudar o *devido processo legislativo* como instituição regenciadora da produção do Direito ao lado da existência de um *controle de constitucionalidade* capaz de assegurar a observância desse *processo constitucional*.

Diante desse quadro de cogitações, percebe-se, que Weber, ainda se preocupou, com a classificação do Direito em seu aspecto *formal* (processual) *irracional* e *racional.* O que se extrai, de relevante nesta classificação, é que o *direito formal irracional* é o Direito expresso em sentença com base no talento e clarividência do julgador.[39]

Todavia, quando se fala em "sentença", para seguir a linha de reflexão crítica que estamos implementando, há necessidade de uma demarcação conceitual para que o entendimento seja voltado não só

---

[39] LEAL, Rosemiro Pereira. *Teoria geral do processo*. 11ª. ed. Rio de Janeiro: Forense, 2012, p. 259.

para o Judiciário, mas também no Legislativo, uma vez que o ato de decidir independe da função público-estatal (Judiciário, Legislativo, Executivo). Daí, melhor trocar a palavra "sentença" por "ato de decidir", "resposta decisória" ou até mesmo "pronunciamento jurisdicional decisório".

É oportuna, a conclusão contemporânea, ainda com apoio em Weber, que a questão do *direito formal irracional* (*leia-se "formal" na contemporaneidade como "processual"*) liga-se ao *legislador* e ao *juiz-tribunal* quando se deixam guiar por normas que escapam à regência do *devido processo*. Não há dúvida, de que Weber, não recomendava a fundamentação direcionada pelos próprios sentimentos (decisão sem qualquer referência a norma jurídica).

Nessa conjectura, a decisão, no Legislativo, ganha um novo contorno, pois só se legitima a decisão (construção e aprovação da *lei*), que passa por um *procedimento* (regimento interno/estrutura argumentativa preparatória de decisões legislativas) desenvolvido pelos princípios da reserva legal do *processo* (devido processo legislativo). Ausente um destes pressupostos constitucionais, *não* há o *devido processo legislativo*, mas mero *procedimento* como base de fundamentação de produção de um *direito formal irracional* (Weber).

Assim, bastante aproveitável, é a sinalização de Raul Machado Horta quando disse que, quando o Executivo e o Legislativo não passam de duas funções submissas à atividade de um só partido político (ou de um partido majoritário e dominante), as relações de poder são relações tão-somente de partido, e o *processo legislativo* exibirá alto índice de automatismo (sem orientação consciente).[40]

Percebe-se, entretanto, que a produção da *lei*, nos referidos patamares decisionais, a partir da orientação de um líder da bancada governista (voto de liderança), *não antagoniza interesses*, porque é um voto que não se abre ao amplo debate contraditado e em isonomia entre as maiorias e minorias partidárias, o que pode gerar decisões que refletem a produção de um *direito formal irracional*, nos patamares já sinalizados por Weber.

---

[40] HORTA, Raul Machado. *Direito constitucional*. Belo Horizonte: Del Rey, 1999, p. 531.

Por fim, havia, para Max Weber, o *direito processual racional*, entendido como um meio de os julgamentos serem centrados em leis processuais preexistente aos fatos ou atos examinados pelo decididor. O que é de ressaltar, neste último quesito classificatório, proposto pelo sociólogo alemão, mas aqui ressemantizado por nossa conta e risco, é que as atuais teorias processuais brasileiras demarcam ainda mais a preocupação contra a utilização do Direito como meio de dominação.

Não há dúvida de que, na contemporaneidade, a *Teoria da Constituição* e o *Processo Constitucional* (teorias não existentes ao tempo de Weber) projetam subsídios teóricos de grande importância para o estudo da teoria da democracia.

Cremos, haver demonstrado, parcialmente, depois de toda essa exposição temática, neste tópico, a inconsistência teórica no ensino do Direito, o qual, não raro, ainda é transmitido por meio de signos que não mais atendem à necessidade premente de esclarecimento do discurso democrático, o que tem provocado o embrutecimento intelectivo de gerações.

Daí, o atual momento acadêmico, de se ensinar uma *Teoria da Constituição e do Direito Constitucional* com esteio em novas pesquisas e saberes multidisciplinares, a fim de acabar com os juristas de ideias absolutas e ensinar, de vez, a construção de um pensar desatrelado à forma tradicional de dogmatismo resoluto, que se mantém passivo à tensão entre imposição de normas e pretensão de legitimidade.

9.6 HERMENÊUTICA CONSTITUCIONAL: A MODO DE INTRODUÇÃO

O tema deste Capítulo é vasto. Difícil, portanto, esgotar o fértil veio da *Hermenêutica Constitucional.* Aqui, um parêntese: claro, para que se fale em *Interpretação Constitucional*, é preciso que seja a reflexão encaminhada por meio do *direito processual*, porque não podemos ignorar o relacionamento do *Processo* com a *Constituição*, como infelizmente fazem os autores em seus Manuais voltados à formação didática dos alunos de graduação em Direito.

Há, assim, um profundo liame entre os dois (*processo-constituição*). Também é pertinente fazer uma *introdução* ao tema, a fim de garantir um mínimo de esclarecimento. Mas mesmo esse requisito básico mereceria um longo debate, que, talvez, só seja possível resolver caso a caso, nos assuntos que chegam ao Judiciário.

Ao tecer considerações contributivas sobre *jurisdição e processualismo democrático, Dierle Nunes,*[41] a partir da leitura da obra do advogado e professor austríaco, Franz Klein, aponta, que no fluir do século XIX, especificamente na sua segunda metade, com o "surgimento da economia e cultura popular continental" houve significativas repercussões, o que gerou "um impacto na propriedade" com vendas em larga escala. Com isto, conforme o referido autor, viu-se, então, um comércio audacioso estender-se "para além das fronteiras nacionais".

Esses acontecimentos, como de conhecimento geral, geraram reviravoltas, que, por sua vez, lançaram seus reflexos por todas as direções colocando "em apuros toda a vida jurídica". Nestes termos, comentados por Nunes, "o *processo civil* e a *jurisdição* se prestavam a dimensionar somente conflitos privados, notadamente envolvendo questões de propriedade, posse, contratos, família e sucessões (litígios bipolares)".

Assim, esclarece o texto, que é após o Segundo Pós-Guerra que houve uma "diminuição da importância do legislador e potencialização do papel da magistratura".[42] Desta forma, o estudo de Nunes, que ora estamos a examinar, põe em cena duas problemáticas. A primeira: ganham enorme importância a criação dos Tribunais Constitucionais. A segunda: "a tudo isso é somado o aumento da complexidade da sociedade e dos litígios, o que atribui à Jurisdição e ao Processo novos contornos".[43]

---

41 NUNES, Dierle. Jurisdição, processualismo democrático e alguns novos dilemas e papéis da ciência processual. MORAIS, José Luis Bolzan; BARROS, Flaviane de Magalhães (Coord.). *Novo constitucionalismo Latino-Americano:* o debate sobre novos sistemas de justiça, ativismo judicial e formação de juízes. Belo Horizonte: Arraes, 2014, p. 101.

42 *Ibidem*, p. 102.

43 *Ibidem*, p. 103.

Nesse quadro de considerações, com uma sociedade mais plural e de riscos, com o surgimento de direitos difusos e coletivos, os estudos críticos (e reflexivos) das decisões judiciais diante da mudança social, "especialmente em questões fraturantes", como coloca o autor, ganha nova dimensão.

Assim, o ilustrado professor, reflete um precedente da Suprema Corte, o caso *Brown vs Board of Education of Topeka* (1954), um dos exemplos mais comentados no estrangeiro, um marco que resgatou a cláusula da *equal protection*, que potencializou o papel do Judiciário e de seu poder, em que a Suprema Corte dos EUA, na ocasião, "considerou que as leis estaduais que autorizavam segregação baseada em raça, em escolas públicas de ensino fundamental e médio, violavam a Cláusula de Proteção Igualitária da Décima Quarta Emenda da Constituição americana, derrubando quase 60 anos do entendimento que autorizava a concepção dos *separados mais iguais*".

Diga-se, de antemão, que *Brown* tornou-se "o paradigma da capacidade da Jurisdição em proteger os direitos e trazer voz para as minorias; no caso, os negros",[44] o que levantou grande tensão entre o Judiciário e o Legislativo.

A partir desses pontos, tem-se, então, um interessante material de estudo para demarcar, e inibir, a tendência de correntes ativistas, no campo da politização do Judiciário, e o papel do processualismo constitucional democrático, como sustentado pelo autor, com o objetivo de reduzir o viés solipsista do judiciário, a partir do "policentrismo processual", o qual afasta qualquer concepção de protagonismo.

Nesse passo, durante muitas décadas, e inúmeras discussões acadêmicas vinculadas à busca de como interpretar a Constituição, para a necessária garantia dos direitos fundamentais, destacou-se a importância de uma constitucionalização do *processo*, e, por consequência, uma *devida hermenêutica constitucional* para enfrentar os dilemas deste século que vivenciamos.

---

44 NUNES, Dierle. Jurisdição, processualismo democrático e alguns novos dilemas e papéis da ciência processual. MORAIS, José Luis Bolzan; BARROS, Flaviane de Magalhães (Coord.). *Novo constitucionalismo Latino-Americano:* o debate sobre novos sistemas de justiça, ativismo judicial e formação de juízes. Belo Horizonte: Arraes, 2014, p. 106.

9.7 INTERPRETAÇÃO (HERMENÊUTICA) CONSTITUCIONAL E PROCESSUALIDADE DISCURSIVA

Falar de Constituição é falar de interpretação (hermenêutica) constitucional. Os argumentos e fundamentos nesta área temática têm sido objeto de várias pesquisas. No caso concreto, sabe todos, que há dificuldades de interpretação, o que dá à Constituição um lugar de importantes reflexões. Afinal, como lembrou José Alfredo de Oliveira Baracho, "é preciso entender as palavras da Constituição por meio de uma interpretação adequada".[45]

O presente estudo procura analisar a *interpretação constitucional* como um problema de ciência jurídica moderna. Neste traçado de caracterização das investigações, é interessante indicar o propósito que as envolve. Sem dúvida, são estudos rigorosamente demarcados com informações minuciosas sobre "Hermenêutica Constitucional", em sua amplitude e em seus eixos, com a tentativa de entender o papel dos juízes e das partes processuais e o afastamento de decisões guiadas por concepções altamente subjetivas, e que acham que estão acima da lei.

Por isso, essas questões, têm grande importância prática, e teórica, para os juízes, bem como para os advogados, defensores públicos e promotores de justiça. Nas próximas páginas, tentaremos combater as decisões judiciais solipsistas, tomadas de simbologia e de critérios pessoais, principalmente daqueles juízes/ministros (com exceções raras), que se enxergam verdadeiros "Hermes" (pássaros mágicos de toga) habilitados a construir um Estado de Direito a partir de seus critérios pessoais de justiça (campo gnosiológico), como se "interpretação" fosse um ato de vontade, de escolha, e não de decisão, daqueles que transforma juízes em legisladores.

Mas não será o *advogado*, também, responsável por levar para os autos do procedimento discursos abstratos sobre normas jurídicas, argumentos totalmente subjetivos? Por que motivo, a literatura jurídica especializada, não critica os advogados e seus déficits técnicos constatáveis na prática do foro, bem como quem faz uso de uma advocacia

---

[45] BARACHO, José Alfredo de Oliveira. *Direito processual constitucional.* Belo Horizonte: Fórum, 2008, p. 499.

estratégica com finalidades obscuras, com o mesmo vigor com que desce pesadas críticas sobre os juízes? Há, por assim dizer, um diagnóstico que precisa ser feito, porque, a nosso ver, pelas considerações ora expendidas, o assunto merece cuidado, e, talvez, uma pesquisa específica por parte das academias, com o máximo de respeito aos que pensam de forma contrária.

O objetivo, compreensível, por parte da literatura, é refletir a função jurisdicional e neutralizar os serviços prestados de forma defeituosa, de qualidade duvidosa.[46] Ademais, existe, diante de nosso sistema jurídico, muitas decisões que caíram, e ainda caem, no pastoso terreno da *subjetividade*, do senso de superioridade *moral*, lugar em que se arrojam a partir do egocentrismo devastador de alguns juízes (e tribunais superiores), que se apresentam como portadores de um "*exclusivo saber*" no momento de interpretar a *lei*, o que é, sem dúvida, sintomático.

Ainda, aqui, é preciso dizer, que o reforço crítico de Ronaldo Brêtas merece atenção, porque, além de fazer a correlação entre processo e *Estado Democrático de Direito*, com maestria, é uma das fontes na literatura processual que exprime, com mais ênfase do que outros, que a justificação desenvolvida pelo órgão julgador

> [...] não pode ser abstrata, desordenada, desvairada, ilógica, irracional, discricionária ou arbitrária, formulada ao influxo das ideologias, do particular sentimento de justiça, do livre espírito de equidade, do prudente arbítrio ou das convicções pessoais do agente público julgador, marginalizando as questões e os argumentos posicionados pelas partes no processo, porque o julgador não está sozinho no processo, não é a gravidade e não possui o monopólio do saber.[47]

Todas essas questões nos conduzem diretamente à preocupação de fraturar a figura do juiz decisionista que, ao interpretar a *lei*, atua com esteio no intuicionismo, no emotivismo, nos critérios pessoais

---

46 Sobre o assunto, verificar o autêntico estudo acerca das prestações jurisdicionais defeituosas e a responsabilidade do Estado pelos danos causados. Cf. BRÊTAS, Ronaldo de Carvalho Dias. *Responsabilidade do Estado pela função jurisdicional*. Belo Horizonte: Del Rey, 2004.

47 BRÊTAS, Ronaldo de Carvalho Dias. *Processo Constitucional e Estado Democrático de Direito*. 3ª ed. Belo Horizonte: Del Rey, 2015, p. 169-170.

(psicologistas) com o uso de argumentos livres para empreender uma correção ao "envelhecimento" da lei, comportamento que transforma o Judiciário num aparelho ideológico althusseriano[48] ou talvez num superego de uma sociedade (Judiciário no papel de censor), para usar o estilo de Ingeborg Maus.[49]

Com efeito, o eixo dessa investigação, viabiliza-se a partir de ganhos científicos obtidos com pesquisas acerca de uma *teoria da legitimidade da decisão.* Cabe acrescentar, que, no estudo da interpretação, há uma linha de decisões judiciais, uma linha perigosa, que ainda faz aceno à *filosofia da consciência* (subjetividade), o que é motivo de grande preocupação nas academias.

Pretende-se, pois, elaborar nas próximas páginas, uma reflexão essencialmente *negadora* do paradigma da subjetividade, isto é, questionar se a consciência é autolegitimadora da decisão. É justamente, a este respeito, que a literatura de Lenio Streck traz boas-novas ao combater as decisões judiciais tomadas a partir de critérios pessoais.[50]

Do nosso ponto de vista, seria ingenuidade supor, que o juiz, em seu esplendor, possa corrigir as "anomalias", "consertando", ou "ajustando", os descompassos materiais existentes na sociedade a partir de sua *moral.* Aliás, como alertou José Alfredo de Oliveira Baracho, "os valores morais afetam a interpretação constitucional, de diversas maneiras".[51]

Do comentário de Baracho, o de que "os valores morais afetam a interpretação [...]", pode-se extrair muitas reflexões interessantes, uma delas, na contemporaneidade, é a que está ligada ao tema das "propensões cognitivas", assunto que tem atraído um número cada vez maior de estudiosos (psicólogos, juristas, filósofos, sociólogos)

---

48 ALTHUSER, Louis. *Aparelhos ideológicos de Estado.* Rio de Janeiro: Graal, 1985.

49 MAUS, Ingeborg. Judiciário como superego da sociedade: o papel da atividade jurisprudencial na sociedade órfã. *Revista Novos Estudos,* São Paulo, v. 58, p. 183-202, nov. 2000.

50 STRECK, Lenio Luiz. *O que é isto – decido conforme minha consciência?* Porto Alegre: Livraria do Advogado Editora, 2010.

51 BARACHO, José Alfredo de Oliveira. *Direito processual constitucional.* Belo Horizonte: Fórum, 2008, p. 143.

para o campo da neurociência (ciência cognitiva), a fim de reconhecer padrões ou a nossa propensão humana de inferir (preferências cognitivas), uma vez que somos humanos motivados por estímulos sensoriais, lembranças, rejeições.

No caso do Direito, porém, o assunto tem despertado interesse de alguns juristas preocupados em aferir o envolvimento do juiz com alguns argumentos, como, por exemplo, quando o juiz tem contato com provas ilícitas, mas que foram desentranhadas dos autos do procedimento, exatamente por causa da ilicitude, ou nos casos oficiosos de produção de prova.

Nesses casos, o advogado, já sabendo aonde precisa chegar (comprovar a contaminação cognitiva do juiz e o manejo da lei com hermenêutica interessada), tudo o que lhe resta é buscar leitura e estudo pesados na área, e, talvez, o livro de Michael Gazzaniga traga algum suporte de esclarecimento (*Who's in charge?: free will and the science of the brain*" – em tradução livre – Quem está no comando?: o livre-arbítrio e a ciência do cérebro).[52]

"Ajustes" ou "consertos", em interpretação jurídica, são os primeiros passos para um possível ativismo judicial, momento em que o juiz atua como um "criador de políticas públicas", um protagonista exagerado no ato decisional.

E essa decisão, em que "tudo vale", passa a fazer aceno a juízos próprios, solipsistas, oniscientes, clarividentes, espaço para onde cada juiz acaba virando um coreógrafo, um alegorista.

Apesar de esses decisores se apresentarem como positivistas, ainda assim, precisam distinguir "explicação" de "justificação", "solipsismo" de "fundamentação". O problema existe, porque, se um intérprete fizer uma articulação entre todas essas vertentes, instalar-se-á, a partir deste entrelaçamento, uma espécie de alquimia que tornará todo raciocínio jurídico *sincrético*, uma mistura incompreensível para a própria direção normativa.

Aqui, vale o raciocínio de Dhenis Cruz Madeira: "Na linha positivista cartesiana, o *objectum* é o *positum*, o (im)posto [...] aquilo

---

52 GAZZANIGA, Michael. *Who's in charge?*: free will and the science of the brain. New York: Ecco, 2011.

que foi posto pelo homem racional na coisa, de modo que esta seja vista por meio daquilo que foi posto nela, daí *positivismo*. No caso do positivismo jurídico (pelo menos o exegético) [...] encara a lei como uma verdade posta racionalmente pelo legislador e que, por sua vez, também é captada, subjetiva e solitariamente, pelo aplicador (juiz, governador etc). Tem-se, mais uma vez, um modelo solipsista de criação, interpretação e aplicação do Direito".[53]

O tormento vem de que muitos "positivistas", ao invés de sustentar a norma escrita, vão além dessa análise e acabam entregando ao juiz uma interpretação *livre* da norma jurídica (como se o agente decisor estivesse ligado à função legislativa), levando em conta as suas convicções discricionárias, o que aumenta o grau de imprevisibilidade das decisões.

O que se quer dizer, é que uma coisa é admitir, realisticamente, que o legislador não consegue esgotar, na malha normativa, toda a complexidade de problemas sociais; outra, bem diferente, é justificar que a sensibilidade do juiz pode "ajustar" ou "consertar" possíveis déficits.

De conseguinte, nessa rota, percebe-se, que muitas decisões caíram, e ainda caem, no pastoso terreno da *subjetividade*, do senso de superioridade *moral*, lugar em que muitas decisões se arrojam a partir do egocentrismo devastador de alguns juízes, e tribunais superiores, que se apresentam como portadores de um "*exclusivo saber*" na hora de interpretar a *lei*, o que provoca desdobramentos paranoides tão próprios de uma "ditadura do martelo" ou de uma "ditadura da toga", se preferir, é claro. A primeira "vítima", deste comportamento, ao que se extrai, é o *princípio da legalidade* (art. 5º, inciso II, CF). Por isto, já se impõe, imediatamente, a necessidade de cirurgias corretivas em todos os campos da literatura jurídica, a fim de se promover uma *ruptura* com a filosofia da consciência, com ao "justiçamentos".

É dever funcional do juiz distanciar-se das convicções pessoais ou de suas inclinações moralizantes, porque, o *ato de decidir*, como tem que ficar claro, deve se apoiar em *provas* produzidas nos autos do

---

53 MADEIRA, Dhenis Cruz. *Argumentação jurídica*: (in)compatibilidade entre a tópica e o processo. Curitiba: Juruá, 2014, p. 237.

procedimento pelas partes processuais. Do contrário, decide-se *ultra petita* e o caos precede a ordem normativa. A fundamentação, que a Constituição Federal exige nas decisões judiciais, como é de conhecimento amplo, é direito fundamental dos cidadãos (art. 93, IX, CF).

Dessa forma, a *decisão*, e não *decisionismo*, no Direito democrático, só será alcançada em patamares de *legitimidade* (exercício de refutabilidade argumentativa) a partir da utilização de argumentos objetivos e da interação realizada em contraditório entre as partes do *processo* (justificação/fundamentação das decisões), uma vez que a construção da decisão não é uma atividade que está relacionada apenas ao juiz, isoladamente.

Vê-se, pois, que o *contraditório*, neste livro, não é o de mera "bilateralidade de audiência". É mais que isto. Tem-se, aqui, uma leitura do *contraditório*, que supera o veio fazzalariano de "participação das partes em simétrica paridade", pois o princípio constitucional do contraditório deve efetivar a contribuição (influência) das partes processuais, a fim de que na decisão judicial não apareçam fundamentos que não foram submetidos às partes processuais.[54] Agregue-se, a isto, o fato de o *contraditório* ser entrelaçado com o princípio da fundamentação das decisões judiciais.[55]

Não raro, os *métodos* de interpretação jurídica, ensinados por alguns autores, estão muito ligados à figura de um juiz decisionista (juiz solipsista) que ao interpretar a lei atua com esteio em critérios pessoais, como já dito, com o traço da "decisão-surpresa", algo combatido pelo Código de Processo Civil (Lei n. 13.105/2015), em seu art. 10.[56]

Nisso, tendo o juiz o "poder de dizer o direito", como diria alguns, com embasamento nos artigos 4º e 5º, da LINDB, um caso claro de proibição do *non-liquet*, é dizer, o juiz está obrigado a decidir mesmo na ausência de lei, a jurisdição passou a ser atividade tão-somente do

---

54 NUNES, Dierle. *Processo jurisdicional democrático*. Curitiba: Juruá, 2012, p. 250.

55 LEAL, André Cordeiro. *O contraditório e a fundamentação das decisões no direito processual democrático*. Belo Horizonte: Mandamentos, 2002, p. 105.

56 Art. 10. O juiz não pode decidir, em grau algum de jurisdição, com base em fundamento a respeito do qual não se tenha dado às partes oportunidade de se manifestar, ainda que se trate de matéria sobre a qual deva decidir de ofício.

juiz (uma espécie de *depositário público* de confiança da sociedade civil – instrumentalismo), algo que requer muito cuidado para não abrir um perigoso campo para as discricionariedades.[57] Não insistiremos, aqui, sobre todo o detalhamento da interpretação, o que vários livros já demonstraram tantas vezes, muitos, lamentavelmente, apenas reproduzindo antigas decisões do Judiciário, algo distante de uma *ciência do direito*. A literatura, sobre o assunto, é fartamente conhecida.

Por isso, nossa preocupação, mesmo que superficial, de mostrar, antes de iniciar as reflexões no sentido mais crítico-reflexivo, um mero esboço de como os paradigmas passados configuram o modo de compreender o mundo e auxiliam na compreensão da estrutura vigente.

Daí, o que precisa ser retraçado, aqui, é o comportamento do Judiciário nos modelos de liberalismo e de socialização processual. Nesta perspectiva, à época do *Estado Liberal*, ao *juiz* era reservado o papel de mera "*boca da lei*" (*bouche de la loi*), pois ela, a lei, era considerada completa (*verba certa* – palavra certa). É, portanto, por causa disto, que na França, no século XIX, havia a rigidez no interpretar ("proibição" de interpretar), uma vez que se entendia que a lei era criada pelos legisladores.[58]

Afirmou-se, posteriormente, que essa "rigidez" interpretativa do direito pela Escola Exegética (França) deveria, em parte, ser revista. Deste efeito, surgiram outras correntes, como no caso da Alemanha, por meio da Escola dos *Pandectas* (escola dos pandectistas), uma espécie de direito feito pelos professores a partir de conceitos organizados com idolatria aos juízes, porque vistos como aptos a traduzir o espírito do povo (*Volksgeist*), e a Inglaterra, com a Escola Analítica (valores jurisprudenciais).

Em todas elas, existe nada mais que uma semelhança: todos os métodos contam com juízes sábios e moralizadores da lei, intérpretes sensitivos empenhados na promoção da "justiça".

---

57 Conferir a redação do CPC/2015, no artigo 140, que o juiz não se exime de decidir alegando lacuna ou obscuridade do *ordenamento jurídico*. Vê-se que a redação do CPC vigente, em relação à LINDB, melhorou. O ponto interessante está na afirmação de "obscuridade do ordenamento jurídico", e não na clássica expressão "na falta da lei".

58 STRECK, Lenio. *Verdade e Consenso*. 4ª. ed. Porto Alegre: Editora: Livraria do Advogado, 2001, p. 31.

Dentro desse equacionamento, Dierle Nunes, ao analisar o modelo de *liberalismo processual*, vai destacar o protagonismo das *partes* e o comportamento do juiz como mero espectador. Incisivo, e com apoio em Michele Taruffo, vai afirmar: "o juiz, nesse sistema, exercia papel completamente passivo, tanto que as audiências de instrução eram inteiramente confiadas aos advogados das partes [...]".[59]

A partir dessas concepções o comportamento do juiz, antes imobilizado na literalidade da lei (*non-liquet* – sem lei, sem decisão), passou a ser, no modelo de socialização processual, mais amplo e discricionário (ampla liberdade no momento de decidir), chegando ao ponto de o juiz ser obrigado a decidir mesmo sem previsão legal. Constatando esta perspectiva, a de julgamento mesmo na ausência da norma, a literatura jurídica especializada utiliza um rótulo, que é a proibição do *non-liquid.* Isto quer dizer que o juiz está obrigado a decidir mesmo na ausência de lei. [60]

Com isso, o solipicismo decisional continua com espaços aqui e ali no século 21, e é essa situação que quebra a simétrica paridade no *processo.*

---

[59] NUNES, Dierle José Coelho. *Processo jurisdicional democrático.* Curitiba: Juruá, 2012, p. 62.

[60] É preciso esclarecer melhor essa situação, porque privilegiar a própria autoridade (juiz), já espanca o próprio seguimento fazzalariano de simétrica paridade (ao menos, dentro da revolução conceitual de que *processo* é uma espécie de *procedimento* realizado em contraditório e em simétrica paridade entre as partes processuais), uma vez que já entregaríamos a interpretação à *auctoritas* (a autoridade tem uma sensibilidade), permitindo que o juiz decida na intranorma, uma maneira de mantê-lo exatamente fora da isonomia (Cf. Rosemiro Leal). Mais grave: a autorização de que o juiz pode decidir com norma ou sem a norma (nos labirintos dos arts. 4º e 5º da Lei de Introdução às Normas do Direito Brasileiro – Lei 12.376/2010) funciona como um piso escorregadio a homologar uma dogmática jurídica que enxerga o juiz como o único competente para traduzir os "valores" da sociedade, um genuíno "*caráter oculto*" (LEAL, Rosemiro Pereira. *Teoria geral do processo.* 11ª. ed. Rio de Janeiro: Forense, 2012, p. 243-250). Explicar isso não é tarefa fácil. A saída desse enodoamento é possível por meio da teoria *neoinstitucionalista do processo*, aqui, em especial, na compreensão dos "*Fundamentos de liquidez e certeza na constitucionalidade democrática*" (LEAL, Rosemiro. *Relativização inconstitucional da coisa julgada*: temática processual e reflexões jurídicas. Belo Horizonte: Del Rey, 2005, p. 33-38).

Dessa forma, quando se propôs no modelo paradigmático de Estado Social uma participação mais ativa do juiz, ao longo dos procedimentos judiciais, o que se queria era o fim da inércia do juiz (Estado Liberal).

É perpassar a história e ver, em linhas gerais, ao menos em *direito processual*, saltando as estruturas sequenciais das "*legis actiones*", do "*per formulas*" e da "*cognitio extra ordinem*" – reconstituição extremamente bem feita na literatura de José Marcos Rodrigues Vieira[61] –, que a força do *juiz* começa com a tentativa de explicar a independência do direito processual frente ao material, por meio dos escritos de Oskar von Bülow, em 1868, ano em que o autor estabeleceu as bases de sua "*teoria das exceções e dos pressupostos processuais*",[62] enaltecendo a atividade dos juízes, *ex officio*, o que abriu caminho para o protagonismo judicial, uma vez que, para o referido autor, em apertada síntese, o *processo* era uma relação jurídica de direito público que se formava a partir de requisitos de *admissibilidade* e condições prévias aferíveis pelo juiz.

Aliás, como bem explicou Dhenis Cruz Madeira, com apoio em André Leal, "*a exceptio bülowiana* do direito processual – que é denominada de *pressuposto processual* –, também permite ao magistrado suspender a aplicação da lei mediante uma filtragem solipsista. Pela análise solipsista dos pressupostos processuais, o juiz poderá dizer se a lei alegada pela parte deve ou não ser aplicada, suspender-se-á ou não, sua aplicação".[63] Com isto, o mundo processual foi arrebatado por essa atmosfera bülowiana (para muitos o encanto continua até hoje, mesmo após o centenário de sua morte, em 2007). Contudo, a agudeza de sua teoria aconteceu 17 anos depois da sua "*teoria das exceções e dos pressupostos processuais*", em outro escrito de sua autoria, datado de 1885, intitulado *Statutory Law and the Judicial Function*, para nós traduzido simplesmente como "Lei e Magistratura", mas para muitos "Direito legislado e função judicial".[64]

---

61 VIERIA, José Marcos Rodrigues. *Da ação cível.* Belo Horizonte: Del Rey, 2002, p. 01-33.

62 BÜLOW, Oskar von. *A teoria das exceções processuais e dos pressupostos processuais.* 2. ed. Campinas: LZN, 2005.

63 MADEIRA, Dhenis Cruz. *Argumentação jurídica*: (in)compatibilidade entre a tópica e o processo. Curitiba: Juruá, 2014, p. 337.

64 BÜLOW, Oskar von. *Statutory Law and the Judicial Function.* In: *American Journal of Legal History*, v. 39, 1995, p. 74-94.

Portanto, a lição incutida por Bülow, em 1885, em notas que aparecem aqui citadas em tradução livre, apresenta conteúdos bem diversos do que discutimos neste livro, uma vez que se devotava à esperança de "desenvolver uma teoria sobre a criação do direito pelos juízes",[65] ao passo que "[...] mesmo a decisão contrária à lei possui força de lei".[66] Considere-se, diante disto, mais uma passagem:

> [...] quando acontece várias vezes, de as legislações dos juízes contrariarem o sentido e a vontade da lei, isso deve ser aceito tranquilamente, como um destino inevitável, como um tributo, o qual os legisladores e juízes prestam à franqueza do poder de expressão e comunicação humanas.[67]

Veja-se, em trecho colhido de sua obra, que enleado ao comportamento do juiz, Bülow aumenta a carga de decisionismo ao escrever que "a decisão do magistrado não é uma decisão em sentido tradicional e lógico da palavra. É algo mais, de maior significado, mais poderoso do que aparenta ser sua denominação".[68]

Nesse cenário, tendo à frente Bülow, preocupado em assegurar uma ampla liberdade ao juiz no valorar pessoalmente os casos concretos independentemente da lei, tornou-se um descalabro em escala mundial ecoando seus efeitos nocivos para diversos ordenamentos jurídicos de forma irrefletida.[69]

---

65 Do original inglês: "*develop and completely establish a theory of judicial law-creation* [...]." (BÜLOW, 1995, p. 74).

66 Do original inglês: "*Even a judgment contradicting the law is binding*" (BÜLOW, 1995, p. 91).

67 Anotamos a passagem em inglês, porque nos pareceu melhor ao leitor à tradução livre em língua portuguesa no corpo do texto, com remissão ao original, em pé de página, como se segue: "[…] *when it so often happens that judicial decrees are contrary to the true meaning and intent of the statute, it has to be suffered as an unavoidable fate, as a tribute that the legislators and judges make to the weakness of the human ability to communicate and comprehend*" (BÜLOW, 1995, p. 91).

68 Do original inglês: "*The decision of the judges is not a judgment in the usual logical sense of the word. It is something more, more significant, more powerful than its name appears to signify*". (BÜLOW, 1995, p. 76).

69 LARENS, Karl. *Metodologia da Ciência do Direito*. Lisboa: Fundação Calouste Gulbenkian, 1997, p. p. 81-82.

Assim, o *processo*, nesse caso, cumpre apenas uma função confinada à autonomia individual do *juiz* transformando-se em mero *instrumento da jurisdição*. Em importante trabalho sobre processo e jurisdição no Estado Democrático de Direito, André Leal promove um estudo de reconstrução da jurisdição a partir do direito processual democrático, e detecta que é somente com a leitura do livro "lei e magistratura" (*Statutory Law and the Judicial Function*), de 1885, que se compreende amplamente as cogitações de Bülow (cumpre divulgar que André Leal desenvolve o texto no original, em alemão – *Gesetz und Richteramt*).[70]

A obra do professor André Leal é um estudo crítico, de extrema relevância, a qual demonstra que "o *processo* de Bülow fora concebido não como meio de controle judicial, mas como técnica de atuação de juízes ao reforço de convicções nacionais alemãs".[71] Assim, declinou a pesquisa, no sentido de apontar que Bülow, com esse trabalho de 1885, preparou a magistratura alemã com o objetivo de adotar técnicas que pudessem permitir "a desvinculação dos julgadores das abordagens formalistas [...] municiando, com isso, a magistratura de instrumentos de dominação idênticos aos dos pretores magistrados em Roma".[72]

Querendo-se ou não, a figura do juiz, quando inclinada a ser plenipotenciária no procedimento, sempre foi ponto de conjectura em âmbito de interpretação, embora tenha sido difícil fazer entender a alguns que esse estudo (como não poderia deixar de ser diante das normas constitucionais), deveria ser feito também em *teoria da constituição com câmbio epistemológico, como a nossa tentativa neste livro.*

E, assim, seguem insistindo numa hermenêutica inquisitorial, dando-lhe uma aparência democrática, com o juiz fora do lugar que a Constituição lhe reservou – porque visualizam o tribunal como o centro do "processo" –, sem nunca ter percebido que a literatura de Bülow foi traçada pela lógica da matriz sistêmica centralizadora, num

---

70 LEAL, André Cordeiro. *A instrumentalidade do processo em crise*. Belo Horizonte: Mandamentos, Faculdade de Ciências Humanas/FUMEC, 2008, p. 29.

71 *Idem*.

72 *Ibidem*, p. 62.

arcabouço filosófico talvez impactado pelo *idealismo alemão*[73] (*judicium*-juízo-razão), que logo fez funcionar o sentenciar (*sentire* – sentença) no reinado da linguagem com agregados de filosofia da consciência no espaço do Direito Processual, uma longa história.

Abrimos, aqui, um microparêntese. Tomando a narrativa da "regra da convicção íntima", seríamos levados a afirmar que se trata de um discurso que não passou despercebido por Michel Foucault, que apresentava severas queixas quando analisou a organização do poder de punir, o aparelho de justiça e de polícia, de vigilância e punição, depois de emoldurar o fim dos grandes rituais de punição (suplícios públicos) de crimes na Idade Clássica (XVII e XVIII), com a atrocidade da punição repetindo a atrocidade do crime, para um sistema calculado, em que o saber criminal é requerido ao juiz.

Quanto a esse "saber criminal", o final do século XVIII, ao que entendemos, pode servir de exemplo. Assim, num momento dado, em seu livro *Os anormais,* Foucault fornece um exemplo retirado de um texto de Bruneau, que datava de 1715, o qual se pode ler o seguinte: "o juiz deve estudar o acusado, deve estudar seu espírito, seus costumes, o vigor das suas qualidades corporais, sua idade, seu sexo. Deve transportar-se, tanto quanto puder, para dentro do criminoso, a fim de penetrar, se possível, sua alma".[74]

E o drama da interpretação, que exaure os teóricos, se estende do final do classicismo (séc. XVII e XVIII) até a modernidade (século XIX), um movimento complexo que continua com repercussões na literatura ao longo de todo o século XX, ao ponto de se imaginar que a moral podia corrigir o *direito* com o protagonismo do juiz (dono da lei).

Percebe-se, então, que em contraposição ao imobilismo exagerado do Estado Liberal, o Judiciário passou por reformulações hermenêuticas e percorreu um caminho assegurador (e assustador) da atividade criadora do juiz (*ativismo judicial*) em busca da tentativa

---

73 *Idealismo alemão* foi um movimento filosófico, segundo Will Dudley, que surgiu em 1781, com a publicação da *Crítica da razão pura* de Kant, e terminou cinquenta anos mais tarde, com a morte de Hegel. Um meio século dos mais influentes da história da filosofia. Cf. Will Dudley, *Idealismo alemã.* Petrópolis: Vozes, 2013, p. 13.

74 FOUCAULT, Michel. *Os anormais.* São Paulo: Martins Fontes, 2013, p. 73.

de conciliação entre a realidade social, os ditames constitucionais (*bem-estar, sociedade solidária...*) e a "justiça nas decisões", ao arrimo da "letra fria da lei". Esta ideia vai ganhar força, inclusive, com o "socialismo processual" do Leste Europeu no pós-Segunda Guerra – há mais de 70 anos –, um *ativismo judicial* compensador das desigualdades e que leva a uma apatia dos advogados das partes, conforme ressalta a pesquisa de Dierle Nunes.[75]

Essa verificação, se dá igualmente, na obra de Franz Wieacker, ao cuidar do problema da ordem lacunar e as novas tendências de interpretação a partir da Primeira Guerra Mundial, que "colocaram os juízes perante a tarefa de ajustar o direito legal ao novo modelo social", a tanto de esses métodos de interpretação da *lei* serem *"praeter* ou mesmo *contra legem"*.[76]

Hoje, portanto, no Estado Democrático de Direito, sabe-se que a *decisão* não é mais ato solitário do juiz (*solipsismo*), o qual não tem que fazer uso da palavra coringa "justiça" com o objetivo de legitimar irresponsabilidades advindas do tribunal da razão (justiçamento), mas sim com apoio nos conteúdos da *lei* interpretada pelas *partes* num procedimento discursivo filtrado pelo *devido processo*. Desta forma, a arbitrariedade das decisões, em nome do "bem-comum", do "coletivo", mesmo que para isso seja preciso esmagar os direitos fundamentais assegurados pela instituição do *processo*, necessariamente precisa estar com os dias contados. No entanto, desde logo, é melhor que se esclareça a participação do *juiz* na atividade hermenêutica (ao lado das partes processuais), para uma melhor compreensão do capítulo que se segue.

Segundo Aroldo Plínio Gonçalves, "a participação do juiz não o transforma em um contraditor", uma vez que "entre ele e as partes não há interesse em disputa, ele não é um 'interessado', ou um 'contra -interessado' no provimento. O contraditório se passa entre as partes porque importa no jogo de seus interesses em direções contrárias, em

---

[75] NUNES, Dierle José Coelho. *Processo jurisdicional democrático*. Curitiba: Juruá, 2012, p.108-112.

[76] WIEACKER, Franz. *História do direito privado moderno*. Lisboa: Fundação Calouste Gulbenkian, 1993, p. 664.

divergência de pretensões sobre o futuro provimento que o *iter* procedimental prepara, em oposição". [77]

Em consequência, não podemos aceitar que o juiz esteja acima das provas fixadas nos autos do procedimento, num mecanismo de "livre valoração", que enaltece a avaliação subjetiva. No entanto, podemos dizer, que o juiz, não está impedido de criar teorias (balizamentos ao conhecimento jurídico) no momento de decidir um determinado assunto. É claro, pois, que esta breve observação, não passa perto da teoria de Oskar von Bülow (jurisdição sem *processo*).

É com perspectiva condizente ao discurso de Lenio Streck, que se faz uma singular advertência: "controlar as decisões é uma questão de democracia, o que não implica *proibição de interpretar*".[78]

Dessa maneira, o juiz tem a função de atuar nos conteúdos da *lei* e ao interpretá-la pode construir a sua teoria demarcando o discurso sobre normas jurídicas (argumentos internos ao Direito), o que, num raciocínio popperiano, pode coincidir com a teoria da parte processual (teoria A) ou com a teoria da contraparte processual (teoria B). Evidente que ele, como um dos intérpretes da Constituição, pode produzir outra teoria (teoria C), desde que esclareça as "razões" de sua decisão de forma profundamente fundamentada (art. 93, IX, da CF/88; art. 489, §1º, incisos I e II, CPC/15), a fim de ficar distante da filosofia da consciência (lei íntima do decididor; sentença/ato de sentimento) eliminando a figura de um terceiro interessado no *processo*, como sinalizava a teoria da relação jurídica (jurisdição como atividade do juiz – Bülow).

Note-se, a partir da pesquisa de Dierle Nunes, que no processualismo constitucional democrático, não há "o estabelecimento de focos e de centralidade, seja nas partes, nos advogados ou nos juízes [...]", uma vez que referidas concentrações não se adaptam "[...] ao perfil

---

[77] GONÇALVES, Aroldo Plínio. *Técnica processual e teoria do processo.* Rio de Janeiro: Aide, 1992, p. 121.

[78] STRECK, Lenio. Hermenêutica , Constituição, Autonomia do Direito e o Direito Fundamental a obter respostas adequadas (corretas). *Revista da Faculdade de Direito do Sul de Minas.* ano XXIII - n. 25 - jul./dez. 2007, p. 140.

democrático dos Estados de Direito da alta modernidade".[79] Daí o referido autor afastar qualquer concepção de protagonismo.

Nesses termos, como ensinam Nunes *et al*, "o contraditório, nessa ordem de ideias, deixou de ser diálogo entre os litigantes, já que nele se inseriu, também, o juiz, que ficou impedido de resolver questões que não tivessem passado pelo crivo da audiência dos principais interessados no conflito, ainda que se tratasse de matérias apreciáveis de ofício", porque "incluiu-se no conceito de contraditório a *garantia de não surpresa* [...]".[80] E, ao que se compreende da referida literatura ora analisada, como o contraditório é princípio da "influência" e "não-surpresa", este segundo referente, a "não surpresa", já obriga o juiz a atuar no esclarecimento das "razões" de sua decisão, a qual deverá ser fortemente fundamentada (art. 93, IX, CF; art. 489, CPC/15). No caso, como diz Flaviane de Magalhães Barros, "a *imparcialidade* se garante pela exigência do esforço argumentativo das partes, que será a base para se construir a decisão na fundamentação".[81] (itálico nosso!)

Referidas observações devem estar ancoradas na interpretação da principiologia constitucional, tanto no plano de direito processual civil como de direito processual penal.

Em poucas palavras, como escreve Dhenis Cruz Madeira, "é o juiz quem julga, porém, hoje, não julga mais sozinho".[82] As partes, explica Dhenis Madeira, "fiscalizam os atos da contraparte e do juiz, e este, por sua vez, fiscaliza a atuação das partes, sempre, sob o prisma do devido processo legal e constitucional".[83]

Com base nessas questões é que pretendemos, com fundamento no *processo constitucional*, encontrar meios institucionalizados para

---

[79] NUNES, Dierle José Coelho. *Processo jurisdicional democrático.* Curitiba: Juruá, 2012, p. 212.

[80] THEODORO JÚNIOR, Humberto; NUNES, Dierle; BAHIA, Alexandre Melo Franco; PEDRON, Flávio Quinaud. *Novo CPC*: fundamentos e sistematização. 2ª ed. Rio de Janeiro: Forense, 2015, p. 92.

[81] BARROS, Flaviane de Magalhães. *(Re)forma do processo penal.* Belo Horizonte: Del Rey, 2009, p. 21.

[82] MADEIRA, Dhenis Cruz. *Argumentação jurídica*: (in)compatibilidades entre tópica e processo. Curitiba: Juruá, 2014, p. 302.

[83] *Ibidem*, p. 303.

neutralizar ou eliminar a carga de subjetividade nas decisões (argumentos externos ao Direito), evitando, assim, o desconforto de uma decisão verticalista (deslegitimada) por ato sentimental do julgador (*phronesis* – ação virtuosa). Isto, porque, como dito linhas atrás, e de forma exaustiva, a interpretação do ordenamento jurídico não se faz mais em juízos de subjetividade (leis íntimas) de um decididor.

Percebe-se, portanto, que no paradigma jurídico-constitucional vigente (Estado Democrático de Direito), a clarividência do julgador não pode superar a norma jurídica vigente. A *lei* não pode mais ser vista como um dado posto pelo legislador, para ser descoberto pela figura de um descobridor-decisor de forma solitária (juiz monológico), cujo cérebro sensitivo e talentoso (tocha iluminada no cérebro), seja capaz de se comportar como um legislador complementar e reduzir as partes do *processo* a meros coadjuvantes do seu destino.

Por isso, a importância do *contraditório*, não como mera "bilateralidade de audiência", mas sim como princípio de "influição" das partes processuais, vai permitir a "repercussão direta do contraditório na fundamentação das decisões".[84] Enfatizando a importância do referido princípio, responsável pela estrutura dialética, anote-se, que o CPC/2015, escolheu vedar a chamada "decisão de surpresa".

É o que estabelece art. 10, com a seguinte redação: "o juiz não pode decidir, em grau algum de jurisdição, com base em fundamento a respeito do qual não se tenha dado às partes oportunidade de se manifestar, ainda que se trate de matéria sobre a qual deva decidir de ofício".

É preciso, portanto, reconstrutivamente, criar uma nova concepção a respeito da hermenêutica para trabalhar uma interpretação ao deslinde do princípio do discurso, com esteio na teoria do *devido processo* e da constitucionalidade democrática, neutralizando os critérios pessoais de decisão ("*consciência psicologista*" do intérprete).[85]

---

84 BRÊTAS, Ronaldo de Carvalho Dias. *Processo Constitucional e Estado Democrático de Direito.* 3ª ed. Belo Horizonte: Del Rey, 2015.

85 STRECK, Lenio Luiz. *O que é isto – decido conforme minha consciência?* Porto Alegre: Livraria do advogado Editora, 2010.

9.8 O POSITIVISMO JURÍDICO: ASPECTOS GERAIS E CRÍTICOS

O positivismo jurídico rompeu com um passado de trevas, tradições e privilégios. É explícita a convicção de que o contratualismo assegurou o *mínimo* de garantia nas relações entre pessoas; representou o fato de que não se pode mais apelar para a tradição e a religião. Enfim, o contratualismo assinalou um caminho pelo qual a sociedade é que tem que resolver os seus próprios problemas, prescindido da figura de Deus. Assim, apareceram os *textos*, uma invenção do século XIX, com um traço marcante (hoje, preocupante!), que é "o *exercício da discricionariedade interpretativa pelos juízes*", uma característica principal do positivismo jurídico, segundo Lenio Streck.[86]

O referido autor esclarece o fio de costura da empreitada do positivismo, ao destacar uma de suas características centrais, isto é, quando "as normas jurídicas de um ordenamento não *cobrem* todas as hipóteses de aplicação; isto quer dizer que haverá *casos difíceis* que não serão solucionáveis pelas normas jurídicas existentes; daí o recurso à discricionariedade. É neste ponto, "[...] que o positivismo se liga umbilicalmente ao sujeito solipisista (*Selbstsüchtiger*) da modernidade".[87] Por isto, o ilustrado jurista, diz que "falar da Constituição de 1988 é falar de um novo paradigma; portanto, pós-positivismo; e, consequentemente, caminhar para além do positivismo e de tudo o que ele representou no decorrer da história".[88]

A postulação de métodos clássicos de interpretação no positivismo (*gramatical*, *teleológico*, *sistemático e histórico*) e os chamados cânones do direito, considerados indicativos para sair das conhecidas antinomias (*norma superior/norma inferior*; *norma específica/norma geral*; *norma posterior/norma anterior*),[89] tornaram-se um instrumental da razão do juiz e das partes na literatura jurídica por longo tempo.

---

86 STRECK, Lenio Luiz. Prefácio. In: BARROS, Flaviane de Magalhães. *(Re)forma do processo penal:* comentários críticos dos artigos modificados pelas Leis n. 11.690/08, n. 11.719/08 e n. 11.900/09. 2. ed. Belo Horizonte: Del Rey, 2009, p. 19.

87 *Idem.*

88 *Ibidem*, p. 17.

89 BOBBIO, Norberto. *Teoria do ordenamento jurídico.* 10. ed. Brasília: UNB, 1997.

É, a partir desses postulados dos paradigmas interpretativos do jusnaturalismo e do positivismo, que aparece, no século XX, o modelo interpretativo denominado por muitos escritores de "*pós-positivismo*", o qual significa que os princípios constitucionais passam a ter força normativa plena.[90]

De uma maneira geral, o que se tem, é uma fase que avança mais que o *positivismo* (o qual oferecia respostas sem permitir perguntas), porque no *pós-positivismo* há um núcleo (princípios constitucionais) que permite interrogações (questionamentos/perquirições) a fim de dar respostas aos problemas complexos ocorrentes na sociedade, e que deságuam no judiciário.

A partir de então, desenvolveu-se um raciocínio visando interpretar a Constituição Federal renovando a discussão a respeito da diferença entre ética (área do conhecimento que pensa um refinamento da convivência, quais as melhores formas de convivência coletiva), *moral* (aquilo que a pessoa não se permitiria fazer, um diálogo interno), *valores* (relação de preferência), *política* (vista como convivência fora de si, coletiva, não individual), *regras* (aplicadas somente no sentido em que ordenam) e *princípios* como "aqueles que balizam o sistema normativo"[91] (espécies normativas de cunho interpretativo aplicáveis às situações concretas determinadas pelas circunstâncias).

Em resumo, tanto as *regras*, que se aplicam de forma tudo-ou-nada (*no all or nothing*), quanto os *princípios*, que possuem certo grau de reflexão, e não estipulam consequências jurídicas, mas que são os formadores do ordenamento jurídico, a referência fundante da Constituição, são considerados *normas* jurídicas (sentido deontológico) e também atuam como fundamento para interpretar e aplicar as *regras*.

Com efeito, cabe uma explicação quanto à *norma*. Numa precisa reflexão, que vem desde Kelsen, "sabemos que *norma* é mais do que o texto da lei; é sim, o *sentido que se apreende do texto da lei*".[92] (itálico nosso!)

---

90 PEREIRA, Rodolfo Viana. *Hermenêutica filosófica e constitucional*. Belo Horizonte: Del Rey, 2001, p. 128.

91 GONÇALVES, Aroldo Plínio. *Técnica processual e teoria do processo*. Rio de Janeiro: AIDE, 1992, p. 54.

92 THEODORO JÚNIOR, Humberto; NUNES, Dierle; BAHIA, Alexandre Melo Franco; PEDRON, Flávio Quinaud. *Novo CPC: fundamentos e sistematização.*

Nesse passo de nosso estudo, no oportuno comentário de Antonio Cota Marçal, "no Direito, antes da discussão desencadeada por Dworkin e do aprofundamento teórico realizado por Alexy, empregava-se o termo *princípio* com pouco rigor semântico".[93]

Evidentemente, que de lá para cá, percebeu-se que a estruturação de um *princípio constitucional* é algo complexo. Dentro deste enfoque, verifica-se que a literatura jurídica tem se debruçado sobre o tema.

Obviamente que esses estudos que tentam estabilizar a discussão em torno dos *princípios* constitucionais devem ser recebidos com cautela, bem como o cuidado que temos que ter com os autores/escritores "principialistas" que passam a inventar um princípio novo (sem lastro normativo) a cada edição de livro (conferir o conceito de "panprincipiologismo", de Lenio Streck).[94]

Isso significa também acolher, com cuidado, as tendências literárias que se apresentam com os rótulos de "pós-positivistas" e de "neoconstitucionalistas", muitas delas marcadas com traços de *tópica* e *retórica* no encaminhamento da interpretação constitucional, não conseguindo neutralizar/erradicar o dogmatismo.

A questão chave é saber contestar o "verdadeiro", uma vez que o problema dos *princípios* é a própria dogmatização dos princípios. Digamos, então, que não devemos dogmatizá-los. Daí a necessidade de *não* trabalhá-los como *crença.* E uma forma de se fazer isto é por meio da testificação desses *princípios* (bem comum? dignidade humana? vida? justiça? ordem pública?...), porque a interpretação constitucional trabalha na base do *acertamento*. Claro, que para tanto, seguimos uma epistemologia popperiana, buscando sair das "certezas" (*episteme* arcaica). [95]

2ª ed. Rio de Janeiro: Forense, 2015. *Cf,* ainda: KESEN, Hans. *Teoria pura do Direito.* 6. ed. São Paulo: Martins Fontes, 1998, p. 4-10.

93 MARÇAL, Antonio Cota. Princípio: Estatuo, função e usos no Direito. In: TAVARES, Fernando Horta. (Coord.). *Constituição , Direito e Processo*. Curitiba: Juruá, 2007, p. 31.

94 STRECK, Lenio Luiz. *O que é isto – decido conforme minha consciência?* Porto Alegre: Livraria do advogado Editora, 2010.

95 POPPER, Karl. *A lógica da pesquisa científica.* São Paulo: Cultrix; EDUSP, 1975. É difícil encontrar na metodologia da ciência um conceito tão complexo quanto o de *epistemologia.* Numa leitura geral, percebe-se que os filósofos

Nessas colocações, Popper desenvolveu uma teoria amplamente conhecida, inferindo que toda "proposição", do ponto de vista da racionalidade científica, que queira apresentar conjecturas, necessariamente, precisa ser encaminhada de maneira "formal", cuja condição aqui é aproveitável ao tema sob comento, pois compatível com o rigor de construção interpretativa de entendimento de princípios constitucionais numa atividade de "cognição jurisdicional", como acontece no encaminhamento de pretensões, em juízo, para que se possa dar oportunidade à parte processual pensar sobre o que foi escrito-interpretado-encaminhado pelo autor da demanda.

A realização de uma *cognição*, "enquanto instituto de análise e enquadramento dos argumentos e provas constante nos autos", como já tantas vezes já pontuado,[96] a partir de argumentos jurídicos consistentes, de *teorias* levantadas entre juiz e partes, e seus advogados, com fulcro no contraditório, "não como mera garantia de bilateralidade formal da audiência, mas, sim, como garantia de influência e não surpresa",[97] possibilita a formação de decisões mais bem construídas. Neste sentido, procuramos, pois, em *cognição* processual, em sede de interpretação de princípios jurídico-constitucionais, uma resposta *acertada*.

Cuida-se acentuar, que Ronaldo Brêtas, jurista que nos apoiamos ao longo deste livro, presta importante esclarecimento para entendermos o papel dos princípios no sistema jurídico. Nestes termos, o referido autor acentua que os *princípios* exercem no ordenamento jurídi-

---

clássicos já liam a *episteme* como ideia de verdade (certeza), conhecimento certo e definitivo. Hoje, não. Tudo isto porque conhecemos, a partir do texto de Rosemiro Leal e Karl Popper, quatro bases morfológicas na epistemologia, em que a primeira é a *técnica*, seguida da ciência, *teoria e crítica*. Daí a nossa preocupação: em qual dessas bases frequenta a interpretação principiológica? Para entender a extensão do conceito de *epistemologia* em Karl Popper e Rosemiro Leal, Cf. DEL NEGRI, André. *Técnica legislativa e Teoria do processo*. In. *Técnica processual*. BRÊTAS, Ronaldo; SOARES, Carlos H. (Coord.). Belo Horizonte: Del Rey, 20015, p. 25-29.

96 MADEIRA, Dhenis Cruz. *Processo de conhecimento e cognição*: uma inserção no Estado Democrático de Direito. Curitiba: Juruá, 2008.

97 NUNES, Dierle José Coelho. O princípio do contraditório: uma garantia de influência e de não surpresa. TAVARES, Fernando Horta (Coord.). *Constituição, Direito e Processo*. Curitiba: Juruá, 2007, p. 145-165.

co três funções: a) interpretativa; b) supletiva; c) normativa própria. A primeira cumpre função "de permitir diretriz auxiliar" na interpretação de regra. A segunda (a função supletiva) atua como "fonte normativa subsidiária, em situação de lacuna ou omissão na regra".[98] Por fim, a última função, a normativa própria, "também qualificada de função normogenética", ocorre quando os princípios assumem posição "de normas jurídicas efetivas".[99]

Os *valores*, sentido axiológico, existentes na sociedade (a arena do pensamento público cria valores), ao contrário das *normas jurídicas*, "determinam relações de preferência, as quais significam que determinados bens são mais atrativos do que outros".[100]

Na espuma desses debates, em que há colisões entre duas regras, entre princípios e regras e entre dois princípios, a pluralidade de conceitos sempre foi causa de preocupação na literatura jurídica. O que se pode sintetizar, é que as *regras* "se aplicam a qualquer contexto em que ocorram as condições (fáticas e jurídicas) previstas pela própria regra para a sua aplicação, e que se as duas regras conflitantes são aplicáveis no mesmo contexto, então uma delas deve ser tida por revogada (integral ou parcialmente)".[101]

Nesse aspecto, sabe-se, que, a literatura da interpretação constitucional, comumente, assenta-se, no caso de conflito entre duas *regras* normativas (antinomia), em um dos três critérios largamente conhecidos: cronológico, hierárquico ou da especialidade.

De entremeio a toda essa situação, o fato é que, segundo Carlos Ari Sundfeld, "quando a regra admitir logicamente mais de uma interpretação, prevalece a que melhor se afinar com os princípios", uma forma de assegurar coerência ao sistema constitucional.[102]

---

98 BRÊTAS, Ronaldo de Carvalho Dias. *Processo Constitucional e Estado Democrático de Direito.* 3ª ed. Belo Horizonte: Del Rey, 2015, p. 140.

99 *Ibidem*, p. 110.

100 HABERMAS, Jürgen. *Direito e democracia*: entre facticidade e validade. Rio de Janeiro: Tempo Brasileiro, 1997, v. 1, p. 315 et seq.

101 GALUPPO, Marcelo Campos. Princípios jurídicos e a solução de seus conflitos: a contribuição da obra de Alexy. *Revista da Faculdade Mineira de Direito.* Belo Horizonte, v. 1, n. 2, p. 135-136, 2º semestre/1998.

102 SUNDFELD, Carlos Ari. *Fundamentos de Direito Público*. São Paulo: Malheiros, 1992, p. 183.

Não devemos nos esquecer que, se for realmente o caso de deixar de aplicar uma *lei*, em detrimento de um princípio constitucional, que a célebre advertência de Lenio Streck seja observada, é dizer, a de que o Judiciário somente pode deixar de aplicar uma *lei*, ou dispositivo de lei, em algumas hipóteses, as quais citamos cinco:[103] a) quando a *lei* (ou ato normativo) for *in*constitucional, caso em que deixará de aplicá-la mediante decisão em controle difuso ou concentrado de constitucionalidade; b) quando for o caso de resolução de antinomias em que se aplica a *lex posterioris*, em detrimento da *lex anterioris*; c) quando for o caso de aplicar a interpretação conforme a Constituição; d) quando aplicar a declaração de *in*constitucionalidade com redução de texto; e) quando for de deixar de aplicar uma regra em detrimento de um princípio constitucional.

Deve ficar claro, todavia, que no último quesito, acima citado, deixar de aplicar a *regra* em detrimento de um *princípio* constitucional, que a decisão seja construída de forma compartilhada entre as *partes* processuais e sempre atentas às provas produzidas nos autos do procedimento. A afirmação existe, porque, as *provas*, são campos hermenêuticos de dicção procedimental e os argumentos são levados pelas *partes* a um espaço de demarcação jurídica, a fim de sofrer uma cognição por todos aqueles que sofrerão os efeitos do provimento final (decisão). É óbvio, que nesses perfis, não se admite mera citação do princípio *x* ou *y* (princípio da insignificância, vida digna, liberdade e igualdade), mas uma detalhada fundamentação, aliás, como exige o art. 93, IX, da Constituição Federal.

Em tudo isso, no *plano principiológico*, não podemos esquecer, que no caso de "colisão" entre dois princípios constitucionais (preferimos falar em "*tensão*"), não se pode resolver o caso simplesmente afastando um deles e pronto, alegando que prevalece o de "maior peso" ou de "maior valor" (qual? Não é dito).

Critica-se, a esse respeito, que, na busca de um "maior valor", passe-se por cima de outra garantia fundamental. Se se trata de um ou de outro, isto não depende do *gosto* do juiz ou das partes, muito menos

---

[103] STRECK, Lenio. Aplicar a "letra da lei" é uma atitude positivista?. *Revista Novos Estudos*. p. 171-172. Disponível em: <www.univali.br/periódicos>. Acesso em 30 ago. de 2012.

resgatar os desgastados "cânones do direito" para sair da "antinomia" (*lex posterioris* que derroga a *lex anterioris* e norma superior/inferior).

No Estado Democrático de Direito não dá para colocar "peso" no discurso sobre normas jurídicas, é dizer, que não dá para falar que a dignidade de um é mais importante do que a do outro. Por isto, para nós, fica difícil trabalhar a chamada "teoria" ou "lógica" da "proporcionalidade".

O que se percebe, comumente, na prática do foro, é que, quando o juiz percebe que há uma "colisão" entre princípios, e as três orientações de resolução de *cânones do direito* são insuficientes, porque os dois princípios no caso em análise foram produzidos (legislados) ao mesmo tempo, em Assembleia Constituinte Originária, e, portanto, possuem a mesma posição num sistema jurídico com escalonamento normativo (normas constitucionais), põe-se em estado de angústia e acaba decidindo o caso conforme o seu *senso particular de justiça*, o que a bem dizer é uma arbitrariedade, um violência institucional. Ainda, aqui, é preciso dizer, que o juiz que decide segundo sua *consciência, dentro ou fora da lei, atua como um justiceiro, um "criador" do direito, com esteio em valores representativos da imagem (decisões praticadas no registro do imaginário).*[104]

---

[104] *Imaginário*, nesta parte do trabalho, tem o uso lacaniano, que pode ter as acepções de "*falso*", de ilusão da autonomia da consciência, de representações e imagens. Em síntese, algo ligado sempre ao comportamento individual e ilusório. Com efeito, para ficar na tentativa de melhor explicação, arriscamos uma síntese: Jacques Lacan (1901-81) ao instituir sua teoria clínica da psicanálise, a partir da influência da antropologia de Lévi-Strauss e da linguística de Saussure, reformulou a noção de inconsciente e construiu uma nova leitura de *sujeito* a partir da *linguagem*. Cabe esclarecer, que, o referido psicanalista, elegeu a matemática (o matema), como forma ideal de transmissão, porque, segundo ele, a matemática seria a única *ciência* possível por ter uma lógica interna que prescinde o sentido. Assim, os matemas, seriam fórmulas algébricas (unidades conceituais exatas) como forma de se estudar o "inconsciente como estrutura de linguagem". Foi desta forma que passou a demarcar a tríade "*Imaginário*", "*Simbólico*" e "*Real*". Esses registros, segundo a literatura lacaniana, se amarram segundo as propriedades do nó *borromeano* (não existe um sem os outros). Por isto, o entrelaçamento entre os registros real, simbólico e imaginário é uníssono, nenhum deles tem mais hierarquia que os outros, atuando de maneia conjunta. O interessante está justamente no efeito que a dimensão do *simbólico* possibilita para o tema que ora estamos a estudar. Cf. LACAN, Jacques. *Nomes-do-pai*. Rio de Janeiro: Jorge Zahar Editor, 2005. ALMEIDA, Andréa Alves.

Diante dessas linhas borradas e de tantas controvérsias, muitas literaturas estrangeiras se lançaram no enfrentamento do caso gerando um genuíno cabo de guerra. A par desses aspectos, só para ficar nas mais conhecidas e reproduzidas pelos Tribunais brasileiros, tem-se a "lógica"/"teoria" da "dimensão de peso" e "importância", de Robert Alex, a teoria do "direito como integridade", de Ronald Dworkin, e a teoria da "justificação" e "aplicação da decidibilidade", de Klaus Günther, que a nosso cuidar, serão analisadas criticamente ao longo deste capítulo.

A propósito, Dimitri Dimoulis, ao excursionar pelo *pós-positivismo*, ressalta que vários escritores constroem uma imagem caricatural do *positivismo*, muitas vezes de forma retórica, com o "emprego de expressões de desprezo",[105] mas, ao cotejarem uma teoria capaz de detalhar melhor o significado de pós-positivismo, a maioria dos autores ainda trabalha indexada a termos moralistas e idealistas (*justiça*, *verdade*, *moral*, ética, *paz social*), enquanto valores aflorados na pessoa do intérprete.

Mais adiante, na mesma obra, Dimoulis aponta Ronald Dworkin e Robert Alexy como exemplos de escritores moralistas.[106] Não deixaria, ainda assim, de ser proveitosa a análise de Lenio Streck, com apoio em Friedrich Müller, de que "o termo *pós-positivismo* refere-se não somente a um *anti*positivismo qualquer, mas a uma postura teórica que, sabedora do problema não enfrentado pelo positivismo – qual seja: a questão interpretativa concreta, espaço da chamada discricionariedade judicial' – procura apresentar perspectivas teóricas e práticas que ofereçam soluções para o problema da concretização do direito".[107]

Cabe distinguir, de logo, que, em nenhum ordenamento jurídico, ao contrário do que se imaginava, é possível falar da *lei* como mero

---

Espaço jurídico processual na discursividade metalinguística. Curitiba: Editora CRV, 2012.

105 DIMOULIS, Dimitri. *Positivismo jurídico: introdução a uma teoria do direito e defesa do pragmatismo jurídico-político*. São Paulo, n. 1, jan./jun. 2003, p. 45.

106 *Ibidem*, p. 49-50.

107 STRECK, Lenio Luiz. *O que é isto – decido conforme minha consciência?* Porto Alegre: Livraria do advogado Editora, 2010, p. 101. Conferir ainda: MÜLLER, Friedrich. *O novo Paradigma do Direito. Introdução à teoria e metódica estruturante do direito*. São Paulo: Revista dos Tribunais, 2008.

silogismo, na qual a atividade do juízo confunde-se com uma atividade mecânica. Se se colocar esse problema de acerto de decisão em Kelsen, perceber-se-á que esse vai considerar a tessitura aberta dos textos que requerem interpretação.[108]

Como adverte Menelick de Carvalho Netto,[109] não colocar a *lei* como vontade do legislador, e sim da própria *lei*, que é da sociedade, é observação que o próprio Kelsen vai fazer ao mencionar que a sociedade é mutável, e o sentido das palavras contido na *lei* deve mudar com ela. Daí por que se considera um imenso atraso hermenêutico o juiz, servidor (por dever funcional) do povo, afirmar-se nos dias atuais escravo da *lei*, e, por essa razão, aplicá-la cegamente "doa em quem doer". Assim agindo, estaria o julgador atuando de forma semelhante à *escola da exegese* do século XIX (admiração incondicional à *lei*).

Note-se, também, que os operacionalizadores do Direito que ainda veem o Judiciário como um oráculo anunciador da melhor decisão na hora de aplicar a *lei*, simplesmente levam em conta o que foi *occasio legis* (históricos datados), isto é, consideram as circunstâncias que constituíram o impulso exterior à emancipação do texto.

É o que também ocorre com o método teleológico, que procura a *ratio juris* da lei, não só entendida como *telos* (fim), mas, igualmente, como *mens legis* (sentido da lei), no sistema em que ela se insere.

Na Democracia, como bem ensina Dhenis Cruz Madeira, é "desnecessário cogitar sobre a *mens legislatoris* ou *legis*, pois o sentido da norma só pode ser traçado por seus destinatários, e não, exclusivamente, por juízes, promotores, advogados, prefeitos, governadores, presidentes, ministros ou outros".[110] Como se vê, salvo raríssimas exceções, muitos ainda trabalham métodos absolutistas dos judiciaristas do século 19. Logo, o que está havendo, na contemporaneidade, é a

---

108 KELSEN, Hans. *Teoria pura do direito.* São Paulo: Martins Fontes, 1998, p. 217-221.

109 CARVALHO NETTO, Menelick de. Requisitos pragmáticos da interpretação jurídica sob o paradigma do Estado Democrático de Direito. *Revista de Direito Comparado*, Belo Horizonte, v. 3, p. 482-486, maio 1999.

110 MADEIRA, Dhenis Cruz. *Processo de conhecimento e cognição*: uma inserção no Estado Democrático de Direito. 2008, p. 44.

utilização de métodos de interpretação do Direito Civil para se interpretar o Direito Constitucional.

É por isso que Rodolfo Viana Pereira conclui que a "propalada apologia dos métodos de interpretação está, do início ao fim, impregnada da ilusão iluminista".[111] E diz mais: a hermenêutica constitucional promove uma verdadeira "absorção" da chamada hermenêutica jurídica clássica, a qual, portanto, passa a cumprir, apenas, uma função auxiliar no processo hermenêutico.[112]

Dessa forma, pode-se entender, que, para Kelsen, o problema da interpretação não era um problema cientificamente tratado, porque a interpretação envolve o problema do juízo de valor ao buscar a melhor interpretação; é uma prática repleta de subjetivismos. Por vivenciar, à época, conflitos de correntes metodológicas, *positivismo normativista* (pontos de partida do "positivo") e *positivismo sociológico* (que prioriza os fatos em relação às normas legais), Kelsen sabia que entre o *objeto* e o *cientista* há a intermediação da *linguagem* (saber humano social), e, portanto, ele acabou admitindo o positivismo normativista propondo o controle total da linguagem jurídica, limpando desta todos os *juízos de valor*, por intermédio da *teoria pura*.

Para esse modo de entender a interpretação, do ponto de vista kelseniano (teoria da interpretação dentro de uma teoria positivista), a "*pureza*" do direito quer significar uma teoria "nem empírica, nem metafísica".[113] Na verdade, por mais interessante que a pintem, a "pureza do direito" deixou de colocar em discussão a *legitimidade* da decisão, assunto que o positivismo sequer se preocupava, pois refém apenas da *validade*.

Bem de ver, que algumas afirmações contidas na "teoria da interpretação", escrita por Kelsen, no início da década de 30, do século XX, quando apareceu, pela primeira vez, na revista *internacionale*

---

111 PEREIRA, Rodolfo Viana. *Hermenêutica filosófica e constitucional*. Belo Horizonte: Del Rey, 2001, p. 113.

112 *Ibidem*, p. 122-123.

113 ANDRADE, Christiano José de. *O problema dos métodos da interpretação jurídica*. São Paulo: Editora Revista dos Tribunais, 1992, p. 55.

zeitschrift fur theorie des rechts,[114] texto depois revisado e republicado em 1953 (tradução francesa) em que aparece a expressão "*interpretação autêntica*" (interpretação realizada por órgão competente), ausente na 1ª edição de 1934.

Em 1960, Kelsen modifica o entendimento de *interpretação autêntica.* Esses registros são particularmente importantes, porque demarcam o seu raciocínio ao apontar como a ciência fecharia todos os quadros de possibilidades controlando e limpando do Direito todos os *juízos de valor*. Está-se vendo, que, em 1934, a interpretação deveria ser dada dentro do quadro da norma, fechada na legislação.

Essa posição de Kelsen, como se infere, viu-se, já na década de 1960, impossibilitada, pois ele percebeu, na prática, que, se o juiz disser, que a norma tem um determinado sentido, mesmo não autorizado pela ciência, o "prejuízo" é da ciência, pois a autoridade (juiz) não faz ciência, e sim apenas aplica a norma.

Ao vislumbrar essa possibilidade em sua *teoria pura* (3ª edição alemã de 1960), Kelsen propõe, então, reformulações no último capítulo, para afirmar que há, na via da interpretação autêntica, a possibilidade de o julgador buscar significados completamente fora do quadro da norma ("*fora da moldura que a norma a aplicar representa*").[115]

Para ele, com tal conclusão, a *ciência do direito* apenas descreve as hipóteses de interpretação, e a escolha de uma hipótese, em detrimento de outra (interpretação de vontade), no nível da "aplicação", é uma decisão subjetiva do juiz (a decisão é um ato de vontade, logo, há muita política nisto tudo), algo impossível de ser demarcado. Este é o chamado *giro decisionista kelseniano*.

E aí se pergunta: o juiz, em Kelsen, seria uma espécie de legislador complementar? Kelsen se preocupou em distinguir nitidamente o direito da moral? se preocupou em distinguir a moral da ciência do direito?

Sabemos, hoje, por intermédio dos diversos estudos conectados ao direito processual constitucional, que a possibilidade de o julgador buscar significados fora do quadro da norma é um perigo, uma

---

114 KELSEN, Hans. Sobre a teoria da interpretação. *Cadernos da Escola do Legislativo,* Belo Horizonte, v. 5, p. 31-43, jan./jun. 1997.

115 KELSEN, Hans. *Teoria pura do Direito.* Martins Fontes: 1998, p. 394.

vez que o significado buscado fora do ordenamento jurídico (*religião, moral, tradição*...), por não ter passado pelo *devido processo legislativo* (espaço de legitimação discursiva de produção do direito nos parlamentos) é de extrema periculosidade para a teoria da legitimidade, exatamente pelo fato de o Judiciário não trabalhar a construção da decisão em contraditório, ampla defesa e isonomia entre as partes processuais interessadas (reserva legal do *processo*).

Substituir a *lei* pela *vontade* do juiz (critério individual) e criar "direito novo", especialmente pelos tribunais de última instância, seria algo próximo do que pensava o professor Kantorowicz, em sua "*escola do direito livre*", a qual representava uma posição extremada ao positivismo normativista porque tentando precaver-se contra a incompletude do direito legislado (ou mesmo a sua supressão), defendia o *juiz* como "árbitro livre e único dos conflitos, resolvendo-os segundo sua consciência de justiça".[116]

9.9 NOÇÕES INTRODUTÓRIAS À TEORIA INTERPRETATIVA DE DWORKIN

Ronald Dworkin (1931-2013), filósofo do Direito norte-americano, nascido na cidade de Worcester, do Estado de Massachussetts, bacharelou-se em Filosofia no Harvard College e estudou Direito na Universidade Oxford, Reino Unido. Iniciou, na década de 70, do século XX, um complexo estudo para formulação de uma *teoria do direito* que pudesse auxiliar os juízes e todos os outros técnicos jurídicos, em especial no enfrentamento dos *hard cases* (casos difíceis).[117] Trabalhou em algumas instituições de ensino superior, como na Universidade de Yale, e, também, foi professor visitante no University College de Londres. No final da vida, dividia seu tempo na docência lecionando, de forma intercalada, a cada semestre, nas Universidades de Oxford e de Nova York. Estes fatos foram registrados em diversas publicações dedicadas ao estudo do autor, de modo que nos limitaremos

---

116 ANDRADE, Christiano José de. *O problema dos métodos da interpretação jurídica.* São Paulo: Editora Revista dos Tribunais, 1992, p. 47.

117 Acerca dos "casos difíceis", conferir: Capítulo 4 – DWORKIN, Ronald. *Levando os direitos a sério.* São Paulo: Martins Fontes, 2002.

a poucas informações bibliográficas, pois a amplitude não cabe neste texto de perfil geral.

Todo esse movimento faz com que Dworkin dialogue com mais de uma área do conhecimento ao mesmo tempo (Direito Constitucional e Filosofia) e tenha uma linguagem própria, apesar de sofrer influências teóricas de outros grandes pensadores, como Hans-Georg Gadamer[118] e John Rawls.[119]

Dentro desse equacionamento, cuida dizer, num primeiro momento, duas observações. A primeira, que os estudiosos brasileiros que nos ajudam a atravessar a selva densa da teoria dworkiana dizem, quando sobem num púlpito e explicam todo o cenário, que há algumas traduções bisonhas circulando no mercado editorial, com erros conceituais graves e título(s) não muito adequado(s), mas emplacado(s) por questões comerciais.

A segunda observação, é que alguns leitores de Dworkin, no Brasil, são acusados de maus leitores, porque simplificam, em excesso, a teoria do autor ao ponto de fixar análise reflexiva apenas na separação entre *regras* e *princípios*, perdendo de vista outros elementos lógico-argumentativos, chegando ao despropósito de até dizer que o pensador tem traço "neokantista" e "liberal". Estes são só alguns exemplos, o que vale esclarecer, em relação ao último, que o "liberal", no sentido norte-americano, é algo como "esquerda" ou "progressista", distanciando-se, portanto, do "liberal" no sentido brasileiro, que é bastante pejorativo, algo adjacente a "individualista" ou aquele que intenta alijar direitos conquistados, o que não é o caso de Dworkin, obviamente. Mais uma observação é devida: diante de um autor com tamanha consistência, como é o caso de Dworkin, este tópico se presta apenas a dimensionar, de maneira bem superficial, a sua teoria.

É notável, a todos, que esse pensador norte-americano, antipositivista, enfrentou o realismo jurídico e tentou evitar a tese da discricionariedade, opondo-se, portanto, à teoria de Herbert Hart.[120] Desta forma, o ilustrado autor, sustenta que o Direito não pode ser

---

118 GADAMER, Hans-Georg. *Verdade e método*. Petrópolis: Vozes, 1998.

119 RAWLS, John. *Uma teoria da justiça*. São Paulo: Martins Fontes, 2000.

120 HART, Herbert L. *The concept of law*. 2nd ed. Oxford: Oxford University Press, 1997.

reduzido a um conjunto de *regras*, porque existiria outro tipo de norma: os *princípios*. Tem-se, aí, um debate de singular importância no fluir do século XX.

Já à primeira vista é possível perceber que essa forma de reflexão denunciou a maior fragilidade do positivismo normativista kelseniano: como não se pensava em *princípios* com características normativas, apenas *regras*, e estas sendo impotentes para resolver alguns casos que chegavam ao Judiciário, isto é, se não existisse uma *regra* jurídica específica, que oferecesse uma resposta plausível ao caso concreto, o juiz, ao enfrentar o problema, estava autorizado a fazer a "melhor escolha".

Semelhante empenho do positivismo jurídico ainda se espelha, mesmo depois da Constituição de 1988, com perfeita nitidez, na Lei de Introdução às Normas de Direito (art. 4º e 5º) e em trechos do Código de Processo Civil vigente.

Para empreender melhor essa reflexão acerca do calcanhar de Aquilis do *positivismo* (que só apresenta respostas prontas, sem passar pelo campo dos questionamentos) e promover um salto para a superação desses delicados pontos no campo da interpretação "virada interpretativa" (linguística ou culturalista), Dworkin enfrentou o perigo que representam as *leis* gerais e abstratas, as quais, na tentativa de eliminar certos problemas, acabam gerando outros, porque, em sendo os *princípios* declarados em palavras, e as palavras sendo suscetíveis a pluralidades interpretativas, os conflitos são inevitáveis. Com isto, demarca-se um típico problema do Direito, que consiste na própria aplicação do Direito.

É claro que a perspectiva de Dworkin não é a mesma perspectiva de Kelsen, para o qual por intermédio da *ciência* se pode eliminar o problema com o "fechamento" da linguagem, se possível fosse.

Em Dworkin, percebe-se exatamente o contrário. Com a *ciência* mais problemas são produzidos, exatamente para enfrentar os próprios problemas gerados. Não há ciência sem crítica. Ao refutar antigos conceitos, ele percebe que há uma tessitura aberta no Direito, muito mais do que Kelsen supôs, e que o excesso de racionalidade o impediu de vê-la.

Em Kelsen, pois, a norma jurídica é uma estrutura assim entendida: se é A, deve ser B. Dworkin afirma que o raciocínio kelseniano (*se é A, deve ser B*) atinge apenas um tipo de estrutura, a mais "simples" da norma jurídica, que são as *regras*. Nestes casos, há uma mera operação de subsunção dos fatos à *regra* normativa. Dworkin desenvolve esse raciocínio, quando diz, que "é evidente que o limite de velocidade na Califórnia é de 90 quilômetros por hora, pois é obvio que qualquer interpretação competente do código de trânsito desse Estado leva a essa conclusão".[121]

No Direito, o tipo mais "complexo" é aquele que só tem um preceito: todos são iguais diante da *lei*, preceito que é um *princípio*, que não tem deve ser B; que não busca regular somente situações de aplicação. Poucos livros conseguiram essa obra-prima de raciocínio (e aqui não me furto ao juízo de valor).

Portanto, o juiz, segundo Dworkin, diante das limitações das *regras*, tem que recorrer aos *princípios* constitucionais. E mais: para que se aplique bem um *princípio*, tem que se levar em conta o princípio contrário; jamais se aplicará coerentemente o princípio da igualdade sem levar em conta o princípio da liberdade, o da privacidade sem levar em conta o da publicidade, pois ambos são abertos e tensos no seu interior, razão pela qual há necessidade de se levar em consideração o princípio oposto.[122] Por isto, a afirmação de Menelick de Carvalho Netto, de que os princípios podem ser contrários, sem ser contraditórios.[123]

Sem deter-se de forma excessiva, em assuntos que são bastante conhecidos no panorama filosófico-jurídico, o traço distintivo da literatura de Ronald Dworkin é, sem grandes pormenores, que a decisão judicial é uma "norma" construída pelo juiz, a partir de toda

---

121 DWORKIN, Ronald. *O império do Direito (Law's Empire)*. São Paulo: Martins Fontes, 1999, p. 317. No referido livro, destaque para os Capítulos 2 e 7.

122 CARVALHO NETTO, Menelick de; SCOTT, Guilherme. *Os direitos fundamentais e a (in)certeza do direito*: a produtividade das tensões principiológicas e a superação do sistema de regras. Belo Horizonte: Fórum, 2011.

123 CARVALHO NETTO, Menelick de. Requisitos pragmáticos da interpretação jurídica sob o paradigma do Estado Democrático de Direito. *Revista de Direito Comparado,* Belo Horizonte, v. 3, p. 482-486, maio 1999.

a complexidade do caso, bem como de todas as *regras e princípios que se apresentam para regulá-lo, sem se deslembrar das "diretrizes políticas", que são desígnios a serem granjeados, se assim pode-se dizer.*[124] Sobre estas bases, o juiz na construção da decisão judicial deverá ter redobrada cautela para que a decisão não contrarie texto constitucional, uma exigência necessária para não haver violação a nenhum direito fundamental, uma vez que a interpretação deve partir do conceito de que o Direito é um sistema integrado de *princípios e regras. Por outras palavras, é isto que se convencionou chamar de "integridade" como coerência sistêmica do ordenamento jurídico.*

Todavia, de um modo mais geral, há também, em Dworkin, uma "coerência histórica", em que cada juiz escreve "um novo capítulo" dessa permanente construção histórica do Direito, o que em alemão é conhecido como o "Zeitgeist" (espírito do tempo) de uma sociedade que se modifica.

Daí, o referido autor, trabalhar a mudança da *lei* em relação à *sociedade*, que é móvel, pois construída a cada dia, e, que, portanto, exige um conceito de ciência refutável e aprimorada sempre, explicando essa ideia por meio de um *romance*, no qual cada geração escreveria um capítulo da melhor forma, guardando coerência com o capítulo anterior, a fim de promover avanços e transformações a partir desse caminhar histórico, com as ideias de igualdade e liberdade.[125]

Nesse passo, a *teoria da decisão*, em Dworkin, requer a observância de outra teoria: a *teoria dos erros institucionais*, em outros termos, a possibilidade de o decisor expor alguns erros histórico-institucionais da comunidade jurídica nos EUA (o caso *Dred Scot*, em 1857, e *Brown x Board of Education of Topeka* 347 US 483, em 1954, por exemplo). Talvez, por isto, José Alfredo de Oliveira Baracho tenha

---

[124] Acerca das "diretrizes políticas", sugere-se a seguinte leitura: THEODORO JÚNIOR, Humberto; NUNES, Dierle; BAHIA, Alexandre Melo Franco; PEDRON, Flávio Quinaud. *Novo CPC*: fundamentos e sistematização. 2ª ed. Rio de Janeiro: Forense, 2015, p. 51-53.

[125] DWORKIN, Ronald. *O império do direito.* São Paulo: Martins Fontes, 1999, p. 275-277. Acerca do princípio da igualdade, conferir: Capítulo 2 – DWORKIN, Ronald. *A virtude soberana: a teoria e a prática da igualdade*. São Paulo: Martins Fontes, 2005.

dito que "no sistema americano, a aprendizagem da *lei* é dirigida por uma série de casos".[126] O vigor, porém, das reflexões dworkianas, está em que o *juiz* deve se compreender como um dos participantes de uma comunidade jurídico-política, jamais como um ditador de sentidos.

Resta saber, e aí cabe para reflexão, porque, há anos, todos os escritores atiram notas de rodapé, uns nos outros, se a *hermenêutica constitucional* ao passar pela teoria do discurso, concretiza-se, ou não, por ato maiêutico do juiz (Dworkin)[127] ou de um tribunal-legislador (Ingeborg Maus).[128] E mais: se há limites para alguns tribunais que se utilizam de métodos socráticos da *common law* (Michel Dorf)[129] ou se é um ato tangível também pelas *partes* processuais que integram a participação da procedimentalização argumentativa.[130]

Assim, quando se menciona o nome metafórico do *juiz Hércules*, de Dworkin, muito se discute se esta técnica interpretativa de aplicação do Direito é verticalista (decisão solipsista do juiz), ou horizontalizada (participação em simétrica paridade de todos, em qualquer procedimento, de discutir a interpretação). Anote-se, que muitos autores, como é de conhecimento amplo, apresentam severas críticas à literatura dworkiana, porque a sua *teoria do princípio* não é enunciada normativamente, mas, ao modo de Michel Troper,[131] é achada "pelo juiz nos vazios ditos inevitáveis do direito em vigor (analogia) como modo de tornar o direito revestido de uma integridade (completude) permanente".[132]

---

126 BARACHO, José Alfredo de Oliveira. *Direito processual constitucional.* Belo Horizonte: Fórum, 2008, p. 618.

127 DWORKIN, Ronald. *O império do direito.* São Paulo: Martins Fontes, 1999.

128 MAUS, Ingeborg. Judiciário como superego da sociedade: o papel da atividade jurisprudencial na sociedade órfã. *Revista Novos Estudos*, São Paulo, v. 58, p. 183-202, nov. 2000.

129 DORF, Michel. *The Supreme Court 1997 term – Foreword:* the limits of socratic deliberation. 112 Harvard Law Review, 4, 1998.

130 LEAL, Rosemiro Pereira. Processo e hermenêutica constitucional a partir do Estado Democrático de Direito. *Revista do Curso de Direito da Faculdade de Ciências Humanas* – FUMEC, v. 3, 2001.

131 TROPER, Michel. *A filosofia do direito.* São Paulo: Martins Fontes, 2008, p. 92-93.

132 LEAL, Rosemiro Pereira. *Processo como teoria da lei democrática.* Belo Horizonte: Editora Fórum, 2010, p. 155.

Ombreiam-se Menelick de Carvalho Netto[133] e Marcelo Cattoni,[134] por trabalharem a hermenêutica dworkiana no Brasil, esclarecendo que pela *teoria do direito como integridade* (Direito como conjunto de princípios jurídicos) não há que se falar em colisão de direitos, mas em uma *tensão* entre princípios constitucionais e que a busca por uma *decisão correta* (no sentido da melhor decisão no caso concreto) não se faz por meio de uma interpretação construtiva do Direito a ser descoberta somente pelo decididor, pois o *juiz* não é o começo e nem o fim do procedimento hermenêutico, já que essa figura é apenas um elo da história do Direito. Daí a metáfora do "romance em cadeia", de Dworkin.[135]

Ante tais considerações, embora muitos autores ensinem que o estudo da interpretação avançou a partir de Ronald Dworkin, e, realmente, a sua teoria é muito mais complexa do que imaginam seus detratores, impõe-se fazer algumas digressões, porque as razões de convencimento de que a interpretação não é um ato solitário do juiz, só parece ser entendida, em Dworkin, por meio de uma leitura bem atenta para colher, em suas lições, dentro da noção de interpretação, que a forma de desenvolvimento da argumentação jurídica se dá, inclusive, pela via da "interpretação conversacional",[136] e, que, por uma questão de *metodologia* (e chegam até a dizer que Dworkin foi irônico nessa parte), ele optou pela argumentação desenvolvida por intermédio do "juiz Hércules", a fim de explicar melhor a questão da *integridade do direito*, tão importante à sua teoria, e que fora construída para a realidade dos Estados Unidos, que se orientam, predominantemente, pela denominada *common law*, em que o ponto de apoio das decisões parte do exame de outras decisões anteriores, no âmbito dos tribunais, de forma mais consistente nos *precedentes* (*stare decisis*), por causa da

133 CARVALHO NETTO, Menelick de. Requisitos pragmáticos da interpretação jurídica sob o paradigma do Estado Democrático de Direito. *Revista de Direito Comparado,* Belo Horizonte, v. 3, p. 482-486, maio 1999.

134 CATTONI, Marcelo. *Direito processual constitucional.* Belo Horzonte: Mandamentos, 2001, p. 151.

135 Acerca do "romance em cadeia", conferir: Capítulo 6 – DWORKIN, Ronald. *Uma questão de princípios.* São Paulo: Martins Fontes, 2000.

136 DWORKIN, Ronald. *O império do direito.* São Paulo: Martins Fontes, 1999, nota 2, p. 62-63.

exaustiva análise entre casos.[137] Desta forma, o instante da decisão, para resolver um caso novo, parte de precedentes judiciais. Talvez esteja ai a moldura para a sua famosa metodologia do "romance em cadeia".[138]

Ingeborg Maus, ao comentar sobre a teoria de decisão judicial dworkiana, afirma que suas argumentações se aproximam da *moral* e conclui que Dworkin é a "expressão plena do pensamento dominante de que *direito* e *moral* não podem ser separados na atividade jurisprudencial".[139] E mais: os críticos afirmam que Dworkin se orienta por princípios *morais* da comunidade (alusão ao "romance em cadeia"), e, quiçá, promove um retorno à antiga *escola sociológica* de senso comum em que a razão natural da humanidade é lida e interpretada pelo juiz (decisor hercúlio, que é metade humano, mas acha que pertence ao Olimpo), o qual preenche a ausência da norma.

Infere-se, nos estudos de *Constitucionalidade* e *Processo*, que, Dworkin, apesar de ter apresentando os seus mecanismos antidiscricionários, parece não apresentar claramente como será a participação das *partes processuais* em busca da construção da decisão final – e isso é um fato, não é uma interpretação –, como faz Italo Andolina e Giuseppe Vignera,[140] Elio Fazzalari,[141] Aroldo Plínio Gonçalves[142] e Rosemiro Leal[143] realçando a atuação das *partes* (dos afetados pelos efeitos da resposta decisória).

Talvez, resida nisso, a explicação de existir muitas críticas à teoria dworkiana, principalmente por parte de alguns juristas que

---

137 BUSTAMANTE, Thomas da Rosa. *Teoria do precedente judicial*: a justificação e aplicação de regras jurisprudenciais. São Paulo: Noesis, 2012.

138 DWORKIN, Ronald. *Uma questão de princípios.* São Paulo: Martins Fontes, 2000, Capítulo 6.

139 MAUS, Ingeborg. Judiciário como superego da sociedade: o papel da atividade jurisprudencial na sociedade órfã. *Revista Novos Estudos*, São Paulo, v. 58, p. 183-202, nov. 2000, p. 186.

140 ANDOLINA, Ítalo; VIGNERA, Giuseppe. *Il modelo constituzionale del processo civile e italiano.* Torino: Giappichelli, 1990, p. 113-114.

141 FAZZALARI, Elio. *Processo*: teoria generale. *In*: NOVISSIMO digesto italiano. Turim: Uter, 1996. v. 13.

142 GONÇALVES, Aroldo Plínio. *Técnica processual e teoria do processo.* Rio de Janeiro: Aide, 1992, p. 120-121.

143 LEAL, Rosemiro Pereira. *Teoria geral do processo.* 11ª. ed. Rio de Janeiro: Forense, 2012, p. 86-90.

desenvolvem pesquisa em *processo constitucional* com foco na *decisão jurídica*. Neste sentido, para refutá-las, poderia Dworkin (à época) ter trabalhado melhor a sua *teoria da integridade do Direito* de atuação jurídica pela *teoria do processo*, pois se percebe que ele se preocupou tão-somente com a integridade do Direito pela atuação do *juiz* e uma menor atenção à importância das *partes processuais* na construção compartilhada da decisão em *devido processo legal*.

André Cordeiro Leal ilustrou essas questões sobre a atuação do "juiz Hércules", em pesquisa original, apresentada como Dissertação de Mestrado, no Programa de Pós-Graduação em Direito da PUC Minas, área de concentração em Direito Processual, com orientação do Dr. Marcelo Cattoni de Oliveira, pesquisa depois publicada com o título de *O contraditório e a fundamentação das decisões no Direito Processual democrático*.

Nas reflexões de André Leal, o juiz Hércules, criado por Dworkin, a fim de estampar "a atitude decisório-interpretativa ideal [...] ultrapassa o mero esforço ilustrativo, porque concentra excessiva importância no ato decisório".[144]

Com todas essas críticas científicas, que acompanhamos na academia, ou parte dela, não se diminui a importância da produção literária do ilustrado professor norte-americano. Muito pelo contrário, Dworkin prestou valiosa colaboração reflexiva, com rigor semântico, ao termo "princípio".

Como disse André Leal, "não obstante reconheça a importância da fundamentação racional das decisões judiciais e a necessidade de que essas decisões respeitem os princípios da comunidade política, o autor abre mão de analisar, pelos motivos epistemológicos já aludidos, o papel da contribuição argumentativa das partes nos procedimentos judiciais [...]. É exatamente esse solipsismo que vai desencadear críticas de vários pensadores do Direito [...]".[145]

---

144 LEAL, André Cordeiro. *O contraditório e a fundamentação das decisões no Direito processual democrático*. Belo Horizonte: Mandamentos, 2002, p. 61.

145 *Idem*.

10. UMA BREVE REFERÊNCIA À TEORIA DA PROPORCIONALIDADE DE ALEXY E À PROPOSTA INTERPRETATIVA DE GÜNTHER

Surge, então, nessa altura do texto, a oportunidade de mostrar que o Judiciário brasileiro não pode visualizar a interpretação como uma coisa fantasiosa, à qual o juiz se vincula como mero escravo da lei, e, que, portanto, ele somente a aplica, "doa em quem doer". Outra incompreensão, eternamente contida no cérebro de quem estuda o Direito sem a crítica científica (base epistemológica), é aquele espontâneo pronunciamento de que, quando não houver um tratamento jurídico a uma determinada matéria (lacuna), o juiz deve agir discricionariamente. Estas colocações têm a vantagem de evitar dois equívocos muito frequentes dentro do Judiciário. Um é o que promove um reducionismo da técnica de fundamentação dos atos jurisdicionais decisórios. Exige-se do juiz, por dever funcional, que ele demonstre, de forma manifesta, como alinhou a sua decisão.[146]

Nessa linha de raciocínio, não basta falar que fez "ponderação" de princípios e ponto. Não basta dizer que decidiu de acordo com a "jurisprudência dominante" (expressão do antigo CPC/1973, art. 557, *caput*) e tudo está resolvido. Não daria para entender essas atitudes, esses comportamentos dentro da estrutura das decisões judiciais no direito processual democrático brasileiro. Deixemos, portanto, as incongruências de lado. Há que se entender que o juiz "[...] não pode decidir questões de ofício sem consulta prévia às partes; não pode citar leis/precedentes/súmulas sem mostrar como elas se aplicam ao caso [...]".[147] Deste modo, no Brasil, muitos profissionais da área jurídica trabalham "[...] ementas e enunciados de súmula como se

---

[146] BRÊTAS, Ronaldo de Carvalho Dias; SOARES, Carlos Henrique. *Técnica processual.* 1ª ed. Belo Horizonte: Del Rey, 2015, p. 225-279 – Capítulo X – Técnica estrutural dos atos jurisdicionais decisórios.

[147] THEODORO JÚNIOR, Humberto; NUNES, Dierle; BAHIA, Alexandre Melo Franco; PEDRON, Flávio Quinaud. *Novo CPC: fundamentos e sistematização.* 2ª ed. Rio de Janeiro: Forense, 2015, p. 101. Conferir ainda o Capítulo 6 – Da fundamentação racional e legítima das decisões judiciais, p. 301-322.

contivessem uma amplitude análoga das leis, sendo aplicadas como comandos gerais e abstratos [...]".[148]

O outro equívoco, de tipo positivista clássico, mas que se encontra na legislação brasileira vigente, é que quanto mais *conceitos jurídicos indeterminados* houver nas decisões, tais como *bem comum*, *fim social* (art. 5º da LINDB), maior a possibilidade de discricionariedade do decididor. Foi em nome do "bem comum" (*common good*) e de alguns "fins sociais" que vários governos ditatoriais conseguiram criar formas de conduzir uma nação.

Com essa demarcação, altamente discutida, pois o conflito conceitual não é de fácil resolução, quer-nos parecer que na discursividade processual-democrática as expressões "*bem comum*" e "*fins sociais*" precisam ser teoricamente demarcadas e voltadas para a consulta prévia das partes processuais.

Sobre esse assunto, Gabriel de Deus Maciel expõe muito bem, em sua dissertação de mestrado, que o Judiciário, ao decidir por *equidade*, caminha na contramão do Direito processual democrático, pois em decidindo assim, não permite a discussão dos critérios de formação do ato decisório pelos autores envolvidos (partes processuais).[149]

Em consequência, a decisão fica vinculada a critérios subjetivos do julgador e não ao princípio do discurso, com esteio na teoria do processo e da constitucionalidade, uma vez que não se abre à crítica e nem à construção participada das partes em isonomia no decorrer do procedimento em contraditório, vincado pela defesa ampla.[150]

Dentro desse equacionamento, em lição oportuna, Ronaldo Brêtas deixa claro que:

> [...] a legitimidade democrática das decisões jurisdicionais, comprometidas com o princípio do Estado Democrático de Direito, está assentada na exclusiva sujeição dos órgãos jurisdicionais às

---

[148] THEODORO JÚNIOR, Humberto; NUNES, Dierle; BAHIA, Alexandre Melo Franco; PEDRON, Flávio Quinaud. *Novo CPC*: fundamentos e sistematização. 2ª ed. Rio de Janeiro: Forense, 2015, p. 345.

[149] MACIEL, Gabriel de Deus. *Teoria do processo e legitimidade decisória*: discurso de aplicação e argumentação de adequabilidade no direito democrático. 2006. Dissertação (Mestrado) – Faculdade de Direito da Pontifícia Universidade Católica de Minas Gerais, Belo Horizonte, 2006.

[150] *Idem.*

normas que integram o ordenamento jurídico, emanadas da vontade do povo, porque discutidas, votadas e aprovadas pelos seus representantes, no Congresso Nacional.[151]

De outro lado, é de estarrecer a opinião (ilusória) de Norberto Bobbio para os casos de conflito de normas, para as quais não valha o critério cronológico (*lex posterior*), nem o hierárquico (*lex superior*), nem o da especialidade (*lex specialis*). Nas palavras do autor, isto significa "que no caso de um conflito no qual não se possa aplicar nenhum dos três critérios, a solução do conflito é confiada à *liberdade do intérprete*".[152] (o itálico é nosso!).

Pensamos, como já tantas vezes pontuado, que o axioma "*liberdade*", nesta conotação hermenêutica, apóia-se num abismo, pois a perversidade dessa questão, quando levada ao brilho da inteligência do juiz, seria para nós o mesmo que dizer que o contraditório e a isonomia pudessem ser abolidos na preparação interpretativa do "provimento final" (sentença/decisão).

Contudo, outra dificuldade se põe às novas cogitações, quando se pensa na colisão ou tensão entre dois princípios constitucionais. Nestes termos de reflexão, denuncia-se que o Judiciário brasileiro adota uma *jurisprudência de valores* cheia de contornos ideológicos, travestidos com novas proposições (teorias) como, por exemplo, a da proporcionalidade, a qual Bonavides considera "uma regra fundamental a que devem obedecer tanto os que exercem quanto os que padecem o poder".[153]

Lenio Streck, percebendo uma "tendência" contemporânea (brasileira), "de apostar no protagosnismo judicial como uma das formas de concretizar direitos", resolveu nos esclarecer.[154] Segundo o autor, tudo decorre de uma "equivocada recepção que ocorreu na Alemanha pós-guerra a partir do que se convencionou chamar de *Jurisprudência dos Valores.*" Essa anotação de Streck é importante, uma vez que, no caso alemão,

---

[151] BRÊTAS, Ronaldo de Carvalho Dias. *Responsabilidade do Estado pela função* jurisdicional. Belo Horizonte: Del Rey, 2004, p. 134.

[152] BOBBIO, Norberto. *Teoria do ordenamento jurídico.* 10. ed. Brasília: UNB, 1997, p. 100.

[153] BONAVIDES, Paulo. *Curso de direito constitucional.* São Paulo: Malheiros, 1998, p. 357.

[154] STRECK, Lenio Luiz. *O que é isto – decido conforme minha consciência?* Porto Alegre: Livraria do Advogado Editora, 2010, p. 20-21.

> [...] a *jurisprudência dos valores* serviu para equalizar a tensão produzida depois da outorga da *Grundgesetz* pelos aliados, em 1949. Com efeito, nos anos que sucederam a consagração da Lei Fundamental, houve um esforço considerável por parte do *Bundesverfassungsgericht* para *legitimar* uma Carta que não tinha sido construída pela ampla participação do *povo* alemão. Daí a afirmação de um *jus* distinto da *lex*, ou seja, a invocação de argumentos que permitissem ao Tribunal recorrer a critérios decisórios que se encontravam fora da estrutura rígida da legalidade.[155]

Com efeito, essa concepção de que *princípio jurídico* é sinônimo de *valor* ainda perdura entre vários autores, como, por exemplo, o tradicional conceito de que a "Constituição é uma ordem concreta de *valores*". Não seria difícil de identificar isso no Brasil, uma vez que para o constitucionalismo *comunitário* a dimensão axiológica supera a reflexão deontológica.

Em consequência dessa compreensão entre princípios normativos/valoração é que aparece a denominada "*jurisprudência de valores*", que como dito linhas atrás, é um comportamento interpretativo bastante utilizado pelas Cortes Constitucionais na Europa.

Foi exatamente essa questão que levou Jürgen Habermas a dizer que "tal *jurisprudência de valores* levanta realmente o problema da legitimidade [...], pois ela implica um tipo de concretização de normas que coloca a jurisprudência constitucional no estado de uma legislação concorrente". [156]

José Emílio Medauar Ommati, em estudo preciso, deixou importante contribuição para os estudiosos de Hermenêutica Constitucional ao tecer críticas à *regra da proporcionalidade e a Constituição como "ordem concreta de valores"*. [157]

---

155 STRECK, Lenio Luiz. *O que é isto – decido conforme minha consciência?* Porto Alegre: Livraria do Advogado Editora, 2010, p. 21.

156 HABERMAS, Jürgen. *Direito e democracia*: entre facticidade e validade. Rio de Janeiro: Tempo Brasileiro, 1997, v. 1, p. 320.

157 OMMATI, José Emílio Medauar. O princípio da proporcionalidade e a Constituição como ordem concreta de valores. *Revista de Direito Constitucional e Internacional.* São Paulo: Revista dos Tribunais. Ano 15. janeiro-março 2007, p. 109-128.

Depreende-se, da referida pesquisa, que o método da "proporcionalidade" nasceu e se desenvolveu na doutrina e jurisprudência alemãs, as quais têm recebido duras críticas por parte da academia, tendo sido "transportado para o Brasil como forma de resolver conflitos jurídicos", e, como tal, no Brasil, a "proporcionalidade" surge a partir da ideia de *razoabilidade* da doutrina norte-americana (cf. *leading case Lochener v. New York*, em 1905).[158]

Parêntese: convém pontuar que o citado autor (José Emílio Medauar Ommati), não vê diferença qualitativa entre *razoabilidade* e *proporcionalidade* e é terminativamente contrário a decisões fundamentadas nesses critérios.

Aliás, diga-se de passagem, que essa matriz da "proporcionalidade", no novo Código de Processo Civil, parece ter sido acolhida pelo legislador brasileiro ao estabelecer, no artigo 8º, que cabe ao juiz, nas decisões judiciais, observar a proporcionalidade, a razoabilidade e a legalidade.

Na análise feita por Medauar Ommati pode-se falar, que, somente, a partir da década de 70, do século XX, que o Supremo Tribunal Federal, paulatinamente, passa a substituir o termo *razoabilidade* (da doutrina norte-americana) por *proporcionalidade.*[159]

---

158 Nessa perspectiva, Oscar Vilhena Vieira nos apresenta o seguinte conteúdo da decisão da Suprema Corte Americana, quanto à ideia de *razoabilidade*: "O estatuto necessariamente interfere com o direito de contrato entre empregadores e empregados, relativo ao número de horas que os últimos devem trabalhar na padaria do empregador. O direito geral de realizar um contrato em relação aos seus negócios é parte da liberdade protegida pela XIV Emenda à Constituição Federal. Sob esta emenda nenhum Estado pode limitar o direito de qualquer pessoa à vida, liberdade, propriedade sem o devido processo legal. [...] Em todo caso trazido a este Tribunal, em que se trata de legislação desta natureza, e em que a proteção da Constituição Federal é requerida, uma questão necessariamente aparece: é este um exercício justo, razoável e apropriado do poder de polícia do Estado, ou é uma interferência não razoável, desnecessária e arbitrária nos direitos individuais a sua liberdade pessoal ou de realizar aqueles contratos que julgar apropriados ou necessários para seu próprio sustento ou de sua família? É claro que a liberdade de contratar relacionada com o trabalho inclui duas partes. Uma tem tanto direito de contratar quanto a outra de vender o seu trabalho". VIEIRA, Oscar Vilhena. *Supremo Tribunal Federal*: jurisprudência política. 2ª Ed. São Paulo: Malheiros, 2002, p. 67.

159 OMMATI, José Emílio Medauar. O princípio da proporcionalidade e a Constituição como ordem concreta de valores. *Revista de Direito Constitucional e*

E mais: a partir daí, o critério da *proporcionalidade* passa a ser um método utilizado pelo STF para resolver "colisão" entre princípios jurídicos.

De lá para cá, tornou-se uma "*fórmula mágica*", um método capaz de "*garantir a verdade*", o que, para o citado autor, "transforma o Direito e a Constituição em uma ordem concreta de valores, transformando os princípios em comandos axiológicos, passíveis de otimização e, assim, de aplicação na medida do possível. Com isto, as normas jurídicas perdem seu caráter deontológico fragilizando o próprio código binário do Direito".[160]

É assim que o método "da proporcionalidade possibilita verdadeiro decisionismo judicial".[161]

Não é outra a constatação feita por Friedrich Müller[162] e por Virgílio Afonso da Silva.[163] O primeiro, diz que o procedimento da *ponderação* (balanceamento de bens e interesses) traz perigo ao dar prioridade a uma norma em detrimento de outra. Já o segundo, praticamente no mesmo sentido crítico, diz que a *proporcionalidade* não é cabível porque a ponderação já foi feita pelo constituinte e pelo legislador ordinário.

Por tudo isso, vem a lume, a necessidade de questionamento de um Judiciário subjetivista, pois, no Direito democrático, além de as "verdades serem provisórias", a interpretação do Direito não se faz pela aclamação de "pesos" (comandos axiológicos) e ponto, o que já configuraria uma decisão de *consciência*.

Infelizmente, no Brasil, inúmeras decisões judiciais, quando não usam de "conceitos jurídicos indeterminados", invocam a teoria de Robert Alexy e caem na ponderação sem o uso de técnica (adequação, necessidade, proporcionalidade) que o próprio Alexy recomenda em

---

Internacional. São Paulo: Revista dos Tribunais. Ano 15. janeiro-março 2007, p. 113.

160 *Ibidem*, p. 110.

161 *Ibidem*, p. 116.

162 MÜLLER, Friedirch. *Métodos de trabalho do direito constitucional.* São Paulo: Max Limonad, 2000, p. 35-36.

163 SILVA, Virgílio Afonso da. *A constitucionalização do direito*: os direitos fundamentais nas relações entre particulares. São Paulo: Malheiros, 2005.

sua literatura. É, neste ponto, que Alexandre da Rosa e Rafael Oliveira comentam: "[...] nunca se sabe em qual momento da decisão as etapas formais de justificação racional do discurso propostas por Alexy foram cumpridas e demonstradas. Mas a justificação de autoridade está lá, como que a desarmar a 'bomba relógio' que tornava complexa a solução do caso".[164]

Isso de "fundamentar" as decisões judiciais por meio de ponderação *ao gosto* e de uma leitura equívoca de *princípios* como se fossem *valores*, *bens*, *interesses* ("pesos" calibrados pela consciência do julgador) seria, numa metáfora grosseira, como ir a um supermercado político e escolher, na gôndola jurídico-política, dentre os princípios disponíveis, aquele que melhor lhe convém num dado momento (regra da preferência).

Por isso, poderiam ser chamados de "swing justices" (ministros -pêndulo), porque se alinham ora a uma tendência, ora a outra, determinando/calibrando *valores/pesos* que decidem os casos. A cena constituiria uma espécie de "tabela periódica" do instinto moral do juiz/tribunal, um verdadeiro mapa de sentidos tracejado por uma combinação de "ingredientes" da mente. Este discurso, definitivamente, não é o da fundamentação racional (e muito menos legítima) das decisões judiciais.

Seria de conseguinte, o mesmo que relembrar a figura de Procusto, no conhecido mito de Perseu, como aquela figura de má índole, que, dono de um leito de ferro criado para com a finalidade de amarrar todos os viajantes, que lhe caíam às mãos, cortava-lhes as pernas se elas fossem maiores que o leito, e lhes espichava quando menores.[165]

É essa elasticidade axiológica aplicada aos princípios jurídicos que acaba transformando a hermenêutica constitucional em terreno

---

[164] OLIVEIRA, Rafael Tomaz de; ROSA, Alexandre Morais da. Complexo de MagGyver e os modelos de juiz (epsódio 1). *Consultor Jurídico,* 02.11.2013. Disponível em: <http://www.conjur.com.br/2013-nov-02/diario-classe-complexo-macgyver-modelos-juiz-episodio> . Acesso em 02 nov. 2013.

[165] BULFINH, Thomas. *O livro de ouro da mitologia.* Rio de Janeiro: Ediouro, 2002, p. 187.

movediço, sem uma análise detida das peculiaridades de cada caso concreto (elemento, meio e instrumento de prova no *processo*).[166]

Daí, a importância de entendermos o Texto Constitucional como documento portador de liquidez (autoexecutividade) e certeza (infungibilidade) pela decisão do legislador constitucional, e por isto as normas constitucionais devem reclamar "[...] execução ininterrupta de *mérito* já pré-julgado (decidido) no horizonte instituinte do legislador originário da constitucionalidade vigorante)".[167]

A partir dessa leitura teórica da Constituição, talvez os autores que prestam elogios à "proporcionalidade" (*maximização* ou *minimização* de princípios) devessem trabalhar melhor a diferença entre *Direito* e *Política* a fim de não reduzir o ato de decidir a um cálculo de mero custo/benefício, o que transforma o Judiciário numa secretaria de contabilidade.

Advirta-se, que existe a solução hermenêutica via *devido processo legal*, instituição constitucionalizada que permite a reconstrução hermenêutica caso a caso a partir da discursividade ampla e isonômica daqueles que sofrerão os efeitos da decisão (partes processuais).

Assim, em Robert Alexy,[168] que prestou importante colaboração acadêmica quanto ao modo de interpretar princípios jurídicos, parece à nossa leitura desenvolver de maneira coerente o conflito entre *regras*, em que uma delas deve ser invalidada, isto é, afastada do sistema jurídico, salvo, por óbvio, se for uma regra de exceção. No entanto, parece que o jurista de Kiel não conseguiu a mesma coerência metodológica no tocante ao conflito entre *princípios*, na medida em que trabalha uma *dimensão de peso*, já que os princípios na literatura alexyana não possuem razões determinantes como as regras, podendo sofrer metamorfoseamentos por meio de posições argumentativas,

---

[166] LEAL, Rosemiro Pereira. *Teoria geral do processo*. Rio de Janeiro: Forense, 2012, p 185-194.

[167] LEAL, Rosemiro Pereira. *Relativização inconstitucional da coisa julgada*. Belo Horizonte. Del Réu, 2005, p. 27.

[168] ALEXY, Robert. *Derecho y razón práctica*. 1ª. ed. México: Distribuciones Fontamara, 1993.

num movimento pendular com o traço da "proporcionalidade", em diversificadas situações de decisão.[169]

Em vista disso, se, nas palavras de Alexy, no tocante aos *princípios*, "há quedado claro que su estructura, em cuanto mandatos de optimización, lleva a que, siempre que exhiban um contenido moral, em su aplicacíon haya que contestar simpre cuestiones morales",[170] a pergunta que devemos nos fazer é esta: se os princípios são aproximados da moral, há como ligá-los a um plano axiológico?

Veja-se em outro trecho de seu livro (*Derecho y razón prática*), mais uma questão delicada, envolvendo a correlação entre *princípios* e *valores*. Desta forma, para Alexy, "principios y valores son por tanto lo mismo [...]. Esto muestra con claridad que el problema de las relaciones de prioridad entre principios se corresponde con el problema de una jerarquía de los valores".[171]

Como explicam Bernardo Gonçalves e Flávio Pedron, "nunca é demais lembrar que a teoria axiológica, ora criticada, busca *fugir da discricionariedade*, mas acaba por se afundar ainda mais na mesma. Isto ocorre na medida em que, se as normas são tratadas como valores, elas viram *questões de preferência* (o que é preferível ao invés do que seja devido), ficando atreladas a uma racionalidade meramente instrumental".[172]

Os limites de nossa proposta, neste tópico, não nos permitem exame mais aprofundado para acompanhar *pari passu* o procedimento teórico de Alexy a partir da teoria da argumentação jurídica e as sub -regras do método de "proporcionalidade".

No entanto, sucede que parece inatingível conceber uma *teoria da proporcionalidade* (regra da adequação, regra da necessidade

---

[169] Acerca do tema, para nortear melhor o assunto conferir: THEODORO JÚNIOR, Humberto; NUNES, Dierle; BAHIA, Alexandre Melo Franco; PEDRON, Flávio Quinaud. *Novo CPC: fundamentos e sistematização*. 2ª ed. Rio de Janeiro: Forense, 2015, p. 55-57.

[170] ALEXY, Robert. *Derecho y razón práctica*. 1ª. ed. México: Distribuciones Fontamara, 1993, p. 20.

[171] *Ibidem*, p. 16.

[172] FERNANDES, Bernardo Gonçalves; PEDRON, Fávio Quinaud. *O Poder Judiciário e(m) crise*. Rio de Janeiro: Lumen Juris, 2008, p. 168.

e regra da ponderação),[173] com uma racionalidade que serve de procedimento para provar e fundamentar enunciados normativos e valorativos, porque, se pode cair facilmente no critério da preferibilidade.

Apesar de Alexy esforçar-se para trabalhar uma concepção deontológica dos princípios jurídicos, ao procurar o caminho da *ponderação*, como *procedimento* que prepara uma decisão, acaba por falsear toda a estrutura de preparação de decisão jurídica por não conseguir uma definição de *procedimento*, e muito menos se esse procedimento é orientado pela instituição do *processo*.

Na leitura de Rosemiro Leal, é exatamente, aqui, que a análise de Alexy traz complicações, porque se vislumbra o seu apego a uma co-originalidade entre o *jurídico* e o *moral* "que estabelece um paralelismo paradoxal em que não se sabe qual prepondera sobre o outro".[174]

Tudo isso, porque, em sociedades complexas, como a nossa, não pode haver regenciamentos pela *moral* tão-somente. Ao explicitar esse aspecto, Luiz Moreira[175] confronta o trabalho habermasiano de 1986,[176] que segue a tradição da *razão prática* (elementos morais fundamentando o ordenamento jurídico), na obra de 1992,[177] em que Habermas passa a admitir uma relação de simultaneidade genética, ou seja, as esferas (*Direito e Moral*) *originam-se concomitantemente* (co-originariamente).

Como bem salienta María Fernanda Salcedo Repolês, a *Moral* "opera no jogo interno de argumentação, não tendo por isso que

---

173 ALEXY, Robert. *Derecho y razón práctica*. 1ª. ed. México: Distribuciones Fontamara, 1993, p. 32.

174 LEAL, Rosemiro Pereira. *Processo como teoria da lei democrática*. Belo Horizonte: Fórum, 2010, p. 233.

175 MOREIRA, Luiz. *Fundamentação do direito em Habermas*. Belo Horizonte: Mandamentos, 1999, p. 171.

176 HABERMAS. Direito e moral. *(Tanner Lectures), 1986. In:* HABERMAS. *Direito e democracia: entre facticidade e validade*, v. 2, p. 193-247.

177 Interessante é que Habermas trata esse problema por intermédio da seguinte reafirmação: "Convém notar, todavia, que atualmente eu não determino mais a relação complementar entre moral e direito seguindo a linha traçada nas Tanner Lectures". Cf. HABERMAS. *Direito e democracia*: entre facticidade e validade, v. 1, p. 10.

institucionalizar as decisões que são tomadas. Ela pretende a aceitabilidade universal das normas [...]".[178]

Ainda, no dizer de Salcedo Repolês, a *Moral* sequer tem "um sistema hierárquico de normas, que orientam os sujeitos para a ação. Por isto a moral pós-convencional é deficiente cognitivamente, porque ela não gera obrigações institucionais, não gera normatividade [...]. Já o *Direito* mantém um nível de saber altamente acional e artificial, por meio da formação de uma dogmática jurídica e de uma *ciência do direito*, que lhe permitem estruturar-se cognitivamente".[179]

Embora a Constituição articule, como bem ensina Marcelo Cattoni, "de forma complexa, questões políticas – éticas, morais e pragmáticas – a questões jurídicas, deve-se *corretamente compreender tal articulação de um ponto de vista normativo*, constitucionalmente adequado ao Estado Democrático de Direito, de tal modo que a proteção de direitos não fique prejudicada por razões de Estado. Contudo, o Judiciário, para isto, não deve ou necessita, por um lado, assumir erroneamente o papel do poder constituinte permanente, ou, pelo menos, de um legislativo concorrente de segundo grau [...]".[180]

Portanto, feitas tais advertências, pretende-se demonstrar que alguns casos enfrentados pelo Judiciário,[181] notadamente no que concerne à tensão entre princípios constitucionais, em especial a adoção da *proporcionalidade* alexyana, são difíceis de aceitar, uma vez que o caso concreto pode tomar base de adequação depois de ouvido todos os argumentos das partes processuais, em contraditório.

Toda a valoração, acaso existente, foi debatida no Legislativo e posta na norma, o que afasta, de logo, uma axiologização da lei pelo Judiciário. Se isto fosse percebido pelos operacionalizadores da modernidade, poder-se-ia dizer que houve o alcance da *legitimidade decisória*. Como se viu, os argumentos usados para interpretar o Direito

---

178 REPOLÊS, María Fernanda Salcedo. *Habermas e a desobediência civil.* Belo Horizonte: Mandamentos, 2003, p. 105.

179 *Ibidem*, p. 108.

180 CATTONI, Marcelo Andrade. *Direito, Política e Filosofia.* Rio de Janeiro: Lumen Juris, 2007, p. 125.

181 Cf. BRASIL, STF, Rel. Min. Celso de Mello, RE 374.981/RS,2005.

têm que ser argumentos internos ao ordenamento jurídico, jamais externos ao Direito (lei íntima/questões de preferência).

Com base nessas premissas, interessante é refletir a decisão do Conselho Nacional de Justiça (CNJ), em 2007, sobre o pedido para retirar os símbolos religiosos das dependências do Judiciário. Neste episódio, o plenário concluiu o julgamento dos quatro pedidos de providência (1344, 1345, 1346 e 1362) que questionavam a presença de crucifixos em dependências públicas do Judiciário. A decisão teve como eixo central de entendimento a *tradição cultural*. A maioria do plenário entendeu que os objetos seriam "símbolos da cultura brasileira".

Em nosso entendimento a repetição (hábito ou costume) não pode funcionar como expectativa confiável, pois geralmente é desbragada dos seus fundamentos. Neste sentido, a decisão do CNJ percorreu a mesma direção republicanista de *sociedade* como um todo *homogêneo*.

De conseguinte, no paradigma do Estado Democrático de Direito, não há que se falar em sociedade homogênea. A *tradição* é teoricamente insatisfatória para reger *sociedades abertas* onde não há uma "pureza cultural", mas sim um Texto Constitucional assegurador de um Estado Laico.

No deslinde da hermenêutica discursiva da democracia, uma visita teórica a Klaus Günther é inevitável, porque, ao rejeitar a *metodologia da certeza*, como se acha em alguns escritores, é que se propicia uma razão discursiva (não Kantiana) pela aceitação de ideias cuja adequabilidade só será obtida em níveis teóricos de uma melhor argumentação.[182] Como anota Günther, "não estamos preocupados com a questão da verdade, mas com uma aplicação adequada de normas válidas".[183]

Daí Günther visualizar, em seu trabalho, que o discurso da decidibilidade hermenêutica deve ser feito em dois momentos distintos: o da *justificação* e o da *aplicação*. O primeiro é caso que se vincula

---

182 GÜNTHER, Klaus. Uma concepção normativa de coerência para uma teoria discursiva da argumentação jurídica. *Cadernos de Filosofia Alemã*, São Paulo, ago. 2000.

183 *Ibidem*, p. 99.

à atividade legislativa. O segundo ocorre na adequação da norma ao caso particular.

Assim, sabe-se, que, o discurso de *justificação* ocorre no processo legislativo por meio de diversas formas de argumentação (moral, religião, ética...), as quais serão discutidas a fim de justificar a produção das leis (N). Já, o discurso de *aplicação*, refere-se à adequabilidade de várias normas (*N1*, *N2*, *N3*, *N4*...), todas as quais podem ser consideradas *válidas*, mas isto não significa que todas sejam *adequadas* ao caso concreto.

No entanto, convém lembrar, que, em Günther, o *discurso de aplicação* (argumentação da adequabilidade) não é o espaço apropriado para se desenvolver discursos morais, uma vez que essa fase já foi oportunizada no processo legislativo (*discurso de justificação*), onde os argumentos morais, religiosos e ideológicos são encontrados com frequência.

Portanto, apesar de Günther falar em "formas de argumentação", parece que o autor alemão não percebeu que "a implementação de uma teoria do discurso no Direito exige uma teoria adequada do processo jurisdicional".[184]

Daí, concluirmos que esta forma de argumentação só deva ocorrer pelas normas formais do *processo constitucional* (contraditório, ampla defesa e isonomia), isto é, uma forma argumentativa que abre via para patentearmos a expressão *devida interpretação constitucional*, a partir da instituição do *processo* (devido processo) no Direito democrático.

Embora interessantes as constatações de Günther, entendemos que sua teoria da argumentação jurídica[185] não atende totalmente à possibilidade de uma *devida interpretação constitucional*, pois quer parecer que Günther ainda não conseguiu abdicar totalmente da decisão solipsista do juiz nas decisões.

---

[184] MACIEL, Gabriel de Deus. *Teoria do processo e legitimidade decisória*: discurso de aplicação e argumentação de adequabilidade no direito democrático. 2006. Dissertação (Mestrado) – Faculdade de Direito da Pontifícia Universidade Católica de Minas Gerais, Belo Horizonte, 2006, p. 101.

[185] GÜNTHER, Klaus. *Teoria da argumentação no direito e na moral*: justificação e aplicação. São Paulo: Landy, 2004.

Eis um ponto que, com todo o respeito em face da estatura do professor alemão, pode ser considerado o mais frágil em sua teoria.

Por isso, Rosemiro Leal vai dizer que "em Günther, o *aplicador* (o decisor do discurso prático) é que prioriza normas válidas pelo senso de adequabilidade (uma só resposta correta para cada caso) sem qualquer amarração referencializante [...]. Os seus discursos de justificação e aplicação assumem conotações prático-morais universalizantes, aos moldes habermaseanos, cabendo apenas, à sua distinção, uma distribuição de funções e competências (divisão de poderes) entre autoridades de uma administração governativa".[186]

Entretanto, um ponto forte a ser considerado nos estudos de Klaus Günther é a separação entre Direito e Moral. Neste ponto, cabe uma análise mais detida acerca da obra do referido autor e da autonomia das duas esferas (Moral e Direito), pois, na contemporaneidade, a *moral* (esse sentimento que regula o comportamento interno das pessoas) não tem força vinculante como o *direito*, o qual regula comportamento externo. Por isto, o Direito não pode obrigar ninguém a atuar moralmente, uma vez que ele (Direito) deve nos obrigar a comportar de acordo com a LEI.

O Direito recebe conteúdos morais somente no momento de sua produção (*processo legislativo*). A partir daí, a decisão é racionalizada com base na lei escrita e não mais em princípios internos (moral) de cada intérprete. Se nos confinássemos a esta ótica de que o Direito no momento de ser interpretado requer auxílio da Moral, sobraria o incômodo de concluir que *não* precisaríamos do *direito*, se já *existente a moral.*

Propende-se ainda a acrescentar que merece aplausos a preocupação de Günther em trabalhar o *direito* separado da *moral*. E nisto está, talvez, um estudo mais nítido daquele feito pelo "*antigo*" Habermas sobre a razão prática (elementos morais influenciando o discurso de aplicação do ordenamento jurídico).[187] Desta forma, a partir das projeções teóricas coordenadas por Günther, o novo

---

186 LEAL, Rosemiro Pereira. *Processo como teoria da lei democrática*. Belo Horizonte: Fórum, 2010, p. 247.

187 HABERMAS, Jürgen. *Direito e democracia*: entre facticidade e validade. Rio de Janeiro: Tempo Brasileiro, 1997, v. 1, p. 10.

critério (*princípio de adequação*) ajudou a suplementar o *princípio U* (princípio moral).

Diga-se, de antemão, que se reclamará, na desenvoltura de Günther, a necessidade de uma argumentação atrelada ao *devido processo* (ampla defesa, contraditório e isonomia) para melhor explicitar o comportamento das partes processuais no momento da decisão (discurso de aplicação e princípio de adequação). Sobrevém, é claro, e com cuidado, essa nossa sugestão de demarcação teórica.

11. ALGUMAS ÚLTIMAS PALAVRAS SOBRE INTERPRETAÇÃO (HERMENÊUTICA) E PROCESSO CONSTITUCIONAL

Por fim, depois de tudo o que foi analisado, mostra-se inquietante, ao nosso entender, a maneira de analisar a hermenêutica somente pela via filosófica (hermenêutica filosófica).

Outro ponto conturbado é a visão de alguns teóricos que, saudosistas de um constitucionalismo não-democrático de Direito, infelizmente ainda vêm ensinando, com exceções raras, uma hermenêutica predestinada ao sábio-julgador (o cadafalso das decisões).

Neste sentido, se toda decisão jurídica deve conter o "relatório", a "motivação" e a "decisão" propriamente dita (também denominada de parte "dispositiva"), a fundamentação jurídica é ponto da mais alta relevância, constituindo-se em pressuposto de legitimidade.

Nessa tônica, como bem sustentado por André Cordeiro Leal, em direito processual democrático, há necessidade de *congruência* entre as provas levantados pelas partes processuais, com o conteúdo da decisão jurídica.[188] Desta feita, não se pode conceber mais, na atualidade, uma decisão apoiada em subjetivismos do decisor na motivação das decisões, porque, nesses termos, decisões lavradas em sentimentos do juiz (opiniões pessoais à procura de uma decisão verdadeira), fora dos argumentos produzidos pelas partes processuais ao longo do procedimento, produzem a inconstitucionalidade do julgamento.

[188] LEAL, André Cordeiro. *O contraditório e a fundamentação das decisões no direito processual democrático*. Belo Horizonte: Mandamentos, 2002, p. 105.

Partindo dessas premissas, Lenio Streck, com apoio em Flaviane de Magalhães Barros, vale a pena a longa citação, afirma que:

> [...] embora o *juiz* seja uma pessoa com convicções e história de vida, a limitação ao seu subjetivismo e à sua parcialidade se dá justamente no impedimento de uma fundamentação que extrapole os argumentos jurídicos e na obrigatoriedade de se construir a decisão com a argumentação participada das partes, que, como partes contraditoras, possam discutir a questão do caso concreto, de modo que a decisão racional se garanta em termos de coerência normativa, a partir da definição do argumento mais adequado ao caso. Assim, o objetivo é garantir que um juiz mesmo com suas convicções, não apresente um juízo axiológico, no sentido de que todos os cidadãos comunguem da mesma concepção de vida, ou que os valores ali expostos na sentença vinculem normativamente todos os demais sujeitos do processo.[189]

A partir dessas concepções, propiciadas pelo *devido processo*, como se colhe das lúcidas considerações de Ronaldo Brêtas, entendimento já homologado pelo Supremo Tribunal Federal, "a decisão judicial deve analisar todas as questões suscitadas pela defesa do réu".[190] Embora havendo esse entendimento,[191] tem-se, então, o repúdio do processualista mineiro, a nosso ver, com total acerto, ao acórdão proferido pelo Tribunal de Justiça de Minas Gerais, o qual diz que "é cediço que o julgador não precisa manifestar-se a respeito de todas as teses levantadas pelas partes, bastando que se fundamente naquela que baseia seu entendimento".[192]

---

189 STRECK, Lenio Luiz. Hermenêutica, Constituição e Processo, ou de "como discricionariedade não combina com democracia: o contraponto da resposta correta. *In:* MACHADO, Felipe Daniel Amorin: CATTONI DE OLIVEIRA, Marcelo Andrade (Coords.). *Constituição e processo*: a contribuição do processo ao constitucionalismo democrático brasileiro. Belo Horizonte: Del Rey, 2009, p. 19.

190 BRÊTAS, Ronaldo. *Processo Constitucional e Estado Democrático de Direito.* Belo Horizonte: Del Rey, 2015, p. 179.

191 Julgamento do *habeas corpus nº 74.073-1* – Rio de Janeiro - Relator Ministro Celso de Mello, acórdão publicado no Diário do Judiciário de 27/6/1997.

192 BRÊTAS, Ronaldo. *Processo Constitucional e Estado Democrático de Direito.* 3ª ed. Belo Horizonte: Del Rey, 2015, p. 184. Conferir, ainda: Acórdão lavrado no julgamento de embargos de declaração na apelação cível nº 1.0702.06.311446-

Concluídas essas noções de extrema importância, necessário demarcar outras. Como já foi considerado, os conteúdos normativos (igualdade, dignidade humana, democracia, vida, liberdade...), casos suscitados nos autos do procedimento, têm que se abrir a refutação da parte processual, isto é, devem ser examinados pelo eixo hermenêutico do *devido processo constitucional* (aberto a todos os participantes processuais), porque, a titularidade do bem jurídico "vida digna", "*liberdade*", "*igualdade*", "*privacidade*", como forma de execução de direito líquido e certo, é do cidadão, que é co-construtor das normas, uma vez que a *titularidade de direito* só pode mesmo ser do cidadão (parágrafo único, art. 1º, CF/88), mas necessariamente deve ser aberta à refutação pela outra parte processual, ao longo do procedimento de preparação da decisão.

Eis, por que, uma hermenêutica processual impõe à análise das normas uma significância vinculada ao que denominamos de *devida interpretação constitucional*, pois, cumpre ressaltar, que a análise de casos a serem decididos tem, por exigência constitucional, que atender aos princípios institutivos do *processo*, regenciador do *procedimento* interpretativo e preparador de um provimento final (decisão).

Assim, para manejar uma *devida hermenêutica constitucional* há de se fixar atenção à *teoria da prova* (elemento, meio e instrumento de prova)[193] como marcos formais do *processo constitucional*, que são campos hermenêuticos de dicção procedimental onde as *teorias* e *argumentos* são levados pelas partes processuais a fim de sofrer uma cognição por todos aqueles que sofrerão os efeitos da decisão, como forma neutralizante das vontades *subjetivas* das *partes* processuais e da vontade axiológica do juiz-intérprete-aplicador.[194]

A questão que se coloca para reflexão, é que alguns autores falam de hermenêutica mas não dizem em qual *ambiente* de dará essa construção da decisão. Fazê-la fora do *espaço processual* gera danos de ilegitimidade.

7/002, Comarca de Uberlândia, Relator Desembargador Antônio de Pádua, publicado no Diário do Judiciário de Minas Gerais em 20/8/2008.

[193] LEAL, Rosemiro Pereira. *Teoria Geral do Processo.* Rio de Janeiro: Forense, 2012, p. 185-195.

[194] LEAL, Rosemiro Pereira. *A teoria neoinstitucionalista do processo.* Belo Horizonte: Arraes, 2013, p. 105.

Dessa forma, não há de haver o "tribunal da razão", mas sim teorias e argumentos levantados (e refutados) ao longo do desenvolvimento processual de preparação de decisões judiciais.

Decisivo, para aferição do tema, foi Dhenis Cruz Madeira, ao dizer que na Democracia há a queda do "ídolo da certeza". E diz mais: "toda e qualquer motivação decisional deve ser extraída do discurso dialógico-processual. Assim, decisões baseadas na *metajuridiciadade* (*v.g.*, interesse público, equidade, bom senso, adequabilidade, proporcionalidade, justiça, sensibilidade, intuição, experiência) são *ilegítimas*, porquanto é impossível que os destinatários se reconheçam como coautores do provimento. A metajuridicidade cria o espaço infiscalizável do soberano".[195]

12 O QUE OS ARTIGOS 4° E 5° DA LEI DE INTRODUÇÃO ÀS NORMAS DE DIREITO MASCARAM?

Como tema e objetivo de estudo, o assunto deste tópico soma-se a contribuição de mais alguns elementos de reflexão crítica em Direito, dando indicações relativas ao que o artigo 5° da Lei de Introdução às Normas de Direito mascara, mas não só o referido artigo, porque, claro, o art. 4°, em termos de decisão judicial, se cruza ao art. 5° da Lei de Introdução às Normas de Direito (doravante, LINDB), uma vez que há um vaso comunicante entre eles, ocasião em que se demonstra o recorte deste estudo e os dois objetos de pesquisa, o que abre debate jurídico importante para a área do Direito, com a formulação de problemas e a colocação de hipótese.

O que a Lei de Introdução às Normas de Direito mascara? Gostaríamos de um instante da atenção do leitor em relação ao referido título, neste tópico. No título deste tópico, denominamos de "mascaramento", porque gostaríamos de empregar a palavra num sentido, se não pelo menos estrito, ao menos absolutamente epistemológico. A "máscara" não é um epíteto injurioso, mas sim um critério de demarcação científica de trazer a *falseabilidade* do tema, explicitando uma lógica da pesquisa científica, que possa explicitar elementos de compreensão *acobertados* pelo ranço dogmático.[196]

---

195 MADEIRA, Dhenis Cruz. *Processo de conhecimento e cognição*: uma inserção no Estado Democrático de Direito. Curitiba: Juruá, 2008, p. 212.

196 POPPER, Karl. *A lógica da pesquisa científica*. São Paulo: Cultrix, 2006.

Com essas prévias demarcações é possível perceber que os artigos da LINDB (o art. 4º e 5º), os quais foram citados linhas atrás, reclamam elucidação.

Longe de esgotar o assunto, essas considerações, aqui expostas, serão encaminhadas com aderência à linha crítico-reflexiva a fim de gerar debate. Portanto, uma exposição muito diferente sobre a LINDB será apresentada, o que faz agitar uma superfície aparentemente tranquila.

Constatando essa perspectiva, em excelente texto, sobre *A continuidade do caráter oculto do sentido normativo no Direito brasileiro,*[197] ao lembrar-se da vigência de matéria relacionada a decreto-lei, quando já em vigor a Constituição de 1988, ressalta Rosemiro Leal que é espantoso vermos o legislador brasileiro resgatar a antiga LICC (Lei de Introdução ao Código Civil), um Decreto-Lei da Ditadura Vargas (Dec.-Lei n. 4.657 de 04.09.1942), por intermédio da LINDB (Lei de Introdução às normas do Direito Brasileiro – Lei n. 12.376 de 30.02.2010), alterando única e exclusivamente a ementa, apenas um "rebatismo", disfarce que não deixa de reconhecer a integralidade dos conteúdos do antigo Dec.-Lei. Nada de substancial muda. Cumpre notar, no enredo desta atitude tomada pelo legislador brasileiro, uma expressão conhecida de Jacinto Coutinho, lembrada por Lenio Streck, uma vez que se trata de uma reforma "gatopardista (de *Il Gatopardo): há que se mudar para que tudo continue como está".*[198]

Na melhor das hipóteses, estamos diante de um caso de inabilidade do legislador, o qual troca o nome de *Decreto-Lei* para *Lei* sem nenhum tipo de constrangimento. Temos que reconhecer um retrocesso, para dizer o mínimo. Aliás, essa produção de lei por parlamentares que desconhecem a perversidade do *decisionismo*, continua, no caso da LINDB (art. 4º e 5º), a homologar uma dogmática jurídica que enxerga o juiz (tribunal) como o único competente para traduzir os "valores" da sociedade.

---

197 LEAL, Rosemiro Pereira. *Teoria geral do processo*. 11ª ed. Rio de Janeiro: Forense, 2012, p. 243-250.

198 STRECK, Lenio. Prefácio. In: BARROS, Flaviane de Magalhães. *(Re)forma do processo penal.* Belo Horizonte: Del Rey, 2009.

12.1 A INCONSISTÊNCIA DE MÉTODOS UTILITARISTAS QUE ENSINAM A DECIDIR O CASO NA OMISSÃO DA LEI

Vezes sem conta no Direito deparamo-nos com expressões como "juízo de valor", "equidade", "princípios gerais do direito", "bem comum", "superioridade do interesse público", "premissas", "costumes", "postulados", "fins sociais", "analogia", "tradição", "bom senso" e "justiça". Existem aos montes e são palavras ("jargões" usados para fundamentação), cláusulas abertas, que sem embasamento teórico, aparecem como dupla face, não servem para fundamentar o discurso jurídico na processualidade democracia.

A parir dessa percepção e dos excessos de equívocos que vincam o modo com que algumas decisões são "fundamentadas", o esforço por ocasião do novo CPC (Lei nº 13.105/2015) é o de apresentar mecanismos de controle dessas "conceitos jurídicos indeterminados" como podemos verificar no §1º, incisos I e II do art. 489.[199]

A Lei de Introdução às Normas de Direito (antiga LICC/1942)[200] pode ser um exemplo de legislação, que, em vários trechos, possui significantes sem significados. A par desses problemas, Dhenis Cruz Madeira salienta a necessidade de demarcação de um *medium* linguístico e enfatiza que "em Direito, não se pode falar em lícito, ilícito, moral, ética, bem-estar social, costumes, certo, errado, sem que tais termos se adaptem ao modelo discursivo esculpido pela Constituição e sem que tais concepções, antes da aplicação coativa, passem pelo crivo da principiologia processual".[201]

Daí, a necessidade de um estudo científico capaz de delimitar (elucidar) melhor esse hiato aberto na estrutura da norma.

---

199 Art. 489, §1º: Não se considera fundamentada qualquer decisão judicial, seja ela interlocutória, sentença ou acórdão, que: I – se limitar à indicação, à reprodução ou à paráfrase de ato normativo, sem explicar sua relação com a causa ou a questão decidida; II – empregar conceitos jurídicos indeterminados, sem explicar o motivo concreto de sua incidência no caso [...].

200 A Lei n. 12.376/2010 alterou única e exclusivamente a ementa da LICC (Lei de Introdução ao Código Civil), que passou a se chamar de "Lei de Introdução às Normas do Direito Brasileiro." (LINDB).

201 MADEIRA, Dhenis Cruz. *Processo de conhecimento e cognição*: uma inserção no Estado Democrático de Direito, p. 32.

O Brasil deixou de ser colônia em 1822, mas parece guardar ranço provinciano. Por longo tempo não se questionou o grau de inconsequência de um ensino voltado ao subjetivismo do decididor (juiz).[202]

De conseguinte, decidir com base em "*costumes*", "*princípios gerais*" e "*analogia*", como quer a LINDB, é vender ilusões. Esses conceitos jurídicos indemarcados não resolvem o problema das omissões legislativas, as quais deveriam ser enfrentadas por meio do *mandado de injunção* e/ou pelo *devido processo legislativo*. Ao contrário, na precisa advertência de Rosemiro Pereira Leal, esses "termos" soltos na malha normativa aumentam o grau de discricionariedade do decisor, uma vez que o legislador entregou aos juízes o risco da "livre interpretação do direito escrito e a atribuição de produção do direito na hipótese de ausência de normas ao enfrentamento dos conflitos jurídicos (proibição do *non-liquet* – arts. 4º e 5º da Lei n. 12.376/2010)". [203]

Eis o "caráter oculto" do sentido normativo, a bem dizer, na leitura do citado autor, um grande "artifício acolhido pela Ciência Dogmática do Direito que, ao mesmo tempo em que coloca o *princípio da reserva legal* como garantia de uma interpretação democrática (pressuposto do embuste), dele simultaneamente se utiliza para, por *lei*, dispensar a existência de lei nas hipóteses em que não haja normas escritas específicas à compulsória resolução judicial dos conflitos".[204]

É o que se propõe refletir, de forma mais específica, nos tópicos seguintes.

12.2 PRINCÍPIOS GERAIS DO DIREITO COM ASPAS

A propósito, é espantoso vermos o legislador brasileiro resgatar os antigos conteúdos da LICC, de 1942, colocando-os num texto do

[202] O *decisionismo* (e não decisão processual) está presente em muitas passagens da legislação brasileira como, por exemplo, nos artigos 4º e 5º da LICC. Analisando o CPC/2015 e adentrando ao capítulo dos "poderes, deveres e responsabilidades do Juiz" (Título IV, Capítulo I), no artigo 140, percebe-se que o juiz não se exime de decidir alegando lacuna ou obscuridade do ordenamento jurídico.

[203] LEAL, Rosemiro Pereira. *Teoria Geral do Processo*. Rio de Janeiro: Forense, 2012, p. 243.

[204] *Ibidem*, p. 247.

ano de 2010, mas agora com o nome LINDB, conciliando *princípios constitucionais* (de características deônticas) com *princípios gerais de direito* (que possibilitam abertura para a axiologia) sem nenhum tipo de constrangimento. Temos que reconhecer que se o intérprete (partes processuais/decisor) não tiver uma preocupação com esses conceitos indeterminados, há risco de imediato retrocesso, para dizer o mínimo.

Aliás, essa produção de *lei* assentada por parlamentares (a maioria de baixa qualidade técnica e teórica, para ficarmos apenas nas duas primeiras bases da epistemologia que trabalhamos neste livro) que desconhecem a perversidade do decisionismo e continuam a homologar uma dogmática jurídica que enxerga o juiz como o único competente para traduzir os "valores" da sociedade.

Norberto Bobbio[205] reconhecia os *princípios gerais do direito* como um procedimento de auto-integração do ordenamento jurídico, e na tentativa de conceituar o instituto, chegou afirmar que os *princípios gerais* (também conhecidos como *analogia iuris*) são "normas fundamentais ou generalíssimas do sistema, as normas mais gerais".[206]

Por óbvio, nessa passagem, Bobbio pouco ou nada explicou, mas fica evidente a sua preocupação em delimitar a compreensão dos chamados "princípios gerais do Direito". Assim, o jurista italiano conteve-se em dizer que os princípios gerais "são normas como todas as outras",[207] é "um procedimento através do qual se tira uma nova regra que se refere a um caso singular [...], mas de todo o sistema ou de uma parte dele".[208]

Dessa forma, Bobbio não acolheu, em sua Teoria do Ordenamento Jurídico, os ensinamentos de Emilio Betti,[209] que visualizava os princípios gerais de direito como possibilidade de heterointegração, até mesmo pela transcendência ao Direito positivo.

---

205 BOBBIO, Norberto. *Teoria do ordenamento jurídico*. 10. ed. Brasília: UNB, 1997, p. 156.

206 *Ibidem*, p. 158.

207 *Idem*.

208 *Ibidem*, p. 154.

209 BETTI, Emilio. *Interpretazione della legge e degli atti giuridici,* p. 52 *apud* BOBBIO, Norberto. *Teoria do Ordenamento Jurídico*. Brasília: UNB, 1999, p. 158.

A compreensão do que significa os "princípios gerais de direito" só é possível, em Bobbio, depois de um exercício malabarístico para entender que eles são identificáveis como *princípios constitucionais*.

Daí, se "princípios gerais do direito" são ou devem ser lidos como "princípios constitucionais", há a necessidade, segundo o nosso entendimento, de serem construídos (interpretados) a cada decisão pelas partes processuais, em contraditório, e não somente pelo juiz de forma dedutiva, como fica evidenciado em muitos Manuais voltados à formação didática dos alunos de graduação em Direito.

Enfim, a interpretação/hermenêutica (decifração, compreensão de algo) é um ato tangível também pelas *partes* que integram a procedimentalização argumentativa. Este, sim, é o legítimo fundamento democrático, eliminador de entendimentos de que o juiz, na omissão da lei, não pode ser legislador de sua própria lei íntima.

Nessa perspectivação, os *princípios gerais do direito* não podem ser ensinados como um sincretismo de "ética", "*valor*" e "*moral*" concretizados pelo suposto talento do juiz, o qual dá a interpretação que bem lhe convém à lei. Esse lugar anônimo perigoso (especial sensibilidade ao decidir) promove um reforço aos conteúdos da autoridade judicial (fundamentos despóticos) e um retorno às formas puras de dominação denunciadas por Max Weber.[210] Essa consciência, na precedência do Direito, é que *não* foi refletida na obra de Bobbio.

Ao colocar a mente do juiz (cérebro legitimador de um Direito para todos) como fonte protetiva de um povo, há um retorno lastimável a um período não-democrático e não-acadêmico-científico.

12.3 O CUIDADO COM A "ANALOGIA" E A "EQUIDADE" NO DIREITO DEMOCRÁTICO

O estudo sobre a *analogia* e *equidade* (proporcionalidade?/razoabilidade?), são outros dois exemplos de tessituras abertas na LINDB, e que pode comprometer, ou não, a legitimidade dos atos jurisdicionais decisórios num país que se arroga como Estado Democrático de Direito. Daí a necessidade de se fazer alguns esclarecimentos prévios

---

210 WEBER, Max. *Economia e sociedade: fundamentos da sociologia compreensiva.* Brasília: UNB, 1994, v. 1, p. 142-147.

entre os dois institutos, para, no depois, esboçar uma conclusão que possa testificabilizá-los.

Talvez, para melhor situar o leitor, seja importante resgatar trecho da literatura de José Alfredo de Oliveira Baracho, em que o referido constitucionalista-processualista afirmava que "a *equidade*, nascida na Grã-Bretanha, tem como missão completar o direito da *common law*, em razão de suas lacunas [...]".[211]

Tercio Sampaio Ferraz Júnior afirma que a solução de litígios por *equidade* "se obtém pela consideração harmônica das circunstâncias concretas, do que se pode resultar de um ajuste da norma à especificidade da situação a fim de que a solução seja justa". Lado outro, o citado autor afirma que a *analogia* é uma forma de raciocínio jurídico que o "intérprete toma de uma norma e a aplica a um caso para o qual não havia preceito algum, pressupondo uma semelhança entre os casos"[212].

É o mesmo que se observa no livro de Norberto Bobbio, quando se refere à *analogia* como um "[...] procedimento pelo qual se atribui a um caso não-regulamentado a mesma disciplina que o caso regulamentado *semelhante*".[213]

Adiante, no mesmo livro, Bobbio refere-se ao *juízo de equidade* como "[...] aqueles em que o juiz está autorizado a resolver uma controvérsia sem recorrer a uma norma legal preestabelecida". Para o citado autor, "o juízo de equidade pode ser definido como autorização, *ao juiz*, de produzir direito fora de cada limite material imposto pelas normas superiores".[214]

Assim, depois de dizer que esse tipo de autorização é muito raro, reconhece, entretanto, que nos ordenamentos jurídicos onde existe o "*poder criativo do juiz*", o juízo de equidade é também sempre

---

211 BARACHO, José Alfredo de Oliveira. *Direito processual constitucional.* Belo Horizonte: Fórum, 2008, p. 583.

212 FERRAZ JÚNIOR, Tercio Sampaio. *Introdução ao estudo do direito*. 2. ed. São Paulo: Atlas, 1994, p. 248.

213 BOBBIO, Norberto. *Teoria do ordenamento jurídico*. 10. ed. Brasília: UNB, 1997, p. 151.

214 BOBBIO, Norberto. *Teoria do ordenamento jurídico.* 10. ed. Brasília: UNB, 1997, p. 56 (grifei). Ver ainda: SILVEIRA, Alípio. Hermenêutica Jurídica: seus princípios fundamentais no Direito Brasileiro. Vol. 4. São Paulo: Brasiliense Coleções, 1985. p. 83.

excepcional, podendo derivar, inclusive, de fontes como o costume e o precedente judicial.[215]

De todo modo, para nós, parece evidente, que um dos mais essenciais argumentos a serem usados para começar a atacar o problema da *analogia* e o da *equidade* é o *devido processo constitucional*.[216]

Aliás, sobre a decisão por *equidade*, um corretivo da lei formal quando o juiz interpreta a *lei*, assunto muito bem pesquisado, em dissertação de mestrado, por Gabriel de Deus Maciel, nos esclarece que o Judiciário, ao decidir por equidade, abre espaço para as decisões conforme a *consciência*, pois, em decidindo assim, não se permite a discussão dos critérios de formação do ato decisório pelos autores envolvidos (partes processuais).

Em consequência, a decisão fica vinculada a critérios subjetivos do julgador e não ao princípio do discurso, com esteio na teoria do processo e da constitucionalidade democrática, uma vez que não se abre à crítica e nem à construção participada das partes em isonomia no decorrer do *processo* legitimado pelo contraditório e a ampla defesa.[217]

Lúcio Delfino e Lenio Streck colocaram bem o problema e levantaram importante reflexão a todos:

---

215 BOBBIO, Norberto. *Teoria do ordenamento jurídico*. 10. ed. Brasília: UNB, 1997, p. 56-57.

216 Parece-nos equivocado trabalhar o juízo de equidade no Direito democrático, pois, fora da moldura jurídica legislada, referido instituto guarda nítido estreitamento com a Moral, o que permite ao juiz, no ato decisional, "humanizar" a letra fria da lei com valores pessoais (acima do Direito), o que remete a discussão processual para um segundo plano. A pretexto de encontrar a solução "mais justa ao caso concreto", a decisão acaba girando em torno de argumentos metajurídicos, longe da análise dos fatos e provas constantes dos autos. Daí, talvez, esse método de decisão ter se desenvolvido fantasmagoricamente no *Common Law* (Direito criado nas ilhas britânicas, em meados do século IV, a partir da retirada dos romanos, pela atividade jurisprudencial). De formação consuetudinária (histórico-cultural), o Common Law pauta-se na tradição e no conservadorismo. Daí a nítida carga axiológica presente no ato decisional. Parêntesis: conferir como foi decidido o caso "*Riggs vs. Palmer*", nos Estados Unidos da América, em 1880.

217 MACIEL, Gabriel de Deus. *Teoria do processo e legitimidade decisória*: discurso de aplicação e argumentação de adequabilidade no direito democrático, Dissertação (Mestrado) – Faculdade de Direito da Pontifícia Universidade Católica de Minas Gerais, Belo Horizonte, 2006, p. 74.

> O novo CPC não foge à tradição e estabelece que "[o] juiz não se exime de decidir sob a alegação de lacuna ou obscuridade do ordenamento jurídico" e "só decidirá por equidade nos casos previstos em lei" (art. 140, parágrafo único). Ao tratar dos procedimentos de jurisdição voluntária, reza que o "juiz não é obrigado a observar critério de legalidade estrita, podendo adotar em cada caso a solução que considerar mais conveniente ou oportuna" (artigo 723, parágrafo único). Ora, é manifesta a abertura decisionista oriunda dos referidos dispositivos, cujo contrassenso fere significativamente as bases do Estado Democrático de Direito. [...]. Parece que o fantasma de Büllow não dá folga aos instrumentalistas brasileiros [...]. E mais: o sistema processual brasileiro, ao autorizar, mesmo que excepcionalmente, a jurisdição por equidade, torna-se de certa maneira autofágico e passa a nutrir-se à custa de sua própria substância. Decisões proferidas sem apoio normativo, desapegadas a construções legítimas nascidas do devido processo legislativo, não só atentam contra o princípio da legalidade, como também, e por consequência, consomem alguns dos fundamentos do Estado Democrático de Direito, a exemplo da segurança jurídica. É o Estado Democrático de Direito canibalizando-se. [218]

De conseguinte, o contornar das "lacunas" não pode ser feito com fundamentos na *analogia* que se beneficia de uma *equidade* só perceptível pelo juiz. Ora, Rosemiro Leal, em estudo muito sério, já denunciou o risco do ato de decidir na lacuna da *lei*. Desta forma, o processualista mineiro afirmou que

> Não é mais concebível, no plano da *decidibilidade* democrática, fazer-se o suprimento do *non-liquet* pelos princípios realistas da subjetividade do decididor expressos em máximas romanas do *in dúbio contra actore e in dúbio contra reum*, bem como em razoabilidades inefáveis de princípios de *transcendência, boa-fé, bons costumes, conveniência, equidade, bom senso*, convertendo a Ciência do Direito em esdrúxulo recinto de *decisão* personalista de um juiz clarividente.[219]

---

[218] DELFINO, Lúcio; STRECK, Lenio Luiz. Novo CPC e decisão por equidade: a canibalização do Direito. *Revista Consultor Jurídico, 29 de dezembro de 2015.* Disponível em <http://www.conjur.com.br/2015-dez-29/cpc-decisao-equidade-canabalizacao-direito#_ftn3>. Acesso em 31 dez. 2015.

[219] LEAL, Rosemiro Pereira. *Teoria processual da decisão jurídica.* São Paulo: Landy, 2002, p. 70.

Em consequência, há que ter extremo cuidado ao falar em julgamento por *analogia* no Direito democrático. Deixar tudo para os juízes? Esse meio de julgamento ortodoxo já fora ensinado à exaustão (se quisermos, um retrocesso). É hora, pois, de testificabilizá-lo. Por óbvio, essas ideias que continuam tendo apoio num "livre convencimento" não podem ter continuidade na contemporaneidade constitucional e muito menos num espaço processual de discursividade democrática.

Dessa forma, em pleno século XXI, combate-se a existência de um Estado obscuro, onde as decisões são tomadas por uma verdade secreta que explica tudo e opera por uma lógica que ordena os fatos com base num axioma ideológico de cura coletiva, o que pode acarretar uma profunda experiência frustrada, fora dos marcos jurídico-democráticos. Por essas razões, pertinente é o argumento de Andréa Alves de Almeida ao dizer que é a *lei* (princípio da reserva legal), que "demarca o espaço de discursividade no Direito".[220]

12.4 O FETICHE DO ATO DECISÓRIO FUNDAMENTADO EM "COSTUMES"

Jürgen Habermas incumbiu-se de ressalvar que "em sociedades tribais da era do neolítico [...] o Direito permanece ligado tão estreitamente ao *costume* e às representações religiosas, que é difícil distinguir entre fenômenos genuinamente jurídicos e outros fenômenos relativos aos costumes".[221]

Daí a necessidade de o referido autor argumentar que "ao contrário da validade convencional dos usos e costumes, o Direito normatizado não se apóia sobre a facticidade de formas de vida consuetudinárias e tradicionais, e sim sobre a facticidade artificial da ameaça de sanções definidas conforme o direito [...]".[222]

Por isso, não faz mais tanto sentido ligar o Direito à tradição, porque, o conteúdo *deôntico* dela (a tradição), parece apresentar frouxidão.

---

220 ALMEIDA, Andréa Alves. *Espaço Jurídico Processual na Discursividade Metalinguística*. Curitiba-PR: Editora CRV, 2012, p. 54.

221 HABERMAS, Jürgen. *Direito e democracia*: entre facticidade e validade. Rio de Janeiro: Tempo Brasileiro, 1997, v. 2, p. 234.

222 HABERMAS, Jürgen. *Direito e democracia*: entre facticidade e validade. Rio de Janeiro: Tempo Brasileiro, 1997, v. 1, p. 50.

No entanto, a Lei de Introdução às normas do Direito Brasileiro, no art. 4º, afirma que, quando a *lei* for omissa, o *juiz* decidirá o caso de acordo com analogia, os *costumes* e os princípios gerais de direito (grifo nosso!). Um aspecto claro, nessa passagem, é o traço do positivismo jurídico: quando não há regra jurídica, busca-se a saída em fontes suplementares. O risco, permita-nos dizer, é a discricionariedade interpretativa pelos juízes que age como barão do café no momento de fundamentar a decisão, ainda mais quando muitos ainda (incrivelmente) defendem o *processo* como mero instrumento da jurisdição.

À vista desses aspectos, percebe-se, que, na teoria do Direito constitucional democrático, a ideia de *costume* ainda não está muito bem explicitada na área jurídica. Ademais, para início de conversa, do ângulo sociológico, o *costume* (sempre implantado por alguém ou um grupo) abre via para uma das formas típicas de dominação do Direito, que é *dominação tradicional*, conforme estudo de Max Weber.[223] Daí o cuidado desses conceitos pelo debate em contraditório das partes processuais diante das peculiaridades de cada caso em discussão no Judiciário.

Na temática estudada, Tercio Ferraz apresenta o seu entendimento sobre o instituto do *costume* e diz que ele "possui na sua estrutura, um elemento *substancial* – o uso reiterado no tempo – e um elemento *relacional* – o processo de institucionalização que explica a formação da convicção da obrigatoriedade e que se explicita em procedimentos, rituais ou silêncios presumidamente aprovadores".[224]

Quando Bobbio apresentou ao mundo o seu estudo sobre o ordenamento jurídico, levantou-se até a possibilidade de que numa *antinomia* (colisão entre duas leis conflitantes), a solução pudesse vir por intermédio de um critério cronológico de um *costume* sucessivo ab-rogar uma lei precedente e vice-versa. [225]

---

[223] WEBER, Max. *Economia e sociedade*: fundamentos da sociologia compreensiva. Brasília: UNB, 1994, v. 1, p. 148-158.

[224] FERRAZ JÚNIOR, Tercio Sampaio. *Introdução ao estudo do direito*. 2. ed. São Paulo: Atlas, 1994, p. 242.

[225] BOBBIO, Norberto. *Teoria do ordenamento jurídico*. 10. ed. Brasília: UNB, 1997, p. 94-97.

Hoje, com recentes estudos de construção de um Direito democrático (art. 1º CF/88), percebeu-se que a produção da *lei* é um importante espaço para assegurar garantias fundamentais.[226]

Como se vê, a decisão tomada com base em *costumes* é algo obscuro, de tessitura tão aberta, que para nós chegar a causar certo desconforto no tocante à fundamentação e legitimidade decisória. É praticamente um "jargão" (quando usado como fundamento de decisão) que apresenta extrema dificuldade de encontrar o seu espaço nas sociedades complexas e descentradas, que se articulam pelo traço do multiculturalismo.

Aqui, vale a advertência sobre o perigo que é herdar valores que historicamente aderimos "sem reflexão sobre suas bases fundantes e operacionais",[227] uma vez que é aí que as tramas acontecem, ou podem acontecer, a partir de um acúmulo de linguagem universalizante, principalmente se a atenção se voltar para o cuidado com a linguagem *natural* (que se abastece de fatos herdados) que pode servir de fundamento aos textos jurídicos (positivismo normativista).

Daí, a interessante correlação entre "pré-texto, texto e contexto" e a necessidade de cautela com o direito encontrado na *realidade*.

Ademais, uma simples leitura do Texto Constitucional já é o suficiente para perceber que o costume não ocupa lugar algum nos incisos que correlacionam as espécies normativas que sustentam o ordenamento jurídico brasileiro (art. 59, CF/88).

Diante dessa situação, a autorização de que o caso pode ser decidido com base em *costumes* pode produzir, a nosso ver, dois graves problemas: a) Primeiro, o de que as decisões sejam tomadas com apoio em premissas majoritárias (o costume da maioria se sobrepõe às minorias), o que abre espaço para alguns grupos de cidadãos atropelarem um dos princípios da democracia que é o *direito das minorias*. Na democracia não há possibilidade de que a *cultura* de um determinado seguimento social seja menos importante em relação a outro, nem que haja prevalência de um sobre o outro, uma vez que o Texto

---

226 DEL NEGRI, André. *Controle de constitucionalidade no processo legislativo*: teoria da legitimidade democrática. 2ª ed. Belo Horizonte: Fórum, 2008.

227 LEAL, Rosemiro Pereira. *Teoria Geral do Processo*. Rio de Janeiro: Forense, 2012, p. 248.

Constitucional assegura o pleno exercício das diferenças (art. 3º, inciso IV, art. 215 e 216, CF/88). b) O segundo problema é definir a amplitude do conceito de *costume*, o que pode abrir espaço para os casos serem decididos com apoio na lei íntima do juiz, com subsídios de fundamentação que não passaram pelo contraditório como um princípio constitucional que pode *influir* na decisão jurídica, espaço em que o *processo* funcionaria "como cálculo (controle), para arguir a linguagem natural".[228]

Aí, nesses casos, não é demais recordar, a lição de Warat quanto ao risco de haver uma apreciação livre da lei, isto é, o risco de o juiz "situar a lei como um lugar vazio, por onde circulam significados e alegorias que fazem a lei falar [...], um lugar por onde transitam os doutos, fazendo desse vazio seu lugar de poder".[229]

13 CONCLUSÃO?

Por tudo o que foi dito, percebe-se que um dos problemas centrais do Judiciário é a qualidade das suas decisões, bem como o déficit técnico dos advogados que requerem e fundamentam as suas pretensões jurídicas, representando o cidadão. No entanto, de maneira ainda comprovada, no Brasil, na prática do foro, em todas as instâncias (e estudos acadêmicos demonstram isto), a falta de qualidade das decisões ainda é algo que se mostra preocupante, o que, certamente, contribui para o aumento de recursos. Invés de diminuir o "tempo do processo", tem-se o posto, infelizmente.

Neste capítulo, também, se revelou (colocou-se a debate) que os métodos de interpretação-decisão encontrados no art. 4º e 5º da LINDB requerem cuidado porque apresentam tessitura aberta e são altamente usados como "jargão" nos atos jurisdicionais decisórios. Pode-se sintetizar, que, decisões como essas, baseadas em *analogia, equidade, costumes*, bons costumes, abrem margem para se trabalhar inferências indutivas (método indutivo), isto é, observações empíricas

---

[228] ALMEIDA, Andréa Alves de. *Espaço jurídico processual na discursividade metalingüística*. Curitiba: Editora CRV, 2012, p. 36.

[229] WARAT, Luiz Alberto. *Introdução Geral ao Direito*. Vol. II. Epistemologia jurídica da modernidade. Sergio Antonio Fabris Editor: Porto Alegre, 1995, p. 79.

particulares, que conduzem a enunciados universais, o que já foi uma teoria refutada por Karl Popper.[230]

Por isso, o cuidado com as inferências indutivas, que, ao recorrerem a experiências singulares dos juízes, colocam a legitimidade em xeque por trabalhar a razão subjetiva (decisões solitárias, na linha do "eu sei"), e nunca um "conhecimento objetivo" (teorias, argumentos críticos...).

Tudo isso, porque, a fonte para decidir, em Direito democrático, é a da *lei,* e, o *devido processo,* donde decorre a adoção do *non liquet* (recusa de decidir o mérito, pois, sem lei, não existe sentença), possibilita exercer o contraditório nas alegações subjetivas (*princípios gerais, moral, costume*), no espaço processual.[231]

Inspirando-nos em Andréa Alves, "analogia, equidade, princípio não legislado, são ainda incompatíveis com o exercício do contraditório se o espaço de discursividade não estiver demarcado". Para a ilustrada professora, "é a *lei*, princípio da reserva legal, que demarca o espaço de discursividade no direito", e, ainda, para que a lei se torne legítima, é "imprescindível que o espaço de discursividade por ela demarcado seja aberto à testificação incessante por meio do *devido processo".*[232]

Dessa forma, o ensino da LINDB, há tempos perpetrado, deve passar por uma testificabilização/desideologização necessária para refundar um novo espaço no ato de decidir, denunciante de um transtorno acadêmico que permite prevalecer a "criatividade" do juiz no momento de "fundamentar" a decisão e o das partes processuais (advogados) na solicitação de pretensão.

Além do mais, cria-se uma força de *dominação tradicional* (*costume*), aos moldes denunciados por Max Weber,[233] por meio de uma *lei*

---

230 POPPER, Karl. *A lógica da pesquisa científica.* São Paulo: Cultrix, 2006.

231 ALMEIDA, Andréa Alves. *Espaço jurídico processual na discursividade metalinguística.* ALMEIDA, Andréa Alves. Espaço jurídico processual na discursividade metalinguística. Curitiba: Editora CRV, 2012.

232 ALMEIDA, Andréa Alves. *Espaço Jurídico Processual na Discursividade Metalinguística.* Curitiba-PR: Editora CRV, 2012, p.54.

233 WEBER. *Economia e sociedade*: fundamentos da sociologia compreensiva, v. 1, p. 142-147.

(dominação racional – LINDB, art. 4º), que autoriza o juiz (mandarim da cultura) a decidir pelo leito dos mitos (tradições e carismas), a fim de reconhecer os elos costumeiros de um povo.

Assim, a dogmatização desse ensino vem sendo ensinada nas diversas faculdades de direito (salvo raríssimas exceções) por hermeneutas enclausurados em conhecimentos histórico-axiológicos, operacionalizando uma genuína *"hermenêutica dos horrores"*. Esse caminho enigmático de *analogia* a *costume* e de *equidade* a *princípio geral de direito*, que passa pelo recinto culturalista da autoridade do juiz, é o que vem impedindo a teorização (elucidação) do Direito nas democracias.

Portanto, feitas tais advertências, sabe-se que um sistema jurídico é incompleto, porque as normas jurídicas não cobrem todos os casos de aplicação. O que não podemos aceitar é a busca de argumentos e fundamentos metajuridicos. No entanto, o *mandado de injunção* (art. 5º, LXXI) e o *devido processo legislativo* são as opções ainda mais recomendadas (legítimas) para resolver o problema da incompletude do sistema jurídico.[234]

Se isso fosse percebido pelos operacionalizadores do direito, poder-se-ia dizer que os artigos 4º e 5º da LINDB requerem cuidado.

---

[234] Acerca do tema: ALMEIDA, Andréa Alves. *Espaço Jurídico Processual na Discursividade Metalinguística*. Curitiba-PR: Editora CRV, 2012. p. 56-60.

Capítulo 10

TEORIA GERAL DO CONTROLE DE CONSTITUCIONALIDADE

10.1 ABERTURA TEMÁTICA

A fundamentação mais expressiva deste Capítulo é a de que o controle de constitucionalidade é essencial para a democracia e a defesa da Constituição. E, o que há de melhor num Estado Democrático de Direito, como já salientamos, é que se deve observância à lei ao mesmo tempo em que se tem a1 possibilidade de reconstruir a racionalidade dela a partir de uma discursividade processual (controle de constitucionalidade).

No entanto, antes de tudo, cumpre frisar, e é até cansativo lembrar, que o controle de constitucionalidade não nasceu pronto e que o procedimento de levar a democracia para a Constituição foi lento e gradual. Feito isto, o que há de ressaltar na contemporaneidade do direito brasileiro, é que o expurgo de leis divorciadas da Constituição é possível, desde que haja a fiscalização teórica do sentido normativo da manutenção da supremacia constitucional.

Não é difícil, em nossa área, em tema de controle de constitucionalidade, destacar uma variedade de expressões utilizadas por escritores diversos. Mostra disto se encontra na passagem de José Alfredo de Oliveira Baracho, em que o autor afirma que "diversos são os modos sob os quais estão sendo examinados os conteúdos das expressões *justiça constitucional* ou *jurisdição constitucional*, sendo que na maioria das vezes são colocadas como expressões que objetivam a defesa da Constituição".[1]

Desses recortes, por proveitosas informações de Baracho, vê-se que "os trabalhos de Kelsen, Eisenmann e Mirkine-Guetzevitch deram alento à expressão *Justiça Constitucional*, que passou a ser empregada como sinônimo de *jurisdição constitucional* por muitos autores [...] e a concepção de jurisdição constitucional propiciou diversos questionamentos no que diz respeito ao controle das normas e a noção de supremacia da Constituição".[2]

Esse importante aspecto no conjunto, conforme se extrai da literatura de Baracho, é que "o estudo da jurisdição constitucional vincula-se às indagações sobre seu relacionamento com a *Teoria geral do processo*, nos termos das doutrinas de Carnelutti, Alcalá-Zamora, E. Véscovi, Mauro Cappelletti e Calamandrei".[3] Para o saudoso José Alfredo de Oliveira Baracho, livre docente em Direito Constitucional pela Universidade Federal de Minas Gerais (UFMG), esses autores realizaram profundos estudos sobre *Constituição* e *Processo*, sendo que Héctor Fix-Zamudio (México) destacou-se pela sua épica produção em meados dos anos 50.

---

1 BARACHO, José Alfredo de Oliveira. *Direito processual constitucional.* Belo Horizonte: Fórum, 2008, p. 51.

2 *Ibidem*, p. 27.

3 *Ibidem*, p. 28.

Dedicamos à explicação desses significados, até aqui alinhavados, os dois próximos tópicos, a fim de fazer a diferença entre "jurisdição constitucional" e "justiça constitucional". Mais importante ainda é a tentativa de desfiarmos bastante essas expressões utilizadas em larga escala pelos autores, que à maneira de escapismos, acabam utilizando-as sem as devidas demarcações.

10.2 PARA UMA COMPREENSÃO DO DIREITO PROCESSUAL CONSTITUCIONAL, PROCESSO CONSTITUCIONAL, JURISDIÇÃO CONSTITUCIONAL E OUTRAS REFLEXÕES

A épica conclamação de Héctor Fix-Zamudio, no México, em 1975, no I Congresso Ibero-americano de Direito Constitucional, a de que é necessário haver uma maior aproximação entre *constitucionalistas* e *processualistas*, é que vislumbra a demarcação teórica constitucionalizada de um movimento importante para o início de altos estudos científicos.[4]

Dhenis Cruz Madeira soube tirar partido das suas pesquisas em sede de Direito Processual Constitucional, e, aqui, poderíamos ampliar com mais detalhes as suas excelentes reflexões, as quais revelam que Eduardo Couture só "fez menção ao termo *Direito Processual Constitucional* numa publicação de 1948. Antes dela, trazia algumas ideias e conceitos, mas não a locução".[5]

Note-se, com base em Dhenis Madeira, que coube a Alcalá-Zamora y Castillo o uso do termo "pela primeira vez numa publicação de 1944".[6] Quadra a este exame, a opinião de Domingo García Belaunde. Relembra, então, o jurista peruano, que o espanhol Alcalá-Zamora foi o primeiro (no mundo) a usar o termo *Direito Processual Constitucional*.[7] Mas, retomando-se a reflexão no importante texto

---

4 FIX-ZAMUDIO, Héctor. El pensamiento de Eduardo J. Couture y el Derecho Constitucional Procesal. *Boletín Mexicano de Derecho Comparado*: México, v. 10, n. 30, sept./dic. 1977, p. 318.

5 MADEIRA, Dhenis Cruz. *Argumentação jurídica*: (in)compatibilidade entre a Tópica e o Processo. Curitiba: Juruá, 2014, p. 315.

6 *Ibidem*, p. 324.

7 BELAUNDE, Domingo García. *El Derecho procesal constitucional*: um concepto problemático. Estado de Derecho y la justicia constitucional em el siglo

de Dhenis Madeira, ocorre que Zamora y Castillo, que foi professor de Héctor Fix-Zamúdio, "[...] tratou do tema de forma muito mais superficial que Couture".[8] Frise-se, que "[...] Couture pronunciava conferências sobre as garantias constitucionais do processo, aliás, algumas delas foram pronunciadas em 43, antes da menção explícita de Alcalá-Zamora".[9]

Com efeito, ao que se extrai da pesquisa de Dhenis Madeira, Couture parece ter sido mesmo o pioneiro neste seguimento literário, "quer seja por suas conferências, quer seja pelo estudo mais aprofundado".[10] De todo modo, "Alcalá-Zamora y Castillo, contemporâneo de Couture, ajudou-o nessa construção teórica [...]". Em linhas gerais, "Alcalá-Zamora deu o nome, mas ainda não conferiu o conteúdo à nova disciplina que estava em gestação. Mesmo assim, apesar de Couture ter construído as bases teóricas, parece não ser possível tirar de Alcalá-Zamora y Castillo a paternidade *do nome* Direito Processual Constitucional".[11]

Ler o livro de Dhenis Madeira é um exercício de imersão na história do processo constitucional. Dada, entretanto, sua disposição, como visto, a pesquisa do referido escritor segue passando por outros estudos importante, como o de Eduardo Ferrer Mac-Gregor,[12] que relembra a abertura inicial de Hans Kelsen, bem como o estudo de Domingo García Belaunde,[13] a fim de acrescentar que na Alemanha, em 1973, coube a Peter Härbele, pela primeira vez, o emprego da

---

XXI. *Primer Congreso Boliviano de Derecho Constitucional*. Cochabamba: Grupo Editorial Kipus, 2004, p. 201.

8 MADEIRA, Dhenis Cruz. *Argumentação jurídica*: (in)compatibilidade entre a Tópica e o Processo. Curitiba: Juruá, 2014, p. 327.

9 *Ibidem*, p. 327.

10 *Ibidem*, p. 328.

11 *Idem*.

12 MAC-GREGOR, Eduardo Ferrer. El derecho procesal constitucional como fenómeno histórico social y como ciência. *In*. THEODORO JÚNIOR, Humberto; CALMON, Petrônio; NUNES, Dierle (Coords.). *Processo e Constituição*. Rio de Janeiro: GZ, 2010.

13 BELAUNDE, Domingo García. *El Derecho procesal constitucional*: um concepto problemático. Estado de Derecho y la justicia constitucional em el siglo XXI. Primer Congreso Boliviano de Derecho Constitucional. Cochabamba: Grupo Editorial Kipus, 2004.

locução *Direito processual constitucional.*[14] Ao fim, depois de passar Eduardo Couture, Fix-Zamudio, Garcia Belaunde e Baracho, "parece fácil que o Processo Constitucional nasceu e ganhou força na América para só depois se irradiar pela Europa". [15]

Diante de tantas reflexões sobre *direito constitucional processual* e de *direito processual constitucional*, uma pergunta ainda parece importante: existe alguma diferença entre as expressões? Há duas disciplinas diferentes? Esse também foi o dilema enfrentado por Dhenis Madeira. Para alguns, o *direito processual constitucional* tem a ver com as chamadas "ações constitucionais" (*habeas data*, *habeas corpus*, mandado de injunção, mandado de segurança, ação popular, ação civil pública). Lado outro, o *direito constitucional processual* estaria ligado ao estudo dos princípios constitucionais referentes ao processo. Dhenis Madeira visita a análise de outros juristas[16] e relata que a "diferença" é apenas para fins didáticos, uma vez que todo *processo* é constitucional, bem como toda *jurisdição*, e, pois, também, tanto o *direito constitucional processual* quanto o *direito processual constitucional* congraçam-se no *processo*, ambos resignam-se nessa instituição constitucional. Assim, as expressões podem ser encaminhadas como sinônimas, porque são usadas "como a necessária inter-relação entre Processo e a Constituição". Diante deste quadro narrado, o *processo constitucional*, para Cruz Madeira, é uma disciplina acadêmica que objetiva revisitar todos os institutos que compõem a *teoria do processo* – jurisdição, procedimento, ação [...], direitos fundamentais, princípios constitucionais, legitimidade, competência".[17]

Para José Alfredo de Oliveira Baracho, à medida que se levantaram as discussões sobre *processo constitucional* ou *jurisdição constitucional e justiça constitucional* (em certos momentos usadas como sinônimas) apareceu "a nova disciplina que é considerada como

---

14 MADEIRA, Dhenis Cruz. *Argumentação jurídica*: (in)compatibilidade entre a Tópica e o Processo. Curitiba: Juruá, 2014, p. 328-333.

15 *Ibidem*, p. 333.

16 CATTONI, Marcelo Andrade. *Direito processual constitucional.* Belo Horizonte: Mandamentos, 2001, p. 211-215. Cf. LEAL, Rosemiro Pereira. *Teoria Geral do Processo*. 11 ed. Rio de janeiro: Forense, 2012, p. 52.

17 MADEIRA, Dhenis Cruz. *Argumentação jurídica*: (in)compatibilidade entre a Tópica e o Processo. Curitiba: Juruá, 2014, p. 318.

processual, sob denominação de Processo Constitucional ou Direito Processual Constitucional".[18]

Até por volta de 1980, no Brasil, nada ou muito pouco se discutia sobre *Constituição e Processo*. Pontue-se, que os juristas, preocupavam-se em fazer a vinculação entre o *processo* e o *direito privado*. Enquanto muitos seguiam nessa linha, Roberto Rosas advogava por outra literatura, ao publicar um livro sobre *Direito processual constitucional.*[19]

Como produto resultante do movimento constitucionalista, o professor mineiro José Alfredo de Oliveira Baracho se destacou em estudo de grande importância, porque foi um dos pioneiros a desenvolver, ainda em período de ditadura brasileira, uma obra-guia com o título "Processo Constitucional", apresentando uma pesquisa que demonstrou como o *processo* passou a se consolidar como garantia constitucional.[20]

Dessa forma, à base da pesquisa acadêmica do ilustrado escritor, pode-se perceber que o uso da expressão "*direito processual constitucional*" começa a repercutir a partir do final dos anos 70 e início dos 80. Depois de apontar o Direito europeu, a partir da 2ª Grande Guerra Mundial (1939-1945), nas Constituições da Itália, Alemanha, França e Espanha, como movimento pioneiro de constitucionalização dos princípios de direito processual, Baracho traça um panorama sobre a América Latina indicando a inicial tendência reformista ocorrida na Argentina e Uruguai, sendo este último país muito influenciado pelas ideias de Eduardo Couture. [21]

Essa aproximação entre Direito Constitucional e Direito Processual, nos estudos de Fix-Zamudio[22] e Ovale[23], revela que o interesse pelo

---

[18] BARACHO, José Alfredo de Oliveira. *Direito processual constitucional.* Belo Horizonte: Fórum, 2008, p. 49.

[19] ROSAS, Roberto. *Direito processual constitucional*: princípios constitucionais do processo civil. São Paulo: Revista dos Tribunais, 1983.

[20] BARACHO, José Alfredo de Oliveira. *Processo Constitucional.* Rio de Janeiro: Forense, 1984, p. 122.

[21] *Ibidem*, p. 123.

[22] FIX-ZAMUDIO, Hector. El pensamiento de Eduardo J. Couture y el Derecho Constitucional Procesal. *Boletín Mexicano de Derecho Comparado*: México, v. 10, n. 30, sept./dic. 1977, p. 317-318.

[23] OVALLE J. Favela. Sistema jurídicos y políticos, processo y sociedad. *Boletín Mexicano de Derecho Comparado*, México, v. 33, set./dez. 1978, p. 357-363.

tema representou uma novidade, já que se tratava de uma reflexão relativamente recente à época, tendo ampla repercussão acadêmica. Por isto é sensato reconhecer que o constitucionalista mineiro, José Alfredo de Oliveira Baracho, pelo que dele apreendemos em suas aulas na Faculdade de Direito da UFMG, na linha de pós-graduação *stricto sensu* em Direito Constitucional, foi o grande responsável, no Brasil, nos anos 80, pela institucionalização da disciplina de Processo Constitucional nas Faculdades de Direito, sendo a Faculdade de Direito da UFMG a primeira instituição a oficializar a cadeira. Agregue-se a isto, que, no Programa de Pós-Graduação em Direito da Pontifícia Universidade Católica de Minas Gerais, PUC Minas, Mestrado e Doutorado em Direito Processual, o *Processo Constitucional* é disciplina curricular.

Já que estamos a falar de Processo Constitucional, antes de encerrarmos este tópico introdutório, duas observações são feitas. A primeira: precisamos saber responder à pergunta incômoda, de franzir o cenho, a respeito de qual é o lugar que o "Processo Constitucional" hoje ocupa no conhecimento jurídico. A segunda observação: também se faz necessário conhecer se o "Processo Constitucional" é um ramo autônomo do Direito Processual ou não.

Para tanto, é necessário olhar para o assunto por meio de duas lentes: focando os pormenores linguísticos, e por meio de uma avaliação do problema em torno de um eixo epistemológico. Só assim seríamos capazes de esclarecer os fundamentos constitucionais que envolvem e separam as expressões "Direito Processual Constitucional", "Processo Constitucional" e "Processo".

Com essas prévias demarcações é possível perceber que há, porém, equívocos nessas incursões. Dizemos "equívoco", porque, no conceito vezeiro, as expressões "*Direito Processual*", "*Processo*" ou "*Processo Constitucional*" são encaminhadas nos cursos de Direito como equivalentes. Diante deste enodoamento, a fim de dissipar o obscurantismo (para descerrá-lo), Rosemiro Pereira Leal tratou logo de desfazer toda essa trama ao dizer que a expressão "Direito Processual" não se equivale a *processo*, uma vez que essa última terminologia é muito mais que um simples termo, pois se trata de uma instituição constitucionalizada no Brasil (não há como excluí-la nem por

Emenda à Constituição), a qual é regenciadora da *jurisdição*, e não um instrumento dela para os propósitos estatalistas do Estado-juiz.

Por isso, a *jurisdição* não pode atuar em violação aos princípios e institutos do *processo*, que é um "eixo em torno do qual se desenvolve o ensino do Direito Processual".[24]

É nessa ordem de ideias que o referido autor explica que, quando alguém fala que estuda *processo*, "o que se tem é um tropo de linguagem (sinédoque) em que se toma a fração pelo todo".[25]

Por isso, para o citado jurista, a expressão *direito processual* como ciência do *processo* "é inadmissível, porque o Direito Processual não corresponde a uma atividade investigatória para esclarecer os princípios e institutos do processo".[26] Daí que a expressão *direito processual civil* pode ser ressemantizada para *direito processual constitucional*".[27]

A ordenação dessas nomenclaturas ainda passa por outro ponto tormentoso: o *Direito Processual Constitucional*, ou apenas Processo Constitucional – como ele é chamado – é uma disciplina ou um novo ramo do Direito Processual? Aqui, até agora, foi possível perceber, no nível mais fundamental, que a expressão *processo* é compreendida como uma instituição que possui uma função vital no Estado Democrático de Direito, uma vez que proporciona a base de construção das leis e reformas à Constituição (*devido processo legislativo*), bem como orienta as interpretações (devida hermenêutica constitucional) e as consequentes decisões judiciais (*processo decisional*). É, por isto, que se entende o processo constitucional como "colocação científica".[28]

Embora possa parecer que o "*Processo Constitucional*" (ou *Direito Processual Constitucional*, como queiram) seja um ramo autônomo do direito processual, o raciocínio é incorreto em si, porque,

---

24 LEAL, Rosemiro Pereira. *Teoria Geral do Processo*. Rio de Janeiro: Forense, 2012, p. 81.

25 *Idem*.

26 *Idem*.

27 LEAL, Rosemiro Pereira. Processo civil e sociedade civil. Disponível em: <http://www.fmd.pucminas.br.Virtuajus>, 2005. Acesso em 07 abr. 2013.

28 BRÊTAS, Ronaldo de Carvalho Dias. *Processo Constitucional e Estado Democrático de Direito*. 3ª ed. Belo Horizonte: Del Rey, 2015, p, 03-04.

a *hipótese* não se comprova (para utilizar uma expressão metodológica no campo da ciência), já que grande parte desses argumentos é uma espécie de desembarque pedagógico nas praias do dogmatismo. O que se explicita, neste livro, é que o mais coerente a ser pensado é que "Processo Constitucional" se trata de uma disciplina jurídico-científica, pelo motivo de haver uma organização de teorias que *sustentam conclusões próprias,* o que a leva a um lugar central dentro das ciências sociais aplicadas.

Com essas prévias demarcações até agora expostas é possível perceber que há, porém, muita simplificação nomenclatural na literatura jurídica constitucional. Assim, uns denominam o controle de constitucionalidade de jurisdição constitucional,[29] ao passo que outros fazem uso do termo justiça constitucional,[30] sem esclarecer e demarcar a extensão dessas expressões. Senão, vejamos.

Com relação a terminologia *jurisdição*, para melhor compreensão do assunto, é importante verificarmos a produção literária de Ronaldo Brêtas, uma das vozes mais consistentes em processo constitucional no Brasil, o qual sinaliza que "a expressão *jurisdição constitucional* denotava a atividade jurisdicional voltada ao exame de matéria jurídico-constitucional afeta ao Estado, com a finalidade de se efetuar o controle de constitucionalidade das leis ordinárias e dos atos estatais que estivessem em contrariedade aos preceitos constitucionais, visando manter a supremacia da Constituição".[31] Entretanto, diz o referido processualista mineiro, ampliou-se consideravelmente o conteúdo da expressão. Redobra-se, assim, o cuidado que temos que ter com a terminologia, porque, "no Brasil, a rigor, toda a jurisdição é constitucional".[32] Se é assim, a jurisdição será sempre constitucional, independentemente se o controle é *difuso* ou *concentrado.*

---

29 MENDES, Gilmar Ferreira. *Jurisdição constitucional.* São Paulo: Saraiva, 1999; SILVA, José Afonso da. *Curso de direito constitucional positivo*. 16. ed. São Paulo: Malheiros, 1999, p. 51.

30 CAPPELLETTI, Mauro. *La justicia constitucional: estúdios de derecho comparado.* México: UNAM/Faculdade de Derecho, 1987.

31 BRÊTAS, Ronaldo de Carvalho Dias. *Processo Constitucional e Estado Democrático de Direito*. 3ª ed. Belo Horizonte: Del Rey, 2015. p. 52-53.

32 *Ibidem*, p. 55-56.

Nesse traçado de caracterização sobre o tema, é oportuna a pesquisa de Dhenis Cruz Madeira por indicar fontes de esclarecimento sobre a *jurisdição*. Seu estudo, rigorosamente elaborado, que consegue transformar um assunto potencialmente árido num texto que se lê com fluidez, chama atenção ao fato de que o processualista uruguaio Eduardo J. Couture (1904-1956), ao escrever a sua obra denominada *Fundamentos del Derecho Procesal Civil* – primeira edição, 1942 –, "deixou de fora a jurisdição, compreendendo, inicialmente, que este tema seria afeto ao Direito Constitucional e não ao Direito Processual. Isto ocorreu porque o processualista uruguaio compreendia que a jurisdição deveria ser tratada dentro do Direito Público, como uma função estatal, e, portanto, dentro do Direito Constitucional".[33] Como bem observa Dhenis Madeira, naquele tempo, início dos anos 40, "a jurisdição ainda era um tema muito distante do Direito Constitucional".[34] A partir daí, certamente "a posição do processualista uruguaio, portanto, causou estranheza, especialmente, porque, como dito, havia grande dificuldade de se enxergar os institutos processuais no âmbito constitucional".[35]

Ao levar a questão adiante, "passados os seus primeiros trabalhos e a primeira edição de seu *Fundamentos*", Eduardo Couture resolveu inserir "um capítulo sobre a jurisdição, alinhando-o à Constituição".[36] Em importante nota de rodapé, Dhenis Madeira lembra também a lição de José Alfredo de Oliveira Baracho de que havia, naquele tempo "(e, talvez, ainda hoje) dificuldade para se saber onde situar a jurisdição, se no Direito Processual ou no Direito Constitucional, sendo o motivo pelo qual a *jurisdição* seja estudada pelos estudiosos das duas disciplinas".[37]

Disso resulta, ainda com apoio na excelente pesquisa de Dhenis Cruz Madeira, professor adjunto da Universidade Federal de Juiz de

---

33 MADEIRA, Dhenis Cruz. *Argumentação jurídica*: (in)compatibilidades entre tópica e processo. Curitiba: Juruá, 2014, p. 307.

34 *Idem*.

35 *Ibidem*, p. 308.

36 *Idem*.

37 MADEIRA, Dhenis Cruz. *Argumentação jurídica*: (in)compatibilidades entre tópica e processo. Curitiba: Juruá, 2014, p. 308, nota de rodapé nº 995.

Fora, que "Couture viu a jurisdição não somente como um poder do Estado – como ainda é comum encontrar em livros de Direito Constitucional e Processual –, mas como uma função e, do mesmo modo, como um dever do Estado".[38]

Nesse contexto, segundo Brêtas, a "jurisdição é atividade-dever do Estado, prestada pelos seus órgãos competentes indicados nos textos das Constituições, somente exercida sob petição da parte interessada (direito constitucional de ação) e mediante a garantia do devido processo constitucional".[39]

A partir dessas considerações, o que se vislumbra do comentário do referido jurista é que a *jurisdição* somente se concretiza por meio de um procedimento instaurado e desenvolvido em obediência "aos princípios e regras constitucionais, dentre os quais avultam o juízo natural, a ampla defesa, o contraditório e a fundamentação dos pronunciamentos jurisdicionais baseada na reserva legal, com o objetivo de realizar imperativamente e imparcialmente os preceitos das normas componentes do ordenamento jurídico".[40]

De conseguinte, para nós, toda "jurisdição" é "constitucional" – como foi dito linhas atrás –, e não somente a jurisdição exercida pelas Cortes ou Tribunais Constitucionais no sentido de promover anulação de leis ou atos normativos inconstitucionais.

10.3 O LUGAR DA "JUSTIÇA CONSTITUCIONAL" NAS IDEIAS DE CONTROLE DE CONSTITUCIONALIDADE

Esse tópico, especificamente, contém o núcleo crítico para testificarmos a expressão usada amplamente, e muitas vezes sem nenhuma cautela científica, que é a locução *justiça constitucional.* Sendo esta a nossa preocupação, tão raro, é encontrar textos capazes de apontar tal

---

38 MADEIRA, Dhenis Cruz. *Argumentação jurídica*: (in)compatibilidades entre tópica e processo. Curitiba: Juruá, 2014, p. 308.

39 BRÊTAS, Ronaldo de Carvalho Dias. *Noções de teoria e técnica do procedimento da prova. In* BRÊTAS, Ronaldo de Carvalho Dias; SOARES, Carlos Henrique (Coord.). *Técnica processual.* Belo Horizonte: Del Rey, 2015, p. 187.

40 BRÊTAS, Ronaldo de Carvalho Dias. *Processo Constitucional e Estado Democrático de Direito.* 3ª ed. Belo Horizonte: Del Rey, 2015. p. 38.

equívocos. Por isto, é preciso alertar que a sonora expressão *justiça constitucional* precisa ser interrogada, porque, excessivamente polissêmica, suficientemente confusa e de capacidade hermenêutica dilatada o bastante para ser carregada de subjetividade (exagero retórico), cuja maneira de ver, sentir e reagir pode induzir as pessoas a acreditar que ela seria própria de cada juiz ou tribunal como produtores de "tutelas" conferidas por inteligências clínicas. Até mesmo na linguagem mais popular, a expressão "justiça" é ligada a elementos externos, como Deus, por exemplo, sem se deslembrar da ideia de Justiça, à maneira de Platão.

Dizemos isso, porque, a palavra *justiça*, parece sonoramente elegante, mas encarna um problema que, apesar de toda poetização, ocupou as mentes de respeitados filósofos e nunca apresentou uma resposta totalmente unânime, problematizações que estão muito bem descritas nas obras de John Rawls (*Uma teoria da justiça*)[41] e Roberto Gargarella (*As teorias da Justiça depois de Rawls*).[42]

Tudo isso, porque, para nós, nada é mais sufocante do que a palavra "Justiça" (impregnada de carga simbólica). Aliás, Michel Foucault, foi ainda mais claro quando disse que "a linguagem está depositada no mundo e dele faz parte porque, ao mesmo tempo, as próprias coisas escondem e manifestam seu enigma como uma linguagem e porque as palavras se propõem aos homens como coisas a decifrar".[43]

Por isso, que, nessa linha retórica, a qual envolve pessoas físicas, os *advogados* são seres "do bem" e os *juízes* seres de uma "virtuosa razão", uma esfera de "clarividência" só mesmo dada aos diferentes, um grupo dotado de inteligência clínica capaz de decidir a vida das pessoas. É, por isto, que muitos dizem que o "processo", nas mãos do Estado-juiz, atua para busca da "justiça". Um mito que começou no fim do século XIX e início do XX, com o famoso "acesso à justiça", e terminou com o *slogan* da "decisão justa". Por isto, neste livro, grafamos *acesso ao serviço judiciário*, não à "justiça".

---

41 RAWLS, John. Uma teoria da justiça. São Paulo: Martins Fontes, 2000.

42 GARGARELLA, Roberto. *As teorias da Justiça depois de Rawls*: Um breve manual de filosofia política. São Paulo: Martins Fontes, 2008.

43 FOUCAULT, Michel. *As palavras e as coisas: uma arqueologia das ciências humanas*. São Paulo: Martins Fontes, 2000, p. 47.

Essa crítica a categorização fantasiosa do "bom", do "bem", do "dom", do "virtuoso", do "justo", da "ordem angelical", do "correto" não deve suscitar espanto nem revolta a quem lê este livro, pois, quem quer trabalhar esclarecimento científico, deve tratar logo de se desintoxicar da própria "linguagem" e de adjetivos pouco consistentes. Por isto, que na academia, nós temos o trabalho de pesquisa, de comentário, de análise crítica, de construção analítica não valorativa, de reflexão filosófica. São essas categorias que trazem avanços.

É comum, em Direito, muitos trabalharem um ponto mítico. A palavra "justiça" seria um desses eixos icônicos que permite a imaginação voar como um príncipe das alturas. Soa como textos infantis dirigidos às crianças que, sem capacidade de discernimento, corroboram mitos que vão operar em cima de uma opinião naturalizada, afirmando-a, reforçando-a. Daí, em livros científicos, há uma necessidade incessante por reflexão e esclarecimento, enfim, tudo o que o dogmatismo não faz.

Nesse passo, a mobilidade conceitual da expressão "justiça constitucional", é bom que se diga, também ganhou fôlego por influência dos americanos do norte, pois passou a ser entendida como um meio fidedigno de o juiz/tribunal (Suprema Corte) garantir os preceitos da Constituição, em âmbito de proteção de direitos fundamentais, com discursos morais (guardião da moralidade da nação).

Ao sentenciar, o juiz ou tribunal aplica apenas a *lei* produzida pelo *povo* e em sincronia com a Constituição. Por consequência, preferimos trabalhar o controle de constitucionalidade como *teoria* capaz de promover reconstruções na racionalidade da *lei* a partir de uma discursividade processualizada.

Por esse motivo, com apoio em Rosemiro Leal é que utilizaremos sempre "a denominação *acesso à jurisdição* (*e não à justiça*), porque a expressão correta *acesso à jurisdição* dispensa explicações metajurídicas".[44] Ao realizar a referida mudança, viabiliza-se que a *jurisdição*, por si só, nada explica, já que é uma palavra *não* portadora de direitos fundamentais assegurados na constitucionalidade brasileira,

[44] LEAL, Rosemiro Pereira. *Teoria geral do processo.* 11ª. ed. Rio de Janeiro: Forense, 2012, p. 79.

significando apenas "dizer o direito", que deve realmente ser dito, mas sempre orientado pelo *processo* como instituição, esta sim, constitucionalizada e asseguradora de garantias fundamentais (contraditório, ampla defesa e isonomia).

Dessa forma, é o *processo* regente da *jurisdição* (dicção procedimental do direito).

É, por tais motivos, que devemos ter cautela com as referidas terminologias usadas de forma inadvertida por inúmeros livros. Com isto, essa profusão de terminologias, utilizadas sem eixo teórico pelos diversos autores, no controle de constitucionalidade, fica sem esclarecimento.

Vemos, portanto, a necessidade de cuidado terminológico. A noção de "justiça", como se vê, tem um núcleo perturbador academicamente falando. Não pode ser usada como senso comum.

10.4 MODELOS DE CONTROLE DE CONSTITUCIONALIDADE E TIPOLOGIA COMPARADA

Não se dá, que, no Brasil, as concepções de todos os *procedimentos* de controle de constitucionalidade, hoje existentes, tenham sido objeto de debate em apenas uma Assembleia Constituinte. As diversas influências revelam a existência de uma instituição originariamente importada.

O que parece sempre difícil demonstrar na tipologia comparada é o controle de constitucionalidade francês (*sistema político-preventivo*). Tomemos o *Conseil Constitutionnel*, assegurado na Constituição Francesa de 1958, como base de colocação do problema. O papel deste Conselho Constitucional, segundo a Constituição Francesa, art. 56, al. 1, é um órgão de característica política, ligado diretamente ao Legislativo, composto por nove membros.

Por sua vez, exauridas todas as fases do processo legislativo, o projeto de lei pode ser encaminhado ou não ao Conselho Constitucional para receber manifestações sobre sua possível constitucionalidade. Pode-se sintetizar que quem possui legitimidade ativa para suscitar esse controle do Conselho são: Presidente da República, presidente da Assembleia Nacional e presidente do Senado. Há apenas um caso de submissão obrigatória de projetos ao Conselho: o das normas que tratam da estrutura orgânico-funcional-administrativa do Estado (art. 46 e 51).

Os reflexos desse atuar do Conselho Constitucional abre debate para as seguintes questões:

a) caso o conselho se manifestar pela inconstitucionalidade do projeto, a norma não é promulgada (a não ser se houver uma revisão na Constituição);

b) caso se manifeste pela sua constitucionalidade, não poderá mais ter sua racionalidade questionada.

Enquanto isso, o *sistema judicial* de controle de constitucionalidade, muito diversamente do modelo político francês, tem no Judiciário a defesa da Constituição. Daí, necessário sintetizar que o controle de constitucionalidade judicial brasileiro é caracterizado pela marcante influência norte-americana e europeia.

Detenhamo-nos sobre a experiência norte-americana (sistema de controle judicial difuso). Para falarmos em termos de seu nascedouro, o *judicial review* (controle constitucional), foi justamente a possibilidade de o Judiciário revisar os atos do Executivo e do Legislativo, em 1803, desde que Marshall (1801-1834) foi o juiz que engendrou os delineamentos do conhecido caso Marbury vs. Madison, em uma discussão jurídica que ocorreu com a troca de presidentes da República, nos Estados Unidos, abrindo discussão sobre ativismo judicial (governo dos juízes).

José Marcos Rodrigues Vieira, numa de suas passagens, resgata a expressão de Marschall, de que "todas as leis existentes, contrárias à letra e ao espírito da Constituição, são de nenhum valor".[45]

Convém lembrar, que, antes de Marbury vs. Madson, outras decisões judiciais foram construídas, recusando validade de atos normativos, pois contrários à Constituição dos EUA. Foi o caso, por exemplo, de Holmes vs. Walton, em 1780, de Rutgens vs. Waddington, em 1784, e o de Todd United States vs. Yale Todd, decidido em 1794. Entretanto, estas decisões foram proferidas nos tribunais estaduais.

---

45 VIEIRA, José Marcos Rodrigues. *Da ação cível.* Belo Horizonte: Del Rey, 2002, p. 93-94.

Marbury vs. Madson foi, portanto, a primeira decisão, no âmbito nacional, tomada pela Suprema Corte dos Estados Unidos da América.

Conforme observa Raul Machado Horta, o presidente Adams, derrotado nas eleições por Thomas Jefferson, tinha nomeado alguns de seus correligionários políticos para ocupar funções públicas, entre eles, o seu próprio secretário de Estado, John Marshall, para ocupar uma vaga na Suprema Corte norte-americana.[46]

Marshall, que foi secretário de Estado, até o fim do mandato de Adams, não conseguiu distribuir os atos de nomeação já assinados, e, Jefferson, recém-eleito presidente dos EUA, determinou ao seu novo secretário, James Madison, que não entregasse os títulos das comissões. Um destes títulos, não entregues, nomeava Willian Marbury para o cargo de juiz de paz no condado de Washington D.C.

Sentindo-se prejudicado, Marbury recorreu à Suprema Corte, pleiteando um *writ of mandamus* contra o secretário de Estado, Madison, a fim de empossá-lo no cargo. Diante da delicadeza política do assunto, o presidente da Suprema Corte, John Marshall, nomeado pelo Presidente Adams, preocupou-se com o debate nacional, temendo uma crise entre os poderes, pois, existiam notícias, que se houvesse uma decisão favorável a Marbury, o Executivo não cumpriria a decisão do Judiciário. Marshall, entretanto, julgou a inconstitucionalidade do art. 13 da lei de 1789, no qual se baseava o recorrente. Este artigo deferia à Suprema Corte a faculdade de expedir, diretamente, o *writ of mandamus*, em desacordo com o art. III, seção II, da Constituição Federal, que lhe conferiu jurisdição de apelação, contemplando expressa e, excepcionalmente, os casos de jurisdição originária. Desta forma, Marshall levantou a preliminar, invocando a incompetência da Corte Suprema para decidir o caso concreto, e, com isto, os interessados tiveram que postular com a ação nas Cortes de Distrito, para, em grau de recurso, submeter à apreciação da Suprema Corte. Percebe-se, pois, que Marshall, tinha interesse direto na solução do caso.

Em síntese, mais uma vez com apoio na literatura de Baracho, podemos dizer que:

---

[46] HORTA, Raul Machado. *Direito constitucional*. Belo Horizonte: Del Rey, 1999, p. 138-139.

A doutrina do Juiz Marshall entendeu que a Constituição é lei de suprema imodificabilidade, quando confrontada com lei ordinária. A lei que contraria a Constituição não pode ser assim considerada; qualquer ato legislativo contrastante com a Constituição é nulo. Se uma lei ofender a Constituição, o juiz tem o dever de desaplicá-la.[47]

Para encerrar esse seguimento, convém dizer, que "no controle difuso do molde americano, os tribunais são chamados a se pronunciar sobre todos os aspectos de um mesmo litígio, sem que se possa distinguir entre questões civis, administrativas ou constitucionais".[48] Diante deste "modelo americano" estão "a Dinamarca, a Irlanda, a Noruega, a Suécia e a Grécia".[49]

À luz da visão tradicional brasileira, o controle constitucional difuso-horizontalizado à disposição de todos, para interpretar e arguir o grau de comprometimento de espécie normativa para com o Texto Constitucional, existe desde 1891. Cabe, no entanto, dar atenção a essa data, pois, como demonstra Dimitri Dimoulis,[50] a primeira declaração de inconstitucionalidade de lei, que introduziu o controle difuso, na Grécia, ocorreu em 1897, tardiamente em relação ao Brasil, sendo que este mecanismo difuso, incidental e concreto, só foi plenamente acolhido pelos constituintes na Constituição de 1927 incluindo uma "declaração interpretativa", em seu art. 5º, a qual, mais tarde, foi omitida pela Constituição de 1952. Ocorre, porém, que isto não impediu os tribunais gregos de continuarem fiscalizando a constitucionalidade das leis, uma vez que lá existe um firme entendimento da doutrina a esse respeito.

Se é verdade que o Brasil apreendeu a lição norte-americana, não se deteve em acolher também a tradição europeia. Segundo José Marcos Rodrigues Vieira, a Constituição do Brasil-Império (1824) atribuía ao Legislativo "fazer leis, interpretá-las, suspendê-las e revogá-las",

---

47 BARACHO, José Alfredo de Oliveira. *Direito processual constitucional.* Belo Horizonte: Fórum, 2008, p. 63.

48 *Ibidem*, p. 29.

49 *Idem.*

50 DIMOULIS. *A introdução do controle de constitucionalidade na Grécia*: um caso de "ativismo judicial" na Europa do século XIX. Revista Brasileira de Direito Constitucional, p. 215-216.

bem como "velar pela guarda da Constituição".[51] Descobre-se, ao ler referido autor, que Teixeira de Freitas foi, então, "o primeiro a levantar a bandeira do respeito à idéia do controle da constitucionalidade, pelo Judiciário".[52] E arremata: "depois disso, a tentativa só foi retomada na Exposição de Motivos de Campos Sales ao Governo Provisório, nos primórdios da República".

Para encerrar estas explicações, frise-se, que, no Brasil, de 1824 a 1889, não se atribuiu ao Judiciário o controle de constitucionalidade.

Depois de submeter a noção do controle constitucional ao Legislativo, chega o momento, em que o Brasil, espelha-se, com Campos Sales, conforme dito, no exemplo norte-americano, e, em 1891, adota a experiência do controle de constitucionalidade judicial (art. 59, §1º, letras *a* e *b*, e, mais tarde, pela Lei nº 221, de 20 de novembro de 1894, a qual passou a ser bem divulgada por Rui Barbosa). A partir de então, o Supremo Tribunal Federal brasileiro (criado por Campos Sales) responde a um destino histórico de adaptação ao sistema de controle judicial norte-americano. Esta era a lógica da época, mas a tentativa de aperfeiçoamento do sistema de controle estava a caminho com inspirações concentradas advindas, em 1965, da Áustria, Alemanha, Itália e Espanha. É oportuno lembrar, que o "modelo europeu" apareceu nos anos de 1920, sendo que "teve em Hans Kelsen seu primeiro teórico. Após a Segunda Guerra mundial, ele foi adotado por várias Constituições da Europa: República Federal da Alemanha, em 1949; Itália, em 1948; Chipre, em 1960; Portugal, em 1976; Espanha em 1978".[53]

Há, de se anotar, em José Alfredo de Oliveira Baracho, que, no "sistema europeu", a Corte Constitucional "não se submete ao edifício jurisdicional, ela não o integra e não tem qualquer liame estrutural com ele".[54] Além disto, prossegue: "A Corte Constitucional é uma jurisdição criada para conhecer especial e exclusivamente o contencioso

---

[51] VIEIRA, José Marcos Rodrigues. *Da ação cível.* Belo Horizonte: Del Rey, 2002, p. 95.

[52] *Idem.*

[53] BARACHO, José Alfredo de Oliveira. *Direito processual constitucional.* Belo Horizonte: Fórum, 2008, p. 28.

[54] *Idem.*

constitucional, situada fora do aparelho jurisdicional ordinário e independente, como ocorre com os outros modelos dos demais poderes públicos. É uma jurisdição especializada, com competência exclusiva e situada fora do aparelho judiciário comum".[55]

E é do envolver dessa última modalidade, a europeia, sobre aquela, a norte-americana, que se tem, no Brasil, o chamado *controle misto* de constitucionalidade, por concatenar característica *difusa* e *concentrada*. Discorrendo sobre o assunto, José Alfredo de Oliveira Baracho acentua que "os sistemas mistos são raros, mas quando funcionam, evoluem para um ou para outro dos tipos apontados".[56]

10.5 MODELOS DIFUSO E CONCENTRADO DE CONTROLE DE CONSTITUCIONALIDADE: CONSIDERAÇÕES CRÍTICAS

Dentro do equacionamento democrático e constitucional, o *controle difuso*, que visa resolver situações individuais, trabalha com a ampliação de legitimação processual, mas apesar da abertura de postulação processual a todos, e que se operacionaliza em qualquer instância do judiciário, ainda, no nosso entendimento, apresenta uma pequena dificuldade.[57] Referimo-nos, em particular, à questão a qual, para problematizar a inconstitucionalidade de *lei*, o modelo difuso necessita de que quem queira fazê-lo (desencadeá-lo) esteja sobre a *incidência direta* de um caso *in concreto*.

À evidência, é uma situação que dificulta a fiscalização democrática. Para contornar tal óbice, urge, portanto, uma proposta:

---

55 BARACHO, José Alfredo de Oliveira. *Direito processual constitucional*. Belo Horizonte: Fórum, 2008, p. 30-31. Ao tratar de tema específico, em tese de doutoramente na Universidade de São Paulo (USP), Alexandre de Moraes apresenta pesquisa sobre a composição e as competências dos Tribunais Constitucionais no Direito Comparado, enfatizando "a necessidade de profunda alteração no método de escolha dos membros do Supremo Tribunal Federal, bem como nas prerrogativas e responsabilidades de seus integrantes, que, entre outras coisas, deixariam de ser vitalícios", conforme ressalta a apresentação do livro, que foi assinada por Dalmo de Abreu Dallari. Cf. MORAES, Alexandre de. *Jurisdição Constitucional e Tribunais Constitucionais*. São Paulo: Atlas, 2003.

56 BARACHO, José Alfredo de Oliveira. *Direito processual constitucional*. Belo Horizonte: Fórum, 2008, p. 29.

57 CAPPELLETTI, Mauro. *O controle Judicial de Constitucionalidade das Leis no Direito Comparado*. Porto Alegre: Fabris, 1992, p.67.

o controle de constitucionalidade na *democracia* deveria ser, ao mesmo tempo, *abstrato* e *difuso*[58] à disposição de todos os intérpretes da Constituição, sem que tenham que estar sobre a incidência direta (concreta) de um caso em trâmite no Judiciário, uma dimensão participativa que assusta aos juristas. Por questões de dificuldade operacional, sabemos, que, realmente, essa sugestão de *procedimento* abstrato e difuso (ao mesmo tempo), no Brasil, não é tão simples de ser efetivada, pois requer modificações em toda a legislação especializada (9.868/99 e 9.882/99), inclusive no Texto Constitucional. Fica aí a problematização.

O repensar do controle centralizado requer, no mínimo, uma disseminação dos coautorizados ativos (titulares da *legitimatio ad causam* ativa), um alargamento da esfera pública para além daqueles que estão no art. 103 da CF/88. A observação, de muitos autores, de que não se pode estender o número de titulares jurídicos no controle de constitucionalidade, para várias pessoas ou instituições, sob pena de encalacrar o Supremo Tribunal Federal com excesso de ações, não é argumento tão contundente. A *ação popular*, art. 5º, LXXIII, CF/88, que está no sistema jurídico brasileiro há muito, especificamente, desde 1965, por meio da Lei nº 4.717, pouco é usada, apesar de suas características auto-encorajadoras (isenção de custas judiciais). Por isto, há uma urgente necessidade de, no Brasil, lapidar melhor o rol dos coautorizados a arguir a inconstitucionalidade de *lei* ou *ato normativo*, a fim de que o controle de constitucionalidade concentrado saia do lado não-democrático de fiscalização. Talvez, para uma tentativa de amenizar esse "etnocentrismo jurídico" no modelo de controle (se é que isso é possível dizer), fosse melhor assegurar a *qualquer interessado* a solicitação de propositura de ações diretas ao procurador-geral da República, a exemplo do que ocorre na ação de arguição de descumprimento de preceito fundamental (art. 2º, §1º, Lei nº 9.882/99).

---

[58] FRANÇA, Fernando Luís. A integração social democrática pelo controle processual difuso de constitucionalidade. In: *Estudos continuados de teoria do processo*. Porto Alegre: Síntese, 2003. v. 3, p. 34. A palavra "abstrato", aqui, não significa modelo concentrado, mas sim a hipótese de se instaurar um procedimento (ação) sem a necessidade de o cidadão estar sobre incidência concreta de um caso em trâmite no Judiciário.

Em consequência da nossa observação, o art. 1º, da CF/88, diz que todo *poder emana do povo*. Neste sentido, merece lembrança, que o número de *legitimados para agir* no controle centralizado (art. 103 da CF/88), ainda é restrito, e, quiçá, poderia ser alargado. Se a *lei* é geral e abstrata, dirigindo-se a todos, torna-se incoerente que a legitimação para agir, seja um privilégio de poucos intérpretes. Obviamente, a legitimidade do Direito só se torna possível pelo diálogo produzido pelos destinatários das normas (Processo Constitucional) de forma mais ampla possível. Estamos em que, realmente, as *Universidades* deveriam constar como coautorizadas no art. 103, CF/88. Sob o efeito do direito processual civil individual, muitos dizem que se a legitimação fosse estendida a mais situações, o caos estaria posto (será?). Por isto a limitação da legitimidade para agir. De mais a mais, o *efeito vinculante* acaba por limitar o controle difuso, e, por consequência, o direito-de-ação constitucional (art. 5º, XXXV, da CF/88). Logo, se não há fiscalidade difusa da Constituição, consequentemente não há que se falar em exercício de direitos políticos pelos cidadãos.

O que parece, em nossa compreensão, um ganho para a democracia, é que se as leis no Parlamento são produzidas pela maioria, o controle difuso seria uma via aberta para as *minorias* interrogar os textos normativos produzidos pelas maiorias. Desta forma, melhor seria se existisse somente o *controle difuso* no Brasil.

10.6 CONTROLE DE CONSTITUCIONALIDADE DIFUSO (ABERTO): CONSIDERAÇÕES GERAIS

Não é fácil precisar, em apertada síntese, quais os equívocos teóricos dos sistemas difuso e concentrado brasileiros, na esteira científica comprometida com o princípio fundamental do Estado Democrático de Direito.

Para demonstrar essas ocorrências, inicialmente, cumpre-nos alinhar as razões de estudo do *controle difuso incidenter tantum*, oficializado na Constituição Republicana de 1891, portador de ordem terminológica como controle *concreto* e *incidental*. O qualificativo *concreto*, porque quem queira problematizar a inconstitucionalidade de alguma lei precisa estar sobre a incidência direta de um caso concreto, em trâmite no Judiciário nacional, ou como bem coloca

Ronaldo Brêtas, o controle difuso "limita-se ao caso específico em julgamento".[59] Neste sentido, acosta-se ao controle difuso o termo *incidental*, por ser a inconstitucionalidade da lei "conhecida de ofício ou sob arguição das partes (exceção) em qualquer processo em que estas iniciarem".[60]

Estamos convencidos de que o controle de constitucionalidade *difuso*, no Brasil, existe porque está autorizado pelo art. 5º, XXXV, da CF/88, uma vez que não sendo país de Constituição costumeira, não construímos a temática do controle difuso sobre o instituto do 'precedente', como nos EUA (Marbury *vs*. Madson). Assim, nós, brasileiros, não podemos nos beneficiar do produto desse exemplo norte-americano na integralidade, pois a Constituição Brasileira de 1988 assegura formal, declarada e literalmente a possibilidade de todos, em qualquer *procedimento*, discutir a constitucionalidade das *leis*, por meio de mandado de segurança, *habeas corpus*, *contestação* à pretensão formulada na petição inicial e *recursos* (apelação, extraordinário...), ao contrário da Constituição norte-americana, que não apresenta um artigo *taxativo* em seu texto constitucional, que disponha sobre o controle de constitucionalidade.

Definiu bem, Clèmerson Clève,[61] que "não há dúvida de que a questão constitucional pode ser deduzida nas "ações constitucionais", inclusive no mandado de segurança, no *habeas corpus*, no *habeas data*, podendo também ser suscitada na ação civil pública[62] e na ação popular". Assim, a legitimação é de tipo "aberto", porque, a contraparte (réu), por ocasião de sua defesa contra a pretensão do autor (contestação,

---

59 BRÊTAS, Ronaldo de Carvalho Dias. *Processo Constitucional e Estado Democrático de Direito*. 3ª ed. Belo Horizonte: Del Rey, 2015, p. 56.

60 *Idem*.

61 CLÈVE, Clèmerson Merlin. *A fiscalização abstrata de constitucionalidade no direito brasileiro*. São Paulo: Revista dos Tribunais, 1995, p. 78.

62 Em 2007, o Supremo Tribunal Federal entendeu que o Ministério Público pode pedir declaração de inconstitucionalidade de lei por meio da Ação Civil Pública, desde que, este não seja o único pedido da ação. Deve-se anotar, que após esta decisão, conforme relatado, ficou reconhecida a utilização da Ação Civil Pública como meio de fiscalização incidental de constitucionalidade (RE nº 424.993/DF). Desta forma, a ACP não pode visar a substituir a Ação Direta de Inconstitucionalidade, podendo ser apenas discutida incidentalmente, e objeto da questão principal.

reconvenção, exceção), ou o autor (parte), em qualquer *procedimento* (penal, civil, eleitoral, trabalhista...), podem levantar a problematização sobre inconstitucionalidade, em qualquer órgão do Judiciário brasileiro, inclusive nos tribunais recursais e de competência originária. Observe-se que o representante do Ministério Público e o juiz também podem problematizar a questão de inconstitucionalidade ao longo da preparação de um "pronunciamento jurisdicional decisório" (sentença de mérito).

Nessa noção esboçada, o efeito da decisão, em ação de inconstitucionalidade pelo controle difuso, é *inter partes*. Sabido que o ordenamento jurídico brasileiro prevê (art. 102, III, CF/88) a possibilidade de acionar o Supremo Tribunal Federal por intermédio do *recurso extraordinário*, chamamos a atenção para o fato de o controle de constitucionalidade *incidental* se enquadrar na denominada *repercussão geral* (um requisito específico de admissibilidade a fim de limitar o número de casos que vão STF), e que deverá ser demonstrada pelo recorrente em sede de recurso extraordinário (art. 102, §3º, CF/88).[63]

---

[63] É preciso dizer, que o novo CPC, de 2015, trata da "repercussão geral" no Art. 1.035, o qual apresenta a seguinte redação: O Supremo Tribunal Federal, em decisão irrecorrível, não conhecerá do recurso extraordinário quando a questão constitucional nele versada não tiver repercussão geral, nos termos deste artigo – § 1º Para efeito de repercussão geral, será considerada a existência ou não de questões relevantes do ponto de vista econômico, político, social ou jurídico que ultrapassem os interesses subjetivos do processo – § 2º O recorrente deverá demonstrar a existência de repercussão geral para apreciação exclusiva pelo Supremo Tribunal Federal – § 3º Haverá repercussão geral sempre que o recurso impugnar acórdão que: I – contrarie súmula ou jurisprudência dominante do Supremo Tribunal Federal; II – tenha sido proferido em julgamento de casos repetitivos; III – tenha reconhecido a inconstitucionalidade de tratado ou de lei federal, nos termos do art. 97 da Constituição Federal – § 4º O relator poderá admitir, na análise da repercussão geral, a manifestação de terceiros, subscrita por procurador habilitado, nos termos do Regimento Interno do Supremo Tribunal Federal – § 5º Reconhecida a repercussão geral, o relator no Supremo Tribunal Federal determinará a suspensão do processamento de todos os processos pendentes, individuais ou coletivos, que versem sobre a questão e tramitem no território nacional – § 6º O interessado pode requerer, ao presidente ou ao vice-presidente do tribunal de origem, que exclua da decisão de sobrestamento e inadmita o recurso extraordinário que tenha sido interposto intempestivamente, tendo o recorrente o prazo de 5 (cinco) dias para manifestar-se sobre

Para um estudo mais aprofundado sobre *recurso extraordinário* e o requisito de *repercussão geral*, indicamos duas produções científicas de Alexandre Gustavo Melo Franco Bahia.[64]

Ao se falar, em controle *incidental*, veja-se que o efeito da decisão é *inter partes* (efeito que não extrapola o *universun jus* dos envolvidos processuais) e *ex tunc*. Embora faça coisa julgada *entre as partes*, poderá ser modificado se houver a *suspensão* da eficácia da lei ou ato normativo pelo Senado (art. 52, X, CF/88), o que acarretará efeito *ex nunc* e *erga omnes* (efeito que abrange a todos) acerca da eficácia da *lei* ou *ato normativo* impugnado, efeito processual que se inseriu no Brasil por meio da Constituição Federal de 1934.[65]

---

esse requerimento – § 7º Da decisão que indeferir o requerimento referido no § 6º caberá agravo, nos termos do art. 1.042 – § 8º Negada a repercussão geral, o presidente ou o vice-presidente do tribunal de origem negará seguimento aos recursos extraordinários sobrestados na origem que versem sobre matéria idêntica – § 9º O recurso que tiver a repercussão geral reconhecida deverá ser julgado no prazo de 1 (um) ano e terá preferência sobre os demais feitos, ressalvados os que envolvam réu preso e os pedidos de *habeas corpus* – § 10. Não ocorrendo o julgamento no prazo de 1 (um) ano a contar do reconhecimento da repercussão geral, cessa, em todo o território nacional, a suspensão dos processos, que retomarão seu curso normal – § 11. A súmula da decisão sobre a repercussão geral constará de ata, que será publicada no diário oficial e valerá como acórdão.

64 BAHIA, Alexandre Gustavo de Melo Franco. *Recursos extraordinários no STF e no STJ*: conflito entre interesse público e privado. Curitiba: Juruá, 2009. Cf. BAHIA, Alexandre. Repercussão geral em recurso extraordinário e o papel do amicus curiae. Revista de Estudos Constitucionais, Hermenêutica e Teoria do Direito. v. 5, n. 2, p. 169-177, jul.-dez.2013. Disponível em: <http://migre.me/oTS8Q>.

65 No âmbito do controle difuso de constitucionalidade, sabe-se que o Supremo Tribunal Federal, ao apreciar um caso concreto, resolve o conflito de inconstitucionalidade com atenção ao art. 52, inciso X, CF/88, o qual recomenda que o Senado, ao receber a comunicação formal do STF, promova a retirada da lei ou ato normativo do sistema jurídico. Segundo levantamento da Comissão de Constituição e Justiça (até o dia 17 de setembro 2007) estavam pendentes, no Senado, 71 ofícios enviados pelo Supremo Tribunal Federal comunicando sobre a declaração de inconstitucionalidade de leis ou atos normativos. Por curiosidade, o ofício mais antigo datava de 18 de junho de 1996. Esta é a prova contundente de que os ofícios do STF podem esperar meses, às vezes anos, para serem apreciados no Senado Federal. Fonte: *Jornal do Senado*, Brasília, 17 a 23 set. de 2007. p. 7. Merece, nesta oportunidade, comentar que a Comissão de Constituição Justiça e Cidadania (CCJ) problematizou, em 2008, a possibilidade de as decisões do Supremo Tribunal Federal tornarem-se definitivas, a fim de

Aliás, o efeito *ex nunc*, a partir de agora, é compatível com a redação do art. 52, X, da CF/88, quando diz que compete ao Senado *suspender* a execução, no todo ou em parte, de *lei* declarada inconstitucional por decisão definitiva do Supremo Tribunal Federal. Fica claro que o verbo "*suspender*", aqui colocado, liga-se à possibilidade de gerar efeito a partir de um determinado momento na vigência da *lei*, já suspensa e à espera da retirada de sua eficácia jurídica pelo Senado.

É, portanto, esse art. 52, inciso X, da Constituição, uma norma que, em momento raro dentro do Texto Constitucional de 1988, autoriza o Senado a suspender a validade das decisões do STF. Daí essa "*suspensão*", pelo Senado Federal, caso aconteça, gerar efeitos *ex nunc* (revogação).

Aliás, pertinente é a advertência de Michel Temer sobre a inconstitucionalidade de lei estadual ou municipal contrárias à Constituição do Estado, pois, neste caso, deve o Tribunal de Justiça "após

eliminar a exigência de participação do Senado (art. 52, X, CF/88) na suspensão da execução total ou parcial de lei declarada inconstitucional via controle difuso de constitucionalidade. Fonte: *Jornal do Senado*, Brasília, 31 mar. 6 abr. 2008. p. 05. Advirta-se, que, a polêmica, teve início a partir da Reclamação 4335-5/AC, cujo julgamento problematizou a possibilidade de se atribuir efeito erga omnes e vinculante às decisões emanadas do controle difuso, dispensando a participação do Senado Federal (art. 52, X). Para uma melhor compreensão teórica desta leiturair: MENDES, Gilmar Ferreira; COELHO, Inocêncio Mártires; BRANCO, Paulo Gustavo Gonet. Curso de Direito Constitucional. São Paulo: Saraiva, 2010. p. 1247-1253. Num outro giro, merece reflexão o seguinte contraponto científico: CATTONI, Marcelo; LIMA, Martonio Mont'Alverne Barreto; STRECK, Lenio. Mutação na corte. A nova perspectiva do STF sobre controle difuso. Disponível em: http://conjur.estadão.com.br/static/text/58199,1. Todavia, os leitores devem acompanhar o tema, porque o STF concluiu o julgamento da RCL 4335 em 20.03.2014, no qual a Defensoria Pública da União (DPU) questionou decisão do juízo da Vara de Execuções Penais de Rio Branco (AC), que negou a dez condenados por crimes hediondos o direito à progressão de regime prisional. Daí, a possível mitigação do texto do art. 52, inciso X, da Constituição, porque em tempos de STF e Súmula Vinculante, os riscos de a Corte sequer esperar o Senado atuar por meio do artigo 52, X, são evidentes. Para alguns ministros, a força das decisões do STF "não decorre apenas e tão somente da resolução do Senado, nas hipóteses do artigo 52, inciso X, da Constituição". (Teori Zavascki).

declarar a inconstitucionalidade, remeter essa declaração à Assembleia Legislativa para que esta suspenda a execução da lei (evidentemente, nos Estados em que as Constituições confiram essa competência à Assembleia)". [66]

Enquanto isso, no Reino Unido, em matéria constitucional, a causa e efeito de uma decisão de inconstitucionalidade é uma condição de precedente da *common law*. Agregue-se a isto, que o *stare decisis* é uma atividade reconstrutiva – de exaustiva análise – de decisões passadas e presentes, algo diferente, como se dá no Brasil. No sistema inglês, portanto, o raciocínio de tomada de decisão a partir de precedentes (*stare decisis*) vincula em grau máximo, é dizer, impede por si só que os tribunais inferiores apliquem a lei declarada inconstitucional pela Corte Suprema.

De último, temos que lembrar, que o Senado brasileiro tanto tem referendado quanto indeferido decisões do STF pela inconstitucionalidade de *lei* (federal, estadual, distrital e municipal) ou *ato normativo* (regimento interno, resolução administrativa de tribunal, *e.g.*). É de frisar, que o Senado, não tem obrigatoriedade de suspender, imediatamente, a execução da lei ou ato normativo quando da declaração de inconstitucionalidade pelo Supremo Tribunal Federal.

O que se dá, entretanto, é a discricionariedade da Casa em suspender ou não a lei declarada inconstitucional pelo Supremo Tribunal Federal. Por seu turno, caso o Senado opte pela primeira opção, a Casa "suspenderá a execução em parte ou na totalidade, conforme tenha sido a decisão do Supremo Tribunal Federal. A posição do Senado, portanto, é balizada pela extensão da sentença proferida [...]. Não pode ampliar, nem restringir". A afirmação é de Zeno Veloso.[67]

Quanto ao efeito *ex tunc* ou *ex nunc* da decisão do Supremo Tribunal Federal, há discórdia entre os juristas. Em que pese a controvérsia, percebe-se que alguns autores, como Clèmerson Merlin Clève, defendem que a eficácia da sentença proferida no *processo*

---

[66] TEMER, Michel. *Elementos de direito constitucional.* São Paulo: Malheiros, 1993, p. 44.

[67] VELOSO, Zeno. *Controle jurisdicional de constitucionalidade.* Belo Horizonte: Del Rey, 2000, p. 59.

em controle difuso deve ser *ex tunc* (retroagir à data de entrada em vigor da lei). [68]

Contraditando esse argumento está Aroldo Plínio Gonçalves, o qual salienta que "a lei declarada inconstitucional não poderá ser tratada como ato inexistente", pois o ato inexistente não necessita ser desconstituído, uma vez "que não se declara a nulidade daquilo que não existe". [69] Daí o referido autor entender que a nulidade só pode operar efeitos *ex tunc* quando se tratar de *atos processuais*, pois, neste caso, a nulidade estende-se para os atos posteriores "que tinham, na cadeia do *procedimento*, no ato defeituoso, um dos pressupostos de sua regularidade".[70]

Cuida-se, portanto, afirmar, que o *vício* não pode ser confundido com *sanção* e que não há ato nulo de pleno direito, uma vez que o ato normativo (lei), nas ações de controle de constitucionalidade, deve ser declarado nulo a partir de um *pedido* (*pretensão* embasada no direito material) de declaração de inconstitucionalidade. Ademais, é importante dizer que o vício é que provoca a nulidade do ato, e esta, por sua vez (a nulidade), deve ser vista como uma consequência do vício.

Nesse ponto, ao que detectamos, ressalvada melhor pesquisa, o acerto de Aroldo Plínio, com apoio no singular estudo de Valle Ferreira, é a argumentação mais consistente.[71] Por isto, seguimos essa teorização. Seria pertinente reproduzir, a respeito desta questão, as palavras de Aroldo Plínio Gonçalves:

> Se a nulidade recebe o tratamento de consequência jurídica que se insere na categoria da sanção, ela só passará a incidir sobre qualquer ato, público ou privado, imperativo ou negocial, depois de declarada pelo órgão competente, em procedimento regular. Quando se fala que a lei inconstitucional é *nula ab origine*, ou

---

[68] GONÇALVES, Aroldo Plínio. *Nulidades no processo.* Rio de Janeiro: Aide, 2000, p. 122-124.

[69] *Ibidem*, p. 118.

[70] *Ibidem*, p. 120.

[71] FERREIRA, Valle. Subsídios para o estudo das nulidades. *Revista da faculdade de Direito da UFMG,* Belo Horizonte, ano 14, n. 3, nova fase, p. 29-38, out. 1963.

dotada de uma *nulidade preexistente*, o que há, na verdade, é uma imensa (e indevida) confusão.[72]

10.7 CONTROLE DE CONSTITUCIONALIDADE CONCENTRADO: CONSIDERAÇÕES GERAIS

O atual sistema jurídico brasileiro de controle de constitucionalidade centralizado visa decidir situações de caráter geral e ainda hoje é um curioso problema de Ciência Jurídica moderna, com contornos fixados desde, e, precisamente, no Direito alemão.

Nessa jurisdição concentrada, quando a competência for originária do Supremo Tribunal Federal, o referido controle – no ensino de Ronaldo Brêtas – ocorre "mediante provocação das pessoas legitimadas a tanto no texto constitucional, em processo próprio, cujo julgamento se insere no âmbito da competência originária daquele Tribunal, que declara a inconstitucionalidade da lei ou ato normativo sob apreciação em tese, de forma que seu pronunciamento final possa ter eficácia para todos".[73]

Não queremos, neste tópico, exaurir todos os *procedimentos* do controle de constitucionalidade no Direito brasileiro.[74] Queremos, isto sim, destacar algumas características, reduzir suas variantes às diretrizes comuns e fazer apontamentos de ordem processual visando à construção de um sistema efetivamente de Direito Processual Constitucional.

Um primeiro problema a ser assinalado é exatamente o da confusão terminológica para se referir às Leis nº 9.868/99 (ação direta

---

[72] GONÇALVES, Aroldo Plínio. *Nulidades no processo*. Rio de Janeiro: Aide, 2000, p. 119.

[73] BRÊTAS, Ronaldo de Carvalho Dias. *Processo Constitucional e Estado Democrático de Direito. 3ª ed. Belo Horizonte: Del Rey, 2015, p. 56.*

[74] Resolução da presidência do Supremo Tribunal Federal (Resolução nº 230, de 23 de maio de 2002, que passou a vigorar em 23 de outubro de 2002) uniformizou as siglas dos procedimentos de controle no Direito brasileiro. Concluiu o STF que a ação direita de inconstitucionalidade passasse a ser usada com a sigla ADI (ADI por ação); ação direita de inconstitucionalidade por omissão (ADI por omissão); ação direta de inconstitucionalidade interventiva (IF); ação declaratória de constitucionalidade (ADC) e arguição de descumprimento de preceito fundamental pela sigla ADPF.

de inconstitucionalidade) e 9.882/99 (arguição de descumprimento de preceito fundamental) não como *processo*, mas como *procedimentos* preparadores de um pronunciamento decisório (sentença). Sustenta, Aroldo Plínio, que o "procedimento não é atividade que se esgota no cumprimento de um único ato, mas requer toda uma série de atos e uma série de normas que os disciplinam, em conexão entre elas, regendo a sequência de seu desenvolvimento". [75]

Por isso, fala-se que as leis supracitadas são leis *procedimentais* (e não processuais) como sequência de normas e de atos.

10.7.1 Ação direta de inconstitucionalidade

Cumpre lembrar, de início, algumas questões sobre o histórico da *ação direta de inconstitucionalidade*. Deve-se alertar que a referida *ação* (proposta quando o autor entrega a petição inicial, devidamente formalizada) surgiu em 1965 com a denominação de *representação de inconstitucionalidade* (EC nº 16/1965). Na Constituição Federal de 1988, ela (a *representação de inconstitucionalidade*), a qual só poderia ser proposta pelo procurador geral da República, passou a se chamar *ação direta de inconstitucionalidade* e recebeu expansão quanto a propositura, mediante provocação das pessoas legitimadas a tanto na Constituição Federal (incisos de I a IX, art. 103).

É, portanto, destinada a declarar a inconstitucionalidade de *lei* ou ato normativo federal ou estadual, por vício material ou formal – e a eliminar, assim, a colisão com a Constituição Federal. É, dentro deste quadro, que aparece a necessidade de lembrarmos o art. 97 da CF/88, norma que a literatura denomina de *cláusula de reserva de plenário*, e que, neste enfoque, na declaração de inconstitucionalidade, vem de maneira que a maioria absoluta dos membros do Tribunal Pleno (ou no órgão especial) esteja presente na sessão, regra, que, somente, é excepcionada quando se tratar do disposto no artigo art. 949, parágrafo único, do novo Código de Processo Civil.

Essa modalidade de controle concentrado, com esteio no art. 102, I, a, da CF/88, e na Lei 9.868/99, tem um *procedimento* judicial

---

[75] GONÇALVES, Aroldo Plínio. *Técnica processual e teoria do processo*. Rio de Janeiro: Aide, 1992, p. 108.

instaurado exclusivamente no Supremo Tribunal Federal por meio de um dos coautorizados (titulares da *legitimatio ad causam* ativa), pelo vigente art. 103, I a IX, da Constituição Federal brasileira.

Com essa abertura de coautorizados ativos, a tempo oportuno, houve cada vez mais o ajuizamento de ações diretas de inconstitucionali_dade, e a instauração dessa ação entrou em uma espiral ascendente.

Após algumas situações que abrigaram polêmicas, a jurisprudência do Supremo Tribunal Federal passou a fazer certa distinção entre esses titulares da *legitimatio ad causam* ativa, exigindo, de alguns deles (art. 103, incisos IV, V e IX), o instituto da "pertinência temática".[76]

Assim, a petição do autor demandante, na instauração de uma ADI precisa demonstra demonstrar a relação que deve existir entre a ação e o objeto, isto é, precisa "demonstrar o interesse de agir para o ajuizamento da ação".[77] Desta forma, nos procedimentos instaurados (*ações*) por confederações sindicais, por entidades de classe de âmbito nacional, por Mesas das Assembléias Legislativas estaduais ou da Câmara Legislativa do Distrito Federal e por Governadores dos Estados-Membros e do Distrito Federal há necessidade de demonstrar a intencionalidade, o interesse da classe-categoria (o Governador do Estado-membro *A* pode propor ADI em face de uma lei do Estado *B*?). É aí que toda a questão da "pertinência" temática se desenvolve.

É necessário lembrar, entretanto, que, em sede de ação direta de inconstitucionalidade por ação (ADI genérica), o Supremo Tribunal Federal, após interessantes discussões, firmou o entendimento de que apenas *leis* e *atos normativos* editados *posteriores* à Constituição de 1988 é que podem ser questionados de inconstitucionalidade (relação de contemporaneidade).[78]

---

76 ADI 1.096-4–RS, Rel. Min. Celso de Mello, RTJ 158:442.

77 FERNANDES, Bernardo Gonçalves. *Curso de direito constitucional.* Salvador: Editora Juspodivm, 2013, p. 1120.

78 Rp. 946, Rel. Xavier de Albuquerque, *RTJ*, 82(1)/44; Rp. 969, Rel. Antônio Neder, *RTJ*, 99(2)/544. Conferir ainda: Rp. 1.012, Rel. Moreira Alves, *RTJ*, 95(3)/990.

Entende-se, para o caso de leis e atos normativos editados antes da Constituição vigente, que a hipótese não é de inconstitucionalidade, mas sim de *revogação* pois é uma questão de direito intertemporal.[79]

Clèmerson Clève,[80] ao analisar esse assunto da *revogação* (leis que se sucedem no tempo) e *nulidade* (leis de hierarquia diferente em relação de contrariedades), confirma que, à época da discussão, foram vencidos os Ministros Marco Aurélio, Sepúlveda Pertence e Néri da Silveira, os quais entendiam que a tese da inconstitucionalidade superveniente seria melhor ajustada ao assunto, e, em conclusão final, arrematou a questão dizendo que "ninguém pode contestar que as duas posições estão, desde o estrito prisma técnico, efetivamente corretas: a do Supremo Tribunal Federal e a defendida entre outros, pelo Ministro Sepúlveda Pertence.

É induvidoso, não obstante a última posição ser nitidamente mais vantajosa para o sistema constitucional brasileiro, assim como para a sociedade, que passa a contar com um mecanismo objetivo de aferição da legitimidade constitucional do direito precedente". A inconciabilidade de leis anteriores à Constituição de 1988 é, pois, resolvida em cada *caso concreto*.[81]

Outro assunto que deve ser observado é a possibilidade de se falar em decisão fundada em caráter de urgência nas ações diretas de inconstitucionalidade por ação (art. 102, I, *a*, CF/88). Visto que a demora do *procedimento* pode acarretar perigo de dano, a Lei nº 9.868/99 apresentou meios adequados à eliminação ou neutralização desse perigo específico, que, uma vez verificado, obstaria à efetividade do provimento final (decisão jurídica). Por isto, *grosso modo*, afirma-se que a decisão liminar fundada na urgência é uma medida preventiva para conservar o direito.

Com isso, as características principais estudadas na medida em caráter liminar, como a urgência e a instrumentalidade (acessoriedade),

---

79 BROSSARD, Paulo. A Constituição e as leis a ela anteriores. *Arquivo Ministério Justiça, Brasília,* v. 45, n. 180, jul./dez. 1992.

80 CLÈVE, Clèmerson Merlin. *A fiscalização abstrata de constitucionalidade no direito brasileiro.* São Paulo: Revista dos Tribunais, 1995, p. 150.

81 STF - Adin nº 07 – DF – questão de ordem – Tribunal Pleno, Rel. Min. Celso de Mello.

regulamentadas no CPC (artigos respectivos), no art. 10 da Lei nº 9.868/99 e no art. 102, I, *p*, da CF/88, passam a ser refletidas no controle de constitucionalidade.

Dessa forma, se há risco decorrente da demora do *procedimento* principal na solução do mérito, o art. 10 da Lei nº 9.868/99 autoriza o Supremo Tribunal Federal a suspender *liminarmente* a aplicação da lei (agilização de um pedido que busca resguardar direitos expostos a danos irreparáveis) de forma provisória, caso considere presente a cumulação de elementos que evidenciem a plausibilidade do direito invocado e a possibilidade de a lei (problematizada como inconstitucional) acarretar perigo de dano ou o risco ao resultado útil do procedimento judicial em curso.

Observe-se que a Lei nº 9.868/99, ao reger o procedimento da ação direta de inconstitucionalidade genérica, estabeleceu, em seu art. 10, que salvo no período de recesso, a "medida cautelar", expressão grafada na citada lei, Seção II – "da Medida Cautelar em Ação Direta de Inconstitucionalidade", será concedida por decisão da maioria absoluta dos membros do Tribunal, desde que presente o quorum de instalação da sessão de julgamento, oito ministros, há de haver ao menos seis posicionamentos favoráveis à procedência da ação.[82]

A *decisão definitiva* sobre a inconstitucionalidade será refletida ao final do procedimento. Antes disto, cabe refletir, que a eficácia *liminar* deveria operar somente com efeito *ex nunc* (art. 11, §1º, da Lei nº 9.868), o que torna óbvio o caráter de garantia da medida de urgência do referido artigo, pois não houve ainda a declaração de inconstitucionalidade da lei mediante *decisão definitiva*, mas sim a suspensão de sua eficácia e efeitos jurídicos temporariamente.

Entretanto, não é isto, por sua vez, o que se passa na redação do §1º do art. 11 da Lei nº 9.868 (e que recebe fortes críticas de alguns

---

[82] Anote-se, que no novo Código de Processo Civil, de 2015, houve a eliminação do livro destinado ao processo cautelar. Encontra-se, agora, o gênero *tutela de urgência*, em substituição à *medida cautelar*. O enunciado normativo está no art. 300, contido no Título II – Da Tutela de Urgência, o qual apresenta a seguinte redação: "*A tutela de urgência será concedida quando houver elementos que evidenciem a probabilidade do direito e o perigo de dano ou o risco ao resultado útil do processo*".

processualistas), pois o legislador conferiu a possibilidade de o Tribunal conceder, em medida de urgência, tanto efeito *ex nunc* (a partir de agora) quanto eficácia *ex tunc* (retroativa).

No tocante a decisão definitiva desse *procedimento*, o art. 27 da Lei 9.868/99 determina que o STF detectando "razões de segurança jurídica" ou de "excepcional interesse social" (significados equívocos de farta impregnância ideológica que geram liberdade interpretativa), poderá por maioria de dois terços de seus ministros, decidir tanto com efeitos *ex tunc* (retroativos) ou *ex nunc* (prospectivos), ou de outro momento em que venha a ser fixado (a chamada *modulação temporal dos efeitos da decisão*), uma técnica que encontra eixo na recomendação do art. 27 da Lei nº 9.868/99. Pode-se dizer, segundo esta *técnica*, que a lei foi declarada inconstitucional, e o que o Supremo Tribunal Federal faz é apenas acomodar os efeitos dessa inconstitucionalidade.[83]

10.7.2 Ação declaratória de constitucionalidade

Cuida acentuar que a *ação declaratória de constitucionalidade* (doravante, ADC), instituída pela EC nº 3/93, encontra-se, hoje, na regra do art. 102, I, *a*, e §2º, da CF/88, e tem como *objeto* declarar (confirmar) a constitucionalidade de lei ou ato normativo federal. Cabe ainda sintetizar que as pessoas legitimadas a tanto no texto constitucional estão enumerados no art. 103 da Escritura Constitucional (EC nº 45/2004). Além disto, a declaratória de constitucionalidade é regulada pelo *procedimento* da Lei nº 9.868/99 (arts. 13 a 28), e quando o pedido for julgado procedente, ter-se-á a produção de efeitos *ex tunc*, *erga omnes* e vinculante. Para ser efetivada a ADC, há necessidade de dois requisitos de instauração: a controvérsia no Judiciário sobre determinada matéria (limita-se, como dito, à lei ou ato normativo federal) e a insegurança jurídica que isto provoca. Retenha-se que a ADC tem sido uma das mais criticadas do sistema jurídico brasileiro.

---

83 Pode-se acrescentar que na leitura do Supremo Tribunal Federal, quando se modula os efeitos temporais das decisões em ações diretas de inconstitucionalidade, aplica-se a Constituição porque o texto constitucional defende a "segurança jurídica". Para um estudo aprofundado sobre a modulação temporal dos efeitos da decisão, Cf. ÁVILA, Ana Paula. *A modulação dos efeitos temporais pelo STF no controle de constitucionalidade.* Porto Alegre: Livraria do Advogado, 2009.

Presentes essas superficiais considerações, em primeiro lugar, não se exige que o Advogado Geral da União faça a defesa do ato normativo, uma vez que a norma não está sendo atacada por inconstitucionalidade. É o próprio entendimento do Supremo Tribunal Federal que considera desnecessária a atuação do Advogado da União.[84] O procurador-geral da República (art. 103, §1º) deverá ser ouvido nas ações de competência do STF por ser "fiscal da lei".

Mas, retomando-se a discussão quanto ao controle da constitucionalidade, curiosa é a análise da Emenda Constitucional nº 3 de 1993, ao assegurar a eficácia *erga omnes* da decisão de procedência da declaratória de constitucionalidade. Exame de juristas brasileiros, como o Fernando Horta Tavares, professor adjunto da Universidade Federal de Juiz de Fora, apoiado na literatura de Hugo de Brito Machado, "afirma que a ADC surgiu da necessidade de o Presidente da República ver declarada a constitucionalidade de leis que eram pressupostos de aplicação de seu plano de governo, para que se obtivesse a segurança de que seus atos não seriam posteriormente anulados por alegada e ulterior inconstitucionalidade".[85]

Assim, Fernando Horta, agora incursionando na literatura de Marcelo Figueiredo, chega à conclusão "de que não existe em outro país algo que possa se identificar com a Ação Declaratória de Constitucionalidade brasileira", porque, "nos Estados Unidos da América, não é possível haver comparação, pois, neste país, não se adota o controle de constitucionalidade concentrado; na França, isso também não é possível por ser adotado um controle prévio, feito por um Conselho Constitucional político que inclusive, formula regulamentos; na Espanha nem ao menos há possibilidade da ADC; em Portugal, visa-se o controle prévio da norma; em Alemanha não é passível de comparação".[86]

---

84 SILVA, José Afonso da. *Curso de direito constitucional positivo*. 16. ed. São Paulo: Malheiros, 1999, p. 61.

85 TAVARES, Fernando Horta. *Legitimidade na ação declaratória de constitucionalidade à luz do paradigma do Estado Democrático de Direito. In. Novíssimos Estudos em Direito Público*. Curitiba: CRV, 2011, p. 17.

86 *Ibidem*, p. 19.

Nessa ordem de ideias críticas, agora pelo ângulo processual, percebemos que a ADC não definiu as partes no contraditório. Viu bem, José Marcos Rodrigues Vieira, que há na "ação declaratória de constitucionalidade um controle de iniciativa política, em que o Poder se adianta em busca da eficácia *erga omnes* da tese de constitucionalidade de lei ou de ato normativo que protege seu interesse".[87] Daí, necessário sintetizar com o insigne processualista mineiro "que a regra Constitucional da Emenda nº 3/93, que dá nova redação ao art. 102, I, a, da Carta Magna, por não definir o sujeito passivo (contraparte) da ação declaratória de constitucionalidade, no concernente à eficácia *erga omnes* ou coisa julgada "ultrapartes", altera substancialmente o conceito de parte no Processo".[88]

À época, outro interessante ponto foi levantado José Marcos Rodrigues Vieira: "quem seria o substituto processual da coletividade, em ação que pode ser intentada pelo representante máximo do Ministério Público?".[89]

Explicite-se, que, naquele contexto, o de surgimento da ADC, importantes interrogações foram feitas. Neste quadro, a improcedência da pretensão formalizada na petição inicial é outro assunto demasiadamente instigante, e que gerou cuidadosos exames de processualistas. Aliás, esta foi a advertência de Aroldo Plínio Gonçalves quando bem observou que "se a ação declaratória de constitucionalidade for julgada procedente, confirma-se a regularidade da Lei em face da Constituição. Mas, e se a ação for julgada improcedente? Nessa hipótese, a decisão importará em negar a constitucionalidade da lei, e, neste caso, surgirão, com toda a certeza, vários problemas de natureza processual".[90]

Essa dimensão processual gerada pelo indeferimento de uma ADC foi enfrentada pelo ex-Ministro Moreira Alves, na questão de ordem suscitada na Ação Declaratória nº 1, cujo voto enfatizou a característica

---

87 VIEIRA, José Marcos Rodrigues. *Da ação cível*. Belo Horizonte: Del Rey, 2002, p. 139.

88 *Ibidem*, p. 86.

89 *Idem*.

90 GONÇALVES, Aroldo Plínio. *Nulidades no processo*. Rio de Janeiro: Aide, 2000, p. 129.

idêntica dos *procedimentos* da ação declaratória de constitucionalidade e da ação direta de inconstitucionalidade. Evidencia-se, portanto, que a ADC é uma ação de característica *dúplice* ou *ambivalente* (art. 24, Lei nº 9.868/99).

Adicione-se outro problema ao *procedimento* desta comentada ação de controle da constitucionalidade, que é a supressão do *contraditório* aos que "sofrem os efeitos da decisão" (instituto constitucional imprescindível à processualidade nas democracias). Desta feita, a Lei nº 9.868/99 parece, portanto, reservar uma supressão à ampla defesa, com os meios e garantias a ela inerentes (art. 5º, LV, CF/88), tornando-se um explícito abuso do direito de defesa, o que deslegitima a decisão. Pelo confronto dessa lei com o referido artigo constitucional, entende-se haver uma nítida contradição na linha do *processo constitucional*.

Daí é de se afirmar, mais uma vez, em Aroldo Plínio Gonçalves, que algumas consequências de maior amplitude podem ocorrer, principalmente aquelas advindas do efeito vinculante que a Emenda nº 3 conferiu a essa ação declaratória de constitucionalidade, pois "haverá limitação do controle difuso da constitucionalidade das leis, que se faz pela via incidental, logo, haverá restrição na matéria passível de ser apreciada pelo Poder Judiciário e haverá limitação do direito de defesa".[91] Com precisão, pontifica que "a existência de uma ação declaratória de constitucionalidade não expressa a melhor técnica de controle de validade, ou de regularidade da Lei, em face da Constituição e, tal como foi contemplada na Emenda nº 3, ao invés de possibilitar que se exerça amplamente o controle, limitou-se, pela atribuição do efeito vinculante à decisão. Parece, aliás, que seu único propósito foi o de restringir os casos do controle difuso o que de forma alguma é benéfico para o sistema jurídico".[92] Com este adentramento crítico-reflexivo, na ação declaratória de constitucionalidade, vê-se, pois, que a matéria impõe receios.

A constatação ora feita obedece, em confirmação de fundamentos, a tese de que o direito-de-ação e ação (*procedimento*), não se

---

[91] GONÇALVES, Aroldo Plínio. *Nulidades no processo*. Rio de Janeiro: Aide, 2000, p. 129, p. 130.

[92] *Ibidem*, p. 130-131.

confundem.[93] O primeiro (direito-de-ação) balizado no art. 5º, XXXV, da CF/88, é incondicional (visto faculdade – *facultas agendi*), e, como tal, não encontra limites ao seu exercício, não se esbarra em averiguações a respeito dos "requisitos de procedibilidade".

A *ação* (agir em juízo), segundo o insigne processualista, é outra que não o *direito-de-ação* (direito de estar em juízo, ou o "direito à Jurisdição", como diria Eduardo Couture), e, assim, de acordo com o art. 485, inciso VI, do CPC/2015, hão de estar presentes no *iter* procedimental requisitos para a decisão, dentre eles a *legitimidade* ou de *interesse processual*, sob pena de o juiz não resolver o mérito, porque "para postular em juízo é necessário ter interesse e legitimidade" (art. 17, CPC).

Como se viu, a presença do contraditório e a garantia de uma participação simetricamente igual na preparação do provimento final, conforme se lê em Fazzalari,[94] são ampliadas pela Constituição de 1988 que assegura o *processo* como instituição constitucional regenciadora do *procedimento*.

Trata-se, nessa perspectivação, de trabalhar o *procedimento* sempre regido pelo contraditório, mesmo que a legislação não estabeleça a obrigatoriedade da instauração desse direito constitucionalmente fundamental. Cuida-se, apontar, que referida teoria *neoinstitucionalista*, além de ampliar a teoria fazzalariana, sinaliza os efeitos nocivos da concepção de pensamentos teóricos fincados no tardio paradigma liberal e social do Estado de Direito (liberalismo e republicanismo). Aí se demonstram as equivocidades da *ação declaratória de constitucionalidade*, de nada lhe valendo a argúcia com que foi introduzida no ordenamento brasileiro, via emenda constitucional.

Lado outro, há autores que oferecem resistência às críticas anteriormente expostas, pois alegam que a ação declaratória de constitucionalidade é o meio adequado para corrigir situação de incerteza (dúvida ou controvérsia) em torno da constitucionalidade de *lei* ou *ato normativo federal* que se encontram abalados, em *controle difuso*, afetando, desta

---

93 LEAL, Rosemiro Pereira. *Teoria geral do processo*. 11ª. ed. Rio de Janeiro: Forense, 2012, p. 94-96.

94 FAZZALARI, Elio. Processo: Teoria Generale. In: *Novissimo digesto italiano*. Turim: Uter, 1966. v. 13, p. 1072.

forma, a tranquilidade geral.[95] É, neste sentido, que a maioria dos autores fica adstrita à linha de não-incoerência da ADC frente à presunção de constitucionalidade das *leis* e *atos normativos federais*.

Uma palavra a mais sobre os que acreditam na não-incoerência da ADC. Ao contrário dos processualistas que enxergam na ação declaratória de constitucionalidade um *procedimento* que não assegura o contraditório (portanto inconstitucional), há os que entendem que a ausência de contraditório não gera problema algum, uma vez que na ADC *não* há "litigantes", mas uma mera *dúvida* que se levanta acerca da lei ou ato normativo. Por seu turno, se não há "litigantes", não há contraditório. O que não sabemos é se esses autores estão (com suas teorias) coniventes com um controle de iniciativa política do Governo Federal por intermédio da ADC ou se são abonadores não-conscientes dessa situação.

O certo é que, para eles, não tendo a ADC nenhuma incoerência teórica, há justificativa para a existência de eficácia *ex nunc* e efeito vinculante na "medida de urgência" em ação declaratória de constitucionalidade (art. 21 da Lei nº 9.868/99), uma vez que o "provimento cautelar" consiste em determinar a constitucionalidade da norma (a partir do deferimento do pedido), já que, antes da liminar, o que havia era a existência de mera dúvida sobre a validade da norma.

Observe-se, de passagem, que a Lei nº 9.868/99, em seu art. 21, diz que o STF poderá deferir pedido de medida cautelar na ação declaratória de constitucionalidade, por decisão de maioria absoluta de seus membros, consistente na determinação de que os juízes e os tribunais *suspendem* o julgamento dos *procedimentos* que envolvam a aplicação da lei ou do ato normativo objeto da ação até seu julgamento definitivo.

Concedida a "medida cautelar", o STF, de acordo com o parágrafo único do art. 21 da Lei nº 9.868/99, fará publicar em seção especial do *Diário Oficial da União* a parte dispositiva da decisão, no prazo de 10 dias, devendo o Tribunal proceder ao julgamento da ação no prazo de 180 dias, sob pena de perda de sua eficácia.

---

95 MENDES, Gilmar Ferreira; MARTINS, Ives Gandra (Coord.). *Ação declaratória de constitucionalidade*. São Paulo: Saraiva, 1995, p. 88.

A decisão *definitiva*, em ADC, possui efeitos *ex tunc* (a norma é constitucional desde a sua entrada no ordenamento jurídico), *vinculante* e *erga omnes*. Aliás, vê-se muito bem, no estudo da ADC, que os constitucionalistas puseram a representação gráfica da *teoria da relação jurídica de* Bülow (1868)[96] dentro da Constituição, por acatar uma *jurisdição* do julgador (STF) de forma apartada dos argumentos construídos em contraditório pelas partes (compartilhamento decisional). Por fim, o que de fato realmente impressiona, apesar de tudo o que foi refletido acima, é que o STF tenha declarado a constitucionalidade da ADC.[97] Melhor seria se não existisse a ADC no Brasil.

10.7.3 Ação direta de inconstitucionalidade por omissão

Cumpre lembrar, na lição de Calmon de Passos,[98] que as prescrições quanto ao agir do Estado (trabalho, habitação, educação, saúde...), que se revestiam de meros compromissos políticos, "passaram a ser vistas, também, como deveres jurídicos fundamentadores de direitos", o que teve por consequência o esboço da denominada "*inconstitucionalidade por omissão*".

Assim, a "*inconstitucionalidade*", explica Calmon de Passos, "passou a ter duas faces; a inconstitucionalidade por força de ter agido o Estado em descompasso com o que a Constituição lhe impunha, e a inconstitucionalidade por ter-se *omitido* o Estado de agir segundo a Constituição lhe impunha",[99] uma "[...] inatividade que põe obstáculo [...] à efetividade de um direito constitucional, deferido por prescrição constitucionalmente afirmada como de aplicação imediata, vinculando, neste ponto, tanto o Executivo quanto o Legislativo e o Judiciário".[100]

---

96 BÜLOW, Oskar Von. *Teoria das exceções e dos pressupostos processuais.* 2ª ed. Campinas: LZN, 2005.

97 STF – Pleno – Ação declaratória de constitucionalidade n. 1-1/DF – Rel. Min. Moreira Alves, *Diário da Justiça, 5 nov. 1993. Seção I, p. 23.286.*

98 PASSOS, J. J. Calmon de. *Mandado de segurança coletivo, mandado de injunção e habeas data.* Rio de Janeiro: Forense, 1991, p. 87.

99 *Idem,*

100 *Ibidem,* p. 88.

Posta essa referência introdutória, sabe-se que a Constituição brasileira, no art. 103, §2º, assegura a existência da *ação direta de inconstitucionalidade por omissão*, que o legislador constituinte brasileiro buscou na Constituição Portuguesa (art. 283), como meio institucional neutralizador das dificuldades de regulamentação *a posteriori* dos direitos já garantidos no Texto Federal de 1988. Advirta-se que esta ação de controle centralizado segue o *procedimento* da Lei nº 12.063, de outubro de 2009.

Observa-se, que é por intermédio dessa *ação*, que o Supremo Tribunal Federal constata a omissão de *medida* (lei, plano econômico, decreto, resolução, regulamento...) e *cientifica* a função competente (omissão de cunho normativo de qualquer das funções) para a adoção das providências necessárias a fim de tornar efetivo o Texto Constitucional (art. 103, §2º, CF/88).

Dada, entretanto, sua disposição, como visto, a ADI *por omissão* tem por finalidade reivindicar a construção na norma ausente (função declaratória), embora, em tese, alguns entendimentos (poucos) sejam encaminhados para a possibilidade de uma decisão judicial supridora da omissão (função mandatória). Eis a matriz da debatida controvérsia.

Tem-se, que, tudo somado, ainda hoje, o entendimento entre os escritores é o de que a ADI por omissão faz do Judiciário apenas um cientificador das providências necessárias. Aliás, é o que diz o art. 103, §2º, CF/88: "declarada a inconstitucionalidade por omissão de *medida* para *tornar efetiva* norma constitucional, será dada *ciência* ao Poder competente para a adoção das providências necessárias". (grifos nossos).

A ação contida na expressão dar *"ciência à função competente"* parece espancar qualquer dúvida.[101]

---

[101] É importante salientar que se a omissão for de um órgão administrativo o prazo fixado para adoção das medidas necessárias para se acabar com a omissão é de 30 dias (art. 103, §2º, CF/88). Com relação ao Legislativo, apesar de não haver a fixação de prazo pela Constituição, o Supremo Tribunal Federal fixou prazo para eliminar estado de inconstitucionalidade por omissão. Veja o conteúdo no informativo nº 466: "STF -ADI nº 3.682, rel. Min. Gilmar Mendes (09.05.2007): "*O Tribunal, por unanimidade, julgou procedente pedido formulado em ação direta de inconstitucionalidade por omissão ajuizada pela Assembleia Legisla-*

À verificação dos fatos, ao erigir solução do caso, deve ficar claro que a *ação direta por omissão* não franqueia ao Supremo Tribunal Federal a função de legislador, sob a desculpa de democracia. Nem poderia ser outra a conclusão.

O fato é que o art. 103, §2º, ao falar em falta de *medida* para tornar efetiva norma constitucional, deixa em aberto um imenso recinto de problematizações, repleto de divergências e de concordâncias entre os autores (o que deve continuar por algum tempo). Parece-nos haver uma reflexão instigante (e ao mesmo tempo perigosa) no raciocínio de que o Supremo Tribunal Federal, dependendo do caso, pode "*suprir*" a falta da *norma* (via ação direta por omissão) até o advento da produção normativa específica produzida pelo órgão competente. Ressalta-se, uma vez mais, dada a importância do tema, que não cabe ao STF legislar, ou usurpar a função legislativa.

Devemos, nesse passo, tentar demarcar o que significa "omissão" da *norma*, se é a falta de norma reguladora específica ou de direito (bem da vida) amparado constitucionalmente. Difícil problematização a que, ora, nos propomos. É exatamente isso o que nos vai dar uma provável direção sobre o campo de atuação da *ação direta por omissão*, e, de certa forma, um pequeno esclarecimento sobre o *mandado de injunção*.

Por isso, há necessidade de se vislumbrar duas acepções. A primeira, a possibilidade de haver "*omissão total*" (expressão encontrada na lei 12.063/2009, art. 12-B). Desta forma, se existir *direito definido* (*e.g.*, direito à contagem de tempo especial para o servidor público, direito de greve, liberdade de expressão...), que demarca *o espaço de interpretação*, porém sem *regra* normativa (*lei* infraconstitucional), ou para sermos mais exato, "falta de norma regulamentadora" para

tiva do Estado de Mato Grosso, para reconhecer a mora do Congresso Nacional em elaborar a lei complementar federal a que se refere o §4º do art. 18 da CF, na redação dada pela EC n. 15/96, e, por maioria, estabeleceu o prazo de 18 meses para que este adote todas as providências legislativas ao cumprimento da referida norma constitucional. (...) vencidos os Ministros Marco Aurélio e Sepúlveda Pertence que, na linha da jurisprudência da Corte, limitavam-se a declarar a mora legislativa, não fixando prazo".

praticar o Texto (*omissão total* da *regra*), é caso, então, para se falar na ação direta de inconstitucionalidade por omissão).

No entanto, claro que é possível também cogitar a hipótese de um *mandado de injunção*, a fim de se estabelecer como esse *direito definido*, mas que tem algum tipo de limitação em relação às normas que prescrevem a sua atividade, será enfrentado no Judiciário. Não podemos, de maneira alguma, se esquecer que o art. 5º, inciso LXXI, do texto constitucional, fala em "*exercício* de direitos constitucionais".

Vê-se, portanto, que a Constituição se preocupou com a sua própria efetividade.

À vista disso, desse *exercício de direito definido*, mas com "falta de norma regulamentadora" (uma regra que esclareça como se dará essa atividade), a nossa atitude diante de um raciocínio processual-constitucional deve ser a do ajuizamento de um *mandado de injunção*.

Cabe a todos nós juristas, professores e pesquisadores, e a mesma coisa diríamos aos advogados, que, afinal, são os que ingressam com as ações no Judiciário, preparar um ato final (decisão jurídica), o qual deve ser construído sob regência do *devido processo legal*.

A segunda possibilidade de conjectura está ligada a questão da "*omissão parcial*", isto é, quando o assunto é regulado de forma *insuficiente* pela regra.

Vê-se que a demarcação de matéria portadora de "*omissão total*", no sentido aqui colocado (ausência total de *regra* jurídica) e "*omissão parcial*" (direito existente, regulado por *regra*, mas de forma insuficiente), não é tarefa fácil, porque, dependendo das circunstâncias detidas do caso, é possível falar em ação direta de inconstitucionalidade por omissão e ação de injunção. É, portanto, estreita, nessa situação (omissão parcial e total), a proximidade da *ADI por omissão* com o *mandado de injunção*. Daí, a necessidade de analisar a situação caso a caso com todas as peculiaridades inerentes, fato a não ser esquecido.

Nessa linha de consideração, convém recapitular o raciocínio e reforçar a reflexão: se a Constituição prevê a existência de um *direito fundamental líquido, certo e exigível*, mas não existe *regra* regulamentando a situação (ato normativo "*medida*" que especifica o direito assegurado) para o caso já instituído pelo constituinte no texto da Constituição, a reivindicação da *produção da medida* poderá ser feita mediante *ação direta por omissão*. Na esteira de Rosemiro Leal, alguns direitos "mesmo tendo origem e critérios idênticos de produção, reclamam acertamentos cognitivos no plano *in fieri* (operacional) da exigibilidade do ordenamento jurídico".[102]

Assim, dependendo do caso, se houver medida, mas assegurada de forma insuficiente, é possível aplicar norma constitucional via *mandado de injunção*, que, aliás, prescinde da essência (função) de apenas "*dar ciência*" à atividade competente para a adoção das providências necessárias, uma vez que ao STF cabe interpretar a Constituição e estabelecer como esse direito deverá ser exercido (*princípios* constitucionais também são normas jurídicas – direitos fundamentais).

Tanto vale dizer, que essas ações devem ser devidamente especificadas e com o encaminhamento de prova adequado. E mais: é preciso que se diga, com o objetivo de não trabalhar o *processo* como instrumento de uma jurisdição judicial (Bülow), que no deslinde da *ação direta por omissão* há necessidade de um *procedimento* aberto à participação interpretativa do Advogado Geral da União (o que tem sido negado pelo STF),[103] porque não cabe ao Supremo Tribunal Federal expedir provimentos de forma verticalista (não-compartilhada) pela exclusão interpretativa de correção das distorções do eixo democrático.

Cumpre lembrar, na medida em que o caso comporta, a possibilidade de protocolar *mandado de injunção* no STF (art. 102, inciso I, alínea q), caso haja violação a preceito constitucional, de assuntos "já acertados em bases procedimentais constituintes" (direitos constitucionais, liberdades constitucionais e prerrogativas constitucionais...). Aqui, na ausência de *regra* jurídica, pode ser que haja um *mandado de injunção* reivindicando efeitos constitutivos (pedido mediato), a partir da interpretação do caso concreto com base em *direito*

---

[102] LEAL, Rosemiro Pereira. *A teoria neoinstitucionalista do processo: uma trajetória conjectural.* Belo Horizonte: Arraes, 2013, p. 54.

[103] ADI nº 480/DF, Rel. Paulo Brossard, julgada em 13.10.1994, *DJ* de 25 nov. 1994, p. 32.298.

fundamental vigente, "já processualmente processualmente pré-decididas em bases constituintes".[104]

Por isso, merece, nesta oportunidade, singular comentário de que essa possibilidade será deferida nos limites que o caso comportar, e com prova da situação do direito líquido e certo com a qual exposta a causa de pedir. Comentaremos mais sobre o *mandado de injunção no Capítulo 12.*

Vale dizer, que, mais uma vez, que para se falar em *mandado de injunção* há necessidade de uma inviabilização do exercício do direito por falta de uma norma regulamentadora. Não é a falta do "direito" em si, uma vez que o *direito* existe desde a Constituinte, porque ele foi "processualmente pré-decidido", acertado por uma liquidez e certeza (Rosemiro Leal)[105] e está à disposição do cidadão (direito à vida, à liberdade, à igualdade, direito de greve, aposentadoria, adicional trabalhista...).[106] Daí, segundo o nosso entendimento, o motivo de o mandado de injunção seguir o mesmo procedimento do *mandado de segurança* (art. 24, parágrafo único, da Lei nº 8.038/90), mas apenas com alguns "acertamentos cognitivos no plano *in fieri* (operacional) da exigibilidade do ordenamento jurídico".[107]

Então, será o devido processo, como já dito, fonte legítima para decidir na democracia, que construirá o significado do *direito* (direito de greve, aposentadoria, adicional trabalhista), que é um ato jurídico provimental produzido no plano instituinte, por meio dos argumentos jurídico-processuais. Tudo isto, evidentemente, vai depender da análise concreta de cada caso. Do contrário, se a complexidade da

---

[104] LEAL, Rosemiro Pereira. *A teoria neoinstitucionalista do processo.* Belo Horizonte: Arraes, 2013, p. 53.

[105] *Ibidem*, p. 54

[106] Observação interessante é a de Ronaldo Brêtas, ao frisar que, no Estado Democrático de Direito, a Constituição Federal de 1988 utiliza claramente a expressão vocabular *princípios* em várias normas de seu texto, podendo ser catalogados, como exemplos, os seguintes enunciados normativos: art. 4º; art.37; art. 93; art. 125; art. 127, §1º; art. 170 e art. 226 §7º. Cf. DIAS, Ronaldo Brêtas de Carvalho. *Processo Constitucional e Estado Democrático de Direito*. 3ª ed. Belo Horizonte: Del Rey, 2015, p. 140.

[107] LEAL, Rosemiro Pereira. *A teoria neoinstitucionalista do processo.* Belo Horizonte: Arraes, 2013, p. 54.

situação não permitir uma decisão, não haverá alternativa, senão apenas cientificar a ausência normativa via *ação direta por omissão*, sem cogitar a hipótese de um mandado de injunção.

Observa-se, que uma das características do *mandado de injunção* não é somente "regular para o caso concreto a norma constitucional. Deverá, também, ordenar ao impetrado que se submeta à normatividade estabelecida, a fim de que seja efetivamente garantido o exercício do direito, liberdade ou prerrogativa constitucionais. Com isto, não haveria como deixar de reconhecer os seus efeitos condenatórios".[108]

Afirma-se, que, com a propositura da *injunção*, instaura-se um *procedimento* que reservará, ao longo de seu desenvolvimento, um espaço adequado para as partes processuais construírem as definições, interpretações e demarcações necessárias ao caso reivindicado. Esta conceituação construída pelas partes será realizada a partir do direito existente (mas incompleto/defeituoso), como função normativo-supletiva.

Por óbvio, esse *procedimento* será regido em contraditório, isto é, regido pelo *processo constitucional*, que é a instituição que vai possibilitar às partes processuais a construção de uma decisão compartilhada a partir de algo que já está assegurado no ordenamento jurídico (*direitos fundamentais* – liberdade, igualdade, democracia, dignidade – que demarcam *o espaço de interpretação*), mas que, por alguma nebulosidade, ainda há algum impedimento quanto ao exercício do direito assegurado.

À evidência, há que se demarcar/distinguir o comportamento do Judiciário no *mandado de injunção*. Inegável que o comportamento do Judiciário *não* é o de legislar (sobreposição de valores pessoais dos juízes àqueles debatidos e normatizados no processo legislativo – espaço da "*supremocracia*"). Note-se que a preservação do acesso ao Judiciário (art. 5º, inciso XXXV, CF/88), como direito incondicional que deve ser acessível para todos os cidadãos, não se choca, no caso da *injunção*, com a própria função do Judiciário interpretar e aplicar a *norma* jurídica (*princípio* ou *regra*).

---

108 CATTONI, Marcelo Andrade. *Tutela jurisdicional e Estado Democrático de Direito*: por uma compreensão constitucional adequada do mandado de injunção. Belo Horizonte: Del Rey, 1998, p. 186.

Daí, o que de fato precisa ser estudado na teoria do direito processual constitucional brasileiro é a dimensão da palavra *omissão*. Evidentemente que a dificuldade em interpretar uma *lei* passa longe da *ausência* de *norma* no ordenamento jurídico (omissão total). Aliás, a hermenêutica constitucional não prescinde da essência (função) da atividade judicante. Por fim, é oportuno que se diga, que os efeitos da sentença em ação direta por omissão são *erga omnes* e *ex nunc*. Outro enfoque relevante nas ações diretas de inconstitucionalidade por omissão, é que a Lei nº 12.063/2009 autoriza a possibilidade de *liminar*.

Assim, segundo o art. Art. 12-F, § 1º, em caso de excepcional urgência e relevância da matéria, o Tribunal, por decisão da maioria absoluta de seus membros, poderá conceder "medida cautelar" a fim de promover a suspensão da aplicação da lei ou do ato normativo questionado, naqueles casos ligados a questão da "*omissão parcial*", quando o assunto é regulado de forma *insuficiente* pela regra, naqueles casos em que a *lei* parcialmente resolveu o problema do assunto em análise.

Ainda, por fim, outra possibilidade, é de a liminar suspender todos os *procedimentos* (judiciais ou administrativos) que versem sobre a matéria controvertida.

10.7.4 Ação direta de inconstitucionalidade interventiva

Ao cabo das considerações até aqui alinhavadas, há de se destacar a ação direta de inconstitucionalidade interventiva (art. 34, VII, CF/88), que é pertinente para questionar, no Supremo Tribunal Federal, lei ou ato normativo (ou omissão) estadual contrário a *princípios constitucionais* assegurados no art. 34, VII, *a*, *b*, *c*, *d*, e *e*).

O étimo "interventiva" empregado a esta *ação* não encerra exclusivo sentido de uma genuína intervenção, como ocorre, à sua vez, no art. 34 da CF/88. Daí, para alguns escritores, a referida ação deveria receber o nome de *representação direta para fins de intervenção federal*, conforme se depreende na pesquisa de Gisela Bester.[109]

---

109 BESTER, Gisela Maria. *Direito constitucional.* São Paulo: Manole, 2005. v. 1, p. 462.

Merece registro que essa ação, proposta pelo procurador-geral da República (art. 36, III, CF/88, e Lei nº 4.337/64, art. 1º), o qual detém autorização exclusiva, *não* "é a própria Intervenção Federal, mas apenas um pré-requisito necessário para que tal intervenção se dê no caso das hipóteses previstas no art. 34, VII, *a* a *e* da CF/88".[110]

Em outras palavras, o pronunciamento decisório (sentença) pelo Supremo Tribunal Federal visa não apenas a declaração de inconstitucionalidade de atos contrários aos princípios constitucionais do art. 34, VII, mas, também, poderá gerar uma intervenção da União na autonomia política de um Estado-Membro.

Destaque-se, desde logo, "que o provimento da *direta interventiva* pelo Supremo não basta, por si só, para, na prática, ocasionar a intervenção. É preciso que o Presidente da República mediante *decreto* o faça".[111] Em razão disto, uma vez julgada procedente a ação direta interventiva, e após seu trânsito em julgado, o Supremo Tribunal Federal comunicará à autoridade interessada, bem como ao Presidente da República (art. 84, X, CF/88), para as providências constitucionais cabíveis. É o que estabelece o Regimento Interno do STF, art. 354: "julgado procedente o pedido, o Presidente do Supremo Tribunal Federal imediatamente comunicará aos órgãos do Poder Público interessados e requisitará a intervenção ao Presidente da República".

Convém destacar que a Lei nº 4.337/64 relaciona as características do *procedimento*. O art. 35, IV, da CF/88, estabelece orientações sobre a intervenção estadual, a ser decretada pelo Governador de Estado.

10.7.5 Arguição de descumprimento de preceito fundamental

Contudo, após refletir sobre algumas modalidades de *procedimentos* de controle de constitucionalidade, apontaremos, agora,

---

110 BESTER, Gisela Maria. *Direito constitucional.* São Paulo: Manole, 2005. v. 1, p. 462.

111 MENDES, Gilmar Ferreira; COELHO, Inocêncio Mártires; BRANCO, Paulo Gustavo Gonet. *Curso de direito constitucional.* São Paulo: Saraiva, 2007, p. 153.

alguns aspectos significativos sobre a *arguição de descumprimento de preceito fundamental* (art. 102, §1º, da CF/88), cujo procedimento (Lei nº 9.882/99) foi inspirado no regimento interno da Corte Constitucional alemã (*Bundesverfassungsgericht*), na figura da *queixa constitucional*.

Destaque-se que uma fiscalização difusa de controle de constitucionalidade pelos construtores ou aplicadores de normatividade não é da preferência do legislador brasileiro. Merece lembrança o *veto* (já quase esquecido) ao artigo 2º, inciso II, da Lei nº 9.882/99, que assegurava o acesso direto, irrestrito e individual ao STF por *qualquer pessoa* lesada ou ameaçada de lesão por ato do Poder Público.

Note-se, que, com esse veto, a ADPF afastou-se muito da *Queixa Constitucional* alemã, que reconhece qualquer cidadão alemão legitimação para agir. De resto, após o veto acima referido, os titulares ativos autorizados para essa ação de arguição de descumprimento de preceito fundamental são os mesmos co-relacionados para a propositura da ação direta de inconstitucionalidade genérica (art. 103, I a IX, da CF/88). [112] Cabe, portanto, uma ressalva: *qualquer interessado* poderá solicitar a propositura de ADPF ao procurador-geral da República (art. 2º, §1º, Lei nº 9.882/99).

Ademais, ainda na órbita das "novidades", a Lei nº 9.882/99 trouxe um controle centralizado de lei ou ato normativo (federal, estadual e municipal), inclusive os *anteriores à Constituição* (art. 1º, inciso I).[113]

---

[112] O conceito de "preceito fundamental" vai ter uma dimensão divergente entre os autores. Vê Zeno Veloso um ponto favorável a respeito de o Legislador não ter conceituado os *preceitos fundamentais*. Rematando o estudo, assina Veloso que o "que hoje se pode considerar preceito fundamental, dada a dinamicidade do ordenamento jurídico, pode ter a sua densidade diminuída no decorrer do tempo. O texto do dispositivo está inserido num certo contexto fático-político-social que determina a moderação do conteúdo do preceito. Inversamente, o fenômeno pode se transformar, futuramente, em preceito fundamental o que não tem status atualmente [...] o texto constitucional não pode ficar entorpecido, imóvel, parado, se a realidade subjacente caminhou, evoluiu, mudou" VELOSO, Zeno. *Controle jurisdicional de constitucionalidade*. Belo Horizonte: Del Rey, 2000, p. 295-296.

[113] Quando se diz em "norma anterior à Constituição", o Supremo Tribunal Federal deverá se ater apenas à recepção ou não da norma em face da norma constitucional

Embora aparentemente ampla, ao que se percebe, o raio de ação da ADPF é mais restrito do que o da ADi, porque, aqui, há mecanismos de filtragem, sendo o primeiro, a demarcação do que é "preceito fundamental", algo que não foi feito pela Constituição e nem pelo legislador.[114]

Com efeito, nas hipóteses de cabimento, a *lei* possibilita o ajuizamento da ADPF em três situações que se seguem: a) para *evitar* ou *reparar* lesão a preceito fundamental violado resultante de ato de Poder Público (art. 1º, *caput*). É necessário prova da violação. Somem-se a isso, os atos administrativos, normativos ou judiciais. b) *quando for relevante* o fundamento da controvérsia constitucional sobre *lei* ou *ato normativo* federal, estadual e municipal. Vê-se, pois, que a ADPF incidental é cabível somente contra ato normativo (parágrafo único do art. 1º, Lei nº 9.882/99), abrangendo as leis ordinárias, medidas provisórias, decretos e leis complementares, por exemplo. Em decorrência dessa última hipótese (*caberá também ADPF quando for relevante o fundamento da controvérsia...*), é forçoso lembrar que alguns constitucionalistas[115] defendem a tese de uma ADPF "por equiparação", e com isto querem fazer prevalecer (além da arguição autônoma de caráter abstrato) a existência de uma "arguição incidental", originada de incidentes presentes no controle difuso, isto é, de num *procedimento* em curso (*in concreto*).

Com efeito, há entendimentos (na literatura constitucional e no Judiciário – *ADPF 130, de 2009*) de que, em nome da "controvérsia judicial relevante", a ADPF é um instrumento para garantir "segurança

---

superveniente. É o que se observou na ADPF nº 130, de 30/4/2009, a qual declarou como não-recepcionada pela Constituição Federal todo um conjunto de dispositivos da Lei 5.250/67 (Lei de Imprensa).

114 Com efeito, o Supremo Tribunal Federal teve a oportunidade de decidir algumas ADPFs pontuando alguns eixos, jurisprudencialmente. De forma meramente exemplificativa, tem-se, portanto, os princípios fundamentais, artigos 1º a 4º, os direitos e garantias fundamentais, art. 5º e 6º, os artigos 14 a 17, art. 37, *caput, art. 60§4º (cláusulas pétreas), art. 34, VII (os chamados princípios sensíveis), art. 170, 196, 220, 222 e 225 da Constituição Federal de 1988.*

115 TAVARES, André Ramos; ROTHEMBURG, Walter Claudius (Org.). *Arguição de descumprimento de preceito fundamental*: análise à luz da lei nº 9.882/99. São Paulo: Atlas, 2001, p. 62-66.

jurídica" quando há no Judiciário diversas decisões conflitantes em relação a direitos fundamentais, isto é, uma peça processual usada para evitar a multiplicação de decisões conflitantes dentro do Judiciário brasileiro. Entretanto, a nosso ver, com todo o respeito, essa tendência de plasticidade da ADPF e de concentração de jurisdição deve ser algo analisado com muita cautela no paradigma do Estado Democrático de Direito que, ao mesmo tempo em que coloca o acesso ao judiciário aberto aos legitimados ao processo (cidadãos), intenta-se suprimir a discussão em âmbito de controle *difuso* de interpretação.

Merece lembrança o fato de o Conselho Federal da OAB ter pedido a inconstitucionalidade do parágrafo único, I, do art. 1º, assim como o §3º, do art. 5º, da Lei nº 9.882/99 (ADIn nº 2.231-DF). Ali, o Min. Néri da Silveira, relator, proferiu voto no ano de 2001, no sentido de que a arguição incidental de processo em curso só seria possível desde que autorizada por uma emenda à Constituição.[116] Em uma lógica incompreensível, até hoje o STF não enfrentou a questão, havendo apenas o voto do relator. Nesta perspectiva, continua a ter validade o art. 5º, §3º, da Lei nº 9.882/99.

Cumpre ressaltar que essa argumentação teórica de uma modalidade *incidental* a ser levada ao Supremo Tribunal (parágrafo único, art. 1º, Lei nº 9.882/99) é algo muito interessante dentro do paradigma jurídico que trabalhamos. No entanto, na exata indagação de Gisela Bester,[117] como ficaria a legitimidade ativa para isso? Não faltariam outras indagações, agora de nossa parte: trata-se de uma modalidade de controle de constitucionalidade que pode, ao longo de qualquer *procedimento* em curso no Judiciário, paralisar a *sequência procedimental* face à controvérsia constitucional? E se é isto, quem seria o titular da *legitimatio ad causam* ativa? Os mesmos do controle difuso? Afinal, essa ação ("por equiparação" ou "incidental") é um controle difuso ou concentrado? Ou seria um difuso-concentrado? O legislador

---

[116] MENDES, Gilmar Ferreira; COELHO, Inocêncio Mártires; BRANCO, Paulo Gustavo Gonet. *Curso de direito constitucional*. São Paulo: Saraiva, 2007, p. 1089.

[117] TAVARES, André Ramos; ROTHEMBURG, Walter Claudius (Org.). *Arguição de descumprimento de preceito fundamental*: análise à luz da lei nº 9.882/99. São Paulo: Atlas, 2001, p. 466.

ordinário tem competência para criar uma "nova" modalidade de controle centralizado? Vê-se que o caso requer reflexão.

Por isso, para alguns autores,[118] o parágrafo único do art. 1º da referida Lei nº 9.882/99 distanciou-se do modelo centralizado de controle de constitucionalidade. Daí, talvez fosse melhor haver uma correção ao art. 102, I, *a*, da CF/88, a fim de deixar mais clara essa questão.

Diante desse quadro, podemos ainda dizer que a proposição de uma ADPF incidental com legitimidade de agir aberta às partes processuais de um procedimento em curso, encontra dificuldade de prosperar por causa do *veto* efetuado ao inciso II, do art. 2º, da Lei nº 9.882/99, que permitia a qualquer prejudicado questionar inconstitucionalidades (desde que fizesse parte da demanda originária). O veto foi encaminhado com muita habilidade e não é muito difícil intuir que o fizeram com o objetivo de evitar uma ADPF incidental, com *legitimatio ad causam* ativo-difusa. Desta forma, a ADPF *incidental* deverá ser ajuizada por um autorizado do art. 103 da Constituição Federal.

Mais uma vez, insistimos em que o legislador brasileiro tem apoiado com aplausos o continuísmo do controle centralizado. Vê-se que este não foi o sentido pesquisado por Cassius Chai,[119] o qual, muito atento ao modelo democrático de controle de constitucionalidade, problematiza a arguição de descumprimento de preceito fundamental sob a ótica dos "vetos à democracia" que a referida Lei nº 9.882/99 sofreu pelo Executivo federal à época de sua edição, sinalizando, desta forma, para a importância de um controle de constitucionalidade como fluxo difuso-democrático.

Observe-se, por fim, que existe a regra de *subsidiariedade* contida na redação da Lei nº 9.882/99 (art. 4º, §1º), o que abre via para mais uma observação. A ADPF deve ser usada quando antes já tentaram todos os demais meios jurídicos eficazes para sanar a lesividade a preceito fundamental resultante de poder Público (caráter residual). Isto reduz muitíssimo as possibilidades de ajuizamento de uma ADPF

---

118 MORAES, Alexandre de. *Direito constitucional.* São Paulo: Atlas, 2004, p. 705.

119 CHAI, Cassius Guimarães. *Descumprimento de preceito fundamental*: identidade constitucional e vetos à democracia. Belo Horizonte: Mandamentos, 2004.

com sucesso logo de imediato, havendo algumas delas não-conhecidas pelo Supremo Tribunal Federal sob esse fundamento.

Outro aspecto que deve ser citado no estudo da arguição de descumprimento de preceito fundamental é o art. 10, §3º, da Lei nº 9.882, o qual expõe que a decisão terá eficácia *erga omnes* e *efeito vinculante*, relativamente aos demais órgãos do Poder Público. Acrescente-se que ao declarar a inconstitucionalidade, o Supremo Tribunal Federal poderá delimitar efeitos retroativos (*ex tunc*) ou efeitos a partir do trânsito em julgado (*ex nunc*) ou de outro momento em que venha a ser fixado (a chamada *modulação dos efeitos temporais da decisão*), segundo recomendação do art. 11 da Lei nº 9.882/99. De último, o art. 5º da referida lei estabelece que o STF, por decisão da maioria absoluta de seus membros, poderá deferir pedido de medida liminar.

10.8 A INCONSTITUCIONALIDADE DE NORMAS CONSTITUCIONAIS, PORQUE NEM TUDO QUE ESTÁ NA CONSTITUIÇÃO É CONSTITUCIONAL

Tema que merece atenção na literatura jurídica especializada é o relacionado às normas constitucionais inconstitucionais, o que para muitos, talvez, possa parecer um paradoxo, um palavreado vazio e sem nexo, e, portanto, não aceitável tranquilamente, mas para o estudioso conhecedor de uma Teoria da Constituição (na linha da falibilidade) seja uma problematização convincente.

É no seguimento desse raciocínio, que, em 1951, o professor Otto Bachof, [120] ao abordar a questão, em aula inaugural na Universidade de Heidelberg, Alemanha, que mereceu tradução em língua portuguesa (1994), apoiado em decisão do Tribunal Constitucional de Württemberg-Baden, de 1950, apresentou o famoso sentido de que há normas constitucionais inconstitucionais (*verfassungswidrige verfassungsnormem*), debate que se prolonga até hoje.

E, que se deixe claro, de início, o problema com o ensaio de Bachof é que ele parte de um experimento mental com suporte em *direito*

---

[120] BACHOF, Otto. *Normas constitucionais inconstitucionais?*. Coimbra: Almedina, 1994.

suprapositivo como padrão de controle das Constituições formais e materiais para chegar à conclusão de inconstitucionalidades na Constituição.

Com essa demonstração – altamente discutida, pois o conflito conceitual e teórico não é de fácil resolução – quer-nos parecer que nessas colocações de linhas narrativas utilizadas pelo referido professor alemão, muitos juristas criaram um obstáculo terminal pelo caminho, já que a questão fundamental para muitos é a de defender o legislador originário. Todos sabem que alguns juristas têm "sacro" respeito aos constituintes e se deixam levar pelo "mito do legislador originário".

Veja, que, para esses juristas, e alguns repertórios de jurisprudência,[121] falar em inconstitucionalidade de norma constitucional originária é algo absolutamente impossível, porque sempre partem de um escalonamento de leis. E, se partem de um escalonamento de leis, é, por demais, difícil estabelecer até onde é possível aferir como um direito pode ser lesado na iniciação de um novo ordenamento jurídico, se todas as normas constitucionais retiram sua validade do próprio constituinte originário. Difícil mesmo se livrar dessa emboscada sem auxílio de Rosemiro Leal, porque, os escritores em direitos constitucional, "não trabalham o nível instituinte da produção normativa como recinto de fixação, identificação e fiscalização teórica, do sentido das *leis*".[122]

Logo, a construção de uma Constituição na linha de compreensão de uma *norma hipotética fundamental* kelseniana, um ensino que empalmou multidões de juristas, tem vedado o esclarecimento teórico do conhecer/esclarecer. Com efeito, é de inegável relevância para a ciência jurídica contemporânea o registro de Rosemiro Leal, de que a "*norma fundamental* de Kelsen é exemplo que abona o artifício autoritário de se colocar fora do sistema jurisdicizado a norma primeiro-última (hipotética), que é fundamentante de todos os Sistema Jurídico, a ser extraída de um mundo não primariamente legiferado".[123]

---

121 Cf. ADIn nº 8153- Distrito Federal, j. 28.03.1996, *RT* 732/147

122 LEAL, Rosemiro Pereira. *A teoria neoinstitucionalista do processo.* Belo Horizonte: Arraes, 2013, p. 22.

123 *Ibidem*, p. 19.

A respeito de se comprovar ou não a consistência de um sistema complexo, interessante é o estudo de Maurício Moura Portugal Ribeiro "*A influência do teorema de Gödel na concepção kelseniana de consistência do sistema jurídico*",[124] porque, abre debate jurídico importante, ao demonstrar que o *teorema de Gödel* surgiu como solução para questionamentos, em especial da Norma Hipotética Fundamental, como fundamento último de validade do sistema, assunto que laçou a atenção de Rosemiro Leal.

Matemático austríaco, naturalizado norte-americano, Kürt Gödel (1906-1978) propôs o *teorema da incompletude* (teorema da indecidibilidade) para resolver um problema em aberto à época: como "demonstrar a impossibilidade de se apresentar uma prova da consistência de um sistema complexo o suficiente para conter a Aritmética", uma vez que "[...] a prova da consistência da Aritmética dependeria da prova da consistência deste sistema mais complexo, que, por sua vez, e, assim, sucessivamente, requereria, sempre, um sistema mais complexo para ser aprovada". [125]

O texto de Maurício Portugal Ribeiro, como forma de aproximar a matemática à teoria do ordenamento jurídico, leva-nos, por intermédio dos *algoritmos*, a inferir a desnecessidade da *Grundnorm*, uma vez que, após os achados de Gödel, perdeu completamente o sentido, do ponto de vista *lógico*. Qualquer conteúdo que fosse dado à Norma Fundamental, de alguma maneira, "remeteria a um outro plano, onde se poderia avaliar a verdade/falsidade ou validade/invalidade desta norma [...] segundo os cânones de outro sistema".[126] Acrescentamos que Rosemiro Leal apresentou cuidadoso exame, ao comentado texto, com pequenos reparos, porque a incompletude, para o referido epistemólogo, não está nos dígitos algoritmizados em si mesmos, mas sim na *linguagem* construtiva do sistema. [127] A conferir.

---

[124] RIBEIRO, Maurício Moura Portugal. Influência do Teorema de Gödel na Concepção kelseniana de Consistência do Sistema Jurídico. *In Revista Trimestral de Direito Público*, n. 27, IDAP, Malheiros Editores. São Paulo. p. 152.

[125] *Ibidem*, p. 152.

[126] *Ibidem*, p. 152.

[127] LEAL, Rosemiro Pereira. *Due process e o devir processual democrático*. In: O futuro do Processo Civil no Brasil: uma análise crítica ao projeto do CPC. DELFINO, Lúcio (Coord.). Belo Horizonte: Fórum, 2011, p. 589-591.

Diante disso, será que temos normas constitucionais inconstitucionais?

A pergunta, para muitos, toma ares de uma charada jurídica. No entanto, a essa pergunta nós respondemos já: é possível existir normas constitucionais inconstitucionais. E, que se saiba, não existe nenhuma legislação constitucional equilibrada no mundo que não apresente incongruências.

É por isso, que na discussão sobre a inconstitucionalidade de normas constitucionais, não podemos esquecer, num primeiro momento, que não há nada mais lamentável do que conferir que legisladores originários brasileiros escreveram o texto constitucional de 1988 debaixo de sincretismos impermeáveis e matrizes do mundo subjetivo. Eis a fundamental fraqueza do "mito do legislador originário".

Claro que muitos podem negar esse raciocínio. Mas isto não apaga a existência desses sincretismos e formas de dominação na produção de uma Constituição.[128] Há que se fazer um cuidadoso estudo linguístico sobre esta seara, para sabermos a gênese de uma Constituição e a resposta que mostre a sua linha teórico-fundacional.

Conhecer a sua patologia, dar-se conta das fórmulas estratégicas, do embuste, da disputa tática, da imaginação inventiva e carismática dos constituintes é acrescentar esclarecimento àquilo que poucos enfrentam devido a dificuldades que se fazem calhar sobre o tema e suas variadas configurações alocadas em terreno escorregadio. É, aqui, que, sobretudo, tem valor as conjecturas como cartão de desafio. E para sublinhar precisamente esse ponto, não podemos negar que, quando houve a convocação de uma Assembleia Nacional Constituinte, abriu-se via para longos trabalhos, mas também para muito *lobby* por meio de grupo de pessoas e organizações que transformaram assuntos importantes em circo eleitoral defronte à solenidade do constituinte originário.[129]

---

128 WEBER, Max. *Economia e sociedade: fundamentos da sociologia compreensiva.* Brasília: UNB, 1994. v. 1.

129 Note-se, a este propósito, para aferirmos o comportamento do legislador histórico, em prol de seus interesses particulares, assunto relativo aos empregados domésticos, para ficar em poucos exemplos, o qual foi reestruturado com a aprovação de emenda à Constituição, em 2013, para ampliar os direitos trabalhistas

Com efeito, almeja-se, de nossa parte, uma possibilidade de interrogar os fundamentos do texto constitucional, uma problematização via controle de legitimidade (saber por conjectura), porque se seguirmos o raciocínio epistemológico de Karl Popper,[130] a Constituição não deveria ficar imune à crítica. E não deveria ficar imune à crítica, porque a "Constituição não é um mero artefato gráfico-cartular [...], mas um *discurso* cujo *texto* se faz por uma *teoria do processo* a possibilitar um igual direito de interpretação para produtores e destinatários".[131]

A par desses problemas, cumpre lembrar, que Rosemiro Leal assim se posicionou:

> Claro que não se descartam inconstitucionalidades na Constituição, porque esta não é um texto cartográfico que emerge da redação linguístico-jurídico-normativa, mas uma teoria jurídico-política que se formaliza e se identifica por paradigma hermenêutico

---

(parágrafo único do art. 7º da CF), a fim de acabar com resíduo discriminatório do período da escravidão. Neste caso, perguntamos: o *constituinte originário* é um lugar não-jurídico? Quando o legislador constituinte (o legislador histórico, em seu *contexto*), produz texto em prol de seus interesses particulares, poderá o legislador ordinário produzir norma adjetiva à norma originária? Veja que esses problemas de pesquisa têm grande relevância e muitos preferirão guardar sobre esses pontos um cômodo e interrogador silêncio. Em Karl Popper há uma instigante reflexão: se imaginarmos que o *contexto* cria a identidade corremos o risco de trabalhar o "Mito do contexto" (POPPER, 2009). Andréa Alves de Almeida designa, com base em Rosemiro Leal e Karl Popper, "a lição de que as teorias é que poderão lançar soma de luz no mundo físico e no mundo subjetivo e não o mito do contexto, pois a cultura simplesmente acontece como um acúmulo do fazer espaço-temporal; não é fabricada de modo autocrítico" (ALMEIDA, 2012, p.123). Os mencionados fundamentos nesses autores reúnem-se para compreendermos a correlação entre *pré-texto, contexto e texto.* Ainda, fundamentando questões aproveitáveis para desenvolvermos pesquisa em âmbito de texto e contexto, socorre-nos Raimundo Faoro com preciosas reflexões e indicações bibliográficas em seu "*Os donos do poder*" ao entendimento geral da complexa, ampla e contraditória formação política brasileira (FAORO, 1976).

[130] POPPER, Karl. *Conhecimento objetivo*: uma abordagem evolucionária. Belo Horizonte: Itatiaia, 1999.

[131] LEAL, Rosemiro Pereira. *Due process e o devir processual democrático*. In: O futuro do Processo Civil no Brasil: uma análise crítica ao projeto do CPC. DELFINO, Lúcio (Coord.). Belo Horizonte: Fórum, 2011, p. 592.

como referente interpretativo para todos indistintamente, *produtor* e *destinatário normativo*.[132]

Por longo tempo não se questionou o grau de inconsequência de um ensino voltado ao proibicionismo de questionar a decisão do legislador constituinte. Daí, a necessidade de uma pesquisa científica capaz de delimitar (elucidar) melhor esse hiato aberto na estrutura da norma constitucional.

Apesar de muitos estudiosos olharem com desdém disfarçado sobre esse posicionamento teórico alinhavado, fixamos entendimento de que no atual estágio de reflexão e de avanço acerca da *teoria da constituição* e do *processo constitucional*, a afirmação de que não há norma constitucional inconstitucional produzida pelo constituinte originário é uma hipótese remota, porque não mais podemos continuar com a crença coletiva de que tudo o que está na Constituição é constitucional.

Aliás, a impossibilidade de existir norma constitucional inconstitucional é um assunto que já requer imediata alteração pelos critérios do pensar, pois, na ciência, o ponto mais instigante é a ruptura (método da correção do erro).

Sendo a norma jurídica uma proposição oferecida à crítica,[133] o "controle de democraticidade constitucional" (expressão de Pereira Leal) é o espaço jurídico apto a reconstruir a racionalidade normativa da lei a partir da discursividade processual.

Convenha-se: a norma produzida pelo constituinte originário não pode ser absoluta (*mito* do legislador constituinte), pois, desta forma, instaurar-se-ia uma blindagem que impossibilitaria a fiscalização do próprio Direito, o qual deve estar aberto a ciclos de refutação epistemológica, uma vez que é formado por leis, que são atos jurídicos falíveis, passíveis de serem colocados em xeque.

Estamos em que não se pode mais fazer a diferença entre atividade constituinte originária e derivada quando se tratar de normas constitucionais inconstitucionais. Não mais se "conjectura" uma

---

132 LEAL, Rosemiro Pereira. *Teoria geral do processo*. 11ª ed. Rio de Janeiro: Forense, 2012, p. 208.

133 POPPER, Karl. *Conhecimento objetivo*: uma abordagem evolucionária. Belo Horizonte: Itatiaia, 1999, p. 263.

sociedade jurídico-política de Direito democrático sem "controle de democraticidade constitucional". E mais: dizer que as leis constitucionais, quando produzidas pelo legislador constituinte não podem ser objetos de controle de constitucionalidade (discurso de autoridade e da verdade), é negar legitimidade democrática ao Direito que suplica atualização e aperfeiçoamento constantes (método hipotético-dedutivo, uma lógica de estudo crítico-falibilista de correção do erro – Popper).

Na crítica epistemológica, tomar o constituinte ordinário como infalível seria exaltar um imenso ilogicismo constitucional se blindássemos as normas constitucionais que estão em descompasso com a própria teoria que foi escolhida como eixo da Constituição. Logo, há o "indeclinável dever de expurgo de antinomias obstativas da concreção dos direitos fundamentais constitucionalizados, destacando-se o da *dignidade* (art. 170 da CF/88)".[134]

Cumpre lembrar que depois da Constituição de 1988, e com os recentes estudos de *teoria do processo* (Rosemiro Pereira Leal), é possível construir um *intelecto* para pleitear a permanente construção-fiscalização do ordenamento jurídico pelos destinatários normativos (que são os que podem interpretar e dizer o que é ou não constitucional).

Assim, percebe-se que toda lei (constitucional ou infraconstitucional) que estiver em descompasso com o eixo da teoria democrática (eixo adotado constitucionalmente, art. 1º da CF/88) deve ser expurgada do sistema jurídico.

Dessa forma, é possível falar em inconstitucionalidade de normas constitucionais independentemente de elas terem sido produzidas na plataforma constituinte originária ou derivada, porque, em sendo o paradigma jurídico-constitucional do Estado Democrático de Direito um projeto inacabado, pressupõe-se, portanto, que a Constituição continua em permanente construção.

Por isso, que o avanço rumo à implementação do eixo teórico do Direito democrático requer, acima de tudo, a construção e a reconstrução permanente do próprio ordenamento jurídico.

---

134 LEAL, Rosemiro Pereira. *A teoria neoinstitucionalista do processo*. Belo Horizonte: Arraes, 2013, p. 17.

Nesse ponto, talvez, seja importante não se esquecer de que corremos o risco (permanente) de o parlamentar, que deveria fazer o expurgo de alguns paradoxos por meio de emenda à Constituição, trazer novas inconstitucionalidades por emenda ao texto constitucional.

Em consequência desse assunto, Zeno Veloso[135] destaca a possibilidade havida no Supremo Tribunal Federal de uma ação direta de inconstitucionalidade[136] proposta pelo governador do Rio Grande do Sul. Esse, com apoio no princípio de *igualdade de todos perante a lei* (art. 5º da CF/88), questionava o confronto entre o art. 14, que estabelece o *exercício do voto com valor igual para todos*, com o período frasal dos §§1º e 2º do art. 45 da Constituição Federal, que dispõe a respeito do número de deputados federais em cada Estado-Membro, para que cada unidade não *tenha menos de 8 ou mais de 70 deputados*. A inconstitucionalidade arguida nessa ação direta proposta pelo governador gravitou em torno desses limites constitucionais fixados para a representação das unidades federadas na Câmara dos Deputados, por agredir princípios fundamentais.

Em tais condições, o então relator da ação, Min. Moreira Alves, indeferiu o pedido de solicitação de inconstitucionalidade, sob o fundamento que a Constituição Brasileira resulta do princípio da unidade da Constituição e, que, portanto, as normas constitucionais retiram a sua validade do Constituinte Originário, e não de normas suprapositivas. Assim, a tese de inconstitucionalidade das normas constitucionais originárias, na opinião do relator, seria impossível.

Aliás, esse debate encontra-se em patamar de *tópica* jurídica (marco pressuposto de verdade).[137] É o que foi endossado pela decisão da Corte brasileira, anteriormente comentada. Afirma-se que caberá aos

---

135 VELOSO, Zeno. *Controle jurisdicional de constitucionalidade.* Belo Horizonte: Del Rey, 2000, p. 218-219.

136 Cf. ADIn nº 8153- Distrito Federal, j. 28.03.1996, *RT* 732/147

137 MADEIRA, Dhenis Cruz. *Argumentação jurídica*: (in)compatibilidades entre a Tópica e o Processo. Curitiba: 2014, p. 516. Tais estudos de Dhenis Madeira permitem ver que "a aporia surgida durante a interpretação da lei costuma atrair a tópica jurídica [...] sendo invocada para substituir o raciocínio dedutivo pelo indutivo", diante da maior vagueza (cláusulas abertas), algo incompatível com o d*iscurso processual.*

constitucionalistas deste novo milênio buscar uma nova decifração dessa "caixa preta" das normas constitucionais inconstitucionais, a fim de deixar os argumentos da não-possibilidade de normas constitucionais inconstitucionais originárias sedimentados lá no fundo.

Almeja-se, de nossa parte, uma conjecturalidade normativa para que a temática não fique imune ao processo de problematização (saber por conjectura). Apesar de muitos estudiosos torcerem o nariz e olharem com desdém disfarçado sobre esse posicionamento teórico alinhavado, fixamos entendimento de que no atual estágio de reflexão e de avanço acerca da teoria da constituição e do processo constitucional, a afirmação de que *não* há norma constitucional inconstitucional produzida pelo constituinte originário é uma hipótese seguramente remota e improvável. Não mais podemos continuar com a crença coletiva de que tudo que está na Constituição é constitucional.

10.9 CONSIDERAÇÕES INTRODUTÓRIAS SOBRE A AÇÃO DIRETA DE INCONSTITUCIONALIDADE NO ÂMBITO DO ESTADO-MEMBRO E DO MUNICÍPIO

Se já delimitamos o que seja controle concentrado de constitucionalidade, falta-nos falar sobre a possibilidade de lei municipal e lei estadual afrontarem à Constituição Estadual. Vamos tentar algumas demarcações de sentido, uma vez que há diversos autores com obras especializadas nessa dirimência.

Achamos melhor começar pela lembrança de que, se a lei municipal ou estadual é inconstitucional em face da Constituição Estadual, a correção pode ser feita pelo controle *difuso* ou *concentrado*. Se optar pelo *controle difuso*, cabe recurso, em última instância, para o Tribunal de Justiça do Estado. Lado outro, se optar pelo *controle concentrado*, a inconstitucionalidade da lei municipal ou estadual em face da Constituição Estadual pode ser problematizada por ação direta de inconstitucionalidade no Tribunal de Justiça do Estado-Membro (art. 125, §2º, da CF/88).

É-nos inclinado dizer que é possível de se aferir, depois de 1999 (Lei nº 9.882), a inconstitucionalidade de lei municipal contrária à Constituição Federal, por via de ação direta no Supremo Tribunal

Federal. Cita-se, o ano de 1999, porque, antes disto, o art. 102, inciso I, alínea *a*, da Constituição Brasileira, não reconhecia competência desse órgão do Judiciário. Por menção normativa, competia ao Supremo Tribunal Federal processar e julgar, originariamente, a ação direta de inconstitucionalidade de lei ou ato normativo *federal* ou *estadual*. Infere-se, que, neste caso, restava apenas o controle difuso, a não ser que lá chegasse por meio do Recurso Extraordinário (art. 102, III, *c*, CF/88).

Mas havia uma possibilidade aberta pelo legislador constituinte no §1º do art. 102, ao fazer previsão, à época, de que a arguição de descumprimento de preceito fundamental, decorrente desta Constituição, seria apreciada pelo Supremo Tribunal Federal, *na forma da lei*, e essa lei, mencionada na redação do artigo constitucional, foi produzida em 1999 (Lei nº 9.882), a qual se denomina Lei de Arguição de Descumprimento de Preceito Fundamental. Vem a propósito a observação da professora Regina Maria Macedo Nery Ferrari, de que, agora, com a referida lei (art. 1º, parágrafo único, I, Lei nº 9.882/99), "o controle abstrato das leis municipais perante as normas constitucionais federais – quando constituam preceitos fundamentais – pode ser realizado no Supremo Tribunal Federal". [138] Ao cotejar a questão, Gisela Bester segue na mesma direção. [139]

No entanto, merece, nesta oportunidade, o alerta da referida autora no sentido de considerar esta análise de controle concentrado no Supremo Tribunal Federal extremamente negativa para o modelo democrático.[140] Devemos fazer uma última observação. Nestas hipóteses (leis ou atos normativos municipais contrários à Constituição Federal) não há controle concentrado por intermédio de ADI genérica, por ausência de previsão expressa no Texto Constitucional Federal.[141] Deve-se admitir, contudo, no caso anteriormente refletido, a possibilidade de um controle difuso (aberto) ou a instauração de uma ADPF (controle concentrado).

---

138 FERRARI, Regina Maria Macedo Nery. *Controle de constitucionalidade das Leis municipais*. São Paulo: Revista dos Tribunais, 2003, p. 187.

139 BESTER, Gisela Maria. *Direito constitucional.* São Paulo: Manole, 2005. v. 1, p. 480.

140 *Ibidem*, p. 481

141 RE nº 99.987-SP, 1ª turma, STF.

De outro lado, quanto às leis distritais, a coleta de informações do art. 32, §1º, da CF/88 aponta para a dupla competência (estadual e municipal) do Distrito Federal. Assim, os atos normativos aprovados no Parlamento Distrital no exercício de competência tipicamente estadual, o controle de constitucionalidade desses atos não difere dos atos normativos estaduais, seguindo a mesma regra já comentada, ou seja, são passíveis de controle abstrato no STF. Porém, se o Distrito Federal editar lei por meio de competência tipicamente municipal, esses atos normativos podem ser submetidos à apreciação de inconstitucionalidade pelo método difuso, sem se esquecer da possibilidade de um controle concentrado conforme o art. 1º, parágrafo único, da Lei nº 9.882/99 (ADPF).

Cuida agora acentuar a possível tensão entre lei orgânica do Município e as demais leis municipais. Erige-se, portanto, dos ensinamentos de Zeno Veloso, que, em se tratando de lei orgânica municipal (Constituição Municipal) violada por lei municipal, estabelece-se, sem dúvida, um conflito. No entanto, "esse antagonismo não pode ser resolvido em juízo de constitucionalidade, pela curial razão de a Lei Orgânica não ser, formalmente, uma Constituição. Tanto a Lei Orgânica quanto as leis ordinárias municipais integram legislação local, infraconstitucional".[142] Para o referido autor, essa problematização é uma questão de ilegalidade e não de inconstitucionalidade, pelo fato de a lei orgânica não ser, formalmente, uma Constituição.

Algumas questões desafiam discussão. O modo de produção da lei orgânica, como é sabido, possui um sistema processual mais dificultoso, pois é votada em dois turnos por 2/3 da Câmara de Vereadores, o que a faz compatível com a sua finalidade de organizar as questões do Município, que, necessariamente, lhe confere um conteúdo de Constituição Municipal, distante, portanto, das demais leis municipais.

Quando falamos, neste livro, a respeito do federalismo (Capítulo 5), enfocamos que muito se discute a respeito de o Município integrar ou não a estrutura federativa. Para nós, não há dúvidas de que o Município é ente federado (arts. 1º e 18), e exatamente por isto recebeu o reconhecimento da Constituição Federal competência para elaborar

---

142 VELOSO, Zeno. *Controle jurisdicional de constitucionalidade.* Belo Horizonte: Del Rey, 2000, p. 359.

a sua própria lei orgânica (art. 29), votada e promulgada pela Câmara Municipal, o que, para nós, é uma *Constituição Municipal*, ainda que não tenha recebido esse nome no Texto Constitucional Federal.

A nosso ver, teoricamente, caberia a possibilidade de se falar em inconstitucionalidade de lei municipal face à Constituição Municipal (lei orgânica municipal). Quer-nos parecer, salvo melhor juízo, que a Assembleia Legislativa de cada Estado poderia alterar a redação de suas Constituições Estaduais e incluir nas atribuições de competência do Tribunal de Justiça a possibilidade de processar e julgar originariamente questões pertinentes por via da ação direta de inconstitucionalidade de *lei* ou ato normativo estadual e municipal em face da Constituição do Estado e das Constituições dos Municípios do Estado em questão, tendo em vista

Ressalte-se, que, embora, não haja previsão legal em cima dessa reflexão sob comento, parece possível (teoricamente falando), sugerir mudança na legislação tendente a reconhecer a inconstitucionalidade de *lei* municipal frente à Constituição Municipal (lei orgânica municipal) com todo o desempenho teórico sobre a Teoria Geral do Federalismo brasileiro.

CAPÍTULO 11

PROCESSO CONSTITUCIONAL LEGISLATIVO

11.1 FUNÇÃO LEGISLATIVA E PROCESSUALIDADE DEMOCRÁTICA

Começar uma escrita por advertência é um traço que optamos neste tópico. Isto, porque, nem todo processo legislativo é democrático. Com isto, tenta-se refletir as leis aprovadas pelo indecoroso processo legislativo nazista, dito como um exemplo, uma vez que Hitler e seu grupo de energúmenos orquestravam um processo legislativo que cumpria com as exigências de um Estado de Direito, e isto, independentemente do que se pense sobre sua possível justificação. Brevemente: se formos examinar, de forma retrospectiva, as várias produções normativas em Estados de exceção,[1] veremos que este é um consistente motivo para criarmos condições teóricas para uma

[1] AGAMBEN, Giorgio. *Estado de exceção*. São Paulo: Boitempo, 2004.

"virada linguística", em que o *devido processo legislativo* deve ser separado do *processo legislativo* (decisionista). Agregar, num mesmo ninho, os dois, ao que nos parece, é exercício que traz má notícia.

Com efeito, já se vê, a rigor, que percorreremos, neste Capítulo, um caminho diferente dos demais livros, porque, para nós, amparados mais uma vez na literatura jurídica de Rosemiro Leal, "a norma de processo é precedente-originária e legislativa (criadora) do ainda apelidado direito material". Dito isto, voltamos, pois, reconfortados, ao tema e ao deslinde da Teoria Geral do Processo Constitucional Legislativo.

O Legislativo, nas esperadas democracias plenárias, não é meramente uma fábrica de leis ou uma orquestração decisionista que acena para "casas de negócios", mas, sim, um espaço de discursividade que trabalha segundo uma teoria do processo em sua projeção de legitimidade dos atos normativos. Assim, não mais se conjectura uma sociedade jurídico-político-democrática sem esse espaço de produção do Direito indexado a um devido processo legislativo (o processo da legislação), sob pena de se viabilizar um retrocesso lastimável.

Transparece, aliás, que elaborar uma lei é tarefa complexa, visando princípios constitucionais, e não uma lógica de mercado, uma estratégia de negociação. Com efeito, também vimos, que, se o parlamentar leva adiante somente as suas exigências morais, razões fechada em si mesma, ele troca as diretrizes constitucionais (o comprometimento teórico para produzir a norma), por uma totalização de sentido pessoal, algo evasivo, rapsódico.

Aliás, quando se pensa no Legislativo, sempre se pensa no Plenário votando projetos, debatendo assuntos de diversas áreas, sofrendo as mais diversas pressões para atender ou não os mais variados interesses sociais, votando cassações sugeridas por CPIs ou produzindo uma infinidade de discursos nas tribunas. Mas o Legislativo, às vezes, é muito menos que isto. O efeito desta constatação são consequências dramáticas para a legitimidade das leis.

Por isso, defendemos um estudo em *processo legislativo* pela ótica do direito processual como instituição apta a assegurar os direitos fundamentais do contraditório e da simétrica participação ao longo do procedimento de preparação da *lei*, pois, segundo o nosso entendimento, o caráter democrático da produção normativa, no eixo teórico-constitucional adotado pós-88, deve apresentar esclarecimentos e aprofundamentos em *processo*.[2]

A lição, em termos de Brasil, é atualíssima. Claro, pois, que a torrente de denúncias de corrupção e de compra de votos de parlamentares é um assunto que põe as leis sob suspeição (vício no espaço de discursividade) e nos deixam estarrecidos. Tudo isto, porque, para nós, a *Lei* é "ato jurídico provimental" que deve ser "produzida e vincada pelo *devido processo* como instituição vincada de direitos fundamentais do *processo"*.[3]

Dessa forma, a "*lei*" aprovada em esquema de corrupção (o que, aliás, justifica as aspas), é um golpe desferido contra a Constituição Federal.

Por isso, à maneira de Walter Benjamim, raciocínio muito bem articulado por Jacques Derrida, podemos dizer que *fazer a lei*, nesses parâmetros, consistiria num "golpe de força".[4]

Dessa forma, seria difícil de separar "direito e violência" e teríamos uma "violência performativa e interpretativa" para usar as expressões de Jacques Derrida, em sua "força de lei". O resultado, arriscaríamos dizer, estaria fora dos padrões de legitimidade.

Em vista disso, defendemos outras condições necessárias para haver discurso e processo na construção do Estado Democrático de Direito. Ademais, estamos num momento da modernidade que gera

---

2 Não há como escrever sem pesquisa. O movimento inverso não pode ser levado em consideração. Deve-se, ter em conta, porém, que em livro publicado – obra em 2ª edição pela Editora Fórum (*Controle de constitucionalidade no processo legislativo*) –, desenvolvemos pesquisa, que demonstrou como o *processo* deve orientar a produção da lei na construção do Estado Democrático de Direito. A principal atividade conjectural presente na referida pesquisa foi a de que há um campo jurídico-político desatento ao giro linguístico entre *processo legislativo* e *devido processo legislativo*. Doutra parte, ao deslinde do problema de pesquisa, pretendeu-se, pois, encaminhar um controle de constitucionalidade que pudesse permitir o exame democrático por um incondicionado direito-de-ação coextenso a um *procedimento* de fiscalidade, ampla e irrestrita, no âmbito de produção da *lei* pelo eixo discursivo da teoria do *processo*.

3 LEAL, Rosemiro Pereira. *A teoria neoinstitucionalista do processo*. Belo Horizonte: Arraes, 2013, p. 18.

4 DERRIDA, Jacques. *Força de lei*. São Paulo: Martins Fontes, 2010, p. 114.

intensa desconfiança acerca da linguagem comunicacional (*cultural*) que chega ao parlamento para debate público e das leis daí decorrentes. É precisamente com o pensamento filosófico-jurídico que chegamos à conclusão de que as discussões racionais precisam contestar e liberar a linguagem natural de um diálogo engarrafado por não esclarecer o "mundo da vida" (*lebenswelt*).

Nesse sentido, é significativo salientar a importância de um controle de constitucionalidade no processo legislativo. Para nós, a legitimação democrática na produção legislativa existirá quando o procedimento abrir espaço para qualquer intérprete testar os fundamentos de linguagem nua contidos nos projetos de lei.

Por tudo isso, há necessidade de esclarecer que esses espaços processualizados no âmbito do parlamento (cognitio/razão construída) são importantíssimos nessa empreitada de desideologização dos sentidos das leis que vêm rolando na plataforma secular.

Por esse viés, há necessidade de esclarecer que esses espaços processualizados no âmbito do parlamento (*cognitio*/razão construída) são importantíssimos nessa empreitada de desideologização dos sentidos das leis que vêm rolando na plataforma secular.[5] Por isto, é necessário *res*significar a linguagem fundadora dos conteúdos da legalidade nos âmbitos de produção normativa (Legislativo), se esse "autocontrole do legislador" (análise jurídica da constitucionalidade) for falho, será grande o número de leis inconstitucionais.

Precisamos, pois, que o espaço da comunicabilidade seja visto como uma plataforma estruturalmente demarcada por teorias internunciativas que deslizam por um *devido processo legislativo*, a fim de haver uma *dialógica* que desenvolva as teorias do texto constitucional (renovação teórica), e não um espaço *dialético* (espaço do palpite, da intuição), uma vez que a discussão entre pessoas (intersubjetividade) por meio de uma linguagem natural, essa fala desprovida de teorias e desenvolvidas num espaço agórico, seria difícil (muito difícil) para nós que primamos por um espaço processual e metalinguagem.[6]

---

[5] LEAL, Rosemiro Pereira. *Processo como teoria da lei democrática.* Belo Horizonte: Fórum, 2010.

[6] ALMEIDA, Andréa Alves. *Espaço jurídico processual na discursividade metalinguística.* Curitiba: Editora CRV, 2012.

Como já dissemos, a lógica da legitimidade aqui visada passa por uma abertura processual a toda a sociedade (*controle jurisdicional preventivo de constitucionalidade difusa*) para que qualquer projeto de lei que esteja percorrendo um procedimento (regimento interno) não adaptado ao eixo teórico do *devido processo legislativo*, possa ser fiscalizado por grupos de representatividade das pessoas que se mostram indiferentes ao problema ou individualmente para aqueles que apresentem interesse em ver implementado o *devido processo legislativo*.

11.2 DIFERENÇA ENTRE PROCESSO E PROCEDIMENTO

A crise do conceito de *processo* que oriunda, por um lado, da riqueza (ou "criatividade") de sentidos fornecidos pelos processualistas é agravada, por outro, pela herança recebida da Escola da Instrumentalidade processual que, em vez de promover uma profunda revisão dos conceitos tradicionais por intermédio da atividade de esclarecimento, pelo contrário, alimentaram um inconsistente conceito científico transplantado para o plano da "pacificação social" e de "escopos metajurídicos" não conseguindo sustentar, sequer, a distinção entre *processo* e *procedimento*.[7]

Desse modo, são importantes os apontamentos de Aroldo Plínio, divulgador da teoria fazzalariana no Brasil que, ao se apegar a tais premissas em importante estudo, demonstra facilmente que a diferença entre *processo* e *procedimento* é que "o *procedimento* não é atividade que se esgota no cumprimento de um único ato, mas requer toda uma série de atos e uma série de normas que os disciplinam, em conexão entre elas, regendo a sequência de seu desenvolvimento. Por isto se fala em *procedimento* como sequência de normas, de atos e de posições subjetivas".[8]

O referido processualista sintetiza com muita propriedade a concepção de "posição subjetiva" ao dizer que "é a posição de sujeitos perante a norma, que valora suas condutas como lícitas, facultadas ou

---

7 CINTRA, Antônio Carlos de Araújo; GRINOVER, Ada Pelegrine; DINAMARCO, Cândido Rangel. *Teoria geral do processo*. 8. ed. São Paulo: Malheiros, 1991, p. 247.

8 GONÇALVES, Aroldo Plínio. *Técnica processual e teoria do processo*. Rio de Janeiro: Aide, 1992, p. 108.

devidas".[9] Em sendo assim, "o espaço de atuação de cada um dos sujeitos processuais é simetricamente definido",[10] o que, evidentemente, leva o *princípio do discurso* a ser legitimado com a presença de garantias fundamentais do *devido processo legal.*

Portanto, como lembra Aroldo Plínio, é em torno do *procedimento* que se encontra o conceito de *processo*, que passou a se concretizar como *espécie* do *gênero* procedimento.[11] A *distinção científica* que permite proceder a diferenciação entre *processo* e *procedimento*, com um alto grau de eficiência, passa a ser, então, a presença do *contraditório*. Aliás, como adverte Aroldo Plínio Gonçalves:

> O contraditório não é o "dizer" e o "contradizer" sobre matéria controvertida, não é a discussão que se trava no processo sobre a relação de direito material, não é a polêmica que se desenvolve em torno dos interesses divergentes sobre o conteúdo do ato final. Essa será a sua matéria, o seu conteúdo possível. O contraditório é a igualdade de oportunidade no processo, é a igual oportunidade de igual tratamento, que se fundamenta na liberdade de todos perante a lei.[12]

Dessa forma, o *procedimento* tem característica distinta do *processo*, pois é um instituto de dimensão delimitada pelo contraditório que, quando ausente, configura mero Procedimento, podendo transformar-se, posteriormente, em *processo* se o *procedimento* for construído em *contraditório* pelas partes em *simétrica paridade*. Por outro lado, é importante salientar, a observação de Aroldo Plínio de que o contraditório é a garantia de participação, em simétrica paridade, das *partes* (autor, réu, intervenientes), pois "a participação do juiz não o transforma em um contraditor", vez que "entre ele e as partes não há interesse em disputa, ele não é 'interessado', ou um 'contra-interessado' no provimento".[13]

---

9 GONÇALVES, Aroldo Plínio. *Técnica processual e teoria do processo.* Rio de Janeiro: Aide, 1992, p. 109.

10 NUNES, Elpídio Donizetti. Jurisdição, judicação e tutela legal na teoria do processo contemporâneo. In: *Estudos continuados de teoria do processo. Porto Alegre: Síntese*, 2001. v. 2, p. 247.

11 GONÇALVES, Aroldo Plínio. *Técnica processual e teoria do processo.* Rio de Janeiro: Aide, 1992, p. 112.

12 *Ibidem*, p. 127.

13 GONÇALVES, Aroldo Plínio. *Técnica processual e teoria do processo.* Rio de Janeiro: Aide, 1992, p. 121.

11.3 O REGIMENTO INTERNO DO PARLAMENTO COMO SINÔNIMO DE PROCEDIMENTO

Em consonância com o que foi delineado até agora, é indispensável a distinção entre *processo* e *procedimento* para definir o âmbito do *devido processo legislativo* e não visualizá-lo mais como mera estrutura (procedimento). Concebendo-se, portanto, o *processo* como uma *instituição* aplicada aos diversos campos (administrativo, legiferante e judicacional), e fazendo-se a diferença entre *processo* e *procedimento* por intermédio do *contraditório* em *simetria de participação das partes* na construção do provimento, chega-se ao ponto que mais diretamente nos interessa: a aplicação dos conceitos de *processo* e *procedimento* na atividade legislativa.

Em sendo o Regimento Interno das Casas parlamentares *procedimento*, põem-se, em questão, os diversos *procedimentos* legislativos presentes no Parlamento, que, a exemplo do judicial, podem ser rotulados de *procedimento ordinário* ou comum, adequado para as espécies normativas lei federal, o *procedimento de urgência* ou sumário (art. 68, §§1º a 4º da CF/88), usado para o caso de o Presidente da República exigir rapidez da Câmara e do Senado, que deverão se manifestar num prazo de 45 dias cada qual, e, por fim, o *procedimento especial*, adequado para o trâmite de emenda à constituição, lei complementar, medidas provisórias e leis delegadas.

Explicite-se, que o procedimento legislativo de uma lei ordinária, que é a espécie normativa mais frequente no *processo legislativo* brasileiro, é composto por uma cadeia procedimental representada por seis fases.[14] Com estas delimitações, resta claro, que não há fases no *processo*, mas no *procedimento*, que se inicia com a apresentação do projeto de lei na casa iniciadora,[15] concretizando a primeira fase

---

14 Para um estudo mais específico, conferir, entre outros: SILVA, José Afonso. *Curso de direito constitucional positivo*, p. 509-539; FAZZALARI, Elio. *Istituzioni de diritto processuale*, p. 599-602; FERREIRA FILHO, Manoel Gonçalves. *Do processo legislativo*, p. 202-221.

15 Como consequência da adoção do bicameralismo pelo legislativo brasileiro, tanto a Casa do Senado quanto a da Câmara podem ser a iniciadora ou revisora. Entretanto, a distribuição das funções no procedimento de elaboração das leis pode ocorrer de forma privativa à Câmara (art.51, da CF/88) e privativa ao

denominada *introdutória*, instaurativa ou preparatória na qual haverá o deslinde da tramitação formal da matéria, com a leitura da proposição em Plenário.[16] Saliente-se, que depois da leitura em Plenário, o projeto de lei recebe um número, e assim se chega ao que seriam os "autos" do projeto de lei.

À fase introdutória, segue-se a fase *constitutiva*, com distribuição da proposição à Comissão Permanente (ou Comissões) a fim de ser apreciada por meio de parecer[17] sobre a adequabilidade legislativa, mérito e constitucionalidade do projeto.

Em seguida, depara-se com a fase das *discussões*, que ocorre nas reuniões das Comissões e sessões plenárias,[18] momento de maior publicidade do trabalho legislativo. A discussão é uma fase da tramitação do projeto em que ocorre o contraditório, vez que os congressistas, pelo menos em tese, participam deste contraditório, apresentando algumas objeções e possíveis emendas ao projeto ou mesmo apoiando-o.

Encerrada a discussão, passa-se à fase *decisória* em que haverá votação[19] da matéria completando o turno regimental da discussão.

Aprovada a matéria legislativa, inicia-se a fase *revisória*, na qual a matéria vai à Casa Revisora (bicameralismo),[20] de onde novamente reiniciarão todas as fases do procedimento legislativo até deliberação final, quando se segue, encerrando o *procedimento*, a última fase na qual a proposição legislativa, por intermédio do envio ao Presidente da República para sancioná-la ou vetá-la, momento em que poderá adquirir eficácia *erga omnes*.

Senado (art. 52, da CF/88) ou, ainda, autonomamente, através das propostas de leis ordinárias, complementares e emendas à Constituição que podem iniciar em qualquer das Casas, sem dependência.

16 Hora do Expediente no Senado: arts. 156 a 161, do Regimento Interno do Senado, e no Pequeno Expediente, na Câmara: arts. 79 a 81, do Regimento Interno da Câmara.

17 Arts. 130 a 141, do RI do Senado e Arts. 126 a 130, do RI da Câmara.

18 Art. 154, do RI do Senado e Arts. 65 e 66, do RI da Câmara.

19 Art. 299, do RI do Senado e Art. 180, do RI da Câmara.

20 Art. 65, da CF/88: "O projeto de lei aprovado por uma Casa será revisto pela outra, em um só turno de discussão e votação, e enviado à sanção ou promulgação, se a Casa revisora o aprovar, ou arquivado, se o rejeitar. *Parágrafo único. Sendo o projeto emendado, voltará à Casa iniciadora*".

11.4 COMISSÕES TEMÁTICAS E DECISÕES TERMINATIVAS

Como dito anteriormente, o *procedimento legislativo* apresenta-se de forma diferente, conforme a espécie de provimento (lei), podendo desenvolver-se em *procedimento ordinário* (comum), em *procedimento de urgência* (sumário), ou, ainda, em *procedimento especial*.[21] Analisando o procedimento legislativo acolhido na Constituição Brasileira de 1988, observa-se, que o legislador constituinte, com vistas a atingir maior celeridade ao volume de matérias a serem apreciadas, em cada Casa do Congresso Nacional, instituiu no art. 58, inciso I, §2º, do Diploma Constitucional, a denominada *decisão terminativa*. No que se refere, especificamente, à decisão terminativa, necessário ressaltar que alguns projetos de lei não são aprovados no Plenário da Casa Parlamentar, mas sim dentro das comissões temáticas.

Para um melhor esclarecimento, convém dizer que uma das maiores comissões é a de Assuntos Econômicos (CAE), ao lado da Comissão de Educação, Cultura e Esporte (CE). Da Comissão de Assuntos Econômicos, no Senado Federal, sabe-se que há, em sua formação, 27 senadores titulares (*Assembleia de especialistas*), os quais podem proferir uma decisão definitiva pelo voto da maioria simples de seus membros, *não* levando, portanto, o assunto ao *Plenário* da Casa.

Cumpre ressaltar que nada substitui o Plenário da Casa na busca da ampla defesa como tentativa de se criar a oportunidade de trazer à baila novas ideias e críticas para o projeto, resultando em novas emendas, provocando maior densidade no debate.

De longe, se vê, que a decisão terminativa reduz o *processo constitucional* a um instrumento de fácil manejo por parte do Legislativo, com forte influência do Executivo, que o utiliza para fins de se criar um direito de encerramento decisório dentro das Comissões, com exclusão da argumentação que deveria ser compartilhada pelos demais congressistas, em atividade de correição no plenário, causando o desequilíbrio pela quebra da simétrica paridade.

---

[21] O procedimento legislativo especial é estabelecido para a elaboração de emendas à Constituição, leis complementares, leis delegadas, medidas provisórias, decretos legislativos, resoluções e leis financeiras.

Em tempos de idolatria do tudo rápido, muito rápido, a alegação para a existência de decisões terminativas é a agilidade dos trabalhos legiferantes. Entretanto, discernir *efetividade* de *celeridade* torna-se indispensável à compreensão a respeito da atividade legislativa ao longo da tramitação de projeto de lei em companhia dos exigíveis princípios do contraditório, ampla defesa e isonomia.

Evidencia-se, que no caso do *processo*, a *extrema sumariedade* de seu trâmite pode ocasionar *graves consequências* por meio da *supressão* de garantias processuais-constitucionais, levando a um produto final, desprovido de legitimidade. O que pode ser feito é a redução do tempo do *procedimento*, mas nunca a ponto de suprimir a *cognitio*, sob pena de produzir inconstitucionalidades.[22]

Evidencia-se, que a extrema *sumariedade*, ao longo de um procedimento, ao que se sobressai, pode ocasionar graves *consequências*, porque, o que está sendo suprimido, são as garantias processuais constitucionais, o que levaria a um pseudo-debate entre os parlamentares e a lei como simulacro. Portanto, temos uma tese.

Vê-se, pois, que o objeto da referida efetividade atinge o processo de produção do Direito reduzindo as garantias constitucionais a uma instância autorizante de supressão da morosidade. Neste caso, salvo possibilidade de recurso ao Plenário, encontra-se estranhamente a efetividade do provimento pela não exaustão de amplo contraditório.

---

22 Para uma outra reflexão entre teoria e prática legislativa, verificamos um retrato curioso, a partir de informação amplamente noticiada pela imprensa (fonte: Jornal *O Globo*, Evandro Éboli, em 23/09/11), que mostra o deputado federal César Colnago (PSDB-ES), na ocasião, presidente da sessão da Comissão de Constituição e Justiça (CCJ), ao abrir a sessão, logo em seguida, em desabalada correria, aprovou 118 projetos em pouco mais de três minutos. Esse contexto foi duplamente exorbitante porque o presidente declarou aberta a sessão da CCJ com apenas um deputado em plenário (Luiz Couto, PT-PB), e, mesmo assim, aprovou 38 concessões de radiodifusão, 65 renovações de concessão de radiodifusão, nove projetos de lei e seis acordos internacionais. Há um excesso sobre o procedimento, pois, para abrir uma sessão na CCJ, a mais numerosa da Câmara, são necessárias assinaturas de 36 deputados. Paradoxalmente, na comentada sessão relâmpago, este quórum até existia, uma vez que Colnago, na abertura, até registrou: "havendo número regimental, declaro aberta a reunião". Deste quadro, decorre que todos que estavam presentes, assinaram e foram-se embora. Um golpe fundo e agudo na técnica legislativa.

Mesmo que no interior das Comissões, nas fases de recebimento de emenda e discussão, seja possível visualizar um *tímido contraditório* pela confluência de ideias críticas apresentadas pelos parlamentares, e mesmo que haja a hipótese de o autor da proposição mobilizar-se na tentativa de interpor recurso, a fim de que a matéria possa ser apreciada pelo Plenário como tentativa de se obter mais apoio diante da possibilidade certa de rejeição do projeto, registram-se o prejuízo e a desfiguração do *devido processo legislativo* ao se comprovar a inconstitucionalidade pela deficiência de ampla defesa, isonomia e do próprio contraditório no Regimento Interno, por meio de *decisão terminativa*.

É preciso levar isso em conta, porque, o *regimento interno* do Senado (artigo 91 e incisos), dispõe, no §1º, que o Presidente do Senado, ouvidas as lideranças, poderá conferir às Comissões competência para apreciar, *terminativamente*, as seguintes matérias: I- tratados ou acordos internacionais (Constituição – art. 49, I); II- autorização para a exploração e o aproveitamento de recursos hídricos e a pesquisa e lavra de riquezas minerais em terras indígenas (Constituição – art.49, inciso XVI), III- alienação ou concessão de terras públicas com áreas superior a dois mil e quinhentos hectares (Constituição – art. 49, XVII).

Isolamos esses conteúdos para que uma crítica científica eficaz incida sobre essa realidade. Não precisamos invocar aqui os grandes discursos filosóficos, apenas dizer que a aprovação para a exploração, aproveitamento dos recursos hídricos e a pesquisa e lavra de riquezas minerais em terras indígenas deve ser levado para um espaço público mais heterogêneo (de ampla defesa), onde haja a participação isonômica (*internunciabilidade*) de todos os legisladores. E, este espaço, se o nosso entendimento estiver certo, é encontrado somente no plenário da Casa, não dentro de uma comissão temática com poder decisório terminativo.[23]

---

23 Outro defeito grave no quesito "celeridade" foi a posição da Câmara Municipal de São Paulo, em 2007, que realizou a proeza de aprovar, em pouco mais de seis horas, 96 projetos de lei em primeira votação (publicação do jornal *Folha de S.Paulo* em 11/12/2007, p. A 2). Para amostragem de quadro temático e didático do que ora é denunciado, tem-se, portanto, uma incrível média de 16 projetos por hora (aproximadamente uma aprovação a cada quatro minutos). Salienta-se o fato de a Câmara Municipal ter aprovado, na mesma sessão, um projeto que ampliava o rodízio de veículos na cidade e outro que acabava com as restrições aos automóveis. Demais disso, podemos imaginar o tamanho do atoleiro em

Para justificar a importância dessas reflexões, Marcelo Galuppo, ao analisar a função legislativa, no paradigma do Estado Democrático de Direito, chega à conclusão de que "não é em qualquer regime que tal *procedimento* pode converter-se em *processo*: o pressuposto básico é que estejamos diante de um Estado Democrático de Direito, em que seja permitida a todos a participação, diretamente ou não, nesta estrutura de produção de normas. Em especial, no sistema representativo, é essencial que todos os membros competentes possam potencialmente participar da discussão de uma lei para que, ao final, possa se falar em Processo Legislativo".[24]

Não à toa é que o Regimento Interno do Congresso, às vezes, é objeto de discussão jurídica por não assegurar o direito de minorias parlamentares na discursividade de algumas matérias. Esse quadro foi reproduzido quando o *mandado de segurança* nº 24831/DF (CPI das Casas de Bingo), em 2005 (Relator: Min. Celso de Mello), abriu via para refletir a ilegalidade da decisão tomada pela *maioria*, a fim de impedir o funcionamento de CPIs. Daí não ter havido outro caminho, neste caso, senão impetrar *mandado de segurança* com o objetivo de reconhecer o direito de oposição e da prerrogativa de investigação parlamentar em favor das minorias parlamentares (art. 58, §3º, da CF/88), com o objetivo de garantir o direito das minorias em sua "fiscalização" dos atos das instituições do Estado. Ressalta lembrar que o Supremo Tribunal Federal também determinou, em 2007, a instalação da CPI do "Apagão Aéreo" na Câmara dos Deputados, por causa das manobras da maioria com a finalidade de evitar as investigações.

Percebe-se, nessa passagem, que a exclusiva possibilidade dos membros competentes em participar, mesmo que potencialmente, das discussões de uma lei não caracteriza *Estado Democrático de Direito*. É necessário que, após sua positivação, a lei se permita correição pelo

---

que nos encontramos. Tudo porque a técnica desse miasmático comportamento é, mais uma vez, praxismo (práticas desordenadas). Uma aprovação de lei com negativa de *devido processo*.

24 GALUPPO, Marcelo Campos. Elementos para uma compreensão metajurídica do Processo Legislativo. In: *Teoria geral do processo civil*; Cadernos da Pós-Graduação. Belo Horizonte. Movimento Editorial da Faculdade de Direito da UFMG, 1995, p. 17.

devido controle de constitucionalidade como consectário de *ampla fiscalidade*, assegurada constitucionalmente.

Releva notar que o denominado *voto de liderança* das bancadas governistas, hoje adotado e utilizado genericamente pelos Estados contemporâneos, é outro problema muito debatido por especialistas no assunto, uma vez que a decisão por voto de liderança afirma a prevalência da vontade partidária que, muitas vezes, apóia, em regime de emergência, a vontade do Executivo. Estudiosos têm percebido que, se o debate não for amplo, se não houver a participação parlamentar plenária e da sociedade pela crítica processualizada incessante e, sim, o acatamento da posição de um líder em gabinetes fechados, não se poderia falar em produção de lei democrática.

11.5 CONTROLE JURISDICIONAL DE CONSTITUCIONALIDADE NO PROCESSO LEGISLATIVO

Parece não restar dúvida de que a *legitimação* deve ocorrer na *fonte de produção do Direito* e, para que as normas possam ser elaboradas de forma legítima, há de ter a participação popular, mesmo que indiretamente, pelos representantes, debatendo e votando os projetos normativos, mas com rigorosa observação ao *devido processo* como fator determinante de atendimento aos direitos fundamentais que objetivam a legitimação do Estado Democrático de Direito (art. 1º, CF/88).

É, sob essa perspectiva, que se apresenta a questão sobre o controle jurisdicional de constitucionalidade das leis e do Processo Legislativo tendo em vista a crise de legitimidade das leis.

Nesse sentido é que Cattoni, em pesquisa especializada,[25] chama a atenção sobre a polissemia da expressão controle judicial de constitucionalidade das leis que está a requerer um tratamento adequado sob um enfoque reconstrutivista, tendente a não limitar o controle de constitucionalidade a um único ponto de vista disciplinar.

No estudo desse interessante tema, podemos retomar no que se refere ao controle judicial de constitucionalidade das leis duas modalidades básicas, conforme já se comentou, de controle: o controle

---

[25] CATTONI, Marcelo Andrade. *Devido processo legislativo*. 3ª ed. Belo Horizonte: Fórum, 2016, p. 24.

concentrado, de herança europeia, representado por um órgão centralizador competente para decidir questões de constitucionalidade de lei; por outro lado, o controle difuso, de origem norte-americana, o qual possibilita a todos, em qualquer *procedimento*, discutir a constitucionalidade das leis. Por conseguinte, são diversas as legislações que recepcionaram tais teorias.

O que se propõe é que a questão do controle jurisdicional de constitucionalidade e de regularidade do processo de produção da lei passe por um redimensionamento no sentido de ser praticado, à efetividade democrática, a partir do devido processo legal no espaço de produção das leis.

Para que isso ocorra, necessário se faz o esclarecimento entre controle de constitucionalidade e jurisdição constitucional na democracia.

A propósito, depreende-se em Rosemiro Leal que

> [...] a *Jurisdição*, quando não está previamente condicionada, como veremos, à principiologia legal do PROCESSO, cuja plataforma jurídica fundamental se encontra insculpida na maioria das Constituições modernas, é mera atividade de julgar e descende diretamente da primeva *arbitragem*, onde a clarividência divinatória dos sacerdotes e o carismático senso inato de justiça dos pretores e árbitros é que marcavam e vincavam o acerto e a sabedoria de suas decisões.[26]

Dessa forma, o simples exercício da jurisdição pelo Estado, para o referido autor,

> [...] não revela, por si mesmo, a existência do PROCESSO. Tanto é que, nos Estados autocráticos ou pseudo-democráticos, nos quais se concebe o 'processo' como instrumento ou método de atuação da JURISDIÇÃO, há jurisdição, mas não há *PROCESSO* como instrumentador da atividade jurisdicional pelos direitos fundamentais da *isonomia*, da *ampla defesa* e do *contraditório*. [...] O PROCESSO, ao contrário da jurisdição, define-se hoje em garantias principiológicas pela reserva legal de direitos antecipadamente assegurados nas Leis Fundamentais (Constituições). A *JURISDIÇÃO*, como atividade monopolística de o Estado reconhecer o direito (art. 5º, XXXV, da CR/88), não traz em seu arcabouço

[26] LEAL, Rosemiro Pereira. *Teoria geral do processo*. 11ª. ed. Rio de Janeiro: Forense, 2012, p. 22.

garantias pela figura do juiz [...] porque a jurisdição (judicação), por si mesma, não pressupõe critérios de julgar ou proceder, mas atividade de decidir subordinada ao *dever* de fazê-lo segundo os princípios fundamentais do *Processo*.[27]

Tem-se, assim, no Estado Democrático de Direito, a jurisdição (*Jus dicere* – dicção do direito) pelo *devido processo constitucional*, pois é o *processo* que dita, procedimentalmente, o Direito. Isto significa que "atualmente JURISDIÇÃO é todo o atuar dos conteúdos da LEI ESCRITA pelo Estado nas esferas do Executivo, Legislativo, Judiciário e, com vinculação plena, pelo JUÍZO (órgão-estatal de DIRIMIR DIREITOS".[28]

André Leal procurou desenvolver uma pesquisa científica a respeito da enunciação de uma Teoria da Jurisdição no marco do Direito Processual no Estado Democrático de Direito. Desta forma, para o autor, "a jurisdição é concebida [...] como a resultante institucionalizada discursivo-interpretativa dos textos legais e dos fatos pelos sujeitos do Processo, entretecendo-se, assim, discurso e racionalidade decisória".[29]

Em outras palavras, dizer o Direito (jurisdição) é o exercício de realizar o Direito democraticamente legislado.

Assim, pode-se falar em jurisdição judiciária, jurisdição legislativa e executiva como habilitadas a esse exercício.

Dessa forma, o *controle jurisdicional* é a *LEI* que faz por via dos órgãos estatais legitimados que a produzem e aplicam. Verifica-se, portanto, que tais órgãos funcionam como *condutores da jurisdição* ao atuarem o Direito. O julgamento e a apreciação de inconstitucionalidade são feitos pelo juízo a serviço de um imperativo constitucional (art. 5º, XXXV, CF/88), a partir de questões levantadas pelos participantes do *procedimento* (legislativo, executivo e judicial). Portanto, é de se deduzir que o "[...] controle judicial de constitucionalidade há

---

27 LEAL, Rosemiro Pereira. *Teoria geral do processo*. 11ª. ed. Rio de Janeiro: Forense, 2012, p. 22-23 (grifei).

28 *Ibidem*, p, 66.

29 LEAL. *Processo e jurisdição no Estado Democrático de Direito*: reconstrução da jurisdição a partir do Direito processual democrático, p. 06. Cf. LEAL. Instrumentalidade do processo em crise.

de se fazer pelo *devido Processo Constitucional*, porque a tutela jurisdicional da constitucionalidade é pela Jurisdicional da Constitucionalidade é pela *Jurisdição Constitucional* 'da *Lei* democrática e *não* da autoridade (poder) judicacional (decisória) dos juízes".[30]

11.5.1 A inconstitucionalidade de vedação de fiscalidade jurisdicional no Devido Processo Legislativo (o processo da legislação)

Cuida acentuar, que, no Brasil, no que se refere ao *controle prévio* de constitucionalidade das leis, há órgãos políticos das Casas do Congresso Nacional (Comissão de Constituição e Justiça)[31] cuja atribuição é verificar a adequação de projetos em tramitação com a Constituição e, dependendo da espécie normativa, há o controle político feito pelo Presidente da República por intermédio do veto (art. 66, §1º).

Mas o que se quer registrar é que a posição majoritária do Supremo Tribunal Federal brasileiro quanto ao controle jurisdicional preventivo das espécies normativas somente se dará de forma difusa, por meio do ajuizamento de mandado de segurança por parte de parlamentar.

Diga-se, ainda, no entendimento da referida Corte, que se houver desobediência tão-somente às normas regimentais, não é cabível o controle preventivo-difuso, haja vista tratar-se de assunto *interna corporis*, insuscetível, portanto, de análise judiciária.[32] Assim, a interpretação e a aplicação do Regimento Interno far-se-iam, privativamente, nas próprias Casas parlamentares.

Quanto ao que se rotula de competência *interna corporis*, para aqueles casos de desobediência às normas regimentais, já não pode ser um tema tratado atualmente em órbita exclusiva do Congresso Nacional, porque, a desobediência a um Regimento Interno (Câmara

---

[30] LEAL, Rosemiro Pereira. *Teoria geral do processo*. 11ª. ed. Rio de Janeiro: Forense, 2012, p. 44 (grifei).

[31] Na Câmara dos Deputados, o órgão responsável para fazer o controle preventivo é a Comissão de Constituição e Justiça e Redação (art. 32, III, do Regimento Interno). No Senado Federal, denomina-se Comissão de Constituição, Justiça e Cidadania (art. 72, III, do RI).

[32] Acerca da impossibilidade de interpretação de normas regimentais, por parte do Judiciário, por se tratar de assunto *interna corporis*, conferir Mandado de Segurança STF nº 20.247-DF e Adin nº 2.038-BA-STF-Pleno.

ou Senado), que esteja em harmonia com o *Processo Constitucional*, o qual orienta todo e qualquer *procedimento*, inclusive o *Regimental*, como qualidade da democracia, não deve ser uma questão a se resolver privativamente, por afastar o *debate aberto*, tal qual assegurado nas Constituições democráticas (ampla defesa e contraditório).

Se a lei deve ser produzida por meio do *devido processo legiferante*, que, por sua vez, é caracterizador da existência de um Estado Democrático de Direito, deve haver, na tramitação de um projeto, rigorosa vinculação às regras regimentais, que são modelos de procedimento legislativo cuja validade só se configura pela harmonização com o Devido Processo Constitucional.

A prática dos atos legislativos pelo parlamentar, no exercício de sua função legislativa, ou por quem tenha capacidade postulatória, só terá validade quando observados os requisitos da lei.

Se um ato parlamentar inicial é pressuposto do ato seguinte e este, por sua vez, é considerado extensão do ato antecedente, isto significa que os atos legislativos, quando se desviam do regimento (procedimento), encaminham-se para definir a existência de vícios (não observância do *devido processo legislativo*).

A inobservância de normas regimentais, seja da Câmara ou do Senado, é desvio procedimental contrário aos princípios institutivos e informativos do *processo*, portanto, passível de controle difuso preventivo de constitucionalidade, pois em consonância com o conceito paradigmático atual, nenhum ato poderá ficar imune à fiscalidade irrestrita de sua constitucionalidade e legitimidade pelo *devido processo legal*.

Dessa forma, a denominada questão *interna corporis* deve sofrer uma releitura constitucional, não podendo escapar à apreciação do Judiciário (art. 5º, XXXV, CF/88), a partir do instante em que houver afronta aos princípios constitucionais institutivos e informativos do *processo*.

Nesse sentido, os regimentos internos das Casas parlamentares, se ocasionarem eventualmente lesão ou ameaça de lesão (dano efetivo ou potencial) aos direitos processuais constitucionais (direitos fundamentais), jamais podem ficar imunes ao controle amplo e irrestrito de constitucionalidade, uma vez que, quando direitos são violados, não há como o Judiciário deixar de decidir.

É na temática da democracia que se desenvolve a possibilidade de fiscalização continuada pelos destinatários normativos (mandado de segurança coletivo), desde a produção da lei (controle preventivo), até sua aplicação (controle repressivo).

Só mesmo uma fiscalidade aberta, para além dos parlamentares, via mandado de segurança coletivo, poderia encaminhar uma noção de legitimidade do Direito por intermédio de uma produção legiferativa orientada pelo *devido processo legislativo* (direito líquido e certo).

Inegavelmente, a fundamentalidade constitucional democrática deve ser observada nas regras regimentais, já que essas são apenas subsidiárias das normas constitucionais de elaboração legislativa, conforme lição de Raul Machado Horta.[33] Com efeito, o provimento que prepara a *lei* como produto final da cadeia procedimental deve ser dotado de todos os requisitos de regularidade para que se desenvolva um *procedimento* plenamente compatível com os princípios do *devido processo constitucional*, sob pena de tornar a lei, que está sendo produzida, num ato irregular em decorrência de um *procedimento* repleto de vícios.

Entretanto, percebe-se, nas decisões do Supremo Tribunal Federal (*e.g.*, Mandado de Segurança nº 24.138-1/DF – 14.05.2003), que há um endosso de posicionamento antigo desse tribunal,[34] ou seja, o de que *não* se adotou, no Brasil, o *controle judicial preventivo* de constitucionalidade da lei [...] sendo que somente pode-se falar em controle de constitucionalidade jurisdicional depois *da lei ou emenda já editada e em vigor* (controle repressivo de constitucionalidade) na modalidade concentrada ou difusa.

Nesse passo, advirta-se sobre a singular importância de se fazer um controle de constitucionalidade judicial-preventivo aberto a todos conforme defendemos (mandado de segurança coletivo), pois se é dever do parlamentar fiscalizar a produção da lei, tal interesse é idêntico a todos os cidadãos do país em ver a produção da lei orientada pelo *devido processo legislativo*.

---

33 HORTA, Raul Machado. *Direito constitucional*. Belo Horizonte: Del Rey, 1999, p. 532.

34 Mandados de Segurança nº 20.257-DF; nº 21.642-5-DF de 19/9/1997; nº 22.503-DF de 6/6/1997 e nº 21.648-4-DF.

Entretanto, há um problema central do qual deve aperceber-se o estudioso: a questão aqui *não* é o Judiciário intervir no *mérito* dos projetos de lei, mas sim averiguar, por meio de fiscalização de Parlamentar, se o Regimento Interno (procedimento) assegura o *devido processo legislativo* (o *processo* da legislação).

Se os parlamentares apresentam projetos buscando o melhor desempenho (ou não), em relação a alguns assuntos, não vem ao caso, pois isso é um outro problema do qual trataremos daqui a pouco.

Não é esse, no entanto, o ponto principal aqui discutido (regência do Regimento Interno pelo instituto do *processo*).

O que importa dizer é que o Judiciário deve (e aqui não estamos falando em mérito do projeto) assegurar ao longo de todo o *procedimento* (Regimento Interno) o direito fundamental ao *devido processo legislativo*.

Se bem, que, a nosso ver, quando alguns argumentos começam a ser articulados de forma escrita por meio de um projeto cartográfico (projeto de lei), a linguagem insere-se no recinto das teorias, o que, por consequência, faz com que o projeto de lei passe a ser considerado uma *teoria jurídica* aberta à revisitação por meio do *controle de constitucionalidade* (teoria que reconstrói a racionalidade e a legitimidade dos projetos de lei e das normas em vigência no ordenamento jurídico).

Daí, inaceitável a compreensão daqueles que negam o controle jurisdicional *preventivo* de constitucionalidade para qualquer projeto de lei que esteja percorrendo um *procedimento* (Regimento Interno) não adaptado ao eixo teórico do Estado Democrático de Direito.

Nesse quadro de considerações, percebe-se, claramente, no Brasil, que há um controle prévio de constitucionalidade que se revela frágil, enganoso e ineficaz, pois exercido pelo Presidente da República (o que repugna o exame colegiado), e um controle efetuado por órgãos políticos que, de fato, não fiscalizam devidamente os pressupostos e condições do *devido processo legislativo*. O que se tem visto, portanto, é um controle preventivo mal-efetuado merecedor de mudanças, e o que mais se lamenta é saber que só poderá haver um controle de constitucionalidade jurisdicional difuso (aberto a todos) quando leis, atos normativos ou emendas à Constituição já estiverem aprovados e publicados, sendo somente impugnáveis pelas ações difusas e as cativas a esferas privilegiadas da comunidade jurídica que, nessa hipótese, é não democrática de Direito.

Diante do relacionamento de desconformidade do *procedimento* do Regimento Interno com a Constituição deve ser registrada, como inovação importante em face do Processo brasileiro de controle de constitucionalidade das normas jurídicas, uma *declaração de inconstitucionalidade* para expurgar violação a direitos fundamentais, restabelecer o princípio de supremacia da Constituição e fiscalizar o processo de legitimação da lei de forma mais aberta possível, uma vez que a *esfera pública* (Hannah Arendt) requer um recinto dotado de participação ampliada.

O controle judicial difuso-preventivo já está, a nosso juízo, autorizado pelo direito-de-ação incondicionado, colocando-se como uma etapa necessária dentro do próprio Processo Legislativo, em complementação às comissões das Casas legislativas e ao veto presidencial. Cuida-se, portanto, diante do enunciado do art. 5º, XXXV, do Texto Constitucional vigente, que há de se confinar o controle difuso-preventivo de constitucionalidade ao exame do Judiciário pela fiscalização dos pressupostos e condições do procedimento legislativo e à observância do *devido processo constitucional*.

11.6 CONSIDERAÇÕES INTRODUTÓRIAS SOBRE AS ESPÉCIES NORMATIVAS: UMA BREVE DIMENSÃO DO DIREITO

11.6.1 Abertura temática

A definição de Jürgen Habermas[35] de que nas "sociedades organizadas em forma de Estado, a ordem normativa natural é reformulada em normas do Direito" conjectura um excelente tema de estudo e pesquisa, pois a normação desta realidade social provoca uma tensão entre *facticidade* e *validade* (tensão entre legalidade e legitimidade), o que o levou a profunda reflexão sobre um problema típico de sociedades modernas: a dificuldade de construção, manutenção e reconstrução de uma ordem jurídica frente às suposições contrafactuais

---

35 HABERMAS, Jürgen. *Direito e democracia*: entre facticidade e validade. Rio de Janeiro: Tempo Brasileiro, 1997, v. 1, p. 45.

dos atores e suas diversas pretensões de validade num pano de fundo multicultural (pluralidade de formas de vida) sem apelar para motivos religiosos ou metafísicos.

No entanto, não enfrentaremos diretamente o assunto analisado por Habermas, uma vez que se impõem, neste capítulo, a demarcação e a descrição dos *procedimentos* das espécies normativas que sustentam o Direito.

Assim sendo, tem-se exaltado, até agora, que o Legislativo, nas democracias plenárias, não é meramente uma fábrica produtora de leis, mas um espaço de discussão que trabalha (ou deveria trabalhar), segundo o modelo constitucional do *processo*, a fim de se confirmar a legitimidade dos atos normativos ali produzidos, uma vez que o Processo Legislativo é *locus* da integração social.[36]

Não mais se conjectura, na quadra de evolução teórica, uma sociedade jurídico-político-democrática, sem esse espaço de produção discursiva do Direito, sob pena de se viabilizar um retrocesso lastimável.

Entretanto, muito se fala no excesso de leis e na constante mudança da legislação brasileira. Estudo do Instituto Brasileiro de Direito Tributário (IBPT) aponta que desde 5 de outubro de 1988 (data da promulgação da atual Constituição Brasileira), até 31 de agosto de 2013 (ano de seu 25º aniversário), foram editadas no Brasil mais de 4,7 milhões de normas (federais, estaduais e municipais), sendo mais de 300 mil referentes à matéria tributária. Como apontaram os coordenadores da pesquisa, "em média, foram editadas 17,38 normas federais por dia ou 26,01 normas federais por dia útil nestes 25 anos".[37]

Com isso, soa até irônico o art. 3º da Lei de Introdução às normas do Direito Brasileiro (LINDB), ao falar que ninguém se escusaria de

---

36 MOREIRA, Luiz. *Fundamentação do direito em Habermas*. Belo Horizonte: Mandamentos, 1999, p. 139.

37 Fonte: *Instituto Brasileiro de Planejamento e Tributação (IBDT)*. *Quantidade de normas editadas no Brasil*: 25 anos da Constituição Federal de 1988. (Coord.) Gilberto Luiz Do Amaral, João Eloi Olenike e Letícia Mary Fernandes do Amaral. Disponível em: <www.ibpt.org.br>. Acesso em 03 out. 2013.

cumprir a lei, alegando que não a conhece.[38] O efeito dessa enxurrada de leis gera consequências dramáticas, uma vez que se cria uma extrema dificuldade para o povo e operacionalizadores do Direito conhecerem os assuntos regulados pela legislação. Se especialistas não conseguem ver com clareza onde estão ou quais são as normas, fica muito difícil para o resto do público (na grande maioria, leigo) entender o que é, para que serve e onde encontrar os seus direitos assegurados na legislação.

11.6.2 Emenda à Constituição

Em consonância com o que já foi escrito sobre o denominado "*poder derivado*" (reforma à Constituição), o Congresso Nacional manifesta-se por meio da espécie normativa emendas à Constituição.

A propositura desses projetos de emendas à Constituição pode ser feita por 1/3 da Câmara ou do Senado, pelo Presidente da República

---

38 Sobre o assunto, ler o estudo de Ronaldo Brêtas, *Considerações sobre o erro de direito em matéria civil*, que em meados dos anos 80 já tinha se antecipado a esta nossa reflexão. Cf. BRÊTAS, Ronaldo de Carvalho Dias. Considerações sobre o erro de direito em matéria civil. *Revista Forense*, Rio de Janeiro, v. 295, p. 503-511, 1986. A propósito da LINDB, é de extrema importância o ensino de Rosemiro Pereira Leal, em excelente texto, sobre *A continuidade do caráter oculto do sentido normativo no Direito brasileiro*, ao lembrar da vigência de matéria relacionada a decreto-lei, quando já em vigor a Constituição de 1988. Vale ressaltar, com base no referido autor, que é espantoso vermos o legislador brasileiro resgatar a antiga LICC (Lei de Introdução ao Código Civil), um Decreto-Lei da Ditadura Vargas (Dec.-Lei n. 4.657 de 04.09.1942), por intermédio da LINDB (Lei de Introdução às Normas do Direito Brasileiro – Lei n. 12.376 de 30.02.2010), alterando única e exclusivamente a ementa, apenas um "rebatismo", disfarce que não deixa de reconhecer a integralidade dos conteúdos do antigo Dec.-Lei. Na melhor das hipóteses, estamos diante de um caso de inabilidade do legislador, o qual troca o nome de Decreto-Lei para Lei, sem nenhum tipo de constrangimento. Temos que reconhecer um retrocesso, para dizer o mínimo. Aliás, essa produção de lei por parlamentares que desconhecem a perversidade do decisionismo, continua, no caso da LINDB (art. 4º e 5º), a homologar uma dogmática jurídica que enxerga o juiz como o único competente para traduzir os "valores" da sociedade. *Cf.* LEAL, Rosemiro Pereira. *Teoria geral do processo*. 11ª ed. Rio de Janeiro: Forense, 2012, p. 243-250.

ou mais da metade das Assembleias Legislativas do país (art. 60, incisos I ao III).

Depois de apresentado um projeto de emenda, a votação é realizada nas Casas parlamentares em dois turnos e com *quorum* de 3/5 (60%) em cada qual.

Observe-se, que, aprovada pelas duas Casas do Congresso Nacional, seguirá à fase complementar, a qual não se cogita de sanção ou veto do Presidente da República. Neste caso, a promulgação será realizada conjuntamente pelas Mesas do Senado e da Câmara (art. 60, §3º, CF/88).

Cuida-se acentuar, de acordo com a Lei Complementar nº 107/2001 (art. 2º, §2º, inciso I – redação mantida da antiga Lei Complementar nº 95/98), que a numeração das emendas à Constituição seguirá uma ordem iniciada a partir da promulgação da Constituição.

Importante ressaltar que a atividade de reforma e a de revisão encontram limites materiais, circunstanciais e formais.

São limites materiais os assuntos (matérias) descritos no art. 60 §4º, incisos I ao IV, da CF/88. Qualquer proposta de emenda que vise abolir a forma federativa de Estado, o voto direito, secreto, universal e periódico, a separação dos poderes e os direitos e garantias individuais não será aceita por inconstitucionalidade material.

Apregoa-se que os limites procedimentais (art. 60 §§2º, 3º e 5º) impedem projeto de emenda à Constituição (PEC) que não seja apresentado pelo Presidente da República ou, no caso de projeto apresentado por deputado ou senador, que se observe o limite mínimo de 1/3 dos membros componentes da Casa iniciadora. Ademais, o projeto pode ser apresentado por mais da metade das Assembleias Legislativas.

Em qualquer desses casos, deve-se observar o *quorum* de votação de 3/5 em seção bicameral (308 votos na Câmara e 49 votos no Senado).

Por fim, a Constituição não poderá ser emendada na vigência de intervenção federal, de estado de defesa ou estado de sítio (limites circunstanciais – art. 60, §1º).

Advirta-se, que nessa atividade de reforma da Constituição, o Congresso Nacional só poderá produzir emendas à Constituição, em observância aos princípios fundamentais e regras constitucionais já postos, sob pena de ser considerada uma norma constitucional inconstitucional, conforme analisado neste livro, no capítulo referente ao controle de constitucionalidade.

11.6.3 Lei complementar

Cabe salientar, de logo, que o *procedimento* que rege a preparação da lei complementar é o mesmo previsto na tramitação de projeto de lei federal. Aqui, também, revela-se oportuno dizer que a iniciativa para propor uma lei complementar se equipara à da lei ordinária federal (art. 61).

Ocorre, entretanto, que o projeto de lei complementar não pode ser apreciado em *decisão terminativa*, nas Comissões, conforme determinação regimental do Senado (art. 91) e da Câmara (art. 24).

Com efeito, a fim de facilitar o estudo dessa espécie normativa, indicaremos algumas características materiais e formais que a compõem, para, mais adiante, diferenciá-la da lei federal.

Assim, destaque-se, num primeiro momento, que uma das distinções entre lei complementar e lei federal, é que a lei complementar somente poderá ser produzida para regular (complementar) matéria taxativamente prevista na Constituição Federal.

Por conseguinte, podem ser citados os exemplos do artigo 23, parágrafo único, art. 142, §1º e art. 148 da CF/88, como matérias que a Constituição expressamente reservou à lei complementar.

Entretanto, isso *não* significa que a lei complementar é uma outra forma de emenda à Constituição. Definitivamente não o é, mesmo porque a lei complementar foi prevista à parte pelo Constituinte Originário (art. 69). Conclusão: pode-se dizer que as matérias destinadas pela Constituição à lei complementar não podem ser reguladas por lei federal.

Outro aspecto útil para o nosso estudo é a diferença formal (técnica procedimental) entre lei ordinária federal e lei complementar, expressa por *quorum* de votação distinto.

Do exposto do art. 47 da Constituição, sabe-se que a *lei federal* requer para a sua aprovação uma *maioria simples* de votos (presente a maioria absoluta dos membros da Casa Legislativa), ao passo que a *lei complementar* exige uma *maioria absoluta* dos membros da Casa (o primeiro número inteiro depois da metade), conforme se extrai do art. 69, do Texto Constitucional.

Por fim, discutido, votado e aprovado pelas Casas parlamentares, o projeto é levado à sanção ou veto do Presidente da República.

Resta saber se há hierarquia entre as duas espécies normativas. Muitos escritores do Direito Constitucional brasileiro abordam o tema.

Logo, colhe-se, na literatura jurídica nacional, que autores como Manoel Gonçalves[39] e Alexandre Moraes[40] sustentam preferência pela hierarquia da lei complementar em detrimento da lei federal.

Porém, este não é o entendimento de Celso Bastos,[41] que ressalta a inexistência de hierarquia entre as duas espécies normativas. Aliás, não é outra a convicção de Michel Temer.[42]

Entendemos que não há hierarquia entre lei complementar e a lei federal.

Pode-se variar o *quorum* de votação entre maioria simples e maioria absoluta, mas isto não significa que há uma relação de hierarquia.

Estamos convencidos de que se cada uma dessas espécies normativas tem o seu campo de incidência normativa (distintos e próprios), e que a lei complementar só pode ser revogada por uma outra lei complementar (e não por lei federal), nada mais certo do que não admitir relação de hierarquia.[43]

---

39 FERREIRA FILHO, Manoel Gonçalves. *Curso de direito constitucional.* São Paulo: Saraiva, 2006, p. 212.

40 MORAES, Alexandre de. *Direito constitucional.* São Paulo: Atlas, 2004, p. 571.

41 BASTOS, Celso Ribeiro. *Curso de direito constitucional.* São Paulo: Saraiva, 2001, p. 369.

42 TEMER, Michel. *Elementos de direito constitucional.* São Paulo: Malheiros, 1993, p. 136-137.

43 No entanto, cuida-se acentuar, que em tema de COFINS, o Supremo Tribunal Federal apresentou interpretação aos REs nºs 3777.457 e 381.964, ambos da Relatoria do Ministro Gilmar Mendes, de forma diversa da que defendemos. A interpretação foi reconhecida pelo Plenário do STF. Em síntese, o que se deu, entretanto, é que a Lei Complementar nº 7.081/83 isentava as sociedades civis de profissionais da contribuição, mas foi revogada pela Lei Federal nº 9.430/96.

11.6.4 Lei federal

Sem dúvida, a espécie normativa mais frequente no processo legislativo brasileiro é a lei federal, cujo *procedimento* legislativo é denominado de *procedimento* ordinário ou comum.

Diz-se *comum*[44] o *procedimento*, porque a ordinariedade plena ou sumarizada (espaço amplo ou concentrado) está vinculada de *modo comum* aos princípios do *devido processo legislativo* (contraditório, ampla defesa e isonomia), e a validade do próprio *procedimento* requer a observância dos princípios institutivos do *processo constitucional*.

Podemos esclarecer essa cadeia procedimental em seis fases.

Com estas delimitações, resta claro que o *procedimento* se inicia com a apresentação do projeto de lei na Casa iniciadora, concretizando a primeira fase denominada *introdutória*, instaurativa ou preparatória na qual haverá o deslinde da tramitação formal da matéria, com a leitura da proposição em Plenário.

Saliente-se, que depois da leitura em plenário, o projeto de lei recebe um número, e assim se chega ao que seriam os "autos".

À fase introdutória segue-se a fase *constitutiva*, com distribuição da proposição à Comissão Permanente (ou Comissões), a fim de ser apreciada por meio de parecer sobre a adequabilidade legislativa, mérito e constitucionalidade do projeto.[45]

Em seguida, depara-se com a fase das *discussões*, a qual ocorre nas reuniões das Comissões e sessões plenárias, momento de maior publicidade do trabalho legislativo.[46]

A discussão é uma fase da tramitação do projeto em que ocorre o contraditório, uma vez que os congressistas, pelo menos em tese, participam deste contraditório, apresentando algumas objeções e possíveis emendas ao projeto ou mesmo apoiando-o.

---

44 LEAL, Rosemiro Pereira. *Teoria geral do processo.* Rio de Janeiro: Forense, 2012, p. 140.

45 Arts. 130 a 141, do RI do Senado e arts. 126 a 130, do RI da Câmara.

46 Art. 154, do RI do Senado e arts. 65 e 66, do RI da Câmara.

Encerrada a discussão, passa-se à fase *decisória*, em que haverá votação[47] da matéria por maioria simples dos votos, desde que presente a maioria absoluta de seus membros (art. 47 CF/88). Assim, observe-se, que, para aprovar um projeto de lei federal, ainda é necessário um *quorum* de *maioria absoluta* (primeiro número inteiro depois da metade) tão somente para instaurar a sessão, e outro *quorum* de *maioria simples* (metade mais um dos parlamentares presentes), para votar a favor da aprovação.

À guisa de exemplo, aperceba-se, que, se há um projeto de lei federal a ser votado no *plenário* da Câmara dos Deputados, a qual é composta por 513 parlamentares, há necessidade de um *quorum* de *maioria absoluta* (257 membros), para a instauração dos trabalhos na Casa.

Em contrapartida, para considerar aprovado esse projeto de lei (estando presentes os 257 parlamentares), necessário um outro *quorum* de *maioria simples* (metade mais um dos deputados presentes na sessão de instauração), o que resultaria na obtenção de 129 votos. Veja-se que a decisão também pode ser terminativa, isto é, decisão dentro das comissões temáticas (art. 58, inciso I, §2º, CF/88).

Aprovada a matéria legislativa, inicia-se a fase revisória, na qual a matéria vai à Casa Revisora (bicameralismo),[48] onde novamente reiniciarão todas as fases do *procedimento* legislativo até deliberação final, quando se segue, encerrando o procedimento, a última fase na qual a proposição legislativa, por intermédio do envio ao Presidente da República para sancioná-la ou vetá-la, momento em que poderá adquirir eficácia *erga omnes*.

Vê-se que as leis federais, assim como as leis complementares e delegadas, têm numeração sequencial em continuidade às séries iniciadas em 1946 (redação dada pela antiga Lei Complementar nº 95, art. 2º, §2º, inciso II, e mantida pela LC nº 107/2001).

---

[47] Art. 299, do RI do Senado e art. 180, do RI da Câmara.

[48] Art. 65, da CF/88: "O projeto de lei aprovado por uma Casa será revisto pela outra, em um só turno de discussão e votação, e enviado à sanção ou promulgação, se a Casa revisora o aprovar, ou arquivado, se o rejeitar. Parágrafo único. Sendo o projeto emendado, voltará à Casa iniciadora".

11.6.5 Medida provisória

11.6.5.1 Apontamentos iniciais

Um dos assuntos que parece mais polêmico na atual conjuntura do ordenamento jurídico e do processo legislativo brasileiros são exatamente as *medidas provisórias*, as quais, na contemporaneidade, parecem antigas prerrogativas da Monarquia que passaram, lentamente, ao Presidente da República.

O que se tem visto é um desequilíbrio teórico (cesarismo governamental?) desde que o instituo foi introduzido com a Constituição Brasileira de 1988.

De conseguinte, essa espécie normativa, que substituiu o antigo Decreto-Lei do regime militar (1964-1985), está assegurada no art. 62 da Constituição vigente e posta à disposição do Executivo federal, o qual deve utilizá-la, com força de lei, somente em casos de *relevância* e *urgência*, devendo o Presidente da República submetê-las de imediato ao Congresso Nacional.

A considerar que, na Itália, os *provvedimenti provvisori* são autorizados em *casi di necessita e d'urgenza* com força de lei (art. 77, Constituição Italiana), percebe-se, que, por influência do sistema italiano (*provvedimenti provvisori*), adotou-se, no Brasil, uma quase igual espécie normativa, até mesmo, porque, à época da Constituinte, o projeto constitucional estava mais adaptado a um regime parlamentarista.

O mais grave que se colhe nessa história é o legislador brasileiro ter inserido as Medidas Provisórias em um sistema presidencial, o que possibilitou o abuso de edições em matérias sem *relevância* e sem *urgência*, tornando o Presidente da República um dos grandes legisladores brasileiros. Assim, ao contrário do sistema parlamentar italiano, as Medidas Provisórias têm sofrido tormentoso ataque teórico por falta de legitimidade democrática.

No estudo desse palpitante tema, é interessante que se diga que o Brasil é um dos poucos países no mundo que conta com um instrumento do gênero num sistema presidencial.

Apregoa-se, que, em sistemas parlamentares, como França e Inglaterra, a rejeição de uma medida provisória leva à dissolução do Parlamento e à convocação de novas eleições. Por isto ser raro, no Parlamentarismo, um primeiro-ministro editar uma medida provisória, preferindo os projetos de lei.

Retenha-se, depois do exposto, que os defensores da medida provisória aduzem a necessidade de existir uma espécie normativa que permita à administração governativa oferecer respostas rápidas a questões relevantes com a urgência necessária.

Lado outro, há os que entendem que as medidas provisórias (MPs) colocam a democracia em risco, pois interferem de forma excessiva na separação de funções (art. 2º CF/88), deixando o espaço específico de produção da lei (Congresso Nacional) em segundo plano.

Logo, há opiniões no sentido de que deveria existir uma nova regulamentação para as medidas provisórias. Num outro giro, existem argumentos de que, para restabelecer o equilíbrio entre o Legislativo e o Executivo, as MPs não deveriam existir no sistema presidencial.

Atualmente, um dos graves problemas é que muitas medidas provisórias são editadas sem que haja temas *relevantes* e *urgentes*, descaracterizando a recomendação do art. 62 da Constituição,[49]

[49] Em que pese a controvérsia, não entendemos como questão de relevância e urgência a criação de um canal de TV pública por meio de medida provisória (MP nº 398, de outubro de 2007). Neste quadro de cogitações, o STF, em maio de 2008, julgou inconstitucional (por uma apertada votação de 6 a 5) a MP nº 405 (dez./2007), por ausência dos requisitos constitucionais de relevância e urgência previstos no art. 62 da Constituição vigente, posto que a referida MP abriu um crédito extraordinário (além do que estava previsto no orçamento da União aprovado no Congresso Nacional), no valor de R$5,5 bilhões em favor do Judiciário eleitoral e de diversos órgãos do Executivo. O deslinde da decisão se deu, porque o PSDB protocolou uma ação direta de inconstitucionalidade e arguiu que referido crédito extraordinário não se apoiava em necessidades "imprevisíveis e urgentes, como as decorrentes de guerra, comoção interna ou calamidade pública", conforme descrito no §3º do art. 167 da CF/88. Em um dos votos, o Ministro Celso de Melo asseverou que a referida MP atuava como um "verdadeiro orçamento paralelo", pelo qual o Executivo reescrevia, a seu arbítrio, a lei orçamentária aprovada no Congresso Nacional. Retenha-se, que até esta comentada decisão judicial, o STF vinha arquivando todas as ações contra MPs que apresentavam como argumento central a falta de relevância e urgência, uma vez que havia entendimento de não-intromissão no mérito dos atos do Executivo.

provocando, por consequência, uma tensão entre legalidade e legitimidade. Há, aí sim, uma situação grave.

Volvemos, agora, em nota de rodapé, o foco de reflexão à quantidade abusiva de MPs editadas pelos presidentes da República.[50]

Vale lembrar, que a medida "provisória", que criou a moeda brasileira (Real), chegou a tramitar por quase oito anos, tendo mais de 70 reedições (uma medida *provisória* que se prolongava no tempo). Dessume-se, que, nos EUA, o Presidente da República, sequer tem a iniciativa de proposição de lei, pois, o que lhe está autorizado, é bom que se diga, é a denominada *presidential proclamation*, na qual ele pode manifestar seu entendimento acerca de temas que considerar pertinentes, uma vez que a competência de apresentar um projeto de lei é dos líderes do Governo no Congresso norte-americano. Posta esta referência introdutória, respingando características gerais, o que mais se aproxima, nos EUA, em termos de instituto jurídico normativo, em relação a nossas medidas provisórias, são as *executive orders* (ordens normativas), que, diga-se de passagem, são dependentes de lei.

Sem dúvida, o instituto jurídico da *medida provisória* é de enorme complexidade teórica quando analisada no paradigma democrático.

Com efeito, a EC nº 32, em 2001, tentou amenizar os sobressaltos desse instituto regulando novas regras procedimentais. Dentre as modificações, aumentou-se de 30 para 120 dias o prazo de vigência das MPs (60 dias podendo ser prorrogável, uma única vez, por igual período).

---

[50] Infere-se, que de 1988 até 2006, de acordo com o levantamento do Instituto Brasileiro de Planejamento Tributário (IBPT), os cinco Presidentes da República (José Sarney, Fernando Collor, Itamar Franco, Fernando Henrique Cardoso e Luiz Inácio Lula da Silva) editaram 940 medidas provisórias originárias e 5.491 reedições de MPs. Somando todo o período do primeiro mandato até o início do segundo (abril de 2007), o Governo Lula acumulou a média de 5,09 MPs/mês. Por fim, merece lembrança, a numeração das medidas provisórias, que, no ano de 2007, ficou em 405, pois a numeração foi zerada em 11 de setembro de 2001, com o advento da EC nº 32. Neste passo, advirta-se, que, nos 13 anos anteriores ao surgimento da EC nº 32, em 2001, haviam sido editadas 2.230 *medidas provisórias*, um claríssimo indicador numérico de abuso e de falta de legitimidade democrática. Daí concluirmos que parcela significativa é portadora de flagrante inconstitucionalidade.

Ademais, criou-se a proibição da reedição e o chamado "trancamento de pauta", isto é, a não apreciação de uma medida provisória, pelo Congresso Nacional, em até 45 dias, contados de sua publicação, faz com que a Medida Provisória entre em *regime de urgência*, subsequentemente, em cada uma das Casas do Congresso Nacional, ficando sobrestada até que se ultime a votação, pois segundo a redação da EC nº 32/2001, nenhum projeto pode ser apreciado antes dela até o último dia do prazo fatal de 120 dias. A tentativa de melhora da EC nº 32 não resolveu o tumulto, uma vez que o problema saiu pela porta e voltou pela janela: em 2007, na Câmara dos Deputados, 68% de todas as sessões legislativas foram realizadas para votar MPs com o prazo de vigência quase exaurido (120 dias), o que gerou um grave problema, porque essas MPs acabaram sendo votadas de afogadilho.

Porém, sempre há notícias de Comissões Especiais da Câmara dos Deputados e do Senado Federal debatendo uma *nova* proposta de *emenda à Constituição* para alterar o *procedimento* das MPs. Entre as sugestões, está o *fim* do "trancamento" de pauta, pois alegam engessamento dos trabalhos do Legislativo. Assunto a conferir.

11.6.5.2 Breve comentário sobre o procedimento legislativo da medida provisória

Explicite-se que o *procedimento* das MPs está no art. 62 da CF/88, e, de forma mais detalhada, na Resolução nº 1, de 2002, do Congresso Nacional. Observe-se que a EC nº 32/2001, ao promover modificações no instituto das MPs, ressaltou que alguns assuntos *não* podem ser regulados por essa espécie normativa.

Uma outra questão que merece atenção é a referente ao prazo de "vida útil" (60 dias) de uma medida provisória no ordenamento jurídico, podendo ser prorrogável, uma única vez, por igual período (120 dias), vedada as alterações na redação inicial.

Logo, em caso de relevância e urgência, o presidente da República poderá adotar medida provisória, com força de lei, devendo encaminhá-la de imediato à Câmara dos Deputados, a fim de ser apreciada pelo voto da maioria simples e, posteriormente, encaminhada ao Senado Federal para igual votação.

Cumpre ressaltar, entretanto, que antes da votação nas Casas parlamentares, nas 48 horas que se seguirem à publicação da medida provisória, no *Diário Oficial da União* (*DOU*), a presidência da Mesa do Congresso Nacional fará publicar e distribuir avulsos da matéria e designará Comissão Mista (12 deputados e 12 senadores) para emitir parecer sobre ela. Os integrantes dessa Comissão Mista serão indicados pelos respectivos líderes dos partidos, obedecida, tanto quanto possível, a proporcionalidade dos partidos ou blocos parlamentares em cada Casa.

As bancadas minoritárias têm direito, ao menos, a uma vaga na Comissão (art. 2º, §2º, da Resolução nº 1, de 2002 do CN). Infere-se, que, depois da publicação da medida provisória, no *Diário Oficial da União* (*DOU*), poderão a ela ser oferecidas emendas.

O certo é que a Comissão tem prazo improrrogável de 14 dias para manifestar parecer único sobre a relevância e urgência, mérito e adequação financeira da medida provisória. Detalhe: há notícias de que algumas Comissões Mistas sequer chegam a ser constituídas. Pior: com essa não-formação da Comissão Mista, o contraditório e a ampla defesa ficam prejudicados. Outra coisa: não se pode deixar de considerar que, geralmente, o relator, nomeado amistosamente, redige o seu parecer de afogadilho, e, ao promover a leitura em Plenário, fica, contudo, a pergunta: será que os congressistas votam conhecendo o que aprovam?

Por conseguinte, o parecer final da Comissão pode ser pela aprovação total/parcial, pela alteração da medida provisória ou pela sua rejeição. Assim, quando a Comissão for a favor de qualquer alteração no texto original da medida provisória apresentada pelo Presidente da República, ela deve concluir pela apresentação de *projeto de lei de conversão* relativo à matéria e a apresentação de projeto de decreto legislativo, disciplinando as relações jurídicas decorrentes da vigência dos textos suprimidos ou alterados. Após a conclusão do parecer final, a Comissão o enviará para a Câmara dos Deputados, que passará a examinar a medida provisória num prazo de 14 dias.[51]

---

[51] De acordo com a redação original do art. 6º da Resolução nº 1 de 2002 do Congresso Nacional, a Câmara dos Deputados deve concluir os seus trabalhos até o

Aprovada a conclusão final na Câmara dos Deputados sobre a medida provisória, a matéria será encaminhada ao Senado Federal, que, para apreciá-la, terá o prazo de 14 dias, ou seja, um prazo até o 42º dia de vigência da medida provisória, contado da sua publicação no *Diário Oficial da União* (art. 7º da Resolução nº 1/02, CN). Aprovada a medida provisória, no Senado, sem alteração de mérito, será seu texto promulgado pelo presidente da Mesa do Congresso Nacional, como lei, no *DOU*.

Entretanto, havendo modificação no Senado Federal, será esta modificação encaminhada para exame da Casa iniciadora, sob forma de emenda a ser apreciada em único turno, vedada quaisquer novas alterações. A Câmara, neste caso (reexame), deve manifestar-se num prazo máximo de três dias.

Importante dizer que se a medida provisória for rejeitada pelo Plenário da Câmara ou do Senado (*rejeição expressa*) sob fundamento de não atender aos pressupostos constitucionais ou da inadequação financeira ou orçamentária, a medida provisória será *arquivada*.

Se a medida provisória não tiver sua tramitação encerrada nas duas Casas do Congresso Nacional, no prazo de 60 dias de sua publicação no *DOU*, estará automaticamente prorrogada por uma única vez a sua vigência por igual período, chegando, no máximo, a 120 dias (essa contagem é suspensa no período de recesso parlamentar).

Caso contrário, se finalizar o prazo de vigência (prazo inicial e o de prorrogação) sem a conclusão da votação pelas duas Casas do Congresso Nacional, ocorrerá a chamada *rejeição tácita* (cairia em anulação automática).

Por fim, em caso de rejeição expressa ou tácita da medida provisória, o Executivo está impedido de reeditá-la na mesma *sessão legislativa* (começa em fevereiro e termina em dezembro).

Evidencia-se, que, no caso de rejeição expressa ou tácita (perda de eficácia por decurso do prazo), dever-se-á elaborar um projeto de *decreto legislativo* que discipline as relações jurídicas decorrentes no seu tempo de vigência (art. 62, §3º, da CF/88).

28º dia da vigência da medida provisória, contado da sua publicação no *Diário Oficial da União.*

Não editado esse decreto legislativo até 60 dias após a rejeição expressa ou perda de eficácia da medida, as relações jurídicas constituídas e decorrentes de atos praticados durante sua vigência conservar-se-ão por ela regidas.

11.6.5.3 Considerações finais a respeito das medidas provisórias

Cuida-se, portanto, em tema de *processo legislativo*, perceber que o procedimento legislativo de um projeto de lei federal é extenso se comparado ao de uma medida provisória, pois o parlamentar deve submeter o *projeto de lei* a pelo menos duas comissões temáticas antes de tentar construir uma maioria que resista à sequência de votações nas Casas e à sanção do Presidente da República.

A medida provisória, lado outro, não passa por comissões temáticas diversas (a não ser a Comissão Mista).

Além de neutralizar o amplo debate argumentativo no Plenário por causa do prazo de 60 dias, a espécie normativa já é portadora de juridicidade imediata.

Em face de todo o exposto, o que se tem acompanhado é que, pelo fato de terem sua tramitação iniciada pela Câmara, algumas MPs já chegaram a passar 50/60 dias naquela Casa, o que, por si só, já faz com que essas espécies normativas entrem na ordem do dia, no Senado Federal, com o prazo de apreciação esgotado, trancando a pauta de votação.

Evidentemente, essa citada constatação quebra a simétrica paridade dos prazos regimentais (Resolução nº 1, de 2002 do Congresso Nacional), distribuídos entre as Casas parlamentares, resultando, no mais, uma ausência de ampla argumentação no Senado Federal, em sua indispensável avaliação sobre a verificação dos requisitos de *relevância* e *urgência*.

A participação das Casas e dos sujeitos parlamentares deve guardar entre si a simetria de suas posições exercitadas num espaço procedimental como instância de construção da lei (provimento). Caso a simétrica paridade não seja observada, há motivos suficientes para declarar as MPs inconstitucionais, por afronta ao *devido processo legislativo*.

Portanto, além de todos os problemas envolvendo as MPs e os fundamentos legais do Estado Democrático de Direito (art. 1º da CF/88), está o equivocado uso do instituto. A princípio, antes de se fazer uma MP, a Comissão encarregada do estudo de relevância e urgência deveria promover uma análise se o assunto não poderia ser regulado por lei delegada ou por meio de um *procedimento legislativo* com regime de urgência (art. 64, §§1º a 4º, da CF/88).

Caso contrário, se não coubesse *procedimento* sumário e nem a possibilidade de uma *lei delegada*, aí, sim, poderia se falar em *medida provisória.*

Nesse caso, não se exclui, evidentemente, as considerações expostas neste livro de que, se o *procedimento* preparatório da espécie normativa (Medida Provisória) não implementar os princípios constitucionais do *devido processo legislativo*, como a isonomia, o contraditório e a ampla discussão argumentativa, a legitimidade da espécie normativa fica comprometida, o que acarreta uma produção não-democrática do Direito. Por fim, não há dúvidas de que o Presidente da República deveria ter mais cautela na edição de Medidas Provisórias (caberia crime de responsabilidade pelos excessos?), mas, a bem dizer, e à obviedade, quem decide se elas devem prevalecer ou não são os parlamentares. Daí, a rejeição da MP por falta de *relevância* e *urgência*, como se disse, deveria ocorrer no curso do Processo Legislativo. Se não ocorre, é por pura inapetência dos parlamentares, quem têm obrigação de se mobilizar. Por isto, de nada adianta a modificação no procedimento legislativo de uma medida provisória, porque o problema é de culto doméstico de consentimento, algo além-da-normatividade.

11.6.6 Lei delegada

Pode-se conceituar lei delegada como sendo uma espécie normativa, que, no Brasil, está assegurada na Constituição Federal (art. 68), cuja titularidade fica a cargo do Presidente da República, o qual pode solicitar ao Congresso Nacional autorização para editá-la.

A autorização dessa delegação se dá por meio de *resolução* do Congresso, que especificará o conteúdo que será regulado por lei delegada e o seu prazo de duração. Além desse caráter temporário, o procedimento legislativo que regula a preparação de uma lei delegada não prevê a fase de sanção ou veto presidencial.

As limitações ao uso dessa espécie normativa estão no §1º, do art. 68, CF/88.

Pelo pouco quanto já se disse da lei delegada até aqui, é indispensável a pesquisa de Clèmerson Merlin Clève, o qual lembra que a *lei delegada* foi utilizada no Brasil no curto período do Parlamentarismo (1961-63), além de ter sido admitida na Constituição de 1967 (inclusive com a emenda de 1969).[52] A partir de 1988, comenta o referido autor, a lei delegada foi raramente usada.

Apregoa-se, que, no período de 1988/2008, houve somente duas leis delegadas.

Numa dessas aparições, o Congresso Nacional, em 28.07.1992, aprovou delegação ao Presidente da República, com prazo limitado até 31.12.1992, a fim de regular a concessão de gratificações e aumentos diferenciados aos servidores do Executivo.

Na outra lei delegada, publicada em 10.08.1992, o assunto versava sobre a instituição de gratificação de atividade militar para os servidores militares federais das Forças Armadas. Por fim, pode-se dizer, que a lei delegada não é tão usual, no Brasil, pela facilidade que o Presidente da República tem para editar as Medidas Provisórias, que dispensa prévia manifestação do Congresso Nacional.

11.6.7 Decreto legislativo

O exercício do decreto legislativo dá-se pela regulação de matérias de competência exclusiva do Congresso Nacional (art. 49, CF/88). Cumpre lembrar que esse ato normativo não passa pela sanção ou veto do Presidente da República. Sua aprovação ocorre por meio de maioria simples e a promulgação é de responsabilidade do presidente do Senado Federal (art. 48 do RI do Senado). A propósito, é também por intermédio de decreto legislativo que o Congresso Nacional

52 CLÈVE, Clèmerson Merlin. *Atividade legislativa do poder executivo*. São Paulo: Revista dos Tribunais, 2000, p. 269.

regulamenta as relações jurídicas derivadas de medida provisória rejeitada ou caduca. Cumpre ressaltar, que o decreto legislativo é ainda utilizado pelo Congresso Nacional para a convocação de plebiscito e referendo, conforme estabelece o art. 3º da Lei nº 9.709/98, que regulamenta a execução do disposto nos incisos I, II e III do art. 14 da CF/88.

11.6.8 Resolução

A espécie normativa resolução serve para regular assuntos de competência privativa da Câmara dos Deputados, do Senado Federal e as sessões conjuntas do Congresso Nacional. Anote-se, que as possíveis alterações (ou reformas dos regimentos internos dessas Casas parlamentares), devem ocorrer por meio de resolução. Assim, *e.g.*, o Regimento Interno do Senado pode ser alterado por iniciativa de qualquer senador, da Mesa ou de uma Comissão (art. 401 do RI do Senado).

É bom lembrar que a solicitação de *lei delegada* pelo Presidente da República ao Congresso Nacional, conforme visto no item anterior, é objeto de incidência de resolução, quando da aprovação da delegação. Se tal ocorrer, será a *resolução* que deverá especificar o conteúdo da lei delegada e os termos de seu exercício.

Também se fala nessa espécie normativa para o caso dos efeitos da decisão judicial, em ação de inconstitucionalidade pelo controle difuso (*inter partes*), o qual poderá ser modificado se houver a suspensão da eficácia da lei pelo Senado Federal (art. 52, X, CF/88). Neste caso, o Supremo Tribunal Federal ao reconhecer a inconstitucionalidade, envia um ofício ao Senado para baixar *resolução* (art. 386, RI do Senado), decisão tomada em Comissão Temática, sem a participação do plenário (RI do Senado – Título VI, art. 91, II), o que acarretará efeito *erga omnes* acerca da eficácia da lei ou ato normativo impugnado. A *resolução* não sofre decisão terminativa nas Casas parlamentares.

CAPÍTULO 12

AÇÕES CONSTITUCIONAIS – CONSIDERAÇÕES TEÓRICO-DESCRITIVAS SOBRE MANDADO DE SEGURANÇA, HABEAS CORPUS, AÇÃO POPULAR, AÇÃO CIVIL PÚBLICA, HABEAS DATA E MANDADO DE INJUNÇÃO

Sumário:

12.1 CONSIDERAÇÕES PROCESSUAIS

Já tivemos oportunidade de argumentar sobre a diferença entre *processo* e *procedimento* nos capítulos referentes ao controle da constitucionalidade e o processo legislativo brasileiros. Aliás, o descaso pela linguagem técnica de alguns institutos processuais tem criado óbice ao esclarecimento de determinados temas no Brasil.

Assim, vimos, com Rosemiro Pereira Leal, de forma tecnicamente correta, que o *direito-de-ação* (direito à jurisdição) e *ação* (procedimento) não se confundem, pois, o primeiro, balizado no art. 5º,

XXXV, da CF/88, é incondicional (ao estilo de Eduardo Couture e seu famoso "direito de petição"),[1] e, como tal, não encontra limites ao seu exercício, uma vez que pode ser operacionalizado por qualquer do povo que sofrer lesão ou ameaça de lesão a direito.[2]

A *ação*, segundo o citado jurista, é outra que não o *direito-de-ação* e, assim, quando alguém exercitar o seu direito-de-ação (*acesso ao judiciário/direito de petição*), ajuizará uma *ação*, a qual se desenvolve – extensivamente – como *procedimento* que preparará um pronunciamento decisório (sentença).

Portanto, recorrendo a esse critério, em Aroldo Plínio,[3] se conclui que para esse *procedimento* se desenvolver de forma válida e regular deverão estar presentes na preparação do "provimento final" (sentença), a instituição do *processo* com os seus princípios regentes do contraditório, ampla defesa e isonomia (art. 5º, inciso LV, da CF/88).

Por imperativo constitucional, todas as ações asseguradas em Texto Constitucional (mandado de segurança, *habeas data*, ação popular, ação civil pública e *habeas corpus*) serão analisadas por meio da Teoria Geral do Processo Constitucional.

Por isso, que no nosso estudo é irrelevante alongar-se sobre a expressão "remédio constitucional" na análise das "ações constitucionais" (mandado de segurança, *habeas data*, ação popular, ação civil pública e *habeas corpus*), exatamente porque essas ações não formam um conjunto de técnicas de conhecimentos químicos ligados à área farmacológica, mas sim um conjunto institucionalizado produzido no espaço de discursividade (Congresso Nacional), e, que, portanto, esse "conjunto institucionalizado", possui características de leis escritas (produzidas pelo homem por meio de linguagem técnica) e que estão à disposição dos cidadãos, na Constituição Federal e nas leis infraconstitucionais, para que possam ser operacionalizadas no Judiciário para fins de reivindicação e efetividade de direitos fundamentais.

---

1 COUTURE, Eduardo. *Introdução ao estudo do Processo Civil.* 3ª ed. Rio de Janeiro: Forense, 1998, p. 13-17.

2 LEAL, Rosemiro Pereira. *Teoria geral do processo.* 11ª ed. Rio de Janeiro: Forense, 2012, p. 96-98.

3 GONÇALVES, Aroldo Plínio. *Técnica processual e teoria do processo.* Rio de Janeiro: Aide, 1992.

Daí, para nós, ser hermética a expressão "remédio constitucional", embora haja uma difusão da terminologia na praxe forense, denotando impropriedade terminológica.

Deve-se, portanto, mencionar *instituto* ou *ação constitucional*. A expressão "remédio constitucional", utilizada como um "jargão" em livros, petições e decisões judiciais, como já dito, não tem sentido técnico completo.

Lado outro, tendo a vantagem de se apresentar mais legível ao público universitário e forense, a expressão "ação constitucional" pode vender a falsa imagem de que as ações de mandado de segurança, *habeas corpus*, ação popular, ação civil pública, *habeas data* e mandado de injunção são mais importantes do que outras ações judiciais, que não são "constitucionais". Nestas colocações de linhas narrativas, vale dizer, que essas "ações" são "constitucionais" porque estão inscritas (grafadas) na Constituição. Por isto a expressão "ação constitucional" não implica total falta de rigor.

Ademais, com relação à defesa de interesses coletivos *lato sensu*, uma observação. Sublinhe-se que o famoso estudo coordenado pelo jurista italiano Mauro Cappelletti (*O projeto Florença de Acesso à Justiça*),[4] cuja elaboração multidisciplinar do projeto exigiu grande empenho de vários pesquisadores, de diversas áreas das ciências sociais (sociólogos, antropólogos, economistas, cientistas políticos, psicólogos...), a fim de realizar, de 1973 a 1978, uma investigação consistente e um relatório sistemático dos sistemas judiciais de 23 países, dentre eles os de economia desenvolvida, bem como alguns da América Latina, com exceção do Brasil, e que resultou em várias conclusões, organizadas em três grandes grupos ou "ondas de reforma" – "movimentos pelo acesso à justiça" – conforme noticia a literatura de Dierle Nunes e Ludmila Teixeira:[5] a) obstáculos provocados pelas *custas judiciais* (assistência jurídica gratuita); b) proteção efetiva aos direitos difusos/coletivos (proteção do consumidor e meio ambiente); c) simplificação de procedimentos (informalidade e resolução de conflitos).

---

4 CAPPELLETTI, Mauro; GARTH, Bryant. Acesso à justiça. Porto Alegre: Sergio Antonio Fabris, 1988.

5 NUNES, Dierle; TEIXEIRA, Ludmila. *Acesso à justiça democrático*. Brasília: Gazeta jurídica, 2013.

Como um dos temas de nossa pesquisa, neste capítulo, é a tutela de direitos difusos e coletivos, insta esclarecer, que, a 2ª "onda" renovatória, de acesso ao Judiciário, da pesquisa sob a direção de Mauro Cappelletti, como já pontuado, é a que levantou a necessidade de "ações coletivas", uma tentativa de remover os obstáculos criados pelos sistemas jurídicos à efetivação dos direitos fundamentais. No que diz respeito ao assunto, muitas dessas "novidades", aliás, já conhecemos no Brasil. A nossa conquista história da temática, de maneira bem geral, começa em 1965, com a Lei da Ação Popular, tendo o segundo grande marco registrado em 1985, por meio da Lei da Ação Civil Pública, chegando em 1990 com o Código de Defesa do Consumidor.

Nesses termos, nos tópicos seguintes procurar-se-á, no momento oportuno, comentar melhor cada qual dessas legislações.

12.2 MANDADO DE SEGURANÇA

12.2.1 Apresentação e finalidade

As raízes conceptivas do *mandado de segurança* no Direito brasileiro têm origem na Constituição de 1934. Por outro lado, cumpre lembrar, que, a Constituição de 1937, não fez previsão legal quanto ao reconhecimento dessa importante "ação constitucional", que só teve o seu retorno na Constituição de 1946 (para não mais sair), permanecendo, inclusive, no período militar brasileiro (1964-1985).

Hoje, na Constituição de 1988, o instituto do mandado de segurança encontra-se assegurado no artigo 5º, LXIX, e seu *procedimento* ficou a cargo da Lei nº 12.016/2009.

Acentua-se a finalidade deste instituto constitucional em caso de *lesão* ou *ameaça de lesão* por *ato ilegal* de autoridade ou *abuso de poder* de autoridade (atos da alçada do Direito público, e não do privado – a não ser em caso de delegação pública).

Com efeito, o campo de atuação dessa "ação" é definido residualmente, o que significa que a instauração do mandado de segurança (*ação* impugnativa autônoma) somente será possível quando não for cabível o *habeas corpus* e o *habeas data*.

Cumpre lembrar sobre o não cabimento do mandado de segurança contra *atos de gestão comercial* praticados pelos administradores de empresas públicas, de sociedade de economia mista e de concessionárias de serviço público (art. 1º, §2, Lei 12.016/09).

Retenha-se, ainda, que se tratar de *atos judiciais*, não é possível instaurar o procedimento do mandado de segurança, se da decisão couber recurso com efeito suspensivo. Advirta-se, que, caso se trate de atos administrativos passíveis de recurso administrativo dotado de efeito suspensivo, faltará interesse de agir, que é um dos requisitos indispensáveis do *procedimento*.

Admite-se, ainda, a propositura de mandado de segurança coletivo (art. 5º LXX, alíneas *a* e *b* da CF/88) por partidos políticos com representação no Congresso Nacional e à organização sindical, entidade de classe ou associação legalmente constituída e em funcionamento há pelo menos um ano (tempo em que há aquisição da chamada "*carta de interesse*"), em defesa dos interesses de seus membros ou associados.

Aliás, logo no início deste tópico, antes de oferecer reflexões acadêmicas mais pedagógicas sobre o instituto jurídico do mandado de segurança, cabe um destaque negativo em relação à lei 12.016/09, que é a diminuição do alcance do mandado de segurança coletivo no caso dos partidos políticos.

É que, segundo o art. 21, da ilustrada lei (12.016/2009), os partidos políticos só podem desencadear um procedimento de "*segurança*" apenas em defesa de seus filiados.

É perpassar a história e ver que os partidos políticos sempre se puseram como instituições intermediárias, reivindicativas e representativas da sociedade.

Assim, a decisão do legislador brasileiro de institucionalizar na Lei n. 12.016/09 a restrição do mandado de segurança coletivo aos interesses de seus integrantes ou à finalidade partidária, demonstra, no mínimo, atitude paradoxal, que vai da insensibilidade hermenêutica para lidar com princípios fundamentais de aplicação imediata (art. 5º, §1º, CF), até o déficit ético-político para reconhecer, de forma consistente, o caráter de fiscalidade dos partidos políticos na Democracia.

Não nos parece convincente, que, na plataforma democrática, os partidos políticos tenham como razão de ser a representatividade de interesses ou necessidades particulares de seus filiados.

Daí, a inconstitucionalidade, no nosso entendimento, do referido artigo 21, da Lei 12.016/09.

12.2.2 Fundamentos de liquidez e certeza na constitucionalidade democrática

O estudo da *ação* (procedimento) do mandado de segurança torna-se imprescindível, pois abre espaço para discutir a reivindicação dos assuntos assegurados na Constituição de 1988 e o comprometimento com os direitos fundamentais já acertados no plano constituinte.

Rosemiro Leal,[6] a partir do pioneiro trabalhado de Celso Agrícola Barbi,[7] em uma importantíssima pesquisa científica, possibilitou estoque teórico em face do aspecto de *liquidez* e *certeza* dos direitos fundamentais, sinalizando aos operacionalizadores jurídicos uma compreensão compatível com a *teoria da democracia*, que tenta demonstrar que o conceito de direito "líquido e certo", no aviamento do mandado de segurança, é muito banalizado na contemporaneidade.

Assim, sabemos que a expressão direito "líquido e certo" foi empregada pela primeira vez pelo antigo ministro do Supremo Tribunal Federal, Pedro Lessa, que a utilizou em referência a um julgamento de uma ação de *habeas corpus*, e somente com a Constituição Brasileira de 1946 é que a expressão foi acolhida (a Constituição de 1934 usava a expressão 'direito certo e incontestável').

Por isso, propomos demonstrar que entender o conceito de "direito líquido e certo", na redação do art. 5º, LXIX, da CF/88, requer um redimensionamento no sentido de saber que os *direitos fundamentais* incorporam os conceitos de *liquidez* e *certeza* no nível constituinte (direitos já acertados), a partir da decisão do legislador constituinte (nível instituinte de direitos).

Nessa linha de cogitação, valendo-se da leitura feita por Rosemiro Leal:

> [...] o argumento de certeza e liquidez do direito ao pleito das tutelas de urgência a direitos fundamentais contra a Administração

---

6 LEAL, Rosemiro Pereira. *Relativização inconstitucional da coisa julgada: temática processual e reflexões jurídicas.* Del Rey: Belo Horizonte, 2005, p. 33-38.

7 BARBI, Celso Agrícola. *Do mandado de segurança.* Rio de Janeiro: Forense, 2000.

> Governativa há de se articular por matéria de ação e de *meritum* já na esfera de acatamento dos pressupostos subjetivos e objetivos de admissibilidade estruturantes do procedimento, porque só é jurídico o atendimento tutelar *in limine litis* no direito democrático, sem prévia instalação do contraditório, quando equivale a execuções antecipadas de direitos fundamentais já acertados no título constitucional.

De conseguinte, eis a co-relação direito *líquido* e *certo* e *função executória*.[8]

E diga-se isto, porque, os direitos *líquidos* e *certos* estão protegidos pela *coisa julgada constituinte* (coisa julgada em razão da decisão do legislador constituinte),[9] o que seria diferente da expressão *coisa julgada constitucional*, uma vez que esta última opera-se numa órbita diferente, por ser realizada em razão de decisão judicial, obviamente posterior à criação do Direito.

Daí é estranhável falar que o juiz irá, por intermédio de pronunciamento decisório (sentença), constituir direitos, uma vez que essa decisão judicial é *declaradora-executiva*, porque ela apenas declara o cumprimento, não o direito, pois o direito já foi declarado no plano constituinte. Por isto, oportuna a conclusão de Rosemiro Leal:

> O anúncio de direitos fundamentais e intocáveis pela decisão constituinte torna imperativa sua existência institucional, uma vez que a *liquidez e certeza* desses direitos reclamam execução ininterrupta de *mérito* pressuposto já pré-julgado (decidido) no horizonte instituinte do legislador originário da constitucionalidade vigorante.[10]

À vista do que foi exposto, há outra reflexão, agora mais simples, ligada ao *procedimento*, que é a do prazo de 120 dias, conforme estabelece o art. 23 da Lei nº 12.016/2009. De acordo com a referida lei, esse prazo seria contado a partir da data em que o interessado tiver conhecimento oficial do ato ilegal.

---

8 LEAL, Rosemiro Pereira. *Relativização inconstitucional da coisa julgada*: temática processual e reflexões jurídicas. Del Rey: Belo Horizonte, 2005, p. 33.

9 *Idem.*

10 *Ibidem*, p. 27.

Com efeito, classifica-se o mandado de segurança em *preventivo* (exercido no caso de ameaça de lesão) e *repressivo* (instauração da ação após a comprovação da lesão). E mais ainda: a observação do prazo fatal de 120 dias a ser observado relaciona-se tão-somente ao modelo repressivo, já que na modalidade preventiva inexiste prazo.

É de se observar que o juízo poderá exigir *caução* para a concessão da medida. E mais: não será cabível, de acordo com a legislação, mandado de segurança para compensar créditos e débitos tributários, reenquadramento funcional, aumento ou extensão de vantagens a servidores públicos, bem como entrega de mercadoria ou bens vindos do estrangeiro.

Não se pode olvidar que a limitação à concessão de liminares (art. 7º, §2º) é outro ponto importante da Lei n. 12.016/09.

Devemos fazer mais uma observação quanto à procedimentalidade: o Ministério Público tem 10 dias para emitir parecer, e o juízo dispõe de 30 dias para proferir decisão (cf. art. 23 da referida lei).

Após o pronunciamento do juiz acerca da *petição inicial* (peça gráfica que o autor apresenta a sua pretensão ao Estado-judiciário), o art. 10, §2º veda a formação de litisconsórcio ativo facultativo. A intenção do legislador foi a de evitar que o litisconsorte que não impetrou o mandado de segurança escolha ingressar no juízo que concedeu liminar.

Em síntese: a lei quis evitar a fuga da distribuição da "peça processual" quando competente mais de um juiz de direito.

Por fim, vemos, portanto, que, às vezes, é difícil a compreensão a respeito da *competência judicial* para instaurar essa ação constitucional, pois a estrutura administrativa brasileira é muito complexa.

Dessa forma, o que é relevante saber, num primeiro momento, é a *sede* da autoridade que violou direito certo e exigível, bem como a sua categoria funcional.

Para efeitos didáticos, se o ato de autoridade envolver prefeito municipal, o mandado de segurança impetrado por ele ou contra ele é de competência do Tribunal de Justiça do Estado. No mais, para outros casos, cita-se a competência do STF (art. 102, I, *d*), do STJ (art. 105, I, *b*), do TRF (art. 108, I, *c*) e do Judiciário Federal (art. 109, VIII). Todos estes artigos estão fixados na Constituição.

12.3 *HABEAS CORPUS*

12.3.1 Aspectos históricos

A demarcação da origem do *habeas corpus* ainda é assunto dividido entre os escritores, pois há aqueles que dizem ter sido produção do Direito Romano[11] com a ideia de *interdictum de libero homine exhibendo*, o qual permitia a qualquer cidadão reclamar a exibição de pessoa detida ilegalmente.

Lado outro, há na literatura jurídica especializada aqueles que indicam a Inglaterra como país responsável pela produção desse instituto, por meio da conhecida *Petition of Rights* (Carlos II), mais tarde reafirmada pelo *Habeas Corpus Act*, em 1679, para os casos de pessoas acusadas de crime.

O que se tem por certo é que, no Brasil, o início da história do *habeas corpus* foi escrito por D. João VI, que, por intermédio de um decreto de 1821, o instituiu de forma incipiente. A sua aparição de forma expressa veio em 1832, no Código de Processo Criminal, elevando-se à categoria de regra constitucional, em 1891. O interessante é que, nessa época, por não existir o mandado de segurança, o qual só apareceu em 1934, o *habeas corpus* era utilizado de forma muito abrangente, inclusive pelo Supremo Tribunal Federal, que já aceitou essa ação para a reintegração de funcionários públicos.

12.3.2 Finalidade e características

O princípio de liberdade, como assegurado pela Constituição Brasileira (art. 5º, LXVIII), possibilita a cada integrante dessa sociedade político-jurídica, quando impedido de exercê-lo, ter acesso ao Judiciário por intermédio de uma ação constitucional específica que, acaso reconhecido o direito violado, emanará uma decisão, a fim de fazer cessar a privação da liberdade.

Confere-se, portanto, à palavra *habeas corpus* a ideia de ação constitucional ou instituo de garantia processual exercitável por cidadão que sofrer ou se achar ameaçado de sofrer violência ou coação em sua liberdade de locomoção por ilegalidade cometida.

---

[11] PACHECO, J. E. de Carvalho. *Habeas corpus*. Curitiba: Juruá, 1983, p. 16.

Por apego à didática, alguns autores costumam se manifestar a respeito da *natureza jurídica* do *habeas corpus*. Entendemos que *natureza* não é a palavra apropriada para se referir às características jurídicas dessa ação constitucional, pois de uso contínuo nas ciências biológicas e físicas, não se adapta à ciência do Direito. Daí, por serem palavras excludentes e contraditórias (natureza/Direito), tentaremos afastar o *mau* uso da palavra "natureza", pela utilização da expressão "*características jurídico-processuais*".

Destaque-se, que, para muitos autores, as razões de convencimento de que o *habeas corpus* é um recurso vem da redação do próprio Código de Processo Penal, no qual a ação constitucional é disciplinada no capítulo referente aos recursos (Capítulo X, arts. 647 a 667).

Aliás, o entendimento de Magalhães Noronha de que o *habeas corpus* tem caráter de recurso é expresso, pois, para o autor, o HC pode ser "impetrado contra decisões do juízo, para que um tribunal as reveja".[12]

Aprende-se muito bem com Vicente Greco Filho que o *habeas corpus* não pode qualificar-se como recurso, uma vez que "*recurso* é um pedido de reexame de uma decisão, dentro de um processo; no caso do *habeas corpus*, o pedido é autônomo e se desenvolve em procedimento independente".[13] Dizem iguais observações José Frederico Marques[14] e Rogério Lauria Tucci.[15]

Daí, visualizarmos, neste trabalho, o instituto do *habeas corpus* como uma ação impugnativa autônoma.

Confere-se à utilização do *habeas corpus* a postulação procedimental gratuita a qualquer do *povo*, nacional ou estrangeiro, independentemente da capacidade civil, idade ou sexo, em benefício próprio ou alheio (há até quem entenda a possibilidade de a pessoa jurídica se apresentar como

---

[12] NORONHA, E. Magalhães. *Curso de direito processual penal.* São Paulo: Saraiva, 1989, p. 404.

[13] GRECO FILHO, Vicente. *Manual de processo penal.* São Paulo: Saraiva, 1991, p. 391-392.

[14] MARQUES, José Frederico. *Elementos de direito processual penal.* Rio de Janeiro: Forense, 1965. v. 4, p. 379-380.

[15] TUCCI, Rogério Lauria. *Habeas corpus e processo penal.* São Paulo: Saraiva, 1978, p. 6.

impetrante), contra atos considerados ilegais praticados por autoridades (delegado, promotor e juiz) ou ato de particular (hospital, hospício, colégio, donos e administradores de fazenda, usinas e fábricas).[16]

Apesar de ser uma *ação constitucional de caráter penal*, "seria de se entender que o *Habeas Corpus* abrange matéria civil quando manejado contra a ilicitude descrita no inciso LXVII do art. 5º da CR/88 (prisão civil por dívida alimentícia...), mesmo que agravável a decisão a que alude o §1º do art. 733 do CPC/73 [...], bem como a resultante de depositário fiel e de outras restrições de liberdades civis a que se refere o art. 558, com remissão ao art. 520 e 522, II, do CPC reformado".[17]

Diante de tamanha utilização, retenha-se que não é cabível para o caso de punições militares (art. 142, §2º, CF/88), e nos casos de estado de defesa (comoção grave em local determinado) e estado de sítio (comoção grave de repercussão nacional), momentos em que poderá haver diminuição na atuação dessa ação constitucional, jamais suspensão.

Por fim, salienta-se que o *habeas corpus* pode ser exercitado de forma *preventiva* (salvo conduto), quando alguém estiver sendo ameaçado de sofrer privação de liberdade, ou de forma *repressiva* (liberatório), após concretizar a ameaça de privação da liberdade, servindo, nesse caso, para cessar o constrangimento da liberdade de locomoção.

No que tange a questão da competência para propositura dessa ação constitucional, cabe alguns comentários superficiais. Caso a ilegalidade parta de autoridade policial ou de particular, a ação deve ser proposta no juízo criminal da comarca onde se deu a coação. Se a ilegalidade partir de juízo de primeira instância, a competência fica a cargo do Tribunal de Justiça. Porquanto, se a autoridade coatora for juiz federal, a competência é do Tribunal Regional Federal (art. 108, I, *d*, CF/88). Em sendo a ilegalidade praticada por ato único de desembargador do Tribunal de Justiça, a competência é do Superior Tribunal de Justiça (art. 105, I, *c*, CF/88).

Se a ilegalidade, por fim, partir de ato colegiado do STJ, a competência fica a cargo do Supremo Tribunal Federal (art. 102, I, *d*, CF/88).

---

16 MOSSIM, Heráclito Antônio. *Curso de processo penal.* São Paulo: Atlas, 1998, p. 21.

17 LEAL, Rosemiro Pereira. *Relativização inconstitucional da coisa julgada*: temática processual e reflexões jurídicas. Del Rey: Belo Horizonte, 2005, p. 131.

12.4 AÇÃO POPULAR

12.4.1 Considerações introdutórias

Creio devamos iniciar a análise da *Ação Popular* pelas linhas gerais da história. Assim, percebe-se que há autores que sinalizam no sentido de que o Direito Romano já reconhecia a ação popular.[18]

Por óbvia cautela, pouparemos elogios às *populares actiones* e à *publica judicia* na Roma Antiga, pois, advirta-se, que a cidade (*civitas*) era uma organização em bases de concentração política e econômica formada, em sua maioria, por escravos ou servos, os quais eram não-cidadãos (a política só era possível entre aqueles indivíduos libertos).

Portanto, preceitos jurídicos "aventurosos", sob a máscara de valorização do cidadão e a defesa da *polis* tornam-se assuntos fantasiosos, mas não se pode olvidar que as *populares actiones* e a *publica judicia* foram ações que permitiram o início de uma evolução (construção histórica) ligada à proteção do interesse público-romano (*res communes omnium*). Como diz Rodolfo de Camargo Mancuso, "a relação entre o cidadão e a *res publica* era colocada no sentimento de que esta última 'pertencia' em algum modo a cada um dos cidadãos romanos".[19]

Contudo, o que se pretende, é esclarecer a origem da ação popular. Desta forma, curioso é notar, que, a Bélgica, em 1836, produziu a Lei Comunal assinalando o reconhecimento da ação popular. Abriu, portanto, referido país, caminho para outros Estados reconhecerem a possibilidade de os cidadãos participarem nos assuntos de interesse coletivo. Recordamos o caso da França, em 1837, e, logo após, a Itália, em 1859.

Por sua vez, no Brasil, a ação popular pode ser detectada, primariamente, na Constituição de *1824*. Aliás, Uadi Lammêgo Bulos

---

[18] MANCUSO, Rodolfo de Camargo. *Ação popular. São Paulo*: Revista dos Tribunais, 2003, p. 42.

[19] *Ibidem*, p. 60.

bem ressalva que o instituto funcionava como "ação penal popular, incidindo nos casos de suborno, peculato ou concussão (art. 157)".[20]

A Constituição de *1891* nem a mencionou, mas a Constituição de *1934* seria benéfica em reconhecê-la.

Necessário, pois, dizer com esteio em Rodolfo Mancuso, que essa característica foi bem notada em 1916, com o Código Civil (art. 76), o qual recomendava que o exercício do direito de ação estivesse vinculado a um interesse legítimo e econômico pessoal da parte prejudicada.[21] Por este motivo, a ação popular, segundo Mancuso, em parte "entrou para a esfera do direito criminal, passando a constituir matéria de prescrições policiais". A verdade é que mesmo existindo uma forte tendência em defender a existência da *ação popular*, ela não foi reconhecida pela Constituição de *1937*, retornando somente no Texto Constitucional de *1946*, para não mais sair. A Lei nº 4.717, de 29 de junho de 1965, ainda em vigor, assegura o referido instituto jurídico.

Chegamos, hoje, ao emprego da *ação popular* de uma forma interessante, uma vez que além de uma abertura da legitimação para agir a qualquer pessoa a fim de tutelar direitos difusos, a Constituição de 88 expandiu consideravelmente as hipóteses de cabimento da referida ação. A demarcação temática do referido instituto constitucional (art. 5º LXXIII, CF/88 e Lei nº 4.717/65) pode ser entendida a partir da preocupação do legislador constituinte com a possibilidade de o cidadão obter a anulação de atos ou contratos administrativos ilegais e, portanto, lesivos ao patrimônio público – da moralidade administrativa – (federal, estadual, distrital e municipal, autarquias e paraestatal) e também do meio ambiente.

Vê-se que a Constituição de 1988 ampliou o campo de atuação dessa ação constitucional, a fim de anular lesão ao meio ambiente e ao patrimônio histórico e cultural.

Cabe esclarecer, de logo, que a Lei nº 4.717/65 assegura tão-somente ao *cidadão*, via *advogado* legalmente habilitado ("capacidade

---

20 BULOS, Uadi Lammêgo. *Curso de direito constitucional.* São Paulo: Saraiva, 2007, p. 612.

21 MANCUSO, Rodolfo de Camargo. *Ação popular.* São Paulo: Revista dos Tribunais, 2003, p. 60.

de postulação"), ressalvada, é claro, a hipótese em que o cidadão é advogado, a possibilidade de ajuizar *ação popular* contra atos de agentes (pessoa jurídica de direito público ou de direito privado que exerça delegação pública), que concorreram e contribuíram para a prática do ato lesivo, com a finalidade de fiscalização do espaço político democrático. Para tanto, a legislação exige como "*prova de cidadania*" o título de eleitor (art. 1º, §3º).

Observação também válida, pela pertinência do assunto, é a da legitimidade ativa da pessoa com 16 anos de idade.

Aliás, pode uma pessoa com 16 anos de idade ajuizar uma ação popular?

Apesar da divergência que o assunto levanta, principalmente por parte dos civilistas, os quais defendem a possibilidade de ele (o autor da ação) estar assistido, acreditamos que é possível um cidadão de 16 anos ajuizar uma ação popular (no mesmo sentido: José Afonso da Silva e Rodolfo de Camargo Mancuso).

Ora, se a Constituição Federal determinada no art. 14, inciso II, alínea *c*, a possibilidade de voto aos maiores de 16 anos, não seria a lei da ação popular, de 1965, e que exige a prova do título de eleitor, a impedir isso.

12.4.2 A prova de cidadania e compreensão crítica

A propositura da ação leva, a saber, que a parte proponente é o *cidadão* (sendo brasileiro nato ou naturalizado), que esteja em "pleno gozo dos direitos políticos". Claro, pois, que a Lei nº 4.717/65 assegura capacidade postulatória aos cidadãos que têm idade entre 16 e 18 anos, como já fora dito linhas atrás.

No caso dos brasileiros natos, a legitimidade ativa se comprova com a juntada do título de eleitor. Em se tratando de portugueses equiparados, a comprovação ocorre por intermédio do certificado de equiparação e "gozo dos direitos civis e políticos", sem exceção do Título de Eleitor.

É, portanto, estreita a vinculação que se faz comumente entre cidadania e ação popular, porque, em face da exigência de o *cidadão* fazer "prova de cidadania", por meio do Título de Eleitor (art. 1º, §3º, da Lei nº 4.717/65), cabe indagar se somente o *ato de votar* é capaz de satisfazer a compreensão do que seja *cidadania* no eixo teórico do Direito democrático (art. 1º da CF/88), no qual todos são cidadãos (titulares de direitos fundamentais), e, portanto, todos são fiscalizadores do seu próprio sistema jurídico.

Neste livro, no capítulo referente aos direitos políticos (Capítulo 8), concluímos, que, em Direito democrático, a *democracia* é exercida pelos co-construtores da norma, e, embora muitos entendam que o eixo da *democracia* está no *voto*, e que a aquisição da cidadania se dá mediante a retirada do Título de Eleitor, defendemos o posicionamento de que é apático (irrelevante) dar continuidade à idealização de o voto exaurir a democracia.[22]

Segundo Habermas, os "cidadãos só podem fazer um uso adequado de sua autonomia pública quando são independentes o bastante, em razão de uma autonomia privada que esteja equanimemente assegurada".[23]

Ao que parece, não é o que faz a Lei nº 4.717/65, pois produzida em um contexto não-democrático (regime ditatorial brasileiro), não reconheceu muito bem os indivíduos como gestores-fiscalizadores do Direito, apesar de ela própria (a ação pular), já ter sido um avanço dentro de um regime de exceção.

Se a *cidadania* é o fundamento da *democracia*, e só há democracia quando a Constituição é observada por todos (cidadãos, Executivo, Legislativo, Judiciário, Ministério Público...), a *cidadania* só pode ser vista como "um deliberado vínculo jurídico-político-constitucional que qualifica o indivíduo como condutor de decisões, construtor e reconstrutor do ordenamento jurídico da sociedade a que se filiou", e não um instituto destinado tão-somente àquele que detenha um *título de eleitor*.[24]

Embora compreendemos a importância de debatermos interesses supraindividuais na democracia-processual contemporânea, um agir

---

[22] SILVA, José Afonso da. *Curso de direito constitucional positivo*. 16. ed. São Paulo: Malheiros, 1999. p. 347.

[23] HABERMAS, Jürgen. *A inclusão do outro*. São Paulo: Loyola, 2002, p. 294.

[24] LEAL, Rosemiro Pereira. *Teoria processual da decisão jurídica*. São Paulo: Landy, 2002, p. 151.

uti civies (e não *uti singuli*), saindo da fase patrimonialista de legitimação ordinária do Estado Liberal ("somente um titular do direito"), para a fase da *legitimação para agir* difusa ("indeterminação de sujeitos") com situações de claro *interesse processual* (*e.g.* interesse a probidade administrativa), e saber que o "autor" da ação popular tem a sua quota parte no quesito de que todo poder emana do *povo*, que o exerce diretamente nos termos da Constituição (parágrafo único, art. 1º, CF), ainda assim, em tema de *ação popular*, o requisito de comprovação da "cidadania" pelo Título de Eleitor, na democracia, apresenta nusgas teóricas, algo que as academias no campo do Direito precisam debater cientificamente.

Não se consente mais o entendimento de limitar a participação dos cidadãos (estreitar/impedir ou controlar o *acesso à jurisdição*), como faz alguns sistemas jurídicos. No Estado Democrático de Direito, com uma comunidade de pessoas que se reconhecem na Constituição, o que se deve desenvolver é a permanente inclusão, em todos os aspetos, inclusive no *interesse de agir* no exercício de fiscalização do patrimônio público, meio ambiente, patrimônio histórico e cultural.

Assim, quando a Lei da Ação Popular (4.717/65), em seu art. 1º, §3º, exige como prova de cidadania para instauração do procedimento judicial o Título de Eleitor, a lei não se harmoniza com o paradigma do Estado Democrático de Direito.

No referido paradigma de Estado, a idéia de participação fiscalizatória cotidiana, via procedimentos judiciais, solicita profundas mudanças na ciência processual, ainda mais quanto ao tema da *legitimatio ad causam*, uma questão interessante no campo das "ações coletivas" (ações populares e também em "ações de grupo", – associações, sindicatos), porque ganha um traço de alargamento na figurada da legitimação para agir. Ora, a Constituição vigente ao recomendar, no art. 5º, inciso LXXIII, que *qualquer cidadão* é parte legítima para propor ação popular, demonstra uma nítida legitimação popular-democrática, o que já revoga, parcialmente, a Lei nº 4.717/65.

Por isso, é aqui prestante o estudo de Letícia Abu Kamel Lasmar,[25] sob nossa orientação em pesquisa acadêmica, que a partir de um

---

[25] LASMAR, Letícia Abu Kamel. *O Instituto Constitucional da Ação Popular*: análise reflexiva dos requisitos de instauração. 2007. Monografia (Bacharelado

interessante exemplo hipotético, apresentado em trabalho monográfico, expõe o estreitamento da Lei nº 4.717/65 face à Constituição de 1988.

Assim, no exemplo ofertado por Lasmar, há uma empreiteira em prestação de serviço de restauração num determinado Município. Visto, que, ao longo da obra, pode haver o cometimento de uma falta técnica específica que coloque o prédio em perigo iminente de desmoronamento, um morador do bairro pretende ajuizar uma ação popular de caráter preventivo, a fim de paralisar a obra e evitar possíveis danos. Prossiga-se. O morador interessado na propositura da ação popular é ex-servidor público estadual. Curioso é que, quando o referido morador exercia as suas funções de servidor, ocorreu o seguinte fato: permitiu que a aquisição de um bem a cargo da Administração Pública fosse realizada por valor superior ao de mercado, incorrendo, portanto, na conduta descrita no art. 10, inciso V, da Lei nº 8.429/92 (Lei de Improbidade Administrativa).

Feita a constatação, houve um processo administrativo e judicial. O resultado final foi uma sentença condenatória de ressarcimento integral do dano, pagamento de multa civil (pagamento de duas vezes o dano causado), e suspensão dos direitos políticos por seis anos. Quadra a esse exemplo o cumprimento dos requisitos necessários para a propositura de uma ação popular (cidadão frente a ato lesivo ao patrimônio público), à exceção de um: o requisito de pleno gozo dos direitos políticos.

Ao admitir isso, a Lei da Ação Popular enquadra-se, no mínimo, em três inconstitucionalidades. Primeira: trabalha a exclusão fiscalizatória do legitimado natural (qualquer do povo) em interesse coletivo ou difuso na contramão do paradigma teórico-democrático da Constituição (art. 1º). O segundo ponto: contraria a recomendação do art. 5º, inciso LXXIII, o qual assegura que *qualquer cidadão* é parte legítima para propor ação popular, legitimidade coerente com uma maior dimensão participativa. O derradeiro: nega o acesso ao Judiciário na ocorrência de *lesão* ou *ameaça de lesão* a direito (art. 5º, XXXV, CF/88).

---

em Direito) Orientação: Prof. André Del Negri – Faculdade de Direito, Universidade de Uberaba. Minas Gerais, p. 25.

Daí, toda a necessidade de reexame da Lei nº 4.717/65, que, por ser de 1965, não mais se ajusta à constitucionalidade democrática de 1988, uma vez que estreita demais o campo de entendimento do que é cidadania na democracia.

Por tudo o que se disse, até agora, cabe uma análise descritiva da legislação analisada, lembrando que a decisão tem caráter *erga omnes* (art. 18 da Lei nº 4.717/65). Ressalta-se que o Ministério Público não pode ajuizar a ação popular, mas deve atuar como fiscal da lei, zelando pela regularidade do *processo.*

Em havendo desistência da referida ação (art. 9º), o Ministério Público assumirá a posição de parte, figurando como substituto processual, podendo propor recurso (art. 19, §2º) e promover a execução da decisão quando houver inércia do autor popular que não dá prosseguimento ao procedimento (art. 16).

Remete-se obrigatoriamente ao duplo grau de competência, caso o pronunciamento decisório (sentença) conclua pela *improcedência do pedido* (art. 19).[26]

---

[26] Note-se que não grafamos pela *improcedência da ação*, como costumeiramente é dito na prática do foro, porque, quando o profissional do Direito diz que o juiz julga (im)procedente a *ação*, ele retorna ao período da *actio* romana. Percebe-se que, em Roma, quem tinha *ação*, tinha o direito (teoria concretista). Isto porque o digesto grafava no lugar de *direito* a palavra *actio*. Neste giro, a terminologia "carência de ação", no antigo CPC/73, também era uma afirmação perigosa, pois a *ação* – como instituto jurídico – é incondicionada, para seguir o estilo do processualista uruguaio Eduardo Couture e seu direito de petição. Cf. COUTURE, Eduardo. *Introdução ao estudo do Processo Civil.* 3ª ed. Rio de Janeiro: Forense, 1998, p. 13-17. Cf. ainda estudos sobre o ciclo histórico do direito de ação: LEAL, Rosemiro Pereira. *Teoria geral do processo.* 11ª ed. Rio de Janeiro: Forense, 2012, p. 133-139. Neste sentido, se o direito-de-ação é incondicionado no Estado Democrático de Direito, ninguém pode ser considerado "carente", uma vez que o artigo 5º, inciso XXXV, CF, está permitido a todos: "*a lei não excluirá da apreciação do Poder Judiciário lesão ou ameaça a direito*". Art. 3º do CPC/2015: "*não se excluirá da apreciação jurisdicional ameaça ou lesão a direito*". Quanto ao procedimento já instaurado pelo direito de movimentar a jurisdição, conferir CPC/2015, Art. 485, inciso VI – O juiz não resolverá o mérito quando verificar ausência de legitimidade ou de interesse processual e Art. 17 – para postular em juízo é necessário ter interesse e legitimidade.

12.4.3 Considerações finais

Por fim, cabe dizer, que os critérios determinativos da competência judicial na instauração desse *procedimento* estão particularizados no artigo 5º, §§1º a 4º da Lei nº 4.717/65.

Em noção ampla, necessário deixar claro que o procedimento é o ordinário (independente do valor), e que os fundamentos da ação são a ilegalidade e a imoralidade no espaço público. Postas essas ideias, afirma-se que o pólo passivo desta *ação* deve incluir o ente público e quem se beneficiou do ato.

Acentue-se que o *pedido imediato* da ação deve ser declaratório de nulidade e condenatório, e o *pedido mediato* a invalidação do ato e a reposição dos prejuízos (condenação a perdas e danos ou obrigação de fazer).

Merece registro, nesta oportunidade, que o juiz pode requisitar os documentos que tenham sido pedidos pelo autor, e se não houver julgamento no prazo determinado pela lei, inviabiliza-se a sua promoção por merecimento dentro do Judiciário.

12.5 A AÇÃO CIVIL PÚBLICA

12.5.1 Análise conceitual-descritiva

A ideia, que queremos tratar aqui, é teórico-conceitual, não prático-procedimental. Não se trata, a bem dizer, de "prática" sobre a *ação civil pública*. Para tanto, o leitor tem inúmeras obras específicas para incursionar, além da própria legislação.

A síntese desta ação constitucional auxilia a demarcar os direitos e garantias fundamentais, e, por consequência, fixar melhor a articulação entre legitimação processual e direitos difusos e coletivos.

A ação civil pública, um grande marco das "ações coletivas" no Brasil, surgiu com a Lei nº 7.347, em 1985, como *procedimento* adequado para tolher danos ao patrimônio público, conter distúrbios ambientais, tentar assegurar padrões de qualidade ao consumidor, proteger bens e direitos de valor artístico, estético, histórico, turístico e paisagístico.

Com a vigência da Constituição Brasileira de 1988 (art. 129, III), estabeleceu-se a possibilidade de ajuizamento dessa ação para sair em defesa de direitos *difusos* e *coletivos*.[27]

Assim, percebe-se, que sua aplicabilidade é ampla, pois pode ser instaurada em diversas ocasiões como, *e.g.*, na proteção dos direitos da infância e adolescência (Lei nº 8.069/90), os direitos do consumidor (Lei nº 8.078/90), dos portadores de necessidades especiais (Lei nº 7.853/89), dos atos de improbidade administrativa (Lei nº 8.429/92), dos de mercados e capitais (Lei nº 7.913/89), dos casos antitrustes (Lei nº 8.884/94) e nas diretrizes da política urbana (Lei nº 10.257/2001).

Assim, a legitimação para agir na *ação civil pública* está ligada ao Ministério Público federal e estadual, pessoas jurídicas (autarquias, paraestatais e estatais), Defensoria pública[28] ou Associações que estejam constituídas há pelo menos 1 ano e que incluam entre as suas finalidades institucionais (a questão do *interesse*) a guarda dos bens sob proteção, um genuína legitimidade ativa concorrente. Note-se que no caso das associações, a lei atribuiu a legitimação para representar em juízo os direitos de seus associados.

---

27 Tem-se de ver, que, diante da ausência de precisão conceitual, no que se refere a termos essenciais, muitos autores chamam de "processo coletivo". Insta esclarecer, que substituímos as expressões "interesse difuso" e "interesse coletivo" por *direitos difusos e direitos coletivos*, a partir da cuidadosa observação de Vicente de Paula Maciel Júnior (*Teoria das ações coletivas*). Como esclarece o autor, não podemos falar em "interesses difusos ou coletivos" porque o "interesse" é a manifestação de uma pessoa em face de um bem, e, portanto, segundo o autor, "o interesse é sempre individual. Logo, não existe o interesse coletivo ou difuso. O que existe é o direito difuso ou coletivo, porque esses fenômenos somente assim são reconhecidos porque existem leis anteriores que os definam e regulamentem". Sendo assim, anteriormente a um processo de validação, só há que se falar em "interesse", que é uma manifestação apenas ocorrente na órbita individual. Após a passagem por um sistema jurídico de validação (devido processo legislativo) é que se poderia falar em "direitos". Cf. MACIEL JÚNIOR, Vicente de Paula. *Teoria das ações coletivas*. São Paulo: Ltr, 2006, p. 175.

28 Cumpre acrescentar que o art. 5º da Lei da Ação Civil Pública foi reorganizado pela Lei nº 11.448/2007, que alterou o art. 5º da Lei nº 7.347, de 24 de julho de 1985 (ação civil pública), e ampliou a legitimação para agir incluindo a *Defensoria Pública* como autorizada a desencadear o procedimento da ação civil pública, a fim de tornar possível a tutela dos interesses difusos e coletivos.

Confirme-se que nesta linha de legitimados para agir as *agências reguladoras* também podem propor ação civil pública.

Tem-se discutido na literatura jurídica se o *cidadão* deveria estar autorizado (interesse de agir e legitimidade *ad causam*) para o ajuizamento desta ação (uma participação difusa dos sujeitos) em nome de um modelo participativo (no sentido de conhecer e intervir), a partir do princípio democrático, por uma visão mais aberta do instituto na plataforma democrática.

Afinal, se ele, o *cidadão*, sofrerá os efeitos da decisão, por qual motivo não pode ser legitimado para agir? Estaria a defensoria pública mais capacitada que o cidadão para o ajuizamento da ação civil pública? Seria falar em uma legitimação concorrente entre o Ministério Público e o cidadão, individualmente ou agrupados no formato de associações? Hão de ser razões que reflitam o tema e muitas questões poderiam ampliar o objeto dessa reflexão, o que nos tiraria do tema central deste tópico. Em face, pois, dessa observação, vê-se necessário simplificarmos o campo de problematizações.[29] Por isto o breve arremate: observe-se que muitos ordenamentos jurídicos (algo pré-estabelecido em norma) restringem a legitimação para agir em juízo a poucas entidades, excluindo o indivíduo da participação de demandas difusas, o que também não deixa de ser uma restrição de acesso à jurisdição.

Voltamos, pois, às peculiaridades procedimentais da ação civil pública. Por diretriz básica, convém salientar que a Medida Provisória 2180-35/2001 acrescentou à lei 7.347/85, que não se discute em ação civil pública questões referentes ao FGTS, tributos, contribuição previdenciária e outros fundos institucionais. Acrescente-se que a legitimidade para a propositura da ação civil pública foi estabelecida conjuntamente pela Lei nº 7.347/85 e pela Lei nº 8.078/90 (Código de Defesa do Consumidor).

---

[29] Recomendamos a leitura, em âmbito de paradigma do Estado Democrático de Direito, o posicionamento de Vicente de Paula Maciel Júnior a respeito da exclusão do cidadão da legitimação para agir em demandas coletivas e difusas. A referida exclusão, para o ilustrado autor, impõe o fechamento de uma série contribuições, às vezes muito maior do que muitos imaginam. Cf. MACIEL JÚNIOR, Vicente de Paula. *Teoria das ações coletivas*. São Paulo: Ltr, 2006, p. 160.

Uma palavra a mais: a ação civil pública *não* impede o ajuizamento de uma ação popular.

Para o deslinde desse *procedimento* instaurado contra os responsáveis pelos fatos ensejadores da *ação* (pessoas físicas, jurídicas e as estatais), há necessidade de verificar requisitos para a decisão, dentre eles, a *legitimatio ad causam*, que no caso de associação, além do requisito temporal (estar constituída há pelo menos 1 ano), tem que demonstrar compatibilidade entre a finalidade institucional e o interesse a ser defendido. Convém referir ao texto do CPC/2015, art. 485, inciso VI, uma vez que o juiz não resolverá o mérito quando verificar ausência de legitimidade ou de interesse processual, tudo, porque, para postular em juízo, no processo civil brasileiro, é necessário ter interesse e legitimidade (art. 17, CPC).

Assim, na legislação vigente, não adianta uma fundação ambiental promover uma ação em defesa do consumidor se a sua finalidade é a proteção ambiental. O Ministério Público, ao contrário dos outros proponentes, como se diz na praxe do foro, tem o interesse de agir "presumido", daí estar a referida instituição em melhor posição para ajuizamento da referida ação.

Seria pertinente dizer que, quando a ação civil pública for proposta pelo Ministério Público, acompanha-se o inquérito civil, que é algo privativo do MP. Assim, percebe-se, que se atuação do Ministério Público for a de legitimado para agir, e o procedimento já estiver instaurado, *não* poderá haver *desistência*. Neste caso, depois da prova produzida, poderá manifestar-se pela sua procedência ou improcedência (art. 5º).

Além de atuar como legitimado a agir, o Ministério Público poderá atuar como fiscal da lei, nos casos em que não for o proponente da ação.

O que se deve lembrar, conforme Rodolfo de Camargo Mancuso, é "que a Ação civil pública seja, necessariamente, ajuizada no foro onde ocorreu (ou está na iminência de ocorrer) o dano" (art. 2º), o que facilita a colheita de prova a ser apresentada no Judiciário estadual local, sendo que a ação só tramitaria no juízo federal, no caso em que o problema, "por seu largo espectro, desdobrasse para além de um Estado".[30]

Nesse caso, teríamos um dano Regional (e não apenas local), e a competência seria a da capital do Estado-membro ou no Distrito Federal.[31]

Por outro lado, gostaríamos de salientar, com apoio em Hugo Nigro Mazzilli, que entre as várias categorias de interesses que a ação civil pública abarca encontram-se os interesses *individuais*, que são aqueles cujo titular é perfeitamente identificável e há possibilidade de mensurar individualmente a extensão do prejuízo e da respectiva reparação.[32]

Já os *direitos coletivos* (note-se que não se fala em "interesse", o que é diverso) compreendem uma categoria determinada de pessoas (grupo, classe ou categoria de indivíduos) e os *difusos* são caracterizados quando os titulares não são previamente determinados, mas, apesar de serem indeterminados, todos estão unidos por pontos conexos como, por exemplo, o direito de respirar um ar livre de elementos poluentes, ou de evitar uma propaganda enganosa, veiculada na TV, que atinge milhões de pessoas.

Nesse sentido, no âmbito dos exemplos, a fim de se entender as classificações, uma questão de aumento de mensalidade escolar leva o assunto para o campo do *direito coletivo*. Lado outro, uma questão de meio ambiente (contaminação de um rio) há que se falar em *direito difuso*.

Nas palavras de Ronaldo Cunha Campos, os "interesses" (direitos) difusos seriam aqueles cujo titular é grupo de difícil ou impossível identificação. Os direitos coletivos e difusos são ainda conhecidos como direitos *metaindividuais*.[33] Cabe uma alusão quanto à decisão nesta ação. Só é devida a obrigação de fazer ou não fazer (*astreintes*),

---

30 MANCUSO, Rodolfo de Camargo. *Ação civil pública*. São Paulo: Revista dos Tribunais, 1996, p. 54.

31 Quanto ao tema da competência territorial do órgão jurisdicional, ver decisão do Superior Tribunal de Justiça (REsp 293.407-SP, Quarta Turma), que alterou o art. 16 da Lei da Ação Civil Pública e promoveu revisão de entendimentos anteriores dentro do STJ.

32 MAZZILLI, Hugo Nigro. *A defesa dos interesses difusos em juízo*. São Paulo: Saraiva, 1997, p. 4-6.

33 CAMPOS, Ronaldo Cunha. *Ação civil pública*. Rio de Janeiro: AIDE, 1989, p. 49.

após o trânsito em julgado da sentença (art. 12, §2º, Lei nº 7.347/85). Evidente que as *provas* trazidas aos autos do procedimento são a pericial, documental e testemunhal, e o *recurso* da decisão, acaso haja o indeferimento liminar, é o agravo de instrumento.

No caso de deferimento do pedido em que o cidadão figura no pólo passivo do procedimento, também cabe agravo. Já no caso de ser o Ministério Público e ente público, cabe pedido de suspensão da decisão liminar, tendo em vista o risco à ordem econômica (conferir artigos respectivos da Lei nº 7.347/85).

Inseridas essas observações, tem-se que a sentença pode ser declaratória, constitutiva e condenatória.

Concluo: o montante de dinheiro arrecadado pela sentença declaratória-condenatória pode ter três situações. Primeira, o montante pecuniário será destinado a reparação do patrimônio lesado. Segunda, o dinheiro vai para os prejudicados no caso do dano em direito individual homogêneo, ou para um fundo próprio a fim de atuar na recuperação dos objetos tutelados.

12.6 *HABEAS DATA*

Pouco se fala no instituto jurídico do *habeas data* (em tradução livre, "tome os seus dados") assegurado na Constituição Federal (art. 5º, LXXII, *a* e *b*) e regulamentado pela Lei nº 9.507/97, o qual surgiu por inspiração do constitucionalista brasileiro José Afonso da Silva. A finalidade constitucional dessa *ação* é o direito de ter acesso a informações (art. 5º, XIV e XXX, CF/88) registradas em banco de dados cadastrais de entidade governamental ou de pessoas jurídicas privadas prestadoras de serviço público (o direito de informação é um direito fundamental), bem como a retificação de dados, quando não se prefira fazer por procedimento sigiloso, judicial ou administrativo, até mesmo a exclusão de dados personalíssimos (ou dados sensíveis) considerados impertinentes (cor da pele, religião, binarismo de gênero sexual, raça, etnia, orientação política).

Nessa oportunidade, merece anotar que a o art. 7º da Lei nº 9.507/97 do *habeas data* relata a existência de mais uma finalidade para esta *ação*: a de ser utilizada para a anotação nos assentamentos do interessado, de contestação ou explicação sobre dado verdadeiro, mas justificável, e que esteja sob pendência judicial ou amigável.

Advirta-se, que o ajuizamento do *habeas data* pode ser feito tanto por pessoa *física* quanto *jurídica* (nacionais e estrangeiras), e que sua postulação procedimental é gratuita (art. 5º, LXXVII, CF/88 c/c o art. 1º, *caput*, I, e o art. 21 da Lei nº 9.507/97).

Contudo, convém lembrar, que essa *ação* visa proteger direito personalíssimo, e, portanto, não se admite o pedido de informações ou retificação de informações de terceiros e sequer sucessão do direito de pedir.

É ainda no campo de instauração do *procedimento* que se discute se há de haver recusa por parte dos bancos de dados públicos ou privados na prestação de informações. Observe-se, de passagem, que a Lei nº 9.507/97 enfrenta essa questão no art. 8º, parágrafo único. Cumpre notar, que na instauração do *procedimento* há necessidade (sob pena de se configurar carência de mérito por falta de interesse de agir) de se provar a recusa ao acesso às informações ou o decurso de mais de 10 dias sem decisão. O inciso II, do art. 8º, da referida lei, ainda prevê a necessidade de a petição inicial ser instruída com prova de recusa em fazer a retificação ou o decurso de mais de 15 dias sem decisão. O mesmo se diga para a recusa em fazer a anotação sobre a explicação ou contestação sobre determinado dado, mesmo que não seja inexato, justificando possível pendência sobre o mesmo ou o decurso de mais de 15 dias sem decisão.

Quanto aos critérios de competência judicial a serem observados na propositura dessa ação, pode-se dizer que a competência do Judiciário estadual é definida pelas Constituições dos Estados.

De outro lado, a Constituição Federal define a competência do Supremo Tribunal Federal (art. 102, I, *d*), do Superior Tribunal de Justiça (art. 105, I, *b*), dos tribunais regionais federais (art. 108, I, *c*) e a competência dos juízes federais (art. 109, VIII). Esse roteiro de competências está no art. 20 da Lei nº 9.507/97.

Por fim, a Lei de Acesso à Informação (Lei nº 12.527/11) trouxe um ganho institucional enorme, porque, faz da publicidade regra geral, e o segredo de Estado uma exceção. Sem dúvida, um repúdio a toda forma de obscurantismo, e, certamente, um impulso para haver transparência a todos os gastos governamentais, tendo, portanto, um foco diferente do *habeas data*.

Grosso modo, a diferença dessas duas esferas é que o *habeas data* é *ação* que visa proteger direito personalíssimo, enquanto a Lei de Acesso à Informação garante procedimentos para se ter acesso à informação pública, e não o conserto de dados referentes à pessoa do impetrante, aspectos íntimos dos cidadãos.

Por fim, outra questão que se coloca para reflexão, é até que ponto devemos tolerar que os cadastros exponham listas de nomes, sobrenomes e endereço (inclusão/exclusão das listas), uma vez que hoje temos até listas de condenados por improbidade administrativa.

Nos Estados Unidos, a Universidade de Yale, importante centro de estudos no mundo, promoveu estudo crítico (publicado posteriormente pela revista *on-line "Slate")*[34] sobre a busca no site do Departamento de Justiça dos "sexual offenders" (criminosos sexuais), com aproximadamente 750 mil catalogados na América, como demonstrou a reportagem assinada por Luís Francisco Carvalho Filho.[35]

Dirão, alguns, que é direito da sociedade saber quem são as pessoas, por isto a lista deve estar ao alcance de todos. No entanto, lado outro, se um equívoco acontece nesse espaço virtual, que propaga a notícia rapidamente, ter-se-á danos colaterais gravíssimos, oportunidades de trabalho perdidas e até linchamentos, entre outros problemas e riscos.

Sérgio Almeida Ribeiro, em dissertação de mestrado desenvolvida na PUC-SP, sob orientação da professora Thereza Celina Diniz de Arruda Alvim, estudou o instituto jurídico do *habeas data* com moldura crítica à exigência de o cidadão trilhar e esgotar toda a via administrativa, antes de ter acesso ao judiciário. Para tanto, levanta a questão da vida privada frente os avanços tecnológicos e a "possibilidade de o indivíduo exercer preventivamente o controle do manuseio indevido de dados pessoais por entidades mantenedoras de bancos de

---

34 Disponível em: <http://www.law.yale.edu/academics/supremecourtclinic.htm>. Acesso em 14 set. 2014.

35 Marcados. *Folha de S. Paulo*, sábado, 13 set. 2014, Caderno Cotidiano 2, p. 2.

dados, como é o caso das redes sociais [...]".[36] Tudo isto, porque, com a *internet*, sabe-se que os registros se multiplicam velozmente. Um clique e tudo aparece! Por isto, a preocupação em preservar objetivamente a vida íntima. Daí a sugestão de leitura da referida dissertação.

12.7 MANDADO DE INJUNÇÃO

12.7.1 Finalidade e características

Nesse passo de nosso estudo, convém pontuar alguns aspectos do *mandado de injunção*, que é um instituto constitucional (art. 5º, LXXI) produzido pelo constituinte em 1988 e que tem por objetivo dar efetividade aos direitos constitucionais garantidos.

Assim, chega-se, inarredavelmente, na lição de Marcelo Cattoni, à conclusão de que essa ação constitucional "consiste em aplicar diretamente a norma constitucional definidora de um direito a um caso concreto, estabelecendo como esse direito deverá ser exercido".[37]

Enuncia-se que para esse instituto, a Constituição estabeleceu que os tribunais (STF, STJ, TSE, TRE ou TJ)[38] possuem competência para o recebimento desse *procedimento*, o qual pode ser instaurado por qualquer cidadão, de forma *individual* ou *coletiva*, contra pessoa estatal,[39] e, com isto, têm a *função* de efetivar concretamente, em favor do impetrante, o direito, a liberdade ou as prerrogativas constitucionais

---

36 RIBEIRO, Sérgio Luiz de Almeida. *Habeas data: tutela jurisdicional da intimidade. 2013. 136f. Dissertação de Mestrado em Direito Processual Civil* – Pontifícia Universidade Católica de São Paulo. São Paulo, 2013.

37 CATTONI, Marcelo Andrade. *Tutela jurisdicional e Estado Democrático de Direito*: por uma compreensão constitucional adequada do mandado de injunção. Belo Horizonte: Del Rey, 1998, p. 185-186.

38 Acrescente-se que, aos juízes de Direito de 1ª Instância, a competência para julgar a ação de mandado de injunção existe, desde que a edição da norma regulamentadora, no caso em tela de exame, for atribuição do parlamento local (vereadores, prefeito municipal ou de autarquia ou fundação criada pelo município).

39 Cumpre lembrar que, para o jurista Uadi Lammêgo Bulos, há possibilidade de o Ministério Público figurar como coautorizado processual na instauração do mandado de injunção frente a direitos difusos e coletivos, conforme LC nº 75/93 (BULOS, Uadi Lammêgo. *Curso de direito constitucional*. São Paulo: Saraiva, 2009, p. 651).

inerentes à nacionalidade, à soberania e à cidadania, quando a falta de norma regulamentadora (incompletude da *regra* vigente) torne inviável o seu *exercício*, concedendo uma ordem judicial ao impetrante (regulamentação para o caso concreto), a fim de usufruir plenamente daqueles direitos já acertados no plano constituinte.

A propósito, Marcelo Cattoni, ao incursionar-se em estudos de reconstrução teórica sobre o mandado de injunção, ressalta, com apoio na distinção lógico-argumentativa de Klaus Günther, que a regulamentação para o caso concreto deve ser compreendida como atividade de aplicação (argumentação da adequabilidade), e não de *processo legislativo* (discurso de justificação), uma vez que, em Günther, de acordo com a referida obra de Cattoni, há que se fazer a diferença entre normas *prima facie* e normas definitivas.[40]

Brevemente, podemos dizer que a competência originária para processar e julgar o *mandado de injunção* no Supremo Tribunal Federal pode ser encontrada na Constituição, no art. 102, inciso I, alínea *q*. No que tange ao Superior Tribunal de Justiça, o artigo constitucional que trata do assunto é o art. 105, I, *h*. Com relação ao Tribunal Superior Eleitoral, a previsão ficou por conta do art. 121, §4º, V, quando a injunção for denegada pelo Tribunal Regional Eleitoral. Aos juízes de Direito de 1ª Instância a competência para julgar a ação de mandado de injunção existe, desde que a edição da norma regulamentadora, no caso em tela de exame, for atribuição do parlamento local (vereadores, prefeito municipal ou de autarquia ou fundação criada pelo município).

Ainda que não haja lei específica para reger o *procedimento* da injunção, o Supremo Tribunal Federal considerou o instituto constitucional do artigo 5º, LXXI, auto-aplicável (STF, MI 107, Rel. Min. Moreira Alves, *DJ*, 1 de 21.09.1990, p. 9782). Retoma-se aqui a Lei nº 8.038/90, que rege o *procedimento* de ações perante o STF e STJ, e que, em seu art. 24, parágrafo único, há clara recomendação de aplicar ao *mandado de injunção* as regras do *mandado de segurança*, no que couber, enquanto não editada legislação específica.

---

[40] CATTONI, Marcelo Andrade. *Tutela jurisdicional e Estado Democrático de Direito*: por uma compreensão constitucional adequada do mandado de injunção. Belo Horizonte: Del Rey, 1998, p. 185.

Lado outro, o *mandado de injunção* já foi um dos institutos jurídicos de exegese mais complexa na Constituição Brasileira de 1988, mas que tem agora, na contemporaneidade, um melhor esclarecimento. Vale dizer que para se falar em *injunção* há necessidade de uma inviabilização do exercício do direito por defeituosidade na norma regulamentadora (*regra jurídica*), caso clássico de falta de produção de norma específica. Observa-se, num outro giro, que uma das características do mandado de injunção quanto ao conteúdo do *decisum* sempre nos pareceu ser *inter partes*. Em que pese a controvérsia, o STF já entendeu que a decisão gera efeitos *erga omnes* (conferir: MIs nºs 670, 708 e 712).

12.7.2 Uma breve história do instituto jurídico no Direito brasileiro

Percebe-se que o instituto jurídico do *mandado de injunção* teve sua origem vinculada ao Direito anglo-saxão (das *injuctions* anglo-americanas), o qual permite a juízes conceder *injuctions* em casos em que o Legislativo deixa de fazê-lo. Analisando a Constituição norte-americana, o Judiciário ao julgar questões de *Equity* (Art. 3, sec. 2) atua por meio da *injuction* a fim de garantir o exercício de direitos.

José Afonso da Silva acrescenta que tanto na injunção inglesa como na brasileira, o *juízo de equidade* "não é inteiramente desligado de pautas jurídicas".[41] O juiz brasileiro, no entendimento do referido constitucionalista, não regulamentará o caso arbitrariamente, com regras próprias, como muitos juristas e professores brasileiros de forma equivocada imaginam, mas ele terá que, em primeiro lugar, se ater ao ordenamento constitucional.

À vista disso, claro que essa tal "jurisdição de equidade" apresenta certa cutela, ainda mais para nós que temos estampado no art. 5º, II, da Constituição Brasileira, o princípio da legalidade. Não podemos, de maneira alguma, e nós lembramos o tom enfático que foi dado por J. J. Calmon de Passos, comparar o juiz a um "legislador" acima da própria função Constituinte.[42]

---

41 SILVA, José Afonso da. *Curso de direito constitucional positivo*. 16. ed. São Paulo: Malheiros, 1999, p. 448, nota 62.

42 CALMON DE PASSOS, José Joaquim. *Mandado de segurança coletivo, mandado de injunção, habeas data: constituição e processo*. Rio de Janeiro: Forense, 1989, p. 105.

No que se refere a isso, é que devemos lembrar de Luiz Alberto Warat, que com precisão de linguagem, mostrou o risco de haver uma apreciação livre da lei, isto é, o risco de o juiz "situar a lei como um lugar vazio, por onde circulam significados e alegorias que fazem a lei falar [...], um lugar por onde transitam os doutos, fazendo desse vazio seu lugar de poder". [43]

É de nossa intenção afirmar que estamos, mais uma vez, com Pereira Leal, que de maneira esclarecedora, assinala que "a observância do *princípio da reserva legal* no Estado democrático não mais autoriza o preenchimento de eventuais lacunas da *lei* pelo intérprete-decisor ou a utilização de analogias extraídas da sistematicidade do ordenamento jurídico a pretexto de uma harmonia absoluta e inerente aos conjuntos normativos apreensíveis por um juiz talentoso".[44]

Para nosso Direito e para o paradigma assegurado em *lei* constitucional (art. 1º, CF), não pode haver sentenças farmacológicas. Isso talvez se deve ao fato de que, via de regra, alguns pensadores do Direito ainda acolhem a concepção de um princípio supremo de justiça apoiado na fé kantiana. É necessária uma citação a mais sobre a trilha aberta por Rosemiro Leal:

> A denominada lacuna da Lei é o espaço jurídico de liberdade processual *isocrítica* e não um defeito caótico do Direito escrito. Querer, como pretendem os realistas, assenhorear-se deste espaço vazio, que é o ponto político da liberdade processual criativa e recriativa de direito formulado, é sair da Democracia para o decisionismo autocrático.[45]

Segundo Hely Lopes Meirelles, o mandado de injunção brasileiro não é o mesmo *writ of injunction* dos ingleses e norte-americanos, assemelhando-se apenas na denominação, pois a referida ação, no Direito anglo-saxônico, "tem objetivos muito mais amplos que o nosso".[46]

---

[43] WARAT, Luiz Alberto. *Introdução Geral ao Direito. Vol. II. Epistemologia jurídica da modernidade.* Sergio Antonio Fabris Editor: Porto Alegre, 1995, p. 79.

[44] LEAL, Rosemiro Pereira. *Teoria processual da decisão jurídica.* São Paulo: Landy, 2002, p. 44.

[45] *Ibidem*, p. 46.

[46] MEIRELLES, Hely Lopes. *Mandado de injunção.* São Paulo: Revista dos Tribunais, 1989, p. 131-140.

De outra parte, Calmon de Passos, depois de demonstrar a importância e a significação do instituto, aponta uma opinião de que a injunção brasileira tem outro papel a desempenhar, e, por isto, não tem história vinculada ao instituo inglês ou americano.[47]

Em uma de suas considerações, Celso Barbi relata que a decisão em mandado de injunção faz a "função" da norma infraconstitucional omissa e integra o Direito ineficaz, no qual o Judiciário e as *partes* interessadas (coautores da norma) produzem para o caso concreto uma norma construída de forma participada (reserva legal do Processo). [48] É bom esclarecer que Celso Barbi acrescenta que "essa solução está de acordo com a função tradicional da sentença, que é resolver o caso concreto levado ao Poder Judiciário, mas limitando a eficácia apenas a esse caso, sem pretender usurpar as funções próprias de outros poderes".

Sabemos, hoje, que nenhuma decisão é constitucionalmente legítima se não preparada compartilhadamente em discursividade pelos interessados em *devido processo*. O estudo do ato de decidir, no Direito democrático, não pode ser entendido como atividade dos juízes em produzir novas leis em parâmetros de "costumes", "justiça" ou "clamor social", uma vez que a "decisão é ato resolutivo provimental derivado de uma estrutura procedimental processualizada como espaço jurídico-discursivo dos direitos pretendidos". [49]

Ao analisar alguns acórdãos do Supremo Tribunal Federal, constatamos que o *mandado de injunção* foi, com todo respeito, mal compreendido por muito tempo e confinado, por vezes, em entendimentos de tópica jurisprudencial na Corte brasileira.

Até recentemente, quando o Supremo Tribunal Federal se deparava com ausência ou incompletude de regra jurídica (norma específica), limitava-se a declarar a omissão do Legislativo.

---

47 PASSOS, J. J. Calmon de. *Mandado de segurança coletivo, mandado de injunção e habeas data*. Rio de Janeiro: Forense, 1991, p. 104.

48 Celso Barbi, *apud* Carlos Mário da Silva Velloso, *In As novas garantias Constitucionais*, RDA, 177, p. 14-24.

49 LEAL, Rosemiro Pereira. *Teoria processual da decisão jurídica*. São Paulo: Landy, 2002.

Depois de quase 20 anos da promulgação da Constituição (1988-2008), de muitas crises e tensões interpretativas, o mandado de injunção começou a passar por um novo momento constitucional. Sabe-se, hoje, que o mandado de injunção não serve para o Judiciário declarar tão-somente a omissão do legislador.

Dessa forma, enfrenta a injunção uma releitura de Marcelo Cattoni, que, em obra específica, salienta em patamar de Direito democrático, que a discursividade processual de exercício reivindicador de direitos fundamentais passa pelo crivo dessa importante *ação constitucional.* [50]

No entanto, de forma equivocada, há quem defenda a tese de que o julgamento do mandado de injunção visa, após o reconhecimento da omissão legislativa, apenas comunicar ao Legislativo para que este edite a norma faltante. Agindo assim, lamentavelmente, muitos confundem, praticamente, as finalidades do *mandado de injunção* com a *ação direta por omissão*, esvaziando, desta forma, a *injunção* que visa à efetiva garantia de direitos constitucionalmente assegurados.

Nota-se que algumas decisões do Pleno do STF já foram prolatadas no sentido de apenas comunicar o legislador, como no caso do MI nº 107, em *1990*. Ao analisar a ação do *mandado de injunção*, o Min. Moreira Alves reconheceu a finalidade do instituto, só que depois o igualou à *ação de inconstitucionalidade por omissão*, pois dizia que "a injunção visa obter do Judiciário a declaração de inconstitucionalidade por omissão" (*sic*), e, então, para evitar o problema da coisa julgada, seria melhor reconhecer a omissão e dar ciência ao Congresso Nacional para que este, sim, regulamentasse o caso em tela.

No exame de outro *mandado de injunção* (MI nº 232), em *1991*, o Supremo Tribunal Federal concedeu prazo ao Congresso Nacional e determinou que decorrido este, sem providência, o direito seria colhido pelos interessados. Nessa decisão, o Pleno determinou um prazo de seis meses ao Congresso para que tomasse as providências legislativas, a fim de completar a regra do §7º, do artigo 195,

---

[50] CATTONI, Marcelo. *Tutela jurisdicional e Estado Democrático de Direito*: por uma compreensão constitucional adequada do mandado de injunção. Belo Horizonte: Del Rey, 1998.

da Constituição, sob pena de, vencido o prazo, sem que o Congresso nada tenha feito, conceder a imunidade requerida, ou seja, dar imunidade às entidades beneficentes de assistência social isenta de contribuição para a seguridade social, já que não se produziu a norma regulamentadora.

Colhe-se do exame do *mandado de injunção* nº 361, de *1994*, uma decisão pioneira, pois mexeu com a figura da legitimidade ativa, que a *priori* poderia ser operacionalizada somente por pessoa cujo exercício de um direito, liberdade ou prerrogativa constitucional esteja sendo inviabilizado em virtude da falta de norma reguladora da Constituição Federal. Assim, mesmo havendo uma ausência de previsão expressa na Constituição Brasileira, o Supremo Tribunal Federal decidiu sobre a possibilidade de existência do *mandado de injunção coletivo* somente nos casos quando o impetrado for *sindicato*.[51] Tal decisão do Pleno foi tomada a exemplo do mandado de segurança coletivo. Por isto, admitem-se para a instauração de *procedimento* em mandado de injunção os mesmos coautorizados (titulares da *legitimatio ad causam* ativa) do mandado de segurança coletivo (art. 5º, LXX, CF/88).

Por fim, se nos anos 90, a tendência entre os ministros do Supremo Tribunal Federal (liderada pelo ex-Ministro Moreira Alves) era de, no máximo, oficiar o Legislativo acerca da "omissão" detectada, atualmente, como dito acima, há uma *perspectiva de melhora* de entendimento dessa ação na Corte Suprema. Aos poucos, o mandado de injunção vai sendo posto em prática. Para se mencionar apenas um exemplo: no ano de 2007, o Supremo Tribunal Federal julgou alguns mandados de injunção ajuizados pelo Sindpol (Sindicato dos Servidores Policiais Civis) do Estado do Espírito Santo, Sintem (Sindicato dos Trabalhadores em Educação) de João Pessoa e Sinjep (Sindicato dos Trabalhadores do Poder Judiciário) do Estado do Pará, e resolveu aplicar para o *serviço público* as mesmas regras que regulamentam o direito de greve no *setor privado*, uma vez que para a Corte o direito de greve já estava previsto na Constituição de 1988 (art. 9º).

---

[51] SIMPEC-RJ (Sindicato das Microempresas e Empresas de Pequeno Porte do Comércio do Estado do Rio de Janeiro).

Nesse enodoamento, a regulamentação do direito à greve ainda não tinha sido feita para o funcionalismo público, mesmo, à época, com 19 anos de vigência da Constituição Federal, apesar de ter havido vários projetos de lei, muitos deles arquivados, outros, ainda estavam em tramitação no Congresso Nacional.

Dessa forma, a decisão do Supremo Tribunal Federal, em mandado de injunção, valeu até existir norma específica para o assunto, uma vez que o direito à greve já está assegurado no art. 9º da Constituição Brasileira de 1988.

A interpretação, no referido caso, não se restringiu aos impetrantes, mas a todo o funcionalismo público (*erga omnes*), efeito jurídico que aproximou a *injunção* (controle concreto ou incidental) da *ação direta por omissão* (controle abstrato da omissão).

12.7.3. Considerações sobre Mandado de Injunção e novo Código de Processo Civil

Como tema de estudo, o assunto deste tópico – compreensão constitucional do discurso do mandado de injunção na democracia (instituto jurídico que discute a ausência de norma) – soma-se a contribuição de cada pesquisador no movimento de esclarecimento dos institutos jurídicos.

Finalizando o presente estudo, cabe dizer, por fim, que precisamos também refletir o instituto constitucional do mandado de injunção diante do novo Código de Processo Civil (doravante, CPC) para saber o que mudou (se mudou) com a nova ordem processual, a qual se preocupou em por em relevo a simplificação e a celeridade processual.

E é nesse ponto, que se levantam dúvidas se realmente houve mudanças em relação ao mandado de injunção, uma vez que referido instituto constitucional tem como trâmite o *procedimento* do mandado de segurança (instituto jurídico que trabalha a *liquidez e certeza* de direitos fundamentais), conforme expressamente prevê o art. 24, parágrafo único, da Lei nº 8.038/90.

A preocupação existe, porque, quando há a ausência de norma específica, o que o CPC/2015 recomenda em capítulo específico, é que o juiz não se exime de decidir alegando lacuna ou obscuridade do ordenamento jurídico, cabendo-lhe, no julgamento da lide, recorrer à analogia, aos costumes e aos princípios gerais de direito.

Analisando o CPC/2015 e adentrando ao capítulo dos "poderes, deveres e responsabilidades do Juiz" (Título IV, Capítulo I), no artigo 140, percebe-se que o juiz não se exime de decidir alegando lacuna ou obscuridade do ordenamento jurídico. Vê-se que a proposta final de redação, melhorou. O ponto interessante está na afirmação de "obscuridade do ordenamento jurídico", e não na clássica expressão "na falta da lei".

Em que ficamos? Sim, há nítida diferença entre "falta da lei" e "obscuridade do ordenamento jurídico". A proposta final (e aprovada!) possibilitou amenizações e a "expressão obscuridade do ordenamento jurídico", como bem sustentou Ronaldo Brêtas, em setembro de 2011, já se antecipando a esta nossa reflexão, realça a "importância da aplicação dos princípios constitucionais no desenvolvimento do processo".[52] Tal argumento é lógico e convincente. Sob essa chave de leitura, pode-se ter uma interpretação integrada ao conjunto de direitos (seguindo um paralelo dworkiniano).

Sendo assim, o referido jurista imprimiu adequado suporte ao concluir (e sugestionar!), com seu habitual brilhantismo, que:

> Hodiernamente, a partir dos estudos de Boulanger (na França), Esser e Alexy (na Alemanha), em torno dos *princípios de direito*, passou-se a entender que as *normas jurídicas* (gênero) compreendem *os princípios de direito (inclusive os princípios constitucionais)* e as *regras legais* (espécies). Assim, princípios constitucionais, regras constitucionais, regras infraconstitucionais [...] sem quaisquer exceções – são *normas jurídicas* integrantes do *ordenamento jurídico* do Estado. Partindo-se daí, o *ordenamento jurídico* não será *lacunoso*, porque, nele, sempre será encontrada uma *norma jurídica* (princípios constitucionais, regras legais ou princípios gerais de direito) que solucione a situação fática reconstruída dialeticamente pelas partes contraditoras e juiz no processo (= espaço ou cenário normativo cognitivo-argumentativo), via fundamentação da decisão jurisdicional conectada ao

52 Ver sobre isso BRÊTAS, Ronaldo de Carvalho Dias. Considerações sobre o texto do PL nº 8.046/2010 – *Novo Código de Processo Civil* – Referindo-se ao ofício GABMIN/N 142/2011, de 31/8/2011, do Deputado Paulo Abi-Ackel, em 19 de setembro de 2011.

> contraditório.[53] Já dizia o saudoso Professor José Olímpio de Castro Filho, nas suas magníficas aulas de Direito Processual Civil proferidas na Faculdade de Direito da UFMG, que *"o intérprete, diante do ordenamento jurídico, é o infinitésimo desafiando o infinito"*. Pode acontecer que determinado *texto legal (texto normativo)* contenha *lacunas* (= falibilidade normativa), mas isto não ocorre com o *ordenamento jurídico* (o infinito). Daí por que o juiz não pode decidir pelo *costume* (direito costumeiro), como está a permitir o texto do Projeto, imitando-se o sistema da *common law* (Estados Unidos da América e Inglaterra). É preciso ter-se em mente que, no Estado Democrático de Direito brasileiro, o juiz só pode decidir de acordo com o princípio constitucional da *reserva legal*, é o que está recomendado solenemente no art. 5o. inciso II, da Constituição Federal, no rol dos direitos e garantias fundamentais do povo: *" Ninguém será obrigado a fazer ou a fazer alguma coisa, senão em virtude de lei"*. Afinal de contas, o Estado Democrático de Direito brasileiro adota o *sistema jurídico romano-germânico (civil law)* e não o da *common law*. Enfim, a redação ora sugerida permitirá que as normas do art. 119 fiquem em coerência com as oportunas normas introduzidas no art. 1o. do Projeto, as quais, em boa hora, realçam a importância da aplicação dos *princípios constitucionais* no desenvolvimento do processo.[54]

Ao nível da decisão, ainda diz o CPC/2015 (art. 11), que "todos os julgamentos dos órgãos do Poder Judiciário serão públicos, e fundamentadas todas as decisões, sob pena de nulidade". Não há a menor dúvida quanto a necessidade de fundamentar a decisão, porque a Constituição brasileira já faz essa previsão (art. 93, IX). Podemos dizer, em resumo, que talvez o avanço da nova lei esteja no art. 489 – diante da tentativa de *lobby* para derrubar o referido artigo –, isto é, na necessidade de uma fundamentação mais completa das decisões, com

---

53 Cf. BRÊTAS, Ronaldo de Carvalho Dias. *Processo Constitucional e Estado Democrático de Direito*. 3ª ed. Belo Horizonte: Del Rey, 2011, p. 132-134.

54 Considerações enviadas pelo Professor Dr. Ronaldo Brêtas ao Deputado Paulo Abi-Ackel, em 19 de setembro de 2011, sobre o texto do PL nº 8.046/2010 – Novo Código de Processo Civil – Referindo-se ao ofício GABMIN/N 142/2011, de 31/8/2011. À luz destas sugestões e seus acatamentos, conferir a explicação do autor, em suas próprias palavras. Ver BRÊTAS, Ronaldo de Carvalho Dias. *Processo Constitucional e Estado Democrático de Direito*. 3ª ed. Belo Horizonte: Del Rey, 2015, nota de pé de página nº5, com extensão pelas páginas 141-142.

a análise de todos os argumentos trazidos pelas partes (o que também é elementar na linha de um direito processual constitucional).

Essa questão de a fundamentação da decisão judicial ser necessária é muito importante, só que para dar uma resposta mais concreta e detalhada aos problemas enfrentados por ocasião do mandado de injunção, retomaremos o desafio prático gerado nos termos do requerimento de pedido fixado na petição inicial e a omissão legislativa, porque, a esta altura do nosso texto, foram apresentados alguns elementos introdutórios, e, constatou-se, que o juiz está autorizado a colmatar lacunas (proibição do *non-liquid*).

Isso de autorizar o juiz a decidir na ausência normativa – situação não muito comum – não é exclusividade do novo Código de Processo Civil. A formulação clássica da proibição do *non-liquid* já existia no antigo CPC – o de 1973, na ditadura militar – que era claro ao assegurar a interpretação "mais aberta" ao juiz, algo que acenava para o ativismo judicial com requintes de livre interpretação.

Com esta demonstração – altamente discutida, pois o conflito conceitual não é de fácil resolução – quer-nos parecer que na teoria democrática as expressões bem comum e fins sociais (e outras aberturas na rede normativa como analogia e equidade), precisam ser cautelosamente demarcadas, porque, do contrário, tornam-se um convite aliciante para que os intérpretes valsem com os horrores do ativismo judicial (decisões apoiadas em juízos próprios, solipsista).

Aliás, costuma-se dizer, na literatura jurídica especializada, que cabe ao juiz, na ausência de lei, recorrer aos "princípios gerais de direito" (quais? Não é dito). A propósito, é espantoso ver o legislador brasileiro resgatar os antigos conteúdos da Lei de Introdução ao Código Civil (LICC), de 1942, colocando-os na Lei de Introdução às normas do Direito Brasileiro (LINDB), conciliando *princípios constitucionais* (de características deônticas) com *princípios gerais de direito* (abertos para a axiologia) sem nenhum constrangimento.[55]

Se ante a falta de norma específica há que se falar em *mandado de injunção*, e se o procedimento da injunção é o mesmo do *mandado de*

---

[55] LEAL, Rosemiro Pereira. *Teoria geral do processo*. 11ª ed. Rio de Janeiro: Forense, 2012, p. 243-250.

segurança, o que não se poderia imaginar possível é uma decisão com base tão-somente em subjetividades.

A par desses problemas, na precisa advertência de Rosemiro Pereira Leal, essas expressões soltas na malha normativa aumentam o grau discricionariedade do decisor, uma vez que o legislador entregou aos juízes o risco da "livre interpretação do direito escrito e a atribuição de produção do direito na hipótese de ausência de normas ao enfrentamento dos conflitos jurídicos (proibição do *non-liquet* – arts. 4º e 5º da Lei n. 12.376/2010)".[56]

É o que se pode dizer de um genuíno "caráter oculto" do sentido normativo – como alerta Rosemiro Leal –, um grande

> artifício acolhido pela Ciência Dogmática do Direito que, ao mesmo tempo em que coloca o *princípio da reserva legal* como garantia de uma interpretação democrática (pressuposto do embuste), dele simultaneamente se utiliza para, por *lei*, dispensar a existência de lei nas hipóteses em que não haja normas escritas específicas à compulsória resolução judicial dos conflitos.[57]

12.7.4 Considerações finais

Em vista disso, constatou-se que o mandado de injunção é aplicável ante a falta de norma específica. Analisando o CPC/2015 e adentrando ao capítulo dos "poderes, deveres e responsabilidades do Juiz" (Título IV, Capítulo I), no artigo 140, verificou-se que o juiz não se exime de decidir alegando lacuna ou obscuridade do ordenamento jurídico.

Dessa forma, ficou claro que, diante desse *déficit* de legislatividade, haja um controle de fiscalidade desse pronunciamento decisório produzido. Podemos apresentar aqui um esboço de resposta ao dizer que seria impossível falar em resposta decisória legítima diante da falta de balizamento legal. Se não há horizonte normativo, não há decisão judicial! Uma forma lógica do raciocínio, *modus tollens* (no latim – modo de fazer), que sem lei, não existe sentença, o que, em direito, se convenciona chamar de *non-liquid*.

---

[56] LEAL, Rosemiro Pereira. *Teoria geral do processo*. 11ª ed. Rio de Janeiro: Forense, 2012, p. 243.

[57] *Ibidem*, p. 247.

Mas, se não pode falar em pronunciamento decisório diante da ausência de lei específica, como decidir? Ao que parece, no entendimento de muitos juristas, quando a lei for omissa, a saída é decidir o caso de acordo com a analogia e os costumes.

Constatando essa perspectiva, a de julgamento mesmo na ausência da norma, a literatura jurídica especializada utiliza um rótulo, que é a proibição do non-liquid. Isto quer dizer que o juiz está obrigado a decidir mesmo na ausência de lei.

Mas pode o juiz, na ordinariedade da democracia, reconhecer essas recomendações? A este aspecto, ao que parece, autorizar o juiz a decidir com base nessas recomendações é ampliar o seu poder de julgar com base na livre interpretação.

Se é duvidosa essa recomendação, qual, então, a saída mais legítima? Nesta base, do ponto de vista teórico que seguimos, a saída mais legítima ante a falta de norma específica é o mandado de injunção *ex officio*, conforme a articulação de Rosemiro Leal.[58]

Com base, então, nessas conjecturas, percebeu-se que o *mandado de injunção* (art. 5º, LXXI, CF) é opção segura (legítima) para resolver o problema da incompletude do sistema jurídico.[59]

No entanto, apesar de importante o instituto jurídico do mandado de injunção, viu-se que essas decisões podem abrir margem para se trabalhar inferências indutivas – experiências singulares dos juízes –, algo que coloca a legitimidade da decisão em xeque por trabalhar a razão subjetiva (decisões solitárias) como eixo de sustentação da fundamentação.

Vimos, portanto, com preocupação a parte do CPC (Lei nº 13.105, de 16.03.2015) que trata os casos em que haja a proibição do *non-liquid* (o juiz está obrigado a decidir na ausência de lei). Esta perspectiva coloca uma realidade: na literatura jurídica, muitos juristas reforçam a ideia de que se o juiz decidir na ausência de norma é ótimo.

---

58 LEAL, Rosemiro Pereira. *A teoria neoinstitucionalista do processo.* Belo Horizonte: Arraes, 2013.

59 ALMEIDA, Andréa Alves. *Espaço Jurídico Processual na Discursividade metalinguística.* Curitiba-PR: Editora CRV, 2012. p. 56-60.

Assim, para nós, por esse raciocínio, o que há é um reforço da teoria da *relação jurídica* de Oskar von Bülow, de 1868, incompatível com a ordinariedade da democracia.

Ao priorizar a conquista teórica da Constituição de 1988, afere-se, que, o impacto maior, não vem do novo CPC (Lei nº 13.105/2015), mas sim da teoria processual em que nos apoiamos para, neste ensaio, refletir sobre o encaminhamento decisório.

CAPÍTULO 13

PANORÂMICA SOBRE OS DIREITOS FUNDAMENTAIS E ALGUMAS ESPECIFICIDADES

13.1 DIREITOS HUMANOS E DIREITOS FUNDAMENTAIS

O estudo dos *direitos humanos* está à volta de expressões atrativas, extremamente sonoras e emotivas ("justiça", "verdade", "ética", "bem-comum", "paz social") que, como óbvio, dificulta a imediata compreensão.

Por trás dessa linguagem jurídica impregnada de conteúdos que obscurecem o entendimento do Direito, abrem-se as portas à apetência pelo subjetivo (interpretação íntima), e a legislação, em constantes momentos (LINDB – arts. 4º e 5º e Lei nº 9.099/95, arts. 5º e 6º), desdobra um recinto de emboscamentos e autoriza, de forma equivocada, a fundamentação de decisões com base em *conceitos jurídicos indeterminados*, por meio de um juiz, o qual, solitariamente, debruça seus conhecimentos nas costas da humanidade, a fim de abrir as redes cerebrais para compreensão do inefável.

Os *direitos humanos* (direitos que precedem a sociedade política), fora das conquistas histórico-evolutivas da sociedade (direito não homologatório da realidade hostil-hegemônico-excludente), não podem ser aceitos. A *des-moralização* dos direitos humanos propõe que toda a ciência neutralize a nocividade dos indicativos de certeza *a priori* (direito que não passa pela ideia de discursividade). Daí, o cuidado em entender os *direitos humanos* e os *direitos fundamentais*.

Por isso, é oportuno lembrar o consubstanciado e congruente artigo de Rosemiro Pereira Leal a respeito dos direitos fundamentais do Processo e a necessidade de desnaturalização dos direitos humanos.[1]

Os *direitos fundamentais*, cujo termo é de origem francesa (*droit fundamentaux*), tiveram surgimento por volta de 1770, no movimento político-cultural que culminou na Revolução Francesa (revolta contra a tirania do monarca) e na sua respectiva *Déclaration*.

Embora os direitos fundamentais, para alguns autores, tenham conotações similares aos direitos humanos, o filósofo Joaquim Carlos Salgado tratou de esclarecer a compreensão temática, ao dizer que os *direitos fundamentais* são os que dão fundamento aos demais direitos, e, em sendo direitos, mesmo que fundamentais, devem estar garantidos por lei, só que não uma lei qualquer, mas sim uma lei que, como eles, também deve ser "matriz de todas as demais, uma Lei fundamental, que fundamenta as outras, da qual todas decorrem. Essa Lei fundamental é a Constituição"[2].

Partindo dessa conceituação, percebe-se que a grande diferença entre "direitos fundamentais" e "direitos humanos" (direitos pré-constitucionais) é que *direitos fundamentais* reconhecem a humanidade de alguém, compreendem, desta forma, os *direitos humanos* (direitos que todo humano deve ter na "Sociedade"), e, portanto, devem estar positivados nas Constituições.

A partir dessas concepções, Gilmar Mendes, Inocêncio Mártires Coelho e Paulo Gonet Branco, comentam que "desde que os direitos humanos deixaram de ser apenas teorias filosóficas, e passaram a ser

---

1 LEAL, Rosemiro Pereira (Coord.). *Uma pesquisa institucional de Estado, Poder Público e União na constitucionalidade brasileira*: significados equívocos e interpretação do direito: busca de um novo *medium* linguístico na teoria da constitucionalidade democrática. Belo Horizonte: Del Rey: FUMEC, 2008, p. 483-495.

2 SALGADO, Joaquim Carlos. Os direitos fundamentais. *Revista Brasileira de Estudos Políticos*, Belo Horizonte, n. 82, p. 15-69, jan. 1996, p. 15-16.

positivados por legisladores, ficou superada a fase em que coincidiam como meras reivindicações políticas ou éticas".[3] Neste sentido, os referidos autores esclarecem mais detidamente o sentido jurídico das expressões *direitos humanos* e *direitos fundamentais*:

> A expressão *direitos humanos*, ainda, e até por conta da sua vocação universalista, supranacional, é empregada para designar pretensões de respeito à pessoa humana, inseridas em documentos de direito internacional. Já a locução *direitos fundamentais* é reservada aos direitos relacionados com posições básicas das pessoas, inscritos em diplomas normativos de cada Estado [...]. Essa distinção conceitual não significa que os direitos humanos e os direitos fundamentais estejam em esferas estanques, incomunicáveis entre si. Há uma interação recíproca entre eles.[4]

Por outro lado, também é importante notar a distinção entre *direitos fundamentais* e as *garantias fundamentais*, como faz a Constituição Federal de 1988, no seu Título II. A técnica (correta) foi comentada pelo professor doutor Ronaldo Brêtas, com a precisão que lhe é própria:

> À evidência, de nada adiantaria um extenso rol de direitos fundamentais, se mecanismos que assegurassem sua concretização também não fossem selecionados e incluídos no texto constitucional, nas situações – e não raras – em que o Estado e os particulares os desconsiderassem. Assim, enquanto os direitos fundamentais são os direitos humanos expressamente enumerados e declarados no ordenamento jurídico-constitucional, as garantias constitucionais processuais estabelecidas na própria Constituição (devido processo constitucional ou modelo constitucional do processo) e formadora de um essencial sistema de proteção aos direitos fundamentais, tecnicamente apto a lhes assegurar plena efetividade. Não fosse assim, os enumerados direitos fundamentais somente serviriam para aformosear o texto da Constituição ou para revesti-lo de inócuo ornamento teórico.[5]

---

3 MENDES, Gilmar Ferreira; COELHO, Inocêncio Mártires; BRANCO, Paulo Gustavo Gonet. *Curso de Direito Constitucional.* São Paulo: Saraiva, 2010, p. 330.

4 *Ibidem*, p. 320.

5 BRÊTAS, Ronaldo de Carvalho Dias. *Processo Constitucional e Estado Democrático de Direito*. 3ª ed. Belo Horizonte: Del Rey, 2015, p. 92.

Destaca ainda, o supracitado autor, que a fruição dos direitos fundamentais se dá por intermédio da garantia fundamental do *devido processo legal*.[6] Em tempos de ode aos direitos fundamentais, vê-se, que no Brasil, com a vigência da Constituição Brasileira de 1988, os direitos fundamentalmente constitucionais têm sido estudados em um patamar de divulgação ampla, buscando efetividades, enfrentando o grande problema de os cidadãos viverem em condições nem sempre dignas (*desigualdade, violência contra índios, negros, mulheres, pobres, analfabetismo*, *miséria*, *ausência de moradia* e *saúde*). Vê-se, assim, que os desafios de superação são enormes. Por isto, urge, de logo, refletir os direitos fundamentais nas suas mais variadas manifestações; pois, que sigamos em frente.

13.2 O DIREITO À VIDA: ALGUMAS CONSIDERAÇÕES

José Alfredo de Oliveira Baracho esclareceu que o Biodireito passou a merecer cuidadosa atenção quando as Constituições destacaram o direito à vida. Em decorrência desses acontecimentos, aparece a Bioética como um modo de enfrentar essas novas reflexões, frente a pesquisas realizadas pela Engenharia Genética e suas técnicas de reprodução assistida em experimentos humanos no controle das enfermidades incuráveis.[7]

Aliás, não-raro, as reflexões acadêmicas, no Brasil, são muitas vezes direcionadas a estudar o *direito à vida humana* (art. 5º, *caput*, CF/88) apenas voltado ao pulsar dos órgãos humanos, convertendo, desta forma, o estudo do instituto constitucional (direito à vida) em uma acepção jurídico-biológica (fecundação do óvulo/nidação/nascimento/morte), desprovidas de qualquer esclarecimento no tocante à forma de como o humano tocará a sua vida adiante, a fim de promover a sua auto-inclusão na plataforma de direitos fundamentais e a fiscalização/reivindicação desses direitos.

---

6 BRÊTAS, Ronaldo de Carvalho Dias. *Processo Constitucional e Estado Democrático de Direito*. 3ª ed. Belo Horizonte: Del Rey, 2015, p. 93.

7 BARACHO, José Alfredo de Oliveira. Teoria geral da bioética e do biodireito. In: TEIXEIRA, Sálvio de Figueiredo (Coord.). *Direito e medicina*. Belo Horizonte: Del Rey, 2000. p. 70-109.

A nosso sentir, Rosemiro Leal seja, talvez, faça-se o único jurista com estudos à elaboração de uma *teoria jurídica da vida* em que a concepção de *vida digna* pressupõe a linguagem operacionalizada pelo direito processual constitucional (a teoria do contraditório em simétrica e simultânea isonomia).[8]

Nesse sentido, o estudo do direito à vida só poderá ser compreendido pelo princípio do discurso jurídico processualizado, uma vez que o direito à vida passa pelo estudo da discursividade (direito à vida discursiva), pois o grande fator que distingue o *homem* do *animal* é a *linguagem* e, desta forma, entender o *direto à vida* e o *direito à vida humana digna* (art. 5º, *caput*, + art. 1º, inciso III) torna-se indispensável à compreensão do Direito Constitucional democrático contemporâneo.

Como instituição social, a *linguagem* é a base para outras instituições humanas, para as religiões, para as normas jurídicas das sociedades, para a Ciência. A linguagem permite a socialização dos conteúdos de reflexão e sem ela não há como considerar criticamente uma ideia. É por meio da linguagem que podemos "olhar para nossas ideias como se fossem objetos externos, como se pertencessem ao mundo que nos é exterior, o qual dividimos com os outros".[9]

As linguagens humanas compartilham com as linguagens animais duas funções inferiores: a auto-expressão (sintomática do estado de algum organismo) e a sinalizadora (sinalização ou sintoma que não libera uma resposta em outro organismo). Mas a *linguagem humana* tem muitas outras funções. Pelo menos duas funções superiores: a função descritiva (descrição que se ajusta aos fatos) e a argumentativa (argumentos críticos acerca das descrições).[10] As duas sempre estão presentes. Sem a linguagem descritiva não pode haver discussão crítica. Esse raciocínio de Popper mostra a futilidade de todas as

---

8 LEAL, Rosemiro Pereira. *Processo como teoria da lei democrática*. Belo Horizonte: Fórum, 2010, p. 56.

9 NEIVA, Eduardo. *O racionalismo crítico de Popper.* Rio de Janeiro: Francisco Alves, 1999, p. 44.

10 POPPER, Karl. *Conhecimento objetivo: uma abordagem evolucionária.* Belo Horizonte: Itatiaia, 1999, p. 121-123.

teorias da linguagem humana que se focalizam em expressões corporais (o corpo fala).[11]

Somente com "a função argumentativa da linguagem, torna-se a crítica o instrumento principal de maior crescimento" (mundo da ciência).[12] Portanto, "a linguagem, a formulação de problemas, a emersão de novas situações de problemas, de teorias concorrentes, de crítica mútua por meio de argumentação, tudo isso são meios indispensáveis do crescimento científico".[13] Neste caso, estaremos no chamado *terceiro mundo objetivo* (teorias, problemas e argumentos objetivos).

Se é consistente dizer que a linguagem tem a vocação de *dizer*, de transmitir algo de consubstancial, de estabelecer argumentos (dizer e contradizer), é necessário reconhecer que é por meio do *direito processual* que a vida instaurada não é mais ter tão-somente a pulsão dos órgãos do corpo humano, pois, a partir daí, o Direito assegura à pessoa condições mínimas para continuar a viver com qualidade.

Dessa forma, a legitimidade de sua defesa pelo Direito Processual será alcançada a partir da interação argumentativa realizada pela fala (organizada em espaços procedimentais) e pelas normas jurídico-constitucionais a disposição de todos os interessados em uma sociedade (acesso à jurisdição – art. 5º, XXV, CF/88).

Martin Heidegger (1889-1976), num panorama teórico extremamente denso, projeta um quadro de como se daria a distinção entre SER e ENTE.[14]

Não seria difícil compreender em Heidegger, apesar de sua alta complexidade filosófica, que o homem deixa de ser ENTE a partir do momento em que pode pensar e teorizar a sua situação na vida mundana (atividade discursiva da mente). Se tal ocorre, o animal, que tem a impossibilidade do exercício do contraditório, afasta-se do homem (SER) e estaciona-se no patamar de ENTE (o animal não tem o *Eu*).

---

[11] WEIL, Pierre; TOMPAKOW, Roland. *O corpo fala*: a linguagem silenciosa da comunicação não-verbal. Petrópolis: Vozes, 2005.

[12] POPPER, Karl. *Conhecimento objetivo*: uma abordagem evolucionária. Belo Horizonte: Itatiaia, 1999, p. 122.

[13] *Ibidem*, p. 123.

[14] HEIDEGGER, Martin. *Essência do fundamento*. Lisboa: Edições 70, 1988.

Por óbvio, lidar com o *ser-para-a-morte* é fácil: não precisamos fazer nada. O difícil é construirmos o ser-para-a-vida.

Evidentemente que esses aspectos da possibilidade do argumentar e contra-argumentar só é possível pela instituição do *processo* (núcleo discursivo nas democracias), o qual possibilita à pessoa ingressar em juízo e reivindicar os direitos líquidos e certos (direitos já acertados), construídos em *devido processo legislativo*,[15] no Parlamento brasileiro, para que sejam reconhecidos.

Sobrevém, com acuidade, a palavra *dignidade* (art. 1º, III, CF/88), acrescida à palavra *vida* (art. 5º, *caput*, CF/88), uma vez que é a partir dela (*vida humana digna*) que haverá o entrecruzamento dos princípios constitucionais da *isonomia* e do *contraditório*. Vinculados esses princípios jurídicos, compele-nos afirmar que a vida digna há de ser exercida ao ritmo do *processo constitucional*, pois não ser observada a *simétrica paridade*, a *liberdade* ou não ter reconhecida a *ampla defesa*, o ser humano passa a não ser portador de importantes direitos, os quais, por serem assegurados a todos os cidadãos de forma igual, são ditos *fundamentais*.

Por isso, que na ausência deles, a pessoa passa a ter apenas *vida* (metabolismo orgânico/um corpo carregando vida), jamais *vida humana digna*, inserindo-se, desta forma, na observação do filósofo Giorgio Agamben, de que a maior violência que se comete contra o outro é reduzi-lo à mínima vida biológica. [16] E aí temos um referente lógico que anuncia a nossa posição: o ser humano não se reduz tão-somente ao biológico.

Com isso, dissipa-se o grande equívoco a respeito do tema, porque, a *vida*, não surge somente com o nascimento.

"*Vida*", além de nascer com *vida*, em direitos fundamentais, significa que não basta, contudo, estar respirando (não é somente o ar

---

15 DEL NEGRI, André. *Controle de constitucionalidade no processo legislativo*: teoria da legitimidade democrática. 2ª ed. Belo Horizonte: Fórum, 2008; CATTONI, Marcelo Andrade. *Devido processo legislativo*. 3ª ed. Belo Horizonte: Fórum, 2016.

16 AGAMBEN, Giorgio. *Homo Sacer: o poder soberano e a vida nua I*. Belo Horizonte: Ed. UFMG, 2002.

que passa pelos pulmões). Para se confirmar a presença deste direito é preciso mais.

Necessário, portanto, refletir que só haverá concretude dessa instituição (direto à vida), se a pessoa tiver direito de se inserir na *vida fundamental*, se souber utilizar a linguagem e a argumentação para fins de reivindicação dos direitos fundamentais. À evidência, essas aptidões são adquiridas por intermédio da educação (direito à educação). Tem-se *vida* no discurso (Hannah Arendt).[17]

Direito à *vida*, portanto, é a pessoa ter direito de se inserir na *vida* fundamental e não ser limitada no contraditório, ampla defesa e isonomia. São esses princípios processuais constitucionais que tocam a *vida* das pessoas. Sem a observância desses princípios, não há *vida*. Daí, é de se afirmar, que a *vida* não vem tão-somente com o nascimento, como quer o Código Civil.

Porém, é necessário mais: a compreensão da vida, na *ciência do direito (*estudo de um Direito não-estático), passa pela compreensão da linguagem, da argumentação e da reivindicação de direitos. É a implementação desses princípios que garantirão o direito à *vida digna* das pessoas (dignidade humana – art. 1º, inciso III, CF/88).

A propósito, o alemão Werner Herzog, em seu filme *O enigma de Kaspar Hauser* (1974 -Versátil), conta o caso real de um jovem encontrado perdido numa praça em Nuremberg (Alemanha), em 1826, e que passara a vida trancado num porão de uma casa. Resta claro, a partir dessa citada produção cinematográfica, que a dificuldade resultante da *ausência da linguagem* e do esclarecimento é um obstáculo para a implementação da dignidade na vida em sociedade.

É exatamente aí que entra o estudo de Giorgio Agambem,[18] o qual afirma que as pessoas podem ser despidas de seus direitos de cidadania e reduzidas à *vida nua* (*zoè*), que é o modelo de espaço onde não é possível distinguir entre *público e privado.* Por evidência,

---

[17] ARENDT, Hannah. *A condição humana*. Rio de Janeiro: Forense Universitária, 2001.

[18] AGAMBEN, Giorgio. *Homo Sacer*: o poder soberano e a vida nua I. Belo Horizonte: Ed. UFMG, 200

referido espaço, torna-se o espaço do arbítrio, da dominação, da tirania.[19]

Salienta-se, que, a ideia de *vida digna*, a qual foi grafada na Constituição de 1988 pelos parlamentares, com aceno a conteúdos de igualdade, bem-estar, desenvolvimento, segurança, liberdade, cidadania, valorização do trabalho, justiça social, é exatamente o que eles achavam o que era digno na vida de qualquer pessoa.

Se os constituinte estabeleceram um piso mínimo, essa dignidade, hoje, para ser reivindicada e ampliada por qualquer um do *povo* (pessoa legitimada ao *processo*), é de extrema importância, que, cada qual dessa comunidade jurídica, saiba fazê-la ou que tenha meios de promover a auto-inclusão no sistema de direitos fundamentais por instituições que faça essa representação.

Não há exercício de vida digna, não há amplos requerimentos de direitos fundamentais sem educação-esclarecimento em espaços adequados de produção do conhecimento (escolas/universidades).

A dignidade posta na vigente Constituição é reivindicada o tempo todo. Por isto a necessidade de haver institutos jurídicos (mandado de segurança, ação popular, referendo, plebiscito, *habeas corpus*, iniciativa popular de lei, *habeas data*, ações de declaração de inconstitucionalidade), a fim de reivindicar de forma ampla os direitos líquidos e certos (fundamentais).

13.3 DIREITO À LIBERDADE

Procurando investigar os entrelaçamentos entre liberdade, igualdade e a *teoria da constituição*, este título sustenta que a *teoria do processo* é o meio pelo qual o cidadão toca a sua existência não se limitando a ser um simples destinatário normativo.

Afigura-se-nos importante, para efeito deste estudo, um entendimento mais amplo acerca do direito à liberdade (art. 5º CF/88). É inegável que o próprio conceito passa pelas indagações sobre cerceamento ilegal de locomoção (art. 5º, XV) e suas problematizações

---

19 AGAMBEN, Giorgio. *O que resta de Auschwtz (Homo sacer III)*. São Paulo: Boitempo, 2008.

pelo *habeas corpus* (art. 5º, LXVIII), a liberdade religiosa (crença e culto – art. 5º, incisos VIII e VI), a liberdade de expressão (art. 5º, inciso IX, e art. 220, §3º), a qual justifica a liberdade de informação (art. 5º, inciso XIV) e a de pensamento (art. 5º, IV). Portanto, o ponto comum que orienta essas reflexões é o de que ninguém será privado da *liberdade* ou de seus bens sem o *devido processo legal* (art. 5º, LIV).

Flagra-se que a *liberdade* humana não se exaure na livre locomoção ou na liberdade de expressão (os animais também possuem ambas, ainda que a última seja corporal ou por grunhidos) e muito menos no livre arbítrio. O grande passo é ver a liberdade como função argumentativa exercitada no mundo de teorias pensadas.[20] Esse é um ponto determinante. Essa linguagem humana descritivo-problematizante é que leva à invenção da crítica, à eliminação de erros, e, por consequência, à mudança de pensamentos num país.

Assim, como dito, não podemos entender a *liberdade* somente no movimentar livre do homem (liberdade de ir-e-vir), pois, se assim fosse, estaríamos refletindo a liberdade tão-somente no espaço biológico.

Para que o direito à liberdade seja efetivo, tem-se que falar na liberdade de locomoção entrelaçada à liberdade lógico-teórica (mundo do pensar) que se configura no direito à ampla defesa (reserva legal do *processo*) ao construir argumentos com a tentativa de procurar eliminar erros em determinadas circunstâncias (exposição de temas em conferências, denúncia-acusação, artigos científicos, pesquisas e teses acadêmicas).[21]

Por ilação, o cerceamento da liberdade de exposição de argumentos gera a grave perda de dignidade humana (art. 1º, III) e dignidade participativa (*cidadania* – art. 1º, inciso II).

Assim, ao deslinde de um Estado que possui um Direito democrático, é inevitável que esse Direito seja produzido e aplicado *sem-a-influência-religiosa*, desindexado, portanto, de *mitos* (relatos, textos sagrados, símbolos) e *ritos* (preces, sacrifícios), voltando-se, desta forma, ao reconhecimento de uma *sociedade plural* (aberta).

---

20 POPPER, Karl; ECCLES C. John. *O eu e seu cérebro. Campinas*: Papirus, 1995, p. 62-75.

21 LEAL, Rosemiro Pereira. *Processo como teoria da lei democrática.* Belo Horizonte: Fórum, 2010, p. 184-189.

Aliás, o que se revela de extrema importância dentro de um país é o fato dito pelo zoólogo de Oxford, Richard Dawkins, de que "as lacunas diminuem conforme a Ciência avança, e Deus fica ameaçado de acabar sem nada para fazer, e sem ter onde se esconder".[22] Segundo informações amplamente noticiadas na imprensa nacional, no dia 27 de maio de 2015, ao discursar durante o ciclo de palestras Fronteiras do Pensamento, em São Paulo, disse que "a religião é como um vírus de computador que se instala no cérebro com a instrução de se replicar com o passar das gerações". E mais: "Não digo com certeza absoluta que Deus não existe, mas ele está na mesma categoria de fadas, goblins [...]. Se houvesse boas evidências da existência de Deus, eu mudaria de opinião".[23]

No que diz respeito à fala de Dawkins, sabemos que o assunto pode incomodar muita gente. Por fim, que fique, então, bem claro: a fala de Dawkins é a fala de um *cientista*. Seu objetivo precípuo é construir uma análise fática sobre o fenômeno (Deus); é fazer uma construção analítica não-valorativa, não-sacerdotal.

Daí a importância de um *Estado laico* (o Estado se manterá neutro diante das várias religiões), a fim de não ser um entrave nas discussões – e, por consequência, na efetividade de direitos. Esta na Constituição brasileira de 1988, mais precisamente no art. 19: "É vedado à União, aos Estados, ao Distrito Federal e aos Municípios: I – estabelecer cultos religiosos ou igrejas, subvencioná-los, embaraçar-lhes o funcionamento ou manter com eles ou seus representantes relações de dependência ou aliança [...]".

Com isso, procura-se resolver o embate entre *Homo sapiens* e *Homo religiosus*, que sempre apresentou enorme tensão na história da humanidade. Aliás, o fundamentalismo religioso (radicalismos variados) é um perigo para a democracia (retorno aos mitos, verdades bíblicas, liturgia da palavra), pois pode tornar inacessível a compreensão das diversidades (inclusive a sexual e de gênero).

---

22 DAWKINS, Richard. *Deus: um delírio*. São Paulo: Companhia das Letras, 2007, p. 171; Cf. ONFRAY, Michel. Tratado de ateologia. São Paulo: Martins Fontes, 2007.

23 DAWKINS, Richard. Richard Dawkins diz que religião é 'virus' para a mente. *Folha de S. Paulo*, 30 de maio de 2015, p. B5.

Convém anotar, que, o Brasil, a reverso da Suécia, que só teve a separação da Igreja Luterana do Estado em 2000, já trabalha (em coerência democrática, ao menos teoricamente) com a figura de um Estado laico (tolerância e respeito à diversidade religiosa) desde a Constituição de 1891.

Curioso é notar que o Estado brasileiro, apesar de laico, apresenta seu paradoxo. A exemplo, cita-se o Preâmbulo da Constituição de 1988, que, ao se referir à promulgação do Texto Constitucional, o faz sob a "proteção de Deus" (*sic*). E aí, vivemos essa impressionante contradição de forma permanente no Brasil: o Estado é laico, mas o documento foi aprovado "sob a proteção de Deus".

Por isso, é inconcebível, ao menos incoerente, falar em *Deus* num *Estado laico* e possuir um calendário nacional repleto de feriados religiosos católicos (laico-católico?), em uma sociedade composta de agnósticos, hindus, judeus, ateus, cristãos, islamitas, budistas, kardecistas, taoístas, umbandistas, religiões politeístas (africanas, afro-brasileiras e indígenas), entre outras.

A este propósito, melhor que o Preâmbulo da Constituição brasileira nada dissesse.[24]

13.4 IGUALDADE CONSTITUCIONAL E IGUALDADE PROCESSUAL

Não há dúvida que a "igualdade" é tema antigo, longo e desafiador. Certamente precisamos dela, mas não é algo tão simples de ser refletido, principalmente em países pobres.

Quaisquer que pareçam ser os desafios do assunto, um ponto, sem dúvida, salta aos olhos: a dificuldade de conciliar "liberdade" e

[24] A propósito, sobre o *preâmbulo constitucional*, os pertinentes comentários de Alexandre de Moraes: "Apesar de não fazer parte do texto constitucional propriamente dito e, consequentemente, não conter normas constitucionais de valor jurídico autônomo, o preâmbulo não é juridicamente irrelevante, uma vez que deve ser observado como elemento de interpretação e integração dos diversos artigos que lhe seguem". MORAES, Alexandre. *Direito constitucional.* São Paulo: Atlas, 2009, p. 20. Sobre o assunto, afirmando ausência de força normativa do Preâmbulo, ver STF – Pleno – Adin. nº 2.076/AC – Rel. Min. Carlos Veloso, decisão 15.08.2002. Informativo STF nº 2777.

"igualdade". Dizemos isto porque um princípio está em contraponto com o outro. Então, os inevitáveis paradoxos. Sem entrar num estudo pormenorizado (e aí simplificamos em excesso a reflexão), se um país trabalha com um eixo de sociedade livre, presume-se que alguém pode acumular bens materiais em excesso, que, um dia, supondo-se – e aqui o exemplo é desgastado no âmbito acadêmico –, esses bens serão transmitidos por herança a outras pessoas. Nessas circunstâncias, pessoas herdarão riquezas, mesmo que não tenham se esforçado minimamente ao longo da vida, chegando ao extremo de famílias de duas, três gerações, que não trabalham. Embora soe convincente para uns, outros tantos repudiarão esse comportamento, pois preferem forças equilibradas e um sistema para proteger os economicamente fracos. Em consequência disso, há vários ângulos de reflexão, dado que é possível destacar um, ainda que simplificadamente: se houver uma prioridade absoluta em relação à liberdade individual – ao ponto de uma liberdade total –, é importante dizer que a concentração de renda se instalará. Assim, pessoas, por obviedade, terão mais bens materiais do que outras e inúmeros tormentos poderão surgir. Na prática, claro, os assuntos e os problemas se multiplicam, o que faz ganhar relevo a súplica de a sociedade ser mais igualitária. Lado outro, uma sociedade que busca a igualdade plena, poderia estabelecer um desencorajamento para render e gerar competitividade preferentemente, o que pode tirar um país da pobreza e privação material. A aporia não tem solução fácil. Vemos, pois, nessas circunstâncias, que o assunto se alonga. Ademais, um número considerável de cientistas sempre esteve disposto a enfrentar o tema. Contemporaneamente, em termos de destaque, cita-se o economista francês Thomas Piketty.[25] No entanto, o problema que temos neste tópico não é exatamente esse. Almejamos um outro recorte, afim de discutir a "igualdade processual". Mas antes disso, precisamos de um alto teor informativo.

Séculos atrás, a afirmação de que o Direito é encontrado com o homem ao nascer (pessoas predestinadas), e que, por isto, alguns nasciam diferentes de outros (direito natural) gerou algumas máximas jurídicas. Entre elas, está a clássica "*tratar igualmente os iguais e*

---

25 PIKETTY, Thomas. *O capital no século XXI.* Rio de Janeiro: Intrínseca, 2014.

desigualmente os desiguais" (Aristóteles). Vê-se que isto tomou fôlego ao longo dos tempos.

Aliás, não é nova a informação de que, na França, antes de a Constituição (1791) estampar, para o mundo, o princípio da igualdade (todos são iguais perante a lei), o que havia era uma imensa desigualdade social por meio de castas e servidão, e o discurso do Estado, à época (tratar os iguais de forma igual e os desiguais de forma desigual), era impedir que aquele que nascesse fora da casta de privilégios (Monarquia – como se tivessem nascido com mais direitos) nada reclamasse. Daí, a existência de um secular tipo de dominação social (Weber) pela tradição e autoridade.

Pena que nos séculos transcorridos desde o surgimento do enunciado dogmático "tratar igualmente os iguais e desigualmente os desiguais", o Direito, bem como seus operacionalizadores, por vezes, tenham se rendido em aceitar passivamente referida afirmação no núcleo do *direito processual* em vez de refugá-la, com volúpia.

Por isso, para capturar o entendimento do direito à igualdade, a partir de alguns livros, torna-se tarefa difícil. E é mesmo, pois, o referido "mantra", o de tratar igualmente os iguais e desigualmente os desiguais, passa, rapidamente, de solução a problema quando usado no *direito processual*.

A chance de ver isso ruir ao vivo e em cores está nos estudos acerca da democracia contemporânea, regime que, certamente, é o menos imperfeito dos modelos de convivência social que o ser humano já inventou.

Sem uma análise do direito à igualdade ao longo dos paradigmas jurídicos, anteriores ao vigente no Brasil (art. 1º, CF/88), não seria possível entendê-lo. E não há a mais leve dúvida de que os estudos modificaram-se de lá para cá no enfrentamento do tema (Rosemiro Leal). No entanto, ao que parece, a maioria das pessoas continua a entender o acesso à igualdade na mesma proposta aristotélica. Esta pedagogia é que dificulta, ainda hoje,no nosso entendimento, a compreensão do que é a igualdade no *direito processual democrático*.

Percebe-se que a produção do Direito, no período do *Estado Liberal*, tinha como parâmetro a afirmação de que todos são iguais perante a lei (*igualdade formal*). Esse foi o primeiro passo, sem dúvida.

Aliás, o magicismo dessa época conseguiu transportar a reivindicação de igualdade dos homens para a lei, e criaram uma ficção da lei. Colocaram os desiguais *diante da lei*, num timbre kafkiano,[26] que põe à mostra um novo espaço de opressão: a estrutura de dominação normativa (Max Weber).

No *Estado Social*, propôs-se, então, a continuidade do antigo *slogan* até hoje divulgado por quem o segue: tratamento igual para iguais e desigual para desiguais (*igualdade material*). E, para completar, durante esse paradigma jurídico, a supressão das desigualdades e de toda a "injustiça" seria realizada pela figura do juiz (igualdade pelo juízo de judicância), que promovia às partes no processo tratamentos desiguais, a fim de compensar desigualdades econômicas, culturais, sociais, entre outras. À época, não havia dúvida de que o *processo* era uma panacéia e, como tal, possuía a finalidade de promover a "paridade de armas" entre as partes processuais, e, desta forma, parafraseando Rodrigo Rigamonte Fonseca, todos os problemas (sociais, econômicos, políticos...) eram remetidos para o interior do *processo* com a finalidade de solução.[27]

Afinal, o Judiciário era a função central do Estado. Foi aí que a Escola da Instrumentalidade do Processo se anabolizou com os seus "escopos metajurídicos de pacificação social" (políticos, sociais, educacionais).[28] Apesar das engenhosas metodologias produtoras de

---

26 KAFKA, Franz. Diante da Lei. *In: A colônia penal.* São Paulo: Livraria Exposição do Livro, 1999, p. 71-72.

27 FONSECA, Rodrigo Rigamonte. Isonomia e contraditório na teoria do processo. In: LEAL, Rosemiro Pereira et al. (Coord.). *Estudos continuados de teoria do processo*. Porto Alegre: Síntese, 2000. v. 1, p. 13-24.

28 Note-se que *não há uma teoria da instrumentalidade.* O que existe é uma *teoria da relação jurídica,* como esboçado por Bülow, em 1868. Aqui, no texto deste livro, o que se fala é de uma *escola da instrumentalidade*, um conjunto de ideias que não chega a ser uma teoria. É apenas uma alavanca para a *teoria da relação jurídica.* Registra-se, todavia, que a escola da instrumentalidade não nega o contraditório. O problema é que o contraditório não aparece na estrutura da técnica. Deve-se dizer que buscam uma simplificação procedimental com sumarização cognitiva. Consigna-se, igualmente, que nesse giro, mesmo quando o contraditório é assegurado (de forma diferida), ao final, o juiz aparece com um argumento (elementos surpresa) e decide. Este é o chamado caráter teleológico: o juiz fica no centro (foco de centralidade) e trabalha com o elemento surpresa

armadilhas ideológicas para entender o direito à igualdade, com poucas variantes de gênero e também de grau, o discurso infelizmente ainda é praticamente o mesmo na contemporaneidade.

Destaque-se, de logo, que se a execução da igualdade tem que partir de direitos fundamentais já assegurados na Constituição, o certo é que não pode haver dispensa ao entendimento de que, no *Estado Democrático de Direito*, o ponto nodal é a *igualdade processual* à reivindicação de todos os cidadãos-autores.

A partir de reivindicada essa inserção dos cidadãos no núcleo dos direitos fundamentais, não pode haver diferenças quanto a pessoas, porque o *processo* é utilizado para executar direito, não para acertar direito já debatido pelo legislador no plano constituinte ("coisa julgada constituinte" – expressão tomada por empréstimo científico de Rosemiro Leal).

Nessa conjectura, afirmar o Direito pelo olhar da ideologia é algo que pode gerar inúmeras complicações, e a instituição do *processo* não tem outras finalidades que não a preparação do provimento final (sentença) em atenção à reserva legal da isonomia e isocrítica.

Tem-se, que, qualquer tentativa de o juiz equilibrar e compensar, ao longo do procedimento judicial, as desigualdades materiais das partes, haverá lesão ao direito-garantia constitucional do contraditório e da simétrica e simultânea paridade. Estamos em que não há "varinha de condão" no ato de decidir.

Artur César de Sousa, num artigo reflexivo sobre a aplicação da "*parcialidade positiva do juiz*", projeta esta possibilidade como um "imperativo principiológico que determina o reconhecimento das diferenças sociais, econômicas, culturais e mesmo psicológicas daqueles que atuam no âmbito do processo".[29] E não é só:

(decisão de surpresa). Nesse seguimento, se para a escola da *instrumentalidade o processo é instrumento da jurisdição*, pergunta-se: qual a finalidade dessa jurisdição? são os escopos metajurídicos? Para tanto, cf. as importantes críticas que Aroldo Plínio Gonçalves tece à teoria da relação jurídica, em especial no Capítulo V do seguinte livro: GONÇALVES, Aroldo Plínio. *Técnica processual e teoria do processo.* 2. ed. Belo Horizonte: Del Rey, p. 59 a 83.

[29] SOUZA, Artur César de. A parcialidade positiva do juiz (justiça parcial) como critério de realização no processo jurisdicional das promessas do constitucionalismo social. *Revista dos Tribunais,* São Paulo, n. 857, p. 29-53, mar. 2007, p. 30.

"*o princípio da parcialidade positiva* do juiz significa a realização pragmática das promessas do constitucionalismo social, mediante a supressão [...] das pessoas envolvidas na relação jurídica processual [...]".[30]

Pensamos diferente, e aqui, a crítica não é sobre o cientista – a pessoa –, mas sim sobre argumentos e teorias, nada mais. Aliás, entendemos que este raciocínio acadêmico "parcialidade positiva do juiz" está mais próximo de um outro gênero, que é o "socialismo processual", período que esteve em voga no final do século XIX. Seus maiores inspiradores? Anton Menger e Franz Klein. Referido período ficou caracterizado por maior intervenção estatal no desenvolver do *processo.*

A obra de Dierle Nunes, *Processo jurisdicional democrático*, nos mostra as características desse período. Trata-se de um texto que demonstra os perigos das perspectivas do liberalismo, da socialização e do neoliberalismo processual. Aliás, o livro de Nunes comprova, que, com a obra, a *Ordenança processual austríaca*, de 1895, do jurista Franz Klein, "o processo passou a ser visto como instituição estatal de bem-estar social".[31] E mais: a pesquisa de Dierle Nunes mostra que o discurso processual de Anton Menger, em 1890, criticava o aparato jurisdicional e a passividade judicial.[32] Segundo a pesquisa, o socialismo jurídico, de Anton Menger, dizia que o juiz devia assumir o papel de "representante dos pobres [...], assumir a representação da classe mais pobre",[33] a fim de estabelecer um equilíbrio no processo.

Vê-se, portanto, que a gênese dessa postura compensadora dos *déficits* de igualdade material entre as partes, foi muito bem explicada pelo professor Dierle Nunes, em pesquisa consistente, a qual foi defendida como tese de doutoramento no Programa de Pós-Graduação

---

30 SOUZA, Artur César de. A parcialidade positiva do juiz (justiça parcial) como critério de realização no processo jurisdicional das promessas do constitucionalismo social. *Revista dos Tribunais*, São Paulo, n. 857, p. 29-53, mar. 2007, p. 51.

31 NUNES, Dierle José Coelho. *Processo jurisdicional democrático*. Curitiba: Juruá, 2012, p. 46.

32 *Idem.*

33 *Idem.*

em Direito da PUC Minas, aliás, uma das preciosas contribuições da Escola Mineira de Direito Processual.

Tomando emprestado todas essas críticas, temos que se o juiz tentar suprir as diferenças materiais dos cidadãos pelo *processo* (núcleo discursivo nas democracias) seria o mesmo que dizer que o juiz age como parte, pois representante de um Judiciário homologador das funções do refutado paradigma do Estado Social (*Wellfare State*).

No raciocínio da "parcialidade positiva do juiz", portanto, ao que parece, sobressai o ranço persistente com a *instrumentalidade* do processo e a *teoria da relação jurídica*. Como bem coloca Flaviane de Magalhães Barros, pós-doutoramento pela *Università degli Studi di Roma*, "a linha da instrumentalidade, que pretende que o juiz em sua decisão proceda à correção prática dos erros perpetrados por outras esferas estatais, a fim de garantir justiça social, é de fácil adaptação à teoria da relação jurídica processual".[34]

Ao adotar um "ativismo justiceiro" (juiz Robin Hood), com o argumento de fazer "justiça social", uma melodia retórica (sedutora), capaz de deixar em transe qualquer plateia ou interlocutor, à moda de uma "flautista de Hamelin", o juiz escapa da reserva legal do *processo* e comete dupla lesão. A primeira: a de remeter as partes processuais à posição de meros destinatários do Direito, porque transforma o *cidadão em mero cliente* (e não co-construtor do pronunciamento decisório). Uma outra: a negativa da simétrica paridade ao cidadão na base de discursividade processual (*devido processo legal*), o que desconfigura o princípio do contraditório, eixo teórico-democrático-fundamental de discursividade isonômica, porque não há contraditório sem a observância da simétrica e simultânea paridade entre as partes processuais.

O desconforto existe, porque, o Judiciário, não é espaço franciscano de distribuição de "justiça" promovida pelo *juiz*, que não pode iniciar um procedimento judicial e nem sobrepor-se às partes e a outras funções do Estado (executivo-legislativo), sob pretexto de

---

[34] BARROS, Flaviane de Magalhães. *(Re)forma do processo penal*: comentários críticos dos artigos modificados pelas leis n. 11.690/08, n. 11.719/08 e n. 11.900/09. 2. ed. Belo Horizonte: Del Rey, 2009, p. 12.

promover a hermética "paz social". O titular do *direito de ação* ("um direito à jurisdição", como diria Eduardo Couture), que é um direito incondicionado (art. 5º, XXXV, CF/88), é o autor-cidadão. O autor (sujeito constitucional) é o titular do direito que merece pronunciamento jurisdicional decisório do Estado, por isto o desencadeamento de um procedimento judicial. O Estado, por meio da função judicial, vai analisar o *pedido* apresentado na petição inicial pelo titular de um interesse manifestado. Desta forma, como dever funcional, a resposta do juiz é um "não" ou "sim", ao autor. Vale dizer: o pedido será improcedente ou procedente. O juiz não pode atuar como um "ortopedista social", se dedicando ao tratamento dos déficits materiais das partes processuais.

Cabe esclarecer, que a instituição do *processo*, não é direito-garantia para trazer igualdade na sociedade por causa das desigualdades materiais das partes, mas sim uma instituição constitucionalizada apta a assegurar uma igualitária participação na construção do pronunciamento decisório (sentença) não apenas por meio de "uma simétrica paridade de tempo (prazo) de fala entre as partes", porque indispensáveis "a igualdade de propugnar a modificação ou extinção de normas (*isocrítica*)", bem como o "igual direito de interpretação para todos (*isomenia*)". [35]

Tome-se, ainda, que o *processo* não é instrumento da *jurisdição* para a pacificação social de conflitos (*pacificação social* é algo retórico). Afinal, na teoria da democracia, o processo é uma instituição regente e legitimadora dos atos decisionais das funções público-estatais.

De outro ângulo, não se pode olvidar que a *igualdade processual* diz respeito à participação temporal idêntica das partes processuais na construção da decisão (ato compartilhado) "independentemente de se ter ou não direito material".[36]

Observe-se, de passagem, que apesar de o referido autor, Artur César de Souza, salientar que "não se pretende lançar a decisão judicial ao crivo subjetivo do magistrado", e que a atividade jurisdicional

---

[35] LEAL, Rosemiro Pereira. *A teoria neoinstitucionalista do processo*: uma trajetória conjectural. Belo Horizonte: Arraes, 2013, p. 11.

[36] FONSECA, Rodrigo Rigamonte. *Isonomia e Contraditório na Teoria do Processo*. In. LEAL, Rosemiro Pereira et al. (Coord.) *Estudos Continuados de Teoria do Processo*. Porto Alegre: Síntese, 2000. Vol. I, p. 18.

está integrada a um "plano econômico, social e cultural [...]",[37] percebe-se, com todo respeito, que, no desenvolvimento de seu artigo, há descompassos.

Em matérias de "parcialidade positiva do juiz", vários desenhos são possíveis e nenhum é bom. Se há uma parcialidade em relação ao autor, por exemplo, não teria o réu direito a um juiz imparcial? Quem pagará a conta desta contradição?

Essa divergência existe, porque a redução das desigualdades sociais não é dever do Estado-juiz no transcorrer do *processo*, além do que, é vedado ao juiz decidir fora dos limites construídos pelas partes processuais, com a apresentação da pretensão jurídica formalizada, bem como teses jurídicas construídas pelas partes em ampla defesa, a partir dos elementos fixados nos autos do *procedimento.*

Acontece, que, a esperada "justiça", não virá por meio de um juiz-justiceiro (justiçamento), cujo cérebro sensitivo e talentoso, faça-se capaz de reduzir os problemas sociais paternalizando os sujeitos do *processo* e remetendo-os à posição de meros coadjuvantes do seu destino.

O *processo constitucional* é uma instituição que se desenvolve num espaço jurídico-discursivo de *simétrica paridade* entre as partes, de modo que esses sujeitos processuais possam desenvolver seus discursos críticos (*isocrítica*) "a todos e os sujeitos do procedimento (*isotopia*)"[38] e assumir a posição de coautores interpretativos e fiscalizadores das *leis* (jurisdição), por via, evidentemente, da instauração de *procedimentos* judiciais.

Colhidas essas considerações sobre o princípio da igualdade, adicionem-se outras: ganhou impulso no Brasil a política pelas cotas raciais. A propósito, a Constituição brasileira de 1988 fala abertamente de *inclusão.*[39] Seja como for, a situação dos negros, índios e quilombolas exigem uma reflexão mais detalhada, que, por si só, merece

---

37 SOUZA, Artur César de. A parcialidade positiva do juiz (justiça parcial) como critério de realização no processo jurisdicional das promessas do constitucionalismo social. *Revista dos Tribunais,* São Paulo, n. 857, p. 29-53, mar. 2007, p. 40.

38 LEAL, Rosemiro Pereira. *A teoria neoinstitucionalista do processo.* Belo Horizonte: Arraes, 2013, p. 11.

39 Sobre inclusão, conferir Constituição Federal de 1988, art. 1º, inciso III; art. 3º, incisos I e III; art. 4º, inciso II; art. 5º, I; art. 170, VIII.

todo um livro com especificidade temática. Os limites do nosso livro não nos permitiria um exame mais aprofundado. No entanto, de forma geral, entre todos os problemas brasileiros, dois se destacam de maneira inconfundível, quanto a dificuldade de acesso do cidadão brasileiro à universidade: a condição socioeconômica e a precária formação escolar do indivíduo.

Nessa perspectiva, unem-se o Estatuto da Igualdade Racial (Lei nº 12.288, de 20 de Julho de 2010) e a decisão do Supremo Tribunal Federal, de 2012, em que se decidiu sobre a reserva de vagas no ensino superior.[40] Neste sentido, pelo Estatuto Racial, considera-se negro todo brasileiro que declare ser preta ou parda a cor de sua pele. Com efeito, em 2012, Pesquisa Nacional de Amostra por Domicílio (Pnad), divulgou que 43% da população (82 milhões de brasileiros) declararam-se pardos. Os que se declaram negros aparecem em terceiro lugar, com 16 milhões de pessoas. A população branca continua sendo maioria no país, com 93,2 milhões de brasileiros.

Para os cotistas, *grosso modo*, a noção de igualdade é aquela que tenta nivelar os que ficaram sistematicamente para trás. Lado outro, mesmo após a decisão do STF, em 2012, que considerou constitucional a política de cotas, há quem ainda problematize o assunto, e faça uma análise diferente, num outro campo de reflexão, sob o argumento de que a "política de cotas" é um recurso simplista, pois há risco de colaborar para a criação de um "Estado Racial" (*copyright* Demétrio Magnoli),[41] e que há alternativas mais inteligentes. Nessa vertente, não defendem a reparação de injustiças cometidas pelos brancos

---

[40] Nesse sentido, o Plenário do Supremo Tribunal Federal, em abril de 2012, julgou improcedente a ADPF nº 186, ajuizada pelo partido DEM contra as cotas étnico-raciais da UnB. Por unanimidade, o STF considerou constitucional a política da Universidade sobre o tema. Hoje, sobre o assunto, conferir duas leis. A primeira: Lei nº 12.711, de 29 de agosto de 2012, a qual dispõe sobre o ingresso nas universidades federais e nas instituições federais de ensino técnico de nível médio. A segunda: Lei nº 12.990, de 9 de junho de 2014, que reserva aos negros 20% (vinte por cento) das vagas oferecidas nos concursos públicos para provimento de cargos efetivos e empregos públicos no âmbito da administração pública federal, das autarquias, das fundações públicas, das empresas públicas e das sociedades de economia mista controladas pela União.

[41] MAGNOLI, Demétrio. *Uma Gota de Sangue*: História do Pensamento Racial. 1. ed. São Paulo: Editora Contexto, 2009.

contra os negros, quando da escravidão (dívida transgeracional, é dizer, uma tentativa de minimizar a desigualdade e compensar as consequências de 300 anos de escravidão no Brasil – noção de "culpa coletiva").

O assunto, ainda hoje, tende a ser especialmente "explosivo" na academia por, ao menos, três motivos. O primeiro deles seria o fato de que somos uma sociedade desigual, hierárquica e racista. O segundo deles é que a iniciativa de cotas raciais não encerra tantos problemas sociais. O terceiro problema é que a iniciativa tem como único critério a *autodeclaração* para estabelecer quem pertence a tal ou qual grupo protegido (negro, pardo), e esta autodeclaração pode ser fraudulenta. Daí a necessidade de critérios sociais mais objetivos, como *renda*, por exemplo.[42]

Em realidade, quem exprimiu com mais intensidade a questão do processo de formação da sociedade brasileira, marcada pela miscigenação desde a presença dos primeiros portugueses em território nacional, do que o antropólogo Darcy Ribeiro (1913-1997), em sua indescritível obra *O povo brasileiro*.[43]

É preciso convir que discriminar por "raça" é negar a própria realidade de formação do nosso *povo* brasileiro. De outra parte, deve-se notar, de passagem, que até a ciência genética já provou que a espécie humana não se divide em raças, porque os homens são separados apenas por culturas diferentes (Claude Lévi-Strauss). Nesta tônica, as distinções que temos em relação a certas pessoas (ou grupos) são fruto das nossas próprias construções mentais.

Lembremo-nos, ainda, que a política de ações afirmativas teve grande destaque nos Estados Unidos a fim de corrigir distorções de discriminação contra os negros. Após o fim da escravidão, em 1865, os Estados Unidos adotaram leis segregacionistas. Tais leis impediam

---

[42] No que tange o assunto, especialmente a análise do "ressurgimento da noção de raça entre acadêmicos, políticos e militantes do anti-racismo, bem como as dificuldades de se delimitar quem é negro no Brasil", cf. interessante artigo científico de Celia Maria Marinho de Azevedo, do Instituto de Filosofia e Ciências Humanas da Universidade Estadual de Campinas. AZEVEDO, Celia Maria Marinho de. *Cota racial e estado: abolição do racismo ou direitos de raça?*. Cadernos de Pesquisa v. 34, n. 121, jan./abr. 2004, pp. 213-239.

[43] RIBEIRO, Darcy. *O povo brasileiro*. São Paulo: Cia das Letras, 1995.

os negros de freqüentarem as mesmas escolas públicas que os brancos (até o uso de banheiros e os lugares nos bancos dos ônibus foram regulamentados – leis conhecidas como "Jim Crow").

Em 1964, Lyndon Johnson aprovou a "Lei dos Direitos Civis", que pôs fim à segregação racial. Em 1965, a Lei do Direito de Voto eliminou restrições estaduais ao voto dos negros. Na década de 70, no governo Richard Nixon, as cotas raciais foram adotadas oficialmente. Em 1978 os programas assistenciais da alardeada política de cotas norte-americana se viu em xeque, quando a Suprema Corte começou a derrubar as cotas nas universidades.

Porém, pode-se adiantar, que os direitos fundamentais, no caso, a educação, denuncia a mais vergonhosa omissão do Estado brasileiro ao longo de anos, já que muitas décadas se passaram, tempo mais do que o suficiente para o Brasil já ter implementado os direitos básicos de educação a todos (já tivemos tempo de mudar tudo).

Assim, algumas pessoas (afro-descendentes, por exemplo), já deveriam estar com os seus direitos fundamentais (ensino fundamental, médio e superior) assegurados. A temática é ampla e complexa, mas numa análise geral, essas pessoas já vêm discriminadas não pela cor da pele, mas sim, porque, o Estado brasileiro, não efetivou esse direito fundamental (educação) a qualquer do povo nos últimos 200 anos.

Se os alunos cotistas e bolsistas apresentam melhor desempenho (ou não), em relação aos demais, não vem ao caso. Não é esse, no entanto, o ponto principal. O ponto fulcral é que o *direito à educação* de uma pessoa não pode ser diferente do direito à educação de uma outra, porque *todos* já deveriam estar com esse direito assegurado (afro-descendentes ou não). À evidência, louro, albino, pardo, negro, amarelo ou não, todos são iguais na plataforma de direitos fundamentais.

Isso é tão inevitável, que, neste novo milênio, nós temos que preservar as diferenças, mas *após assegurar* a igualdade *fundamental* de direitos (todos eles).

13.5 DIREITO À PROPRIEDADE E DIREITO DE PROPRIEDADE

13.5.1 Direito à moradia e carência habitacional

Há ocasiões em que não conseguimos entender como é que o Brasil deixa de evoluir no cenário de inclusão social.

E, aí vem, de perto, um dos problemas crônicos, que é a pornográfica desigualdade social.

Considerada, portanto, a desigualdade na contemporaneidade, insta lembrar, que, em 1940, apenas 26,3% dos brasileiros viviam nas cidades; hoje são mais de 84%.[44]

Com isso, vivenciamos alguns exemplos desse cenário de problemas: temos um *déficit habitacional* que chega a 6,273 milhões; 85,3% dos lares possuem o serviço de rede de abastecimento de água; 23,2 milhões de lares não têm esgoto sanitário (43% das residências). Os dados são do Pnad de 2013 (Pesquisa Nacional por Amostra de Domicílios) e IBGE (Instituto Brasileiro de Geografia e Estatísticas), que oferecem valiosas contribuições para a compreensão do país. Sem dúvida, no Brasil, há uma coleção de tormentos que consumiria todo o espaço se fôssemos listá-los.

Conclusão: é claro que o apoio governamental à *urbanização* ainda é ineficiente, o que acentua o problema habitacional.

Essa ocupação caótica, em um cenário de carência habitacional, gera transtornos quase sem chances de êxito, pois, muitas vezes, as condições de salubridade e segurança de muitas habitações colocam em risco a vida de seus moradores.

Identificados os problemas, devemos lidar com eles, maduramente.

A partir da trilha aberta pelo Texto Constitucional Brasileiro (1988), pela primeira vez, uma Constituição pronuncia-se sobre as *cidades*.[45]

Há espaço, então, na regra do artigo 182 da CF/88 e nas diretrizes da política urbana (Lei nº 10.257/2001), para que todo Município com mais de 20 mil habitantes fique obrigado a elaborar um *plano diretor*, aprovado pela Câmara Municipal, definindo como deve ser a ocupação do território municipal (destino de áreas urbanas e rurais, e as normas a serem obedecidas em ocupação territorial).

---

[44] Ministério das Cidades. *O censo realizado pelo IBGE em 2010 constatou que 84% da população reside em espaços urbanos. Cerca de 160 milhões de brasileiros.* Disponível em: <http://docslide.com.br/documents/ministerio-das-cidades-o-censo-realizado-pelo-ibge-em-2010-constatou-que-84-da-populacao-reside-em-espacos-urbanos-cerca-de-160-milhoes-de-brasileiros.html>. Acesso em 18 abr. 2015.

[45] Sobre a questão da moradia no Brasil, conferir pesquisa específica. DEL NEGRI, André. *A divisão no espaço urbano*. Belo Horizonte: Fórum, 2012.

Deve-se acrescentar, que o plano diretor deve ser revisto, no mínimo, a cada dez anos e estar integrado ao Plano Plurianual e ao orçamento, além de observar às regras federais e estaduais de ocupação do território e ao planejamento da região metropolitana ou microrregião a que o Município pertença.

O senso do IBGE, no ano de 2007, registrou 12,4 milhões de pessoas vivendo em condições precárias em 3,2 milhões de domicílios. Muitas dessas moradias despejam esgoto sem tratamento nos rios, córregos e outros afluentes. A maior parte não tem coleta de lixo, energia elétrica nem água encanada.

Tudo somado e processado, resta uma grande dúvida: o cenário continuará o mesmo? Não à toa, a urbanização de favelas é a solução acertada para minorar o problema da apropriação indevida do espaço público. Ao lado, outros assuntos ligados à política pública são debatidos à exaustão para que o crescimento das cidades não leve à favelização. Contudo, a questão não se apresenta fácil. Aliás, resultado para lá de previsível, em se tratando de política social-econômica brasileira.

Deixando essa análise para sociólogos, antropólogos e cientistas sociais em geral, voltemos ao sistema jurídico constitucional brasileiro. Vejamos o caso da EC nº 26, a qual modificou a redação do artigo 6º da CF/88 acrescentando o *direito à moradia.*

O legislador acrescentou o direito à moradia por meio da citada emenda, e agora se pergunta: Como entendê-la? O que ela representa? Adiantou alguma coisa? Resolveu o problema por completo? Todos agora têm onde morar? É claro que não! O *povo* continua a não ter moradia, e, o pior: a Constituição a prevê! Em síntese: O direito à moradia, no Brasil, é doado, por vontades supremas, a um *povo icônico* (Friedrich Müller).[46] Surge, assim, o que Giorgio Agambem denominou de *estado de exceção*, ou seja, um Estado onde a norma está em vigor sem ser aplicada.[47]

O problema é que temos esse *estado de exceção*, em Agambem, dentro de uma *democracia* voltada à aplicação imediata da lei fundamental (art. 5º, §1º, CF/88), constitucionalmente posta aos

[46] MÜLLER, Friedrich. *Quem é o povo?*: a questão fundamental da democracia. Tradução de Peter Naumann. São Paulo: Max Limonad, 2000, p. 79-81.

[47] AGAMBEN, Giorgio. *Estado de exceção*. São Paulo: Boitempo, 2004, p. 58.

co-construtores normativos (cidadãos), com a possibilidade de reivindicação da cidadania (moradia, terra, dignidade...) pela via da *legitimatio* jurídica (*devido processo*), e não por uma linguagem apartada do *direito processual*, manejada pela via corretiva das passeatas, carreatas, panfletagens e outros movimentos sociais de inúmeros seguidores que pensam as transformações sociais por um andar de militância e palavras de ordem, tão-somente.

Verifica-se o maravilhamento dessas ideias de resolver os problemas sociais, mas, na contemporaneidade, não se deve fantasiar as transformações sociais pela militância ativista ou tão-somente por emendas à Constituição.

O que temos que ter em mente é que a Constituição Federal é um texto normativo que para atingir sua finalidade, necessariamente tem que contar com o auxílio de todos os cidadãos e instituições jurídicas (Executivo, Legislativo, Judiciário, Ministério Público, Defensoria Pública, Universidades...).

Por isso, não é por meio de uma presteza milagrosa advinda de emendas à Constituição ou da produção acelerada de leis e acontecimentos históricos, que afastaremos o problema.

13.5.2 Memória temática sobre reforma agrária

A contagiante implementação de uma reforma agrária, a partir do século XX, em diferentes países, vem permitindo pensar e repensar o tema de forma distinta.

O grande momento dessas propostas acontece nas guerras camponesas seguidas de reformas tanto na Rússia (revolução de 1917), como no México (revolução de 1910), com seus líderes no sul do país com Emiliano Zapata, e, no norte, com Francisco "Pancho" Villa,[48] o qual recrutou milhares de homens (aproximadamente 40 a 100 mil pessoas, os "villistas", como eram chamados seus seguidores), organizando um dos maiores exércitos revolucionários da América Latina, a partir de pessoas que tinham perdido suas terras pela ditadura de

48 WOLF, Eric. *Guerras camponesas do século XX*. São Paulo: Global, 1984.

Porfírio Diaz.[49] Fato histórico marcante foi quando o grupo de Pancho Villa invadiu uma fazenda do magnata norte-americano William Hearst, que controlava a imprensa. Hearst era conhecido por derramar ódio sobre as minorias, sobretudo os mexicanos, os quais eram sempre retratados como "preguiçosos".

De outra face, a China tinha um quadro problemático no campo: 4% da população tinham em mãos 30% das terras do país.[50] Percebe-se, então, que foi Mao Tsé-Tung o responsável por liderar uma mudança, em 1934, com invasões das grandes propriedades, a fim de criar uma classe média no campo, formada, basicamente, por camponeses que nada tinham. E a revolução chinesa veio em 1949, com sua base proveniente do campo (cerca de 80% dos integrantes do Partido Comunista eram camponeses).[51] A contextualização chinesa atualmente é outra: com o aumento dos setores industriais e de serviços nas cidades, fez minar a hegemonia do camponês. O que não se pode relegar ao esquecimento o êxito da reforma agrária no país.

Em José Eli da Veiga,[52] percebe-se que o Japão atravessou um processo de reforma agrária muito rápida (1947-48), onde a terra passou aos camponeses a partir dos herdeiros de lotes que moravam nas cidades e exploravam o local por meio de arrendatários (transformaram arrendatários em proprietários). Veiga afirma que os proprietários expropriados receberam indenizações tão insignificantes que é possível dizer que suas terras foram confiscadas numa "reforma agrária" radical.

De acordo com Eduardo Scolese, na América Latina, Cuba é um primeiro exemplo de reforma agrária implantada dentro de um processo de revolução socialista com uma parcial distribuição de terras e a criação de importantes explorações agrícolas coletivas.[53]

---

49 Segundo bibliografia especializada, Porfírio Diaz expropriou entre 1893-1894, 50 milhões de hectares. Cf, VILLA, Marco Antonio. *A Revolução Mexicana.* São Paulo: Ática, 1993, p. 11.

50 SCOLESE, Eduardo. *A reforma agrária.* São Paulo: Publifolha, 2005, p. 27.

51 Nessa escalada, não dá para esquecer que Mao Tsé-Tung utilizou-se de métodos de violência que mataram milhões de pessoas.

52 VEIGA, José Elias da. *O que é reforma agrária?*. São Paulo: Brasiliense, 1981.

53 SCOLESE, Eduardo. *A reforma agrária.* São Paulo: Publifolha, 2005, p. 17-18.

Segundo Scolese, entre 1945 a 1950, a concentração de latifúndios na América Latina era notória, uma vez que a Bolívia tinha 91,9% de suas propriedades acima de mil hectares, o Uruguai (83,2%), o México (79,4%), a Venezuela (78,9%) e o Brasil, com 50,8%.[54] Ele arremata dizendo que esse percentual, no Brasil, não caiu em razão de uma reforma agrária. "A justificativa é que a valorização das terras (por causa dos transportes e o aumento da densidade da população) incentivou os grandes proprietários a negociar parte de suas áreas".

Em 1888, "aboliu-se a escravidão no Brasil; porém, não se aboliu o latifúndio".[55] O país sempre enfrentou esse sintoma. Desde sua descoberta, passando pelas Capitanias Hereditárias (doação de lotes de terra para 13 amigos do Rei de Portugal), até a subdivisão em sesmarias (lotes de terra que a Coroa Portuguesa cedia a pessoas que se dispusessem a cultivá-los). É de ressaltar que a Coroa Portuguesa nunca fez qualquer referência à reforma agrária. Daí, a consequência desses três séculos de regime das sesmarias: a existência dos atuais latifúndios.[56]

Com a Independência do país, em 1822, o sistema de sesmarias e as Capitanias Hereditárias foram extintos, deixando as grandes propriedades sem nenhum respaldo legal. Somente em 1850, com a Lei de Terras, houve possibilidade jurídica de manter a concentração fundiária,[57] lei que, aliás, foi mantida pela Constituição de 1891 e pelo Código Civil de 1916. Essas eram as legislações que regulavam as propriedades nesse contexto. Sintetiza com muita propriedade Elpídio Donizett Nunes que, em 1850, "a Magistratura, vinculada que era aos latifundiários, atuava para impor os rigores da Lei de Terras aos pequenos produtores, tornando ilegais as suas posses". [58]

---

54 SCOLESE, Eduardo. *A reforma agrária.* São Paulo: Publifolha, 2005, p. 19.

55 GALEANO, Eduardo. *As veias abertas da América Latina.* 48ª edição. São Paulo: Paz e Terra, 2008, p. 116.

56 SILVA, José Gomes da. A reforma agrária no Brasil de 1976. *Reforma agrária,* Brasília, ano 6, n. 7/8, p. 3-18, jul./ago. 1976.

57 MEDEIROS, Leonilde Servolo. *Reforma agrária no Brasil: história e atualidades da luta pela terra.* São Paulo: Ed. Fundação Perseu Abramo, 2003.

58 NUNES, Elpídio Donizetti. Jurisdição, judicação e tutela legal na teoria do processo contemporâneo. In: *Estudos continuados de teoria do processo.* Porto Alegre: Síntese, 2001. v. 2, p. 219.

É oportuno registrar que o Parlamento brasileiro da época era dominado pelos grandes proprietários ao lado dos senhores de escravo. Por esta razão, o campo foi fechado para os "pobres" a fim de evitar que eles tivessem livre acesso à terra. Nas fazendas ainda havia o trabalho escravo.[59]

Pode-se dizer, com José Luiz Quadros de Magalhães, que, em 1985, os latifundiários (3% dos proprietários) possuíam em torno de 70% a 80% de todas as terras ocupadas no Brasil.[60]

Curiosamente, Giovanni Arrighi, economista, cientista político e pensador italiano, um dos principais estudiosos e críticos da globalização, tem dito em entrevistas largamente publicizadas, que haverá inúmeras rebeldias regionais, como as dos sem-terra brasileiros e dos Chiapas mexicanos. No fundo ele não está errado. Desde 1850, com a Lei de Terras, até o Estatuto da Terra, em 1964, o Brasil conheceu diversos conflitos no campo. Neste ponto, o acerto é grande se levarmos em conta a Guerra de Canudos, resistência camponesa ocorrida no interior da Bahia (1893-1897), sob a liderança de Antônio Conselheiro, que ao lado de milhares de pessoas ocuparam a fazenda Canudos.[61] À época, como relata o clássico *Os sertões*, de Euclides da Cunha, o exército teve de matar todos os seus integrantes para declarar o movimento extinto.[62]

Hoje, no Brasil, há vários grupos responsáveis por invasões de terras. Algumas famílias, nos centros urbanos, vivem debaixo de barracos de lona pela falta de emprego, enquanto outras, diga-se de passagem, são usadas como instrumento de pressão por parte dos movimentos sociais, entidades sindicais rurais, ramificações da Igreja Católica e até braços agrários da CUT e da Força Sindical. Essas versões são heterogêneas, pois são compostas por posseiros, pequenos agricultores, trabalhadores assalariados e os denominados sem-terra.

---

59 SCOLESE, Eduardo. *A reforma agrária*. São Paulo: Publifolha, 2005, p. 32-33.

60 MAGALHÃES, José Luiz Quadros de. *Direito constitucional*. Belo Horizonte: Mandamentos, 2000. t. I, p. 145.

61 VILLA, Marco Antônio. *Canudos e o povo da terra*. São Paulo: Editora Ática, 1997.

62 CUNHA, Euclides da. *Os sertões*. São Paulo: Cultrix, 1975.

O grupo que concentra um maior número de invasões é o MST (Movimento dos Trabalhadores Rurais Sem Terra), mas há outros grupos, como a OLC (Organização de Luta no Campo), o MCC (Movimento de Camponeses de Corumbiara), a LCP (Liga dos Camponeses Pobres) e o MLST (Movimento de Libertação dos Sem-Terra – dissidência inspirada no movimento zapatista do México).

13.5.3 Regulação fundiária

A meta de assentamentos sempre foi uma grande barreira para a administração governativa brasileira. Para se ter uma ideia, em seus oito anos de governo, a administração de Fernando Henrique Cardoso (1995-1998 e 1999-2002) assentou pouco mais de 300 mil famílias. O objetivo do governo do ex-presidente Lula, em 2005, era assentar 115 mil famílias. Em meados de novembro de 2006, o número de famílias beneficiadas estava em 72,3 mil, restando cerca de 43 mil num prazo de 40 dias (os dados foram contestados pelo Partido dos Trabalhadores). No governo Dilma Rousseff (2011), em seus primeiros dois anos de mandato, houve uma espécie de "freio" no processo de assentamento, sob justificativa de melhorar a qualidade dos assentamentos já implementados, a fim de evitar que eles se transformassem em "favelas rurais". No entanto, ao final do primeiro mandato, (2011 a 2014), dados de institutos oficiais de pesquisa revelaram que foram "assentadas" 103.746 mil famílias.

Fica claro que o esgotamento de verbas e o não cumprimento de metas sinalizaram um acirramento das tensões e a continuidade das invasões de terras.

Segundo balanço da Ouvidoria Agrária Nacional, o governo Luiz Inácio Lula da Silva acumulou 770 invasões a imóveis rurais em todo o país entre janeiro de 2003 e dezembro de 2005.

Quanto a isso, só para ilustrar, nos três últimos anos da administração de Fernando Henrique Cardoso (1999 a 2002), a ouvidoria registrou 497 ações. O assunto que tem sido objeto de algumas controvérsias foi tratado pelo geógrafo e professor da UNESP (Universidade Estadual Paulista) Bernardo Mançano Fernandes (uma das principais autoridades da questão agrária no país) em artigo publicado na *Folha de S. Paulo* de 16 de junho de 2008, cujo texto declara que o número de invasões de terra anunciado em balanços do Governo Federal nos últimos oito anos estava 55% abaixo da realidade.

Cumpre acrescentar que as *mortes* no campo passaram de 44 (2000 a 2002) para 72 (2003 a 2005), e, entre 1971 e 2007 (36 anos), segundo a Comissão Pastoral da Terra (CPT), 819 pessoas morreram vítimas de conflitos agrários somente no Estado do Pará. A CPT registrou 28 mortes em conflitos em 2008 em todo o país (todos os assassinatos foram provocados por seguranças particulares).

Foi assim que surgiu, em 2004, o chamado "abril vermelho", mês do ano em que há um acúmulo de invasões como uma forma de os movimentos e entidades do campo protestarem contra os 19 sem-terra mortos em abril de 1996, no chamado massacre de Eldorado dos Carajás (PA). Certamente o número de mortes no campo está concentrado na região Norte do país, principalmente no Estado do Pará. Em busca de terras mais baratas e para preencher lotes esvaziados pelo êxodo rural, o Governo Federal está concentrando o assentamento de famílias sem-terra na *região amazônica*.

O MST critica a concentração dos assentamentos na região amazônica porque alega que há falta de infraestrutura, o que inviabiliza a colocação de famílias. E aponta como agravantes a escassez de água tratada, energia, além da propagação de doenças como a malária.

De fato, uma reforma agrária de qualidade, com direito a água, luz, esgoto e estradas de acesso, é de extrema importância para lograr êxito. O certo é que uma reforma agrária como simples repartição de terras é contraproducente.

Cláudio Thomas Borstein já sinalizou que as formas mais individualistas de produção, como é o caso da propriedade familiar (minifúndio), favorecem a formação de uma mentalidade individualista, que atenta contra qualquer projeto mais progressista de desenvolvimento social.[63] Daí, segundo ele, o importante em uma reforma agrária é o favorecimento a *formas coletivas de produção*.

Da mesma forma, José Luiz Quadros de Magalhães, com apoio em Pompeu Accioly Borges, defende uma mobilização que incentive

---

[63] BORNSTEIN, Cláudio Thomás. *Reforma agrária em Nicarágua*. São Paulo: Brasiliense, 1982, p. 12-16.

o surgimento de sindicatos rurais para haver uma divisão social do trabalho em formas coletivas de produção.[64] Essa nova estrutura deve ter esteio na pequena empresa familiar, integrada em cooperativa de produção agrícola.

13.5.4 Noções básicas sobre desapropriação

A desapropriação para fins de reforma agrária está assegurada na Constituição Brasileira no art. 184. Da leitura do artigo citado, detecta-se que de todos os entes federativos (Estados, Municípios e Distrito Federal) somente a União está autorizada a desapropriar para fins de reforma agrária.

Por outro lado, há limites a serem observados. Neste contexto, para a Ouvidoria Agrária Nacional, as ações não podem vir acompanhadas de destruição de patrimônio, matança de gado, colocação de pessoas em situação de reféns, lesões corporais entre outras coisas que podem ocorrer em um processo de desapropriação (medida provisória anti-invasão no ano de 2000).

Respeitados esses pontos, as ações ganham o aval do Governo Federal. Caso contrário, há o pedido de abertura de inquérito policial para apurar o caso. O resultado objetivado, com isto, é uma tentativa de conter a violência no campo, mas além dessas observações a Constituição, à obviedade, deve ser cumprida.

O artigo 185, inciso II, proíbe a desapropriação para fins de reforma agrária da propriedade *produtiva*. Desta forma, se o laudo técnico do Incra constatar a produtividade da área, o procedimento é interrompido. É oportuno lembrar a possibilidade de o proprietário recorrer dessa decisão por intermédio de um recurso administrativo à superintendência regional do Incra. Mas caso o laudo indique improdutividade, segue-se. Da identificação do terreno pelo Incra, passando pela vistoria dos técnicos com base na produtividade à notificação do proprietário sobre o interesse do Governo Federal no imóvel, até a publicação do decreto presidencial no *Diário Oficial da União*, declarando o imóvel de interesse social para fins de reforma agrária,

---

[64] MAGALHÃES, José Luiz Quadros de. *Direito constitucional.* Belo Horizonte: Mandamentos, 2000. t. I, p. 141.

se não houver intervenção judicial, o procedimento, dura, em média, de nove meses a um ano.

A avaliação do Incra é feita sobre o valor da terra nua e das benfeitorias no imóvel. As benfeitorias devem ser pagas em dinheiro, à vista (art. 5º, XXIV, e art. 184, §1º, da CF/88), enquanto o valor da terra é pago por intermédio do lançamento de títulos da dívida agrária (TDAs), pela Secretaria do Tesouro Nacional, resgatáveis no prazo de até 20 anos (art. 184 CF/88). Apenas em um caso não caberá indenização: as glebas onde forem localizadas culturas ilegais de plantas psicotrópicas (art. 243, CF/88).

13.6 ÚLTIMO TÓPICO, MAS NÃO EM ÚLTIMO LUGAR

É de conhecimento geral que alguns muros caíram no século passado. O de Berlim (construído em 1961) não separava nações ou etnias, mas sistemas políticos (166 quilômetros de muro dividiram a Alemanha durante 28 anos).

Hoje, contudo, há "muros" simbólicos que separam os cidadãos na base da igualdade de direitos.

Traçar, no chão, os riscos de novos rumos de uma reforma agrária não é tarefa fácil. Planos de assentamentos que atravessam o direito de propriedade do outro podem gerar conflitos de terra que servem como prelúdio de uma nova guerra.

Temos casos que deixaram o país em alerta contra a desfiguração da reforma agrária provocada por movimentos sociais. Mobilizações de rancores populares fazem parte de uma democracia. A reivindicação não pode ocorrer à margem da legalidade, assim como o Estado não pode deixar de assegurar direitos de moradia e trabalho, *já assegurados* na plataforma constitucional.

Com a chegada do Partido dos Trabalhadores ao Governo Federal, imaginou-se que haveria a "revolução do proletariado" no Brasil. Isto não aconteceu, claro. Mais do que o cumprimento de um compromisso público e de uma determinação legal, a reforma agrária tem que ser feita com base em um programa de governo, um projeto para o país, e não um projeto para se chegar ao Executivo. Uma vez lá, a origem da pessoa pouco importa. Metalúrgico, operário, negro, índio, mulher, intelectual, pouco importa. O que interessa é alguém conhecer constitucionalmente o tema e promover um sério planejamento de inclusão.

De conseguinte, o desenvolvimento de planos depende de *políticas econômicas* e de uma economia que não dilacere os princípios fundamentais do Direito Econômico (art. 170, CF/88). Advirta-se, que, sem crescimento econômico e políticas de planejamento a serviço da dignidade humana (princípio da economicidade),[65] o Brasil não escapará das catástrofes da *exclusão social.*

Se os pobres são dados como irremediáveis, pois, menos – e cada vez menos –, vivem do trabalho, a sobrevivência da assistência social cresce e "esmolas" do tipo Bolsa-Família (considerado o maior programa de transferência de renda do *mundo*) podem se tornar um inibidor da mobilidade social, uma vez que muitos podem preferir a segurança do rendimento à possibilidade de não recebê-lo mais, por causa de um possível emprego que ofereça um rendimento um pouco melhor.

O desafio agora deve ser outro, pois se não houver forte implementação em educação, tecnologia, trabalho, habitação digna e saneamento, posse da terra urbana e rural, pouco ou nada adiantará. O Brasil continuará encalacrado. Mas temos o privilégio de poucos países. Devidamente enaltecido, nós brasileiros, temos uma "visão do paraíso" (reminiscência à obra de Sérgio Buarque de Holanda),[66] porque, o Brasil, tem um imenso território, uma população razoavelmente adequada a esse território, segurança geológica e climática (às vezes algum destempero climático, óbvio, como o que aconteceu em 2014, com a crise hídrica), paz com os países vizinhos e excelentes recursos naturais. O que nos falta é *utilizá-los bem.* Não podemos continuar com a precariedade de nossa infraestrutura e com a deterioração do quadro social e ambiental.

Ademais, em tempos de competição globalizada, tecnologia e instrumentos mecanizados, falar em assentamentos de famílias sem um projeto estratégico de modernização no campo é abandonar qualquer ideia de reforma agrária de feição mais sólida para o país.

---

[65] CARVALHOSA, Modesto. *Direito econômico.* São Paulo: Revista dos Tribunais, 1973, p. 331-332.

[66] HOLANDA, Sérgio Buarque de. *Visão do paraíso.* São Paulo: Brasiliense, 2000.

Apesar de a Constituição de 1988 ter determinado por meio do art. 174, §2º, da CF/88 que a "lei apoiará e estimulará o cooperativismo", o setor continua a obedecer a uma lei de 1971 (Lei nº 5.764), que teve diversos preceitos superados pela Constituição. O momento é oportuno para determinar os avanços e conquistas para o movimento cooperativista, a fim de alcançarmos uma solução a médio ou longo prazo. Por vezes, identificado como país em potencial, é necessário que o Brasil dê um dos primeiros passos, que é o incentivo ao cooperativismo (entidades compostas por pessoas que, voluntária e democraticamente, se unem para produzir resultados econômicos comuns).

A regulamentação, portanto, de cooperativismo popular e comunitário serve como desenvolvimento sustentável, como redução da pobreza e a inclusão social, fomentando a inserção da produção na economia nacional (conforme ajuda-memória do site <www.portaldocooperativismo.org.br>).

Ademais, parece-nos ainda interessante falar na preparação de novas gerações de cidadãos por intermédio de disciplinas ensinadas no ensino médio e superior sobre uso agrário do solo, procurando externar uma proposta cultural da importância sobre a realidade de nossos dias. É preciso ainda sinalizar o não-êxito da reforma agrária e a emancipação econômica de milhares de famílias que pleiteiam um lote de terra, pois num mercado agrícola cada vez mais sofisticado financeira e tecnologicamente e baseado na larga escala, a possibilidade de a reforma agrária passar a ser um simples programa de assistência social ligado à terra é grande.

É sabido, que, a Zona Franca de Manaus, vem crescendo e se desenvolvendo em passos otimistas. Aliás, o objetivo é exatamente esse: implementar um pólo industrial em uma região pouco povoada do Brasil. Ao lado disto, o processo estratégico de *ocupação responsável* da Amazônia um dia deverá ser enfrentado.

É significativa a reconciliação entre desenvolvimento e preservação, preferencialmente em áreas já desmatadas ou de menor biodiversidade. Seria uma forma de ampliar a produção de bens primários de forma racional, visando a preservação da floresta.

Esse, aliás, é o grande desafio que teremos pela frente.

REFERÊNCIAS

ABBAGNANO, Nicola. *História da filosofia*. Lisboa: Editorial Presença, 2000.

ACKERMAN, Bruce. *The living Constitution (Lecture III: The Conversation Between Generations)*, Harvard Law Review, Volume 120, Number 7, May 2007, pp. 1737/1812.

ADORNO, Theodor W. *Teoria estética*. Lisboa: Edições 70, 1982.

AGAMBEN, Giorgio. *Homo Sacer*: o poder soberano e a vida nua I. Belo Horizonte: Ed. UFMG, 2002.

AGAMBEN, Giorgio. *Estado de exceção*. São Paulo: Boitempo, 2004.

AGAMBEN, Giorgio. *O que resta de Auschwitz (Homo sacer III)*. São Paulo: Boitempo, 2008.

AGUILLAR, Fernando Herren. *Metodologia da ciência do direito*. São Paulo: Max Limonad, 1999.

ALEXY, Robert. *Derecho y razón práctica*. 1ª ed. México: Distribuciones Fontamara, 1993.

ALMEIDA, Fernanda Dias Menezes de. *Competências na Constituição de 1988*. São Paulo: Atlas, 2000.

ALMEIDA, Andréa Alves. *Espaço jurídico processual na discursividade metalinguística*. Curitiba: Editora CRV, 2012.

ALTHUSER, Louis. *Aparelhos ideológicos de Estado*. Rio de Janeiro: Graal, 1985.

ANDOLINA, Ítalo; VIGNERA, Giuseppe. *Il modelo constituzionale del processo civile e italiano*. Torino: Giappichelli, 1990.

ANDRADE, Christiano José de. *O problema dos métodos da interpretação jurídica*. São Paulo: Editora Revista dos Tribunais, 1992.

ARENDT, Hannah. *A condição humana*. Rio de Janeiro: Forense Universitária, 2001.

ÁVILA, Ana Paula. *A modulação dos efeitos temporais pelo STF no controle de constitucionalidade*. Porto Alegre: Livraria do Advogado, 2009.

AZEVEDO, Celia Maria Marinho de. *Cota racial e estado: abolição do racismo ou direitos de raça?*. Cadernos de Pesquisa v. 34, n. 121, jan./abr. 2004, pp. 213-239.

AZILOTTI, Dionisio. *Il Diritto Internazionale nei Giudizi Interni*. Bolonha: Ditta Nicola Zanichelli,1905.

BACHOF, Otto. *Normas constitucionais inconstitucionais?*. Coimbra: Almedina, 1994.

BAHIA, Alexandre Gustavo de Melo Franco. *Recursos extraordinários no STF e no STJ*: conflito entre interesse público e privado. Curitiba: Juruá, 2009.

BAHIA, Alexandre Gustavo de Melo Franco. Repercussão geral em recurso extraordinário e o papel do *amicus curiae*. *Revista de Estudos Constitucionais, Hermenêutica e Teoria do Direito*. v. 5, n. 2, p. 169-177, jul.-dez.2013. Disponível em: <http://migre.me/oTS8Q>.

BARACHO JÚNIOR, José Alfredo de. A nova hermenêutica na jurisprudência do Supremo Tribunal Federal. In: SAMPAIO, José Adércio Leite (Coord.). *Crise e desafios da Constituição*. Belo Horizonte: Del Rey, 2004. p. 509-520.

BARACHO, José Alfredo de Oliveira. *Regimes políticos*. São Paulo: Resenha Universitária, 1977.

BARACHO, José Alfredo de Oliveira. *Teoria da Constituição*. São Paulo: Resenha Universitária, 1979.

BARACHO, José Alfredo de Oliveira. *Teoria geral do federalismo*. Belo Horizonte: FUMARC: UCMG, 1982.

BARACHO, José Alfredo de Oliveira. *Processo Constitucional*. Rio de Janeiro: Forense, 1984.

BARACHO, José Alfredo de Oliveira. Teoria geral do constitucionalismo. *Revista de Informação Legislativa*, Brasília, v. 23, p. 05-62, jul./set. 1986.

BARACHO, José Alfredo de Oliveira. Teoria geral da soberania. *Revista Brasileira de Estudos Políticos*, Belo Horizonte, n. 63/64, jul./jan. 1986/1987.

BARACHO, José Alfredo de Oliveira. *O princípio de subsidiariedade*: conceito e evolução. Rio de Janeiro: Forense, 1997.

BARACHO, José Alfredo de Oliveira. Teoria geral da bioética e do biodireito. In: TEIXEIRA, Sálvio de Figueiredo (Coord.). *Direito e medicina*. Belo Horizonte: Del Rey, 2000. p. 70-109.

BARACHO, José Alfredo de Oliveira. *Direito processual constitucional*: aspectos contemporâneos. 1ª reimpr. Belo Horizonte. Fórum, 2008.

BARBI, Celso Agrícola. *Do mandado de segurança*. Rio de Janeiro: Forense, 2000.

BARBOSA, Ruy. *Comentários à Constituição federal brasileira*. São Paulo: Saraiva, 1933. v. 2.

BARROS, Flaviane de Magalhães. *(Re)forma do processo penal: comentários críticos dos artigos modificados pelas leis n. 11.690/08, n. 11.719/08 e n. 11.900/09*. 2. ed. Belo Horizonte: Del Rey, 2009.

BARROSO, Luís Roberto. *Interpretação e aplicação da Constituição*. Saraiva: São Paulo, 1998.

BARROSO, Luís Roberto. *O controle de constitucionalidade no direito brasileiro*. São Paulo: Saraiva, 2007.

BASTOS, Celso Ribeiro. *Curso de direito constitucional*. São Paulo: Saraiva, 2001.

BERMAN, Marschall. *Tudo o que é sólido desmancha no ar*: a aventura da modernidade. São Paulo: Companhia das Letras, 1986.

BELAUNDE, Domingo García. *El Derecho procesal constitucional*: um concepto problemático. Estado de Derecho y la justicia constitucional em el siglo XXI. Primer Congreso Boliviano de Derecho Constitucional. Cochabamba: Grupo Editorial Kipus, 2004.

BESTER, Gisela Maria. *Direito constitucional*. São Paulo: Manole, 2005. v. 1.

BETTI, Emilio. *Interpretazione della legge e degli atti giuridici*. Milão: A. Giuffre, 1949. p. 52 apud BOBBIO, Norberto. *Teoria do Ordenamento Jurídico*. 10. ed. Brasília: UNB, 1999.

BOBBIO, Norberto. *O conceito de sociedade civil*. Rio de Janeiro: Edições Graal, 1982.

BOBBIO, Norberto. *A era dos direitos*. Rio de Janeiro: Campus, 1992.

BOBBIO, Norberto. *Teoria do ordenamento jurídico*. 10ª ed. Brasília: UNB, 1997.

BOBBIO, Norberto. *Teoria geral da política*: a filosofia política e as lições dos clássicos. Rio de Janeiro: Campus, 2000.

BONAVIDES, Paulo. A Constituição de 1824. In: PORTO, Walter Costa; PEIXOTO, João Paulo M. (Org.). *Constituições do Brasil*. Brasília: Instituto Tancredo Neves: Fundação Friedrich Naumann, 1987.

BONAVIDES, Paulo. *Curso de direito constitucional*. São Paulo: Malheiros, 1998.

BONAVIDES, Paulo; MIRANDA, Jorge; AGRA, Walber. (Org.). *Comentários à Constituição Federal de 1988. Rio de Janeiro: Forense, 2009.*

BORNSTEIN, Cláudio Thomás. *Reforma agrária em Nicarágua. São Paulo: Brasiliense, 1982.*

BOURDIEU, Pierre. *Sobre o Estado*: Cursos no Collège de France (1989-92). 1ª ed. São Paulo: Companhia das Letras, 2014.

BOSON, Gerson de Britto Mello. *Direito internacional público*: o Estado em direito das gentes. Belo Horizonte: Del Rey, 1994.

BRÊTAS, Ronaldo de Carvalho Dias. Considerações sobre o erro de direito em matéria civil. *Revista Forense*, Rio de Janeiro, v. 295, p. 503-511, 1986.

BRÊTAS, Ronaldo de Carvalho Dias. *Responsabilidade do Estado pela função jurisdicional.* Belo Horizonte: Del Rey, 2004.

BRÊTAS, Ronaldo de Carvalho Dias. *Processo Constitucional e Estado Democrático de Direito.* 3ª ed. Belo Horizonte: Del Rey, 2015.

BRÊTAS, Ronaldo de Carvalho Dias; SOARES, Carlos Henrique (Coord.). *Técnica processual.* Belo Horizonte: Del Rey, 2015.

BRÊTAS, Ronaldo de Carvalho Dias. *Noções de teoria e técnica do procedimento da prova.* In. BRÊTAS, Ronaldo de Carvalho Dias; SOARES, Carlos Henrique (Coord.). Técnica processual. Belo Horizonte: Del Rey, 2015, p. 183-205.

BROSSARD, Paulo. A Constituição e as leis a ela anteriores. *Arquivo Ministério Justiça*, Brasília, v. 45, n. 180, jul./dez. 1992.

BULOS, Uadi Lammêgo. *Mutação constitucional.* São Paulo: Saraiva, 1997.

BULOS, Uadi Lammêgo. *Curso de Direito Constitucional.* São Paulo: Saraiva, 2007.

BÜLOW, Oskar von. *Statutory Law and the Judicial Function.* In: American Journal of Legal History, v. 39, 1995, p. 74-94.

BÜLOW, Oskar von. *A teoria das exceções processuais e dos pressupostos processuais.* 2. ed. Campinas: LZN, 2005.

BUSTAMANETE, Thomas da Rosa. *Teoria do precedente judicial*: a justificação e aplicação de regras jurisprudenciais. São Paulo: Noeses, 2012.

BUTLER, Judith. *Problemas de gênero*: feminismo e subversão da identidade. Rio de Janeiro: Editora Civilização Brasileira, 2003.

CADEMARTORI, Sérgio. *Estado de direito e legitimidade*: uma abordagem garantista. Porto Alegre: Livraria do Advogado, 1999.

CALMON DE PASSOS, José Joaquim. *Mandado de segurança coletivo, mandado de injunção, habeas data*: constituição e processo. Rio de Janeiro: Forense, 1989.

CAMPOS, Ronaldo Cunha. *Ação civil pública*. Rio de Janeiro: AIDE, 1989.

CAMUS, Albert. *O Mito de Sísifo*: ensaio sobre o absurdo. Rio de Janeiro: Record, 2004.

CANOTILHO, José Joaquim Gomes. *Constituição dirigente e vinculação do legislador*: contribuição para a compreensão das normas constitucionais programáticas. Coimbra: Ed. Coimbra, 1983.

CANOTILHO, José Joaquim Gomes. *Direito constitucional*. Coimbra: Almedina, 1991.

CANOTILHO, José Joaquim Gomes. *Direito constitucional e teoria da Constituição*. Coimbra: Almedina, 1998.

CAPPELLETTI, Mauro. *La justicia constitucional*: estúdios de derecho comparado. México: UNAM/Faculdade de Derecho, 1987.

CAPPELLETTI, Mauro; GARTH, Bryant. *Acesso à justiça*. Porto Alegre: Sergio Antonio Fabris, 1988.

CAPPELLETTI, Mauro. *O controle Judicial de Constitucionalidade das Leis no Direito Comparado*. Porto Alegre: Fabris, 1992.

CARNELUTTI, Francesco. *Instituciones del nuevo proceso civil italiano*. Trad. Jaime Guasp. Barcelona: Bosch, 1942.

CARNELUTTI, Francesco. *Teoria geral do direito*. São Paulo: Lejus, 2000.

CARPIZO, Jorge. El poder: su naturaleza, su tipologia y los medios de comunicación masiva. *Boletín Mexicano de Derecho Comparado* (Nueva Serie), v. 32, n. 95, p. 322, mayo/ago. 1999.

CARPIZO, Jorge. La soberanía del pueblo en el derecho interno y el internacional. *Revista de Estudios Políticos, Madri, n. 28, jul./ago. 1982.*

CARVALHO, José Murilo de. *Cidadania no Brasil*. Rio de Janeiro: Civilização Brasileira, 2008.

CARRIÓ, Genaro. *Sobre los limites del lenguaje normativo*. Buenos Aires: Astrea, 1973.

CARVALHO NETTO, Menelick de. *A sanção no procedimento legislativo*. Belo Horizonte: Del Rey, 1992.

CARVALHO NETTO, Menelick de. Requisitos pragmáticos da interpretação jurídica sob o paradigma do Estado Democrático de Direito. *Revista de Direito Comparado*, Belo Horizonte, v. 3, p. 482-486, maio 1999.

CARVALHO NETTO, Menelick de. A hermenêutica constitucional e os desafios postos aos direitos fundamentais. In: SAMPAIO, José Adércio Leite (Coord.). *Jurisdição constitucional e direitos fundamentais*. Belo Horizonte: Del Rey, 2003.

CARVALHOSA, Modesto. *Direito econômico*. São Paulo: Revista dos Tribunais, 1973.

CASTORIADIS, Cornelius. *As encruzilhadas do labirinto II*: os domínios do homem. Rio de Janeiro: Paz e Terra, 1987.

CASTRO, Celso. *Textos básico de sociologia*. Rio de Janeiro: Zahar, 2014.

CASTRO, José Nilo de. *Direito municipal*. Belo Horizonte: Del Rey, 1996.

CASTRO, Josué de. *Geografia da fome*. Rio de Janeiro: Civilização Brasileira, 2005.

CATTONI, Marcelo Andrade. *Tutela jurisdicional e Estado Democrático de Direito*: por uma compreensão constitucional adequada do mandado de injunção. Belo Horizonte: Del Rey, 1998.

CATTONI, Marcelo Andrade. *Direito processual constitucional*. Belo Horizonte: Mandamentos, 2001.

CATTONI, Marcelo Andrade. *Direito constitucional*. Belo Horizonte: Mandamentos, 2002.

CATTONI, Marcelo Andrade. Coesão interna entre Estado de direito e democracia na teoria discursiva do direito, de Jürgen Habermas. In: CATTONI, Marcelo (Coord.). *Jurisdição e hermenêutica constitucional no Estado Democrático de Direito*. Belo Horizonte: Mandamentos, 2004.

CATTONI, Marcelo Andrade. Minorias e democracia no Brasil. *Revista eletrônica da PUC Minas – Virtuajus*. Disponível em: <www.fmd.pucminas.br>. Acesso em: dez. 2005.

CATTONI, Marcelo Andrade. *Devido processo legislativo*. 3ª ed. Belo Horizonte: Fórum, 2016.

CHAI, Cassius Guimarães. *Descumprimento de preceito fundamental*: identidade constitucional e vetos à democracia. Belo Horizonte: Mandamentos, 2004.

CINTRA, Antônio Carlos de Araújo; GRINOVER, Ada Pelegrine; DINAMARCO, Cândido Rangel. *Teoria geral do processo*. 8. ed. São Paulo: Malheiros, 1991.

CITTADINO, Gisele. *Pluralismo, direito e justiça distributiva*: elementos da filosofia constitucional contemporânea. Rio de Janeiro: Lumen Juris, 2000.

CLÈVE, Clèmerson Merlin. *A fiscalização abstrata de constitucionalidade no direito brasileiro*. São Paulo: Revista dos Tribunais, 1995.

CLÈVE, Clèmerson Merlin. *Atividade legislativa do poder executivo*. São Paulo: Revista dos Tribunais, 2000.

COSTA, Adriana Belli de Souza Alves. O Estado autonômico da Espanha. In: MAGALHÃES, José Luiz Quadros de (Coord.). *Pacto federativo*. Belo Horizonte: Mandamentos, 2000.

COTIGLI, Marco. *O mito do Estado*: significados equívocos de Estado, Poder Público e União na constitucionalidade brasileira. Coordenado pelo Prof. Dr. Rosemiro Leal. Belo Horizonte: ProPIC: FCH: FUMEC. Palestra realizada em 26 abr. 2005. Sala 309.

COURTOIS, Stéphane [et ali.]. *O livro negro do comunismo: Crimes, Terror, Repressão. Rio de Janeiro: Bertrand Brasil, 1999.*

COUTURE, Eduardo. *Introdução ao estudo do Processo Civil.* 3ª ed. Rio de Janeiro: Forense, 1998.

CRISAFULLI, Vezio. *La costituzione e le sue disposizioni di principio*. Milão: Giuffre, 1952.

CRUZ, Álvaro Ricardo de Souza. *Habermas e o direito brasileiro*. Rio de Janeiro: Lumen Juris, 2006.

CUNHA PEREIRA, Rodrigo (Org.). *Afeto, ética, família e o novo Código Civil*. Belo Horizonte: Del Rey, 2004.

CUNHA, Euclides da. *Os sertões*. São Paulo: Cultrix, 1975.

DALLARI, Dalmo de Abreu. *Elementos de teoria geral do Estado*. São Paulo: Saraiva, 1995.

DAWKINS, Richard. *Deus*: um delírio. São Paulo: Companhia das Letras, 2007.

DEBORD, Guy. A sociedade do espetáculo. Rio de Janeiro: Editora Contraponto, 2008.

DELFINO, Lúcio; STRECK, Lenio Luiz. Novo CPC e decisão por equidade: a canibalização do Direito. *Revista Consultor Jurídico*, 29 de dezembro de 2015. Disponível em <http://www.conjur.com.br/2015-dez-29/cpc-decisao-equidade-canabalizacao-direito#_ftn3>. Acesso em 31 dez. 2015.

DEL NEGRI, André. *Controle de constitucionalidade no processo legislativo*: teoria da legitimidade democrática. 2ª ed. Belo Horizonte: Fórum, 2008.

DEL NEGRI, André. *A divisão no espaço urbano*. Belo Horizonte: Fórum, 2012.

DEL NEGRI, André; RIBEIRO, Ramon Antunes. Acesso à jurisdição e direito à saúde. *Revista Brasileira de Direito Processual – RBDPro*, Belo Horizonte, ano 22, n. 86, p. 63-80, abr./jun. 2014.

DEUTSCH, David. *The Beginning of Infinity*: Explanations that transform the world. New York: Viking, 2011.

DIAS, Maria Berenice. *Conversando sobre homoafetividade*. Porto Alegre: Livraria do Advogado, 2004.

DIMOULIS, Dimitri. A introdução do controle de constitucionalidade na Grécia: um caso de "ativismo judicial" na Europa do século XIX. *Revista Brasileira de Direito Constitucional*, São Paulo, n. 1, jan./jun. 2003.

DIMOULIS, Dimitri. *Positivismo jurídico*: introdução a uma teoria do direito e defesa do pragmatismo jurídico-político. São Paulo: Método, 2006.

DINAMARCO, Cândido Rangel. *Instituições de direito processual civil*. São Paulo: Malheiros, 2005. v. 1.

DOR, Joël. *Introdução à leitura de Lacan*: o inconsciente estruturado como linguagem. Porto Alegre: Artimed, 1989.

DORF, Michel. The Supreme Court 1997 term – Foreword: the limits of socratic deliberation. *112 Harvard Law Review*, 4, 1998.

DWORKIN, Ronald. *O império do direito*. São Paulo: Martins Fontes, 1999.

DWORKIN, Ronald. *Uma questão de princípios*. São Paulo: Martins Fontes, 2000.

DWORKIN, Ronald. *Levando os direitos a sério*. São Paulo: Martins Fontes, 2002.

DWORKIN, Ronald. *A virtude soberana*: a teoria e a prática da igualdade. São Paulo: Martins Fontes, 2005.

ELEY, Geoff. *Forjando a democracia*. São Paulo: Fundação Perseu Abramo, 2005.

FABRI, Andréa. *Responsabilidade do Estado*: planos econômicos e iniciativa privada. Belo Horizonte: Fórum, 2005.

FAORO, Raimundo. *Os donos do poder*: formação do patronato político brasileiro. 3ª ed. Porto Alegre: Globo, 1976.

FAVOREAU, Louis (Coord.); GAÏA, Patrick, GHEVONTIAN, Richard. et al (Orgs). *Droit Constitucionel*. 5ª ed. Paris: Dalloz, 2002. Tome II.

FAZZALARI, Elio. Processo: Teoria Generale. In: *Novissimo digesto italiano*. Turim: Uter, 1966. v. 13.

FAZZALARI, Elio. *Istituzioni de diritto processuale*. Padova: CEDAM, 1992.

FERNANDES, Florestan. *A integração do negro na sociedade de classes*. Vol. I. São Paulo: Ática, 1978.

FERNANDES, Bernardo Gonçalves; PEDRON, Fávio Quinaud. *O Poder Judiciário e(m) crise*. Rio de Janeiro: Lumen Juris, 2008.

FERNANDES, Bernardo Gonçalves. *Curso de Direito Constitucional*. Rio de Janeiro: Lúmen Júris, 2010.

FERRARI, Regina Maria Macedo Nery. *Normas constitucionais programáticas*: normatividade, operatividade e efetividade. São Paulo: Revista dos Tribunais, 2001.

FERRARI, Regina Maria Macedo Nery. *Controle de constitucionalidade das Leis municipais*. São Paulo: Revista dos Tribunais, 2003.

FERRAZ JÚNIOR, Tercio Sampaio. *Introdução ao estudo do direito*. 2. ed. São Paulo: Atlas, 1994.

FERREIRA FILHO, Manoel Gonçalves. *Comentários à Constituição brasileira*. São Paulo: Saraiva, 1983.

FERREIRA FILHO, Manoel Gonçalves. *Do processo legislativo*. São Paulo: Saraiva, 1995.

FERREIRA FILHO, Manoel Gonçalves. *Curso de direito constitucional*. São Paulo: Saraiva, 2006.

FERREIRA, Valle. Subsídios para o estudo das nulidades. *Revista da faculdade de Direito da UFMG*, Belo Horizonte, ano 14, n. 3, nova fase, p. 29-38, out. 1963.

FIORATI, Jete Jane. *A evolução jurisprudencial dos sistemas regionais de proteção dos direitos humanos*. São Paulo: Revista dos Tribunais, 1997. v. 722/11.

FIX-ZAMUDIO, Héctor. El pensamiento de Eduardo J. Couture y el Derecho Constitucional Procesal. *Boletín Mexicano de Derecho Comparado*: México, v. 10, n. 30, sept./dic. 1977, p. 315-348.

FONSECA, Rodrigo Rigamonte. Isonomia e contraditório na teoria do processo. In: LEAL, Rosemiro Pereira et al. (Coord.). *Estudos continuados de teoria do processo*. Porto Alegre: Síntese, 2000. v. 1.

FOUCAULT, Michel. *Em defesa da sociedade*. São Paulo: Martins Fontes: 1999.

FOUCAULT, Michel. *As palavras e as coisas*: uma arqueologia das ciências humanas. São Paulo: Martins Fontes, 2000.

FOUCAULT, Michel. *Vigiar e punir*: nascimento da prisão. Petrópolis: Vozes, 2000.

FOUCAULT, Michel. *Microfísica do poder*. 22ª ed. Rio de Janeiro: Graal, 2006.

FOUCAULT, Michel. *Segurança, Território, População*. São Paulo: Martins Fontes: 2008.

FOUCAULT, Michel. *Os anormais*. São Paulo: Martins Fontes, 2013.

FRANÇA, Fernando Luís. A integração social democrática pelo controle processual difuso de constitucionalidade. In: *Estudos continuados de teoria do processo*. Porto Alegre: Síntese, 2003. v. 3, p. 237.

FRASER, Nancy. *Justice Interrupturs*: critical reflections on the "postsocialist" condition. New York: Routledge, 1997.

FREIRE, Paulo. *Política e Educação*. São Paulo: Cortez, 2001.

FREUD, Sigmund. *O mal-estar na civilização*. Rio de Janeiro: Imago, 1997.

FREUD, Sigmund. *Totem e tabu*. Rio de Janeiro: Imago, 2005.

GADAMER, Hans-Georg. *Verdade e método*: traços fundamentais de uma hermenêutica filosófica. Petrópolis: Vozes, 1998.

GALEANO, Eduardo. *As veias abertas da América Latina*. 48ª edição. São Paulo: Paz e Terra, 2008.

GALUPPO, Marcelo Campos. Elementos para uma compreensão metajurídica do Processo Legislativo. In: *Teoria geral do processo civil; Cadernos da Pós-Graduação*. Belo Horizonte. Movimento Editorial da Faculdade de Direito da UFMG, 1995.

GALUPPO, Marcelo Campos. Princípios jurídicos e a solução de seus conflitos: a contribuição da obra de Alexy. Revista da Faculdade Mineira de Direito. Belo Horizonte, v. 1, n. 2, p. 135-136, 2º semestre/1998.

GALUPPO, Marcelo Campos. Os princípios jurídicos nos Estado democrático de Direito: ensaio sobre o modo de sua aplicação. Revista de Informação Legislativa, Brasília, ano 36, n.143, jul./set., 1999.

GARGARELLA, Roberto. *As teorias da Justiça depois de Rawls*: Um breve manual de filosofia política. São Paulo: WMF Martins Fontes, 2008.

GAZZANIGA, Michael. *Who's in charge?*: free will and the science of the brain. New York: Ecco, 2011.

GIDDENS, Anthony. *O Estado-Nação e a Violência: segundo volume de uma crítica contemporânea ao materialismo histórico*. São Paulo: Universidade do Estado de São Paulo, 2001.

GONÇALVES, Aroldo Plínio. *Técnica processual e teoria do processo*. Rio de Janeiro: Aide, 1992.

GONÇALVES, Aroldo Plínio. *Nulidades no processo*. Rio de Janeiro: Aide, 2000.

GOYARD-FABRE, Simone. *Os princípios filosóficos do direito político moderno*. São Paulo: Martins Fontes, 1999.

GRAZIANO, Walter. *Hitler ganhou a guerra*. São Paulo: Editora Palíndromo, 2005.

GRECO FILHO, Vicente. *Manual de processo penal*. São Paulo: Saraiva, 1991.

GRIMM, Dieter. Una Constituzione per l'Eropa?. In: ZAGREBELSKY, Gustavo; PORTINARO, Píer Paolo; LUTHER, Jorg. *Il futuro della Costituzione*. Torino: Einaudi, 1996.

GÜNTHER, Klaus. Uma concepção normativa de coerência para uma teoria discursiva da argumentação jurídica. *Cadernos de Filosofia Alemã*, São Paulo, ago. 2000.

GÜNTHER, Klaus. *Teoria da argumentação no direito e na moral*: justificação e aplicação. Tradução de Cláudio Molz. São Paulo: Landy, 2004.

HABERMAS, Jürgen. O Estado Nação europeu frente aos desafios da globalização. *Revista Novos Estudos*, São Paulo n. 43, p. 92, nov. 1995.

HABERMAS, Jürgen. *Direito e democracia*: entre facticidade e validade. Rio de Janeiro: Tempo Brasileiro, 1997. v. 2.

HABERMAS, Jürgen. *A constelação pós-nacional*. São Paulo: Littera Mundi, 2001.

HABERMAS, Jürgen. *A inclusão do outro*. São Paulo: Loyola, 2002.

HABERMAS, Jürgen. *Técnica e ciência como ideologia*. Lisboa: Edições 70, 2006.

HABERMAS, Jürgen. *Era das transições*. Rio de Janeiro: Tempo Brasileiro, 2003.

HART, Herbert L. *The concept of law*. 2nd ed. Oxford: Oxford University Press, 1997.

HELLER, Hermann. *Teoria do Estado*. São Paulo: Mestre Jou, 1968.

HEIDEGGER, Martin. *Essência do fundamento*. Lisboa: Edições 70, 1988.

HESSE, Konrad. *A força normativa da Constituição*. Tradução de Gilmar Ferreira Mendes. Porto Alegre : Fabris, 1991.

HOBSBAWM, Eric. *Era dos extremos*: breve século XX: 1914-1991. São Paulo: Companhia das Letras, 1995.

HOLANDA, Sérgio Buarque de. *Raízes do Brasil*. São Paulo: Companhia das letras, 1995.

HOLANDA, Sérgio Buarque de. *Visão do paraíso*. São Paulo: Brasiliense, 2000.

HONNETH, Axel. *Luta por reconhecimento*: a gramática moral dos conflitos sociais. São Paulo: Ed. 34, 2003.

HORTA, Raul Machado. *Direito constitucional*. Belo Horizonte: Del Rey, 1999.

JELLINEK, Georg. *Teoría General del Estado*. Buenos Aires: Albatros, 1978.

JUNG, Carl G. *O homem e seus símbolos*. Rio de Janeiro: Nova Fronteira, s/d.

KAFKA, Franz. *O processo*. São Paulo: Companhia das Letras, 1997.

KAFKA, Franz. Diante da Lei. In: *A colônia penal*. São Paulo: Livraria Exposição do Livro, 1999.

KELSEN, Hans. Sobre a teoria da interpretação. *Cadernos da Escola do Legislativo*, Belo Horizonte, v. 5, p. 31-43, jan./jun. 1997.

KELSEN, Hans. *Teoria pura do direito*. São Paulo: Martins Fontes, 1998.

KNEIPP, Bruno Burgarelli Albergaria. Federalismo belga: a busca da superação da intolerância. In: MAGALHÃES, José Luiz Quadros de (Org.). *Pacto federativo*. Belo Horizonte: Mandamentos, 2000.

KONDER, Leandro. *Introdução ao fascismo*. 2ª ed. Rio de Janeiro: Graal, 1979.

KUHN, Thomas Samuel. *A estrutura das revoluções científicas*. 5. ed. São Paulo: Perspectiva, 1998.

LACAN, Jacques. *O seminário*. Rio de Janeiro: Jorge Zahar, 1979. Livro 11: Os quatro conceitos fundamentais da Psicanálise.

LACAN, Jacques. *O seminário. Rio de Janeiro: Jorge Zahar, 1993. Livro 17: O avesso da psicanálise.*

LACAN, Jacques. *O seminário*. Rio de Janeiro: Jorge Zahar, 1997. Livro 7: a ética da psicanálise.

LACAN, Jacques. "A coisa freudiana ou Sentido do retorno a Freud em psicanálise", in *Escritos*. Rio de Janeiro: Jorge Zahar, 1998, p. 401-437.

LACAN, Jacques. *Escritos. Rio de Janeiro: Jorge Zahar, 1998.*

LACAN, Jacques. *Nomes-do-pai*. Rio de Janeiro: Jorge Zahar Editor, 2005.

LAMOUNIER, Bolívar. A Comissão Afonso Arinos e os debates constituintes. In. *Sérgio Praça e Simone Diniz (Orgs.). Vinte anos de Constituição. São Paulo: Paulus, 2008, pp. 19-28.*

LARENS, Karl. Metodologia da Ciência do Direito. Lisboa: Fundação Calouste Gulbenkian, 1997.

LASSALLE, Ferdinand. Que é uma Constituição? Porto Alegre: Editorial Villa Martha, 1980.

LASMAR, Letícia Abu Kamel. *O Instituto Constitucional da Ação Popular*: análise reflexiva dos requisitos de instauração. 2007. Monografia (Bacharelado em Direito) Orientação: Prof. André Del Negri – Faculdade de Direito, Universidade de Uberaba. Minas Gerais.

LEAL, André Cordeiro. *Processo e jurisdição no Estado Democrático de Direito*: reconstrução da jurisdição a partir do direito processual democrático. 2006. Tese (Doutorado em Direito) – Faculdade de Direito, Universidade Mineira de Direito – PUC. Belo Horizonte, 2006.

LEAL, André Cordeiro. *Instrumentalidade do processo em crise*. Belo Horizonte: Mandamentos: Faculdade de Ciências Humanas/FUMEC, 2008.

LEAL, Rosemiro Pereira. Processo e hermenêutica constitucional a partir do Estado Democrático de Direito. *Revista do Curso de Direito da Faculdade de Ciências Humanas – FUMEC*, v. 3, 2001.

LEAL, Rosemiro Pereira. *Teoria processual da decisão jurídica*. São Paulo: Landy, 2002.

LEAL, Rosemiro Pereira. *Direito econômico: soberania e mercado mundial.* 3. ed. Belo Horizonte: Del Rey, 2005.

LEAL, Rosemiro Pereira. O direito à vida e o meio ambiente. *In: Relativização inconstitucional da coisa julgada: temática processual e reflexões jurídicas.* Belo Horizonte: Del Rey, 2005. p. 143-153.

LEAL, Rosemiro Pereira. Processo e eticidade familiar constitucionalizada. In: *Relativização inconstitucional da coisa julgada*: temática processual e reflexões jurídicas. Belo Horizonte: Del Rey, 2005. p. 100-109.

LEAL, Rosemiro Pereira. *Relativização inconstitucional da coisa julgada: temática processual e reflexões jurídicas.* Del Rey: Belo Horizonte, 2005.

LEAL, Rosemiro Pereira. *Processo civil e sociedade civil.* Virtuajus: Revista eletrônica da Faculdade Mineira de Direito. Belo Horizonte: Pontifícia Universidade Católica de Minas Gerais, Ano 04, n. 02, p. 01-09, dez. 2005.

LEAL, Rosemiro Pereira. Processo civil e sociedade civil. *Revista eletrônica da PUC Minas – Virtuajus*. Disponível em: <www.fmd.pucminas.br>. Acesso em 15 dez. 2005.

LEAL, Rosemiro Pereira. Direitos fundamentais do processo na desnaturalização dos direitos humanos. *Revista da Faculdade Mineira de Direito,* PUC-MG, v. 9, p. 89-100, 2006.

LEAL, Rosemiro Pereira (Coord.); WALTER, Carlos H. *et al.* (Org.). *Uma pesquisa institucional de Estado, Poder Público e União na constitucionalidade brasileira:* significados equívocos e interpretação do direito: busca de um novo *medium* linguístico na teoria da constitucionalidade democrática. Belo Horizonte: Del Rey: FUMEC, 2008.

LEAL, Rosemiro Pereira. *Processo como teoria da lei democrática*. Belo Horizonte: Fórum, 2010.

LEAL, Rosemiro Pereira. *Teoria geral do processo*. 11ª. ed. Rio de Janeiro: Forense, 2012.

LEAL, Rosemiro Pereira. *A teoria neoinstitucionalista do processo*: uma trajetória conjectural. Belo Horizonte: Arraes, 2013.

LEAL, Rosemiro Pereira. Democracia: entrevista televisiva. In: VALADARES, Rosália Leal et al. *Data vênia.* Belo Horizonte: TV UNI-BH, s.d. (informações verbais).

LOCKE, John. *Segundo tratado sobre o governo*. São Paulo: Martin Claret, 2002.

LOEWENSTEIN, Karl. *Political power and the governmental process*. The University Chicago Press, 1962.

LOEWENSTEIN, Karl. *Teoria de la Constitución*. Trad. Alfredo Galego Anabitarte. Barcelona: Ariel, 1979.

LOSURDO, Domenico. *Liberalismo, entre a civilização e a barbárie*. São Paulo: Editora Anita Garibaldi, 2008.

LUHMANN, Niklas. *Legitimação pelo procedimento*. Brasília: UNB, 1980.

LYOTARD, Jean-François. *A condição pós-moderna*. Rio de Janeiro: José Olympio, 2000.

MAC-GREGOR, Eduardo Ferrer. El derecho procesal constitucional como fenómeno histórico social y como ciência. *In.* THEODORO JÚNIOR, Humberto; CALMON, Petrônio; NUNES, Dierle (Coords.). *Processo e Constituição.* Rio de Janeiro: GZ, 2010.

MACIEL, Gabriel de Deus. *Teoria do processo e legitimidade decisória*: discurso de aplicação e argumentação de adequabilidade no direito democrático. 2006. Dissertação (Mestrado) – Faculdade de Direito da Pontifícia Universidade Católica de Minas Gerais, Belo Horizonte, 2006.

MACIEL JÚNIOR, Vicente de Paula. *Teoria das ações coletivas.* São Paulo: Ltr, 2006.

MADEIRA, Dhenis Cruz. *Processo de conhecimento e cognição*: uma inserção no Estado Democrático de Direito. Curitiba: Juruá, 2008.

MADEIRA, Dhenis Cruz. *Argumentação jurídica*: (in)compatibilidade entre a tópica e o processo. Curitiba: Juruá, 2014.

MADEIRA, Vinícius de Carvalho. *República, democracia e reeleições*: o princípio da renovação. Porto Alegre: Sergio Antonio Fabris Editor, 2013.

MAGALHÃES, José Luiz Quadros de. *O poder municipal*: paradigmas para o Estado constitucional brasileiro. Belo Horizonte: Del Rey, 1999.

MAGALHÃES, José Luiz Quadros de. *Direito constitucional.* Belo Horizonte: Mandamentos, 2000. t. I.

MAGALHÃES, José Luiz Quadros de. *Direito constitucional.* Belo Horizonte: mandamentos, 2006. t. III.

MAGALHÃES, José Luiz Quadros de. *Estado plurinacional e Direito Internacional.* Curitiba: Juruá, 2012.

MAGNOLI, Demétrio. *Uma Gota de Sangue*: História do Pensamento Racial. 1ª ed. São Paulo, Editora Contexto, 2009.

MAGUEIJO, João. *Mais rápido que a velocidade da luz*: a história de uma especulação científica. Rio de Janeiro: Record, 2003.

MANCUSO, Rodolfo de Camargo. *Ação civil pública.* São Paulo: Revista dos Tribunais, 1996.

MANCUSO, Rodolfo de Camargo. *Ação popular.* São Paulo: Revista dos Tribunais, 2003.

MARÇAL, Antonio Cota. Princípio: Estatuo, função e usos no Direito. In: TAVARES, Fernando Horta. (Coord.). *Constituição , Direito e Processo.* Curitiba: Juruá, 2007, p. 31-58.

MARIN, Eriberto Francisco. Breves considerações sobre a organização política e territorial do Estado francês. In: MAGALHÃES, José Luiz Quadros de (Org.). *Pacto federativo.* Belo Horizonte: Mandamentos, 2000.

MARQUES, José Frederico. *Elementos de direito processual penal.* Rio de Janeiro: Forense, 1965. v. 4.

MÁRQUES, Fernanda Telles; FACHINELLI, Raílla Mara Guimarães; VIEIRA, Camilla de Oliveira. *"Liberalismo a la brasileña"*: enseñanza jurídica en el Brasil del siglo XIX. Revista Querubim – Revista eletrônica de trabalhos científicos nas áreas de Leras, Ciências Humanas e Ciências Sociais – Ano 10 nº 24, v.2 – 2014. p. 101-125.

MARX, Karl. *El Capital*: crítica de la economía política. Madrid: Akal, 1976. t. I.

MARX, Karl; ENGELS, Friedrich. *A ideologia Alemã.* São Paulo: Martins Fontes, 1988.

MARX, Karl. *O manifesto comunista.* São Paulo: Paz e Terra, 1996.

MAUS, Ingeborg. Judiciário como superego da sociedade: o papel da atividade jurisprudencial na sociedade órfã. *Revista Novos Estudos*, São Paulo, v. 58, p. 183-202, nov. 2000.

MAZZILLI, Hugo Nigro. *A defesa dos interesses difusos em juízo.* São Paulo: Saraiva, 1997.

MAZZUOLI, Valério de Oliveira. *Curso de Direito Internacional Público.* 7 ed. São Paulo: Revista dos Tribunais, 2013.

MEDEIROS, Leonilde Servolo. *Reforma agrária no Brasil*: história e atualidades da luta pela terra. São Paulo: Ed. Fundação Perseu Abramo, 2003.

MEIRELLES, Hely Lopes. *Mandado de segurança, ação popular, ação civil pública, mandado de injunção, habeas data*. São Paulo: Revista dos Tribunais, 1989.

MELO FRANCO, Afonso Arinos de. *Direito Constitucional*: Teoria da Constituição – As Constituições do Brasil. 3ª. ed. Rio de Janeiro: Forense, 1987.

MELLO, Celso Antonio Bandeira de. Eficácia das normas sobre justiça social. *Revista de Direito Público*, São Paulo, n. 57/58, p. 233-256, 1981.

MELLO, Celso Antônio Bandeira de. *Aplicação da lei no tempo em direito administrativo*. Revista de Direito Administrativo, n. 134, 1978.

MENDES, Gilmar Ferreira; MARTINS, Ives Gandra (Coord.). *Ação declaratória de constitucionalidade*. São Paulo: Saraiva, 1995.

MENDES, Gilmar Ferreira. *Jurisdição constitucional*. São Paulo: Saraiva, 1999.

MENDES, Gilmar Ferreira; COELHO, Inocêncio Mártires; BRANCO, Paulo Gustavo Gonet. *Curso de Direito Constitucional*. São Paulo: Saraiva, 2007.

MODESTO, Paulo. Reforma administrativa e direito adquirido. Cadernos do Ministério da Administração e Reforma do Estado, Brasília , n. 23, 1998.

MORAES, Alexandre de. *Jurisdição Constitucional e Tribunais Constitucionais*. São Paulo: Atlas, 2003.

MORAES, Alexandre de. *Direito constitucional*. São Paulo: Atlas, 2004.

MOREIRA, Luiz. *Fundamentação do direito em Habermas*. Belo Horizonte: Mandamentos, 1999.

MORIN, Edgar. *Os sete saberes necessários à educação do futuro*. São Paulo: Cortez; Brasília, DF: UNESCO, 2007.

MOSSIM, Heráclito Antônio. *Curso de processo penal*. São Paulo: Atlas, 1998.

MOTTA, Rodrigo Patto Sá. *As universidades e o regime militar*: cultura política brasileira e modernização autoritária. Rio de Janeiro: Zahar, 2014.

MÜLLER, Friedrich. Legitimidade como conflito concreto do direito positivo. *Caderno de Escritos Legislativos*, Belo Horizonte, v. 5, n. 9, p. 25, jul./dez. 1999.

MÜLLER, Friedrich. *Quem é o povo?*: a questão fundamental da democracia. Tradução de Peter Naumann. São Paulo: Max Limonad, 2000.

NEIVA, Eduardo. *O racionalismo crítico de Popper*. Rio de Janeiro: Francisco Alves, 1999.

NORONHA, E. Magalhães. *Curso de direito processual penal*. São Paulo: Saraiva, 1989.

NUNES, Elpídio Donizetti. Jurisdição, judicação e tutela legal na teoria do processo contemporâneo. In: *Estudos continuados de teoria do processo*. Porto Alegre: Síntese, 2001. v. 2.

NUNES, Benedito. *Heidegger e Ser e Tempo*. Rio de Janeiro: Jorge Zahar Editor, 2002.

NUNES, Dierle José Coelho. O princípio do contraditório: uma garantia de influência e de não surpresa. TAVARES, Fernando Horta (Coord.). *Constituição, Direito e Processo*. Curitiba: Juruá, 2007, p. 145-165.

NUNES, Dierle José Coelho. *Processo jurisdicional democrático*. Curitiba: Juruá, 2012.

NUNES, Dierle; TEIXEIRA, Ludmila. *Acesso à justiça democrático*. Brasília: Gazeta jurídica, 2013.

NUNES, Dierle. Jurisdição, processualismo democrático e alguns novos dilemas e papéis da ciência processual. MORAIS, José Luis Bolzan; BARROS, Flaviane de Magalhães (Coord.). *Novo constitucionalismo Latino-Americano*: o debate sobre novos sistemas de justiça, ativismo judicial e formação de juízes. Belo Horizonte: Arraes, 2014, p. 100-118.

OLIVEIRA, Rafael Tomaz de.; ROSA, Alexandre Morais da. Complexo de MagGyver e os modelos de juiz (epsódio 1). *Consultor Jurídico*, 02.11.2013. Disponível em: <http://www.conjur.com.br/2013-nov-02/diario-classe-complexo-macgyver-modelos-juiz-episodio> . Acesso em 02 nov. 2013.

OMMATI, José Emílio Medauar. *O princípio da proporcionalidade e a Constituição como ordem concreta de valores*. Revista de Direito Constitucional e Internacional. São Paulo: Revista dos Tribunais. Ano 15. janeiro -março 2007, p. 109-128.

OMMATI, José Emílio Medauar. *Teoria da Constituição*. Rio de Janeiro: Lúmen Júris, 2013.

ONFRAY, Michel. *Tratado de ateologia*. São Paulo: Martins Fontes, 2007.

OTERO, Paulo. *Ensaio sobre o caso julgado inconstitucional*. Lisboa: Lex Edições Jurídicas, 1993.

OTERO, Paulo. *A democracia totalitária*: do Estado totalitário à sociedade totalitária: a influência do totalitarismo na democracia do século XXI. Lisboa: Principia, 2001.

OVALLE J. Favela. Sistema jurídicos y políticos, processo y sociedad. *Boletín Mexicano de Derecho Comparado*, México, v. 33, set./dez. 1978, p. 357-363.

PACHECO, J. E. de Carvalho. *Habeas corpus*. Curitiba: Juruá, 1983.

PASSOS, J. J. Calmon de. *Mandado de segurança coletivo, mandado de injunção e habeas data*. Rio de Janeiro: Forense, 1991.

PEDRON, Flávio Quinaud. *Mutação constitucional na crise do positivismo jurídico*. Belo Horizonte: Arraes Editores, 2012.

PEREIRA, Antônio. *A analítica do poder em Michel Foucault*: a arqueologia da loucura, da reclusão e do saber médico na idade clássica. Belo Horizonte: Autêntica: FUMEC, 2003.

PEREIRA, Antônio. *Poder em Foucault*. Coordenado pelo Prof. Dr. Rosemiro Leal. Belo Horizonte: ProPIC: FCH: FUMEC. Sala 309. Palestra realizada em 25 mar. 2005 para o Projeto de Pesquisa "Significados equívocos de Estado, Poder Público e União na constitucionalidade brasileira".

PEREIRA, Júlio César R. A estrutura de uma sociedade aberta. In: BARROS, Roque Spencer Maciel de et al. (Org.). *Popper*: as aventuras da racionalidade. Porto Alegre: EDIPUCRS, 1995. p. 117-144. (Coleção Filosofia).

PEREIRA, Rodolfo Viana. *Hermenêutica filosófica e constitucional*. Belo Horizonte: Del Rey, 2001.

PERRAULT, Gilles [et ali.]. *O livro negro do capitalismo*. 4ª ed. Rio de Janeiro: Record, 2005.

PFAFFENSELLER, Michelli. A (in)eficácia do §3º do art. 5º da CF/88 como integração dos direitos humanos provenientes de tratados internacionais. *Revista de Direito Constitucional e Internacional*, São Paulo, n. 58, p. 335-356, jan./mar. 2007.

PIKETTY, Thomas. *O capital no século XXI*. Rio de Janeiro: Intrínseca, 2014.

PIOVESAN, Flávia. *Direitos humanos e o direito constitucional internacional*. São Paulo: Max Limonad, 1997.

PONTES DE MIRANDA, F. C. *Comentários à Constituição de 1967*. São Paulo: Revista dos Tribunais, 1967. t. I.

POPPER, Karl. *Autobiografia intelectual*. São Paulo, Cultrix, Ed. da Universidade de São Paulo, 1977.

POPPER, Karl. *A sociedade aberta e seus inimigos*. Belo Horizonte: Itatiaia, 1987. t. 1, 2.

POPPER, Karl. *Em busca de um mundo melhor*. Lisboa: Fragmentos, 1992.

POPPER, Karl; CONDRY, J. *Televisão*: um perigo para a democracia. Lisboa: Gradiva Publicações, 1993.

POPPER, Karl; ECCLES C. John. *O eu e seu cérebro*. Campinas: Papirus, 1995.

POPPER, Karl. *Conhecimento objetivo*: uma abordagem evolucionária. Belo Horizonte: Itatiaia, 1999.

POPPER, Karl. *A lógica da pesquisa científica*. São Paulo: Cultrix, 2006.

PRADO JÚNIOR, Caio. *Formação do Brasil contemporâneo*. São Paulo: Brasiliense, 1999.

RAWLS, John. *Uma teoria da justiça. São Paulo: Martins Fontes, 2000.*

REPOLÊS, María Fernanda Salcedo. *Habermas e a desobediência civil*. Belo Horizonte: Mandamentos, 2003.

RIBEIRO, Darcy. *O povo brasileiro*. São Paulo: Cia das Letras, 1995.

RIBEIRO, Sérgio Luiz de Almeida. *Habeas data*: tutela jurisdicional da intimidade. 2013. 136f. Dissertação de Mestrado em Direito Processual Civil – Pontifícia Universidade Católica de São Paulo. São Paulo, 2013.

ROCHA, Cármen Lúcia Antunes. *República e federação no Brasil*. Belo Horizonte: Del Rey, 1997.

ROMANO, Roberto. *Razão de Estado e outros Estados da razão*. São Paulo: Perspectiva, 2014.

ROSAS, Roberto. *Direito processual constitucional*: princípios constitucionais do processo civil. São Paulo: Revista dos Tribunais, 1983.

ROSENFELD, Michel. *A identidade do sujeito constitucional*. Belo Horizonte: Mandamentos, 2003.

SALGADO, Joaquim Carlos. Os direitos fundamentais. *Revista Brasileira de Estudos Políticos*, Belo Horizonte, n. 82, p. 15-69, jan. 1996.

SANTOS, Milton. *O país distorcido*: o Brasil, a globalização e a cidadania. São Paulo: Publifolha, 2002.

SANTOS, Milton. *Por uma outra globalização*: do pensamento único à consciência universal. Rio de Janeiro: Record, 2004.

SANTOS, Wanderley Guilherme dos. *O paradoxo de Rousseau*. São Paulo: Rocco, 2007.

SARAIVA, Paulo Lopo. *Garantia constitucional dos direitos sociais no Brasil*. Rio de Janeiro: Forense, 1983.

SARTORI, Giovanni. *Partidos e sistemas partidários*. Rio de Janeiro: Zahar, 1982.

SCHARTZEMBERG, Roger Gerard. *O Estado espetáculo*. Rio de Janeiro: Diefel, 1978.

SCHMITT, Carl. *Teoría de la Constitución*. Madrid: Editorial Revista de Direito Privado, 1927.

SCOLESE, Eduardo. *A reforma agrária*. São Paulo: Publifolha, 2005.

SIEYÈS, Emmanuel Joseph. O que é o terceiro Estado?. In: *A constituinte burguesa*. Rio de Janeiro: Liber Júris, 1988.

SILVA, José Afonso da. *Aplicabilidade das normas constitucionais*. São Paulo: Malheiros, 1998.

SILVA, José Afonso da. *Curso de Direito Constitucional positivo*. 16ª ed. São Paulo: Malheiros, 1999.

SILVA, Virgílio Afonso da. *Direitos fundamentais*: conteúdo essencial, restrições e eficácia. São Paulo: Malheiros, 2009.

SILVA, Virgílio Afonso da. O conteúdo essencial dos direitos fundamentais e a eficácia das normas constitucionais. São Paulo: *Revista de Direito do Estado* 4, 2006, p. 23-51.

SILVA, José Gomes da. A reforma agrária no Brasil de 1976. *Reforma agrária*, Brasília, ano 6, n. 7/8, p. 3-18, jul./ago. 1976.

SILVEIRA, Alípio. *Hermenêutica Jurídica: seus princípios fundamentais no Direito Brasileiro*. Vol. 4. São Paulo: Brasiliense Coleções, 1985.

SILVEIRA, Paulo Fernando. Devido processo legal e cidadania. *Revista do Tribunal Regional Federal* – 1ª Região, Brasília, v. 1, n. 1, jan./mar. 1997.

SMITH, Adam. *A riqueza das nações*. Rio de Janeiro: Abril Cultural, 1982.

SOARES, Carlos Henrique. *Coisa julgada constitucional*. Coimbra: Almedina, 2009.

SOARES, Mário Lúcio Quintão. *Teoria do Estado*. Belo Horizonte: Del Rey, 2001.

SOUTHEY, Robert. *História do Brasil*. Vol I. São Paulo: Edusp, 1981.

SOUZA, Artur César de. A parcialidade positiva do juiz (justiça parcial) como critério de realização no processo jurisdicional das promessas do constitucionalismo social. *Revista dos Tribunais*, São Paulo, n. 857, p. 29-53, mar. 2007.

STRECK, Lenio. Hermenêutica, Constituição, Autonomia do Direito e o Direito Fundamental a obter respostas adequadas (corretas). *Revista da Faculdade de Direito do Sul de Minas*. ano XXIII – n. 25 – jul./dez. 2007, p. 133- 154.

STRECK, Lenio. *O que é isto – decido conforme minha consciência?* Porto Alegre: Livraria do Advogado Editora, 2010.

STRECK, Lenio. *Verdade e Consenso*. 4ª ed. 2011. Porto Alegre: Editora: Livraria do Advogado.

STRECK, Lenio. Aplicar a "letra da lei" é uma atitude positivista?. *Revista Novos Estudos*. Disponível em: <www.univali.br/periódicos>. Acesso em 30 ago. 2012, p. 171-172.

STRECK, Lenio Luiz. Hermenêutica, Constituição e Processo, ou de "como discricionariedade não combina com democracia: o contraponto da resposta correta. *In:* MACHADO, Felipe Daniel Amorin: CATTONI DE OLIVEIRA, Marcelo Andrade (Coords.). *Constituição e processo: a contribuição do processo ao constitucionalismo democrático brasileiro.* Belo Horizonte:Del Rey, 2009.

STRECK, Lenio Luiz. Prefácio. In: BARROS, Flaviane de Magalhães. *(Re)forma do processo penal*: comentários críticos dos artigos modificados pelas leis n. 11.690/08, n. 11.719/08 e nº 11.900/09. 2ª ed. Belo Horizonte: Del Rey, 2009.

SUNDFELD, Carlos Ari. *Fundamentos de Direito Público.* Malheiros, São Paulo, 1992.

SUNDFELD, Carlos Ari. Sistema constitucional de competência. *Revista Trimestral de Direito Público*, n. 1, p. 272-281, 1993.

TAVARES, André Ramos; ROTHEMBURG, Walter Claudius (Org.). *Arguição de descumprimento de preceito fundamental*: análise à luz da lei nº 9.882/99. São Paulo: Atlas, 2001.

TAVARES, Fernando Horta. *Novíssimos Estudos em Direito Público*. Curitiba, PR: CRV, 2011.

TEIXEIRA, Anísio. Reforma universitária na década de 60. In: *Educação e Universidade*. Rio de Janeiro: Editora UFRJ, p. 161-187.1988.

TEMER, Michel. *Elementos de direito constitucional.* São Paulo: Malheiros, 1993.

THAYER, Willy. *A crise não moderna da universidade moderna.* Trad. Romualdo Monte Alto. Belo Horizonte: Editora UFMG, 2002.

THEODORO JÚNIOR, Humberto; NUNES, Dierle; BAHIA, Alexandre Melo Franco; PEDRON, Flávio Quinaud. *Novo CPC*: fundamentos e sistematização. 2ª ed. Rio de Janeiro: Forense, 2015.

TOPITSCH, Ernst. *Stalin's War*: A Radical New Theory of the Origins of the Second World War. Nova York: St. Martin Press, 1987.

TRINDADE, Antônio Augusto Cançado. *A proteção internacional dos direitos humanos e o Brasil*. Brasília: Universidade de Brasília, 2000.

TRIEPEL, Carl Heinrich. *Les Rapports entre le Droit Interne et le Droit International.* Recueil de Cours de L'Académie de Droit International, tomo I, 1925.

TROPER, Michel. *A filosofia do direito.* São Paulo: Martins Fontes, 2008.

TUCCI, Rogério Lauria. *Habeas corpus e processo penal.* São Paulo: Saraiva, 1978.

VEIGA, José Elias da. *O que é reforma agrária?*.São Paulo: Brasiliense, 1981.

VELOSO, Zeno. *Controle jurisdicional de constitucionalidade*. Belo Horizonte: Del Rey, 2000.

VENTURA, Zuenir. *1968*: o ano que não terminou. Rio de Janeiro: Objetiva, 2013.

VERDÚ, Pablo Lucas. *Teoría de la Constitución como Ciencia cultural*. Madrid: Dykinson, 1998.

VICO, Giambattista. *A ciência nova. Trad. Marco Lucchesi. São Paulo: Rio de Janeiro, 1999.*

VIEIRA, José Marcos Rodrigues. *Da ação cível*. Belo Horizonte: Del Rey, 2002.

VIEIRA, Oscar Vilhena. *Supremo Tribunal Federal*. São Paulo: Revista dos Tribunais, 1994.

VILLA, Marco Antônio. *Canudos e o povo da terra*. São Paulo: Editora Ática, 1997.

VILLA, Marco Antônio. *A história das constituições brasileiras*: 200 anos de luta contra o arbítrio. São Paulo: Leya, 2011.

WALLERSTEIN, Immanuel. *O universalismo europeu*: a retórica do poder. São Paulo: Boitempo, 2007.

WALTER, Carlos. *Discurso jurídico na democracia*: processualidade constitucionalizada. Belo Horizonte: Fórum, 2008.

WARAT, Luiz Alberto. *Introdução Geral ao Direito*. Vol. II. Epistemologia jurídica da modernidade. Sergio Antonio Fabris Editor: Porto Alegre, 1995.

WARAT, Luiz Alberto. *Ensino e saber jurídico*. Rio de Janeiro: Eldorado Tijuca, 1977.

WEBER, Max. *Economia e sociedade*: fundamentos da sociologia compreensiva. Brasília: UNB, 1994. v. 1.

WEIL, Pierre; TOMPAKOW, Roland. O corpo fala: *a linguagem silenciosa da comunicação não-verbal*. Petrópolis: Vozes, 2005.

WERNECK, Ana Luiza Duarte. *O Estado regional italiano*. In: MAGALHÃES, José Luiz Quadros de. (Org.). *Pacto federativo*. Belo Horizonte: Mandamentos, 2000.

WRIGHT, Dudley. *Os ritos e mistérios de Elêusis*. São Paulo: Madras, 2004.

WOLF, Eric. *Guerras camponesas do século XX. São Paulo: Global, 1984.*

WOLFF, Francis. Nascimento da razão, origem da crise. In: CHAUÍ, Marilena; LEFORT, Claude; NOVAIS, Adauto (Org.). *A crise da razão*. São Paulo: Companhia das Letras, 1996.

WOLFGANG SARLET, Ingo. *A eficácia dos direitos fundamentais*. Porto Alegre: Livraria do Advogado, 2004.

WOLKMER, Antonio Carlos. *Pluralismo jurídico*. São Paulo: Alfa Omega, 2001.

Impresso em fevereiro de 2016